W0022667

Johannes Beste, Ilona Giese, Andrea Schendekehl

unter Mitarbeit von Martin Gehrke

Personaldienstleistungskaufleute

2. Ausbildungsjahr

2. Auflage

Bestellnummer 30427

Die in diesem Produkt gemachten Angaben zu Unternehmen (Namen, Internet- und E-Mail-Adressen, Handelsregistereintragungen, Bankverbindungen, Steuer-, Telefon- und Faxnummern und alle weiteren Angaben) sind i. d. R. fiktiv, d. h., sie stehen in keinem Zusammenhang mit einem real existierenden Unternehmen in der dargestellten oder einer ähnlichen Form. Dies gilt auch für alle Kunden, Lieferanten und sonstigen Geschäftspartner der Unternehmen wie z. B. Kreditinstitute, Versicherungsunternehmen und andere Dienstleistungsunternehmen. Ausschließlich zum Zwecke der Authentizität werden die Namen real existierender Unternehmen und z. B. im Fall von Kreditinstituten auch deren IBANs und BICs verwendet.

Die in diesem Werk aufgeführten Internetadressen sind auf dem Stand zum Zeitpunkt der Drucklegung. Die ständige Aktualität der Adressen kann vonseiten des Verlages nicht gewährleistet werden. Darüber hinaus übernimmt der Verlag keine Verantwortung für die Inhalte dieser Seiten.

service@bv-1.de
www.bildungsverlag1.de

Bildungsverlag EINS GmbH
Ettore-Bugatti-Straße 6-14, 51149 Köln

ISBN 978-3-427-**30427**-2

Vorwort der Autoren

Der vorliegende Band 2 der Lehrbuchreihe für Personaldienstleistungskaufleute deckt die Inhalte der Lernfelder 5 bis 8 ab. Hierbei geht es um folgende Themenbereiche:

- *Personal einstellen* mit einem inhaltlichen Schwerpunkt auf dem Prozess der Personalauswahl und den rechtlichen Grundlagen von Arbeitsverträgen;
- *Personaleinsatz vorbereiten und durchführen*, wozu die Berücksichtigung und Umsetzung der Anforderungen des Arbeitsschutzes und der Arbeitssicherheit gehören;
- *Personaldienstleistungen vermarkten* mit Berücksichtigung der Besonderheiten des Dienstleistungsmarketing und des B2B-Marketing sowie Konzepte der Kundenbindung;
- *Betriebliche Werteprozesse dokumentieren und auswerten*; dabei steht die Anwendung des betrieblichen Rechnungswesens als Informations- und Steuerungsinstrument im Vordergrund. Auf die „klassische" Buchführung wurde verzichtet; erstmals wird hier in einem Lehrbuch der Bereich der Kalkulation in der Zeitarbeitsbranche systematisch hergeleitet und standardisiert.

Umgesetzt werden die Lernfelder wie in Band 1 mit Lernsituationen, die der Ausgangspunkt für die Erarbeitung der Inhalte der einzelnen Kapitel sind. Gestaltungsprinzip dieser Lernsituationen ist der berufliche Handlungsbezug. Die dargestellten Probleme sind typisch für die Branche bzw. für den Personalbereich.

Innerhalb jedes Lernfeldes wird weitgehend dasselbe Unternehmen projektiert, wodurch der Handlungszusammenhang innerhalb eines Lernfeldes gewährleistet wird. Der Zugang zu den einzelnen Themenfeldern kann sowohl problemorientiert entlang der jeweiligen Lernsituationen erfolgen als auch unabhängig vom konkreten Problembezug im Sinne eines rein erklärenden Fachbuchs. Ausblicke und Einordnungen in einen größeren thematischen Zusammenhang sind mit dem Stichwort „Im fachlichen Kontext" überschrieben. Jedes Kapitel schließt mit Aufgaben, die Gelerntes üben, vertiefen oder erweitern. Wie auch schon in Band 1 werden zusätzliche Materialien und Anregungen für die Unterrichtsgestaltung online in BuchPlusWeb bereitgestellt.

Bei der Umsetzung von Band 2 konnten wir uns auf kompetente Unterstützung verlassen. Insbesondere möchten wir uns bei Herrn Martin Gehrke für die fachliche Unterstützung bei dem Thema Arbeitsschutz und Arbeitssicherheit (Lernfeld 6) bedanken.

Und ausdrücklich wollen wir uns auch bei den Unternehmerinnen und Unternehmern bedanken, die uns Einblicke in die Architektur ihrer Zahlen gegeben haben: Ohne ihre Unterstützung hätten wir zwar ein *allgemein gültiges* Kalkulationsmodell darstellen können; durch die uns gewährten Einblicke können wir hingegen in Lernfeld 8 ein *in der Praxis verwendetes Kalkulationsschema* anbieten, das systematisch aus den spezifischen betrieblichen Kostenstrukturen eines Zeitarbeitsunternehmens entwickelt wird.

Wir bedanken uns bei unseren Schülerinnen und Schülern für die immer wieder anregenden und fordernden Diskussionen; für sie letztlich ist dieses Lehrbuch geschrieben. Wir hoffen, es wird sie bei ihren Prüfungen unterstützen. Und wir danken unseren Kolleginnen und Kollegen für die Anregungen und die Kritik in der Vergangenheit und wünschen uns beides auch in der Zukunft.

Geleitwort

Seit Kurzem ist Personaldienstleistung als eigenständiges Berufsbild anerkannt – eine längst überfällige Anerkennung für einen umfangreichen und anspruchsvollen Beruf. Ungefähr 50000 Menschen beschäftigt die Branche dem Statistischen Bundesamt zufolge. Personaldienstleistung ist damit eine etablierte Branche geworden, mit besten Aussichten für alle Beschäftigten in der Branche.

Als Personaldienstleister sind wir Dienstleister an Personen und für Personen. Sie haben sich für ein Arbeitsfeld entschieden, das Sie mit allen Formen des menschlichen Miteinanders konfrontiert. Sie wissen selbst, wie wichtig ein wertschätzender Umgang mit anderen Menschen ist. Sie leben diesen Anspruch durch motivierte und professionelle Arbeit, durch hohe Qualitätsstandards und Freude an der Arbeit. Damit können Sie nicht nur Erfolge, sondern auch Rückschläge in der Arbeit und vielleicht auch den einen oder anderen Konflikt mit Ihren Kunden und Kollegen bewältigen.

Die vielen Facetten dieses Tätigkeitsfeldes werden im vorliegenden Werk sehr kenntnis- und detailreich vorgestellt. Damit ist das Werk sowohl in der Ausbildung als auch als Nachschlagewerk bestens geeignet. Es begleitet Ihren Berufseinstieg in eine Welt mit täglich neuen Herausforderungen und interessanten Perspektiven.

Prof. Dr. Steffen Hillebrecht, 2012
Professor an der Hochschule Würzburg-Schweinfurt
Personalberater seit 1997

Inhaltsverzeichnis

Lernfeld 7: Personaldienstleistungen vermarkten

Lernfeld 5:

Personal einstellen

1 Einstellungs- und Vermittlungsvoraussetzungen bei Initiativbewerbungen prüfen

Einstiegssituation ▶

Marc Lengert ist Auszubildender in der Niederlassung Nord der **Weise Personallösungen GmbH**. Das Unternehmen ist in den Geschäftsfeldern Arbeitnehmerüberlassung und Personalberatung tätig. Im Geschäftsfeld Arbeitnehmerüberlassung entfallen rund 75 % der Umsätze auf die Überlassung im gewerblichen Bereich, schwerpunktmäßig in den Branchen Lager und Logistik sowie Metallverarbeitung. Der Anteil der Überlassung im Helferbereich ist in den vergangenen Jahren von 70 % auf 40 % zurückgegangen; das entspricht der Strategie der Geschäftsleitung, die sich deutlich im Markt für höhere Qualifikationen positionieren will. Durch die Veränderungen auf dem Arbeitsmarkt hat sich innerhalb des Unternehmens die Bedeutung der Rekrutierung erhöht und die Weise Personallösungen GmbH investiert in das Arbeitgeberimage in Form von regelmäßigen Stellenausschreibungen, Online-Aktionen, Plakataktionen in der Region, Öffentlichkeitsarbeit, Vorträgen und Kooperationen. Eine Folge ist, dass dem Unternehmen regelmäßig Initiativ- und Blindbewerbungen zugehen.
Der Auszubildende **Marc Lengert** hat die Aufgabe, diese Bewerbungen durchzusehen und anschließend ins Sekretariat zur Aufbewahrung zu geben. Einen konkreten Prüfauftrag hat er allerdings nicht. Manchmal weist er einen der Disponenten auf eine seiner Meinung nach interessante Bewerbung hin.
Vereinzelt sehen sich Disponenten die jeweils aktuellen Bewerbungen an. Es ist auch schon vorgekommen, dass ein solcher Bewerber zeitnah eingestellt wurde.
Die Geschäftsführerin **Petra Weise** will dieses eher auf das Prinzip Zufall gegründete Bewerbungsmanagement nun ändern. „Wir müssen die Schätze heben, die sich in diesen Bewerbungen verbergen. Und wir sollten die Bewerbungen vernichten, die absehbar nicht zu gebrauchen sind. Es macht keinen Sinn, wenn wir gestapeltes Papier aufbewahren. Das sind ja mindestens 100 Bewerbungen“, sagt sie und weist auf den Stapel.
Der Disponent **Jan Buchner** gibt zurück: „Wir können nicht nebenbei 100 Bewerbungen jeden Monat zusätzlich prüfen. Das kostet einfach zu viel Zeit.“

Petra Weise: „Ich bin sicher, dass Herr Lengert diese Aufgabe übernehmen kann. Wir müssen ihn aber dabei unterstützen. Wir brauchen ein praktikables und schnelles Verfahren. So etwas wie eine Checkliste, mit deren Hilfe Herr Lengert schnell die grundsätzlichen Aspekte prüfen kann. Natürlich müssen die Informationen anschließend an die richtige Stelle weitergegeben werden."
Die Sekretärin **Janine Kanzler** fragt ungläubig: „Und die Bewerbungen können wir dann einfach wegwerfen?"

Arbeitsaufträge

1. *Beschreiben Sie die Problemstellungen, die sich aus der Situation ergeben.*
   Versetzen Sie sich in die Rolle des Auszubildenden Marc Lengert. Nach welchen Kriterien würden Sie die Initiativbewerbungen untersuchen?
   Fassen Sie diese Kriterien in einer Checkliste zusammen.

2. *Die Prüfung der Einstellungsvoraussetzungen bezieht sich im Allgemeinen auf einen inhaltlichen, qualifikationsbezogenen Teil und einen formalen Teil.*
   a) *Informieren Sie sich in Kapitel 1.3 über qualifikationsbezogene Einstellungsvoraussetzungen.*
   b) *Informieren Sie sich in Kapitel 1.2 über die formalen Einstellungsvoraussetzungen.*

3. *Entwickeln Sie für die Weise Personallösungen GmbH Kriterien, nach denen Initiativbewerbungen geprüft werden sollen, um zu entscheiden, ob diese in den Bewerberpool aufgenommen werden sollen.*

4. *Erstellen Sie eine Checkliste, mit deren Hilfe sich eingehende Initiativbewerbungen prüfen lassen.*

5. *Vergleichen Sie die erstellte Checkliste mit Ihrem ersten Vorschlag. Notieren Sie Gemeinsamkeiten und Unterschiede. Begründen Sie jede Abweichung.*

6. *Erstellen Sie einen Ablaufplan für den Umgang mit Initiativbewerbungen. Planen Sie den Arbeitsprozess vom Eingang der Bewerbung bis zum endgültigen Verbleib der Bewerbungsunterlagen bzw. Bewerberdaten. Hinweise und Informationen finden Sie in Kapitel 1.1.*

1.1 Grundlagen zu Initiativbewerbungen

Initiativbewerbungen sind Bewerbungen, die einem Unternehmen unaufgefordert zugehen. Diese Art von Bewerbungen wird Stellensuchenden in Bewerbungsratgebern häufig empfohlen: „Warten Sie nicht auf eine Stellenausschreibung – werden Sie selbst aktiv!"
Ein Bewerber kann dabei so vorgehen, dass er mehr oder weniger massenhaft Kurzbewerbungen an Unternehmen verschickt und auf Antwort hofft. Oder er informiert sich vorher über die von einem Unternehmen typischerweise gesuchten Qualifikationen,

um so seine Chancen zu erhöhen, tatsächlich bei einem Unternehmen auf Interesse zu stoßen. Für diese beiden Verfahrensweisen werden unterschiedliche Bezeichnungen verwendet:

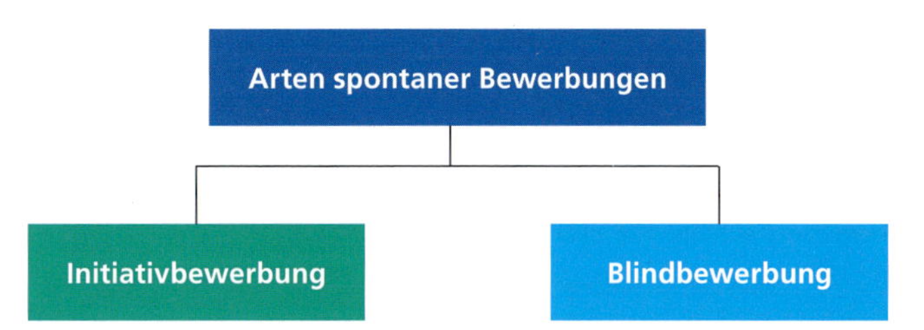

Definitionen

LF 5, 2.2.1

Eine **Initiativbewerbung** ist eine vom Stellensuchenden ausgehende Bewerbung an einen bestimmten Adressaten, d.h. an ein nach verschiedenen Kriterien ausgewähltes Unternehmen. Vorgelegt werden sowohl vollständige Bewerbungsmappen wie auch Kurzbewerbungen.
Eine **Blindbewerbung** ist eine vom Stellensuchenden ausgehende Bewerbung an einen Kreis von Adressaten, deren Gemeinsamkeit etwa die Branche oder die Region ist. Blindbewerbungen bestehen meist aus einem (standardisierten) Anschreiben und einem Lebenslauf; sie können per Briefpost oder per Mail erfolgen.
Die Chancen von Blindbewerbungen werden unterschiedlich eingeschätzt. Positive Effekte können Blindbewerbungen haben, wenn eine bestimmte Qualifikation vorliegt, die von Unternehmen einer Branche gesucht wird, oder wenn der Bewerber eine eher allgemeine Qualifikation hat, die von sehr vielen Unternehmen gesucht wird.

1.1.1 Bewerberinteressen

Initiativbewerbungen haben für Stellensuchende eine hohe Bedeutung. Sie rangieren bei der Bewerbungsstrategie bereits an vierter Stelle, deutlich etwa vor Bewerbungen über Firmen-Homepages im Internet, wie die Übersicht auf der folgenden Seite zeigt:

Die Vorteile von Initiativbewerbungen im Unterschied zu Bewerbungen auf Anforderung werden allgemein in folgenden Punkten gesehen:

- indem der Bewerber Eigeninitiative, Selbstbewusstsein und Motivation zeigt, macht er sich attraktiver für einen Arbeitgeber,
- es gibt keine bzw. wenig Konkurrenten um eine Stelle und
- die Bewerbung kann sich deutlicher auf die persönlichen Stärken beziehen und ist nicht an eine bestimmte Stellenanforderung gebunden.

Diese Vorteile verweisen auf die Voraussetzungen für den Erfolg einer Initiativbewerbung:

- der Ansprechpartner in einem Unternehmen sollte eindeutig identifiziert und angesprochen werden,
- das Unternehmen sollte einen grundsätzlichen Bedarf an den angebotenen Qualifikationen haben und

- der Bewerber kann besondere Stärken nachweisen, so dass er ausschreibungsunabhängig auffällt.

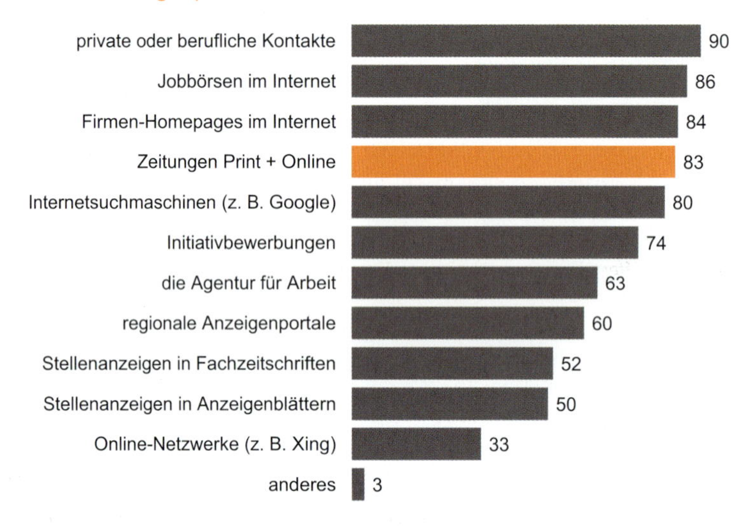

Motive der Bewerber

Initiativbewerbungen dienen nicht nur der Stellensuche. Auch wenn keine Daten zu diesem Thema zur Verfügung stehen, zeigt die Erfahrung, dass nicht jede Bewerbung tatsächlich zu einer Einstellung führen soll. Als weitere Motive neben der Stellensuche lassen sich anführen:

- Ein Bewerber testet seinen Marktwert, indem er sich bewirbt. Die Kontaktaufnahme durch den Betrieb oder Einladungen zu Bewerbungsgesprächen werden als positive Resonanz gewertet. Mit solchen „Testbewerbungen" kann ein Arbeitnehmer beispielsweise seine Position an seiner bisherigen Arbeitsstelle besser einschätzen und ggf. Gehaltsverhandlungen o. Ä. sicherer führen.
- Im Leistungsbezug der Bundesagentur für Arbeit (BA) stehende Arbeitssuchende planen mit ihrem Fallbearbeiter das Vorgehen zur beruflichen (Wieder-)Eingliederung (vgl. § 37 SGB III); vereinbart werden kann darin u. a. die Anzahl der (Initiativ-) Bewerbungen je Zeitraum.

Im fachlichen Kontext

Aus einem Merkblatt der Bundesagentur für Arbeit: Pflicht zur Eigenbemühung

Aktivitäten im Rahmen der Eingliederungsvereinbarung bzw. Eigenbemühungen können z. B. schriftliche Bewerbungen, die Auswertung von Stellenanzeigen in Zeitungen, Fachzeitschriften und anderen Medien, Vorsprachen bei Betrieben, die Nutzung der Job-Börse und des Serviceportals unter www.arbeitsagentur.de, die Arbeitsplatzsuche per Inserat, der Besuch von Arbeitsmarktbörsen und ähnliches sein. Sie sollten sich möglichst Notizen über Ihre Aktivitäten machen. Welche konkreten Aktivitäten Sie im Rahmen der Arbeitssuche unternehmen bzw. wie Sie Ihre Eigenbemühungen nachweisen müssen, entnehmen Sie Ihrer Eingliederungsvereinbarung bzw. der schriftlichen Festsetzung Ihrer Eigenbemühungen. Erbringen Sie die Pflichten im Zusammenhang mit den Eigenbemühungen nicht, nicht rechtzeitig oder nicht vollständig, tritt eine Sperrzeit ein. [ ]

Quelle: Bundesagentur für Arbeit: Merkblatt für Arbeitslose, unter: http://www.arbeitsagentur.de/zentraler-Content/Veroeffentlichungen/Merkblatt-Sammlung/MB-f-Arbeitslose.pdf, erschienen im April 2012, zuletzt abgerufen am 14.05.2012

Die Agentur für Arbeit kann eine Sperrzeit auch verhängen, wenn der Arbeitssuchende eine „unernste" Bewerbung abgibt oder nachweisbar zu verstehen gibt, dass er sich (nur) wegen der Eingliederungsvereinbarung bei dem Unternehmen bewirbt („Anti-Bewerbung", „negatives Bewerberverhalten").

Das Bundessozialgericht BSG in Kassel entschied folgenden Fall (Az.: B 7a AL 14/05 R):

...

Im konkreten Fall hatte sich ein Arbeitsloser bei einem Hersteller von Autowaschanlagen beworben. Dabei schrieb er, dass er bestimmte Tätigkeiten nicht wünsche und zudem für einen Teil der geforderten Arbeitsbereiche weder über eine Ausbildung noch über Berufserfahrung verfüge. In den eingereichten Bewerbungsunterlagen hatte er diese Negativ-Hinweise dick unterstrichen. Das Unternehmen teilte dem Arbeitsamt mit, der Bewerber habe kein Interesse gezeigt. Daraufhin strich die Behörde die damalige Arbeitslosenhilfe für zwölf Wochen. „Eine Bewerbung soll Werbung, nicht eine Anti-Werbung sein", sagte der Rechtsvertreter der Bundesagentur für Arbeit in Kassel.

Mit seinem Urteil bestätigte das BSG die Einschätzung der Bundesagentur, die Bewerbung komme „einer Ablehnung des Beschäftigungsangebots gleich". Bereits 2003 hatten die obersten Sozialrichter entschieden, eine Bewerbung dürfe nicht „abschreckend" sein. Vielmehr müsse der Arbeitnehmer sein Interesse an der Arbeit zum Ausdruck bringen, konkretisierte das BSG in dem neuen Urteil. Die Bewerbung dürfe nicht so aussehen, dass ein normaler Arbeitgeber sie „als unernst oder unbeachtlich behandelt".

Quelle: AFP: Nach Anti-Bewerbung droht Arbeitslosen Leistungskürzung, QNC GmbH, unter: http://www.123recht.net/article.asp?a=17925, zuletzt abgerufen am 14.05.2012

1.1.2 Initiativbewerbungen aus Arbeitgebersicht

Unaufgefordert eingesandte Bewerbungen sind aus Arbeitgebersicht mit Vorteilen und Nachteilen verbunden.

Initiativbewerbungen aus Arbeitgebersicht	
Vorteile	**Nachteile**
• Information über angebotene Qualifikationen (Verbesserung der Marktübersicht) • Verkürzung des Prozesses zur Stellenbesetzung (Steigerung der Flexibilität) • Kostensenkung bei der Personalgewinnung • Hinweis auf das Arbeitgeberimage des Unternehmens durch die Anzahl der Initiativbewerbungen	• Zeitlicher (personeller) Aufwand für die Prüfung, Aufbewahrung, Vernichtung der Bewerbungen • Datenschutzrechtlicher Aufwand • Aufwand für ein System zur Organisation der Bewerbungen, Bewerberpool • Ggf. Aufwand für ein technisches System, Bewerbungsmanagementsystem (Hardware, Software)

Unternehmen messen Initiativbewerbungen eine unterschiedliche Bedeutung zu. Ausschlaggebend für das Interesse an Initiativbewerbungen ist die Bedeutung und Bewertung der Vorteile und Nachteile durch das Unternehmen. Eine Rolle spielen dabei etwa folgende Aspekte:

- Branche, Wachstumsaussichten und Unternehmensgröße
- Fluktuationsquoten der Mitarbeiter
- Arbeitgeberimage

Je größer diese Vorteile eingeschätzt werden, umso bedeutungsvoller sind Initiativbewerbungen im Rahmen der Rekrutierungsstrategie. Der Umgang und die Bearbeitung von Initiativbewerbungen werden dann zu einem standardisierten und transparenten Verfahren, sowohl für die Bewerber als auch für die Mitarbeiter. Am deutlichsten ist dies bei der Verwendung von Online-Bewerbungsplattformen, bei denen die Erfassung und Bearbeitung weitgehend automatisiert ablaufen.

Beispiel

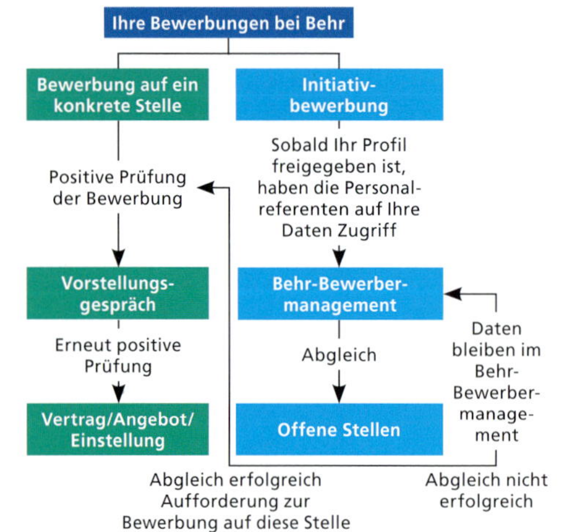

Bei dem Automobilzulieferer Behr GmbH & Co. KG beispielsweise werden eingehende Initiativbewerbungen zunächst mit aktuell offenen Stellen abgeglichen und bei fehlender Passung anschließend in den Bewerberpool übernommen. Das Vorgehen setzt voraus, dass der Bewerber zugestimmt hat.

Der Einsatz von solchen Bewerbermanagementsystemen lohnt sich jedoch nicht für jedes Unternehmen; hinzu kommt, dass nicht jeder Bewerber den Weg über eine Online-Plattform nutzt, sondern die Bewerbung auf dem normalen Postweg versendet.

Stellenbesetzungen durch Initiativbewerbungen

Die Anzahl der Initiativbewerbungen kann als **Key Performance Indikator** (betriebswirtschaftliche Leistungskennzahl) für die Qualität der Rekrutierung eines Unternehmens interpretiert werden: Je mehr Initiativbewerbungen eingehen, umso zielgruppengenauer und besser sind die Maßnahmen zur Rekrutierung von Mitarbeitern eingesetzt.

Recherchetipp

Informationen zum Recruiting Controlling Report 2011 finden Sie z.B. unter http://blog.metahr.de/2011/07/12/recruiting-controlling-report-2011/.

Die Bedeutung von Initiativbewerbungen aus Sicht der Betriebe korrespondiert mit der Bedeutung aus Sicht der Bewerber (hier: Arbeitssuchende): rund 12 % der Neueinstellungen sind auf Initiativbewerbungen zurückzuführen (siehe Abbildung).

Such- und Besetzungswege in west- und ostdeutschen Betrieben 2013
Anteile in Prozent

	Verwendete Suchwege[1]		Besetzungsweg		Erfolgsquote	
	West	Ost	West	Ost	West	Ost
mindestens ein externer Suchweg	86	84	60	58	70	69
Eigene Inserate in Zeitungen oder Zeitschriften	44	30	18	11	41	36
Stellenangebot auf eigener Homepage	53	46	9	8	17	18
Stellenangebot in Internet-Stellenbörsen[2]	32	32	9	9	29	27
Kontakt zur Arbeitsagentur[2]	36	41	5	9	14	22
Nutzung der Internetdienste der Arbeitsagenturen	31	33	7	6	24	17
Auswahl aus Initiativbewerbungen/ Bewerberliste	33	39	9	12	26	30
Private Arbeitsvermittlung	8	16	3	4	30	25
mindestens ein interner Suchweg	**62**	**61**	**32**	**32**	**51**	**53**
Interne Stellenausschreibung	20	16	2	1	8	5
Über eigene Mitarbeiter/persönliche Kontakte	47	52	27	28	58	54
Auswahl aus Auszubildenden, Leih-/ Zeitarbeitern, internen Praktika	6	6	3	3	52	50

Such- und Besetzungswege in west- und ostdeutschen Betrieben 2013 Anteile in Prozent						
	Verwendete Suchwege[1]		Besetzungsweg		Erfolgsquote	
	West	Ost	West	Ost	West	Ost
Sonstiger Suchweg	3	3	2	1	60	37
Keine Angabe	2	2	7	9		

[1] Mehrfachnennungen sind möglich. [2] Ohne Internetdienste der Arbeitsagenturen.
Anmerkung: Die blau hinterlegten Werte unterscheiden sich signifikant auf dem 5%-Niveau zwischen West- und Ostdeutschland.

Quelle: IAB-Stellenerhebung

Quelle: Brenzel, Czepek, Kubis, Moczall, Rebien, Röttger, Szameitat, Warning: Robuste Personalnachfrage im Westen wie im Osten, IAB Kurzbericht 19/2014, Seite 4, unter: http://doku.iab.de/kurzber/2014/kb1914.pdf zuletzt abgerufen am 03.11.2015

Bearbeitung von Initiativbewerbungen

Der Umgang mit Initiativbewerbungen ist in den Unternehmen sehr unterschiedlich. Idealtypisch umfasst die Bearbeitung von Initiativbewerbungen folgende Schritte:

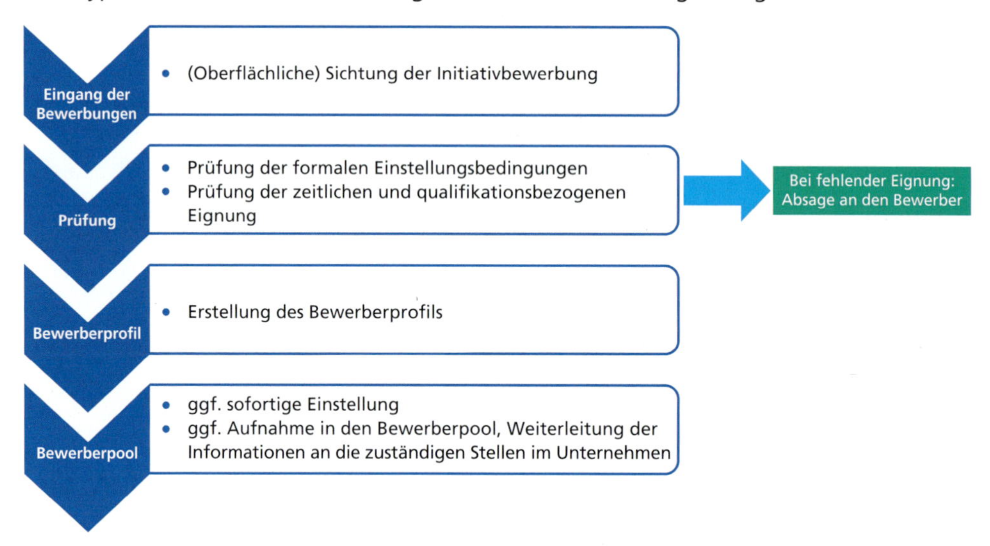

Wie oben erläutert, muss das Unternehmen nicht auf eine Initiativbewerbung reagieren. Zu bedenken ist allerdings, dass das Verhalten eines Unternehmens sein Arbeitgeberimage mitbestimmt. So wird jedes Unternehmen abhängig von der Art, der Branche, der Situation auf dem Arbeitsmarkt, der regionalen Verankerung etc. entscheiden müssen, wie es mit Initiativbewerbungen umgeht.

1.1.3 Arbeitgeberpflicht Datenschutz

Bei Initiativbewerbungen macht der Bewerber den ersten Schritt, indem er einem Unternehmen unaufgefordert sein Leistungsangebot schickt. Im Unterschied zu den Bewerbungsaktivitäten auf Anforderung hat das Unternehmen in dem Fall der Initiativbewerbung keine weiteren **Pflichten**, wie etwa die Prüfung der Bewerbung, das Versenden einer Eingangsbestätigung oder die Rücksendung der Unterlagen.
Da auch bei einer Initiativbewerbung personenbezogene Daten weitergegeben werden, muss das Unternehmen den Datenschutz beachten. Nach dem Bundesdatenschutzgesetz (BDSG) dürfen personenbezogene Daten nur in engen, auf einen bestimmten Zweck bezogenen Grenzen erhoben, verarbeitet oder genutzt werden. Da eine Initiativbewerbung im Unternehmen nicht mit dem Zweck einer konkreten Stellenbesetzung verbunden sind, dürfen die Daten des Bewerbers grundsätzlich nicht gespeichert werden. Gehen Initiativbewerbungen auf Papier ein, sollten diese zurückgesendet oder, was angesichts des Rücksendeaufwands wohl naheliegender ist, sachgemäß vernichtet werden.
Für die Aufbewahrung der Bewerbungen und eine Speicherung der Bewerberdaten ist die Zustimmung des Bewerbers notwendig. Es empfiehlt sich, Kontakt zu interessanten Bewerbern aufzunehmen und von diesen die Einwilligung zur Datenspeicherung anzufordern, um die Daten für eine gewisse Zeit aufbewahren und für Stellenbesetzungsverfahren nutzen zu können.

Im fachlichen Kontext

Bei Online-Bewerbungen (Bewerbungsportale, Firmen-Homepage) ist die Einwilligung zur Speicherung und Nutzung der personenbezogenen Daten häufig in das Abfrageformular integriert. In der Datenschutzerklärung konkretisiert der jeweilige Anbieter vor allem zwei Bereiche:

- für welchen Zweck die personenbezogenen Daten genutzt werden und
- wie lange die Daten gespeichert und genutzt werden.

Die zeitliche Dauer variiert zwischen Unternehmen, meist geht es um sechs bis zwölf Monate. Eine gesetzliche Frist sieht das BDSG nicht vor.

☐ Mit untenstehender Datenschutzerklärung nicht einverstanden.

Bitte Datenschutzerklärung zustimmen

1.2 Prüfung der formalen Einstellungs- und Vermittlungsvoraussetzungen

Bei einer Initiativbewerbung fehlt meist eine konkrete Stellenausschreibung bzw. ein ausformuliertes Anforderungsprofil; eine Prüfung und Analyse der Bewerbungsunterlagen muss daher nach anderen, **stellenunabhängigen Maßstäben** erfolgen. Stellenunabhängige Merkmale lassen sich zwei Bereichen zuordnen:

- formal: Kann der Bewerber überhaupt als Arbeitnehmer beschäftigt werden?
- eignungsbezogen: Kann der Bewerber mit seinen Kompetenzen und Fähigkeiten in Zukunft eingesetzt oder vermittelt werden?

Einstellungs- und Vermittlungsvoraussetzungen	
Formale Voraussetzungen	Eignungsbezogene Merkmale

Formale Aspekte beziehen sich darauf, ob mit einem Bewerber ein Beschäftigungsverhältnis eingegangen werden kann. Es handelt sich dabei um Merkmale, die der Bewerber in einem gewissen Ausmaß erfüllen muss („Muss"-Kriterien), unabhängig von seinen Kompetenzen. Beispiele sind

- das Alter des Bewerbers,
- die Staatsangehörigkeit und Aufenthaltstitel,
- die zeitliche Verfügbarkeit.

1.2.1 Das Alter des Bewerbers

Bd. 1
LF 4, 2.3.5

Nach dem Diskriminierungsverbot des AGG darf das Alter im Allgemeinen nicht der Grund für die Ablehnung eines Bewerbers sein. Das gilt für ein zu *geringes* Alter genauso wie für ein zu *hohes* Alter. Es gibt aber in bestimmten Bereichen **(Höchst-)Altersgrenzen**, wie beispielsweise beim Zugang zur Ausbildung bei der Polizei, beim Zugang zur Bundeswehr oder Altersgrenzen für öffentlich bestellte Sachverständige. Im Arbeitsrecht selbst ist keine Altersgrenze definiert, im Tarifrecht finden sich jedoch zahlreiche an ein bestimmtes Alter geknüpfte Regelungen (Kündigungsschutz, Arbeitszeit, Verdienstabsicherung).

In Online-Bewerberbörsen besteht die Möglichkeit, Bewerber nach dem Alter auszuwählen, das gilt beispielsweise für die Jobbörse der Bundesagentur für Arbeit, die den Hinweis hinzufügt, dass das AGG beachtet werden muss. Die Recherchemöglichkeit kann als ein Indiz dafür angesehen werden, dass das Alter des Bewerbers durchaus eine Rolle bei der Prüfung von Bewerbungen spielt.

Gesetzlich ist im Zusammenhang mit der Erwerbstätigkeit ein **Mindestalter** definiert. Die auf den Erwerb ausgerichtete Beschäftigung von Kindern ist in Deutschland verboten. Das Jugendarbeitsschutzgesetz (JArbSchG) und die Kinderarbeitsschutzverordnung definieren einen engen Bereich von Ausnahmen.

- Danach dürfen Kinder über 13 Jahre mit Einwilligung des Sorgeberechtigten arbeiten, wenn die Arbeit leicht und für Kinder geeignet ist. Beispiele zählt die Kinderarbeitsschutzverordnung auf (§ 2; vgl. auch § 5 Absatz 3 JArbSchG).
- (schulpflichtige) Jugendliche dürfen während der Schulferien für höchstens vier Wochen beschäftigt werden (§ 5 Absatz 5 JarbSchG).

Altersgrenzen für die Beschäftigung von Kindern und Jugendlichen		
Unter 13 Jahre	Beschäftigungsverbot	§ 5 Absatz 1 JArbSchG
Ab 13 Jahre	Beschäftigung in geringem Umfang möglich	§ 5 Absatz 3 JArbSchG; § 2 Kinderarbeitsschutzverordnung
Ab 15 Jahre	Ende des allgemeinen Beschäftigungsverbotes	§ 2 und § 5 JArbSchG
Ab 18 Jahre	Ende der Jugendschutzbestimmungen und der arbeitsrechtlichen Schutzbestimmungen für Jugendliche	

Definition
Kind ist, wer noch nicht 15 Jahre alt ist.
Jugendlicher ist, wer 15, aber noch nicht 18 Jahre alt ist.

Bd. 1, LF 1

Verantwortlich für die Einhaltung der Beschäftigungsverbote ist der Arbeitgeber. Kinder und Jugendliche bzw. ihre Sorgeberechtigten dürfen bzw. können nicht auf diesen Schutz verzichten. Grundsätzlich gilt das JArbSchG für alle Beschäftigungen im gesamten Gebiet der Bundesrepublik Deutschland, unabhängig davon, welchen Wohnort die Kinder und Jugendlichen haben und welchen Standort der Arbeitgeber hat. Die Bedingungen für Ausbildungsverhältnisse ergeben sich ebenfalls aus dem JArbSchG. Soll im Rahmen der Gesetze mit einem Minderjährigen ein Arbeitsvertrag geschlossen werden, muss die Zustimmung der gesetzlichen Vertreter eingeholt werden.

1.2.2 Staatsangehörigkeit und Aufenthaltstitel

Der auf den ersten Blick eindeutige Begriff Ausländer wird für sehr unterschiedliche Personengruppen verwendet:

- verallgemeinernd für alle Personen mit einem Migrationshintergrund,
- zur Abgrenzung von den im Inland lebenden Inländern (volkswirtschaftliche Abgrenzung),
- für Personen mit einer ausländischen Staatsangehörigkeit.

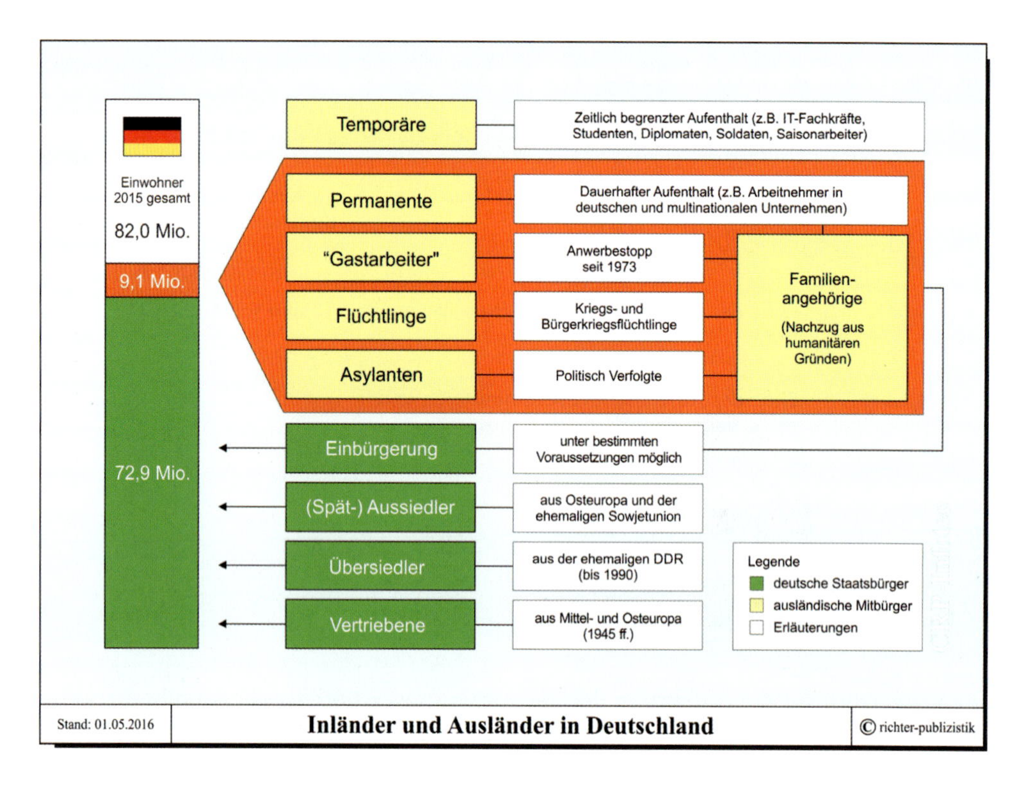

Für Personen mit einer ausländischen Staatsangehörigkeit sind die Einreise, der Aufenthalt in Deutschland und der Zugang zur Erwerbstätigkeit gesetzlich geregelt (**Aufenthaltsstatus**). Diese Regelungen sind nicht für alle Herkunftsländer gleich; unterschieden werden:

- Ausländer aus EU-Staaten,
- Ausländer aus europäischen Nicht-EU-Staaten,
- Ausländer aus außer-europäischen Drittstaaten.

Für die EU-Bürger, ihre Angehörigen sowie Bürger aus den Ländern Island, Liechtenstein, Norwegen und der Schweiz finden sich die Regelungen im Freizügigkeitsgesetz der EU (FreizügG/EU), für Bürger aus Drittstaaten im Aufenthaltsgesetz (AufenthG).

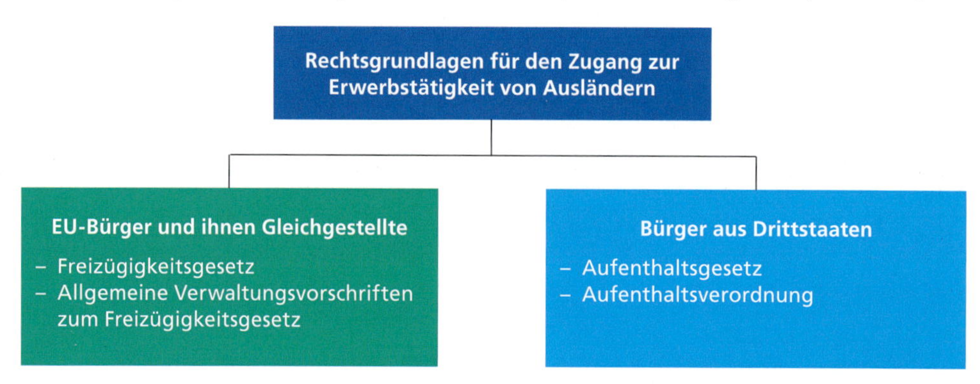

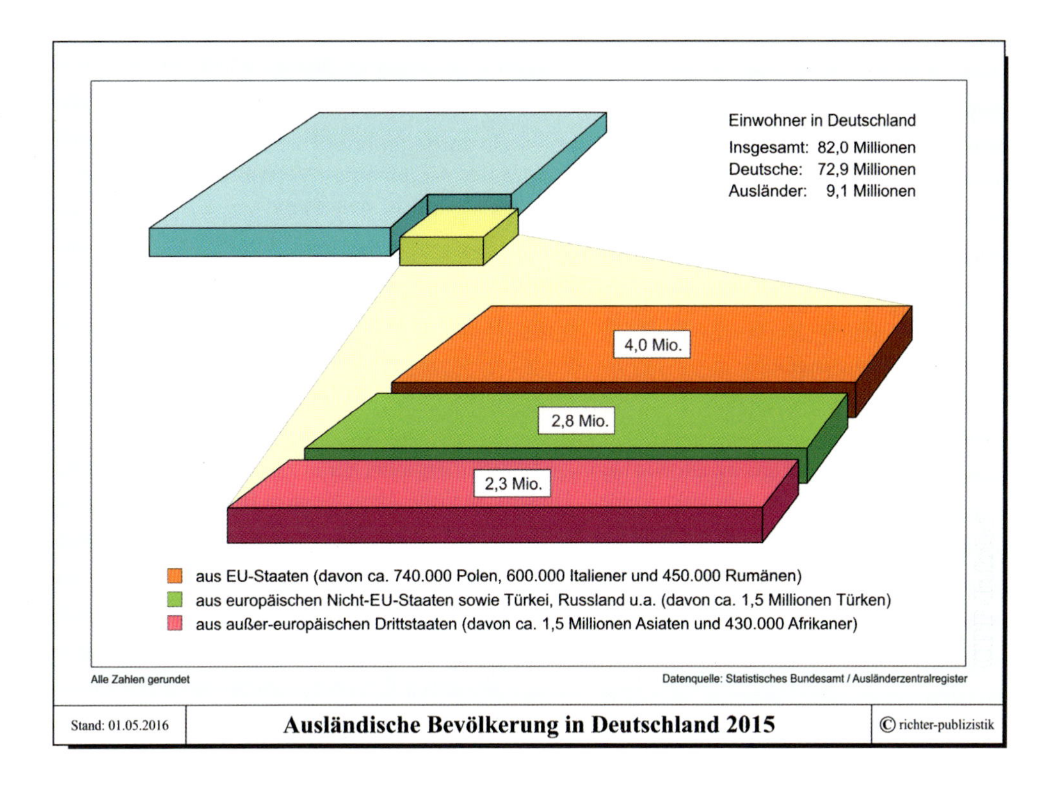

Ausländische Bevölkerung in Deutschland 2015

1.2.2.1 Freizügigkeit für Arbeitnehmer aus EU-Staaten

EU-Bürger haben das Recht auf Freizügigkeit innerhalb der Europäischen Union. Sie brauchen für die Einreise und den Aufenthalt kein Visum bzw. keinen Aufenthaltstitel. Beim Zugang zur Erwerbstätigkeit unterliegen sie keinen Beschränkungen. Ihre staatliche Herkunft wird durch einen gültigen Personalausweis oder Reisepass dokumentiert (§ 2 FreizügG/EU).

Definition

Freizügigkeit ist das Recht auf freie Wahl des Wohn- und Aufenthaltsortes.

Nach der Einreise in Deutschland müssen sie sich, genauso wie die deutschen Staatsbürger, beim zuständigen Einwohnermeldeamt anmelden. Daraufhin erhalten sie eine Bescheinigung über ihr Aufenthaltsrecht (Freizügigkeitsbescheinigung). Diese Bescheinigung hat einen **deklaratorischen** Charakter, das bedeutet, dass das Fehlen einer solchen Bescheinigung keine Auswirkungen auf die Rechte hat, zum Beispiel einen Arbeitsvertrag abzuschließen.
Auf Antrag wird nach fünf Jahren Aufenthalt in Deutschland eine Bescheinigung des Daueraufenthalts ausgestellt. Familienangehörige, die nicht Unionsbürger sind, erhalten eine Aufenthaltskarte (nach fünf Jahren: Daueraufenthaltskarte).

Im fachlichen Kontext

Freizügigkeitsbescheinigung

Für die Freizügigkeitsbescheinigung gibt es kein vorgegebenes Format; dies dokumentiert die relativ geringe Bedeutung (vgl. 5.1.2 der Allgemeinen Verwaltungsvorschrift zum Freizügigkeitsgesetz/EU). Folgende Hinweise sind zu beachten:

5.1.2.1 Durch die Angabe der Nummer des Identitätsdokuments des Inhabers sollte der Bezug zum Personaldokument hergestellt werden. Artikel 8 Absatz 2 Satz 2 Freizügigkeitsrichtlinie sieht vor, dass die Bescheinigung Name und Anschrift sowie Zeitpunkt der Anmeldung angibt.

5.1.2.3 Die Bescheinigung ist regelmäßig ohne Angabe eines Gültigkeitszeitraums auszustellen. Da die Freizügigkeitsrichtlinie ausdrücklich eine Anmeldebescheinigung vorsieht, der ein Gültigkeitszeitraum naturgemäß fremd ist, sollte nur in Ausnahmefällen ein Gültigkeitszeitraum vermerkt werden. Dies ist dann denkbar, wenn z. B. der geplante Aufenthalt von vornherein vorübergehender Natur ist.

5.1.3 Muster der Bescheinigung:
Kopfbogen der ausstellenden Behörde

Bescheinigung gemäß § 5 Absatz 1 Freizügigkeitsgesetz/EU

Name, Vorname: ____________________

Geburtsdatum: ____________________

Staatsangehörigkeit: ____________________

Anschrift: ____________________

Zeitpunkt der Anmeldung: ____________________

Die Inhaberin/der Inhaber dieser Bescheinigung ist Staatsangehörige/r eines Mitgliedstaates der Europäischen Union oder der Europäischen Gemeinschaft und nach Maßgabe des Freizügigkeitsgesetzes/EU zur Einreise und zum Aufenthalt in der Bundesrepublik Deutschland berechtigt.

(Der Inhaber/die Inhaberin dieser Bescheinigung benötigt zur Aufnahme einer unselbständigen, arbeitsgenehmigungspflichtigen Erwerbstätigkeit eine Arbeitserlaubnis- oder Arbeitsberechtigung-EU.)
Diese Bescheinigung gilt nur in Verbindung mit folgendem Identitätsdokument der Inhaberin/des Inhabers:

....
Bezeichnung des Dokuments; Seriennummer

Im Auftrag
(Siegel)

....
Datum, Unterschrift

Ausnahmen von der Freizügigkeit

Die EU wurde 1957 als Europäische Wirtschaftsgemeinschaft gegründet. Seither hat es sechs Erweiterungsrunden gegeben und die Zahl der Teilnehmer ist dabei von sechs auf 27 Staaten gestiegen.
Die Bürger der jeweils neu der Europäischen Union beigetretenen Staaten sind zwar von Beitritt an EU-Bürger, bezüglich der Erwerbstätigkeit werden jedoch je nach den konkreten Bedingungen in den Beitrittsstaaten und den „Altländern" sogenannte Übergangsregelungen vereinbart. So traten Bulgarien und Rumänien im Jahr 2007 der EU bei; die vollständige Freizügigkeit für die Bürger dieser beiden Länder gilt erst seit dem 1.1.2014.

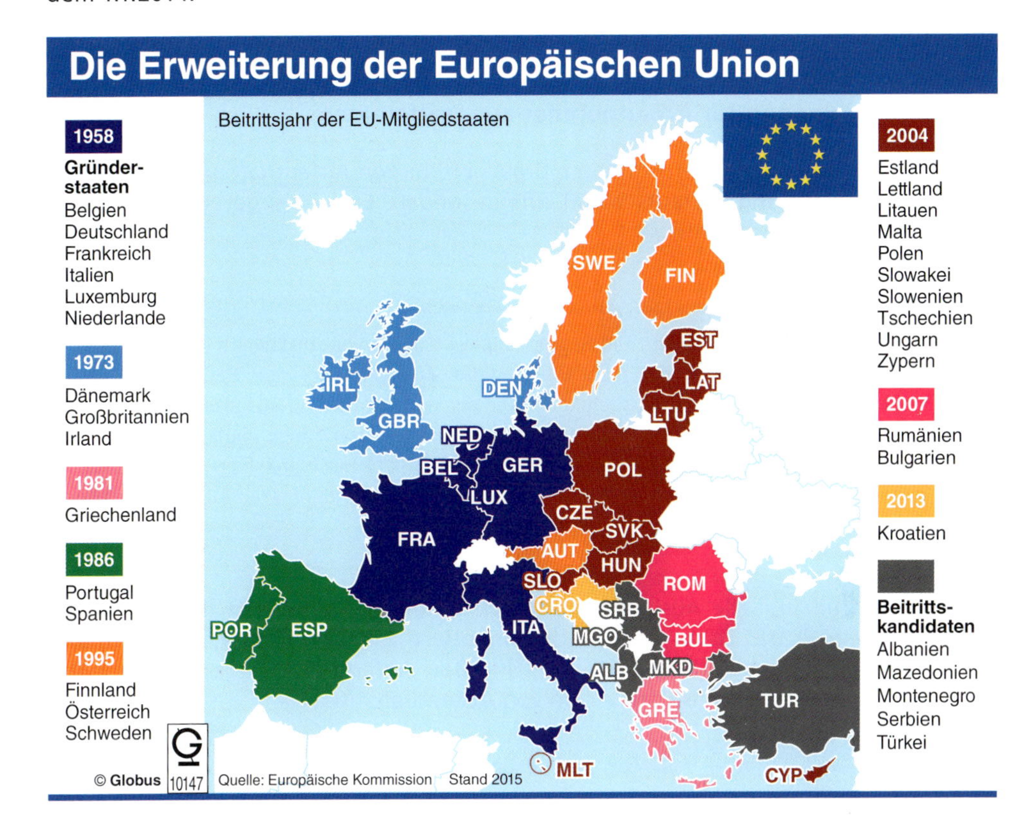

Im fachlichen Kontext

Einen **Antrag auf Beitritt** haben folgende Länder gestellt (Jahr des Antrags in Klammern): Albanien (seit 2014), Mazedonien (seit 2005), Montenegro (seit 2008), Serbien (seit 2012), die Türkei (seit 1999).

Zuletzt trat Kroatien der EU bei (Juli 2013). Ein kroatischer Staatsbürger kann zur Zeit (bis längstens 2020) in Deutschland nur dann einen Arbeitsvertrag abschließen, wenn eine sogenannte **Arbeitsgenehmigung-EU** vorhanden ist. Diese wird von der zuständigen Agentur für Arbeit erteilt.

Regelungen für Arbeitnehmer aus den Nicht-EU-Ländern Island, Liechtenstein, Norwegen, Schweiz

Weitgehend gleichgestellt mit den EU-Bürgern sind Staatsangehörige aus Island, Liechtenstein und Norwegen („EWR-Staaten"; § 12 Freizügigkeitsgesetz). Mit der Schweiz besteht ebenfalls ein Freizügigkeitsabkommen.

1.2.2.2 Regelungen für Arbeitnehmer aus Drittstaaten

Arbeitnehmer aus allen anderen Staaten brauchen für den Aufenthalt und die Aufnahme einer Beschäftigung in Deutschland eine besondere Erlaubnis; geregelt ist dies im Aufenthaltsgesetz (AufenthG).

§ 1 AufenthG: Zweck des Gesetzes; Anwendungsbereich

(1) Das Gesetz dient der Steuerung und Begrenzung des Zuzugs von Ausländern in die Bundesrepublik Deutschland. Es ermöglicht und gestaltet Zuwanderung unter Berücksichtigung der Aufnahme- und Integrationsfähigkeit sowie der wirtschaftlichen und arbeitsmarktpolitischen Interessen der Bundesrepublik Deutschland. Das Gesetz dient zugleich der Erfüllung der humanitären Verpflichtungen der Bundesrepublik Deutschland. Es regelt hierzu die Einreise, den Aufenthalt, die Erwerbstätigkeit und die Integration von Ausländern. Die Regelungen in anderen Gesetzen bleiben unberührt.

Grundsätzlich gilt für alle Ausländer aus Drittstaaten die **Passpflicht** (§ 3 AufenthG); damit wird jeweils das Herkunftsland dokumentiert. Zusätzlich muss das Recht zum Aufenthalt in Deutschland bescheinigt sein. Das Aufenthaltsgesetz unterscheidet neben dem **Visum** zur Einreise drei Arten von Aufenthaltstiteln:

Aufenthaltserlaubnis	§ 7	(1) Die Aufenthaltserlaubnis ist ein befristeter Aufenthaltstitel. Sie wird zu den in den nachfolgenden Abschnitten genannten Aufenthaltszwecken erteilt.
Niederlassungserlaubnis	§ 9	(1) Die Niederlassungserlaubnis ist ein unbefristeter Aufenthaltstitel. Sie berechtigt zur Ausübung einer Erwerbstätigkeit (...)
Erlaubnis zum Daueraufenthalt-EG	§ 9a	(1) Die Erlaubnis zum Daueraufenthalt-EG ist ein unbefristeter Aufenthaltstitel. (...) Soweit dieses Gesetz nichts anderes regelt, ist die Erlaubnis zum Daueraufenthalt-EG der Niederlassungserlaubnis gleichgestellt.

Im fachlichen Kontext

Einreise ohne Visumpflicht

§ 41 Aufenthaltsverordnung: Vergünstigung für Angehörige bestimmter Staaten

(1) Staatsangehörige von Australien, Israel, Japan, Kanada, der Republik Korea, von Neuseeland und der Vereinigten Staaten von Amerika können auch für einen Aufenthalt, der kein Kurzaufenthalt ist, visumfrei in das Bundesgebiet einreisen und sich darin aufhalten. Ein erforderlicher Aufenthaltstitel kann im Bundesgebiet eingeholt werden.

(2) …

(3) Ein erforderlicher Aufenthaltstitel ist innerhalb von drei Monaten nach der Einreise zu beantragen. (…)

Während Niederlassungserlaubnis und Erlaubnis zum Daueraufenthalt-EU unbefristet sind und die Erwerbstätigkeit erlauben,[1] ist die Aufenthaltserlaubnis befristet (maximal drei Jahre) und zweckbezogen.

Zweck	Rechtsgrundlage
Zweck der Erwerbstätigkeit	§§ 18 bis 21 AufenthG
Aufenthalt aus völkerrechtlichen, humanitären oder politischen Gründen	§§ 22 bis 26 AufenthG
Aufenthalt aus familiären Gründen	§§ 27 bis 36 AufenthG
Aufenthalt zum Zweck der Ausbildung	§§ 16 bis 17 AufenthG

Der Vorteil gegenüber früheren Regelungen ist, dass in der Aufenthaltserlaubnis der Umfang der Rechte zur Erwerbstätigkeit bezeichnet sein muss, sodass für eine Klärung der Situation die Prüfung des Dokuments ausschlaggebend ist.
Zum 1. September 2011 wurde der sogenannte eAufenthaltstitel eingeführt. Die alten Titel behalten ihre Gültigkeit und werden nach und nach ersetzt.

[1] *Dies gilt uneingeschränkt, wenn die Titel in Deutschland erteilt wurden; auch die anderen EU-Länder können beispielsweise eine Erlaubnis zum Daueraufenthalt-EG erteilen, die in allen EU-Staaten gilt; für eine Erwerbstätigkeit in Deutschland muss in diesem Fall allerdings eine Arbeitserlaubnis von der Agentur für Arbeit eingeholt werden.*

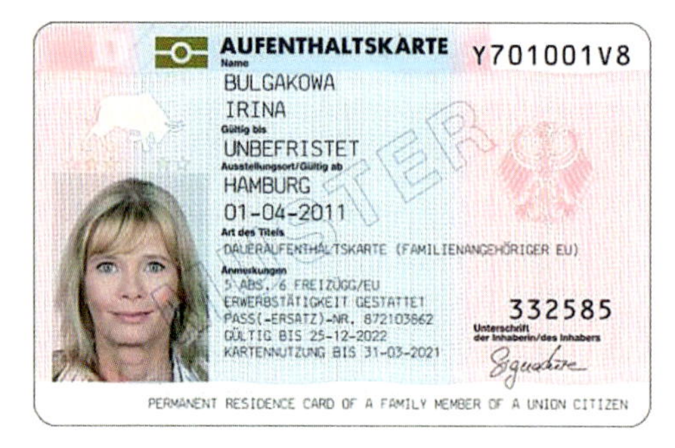

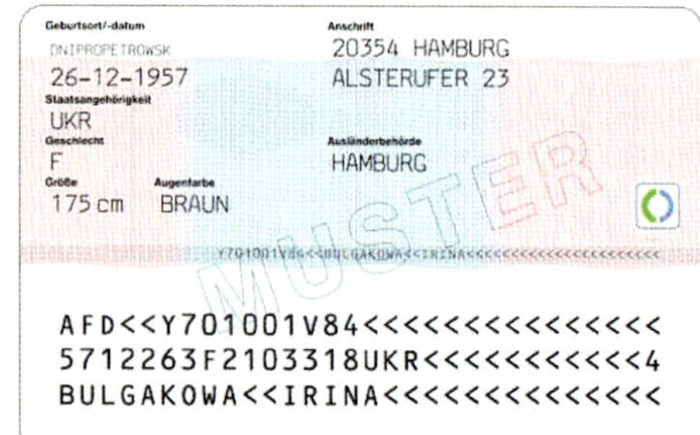

Muster des eAufenthaltstitels

Im fachlichen Kontext

Blue Card EU Germany

Die Blaue Karte EU gibt es in Deutschland seit 2012 als Aufenthaltstitel, der Bürgern eines Drittstaates die Erwerbstätigkeit in Deutschland gestattet. Sie richtet sich an hochqualifizierte Arbeitnehmer.

Recherchetipp

Weitere Informationen zur Blauen Karte EU finden Sie unter http://www.bamf.de/DE/Willkommen/Aufenthalt/WichtigeInformationen/wichtigeinformationen-node.html

Eine beliebige Erwerbstätigkeit ausüben dürfen Arbeitnehmer aus Drittstaaten mit folgenden Aufenthaltstiteln:

- Niederlassungserlaubnis,
- Erlaubnis zum Daueraufenthalt-EG,
- unbefristete Aufenthaltsberechtigung (erteilt nach der Rechtslage vor 2005),
- Inhaber einer gültigen Aufenthaltserlaubnis mit der Nebenbestimmung „Erwerbstätigkeit gestattet" bzw. „Beschäftigung gestattet",
- Inhaber einer Fiktionsbescheinigung, einer Duldung, einer Grenzübertrittsbescheinigung oder einer Bescheinigung über die Aussetzung der Vollziehbarkeit der Ausreise mit der Nebenbestimmung „Erwerbstätigkeit gestattet" bzw. „Beschäftigung gestattet".[1]

[1] *Vgl. Ausländerbehörde Berlin: Informationen zur Beschäftigung (Arbeitserlaubnis, Arbeitgeber), Landesamt für Bürger- und Ordnungsangelegenheiten, Berlin, unter: http://www.berlin.de/labo/auslaender/dienstleistungen/arbeitserlaubnis.html, zuletzt abgerufen am 14.05.2012*

Daneben kann die Erlaubnis zur Aufnahme einer Beschäftigung in konkreten Einzelfällen bei der zuständigen Ausländerbehörde beantragt werden, die im Rahmen des **One-Stop-Government** eine behördeninterne Abstimmung mit der Agentur für Arbeit durchführt.

Beispiel

Die Knock on Wood AG, ein mittelständisches holzverarbeitendes Unternehmen, sucht bereits seit einigen Monaten nach einem Techniker, der die Spezialmaschinen aus den USA programmieren und bedienen kann. Die Stelle kann auf dem hiesigen Arbeitsmarkt nicht besetzt werden. Die Geschäftsleitung nimmt daher Kontakt auf zu einem amerikanischen Unternehmen in Madison, Wisconsin, um dort nach einem entsprechenden Mitarbeiter zu suchen.

Daniel Stelter, 27 Jahre alt und qualifiziert, will die Gelegenheit nutzen und für zwei Jahre nach Deutschland wechseln. Am 1. Februar reist er in Deutschland ein. Als US-Amerikaner unterliegt er nicht der Visumspflicht. Daniel Stelter beantragt in Deutschland bei der örtlich zuständigen Ausländerbehörde einen Aufenthaltstitel mit dem Zweck der Erwerbstätigkeit. Die Ausländerbehörde leitet den Antrag von Daniel Stelter zusammen mit dem Arbeitsplatzangebot der Knock on Wood AG an die zuständige Stelle bei der Bundesagentur für Arbeit weiter (ZAV – Zentrale Auslands- und Fachvermittlung). Diese prüft, ob kein bevorrechtigter Arbeitnehmer für die konkrete Beschäftigung zur Verfügung steht (sog. Vorrangprüfung) und stimmt anschließend dem Antrag zu. Daniel Stelter erhält von der Ausländerbehörde eine zunächst auf ein Jahr befristete Aufenthaltserlaubnis zum Zweck der Erwerbstätigkeit und kann damit von der Knock on Wood AG (zunächst) für ein Jahr eingestellt werden.

Im fachlichen Kontext

Grundsätzlich können Drittstaatsangehörige nicht als Leiharbeitnehmer beschäftigt werden. Nur unter bestimmten Ausnahmebedingungen wird von diesem Grundsatz abgewichen.

Recherchetipp

Weitere Informationen finden Sie unter vgl. http://azf2.de/infomaterial/leitfaden-arbeitserlaubnisrecht/zugang-arbeitsmarkt-drittstaatsangehoerige/

1.2.2.3 Pflichten des Arbeitgebers

Verantwortlich für die Prüfung der Zulässigkeit der Beschäftigung ist der Arbeitgeber. Er muss überprüfen, ob die Beschäftigung eines Arbeitnehmers mit nicht deutscher Staatsangehörigkeit zulässig ist (§ 4 Absatz 3 Satz 4 AufenthG). Unterlässt er dies, kann ein Bußgeld verhängt werden (maximal 500 000,00 €).

Der Arbeitgeber muss sich daher vergewissern, dass eine Einstellung und Beschäftigung erlaubt ist. Dazu muss er sich den (gültigen) Pass sowie die jeweiligen Bescheinigungen und Aufenthaltstitel vorlegen lassen und Kopien für die Personalakten anfertigen.

Recherchetipp

Unter den Stichworten Arbeitsmarkt und Ausländerbeschäftigung stellt die Seite des Bundesministeriums für Arbeit und Soziales Informationen bereit: http://www.bmas.de.
Das Bundesamt für Migration und Flüchtlinge informiert sehr detailliert zu dem Thema: http://www.bamf.de/.
Praxisorientierte Informationen finden sich auf den Seiten der Industrie- und Handelskammern, z.B. unter: http://www.frankfurt-main.ihk.de/recht/themen/arbeitsrecht/beschaeftigung_auslaendischer_arbeitnehmer/.

1.2.3 Zeitliche Verfügbarkeit

Bewerber lassen sich nach ihrem aktuellen Erwerbsstatus unterscheiden:

- sie sind arbeitssuchend aus einer Nicht-Erwerbstätigkeit heraus (Wiedereinsteiger, Berufsrückkehrer),
- sie sind arbeitssuchend aus der Arbeitslosigkeit heraus;
- sie sind arbeitssuchend aus einer Anstellung heraus;
- sie sind arbeitssuchend im Anschluss an eine Ausbildung/ein Studium.

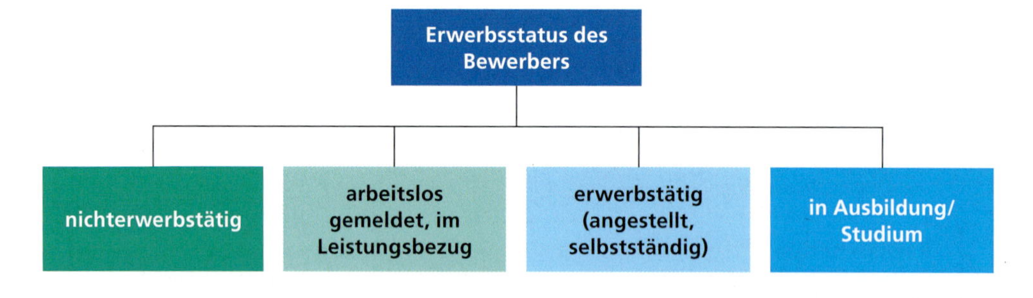

Der jeweilige Erwerbsstatus gibt einen Hinweis auf die zeitliche Verfügbarkeit des Bewerbers und ab wann er für eine Einstellung zur Verfügung steht:

- Bei Angestellten sind die Kündigungsfristen und etwaige Sperrvermerke zu beachten,
- bei Bewerbern in Ausbildung der Zeitpunkt der Beendigung der Ausbildung bzw. des Studiums.

Definition

Ein **Sperrvermerk** dient der Sicherstellung der Vertraulichkeit einer Bewerbung. Mit Formulierungen wie z.B. „Bitte behandeln Sie die Bewerbung vertraulich." oder „... ich möchte meinen aktuellen Arbeitgeber noch nicht nennen ..." zeigt der Bewerber, dass er sich bei seinem aktuellen Arbeitgeber noch nicht als wechselwillig offenbart hat. Sperrvermerke sind bindend für den Empfänger einer Bewerbung (das gilt auch für beauftragte Personalberater und **Head Hunter** und bei Chiffreanzeigen für den Verlag). Wird der Bitte um Vertraulichkeit nicht entsprochen, können Schadensersatzansprüche entstehen.

Die Verfügbarkeit wird darüber hinaus bestimmt durch die privaten Rahmenbedingungen sowie die Motive und Wünsche des Bewerbers.

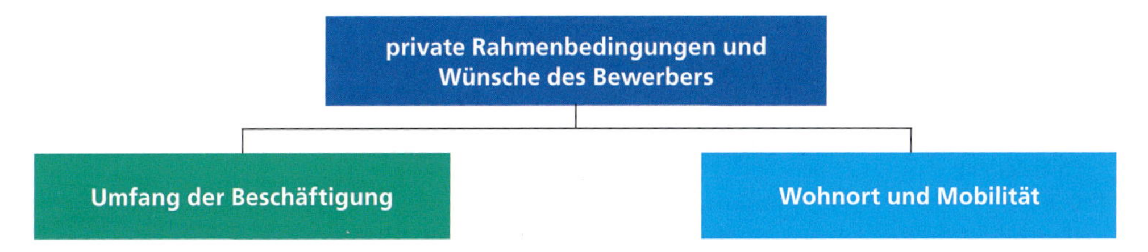

Der zeitliche Umfang der Beschäftigung kann sich auf eine Vollzeitstelle oder eine Teilzeitstelle beziehen. Die regionale Einsetzbarkeit ergibt sich aus dem Wohnort (Stadt, Land, Ballungsraum) und der Mobilität des Bewerbers (eigenes Fahrzeug, öffentliche Verkehrsmittel, Bereitschaft zum Wohnortwechsel).

1.3 Prüfung der Qualifikationen

LF 5, 2

Maßstab der inhaltlichen Prüfung von Initiativbewerbungen sind die in einem Unternehmen typischerweise angebotenen Aufgaben und Stellen. In den meisten Fällen gibt es keinen konkreten Vergleichsmaßstab wie etwa bei klassischen Bewerbungsverfahren, in denen nach einem Aufruf zur Bewerbung (Stellenausschreibung) mehrere Bewerbungen eingehen und im Hinblick auf die Stellenanforderungen untereinander verglichen werden können. Geprüft wird eine grundsätzliche, d. h. zunächst stellenunabhängige Eignung für betriebliche Aufgaben. Im Vordergrund stehen zunächst fachliche Aspekte der Kompetenz. Beispiele dafür sind:

- fachliche Voraussetzungen (Berufsausbildung, Studienabschluss, Schulabschluss),
- Qualifikationen und Fähigkeiten, die in dem Unternehmen regelmäßig gebraucht werden,
- besondere Stärken und Qualifikationen, die für die Zukunft des Unternehmens interessant sein können,
- besondere Entwicklungspotenziale des Bewerbers,
- Berufsausbildung, Studienabschluss, bestimmte Zertifikate, eintragungsfreies Führungszeugnis etc.

1.3.1 Art der Qualifikation

Die Ausübung einer (beruflichen) Aufgabe erfordert vom Handelnden verschiedene Fähigkeiten. Wird beispielsweise ein Disponent in einem Zeitarbeitsunternehmen damit beauftragt, geeignetes Personal für eine bestimmte Kundenanforderung zu beschaffen, muss dieser Disponent über verschiedene Fähigkeiten verfügen, um diesen Auftrag zu erfüllen:

- er braucht das Wissen über die Möglichkeiten zur Personalbeschaffung und -auswahl,
- er muss dieses Wissen anwenden können und
- sich entsprechend den (ausdrücklichen oder stillschweigenden) Regeln im Unternehmen und der Branche verhalten.[1]

Definition
Die aufgabenbezogene Kombination aus Wissen, Können und Verhalten ist die **Qualifikation** einer Person. Sie ist die Voraussetzung für den Zugang zu einem Beruf oder für den Aufstieg in eine bestimmte Position.[2]

Die drei Qualifikationselemente lassen sich genauer erfassen; so gibt es etwa Wissensbereiche, die sich speziell auf eine Aufgabe beziehen und andere, die tätigkeitsungebunden sind. Das Können kann sich auf motorische oder geistige Fertigkeiten beziehen. Das Verhalten umfasst zum einen das Arbeitsverhalten: also mit welcher Einstellung jemand an seine Aufgaben herangeht, und das Sozialverhalten: also die Art, mit anderen Menschen umzugehen.

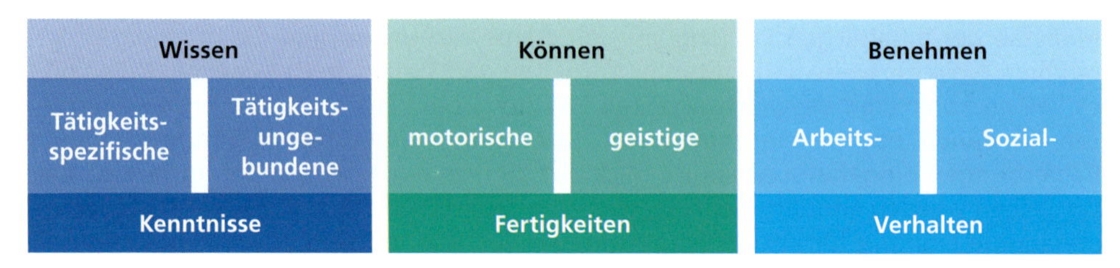

Quelle: Reiner Bröckermann, Personalwirtschaft. Lehr- und Übungsbuch für Human Resource Management. Schäffer-Poeschel: Stuttgart, 5. A., S. 40

Eine andere Art der Unterscheidung bezieht sich auf die Trennung zwischen fachlichen und überfachlichen Qualifikationen. Letztere werden auch als Soft Skills und Schlüsselqualifikationen bezeichnet:

---

[1] *Quelle: Reiner Bröckermann, Personalwirtschaft. Lehr- und Übungsbuch für Human Resource Management, Schäffer-Poeschel: Stuttgart, 5. A. 2009, S. 40.*

[2] *Diese Definition von Qualifikation ist seit den 1970er-Jahren in Deutschland gebräuchlich und entspricht weitgehend der Begriffsauffassung der europäischen Bildungsforschung; vgl. Mytzek, Ralf: Überfachliche Qualifikationen – Konzepte und internationale Trends; in: Hans-Jörg Bullinger, Ralf Mytzek, Beate Zeller (Hg.): Soft Skills. Überfachliche Qualifikationen für betriebliche Arbeitsprozesse. Bielefeld, Bertelsmann Verlag 2004, S. 19.*

Qualifikation[1]	
Fachliche Qualifikation	**Überfachliche Qualifikation**
„Fachliche Qualifikationen bezeichnen die Qualifikationen, die unmittelbar zur Ausübung einer beruflichen Tätigkeit benötigt werden. Sie werden schwerpunktmäßig in der beruflichen Ausbildung vermittelt und sind in der Regel leicht messbar und im Sinne formaler Qualifikationen zertifizierbar."	„Überfachliche Qualifikationen" bezeichnen die Fähigkeiten und Fertigkeiten, die zur Ausübung einer bestimmten Tätigkeit nicht unmittelbar notwendig sind, aber die Qualität und Effektivität ihrer Ausführung beeinflussen können und zur aktuellen und zukünftigen Beschäftigungsfähigkeit des Individuums beitragen können."
Hard Skills	**Soft Skills und Schlüsselqualifikationen**

Im fachlichen Kontext

Begriffsabgrenzungen: Qualifikationen und Kompetenzen

Der Begriff **Qualifikation** wird schon sehr lange für die Summe der Fähigkeiten einer Person verwendet, eine bestimmte Arbeitstätigkeit auszuüben. Die Arbeitswelt ist jedoch nicht statisch; Schlagwörter zur Beschreibung der aktuellen grundlegenden Veränderungen in der Wirtschaftswelt sind Dezentralisierung, Globalisierung, Technisierung, Kundenorientierung, Dienstleistungsorientierung. Diese Veränderungen führten und führen zu sich ändernden Anforderungen an die Mitarbeiter. Sie müssen zunehmend mit unübersichtlicheren Arbeitszusammenhängen und nicht präzise beschriebenen Arbeitsaufgaben klarkommen; sie müssen mehr mit anderen kommunizieren und gegebenenfalls sogar in anderen Arbeitsfeldern tätig werden usw.

Ein Reflex auf die dynamische Entwicklung der Arbeitswelt findet sich (auch) in den Begriffen wieder, mit denen die Anforderungen an Mitarbeiter beschrieben werden. Seit Anfang der 1990er-Jahre wird zunehmend der Begriff **Kompetenz** herangezogen, um die Fähigkeiten bzw. Befähigungen für die Ausübung einer Tätigkeit zu beschreiben. Kompetenz stellt die Person inklusive ihrer Ziele und Werte in den Mittelpunkt; sie beinhaltet die Fähigkeit, sich selbst zu organisieren und selbst Lernprozesse anzustoßen. Damit ist Kompetenz weit mehr als die formal vermittelte Bildung bzw. Qualifikation, schließt diese aber ein. Häufig werden vier Kompetenzbereiche (siehe Abbildung) unterschieden, die in der Summe die Handlungskompetenz eines Individuums ausmachen.

[1] *Beide Zitate aus Mytzek, Ralf: Überfachliche Qualifikationen – Konzepte und internationale Trends; in: Hans-Jörg Bullinger, Ralf Mytzek, Beate Zeller (Hrsg.): Soft Skills. Überfachliche Qualifikationen für betriebliche Arbeitsprozesse. Bielefeld, Bertelsmann Verlag, 2004, S. 20*

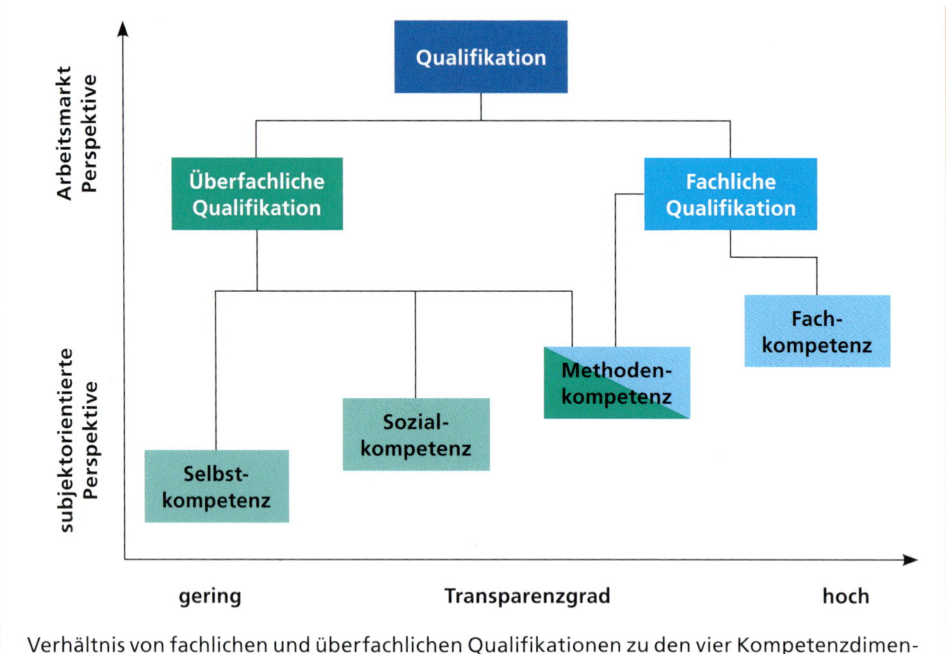

Verhältnis von fachlichen und überfachlichen Qualifikationen zu den vier Kompetenzdimensionen

Quelle: Mytzek, Ralf: Überfachliche Qualifikationen – Konzepte und internationale Trends, in: Soft Skills. Überfachliche Qualifikationen für betriebliche Arbeitsprozesse, hrsg. v. Bullinger, Mytzek, Zeller, Bielefeld, Bertelsmann Verlag, 2004, S. 21

Während die fachlichen Qualifikationen häufig durch bestimmte Nachweise (vgl. nächster Abschnitt) belegt werden können, müssen die überfachlichen Qualifikationen meist „zwischen den Zeilen" bzw. aus dem bisherigen Werdegang erschlossen werden. Eine Grundlage dafür bilden:

- die Art der Tätigkeiten und Stellen nach ihrer Art und jeweiligen Dauer,
- das Ausmaß der Branchenerfahrungen,
- die Teilnahme an Fortbildungen,
- sonstige Aktivitäten, die die Qualifikation beeinflussen, wie etwa ehrenamtliches Engagement oder Auslandsaufenthalte.

LF 5, 2.2.3 Grundlage für die Prüfung der Qualifikationen eines Bewerbers sind insbesondere der Lebenslauf und die vorgelegten Qualifikationsnachweise. Die Ergebnisse der Prüfung und Analyse werden im Qualifikationsprofil zusammengefasst.

1.3.2 Nachweise der fachlichen Qualifikation: Bescheinigungen, Zeugnisse, Zertifikate

Hinweise auf Art und Ausmaß der Qualifikationen geben die vergangenen Tätigkeiten des Bewerbers (Lebenslauf) sowie vorgelegte Qualifikationsnachweise. Dazu gehören Bescheinigungen, Zeugnisse und Zertifikate.

- **Bescheinigungen** sind durch staatliche Organe (Ämter) oder auf der Grundlage einer Verordnung ausgestellte Urkunden; sie bestätigen das Vorliegen eines bestimmten Sachverhalts und dienen u.a. als Befähigungs- und Sachkundenachweis. Beispiele: Führerschein („Fahrerlaubnis"), Schweißerschein, Bescheinigung nach dem Infektionsschutzgesetz, polizeiliches Führungszeugnis, Bescheinigung über die Teilnahme an einem Erste-Hilfe-Lehrgang durch einen autorisierten Veranstalter (Nachweis der Unterweisung nach § 2 StVG), Urkunde der VBG über den erfolgreichen Abschluss der PDK-Seminare.
- **Zeugnisse** enthalten Leistungsbeurteilungen wie beispielsweise im Schulzeugnis oder im Arbeitszeugnis.
- **Zertifikate** sind Nachweise über bestimmte Befähigungen[1], die zum Beispiel durch die Teilnahme an einer bestimmten Fortbildung oder Zusatzausbildung erlangt werden. Im Unterschied zu den Zeugnissen enthalten sie häufig keine differenzierte Darstellung der individuellen Leistung. Beispiele für sind etwa IHK-Zertifikate, der Europäische Computerführerschein ECDL (European Computer Driving Licence) oder das KMK-Fremdsprachenzertifikat.

Es gibt eine unübersehbare Anzahl an Weiterbildungen und Fortbildungen, in denen Arbeitnehmer bestimmte Qualifikationen erwerben können. Ein Teil davon unterliegt der staatlichen Regelung; dazu gehören etwa die schulischen Ausbildungen, die Berufsausbildungen sowie staatlich anerkannte Fort- und Weiterbildungen. Daneben gibt es Fort- und Weiterbildungen durch Branchenverbände, Berufsverbände, Berufsgenossenschaften sowie ein weites Feld von Angeboten privater Bildungseinrichtungen. Viele Anbieter vergeben eigene Nachweise in Form von Zertifikaten und Bescheinigungen. Bei der Analyse der vorgelegten Qualifikationsnachweise sollte man folgende Hintergrundinformationen einbeziehen:

- staatliche Anerkennung der Ausbildung bzw. Fortbildung,
- Dauer der Aus- und Fortbildung,
- Inhalte der Aus- und Fortbildung,
- Art und Inhalt der Prüfung,
- Anerkennung in der jeweiligen Branche,
- Erfahrung und Image des Bildungsträgers etc.

Recherchetipp

Eine Liste mit den staatlich anerkannten Ausbildungsberufen in Deutschland findet sich beim Bundesinstitut für Berufsbildung (http://www2.bibb.de/tools/aab/aabberufeliste.php) sowie im BERUFENET der Bundesagentur für Arbeit (http://berufenet.arbeitsagentur.de/berufe).
Die Seite des Weiterbildungsportals Ruhr Ost enthält Informationen über öffentlich-rechtlich anerkannte Fortbildungsabschlüsse: http://www.proweiterbildung.de/cgi-bin/contray/contray.cgi?DATA=&ID=000009001014&GROUP=006.

[1] *Lateinisch: certus = sicher, bestimmt*

Im fachlichen Kontext

Anerkennung ausländischer Qualifikationen

Seit 2012 gibt es mit dem Anerkennungsgesetz eine gesetzliche Grundlage für die Anerkennung ausländischer Berufsabschlüsse. Am häufigsten sind Anträge und Anerkennungen in medizinischen Berufen. Die meisten Antragsteller kommen aus Polen, Rumänien und aus der Russischen Föderation.

Abbildung 18 Die 20 häufigsten Referenzberufe im Jahr 2013 (absolut)

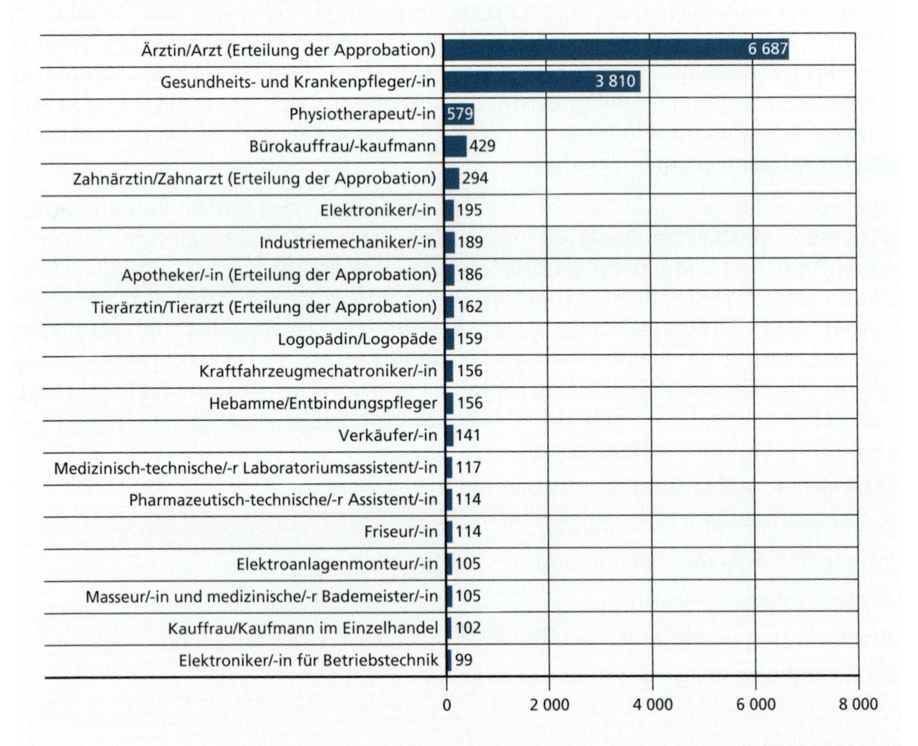

Quelle: Statistisches Bundesamt, Darstellung des BIBB, gemeldete Verfahren 2013.

Quelle: Bundesministerium für Bildung und Forschung, Bericht zum Anerkennungsgesetz 2015, Beschluss des Bundeskabinetts vom 10. Juni 2015, Seite 77, unter: http://www.bmbf.de/pub/bericht_zum_anerkennungsgesetz_2015.pdf zuletzt abgerufen am 05.11.2015

Recherchetipp

Unter dem Link www.bq-portal.de findet sich ein Informationsportal für ausländische Berufsqualifikationen.

1.4 Einstellungshemmnisse und Eingliederungshilfen

Ein Einstellungs- bzw. Vermittlungshemmnis ist ein Umstand, der in der Person des Bewerbers begründet ist und einer Einstellung entgegensteht. Es geht dabei nicht darum, dass das Unternehmen aktuell keine Stelle für den Bewerber hat, sondern um solche Aspekte, die einer Einstellung entgegenwirken, auch wenn eine solche Stelle gerade frei wäre.

1.4.1 Aufwand der Eingliederung und Einarbeitung

Personen, die eine längere Zeit nicht beschäftigt waren, beispielsweise wegen einer länger andauernden Familienphase oder einer Phase der Arbeitslosigkeit, können besonderen Problemen beim Wiedereinstieg in den Arbeitsprozess ausgesetzt sein. Ggf. ist ihr berufliches Wissen nicht mehr auf dem aktuellen Stand oder sie brauchen mehr Unterstützung bei der Orientierung im neuen Unternehmen als ein kontinuierlich beschäftigter Arbeitnehmer. Es handelt sich dabei demnach nicht um nicht behebbare Mankos der Bewerber, denn prinzipiell können diese durch eine längere und/oder intensivere Einarbeitung ausgeglichen werden. Aus Sicht eines Arbeitgebers kann der Umstand allerdings zu einem Einstellungshemmnis werden, weil sein Aufwand höher ist, wenn er einen Mitarbeiter einstellt, der zunächst nicht die volle Leistungsfähigkeit hat. Um diesen Nachteil („Vermittlungshemmnis") auszugleichen, kann die Bundesagentur für Arbeit bei diesen Personengruppen durch finanzielle Förderungen derartige Einstellungshemmnisse kompensieren.

1.4.2 Eingliederungshilfen der Bundesagentur für Arbeit

Arbeitgeber können bei der Bundesagentur für Arbeit Zuschüsse für die Einstellung eines Arbeitnehmers beantragen, bei dem ein aus Sicht der Bundesagentur für Arbeit (BA) sogenanntes **Vermittlungshemmnis** vorliegt.

Definition
Die BA definiert **Vermittlungshemmnisse** als „Beeinträchtigung der Wettbewerbsfähigkeit im Vergleich zu anderen Bewerbern". Hat ein Arbeitsuchender mehrere solcher Beeinträchtigungen, spricht man von **multiplen Vermittlungshemmnissen**.

Dies können beispielsweise fehlende fachliche Kenntnisse, Fähigkeiten und Fertigkeiten oder fehlende persönliche Kompetenzen sein, es werden aber auch Merkmale wie das Alter oder die Dauer der Arbeitslosigkeit genannt (BA/RD NRW 2009). Vermittlungshemmnisse, die vom Arbeitsmarkt ausgehen, beispielsweise die regionale Arbeitsmarktstruktur oder die Arbeitsmarktsituation in einem bestimmten Berufsfeld, sollen nicht berücksichtigt werden (Winkler in Gagel, Bieback, § 217 Rz 5). Dies lässt sich in der Praxis jedoch oft nicht trennen, da persönliche Verhältnisse der Arbeitsuchenden häufig erst durch die Anforderungen des Arbeitsmarktes zu Vermittlungshemmnissen werden.

Tabelle 1

Inanspruchnahme einzelner Varianten des Eingliederungszuschusses (EGZ)

Zugänge 2007 bis 2010

	2007	2008	2009	2010*
EGZ für Arbeitnehmer mit Vermittlungshemmnissen	212.705	197.942	201.016	175.711
EGZ für behinderte Menschen	5.856	6.418	7.123	7.960
EGZ für Arbeitnehmer ab 50 Jahre	46.675	59.690	53.110	51.692
EGZ für behinderte Arbeitnehmer ab 50 Jahre	591	1.202	1.200	1.256
EGZ für jüngere Arbeitnehmer	487	3.821	3.711	3.714
EGZ-SB für Schwerbehinderte	11.445	12.500	11.091	10.996
Qualifizierungszuschuss (QZ) für jüngere Arbeitnehmer	42	517	441	397
Eingliederungsgutschein (EGG)	–	2.770	5.449	5.448

* 2010 vorläufige Zahlen.

Anmerkung: Für den Rechtskreis SGB II: Angaben ohne zugelassene kommunale Träger.

Quelle: Datawarehouse der Statistik der BA. © IAB

Quelle: Brussig, Schwarzkopf, Stephan, a: Eingliederungszuschüsse – Bewährtes Instrument mit vielen Varianten, Institut für Arbeitsmarkt- und Berufsforschung, unter: http://doku.iab.de/kurzber/2011/kb1211.pdf, zuletzt abgerufen am 07.05.2012

Eingliederungszuschuss

Beim Eingliederungszuschuss handelt es sich um eine nicht rückzahlbaren Förderung in Höhe von maximal 50 Prozent des berücksichtigungsfähigen Arbeitsentgelts sowie des pauschalierten Arbeitgeberanteils zur Sozialversicherung für maximal 12 Monate. Die konkrete Höhe und Dauer der Zahlung des Zuschusses ist abhängig von einer Einzelfallprüfung. Bei Einstellung von schwerbehinderten und besonders schwer betroffenen schwerbehinderten Personen sowie Personen über 50 Jahre kann mit höheren Zuschüssen auch über einen längeren Zeitraum gefördert werden. Ein Rechtsanspruch auf einen solchen Zuschuss besteht nicht. Wie bei vielen öffentlichen Fördermaßnahmen muss die Antragstellung vor Vorhabenbeginn, also vor der Einstellung erfolgen. Nach Auslaufen der Förderung besteht eine Nachbeschäftigungsfrist in gleicher Dauer wie der Förderzeitraum, maximal 12 Monate. Wird das Arbeitsverhältnis vor Ablauf dieser Frist beendet, müssen die Zuschüsse ggf. zurückgezahlt werden.

Antragsberechtigte	Arbeitgeber
Geförderter Personenkreis	Arbeitslose und von Arbeitslosigkeit bedrohte Personen • arbeitslos gemeldete Arbeitnehmer im Leistungsbezug des Arbeitslosengeldes I (§ 16 SGB III) • arbeitslos gemeldete Arbeitnehmer, die Grundsicherung erhalten (SGB II)[1]
Erforderliche Unterlagen	Arbeitsvertrag (Kopie), Auszug aus dem Handelsregister oder Gewerbeanmeldung
Verfahrensablauf	Anfordern des Antrags bei der Agentur für Arbeit; Antragstellung vor Vorhabenbeginn persönlich, schriftlich, telefonisch, per E-Mail bei der für den Arbeitnehmer zuständigen Stelle.

Maßnahmen beim Arbeitgeber (MAG)

Eine andere Möglichkeit der Förderung bietet die sog. MAG (Maßnahmen beim Arbeitgeber). Der Arbeitgeber kann einen Arbeitnehmer im Rahmen eines Betriebspraktikums für maximal vier Wochen im Unternehmen einsetzen. Ziele dieser Maßnahmen sind die Feststellung, Verringerung oder Beseitigung von Vermittlungshemmnissen, um dadurch die Eingliederungsaussichten zu verbessern. Ggf. entstehende Kosten des Arbeitnehmers können von der Agentur für Arbeit übernommen werden (z.B. Fahrtkosten, Kinderbetreuungskosten, Kosten für auswärtige Unterbringung).

Im fachlichen Kontext

Blick in die Praxis

Betriebe unterscheiden sich darin, wie sie neues Personal suchen und auswählen. Nicht immer können Eingliederungszuschüsse die gewünschte Wirkung entfalten; dabei lassen sich zwei idealtypische Konstellationen unterscheiden:
Im ersten Fall suchen Betriebe neue Mitarbeiterinnen und Mitarbeiter mit beträchtlichem Aufwand. Sie befassen sich eingehend mit den Bewerbern und absehbaren Entwicklungsperspektiven; nach der Einstellung erfolgt eine aufwendige Einarbeitungsphase. Wenn dann kurz vor dem Abschluss des Arbeitsvertrages über einen Eingliederungszuschuss entschieden wird, vermag diese Entscheidung die getroffene Personalauswahl kaum noch zu verändern. Denn schon während des Auswahlprozesses stehen Fragen der grundlegenden Eignung von Bewerbern für den Betrieb im Vordergrund. Dies schließt nicht aus, dass bisherige Erfahrungen mit Förderanträgen in den Auswahlprozess bereits mit einfließen (...).

[1] *Zur genauen Abgrenzung vgl. Bundesagentur für Arbeit, Begriff der Arbeitslosigkeit in der Statistik unter SGB II und SGB III, November 2004, im Internet unter http://statistik.arbeitsagentur.de/Statischer-Content/Grundlagen/Statistik-SGBII-SGBIII/Generische-Publikationen/Arbeitslosenbegriff-unter-SGBII-und-SGBIII.pdf, zuletzt abgerufen am 09.10.2012*

> In der zweiten Konstellation stellen Betriebe ihr Personal – insbesondere bei Arbeitsplätzen mit eher geringen Anforderungen – auf der Grundlage nur weniger Bewerbungen und vergleichsweise spärlicher Informationen über die Bewerber ein. Über die Qualität der Bewerber entscheiden sie nach kurzen Testphasen im Betrieb. Dabei stellt es auch kein Problem dar, sich von den neuen Beschäftigten nach kurzer Zeit wieder zu trennen. Unter den arbeitsmarktpolitischen Maßnahmen nutzen diese Betriebe häufig „Maßnahmen beim Arbeitgeber", also Betriebspraktika. Eingliederungszuschüsse sind aufgrund ihrer Nachbeschäftigungspflicht weniger gefragt (...).[1]

1.5 Bewerberprofile

Ein Bewerberprofil stellt die wesentlichen Eigenschaften eines Bewerbers zusammen. Für die Art der Darstellung gibt es kein allgemeingültiges Format. Aufbau und Inhalt eines Bewerberprofils müssen in erster Linie zweckdienlich sein, also möglichst alle relevanten Informationen übersichtlich zusammenfassen. Vor der Erstellung von Bewerberprofilen müssen somit Fragen nach Inhalt und Aufbereitungsform geklärt sein.

Leitfragen bei der Erstellung von Bewerberprofilen:
Welche Merkmale der Bewerber werden erfasst?
In welcher Form werden die Informationen dargestellt?

Definition
Ein **Bewerberprofil** ist die Zusammenstellung der wesentlichen Eigenschaften eines Bewerbers.

1.5.1 Inhalte

Die Inhalte des Bewerberprofils sollten sich an der Relevanz für eine Einstellung orientieren. Entsprechend des Aufbaus dieses Kapitels lassen sich dann folgende Bereiche unterscheiden:

- personenbezogene Angaben (Kontaktdaten, zeitliche Verfügbarkeit, etwaige Einstellungshemmnisse) und
- qualifikationsbezogene Angaben:
  - fachliche und
  - sonstige Eigenschaften und überfachliche Qualifikation (Soft Skills).

[1] *Quelle: Institut für Arbeitsmarkt- und Berufsforschung (IAB), IAB-Kurzbericht, Dezember 2011, unter: http://doku.iab.de/kurzber/2011/kb1211.pdf, abgerufen am 17.09.2012*

personenbezogene Angaben

- Kontaktdaten
- Verfügbarkeit
- ...

Qualifikationsprofil

- Tätigkeiten
- Nachweise
- ...

sonstige Eigenschaften/Soft Skills

- Kundenorientierung
- ...

Inhalte eines Bewerberprofils

1.5.1.1 Qualifikationsprofil

Ein Qualifikationsprofil soll auf einen Blick Auskunft über die fachlichen Qualifikationen des jeweiligen Bewerbers geben. Dargestellt werden häufig die Tätigkeiten, die ein Bewerber ausgeübt hat, sowie die Branchen. Wichtig sind zudem die verschiedenen Befähigungen und Berechtigungen, die durch die zugehörigen Nachweise belegt sind (z. B. Staplerschein).

Tätigkeiten	Staplerfahrer (Hochregal), Lagerhelfer, Hilfskraft, Gebäudereiniger, Lackierer
Branchen	Lebensmittelbranche Dienstleistungen Kfz-Lackiererei
Nachweise	Staplerschein (seit 2006)
Ausbildung	Lackierer
Fortbildungen	
Sonstige Kenntnisse	Textverarbeitungssoftware, Tabellenkalkulationsprogramm

Hinweis

Ein **Lebenslauf** listet die Qualifikationen chronologisch auf, ein **Qualifikationsprofil** fasst Qualifikationen nach ihrer Art zusammen. In manchen Tätigkeitsbereichen ist das Qualifikationsprofil Teil der Bewerbung (z.B. im Bereich Projektmanagement, bei Ingenieuren und Führungskräften).

1.5.1.2 Branchentypische überfachliche Qualifikationen

Untersuchungen lassen vermuten, dass Unternehmen bei den überfachlichen Qualifikationen auf eine relativ überschaubare Anzahl von Merkmalen achten. Hinsichtlich der geforderten Ausprägungen gibt es aber je nach Branche, Unternehmensgröße und Berufsgruppe Unterschiede.

Überfachliche Anforderungen für kaufmännische Bürotätigkeiten

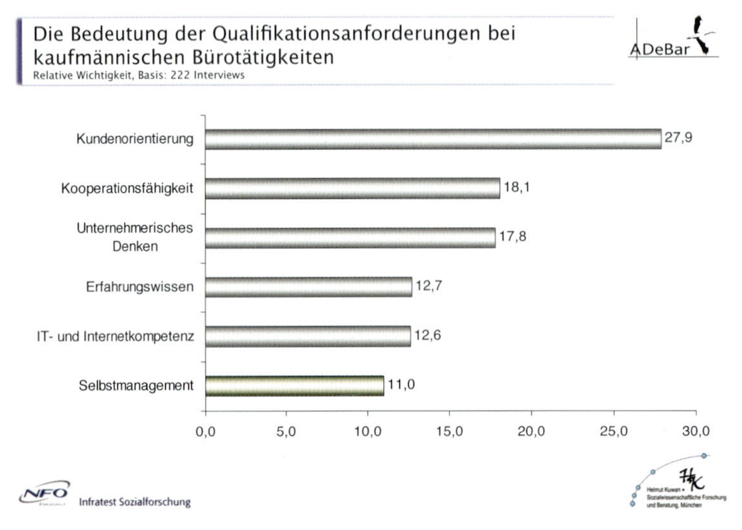

Quelle: Gensike, Miriam: Qualifikationsprofile im Bereich „Kaufmännische Tätigkeiten" – Ergebnisse der CONJOINT-Studie, München 2003, Fraunhofer Institut IAO, unter: http://www.frequenz.net/uploads/tx_freqprojerg/eb_kauf_conj_frequenz.pdf, zuletzt abgerufen am 07.05.2012

Überfachliche Anforderungen im Bereich Logistik

Befragt wurden Betriebe, die Logistik als Kern- oder als Nebengeschäft betreiben.

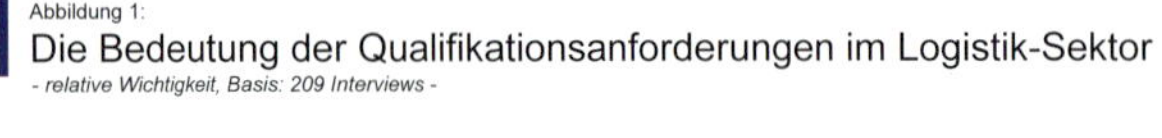

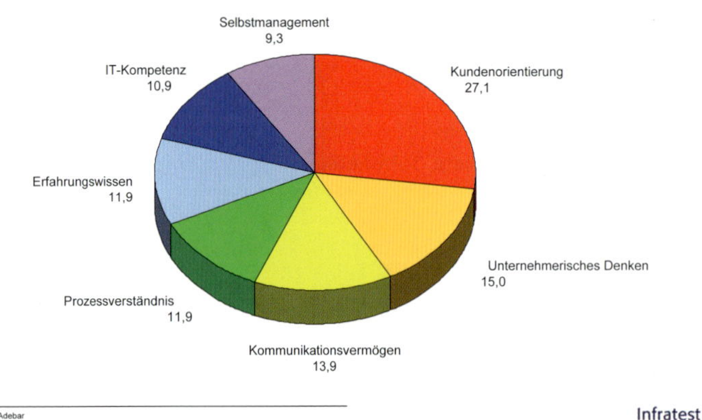

Quelle: Thum, Miriam: Qualifikationsprofile im Bereich „Logistik" – Ergebnisse der CONJOINT-Studie, München 2002, Fraunhofer Institut IAO, unter: http://www.frequenz.net/uploads/tx_freqprojerg/eb_Log_Conj27227.pdf, zuletzt abgerufen am 07.05.2012

Überfachliche Anforderungen im Bereich „Erneuerbare Energien"

Befragt wurden Personalverantwortliche in Betrieben, die Leistungen im Bereich erneuerbare Energien als Kerngeschäft anbieten oder eine eigene Abteilung in diesem Bereich haben.

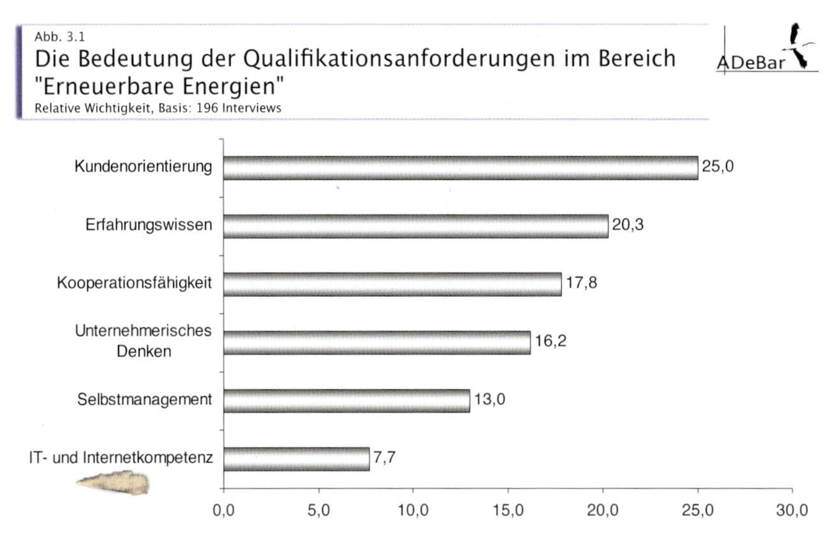

Quelle: Thum, Miriam: Qualifikationsprofile im Bereich „Erneuerbare Energien" – Ergebnisse der CONJOINT-Studie, München 2006, Fraunhofer Institut IAO, unter: http://www.frequenz.net/uploads/tx_freqprojerg/EB_EE-Conjoint_30.30194.pdf, zuletzt abgerufen am 07.05.2012

Recherchetipp

Das Forschungsnetzwerk Frequenz veröffentlicht Studien zum Thema Früherkennung von Qualifikationsanforderungen: http://www.frequenz.net.

1.5.2 Darstellungsalternativen

Die relevanten Merkmale der Bewerber können in unterschiedlichen Formen aufbereitet werden: in Form eines Textes, einer Tabelle oder als grafische Abbildung.

Beschreibung des Bewerberprofils in Textform

Die größte Gestaltungsfreiheit bietet die Zusammenstellung der wesentlichen Bewerbereigenschaften in Textform. Die Ergebnisse der Auswertung der Bewerbungsunterlagen werden in einem (kurzen) Text zusammengefasst. Es ist möglich und aufgrund der freien Form auch notwendig, individuell auf den jeweiligen Bewerber einzugehen. Der Zeitaufwand bei der Erstellung ist verglichen mit den anderen Darstellungsformen hoch. Diese Art von Bewerberprofilen wird selten eingesetzt. Beispiele sind Gutachten im akademischen Bereich.

Tabellarische Darstellung

LF 5, 2 Die tabellarische Darstellung erleichtert die Auswertung der Bewerbung, weil sie eine bestimmte Form und bestimmte Merkmale vorgibt. Einfache tabellarische Darstellungen geben die Merkmale vor und die Ausprägung einer vorliegenden Bewerbung können dann eingefügt werden. Neben dem oben genannten Beispiel (Abbildung „Inhalte eines Bewerberprofils" im Kapitel 1.5.1) gibt es weitere Möglichkeiten zum Aufbau einer Tabelle:

Name	Adresse	Alter	Erwerbs-status	Zeitliche Verfüg-barkeit	Fachliche Qualifi-kationen	Bran-chener-fahrun-gen	Über-fachliche Qualifi-kationen
Beispiel:							
Peter Jung	… Köln …	32	arbeits-suchend seit April …	Vollzeit ab sofort	Stapler-schein …	Logistik Handel …	zuver-lässig …

Beispiel für eine Bewerberübersicht (auch: Bewerberspiegel genannt)

LF 5, 2.3 Diese Art der Darstellung eignet sich besonders dann, wenn eine Übersicht über verschiedene Bewerber erstellt werden soll mit dem Ziel, diese zu vergleichen. Tabellarische Darstellungen können durch grafische Elemente noch übersichtlicher und aussagekräftiger gestaltet werden. Mithilfe der Ampelfarben grün – gelb – rot lassen sich besonders interessante und vorteilhafte bzw. unterdurchschnittliche Merkmalsausprägungen kennzeichnen. Bei der Aufbereitung von Initiativbewerbungen werden diese Möglichkeiten allerdings weniger genutzt; sie spielen eine größere Rolle bei anforderungsbezogenen Bewerbungsverfahren, bei denen mehrere Bewerber hinsichtlich ihrer Eignung für die Stelle verglichen werden.

Zusammenfassung

- Initiativbewerbungen werden aufgrund der Eigeninitiative des Bewerbers verschickt. Unterschieden werden Initiativbewerbungen und Blindbewerbungen. Aus Sicht des Unternehmens sind sie u.a. vorteilhaft, weil sie die Kosten für (zukünftige) Stellenbesetzungen senken können. Das setzt voraus, dass Initiativbewerbungen analysiert und ausgewertet werden.
- Die Motive der Initiativbewerber sind sehr unterschiedlich; aus Sicht des Unternehmens ist es wichtig, zu erkennen, ob eine Initiativbewerbung ernst gemeint ist. Auch bei Initiativbewerbungen muss der Arbeitgeber den Datenschutz beachten.

Initiativbewerbungen bearbeiten

Die formalen Einstellungs- und Vermittlungsvoraussetzungen prüfen	Die fachlichen und überfachlichen Qualifikationen prüfen
– Alter – Staatsangehörigkeit – Verfügbarkeit – Einstellungshemmnisse und Fördermöglichkeiten	– Nachweise (Bescheinigungen, Zeugnisse, Zertifikate) – Berufs- und Branchenerfahrung – Bisherige Tätigkeiten

Qualifikations- und Bewerberprofile erstellen
Über die Aufnahme in den Bewerberpool entscheiden

- Die Prüfung erfolgt anhand der vorliegenden Unterlagen; eine besondere Bedeutung kommt dabei den genannten Qualifikationen und den vorgelegten Nachweisen zu.

Qualifikationsnachweise		
Bescheinigungen • staatliche Befähigungs- und Sachkundenachweise	Zeugnisse • Schulzeugnisse • Arbeitszeugnisse	Zertifikate • private und staatliche Einrichtungen • unterschiedliche Bildungsinhalte

- Sind die Einstellungsvoraussetzungen nicht erfüllt und hat ein Bewerber nicht die für das Unternehmen richtigen Qualifikationen, ist es unnötig, die Bewerbungen weiter zu verfolgen und in den Bewerberpool aufzunehmen.
- Vorliegende Einstellungshemmnisse, die in der Person des Bewerbers begründet liegen, können einen höheren Einarbeitungsaufwand bedeuten. Unter bestimmten Voraussetzungen können dafür Fördermittel bei der Bundesagentur für Arbeit beantragt und bewilligt werden.
- Zusammengefasst werden die Ergebnisse der Sichtung von Initiativbewerbungen im Bewerberprofil bzw. Qualifikationsprofil, entweder in Form eines Textes („Gutachten") oder in tabellarischer Form.

Aufgaben

1. *Ein Freund, der weiß, dass Sie die Ausbildung zum Personaldienstleistungskaufmann/ -kauffrau absolvieren, fragt Sie um Rat: Er will sich initiativ bewerben und möchte wissen, wie er seine Chancen, bei einer Personalauswahl berücksichtigt zu werden, erhöhen kann.*
   a) Beraten Sie Ihren Freund ausführlich.
   b) Im Anschreiben formuliert Ihr Freund Folgendes:
   „Neben der fachlichen Qualifikation verfüge ich über ausgezeichnete EDV-Kenntnisse sowie eine überdurchschnittliche Kundenorientierung. Unternehmerisches Denken und selbstständiges Arbeiten sind für mich selbstverständlich."
   Raten Sie ihm, mit welchen Nachweisen er diese Aussagen unterlegen kann.

2. *Einer Initiativbewerbung liegt das Zertifikat „Der Kunde im Mittelpunkt" des Instituts für angewandte Konsumforschung IAK bei. Nennen Sie Kriterien für die Beurteilung der Aussagekraft dieses Zertifikats.*

3. *Sie wollen Abay Makeba einstellen, einen 32 Jahre alten Maschinenbauingenieur aus Südafrika. Herr Makeba hält sich seit zwei Monaten in Deutschland auf. Welche beiden der folgenden Unterlagen müssen Sie sich als Arbeitgeber zwingend von Herrn Makeba vor einer Einstellung vorlegen lassen?*
   a) Krankenversicherungsausweis
   b) Pass
   c) Sozialversicherungsausweis
   d) Schwerbehindertenausweis
   e) Aufenthaltstitel mit Erlaubnis zur Erwerbstätigkeit
   f) Visum

4. *Peter Jong, ein 25 Jahre alter US-Amerikaner, legt Ihnen im Einstellungsverfahren seinen Pass vor, der von heute an eine Gültigkeitsdauer von 11 Monaten hat. Sie wollen wegen der begrenzten Gültigkeitsdauer mit Herrn Jong einen befristeten Arbeitsvertrag abschließen.*
   Prüfen Sie, ob eine Befristung nach § 14 Absatz 1 TzBfG zulässig ist.

5. *Sie stellen eine Übersicht über die Aufenthaltstitel in Deutschland und die daraus folgenden Rechte zur Erwerbsstätigkeit zusammen. Sie unterscheiden zwischen folgenden drei Klassen:*
   (1) uneingeschränkte Erlaubnis zur Erwerbstätigkeit
   (2) eingeschränkte Erlaubnis zur Erwerbstätigkeit
   (3) keine Erlaubnis zur Erwerbstätigkeit
   Ordnen Sie die folgenden Aufenthaltstitel einer der oben genannten Erlaubnisklassen zu:

Aufenthaltstitel	Erlaubnisklasse/Erlaubnisumfang
a) Aufenthaltserlaubnis	
b) Niederlassungserlaubnis	
c) Visum	
d) Daueraufenthalt-EG	
e) unbefristete Aufenthaltsberechtigung	

6. *Sie betreuen ein Forum für Personalfragen im Internet; Ihnen liegt folgende Frage eines Teilnehmers vor: „Ich will einen Schüler, der am kommenden Montag 15 Jahre wird, als Bote einsetzen. Er soll montags, mittwochs und donnerstags zwischen 15 Uhr und 17:30 Uhr Post und Zeichnungen per Fahrrad zu verschiedenen Büros in der Innenstadt bringen und auch dort abholen. Was muss ich bei der Beschäftigung dieses Schülers beachten?" Als Quelle nutzen Sie unter anderem den § 5 des Jugendarbeitsschutzgesetzes.*

7. *Als Disponent/-in der Hansmann Personal GmbH wollen Sie Hans Küster als Lagerhelfer einstellen. Hans Küster ist 24 Jahre alt, er hat einen Hauptschulabschluss. Eine von fünf Jahren begonnene Lehre als Maurer hat er nach einem halben Jahr abgebrochen; anschließend hat er als Helfer auf dem Bau gearbeitet. Seit acht Monaten ist Hans Küster arbeitslos. Geben Sie eine begründete Empfehlung ab, ob und ggf. welche Eingliederungshilfe beantragt werden sollte.*

2 Bewerbungsunterlagen analysieren und bewerten

Einstiegssituation ▶

Die **Weise Personallösungen GmbH** sucht für einen Kunden einen Assistenten der Geschäftsleitung. Die **Presswerk AG** hatte bereits seit einiger Zeit verschiedene Möglichkeiten zur Personalbeschaffung genutzt, doch die Stelle konnte bislang nicht besetzt werden. Deshalb hat das Unternehmen nun die Weise Personallösungen GmbH mit der Personalsuche beauftragt. Verabredet wurde, dass die Weise Personallösungen GmbH die Stellenausschreibung veröffentlicht, die eingehenden Bewerbungen sichtet und prüft. Die Presswerk AG erwartet drei Vorschläge für Bewerbungsgespräche, die das Unternehmen selbst durchführen will. Der Geschäftsführer der Presswerk AG hat der Weise Personallösungen in Aussicht gestellt, bei einer erfolgreichen Arbeit in Zukunft häufiger auf die Dienstleistungen zurückzugreifen.

Mit dem Personalleiter und einem der drei Geschäftsführer der Presswerk AG wurde folgende Stellenausschreibung abgestimmt, die sowohl in der regionalen Tagespresse als auch auf den einschlägigen Jobportalen veröffentlicht wurde.

Die Weise Personallösungen GmbH ist ein kompetenter und engagierter Partner in allen Bereichen des Personalmanagements. Wir beraten unsere Kunden bei der Personalbeschaffung, der Personalvermittlung und dem Personaleinsatz.

Unser Kunde ist ein wirtschaftlich erfolgreiches mittelständisches, international tätiges Unternehmen im Bereich Maschinenbau mit mehreren Hundert Beschäftigten. Der Firmensitz befindet sich im Einzugsbereich des östlichen Ruhrgebietes. Gesucht wird eine

Assistenz der Geschäftsführung (m/w)

Ihre Aufgaben:
- administrative Entlastung der Geschäftsführung durch Übernahme der Leitung des vierköpfigen Sekretariats
- Vor- und Nachbereitung von Besprechungen, Verhandlungen, Dienstreisen
- Organisation von Veranstaltungen
- Führen der Korrespondenz in deutscher und englischer Sprache
- Erstellen von Präsentationsunterlagen
- Eigenverantwortliches Terminmanagement
- Erstellen und Pflegen von Statistiken und Analysen

Ihr Profil
- qualifizierte Schul- und Berufsausbildung
- sehr gute MS-Office Kenntnisse, Sinn für Zahlen
- sichere Englischkenntnisse in Wort und Schrift
- selbstständiges, sorgfältiges und ergebnisorientiertes Arbeiten
- Organisationsgeschick
- Einfühlungsvermögen und Teamfähigkeit
- Belastbarkeit
- positive Ausstrahlung und repräsentatives Auftreten

Wir erwarten Ihre vollständigen Bewerbungsunterlagen. Bitte geben Sie in Ihrem Anschreiben Ihre Gehaltsvorstellungen an. Wir sichern Ihnen die Beachtung eines Sperrvermerks zu.
Weise Personallösungen GmbH, Frau Kristiane Henning, ...

Zum Ende der Bewerbungsfrist liegen insgesamt 42 Bewerbungen vor. Der Auszubildende Marc Lengert der Weise Personallösungen GmbH ist der verantwortlichen Disponentin Frau Henning zugeordnet. Er soll Frau Henning bei dem weiteren Vorgehen unterstützen.

Arbeitsaufträge

1. *Leiten Sie die Probleme für die Weise Personallösungen GmbH aus der Ausgangssituation ab.*

2. *Machen Sie einen ersten Vorschlag für das Vorgehen in diesem Fall.*

Fortsetzung der Situation:

Der Auszubildende Marc Lengert soll die eingegangenen Bewerbungen analysieren und seine Ergebnisse vortragen und begründen. Aktuell liegt ihm folgende Bewerbung vor:

...

Sehr geehrte Damen und Herren,

ich möchte mich Ihnen als geeigneten Kandidaten für die ausgeschriebene Stelle als Assistent der Geschäftsführung vorstellen.

Nach erfolgreicher Berufsausbildung zum Kaufmann für Bürokommunikation wurde ich von meinem Ausbildungsbetrieb als Sachbearbeiter in der international ausgerichteten Einkaufsabteilung festangestellt. Berufsbegleitend habe ich mich zum Staatlich geprüften Betriebswirt Schwerpunkt Recht weitergebildet.

Meine besonderen Stärken sind eine schnelle und analytische Auffassungsgabe und ein ganzheitliches Prozessverständnis. Ich erledige meine Aufgaben mit Hingabe und großer Motivation. Dabei bin ich immer an Verbesserungsmöglichkeiten interessiert. Neue Aufgaben reizen mich sehr und meine Flexibilität erleichtert mir die Einstellung auf neue Situationen. Ich kann mich gut in Teams integrieren und habe Spaß im Umgang mit anderen Menschen. In meiner Freizeit organisiere ich seit einigen Jahren Partyevents in meiner Heimatstadt.

Ich möchte mich aus persönlichen Gründen gern verändern. Insbesondere möchte ich mich und meine Fähigkeiten weiter ausprobieren und Neues dazulernen und mich weiter entwickeln. Ich mag herausfordernde Aufgaben und wäre gern bereit, Verantwortung zu übernehmen. Ich lege Wert auf stabile Verhältnisse und möchte mich gern langfristig binden.

Für eine neue interessante Aufgabe wäre ich gern bereit, meinen aktuellen Arbeitsvertrag zu kündigen und ggf. mit meinem aktuellen Arbeitgeber über eine vorzeitige Auflösung des Vertrags zu verhandeln. Da er bislang von meinem Veränderungswunsch noch nicht unterrichtetet ist, bitte ich um vertrauliche Behandlung dieser Bewerbung.

Meine konkreten Gehaltsvorstellungen sind abhängig von den zukünftigen Aufgaben und dem Verantwortungsbereich. Ich würde dies gern mit Ihnen persönlich besprechen. Meine Vorstellung geht dahin, dass das Jahresbruttoentgelt 45.000,00 € nicht unterschreiten sollte.

Ich würde Ihnen gern für ein persönliches Gespräch zur Verfügung stehen und ich bitte Sie bei der Terminierung um eine Tagesrandzeit; damit ich den Termin mit meinen aktuellen beruflichen Aufgaben vereinbaren kann.

Mit freundlichen Grüßen

Curriculum Vitae

Persönliche Daten
Sebastian Funkel
geboren am 17. Sept. 1989 in Dortmund
wohnhaft in Dortmund
ledig

Ausbildung und beruflicher Werdegang

06/2009	Fachabitur am KK Berufskolleg in Dortmund
08/2009 – 07/2012	Ausbildung zum Kaufmann für Bürokommunikation Gröber Bad und Armaturen AG (Prüfungsnote 2)
seit 07/2012	Kaufmännischer Sachbearbeiter im Corporate Procurement-Team Gröber Bad und Armaturen AG

Fortbildungen und Weiterbildung

08/2012 – 05/2015	Weiterbildung zum Staatlich geprüften Betriebswirt Schwerpunkt Recht am KK Berufskolleg in Dortmund (Abschlussnote 2)
02/2013 – 08/2013	innerbetriebliche Fortbildung SAP R/3
11/2013 – 03/2014	Englische Briefkorrespondenz an der VHS Dortmund

Kenntnisse

Sprachen	Deutsch, Englisch
EDV-Kenntnisse	Grundlagen SAP R/3, Word, Power Point, Outlook, soziale Netzwerke

Sonstige Fertigkeiten und Hobbies

seit 2007	Organisation von Partyevents

Dortmund, den …
…

Arbeitsaufträge

3. *Informieren Sie sich in Kapitel 2.2 über die Analyse von Bewerbungen.*
4. *Erstellen Sie Checklisten für die Analyse des Anschreibens und des Lebenslaufs.*
5. *Analysieren Sie mithilfe der Checkliste das Anschreiben und den Lebenslauf.*
6. *Erstellen Sie ein Eignungsprofil für den Bewerber.*
7. *Angenommen, Sie haben drei weitere Bewerbungen, die in ihrer formalen und inhaltlichen Qualität mit der von Sebastian Funkel vergleichbar sind: Welche Gründe sprechen dafür und welche dagegen, Sebastian Funkel im weiteren Auswahlprozess zu berücksichtigen?*

2.1 Bearbeitungsprozess und Rahmenbedingungen bei der Personalauswahl

Es gibt viele Wege für ein Unternehmen, die richtigen Mitarbeiter zu finden und auszuwählen. Der „klassische" Weg ist die Analyse und Prüfung eingehender schriftlicher Bewerbungen nach einer Stellenausschreibung. Angesichts der dynamischen Entwicklungen im Bereich der elektronischen Medien und den Veränderungen auf dem Arbeitsmarkt ist dies aber nicht mehr der einzige und wohl auch nicht mehr der Hauptweg bei der Personalbeschaffung.
In den vergangenen Jahren hat sich vor allem durch den zunehmenden Einsatz von elektronischen Medien viel geändert, und es ist davon auszugehen, dass sich dieser Bereich auch in Zukunft dynamisch entwickeln wird; dabei scheint die „klassische" Papierbewerbung auf dem Rückzug zu sein (siehe „Im fachlichen Kontext: Aktuelle Entwicklungen").

Allerdings treffen diese Veränderungen nicht alle Unternehmen in allen Branchen und bei allen Berufen und gesuchten Qualifikationen gleichermaßen. So ist es beispielweise nicht für jedes Unternehmen lohnend, komplett online-basierte Recruiting-Management-Systeme zu betreiben, da sich nicht jede Berufsgruppe durch eRecruiting erreichen lässt.

Arten von Bewerbungen							
Bewerbung nach Aufforderung, Bewerbung ohne Aufforderung							
Wege der Bewerbung (schriftlich, elektronisch, telefonisch, persönlich/mündlich)							
Kurzbewerbung, vollständige Bewerbung							
„Klassische" schriftliche Bewerbung	Bewerbung mittels E-Mail	Bewerbung mit strukturiertem Online-Formular	Anonyme Bewerbung	Telefonische Bewerbung	Persönliche, mündliche Bewerbung	Initiativbewerbung	Blindbewerbung

Im fachlichen Kontext

Aktuelle Entwicklungen

Der Trend bei Bewerbungen geht eindeutig in Richtung zunehmender Bedeutung der elektronischen Bewerbungen. Regelmäßig erhebt das Centre of Human Resources Information Systems (CHRIS) der Unis Bamberg und Frankfurt/M. die aktuellen Entwicklungen bei der Mitarbeiterrekrutierung. Auf dem Vormarsch sind die sogenannten Formularbewerbungen, bei denen online mittels standardisierter Formulare die Bewerberdaten eingegeben werden. Besonders Großunternehmen haben eine ausgesprochene Präferenz für diese Bewerbungsform (s. Abbildung). Sie bildet die Grundlage für das sogenannte *Robot Recruiting*. In mittelständischen Unternehmen spielen dagegen Papierbewerbungen nach wie vor eine große Rolle.

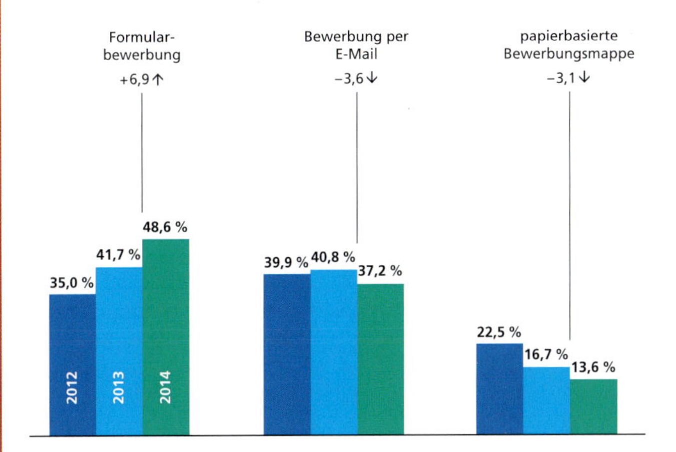

Quelle: Anteile der einzelnen Bewerbungsformen im Bewerbungseingang nach dem Ergebnisbericht „Recruiting Trends 2015 der Studienreihe des Centre of Human Resources Information System (CHRIS) der Universität Bamberg und der Monster Worldwide Deutschland GmbH, unter: https://www.uni-bamberg.de/fileadmin/uni/fakultaeten/wiai_lehrstuehle/isdl/Recruiting_Trends_2015.pdf, zuletzt abgerufen am 05.11.2015

Aktive und passive Stellensuche

Auch vonseiten der Bewerber ändert sich die Art der Jobsuche: Die passive Stellensuche wird immer beliebter. „Bewerber lassen sich laut der Studie heutzutage lieber von Unternehmen finden, als selbst aktiv zu werden. So stellen ca. drei Viertel der Befragten ihren Lebenslauf auf einer Internet-Stellenbörse online, ohne gezielt nach Jobangeboten zu suchen. Auch Social-Media-Anwendungen werden dazu genutzt, über das selbst gestaltete Profil von Unternehmen gefunden zu werden."[1]

Vom „Posting" zum „Sourcing"

Der Erfolg der passiven Stellensuche ist daran geknüpft, dass die Unternehmen ihre Beschaffungsstrategie ändern – sie müssen aktiv nach interessanten Bewerbern recherchieren und verlassen sich nicht darauf, Stellenangebote zu „posten". Die aktive Suche der Unternehmen kann sich sowohl bei besonders knappen Qualifikationen lohnen als auch bei häufig vorhandenen Qualifikationen. In beiden Fällen spart das Unternehmen (mindestens) die Kosten der Veröffentlichung einer Stellenausschreibung. Bei der Recherche im Internet spricht man auch vom Internet-Sourcing (auch: Scouting).

2.1.1 Bearbeitungsprozess der eingehenden Bewerbungen

Auch wenn es viele Arten und Wege der Bewerbung um eine Stelle gibt, so sind doch die grundlegenden Arbeitsschritte nach Eingang einer Bewerbung ähnlich: Das Unternehmen muss die Bewerbungen erfassen, ggf. den Erhalt bestätigen, die Bewerbungen analysieren und bewerten sowie entscheiden, ob Bewerber in den weiteren Personalauswahlprozess aufgenommen oder abgelehnt werden. Dabei hat es rechtliche und organisatorische Rahmenbedingungen einzuhalten (siehe auch 2.1.2).

Aufgaben bei der Bearbeitung von Bewerbungen:

- Erfassung der Bewerbersituation
- Erste Grobsortierung der eingegangenen Bewerbungen (A-, B-, C-Kandidaten)
- Vorbereitung der systematischen Analyse und Auswertung
- Durchführung der Analyse der Bewerbungsunterlagen
- Erstellung von Eignungsprofilen und Potenzialanalysen
- Erstellung einer Rangliste der geeigneten Bewerber
- Einladung der Bewerber zum Bewerbungsgespräch

[1] *Quelle: Job-Bewerber im Zeitalter des Web 2.0, classmarkets GmbH, unter: http://news.jobanzeigen.de/bewerbung/1013-job-bewerber-im-zeitalter-des-web-2-0, erschienen am 18.04.2011, letzter Zugriff am 14.05.2012*

Zunehmend werden bei den verwaltenden Tätigkeiten der Bewerbungsbearbeitung **Bewerbermanagementsysteme** eingesetzt, die voll- oder halbautomatisch bestimmte Tätigkeiten der Bewerberbearbeitung durchführen (Stichwort: *Robot Recruiting*). Grundlage für den Einsatz eines EDV-gestützten Bearbeitungssystems ist die Erfassung und Beschreibung aller Tätigkeiten, die im Zusammenhang mit der Bearbeitung von Bewerbungen stehen.

Beispiel

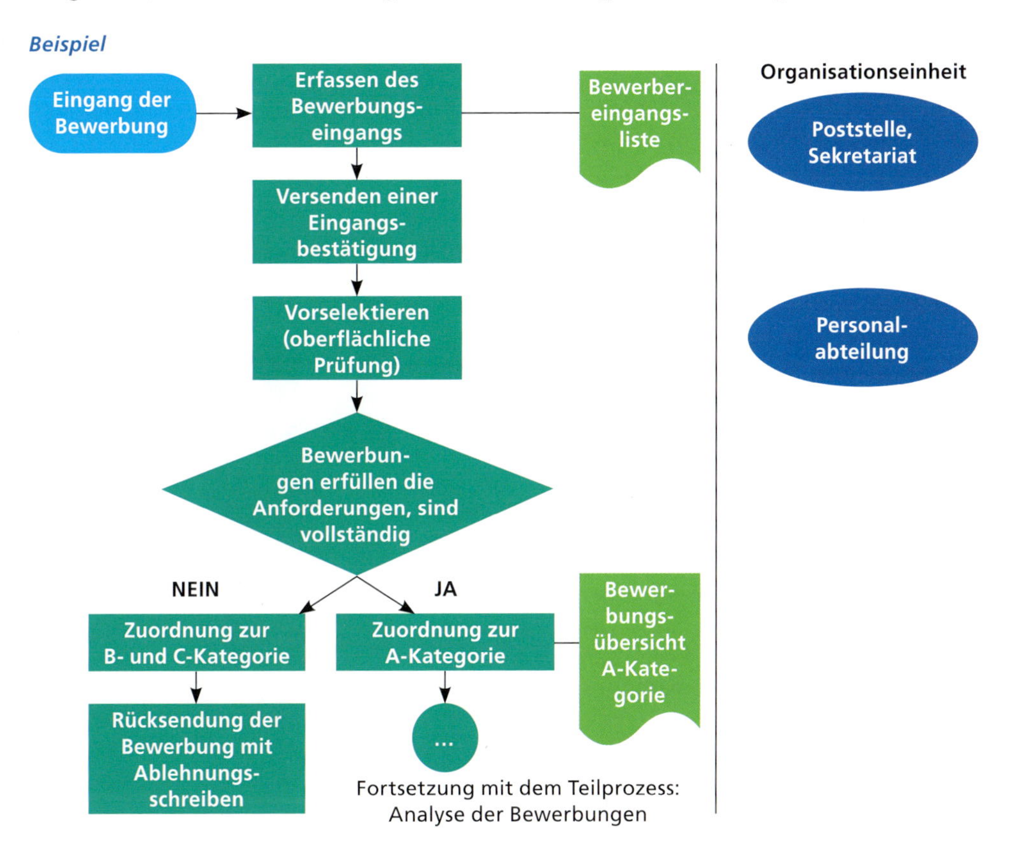

Darstellungsbeispiel für den Ablauf der Eingangsbearbeitung von Bewerbungen

Bd. 1, LF 2, 4.1.3

Der Ablauf des Bearbeitungsprozesses ist nicht in allen Unternehmen gleich gestaltet: Manche Unternehmen versenden beispielsweise zusammen mit der Eingangsbestätigung einen **Personalfragebogen**, der in strukturierter Form die persönlichen Daten und Merkmale zu Qualifikationen, Erfahrungen und der zeitlichen Verfügbarkeit abfragt. Eingesetzt wird dieser Bogen hauptsächlich, um die Angaben in standardisierter vergleichbarer Form vorliegen zu haben. Im Fall von strukturierten Online-Bewerbungen über die Homepage des Unternehmens ist dies nicht mehr notwendig. Andere Unternehmen versenden einen solchen Bogen nur an die Bewerber der A-Kategorie oder lassen den Bogen im Zusammenhang mit dem Vorstellungsgespräch ausfüllen.
Die **Rücksendung der Bewerbungsunterlagen** gehört nicht in allen Unternehmen zum Standardverhalten. Ein rechtlicher Anspruch auf Rücksendung ergibt sich aus den allgemeinen Sorgfaltspflichten im Zusammenhang mit dem Anbahnungsverhältnis (siehe auch 2.1.2); danach hat der sich auf eine ausgeschriebene Stelle Bewerbende einen

Anspruch auf kostenfreie Rücksendung; es sei denn, dies wird in der Stellenausschreibung bereits ausgeschlossen. Für ein Unternehmen ist die Rücksendung mit Kosten verbunden. Es sollte jedoch andererseits berücksichtigen, dass es mit seinem Verhalten sein Image als Arbeitgeber und Unternehmen beeinflusst.
Manche Unternehmen erfassen alle Bewerbungen im Bewerberpool. Dies ist rechtlich zulässig, wenn der Bewerber dazu seine Einwilligung gegeben hat. Diese kann telefonisch oder per E-Mail eingeholt werden.

Nicht jedes Bewerbungsverfahren ist erfolgreich: Findet sich bei den eingehenden Bewerbungen kein geeigneter Bewerber, kann das verschiedene Ursachen haben:

- zu dem Anforderungsprofil gibt es objektiv gesehen keinen geeigneten Bewerber,
- die in der Konzeption zur Personalgewinnung gewählte Suchstrategie hat die Zielgruppe nicht erreicht,
- die für die Personalauswahl eingesetzten Maßnahmen wie Analyse der Bewerbungsunterlagen und sich anschließendes Vorstellungsgespräch oder auch Assessment-Center waren nicht geeignet.

Der Sichtung und Bewertung der schriftlich vorliegenden Bewerbungen kommt dabei eine **Gatekeeper**-Funktion zu: Die weiteren Maßnahmen zur Personalauswahl können nur auf die Bewerber angewendet werden, die die erste Hürde bereits gemeistert haben; deren Bewerbungen also nicht durch den **Pförtner** der Bewerbungsanalyse aufgehalten wurden.

Einsatz externer Dienstleister

Bd. 1, LF 2, 2.3.1 ff.

Bei Bewerbungs- und Auswahlprozessen können in unterschiedlichem Umfang externe Dienstleister eingesetzt werden. Der Leistungsumfang kann dabei mannigfach gestaltet sein: Er kann sich beispielsweise auf die Planung und Umsetzung der Stellenausschreibung beschränken oder auch den gesamten Auswahlprozess betreffen, also das Bewerbermanagement vom Bewerbungseingang bis zur Vorauswahl geeigneter Kandidaten.

2.1.2 Rahmenbedingungen beim Umgang mit Bewerbungen

Die konkrete Gestaltung und Umsetzung des Bearbeitungsprozesses von Bewerbungen ist abhängig von den rechtlichen, organisatorischen und wirtschaftliche Bedingungen des Unternehmens.

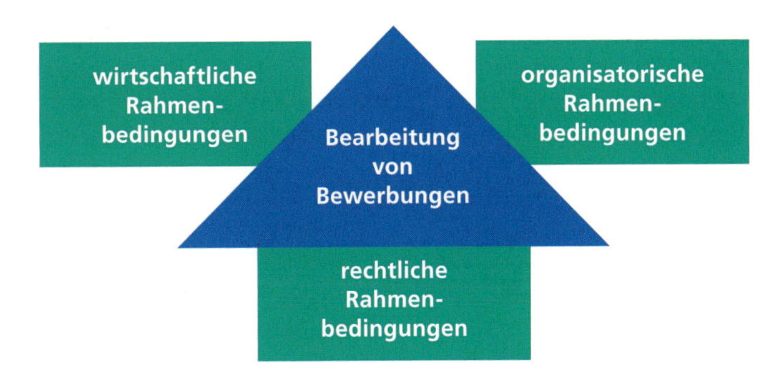

Die wirtschaftliche **Rahmenbedingungen** beziehen sich auf die Unternehmensbranche und die Arbeitgeberposition im Personalbeschaffungsmarkt. Dazu gehören beispielsweise das Arbeitgeberimage (externe Wahrnehmung des Unternehmens als Arbeitgeber; Employer Image) und die Häufigkeit und Verteilung der geforderten Qualifikationen und Kompetenzen. Diese Faktoren beeinflussen etwa die Menge und Qualität an eingehenden Bewerbungen.
Zu den **organisatorischen Rahmenbedingungen** gehören die Unternehmensgröße und -struktur (Filialbetrieb, zentrale/dezentrale Organisation), die Verteilung der Zuständigkeiten (Fachabteilungen, Personalabteilungen, Personaldisponenten), der Einsatz von EDV und ähnliches.
Rechtliche Regelungen gibt es zum einen in Richtung der Bewerber, zum anderen intern in Richtung des Betriebsrates.
Auch wenn es mit dem Bewerber noch keine vertragliche Grundlage gibt, existiert bereits ein vor-vertragliches Verhältnis, aus dem bestimmte Pflichten für den Arbeitgeber folgen. Hierbei handelt es sich um ein sogenanntes Anbahnungsverhältnis.

Entstehung eines Arbeitsverhältnisses aus rechtlicher Sicht			
Rechtsbeziehung	Anbahnungsverhältnis		Vertragsverhältnis
	„entsteht in der Regel mit der Ausschreibung“[1]		
Phase	Anwerbephase i. e. S.	Anbahnungsphase i. e. S.	Vertragsphase
Kennzeichen	Ausschreibung der Stelle	Verhandlungen zur vertraglichen Einigung	Abschluss des Arbeitsvertrags
Ziel	Herstellung eines geschäftlichen Kontakts	Einigung über die Vertragsinhalte	
Rechtsgrundlagen		Vorvertragliches Schuldverhältnis nach § 241 Abs. 2 und § 311 Abs. 2 BGB	(Dauer-) Schuldverhältnis nach BGB
Pflichten	Allgemeine Sorgfaltspflichten und Rücksichtnahmepflichten	wechselseitige Fürsorge-, Sorgfalts-, Loyalitäts- und Aufklärungspflichten	Vertragliche Haupt- und Nebenpflichten

[1] *Quelle: Küfner-Schmitt, Irmgard: Arbeitsrecht. Prüfungswissen, Multiple-Choice-Tests, Klausurfälle, Verlag Haufe, 6. Aufl., 2008, S. 32.*

Die allgemeinen und wechselseitigen Sorgfaltspflichten beziehen sich auf den gesamten Verlauf des Bewerbungsverfahrens, sie beeinflussen auch das Fragerecht des Arbeitgebers im Vorstellungsgespräch. Dieser Punkt wird im nachfolgenden Kapitel genauer dargestellt. Folgende konkrete Pflichten hat der Arbeitgeber zu beachten[1]:

Pflichten in der frühen Phase des Bewerbungsverfahrens	Pflichten im weiteren Verlauf des Bewerbungsverfahrens
• Pflicht zur Verschwiegenheit über die Inhalte der Bewerbung • Gewährung des Zugangs zu den Bewerbungsunterlagen nur für mit der Einstellung befasste Personen • Pflicht zum Ersatz der Kosten im Zusammenhang mit der Einladung zum Bewerbungsgespräch, es sei denn, der Arbeitgeber hat dies bei der Einladung ausgeschlossen	• Informationspflichten über Arbeitsbedingungen und Anforderungen der Stelle • Aufklärung über Anforderungen über das „übliche" Maß hinaus (Auslandsdienstreisen, Abwesenheitszeiten vom Wohnort) • Aufklärung über Unfall- und Gesundheitsgefahren und Maßnahmen zur Gefahrenabwehr • Information über Umstände, die zu einer vorzeitigen Beendigung des Arbeitsverhältnisses führen können • Information über ggf. bestehende Unsicherheiten, der Vergütungspflicht nachzukommen (das bedeutet nicht gleichzeitig, dass der Arbeitgeber die wirtschaftliche Situation des Unternehmens darstellen muss) • Information über geplante organisatorische Änderungen, wenn dadurch bedingt der Arbeitsplatz entfällt • Verbot, falsche Erwartungen hervorzurufen (z. B. Arbeitsvertrag in Aussicht stellen, sodass der Arbeitnehmer sein derzeitiges Beschäftigungsverhältnis beendet)

Zur Sorgfalt verpflichtet ist auch der Arbeitnehmer. In dieser frühen Phase des Einstellungsverfahrens (Abgabe einer Bewerbung) geht es vor allem darum, dem Arbeitgeber alle für die Bewertung der Eignung notwendigen Informationen zur Verfügung zu stellen. Dazu gehören auch Informationen über die zeitliche Verfügbarkeit (z. B. bereits feststehender Termin für eine OP) und Tätigkeitsverbote (z. B. durch Wettbewerbsverbot im Vertrag mit dem aktuellen Arbeitgeber).
Manche Bewerber bitten in ihren Anschreiben ausdrücklich um **vertrauliche Behandlung**. Sie wollen sich dagegen absichern, dass ihr aktueller Arbeitgeber von ihren Bewerbungsaktivitäten erfährt. Der Empfänger muss dieser Bitte nachkommen (Fürsorgepflicht im Anbahnungsverhältnis). Andernfalls kann er sich sogar schadensersatzpflichtig machen. Bei Chiffre-Ausschreibungen und Einsatz von Personalvermittlern und anderen Personaldienstleistern kommt gegebenenfalls der sogenannte **Sperrvermerk** zum Einsatz. Der Bewerber verhindert damit, dass die Bewerbung an einen Empfänger weitergeleitet wird, der nicht gewünscht ist.

---

[1] *Zusammengestellt nach Bundesministerium für Arbeit und Soziales (Hrsg.): Übersicht über das Arbeitsrecht/Arbeitsschutzrecht, 4. Aufl., 2010, S. 22 ff.*

Der **Betriebsrat** muss vom Arbeitgeber vor jeder geplanten Einstellung unterrichtet werden (§ 99 Absatz 1 Satz 1 BetrVG). Dazu gehört, dass die Bewerbungsunterlagen vorgelegt werden und ggf. weitere Auskünfte gegeben werden. Der Betriebsrat muss einer Einstellung zustimmen. In größeren Unternehmen, auch in der Personaldienstleistungsbranche, gibt es standardisierte Verfahren für diese Einholung der Zustimmung.

2.2 Analyse von schriftlichen Bewerbungen

Schriftliche Bewerbungen bilden nach wie vor den Standard, sich auf eine ausgeschriebene Stelle zu bewerben („klassisch" per Brief, E-Mail, per Formular). Bewerbungen sind weiterhin mündlich und persönlich möglich. Letztlich legt der ausschreibende Arbeitgeber die Mittel und den Weg fest, sich zu bewerben.

Beispiel

Mündliche Bewerbungen können telefonisch erfolgen oder persönlich. Ausschreibungen für einfachere Tätigkeiten lassen sich beispielsweise im Fließtext einer Lokal- oder Anzeigenzeitung veröffentlichen.

Wir suchen ständig Aushilfskräfte für die Morgenstunden im Großmarkt. Persönliche Vorstellung vor Ort am kommenden Mittwoch, 4 Uhr bis 6 Uhr, Herr Grossmann, Halle West III, Kanalstr. 7 – 18.

Ablauf der Analyse

Die Analyse der schriftlichen Bewerbungen läuft in vielen Unternehmen in (mindestens) zwei Stufen ab: erste (Vor)Prüfung und anschließende detaillierte Analyse.

Nach dem Eingang und der Erfassung werden die Bewerbungsunterlagen zunächst einer eher oberflächlichen Überprüfung (Vorselektion) unterzogen. Im Vordergrund steht dabei, ob die Bewerbungen grundsätzlich für die weitere Auswahlentscheidung von Bedeutung sind. Geprüft werden in wenigen Minuten die Vollständigkeit der Unterlagen sowie die Qualifikationen. Grundlage bei dieser Prüfung sind das Anschreiben und der Lebenslauf.

Ergebnis dieser ersten Prüfung sind drei Kategorien von Bewerbungen:

Kategorie	Inhalt
A	Bewerber erfüllen die Anforderungen, die Bewerbungen sind vollständig/ perfekt
B	Bewerber erfüllen teilweise die Anforderungen; die Unterlagen haben (teilweise) Mängel
C	Bewerber erfüllen nicht die (Mindest)Anforderungen; die Bewerbungen haben Mängel

Die weitere Personalauswahl konzentriert sich auf die A-Bewerbungen; die Bewerbungen der Kategorie C werden zurückgesendet bzw. nicht weiter berücksichtigt. Bei den B-Kandidaten behält man sich eine ggf. spätere weitere Überprüfung vor bzw. leitet sie an andere Stellen im Unternehmen weiter.
Die Bewerbungen der Kategorie A werden anschließend einer detaillierten Analyse unterzogen, an deren Ende eine Rangfolge der Kandidaten steht.

2.2.1 Bestandteile der vollständigen Bewerbung

Eine vollständige Bewerbung besteht aus einem Anschreiben, dem Lebenslauf, ggf. Schulzeugnissen, Arbeitszeugnissen, Zertifikaten und sonstigen Leistungsnachweisen. Zusammengestellt werden diese Unterlagen in der **Bewerbungsmappe**. Manchmal werden in Stellenausschreibungen ausdrücklich Kurzbewerbungen verlangt, die aus einem Anschreiben, dem Lebenslauf und ggf. einer Leistungs- und Qualifikationsübersicht bestehen.

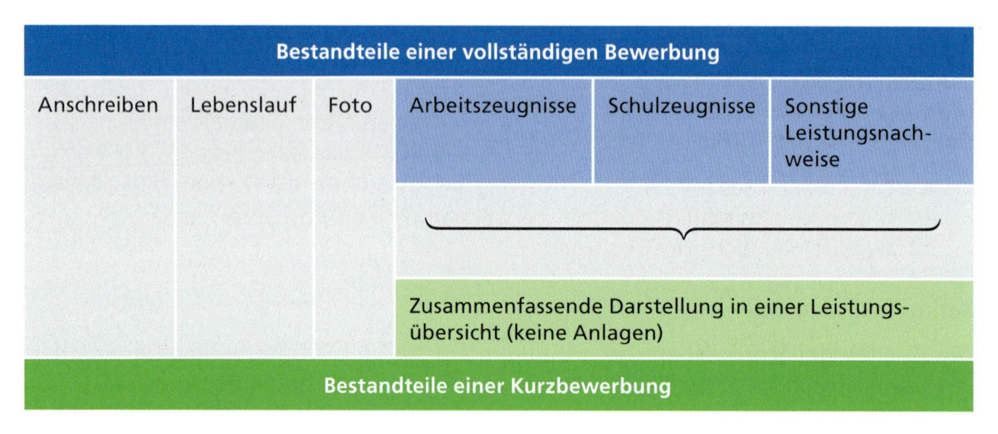

Bewerbungsmappe

Da Bewerbungen aus mehreren/vielen Einzeldokumenten bestehen, werden sie in einer Mappe zusammengestellt. Auf dem Markt wird eine Vielzahl von speziellen „Bewerbungsmappen" angeboten; die Preise erreichen dabei einen Bereich von bis zu 15 €.
Unternehmen erhalten häufig eine große Anzahl von Bewerbungen. Diese müssen gesichtet, erfasst und sortiert werden. Hierbei sollen die Unterlagen von den Bewerbern nicht durcheinander kommen. Aus dieser Perspektive sollte eine Bewerbungsmappe so geartet sein, dass

- die Ordnung der Unterlagen in der Mappe gewährleistet ist,
- sich die Unterlagen leicht entnehmen lassen, wenn etwa einzelne Dokumente kopiert werden müssen,
- die Qualität der Bewerbung „auf einen Blick" erkennbar ist.

Entsprechend dieser Anforderungen haben sich Mappen mit einer Klemmvorrichtung verbreitet. Die Klemme hält die Unterlagen fest und lässt sich andererseits leicht lösen, sodass die Unterlagen entnommen werden können. In einem Schnellhefter abgelegte

Unterlagen (Lochheftung) sind nicht (mehr) üblich. Das gilt ebenfalls für lose in einem Aktendeckel zusammengefasste Unterlagen, die leicht aus der Mappe herausfallen können und sich ggf. nicht mehr zuordnen lassen. Die Verwendung von Klarsichthüllen ist sehr umständlich.
Bei den Klemmmappen gibt es folgende Varianten:

- zweiseitige Klemmmappe
  - undurchsichtiger Mappendeckel
  - durchsichtiger Mappendeckel
- dreiseitige Klemmmappe

Eine Frage, die in Bewerberforen immer wieder diskutiert wird, betrifft die Farbgebung der Mappe. Diese sollte dezent sein und zur jeweiligen Stellenausschreibung passen. Dies gilt ebenfalls für Bewerbungen auf kreative Berufe (Mediengestalter u. dgl.); auch dort wird Wert auf Seriosität gelegt.

Reihenfolge der Unterlagen in der Bewerbungsmappe

Die Reihenfolge der Unterlagen in einer Bewerbungsmappe orientiert sich an den Informationsbedürfnissen des Empfängers. Folgender Standard wird in vielen Bewerbungsratgebern empfohlen:

1. Anschreiben; dieses sollte lose der Bewerbung beigefügt werden, damit es leicht zu entnehmen ist; es richtet sich direkt an das angesprochene Unternehmen und wird im Allgemeinen nicht zurückgesendet.
2. Lebenslauf, meist mit Foto.
3. (Arbeits-)Zeugnisse in chronologischer Reihenfolge; beginnend beispielsweise mit dem Zwischenzeugnis aus der aktuellen Beschäftigung; anschließend folgen die berufsqualifizierenden Zeugnisse und ggf. Schulzeugnisse.
4. Weitere Leistungsnachweise und Zertifikate etwa von Weiterbildungen.

Dieser Standard kann durch weitere Unterlagen ergänzt werden:

- Deckblatt, das wie ein Titelblatt die wesentlichen Daten enthält: Bezug zur Stelle, auf die sich der Bewerber bewirbt, die Adresse des ausschreibenden Unternehmens sowie die persönlichen Kontaktdaten inklusive des Lichtbildes; auch eine Liste mit den weiteren Anlagen kann auf dem Deckblatt platziert sein.
- Extraseite: In Bewerbungsratgebern finden sich Tipps zur Gestaltung einer weiteren Seite in einer schriftlichen Bewerbung, wenn dadurch neue und weitere Informationen für den Personalauswahlprozess weitergegeben werden können; für diese Extraseite gibt es verschiedene Bezeichnungen: z. B. dritte Seite, Leistungsbilanz, Kompetenzprofil, Qualifikationsbilanz.

Das Geheimnis der dritten Seite

In klassischen Tageszeitungen ist die dritte Seite stets die „Vorzeigeseite" – mit Platz für schön geschriebene Porträts oder ausführliche Hintergrundstücke. „Das hat uns inspiriert", sagt Berater Hesse. Anfang der 1990er seien sie mit dem Problem eines immer umkämpfteren Arbeitsmarkts konfrontiert worden; die Bewerber suchten also nach neuen Möglichkeiten, sich in der Masse abzuheben. Das Hesse-Schrader-Duo empfahl ihnen fortan, eine Seite Drei hinzuzufügen.

Nach dem Schema „Was Sie noch über mich wissen sollten" können Jobsuchende darauf beschreiben, was sie als Menschen auszeichnet: Hobbys, besondere Errungenschaften, zusätzliche Erläuterungen zum Lebenslauf. Der Spielraum ist groß. Warum nicht erklären, wieso man ein Jahr „Arbeitspause" und eine Weltreise gemacht hat? Oft reichten schon sechs Zeilen, so der Bewerbungstrainer. Ein Koch könne das Blatt etwa zu einer Speisekarte umgestalten. Überschrift: „Diese Gerichte haben meine bisherigen Chefs besonders gemocht." Hesse: „Wenn Sie es schaffen, mit der Seite Drei zu punkten, dann schaut sich der Personaler mit Sicherheit auch die Vita und vielleicht sogar das Anschreiben noch einmal genauer an. Unsere Erfahrung jedenfalls ist, dass diese zusätzliche Seite häufig zuerst gelesen wird."

Quelle: Katja Schönherr, ZEIT ONLINE GmbH, 12.04.2011, unter: http://www.zeit.de/karriere/bewerbung/2011-04/dritte-seite-bewerbungen, zuletzt abgerufen am 14.05.2012

2.2.2 Anschreiben

Das Anschreiben ist der Teil der Bewerbung, der sich konkret an den Empfänger richtet. Alle weiteren Unterlagen dienen dazu, detailliertere Informationen und Belege über den Absender zu geben. Das Anschreiben hat eine – manche sagen auch: **die** – zentrale Bedeutung für den Empfänger. Hier offenbart der Bewerber Bezug und Motivation, Selbsteinschätzung und sprachliche Ausdrucksfähigkeit. Das Anschreiben bietet die Möglichkeit, den Empfänger „einzufangen", ihn für die Person des Bewerbers zu interessieren, positiv zu stimmen, neugierig auf den Rest zu machen.

Die Prüfung von Anschreiben umfasst inhaltliche und formale Merkmale:

- Die auf den Inhalt bezogene Perspektive analysiert den Umfang, den Aufbau und die Aussagen des Anschreibens.
- Aus formaler Perspektive werden Gestaltung, Rechtschreibung, Berücksichtigung gängiger Briefnormen (DIN 5008) betrachtet; dabei ist die formale Prüfung kein Selbstzweck, sondern Indikator (= Anzeiger) für Eigenschaften und Einstellungen der Person, die das Anschreiben verfasst hat.

Inhalte eines Anschreibens

Bewerbungsratgeber weisen auf die herausragende Bedeutung des Anschreibens hin. Mit dem Anschreiben „wirbt" der Bewerber für sich und seine Persönlichkeit mit dem Ziel, den Empfänger davon zu überzeugen, genau der Richtige für die ausgeschriebene Stelle zu sein. Um diese Überzeugungskraft zu entfalten, sollte ein Anschreiben folgende Inhalte haben:

- Bezug zur ausgeschriebenen Stelle und ihren Anforderungen,
- Stärken, Fähigkeiten und Qualifikationen des Bewerbers, die zu diesen Anforderungen passen,
- Vorteile für den Arbeitgeber, die Stelle mit dem Bewerber zu besetzen.

Häufig ist es eine besondere Herausforderung für Bewerber, sich bei diesen inhaltlichen Anforderungen knapp und präzise auszudrücken. Ein Anschreiben sollte den Umfang von einer Seite nicht überschreiten.

Praxistipp

Interesse, Wunsch und Überzeugung: AIDA & Co. im Anschreiben

Bd. 1, LF 4, 2.3.3

Auch der Bewerber kann die Regeln effektiver Werbung für sich nutzen: Nach dem AIDA-Schema sollen Anschreiben so formuliert sein, dass sie Aufmerksamkeit erregen, Interesse und Wünsche wecken und den Empfänger dazu bewegen, den Bewerber einzuladen (Aktion). Das AICA-Schema ersetzt den „Wunsch" durch die Überzeugung (Conviction). Aus diesen Formeln lassen sich Checklisten entwickeln, mit denen ein Anschreiben formuliert bzw. überprüft werden kann.

Beispiel:

Anforderungsbereich	Leitfragen zur Prüfung	Erfüllungsgrad
A – Aufmerksamkeit	Stimmt der Stellenbezug? ...	
I – Interesse	Hat sich Bewerber mit der Stelle/dem Unternehmen beschäftigt? ...	
D / C – Wunsch/ Überzeugung	Entsprechen die dargestellten Stärken, Qualifikationen und Kompetenzen den Stellenanforderungen? Ist der Bewerber für die Stelle geeignet? Passt der Bewerber in unser Unternehmen? Stimmt der organisatorische Rahmen? (Gehaltsvorstellungen, örtliche/zeitliche Verfügbarkeit etc.) ...	
A – Aktion	Fordert der Bewerber selbstbewusst zu einer Einladung zum Bewerbungsgespräch auf? Soll der Bewerber in die engere Auswahl genommen und eingeladen werden? ...	

Das Schema kann darüber hinaus Grundlage der ersten Überprüfung sein (ABC-Kategorien) bzw. als Leitfaden für die Formulierung eines Anschreibens dienen.

Formanforderungen beim Anschreiben

Formanforderungen beziehen sich auf das Layout (Schriftart, Seitenränder, Absätze), die Schreibweise von Absender- und Empfängeradressen, die Schreibweise des Datums, die Betreffzeile, Anrede und Grußformel, Anlagenhinweis und Unterschrift sowie auf die Rechtschreibung und die Zeichensetzung.
Grundlage einer guten Gestaltung sind die jeweils aktuellen Normen für Briefe. Die wichtigste Norm ist die DIN 5008 (Schreib- und Gestaltungsregeln für die Textverarbeitung), die in Zweifelsfällen als Richtschnur herangezogen werden kann.
Von besonderer Bedeutung ist die Einhaltung der Formvorschriften für nahezu alle kaufmännischen Berufe, zu deren Aufgabenbereich die geschäftliche Korrespondenz gehört. Das Anschreiben ist in diesen Fällen eine Art erste Arbeitsprobe und wird von Personalern entsprechend gewürdigt. Ein sklavisches Kleben an den Vorschriften ist allerdings in den meisten Fällen nicht notwendig.

Beispiele

Einige Beispiele und Hinweise für die Gestaltung des Anschreibens:

- *bei der Adressangabe keine Leerzeile zwischen Straße und Ort*
- *Positionierung der Adresse für den Fensterbriefumschlag (Millimeterangaben in der DIN 5008)*
- *Seitenränder: 24 mm links und 8 mm rechts*
- *Schriftgröße zwischen 11 Punkt (Arial) und 12 Punkt (Times New Roman)*
- *Satz als Textblock oder linksbündiger Flattersatz*
- *Vermerke wie „z. Hd." oder „zu Händen" sind veraltet*
- *Betreffzeile ohne das Wort „Betreff"*
- *Anrede auf den konkreten Fall beziehen; wenn ein Ansprechpartner genannt ist, sollte dieser Name auch in der Anrede genutzt werden*
- *Standard für die Grußformel ist „Mit freundlichen Grüßen", auch andere Formulierungen sind üblich*
- *Hinweis auf Anlagen ist möglich, eine Aufzählung der einzelnen Unterlagen ist überflüssig*
- *persönliche Unterschrift (keine eingescannte Unterschrift)*

Die elf häufigsten Fehler im Anschreiben[1]

Fragt man Personalverantwortliche nach typischen Fehlern beim Bewerbungsanschreiben, tauchen einige Antworten immer wieder auf:

Fehler 1: das gleiche Anschreiben für alle Bewerbungen
Fehler 2: vergessene Änderungen bei Computerbriefen
Fehler 3: Qualifikation im Anschreiben nicht genannt
Fehler 4: übertriebene Selbstsicherheit
Fehler 5: zu wenig Selbstbewusstsein
Fehler 6: Ignorieren wichtiger Bedingungen
Fehler 7: veraltete Höflichkeitsformen (zu viel „hätte", „würde", „könnte")
Fehler 8: Ich-ich-ich-Syndrom (= „Mich interessiert gar nicht, was Sie wollen")
Fehler 9: Überbetonung der momentanen Situation
Fehler 10: Rechtschreib- und Grammatikfehler
Fehler 11: fehlende Unterschriften

[1] *Quelle: Engst, Judith, in Zusammenarbeit mit der Dudenredaktion: Professionelles Bewerben – leicht gemacht, Bibliographisches Institut, Mannheim, 2010, S. 100*

2.2.3 Lebenslauf

Der Lebenslauf informiert über den bisherigen (beruflichen) Werdegang und die Entwicklung eines Bewerbers. Üblich ist der tabellarische Lebenslauf, der in der linken Spalte die kalendarischen Daten und rechts die jeweiligen beruflichen und Ausbildungsstationen enthält. Bei der Reihenfolge der Stationen gibt es unterschiedliche Formen:

- Der klassische Lebenslauf ist aufsteigend chronologisch geordnet; d.h. die frühesten Stationen kommen zuerst, die aktuellste Station als letztes.
- Zunehmend wird der sogenannte amerikanische Lebenslauf (Curriculum Vitae, CV) verwendet, der eine umgekehrte Reihenfolge hat: Er beginnt mit der aktuellen Station und listet anschließend die vergangenen Stationen auf.

Zweck, Inhalte und Form des Lebenslaufs

Der Lebenslauf informiert den Personalentscheider über die berufliche Entwicklung des Bewerbers. Zweck ist es, die Eignung für eine ausgeschriebene Stelle herauszustellen. Dies scheinen manche Bewerber zu vergessen; sie halten den Lebenslauf für eine mehr oder weniger umfängliche Beschreibung ihres bisherigen Lebenswegs. Richtig ist, dass ein Lebenslauf lückenlos alle Stationen erfasst. Inhaltlich können und sollten dabei aber Schwerpunkte im Hinblick auf die jeweils ausgeschriebene Stelle gesetzt werden, um ein bestimmtes berufliches Profil erkennen zu lassen. Dies bedeutet für den Bewerber, dass der Lebenslauf genauso wie das Anschreiben jeweils individuell auf die ausgeschriebene Stelle hin formuliert werden sollte.

Beispiele

11/2009 – 10/2015	Petermann Logistik GmbH, Disposition

11/2009 – 10/2015	Petermann Logistik GmbH, Sachbearbeiter Disposition mit den Aufgaben Betreuung und Steuerung des Nachschubs von Serienmaterial für inländische und ausländische Kunden, Klärung und Prüfung von Lieferterminen ....

Oberstes Prinzip für die formale Gestaltung des Lebenslaufs ist die Übersichtlichkeit. Das ist durch einen tabellarischen Aufbau gewährleistet. Dabei sind links die zeitlichen Daten gelistet (in der Form 07/2015 oder Juli 2015) und rechts die Erläuterungen. Ist beispielsweise der berufliche Werdegang geprägt durch Projekte, Parallelereignisse wie etwa berufliche

Weiterbildungen etc., kann es durchaus angeraten sein, die verschiedenen Stationen zu thematischen Blöcken zusammenzufassen: Schulische Ausbildung, berufliche Ausbildung, Stationen der Berufstätigkeit oder auch nach den Inhalten und Schwerpunkten der bearbeiteten Projekte.
Bei jungen Bewerbern mit nur wenigen beruflichen Stationen können Hobbies angegeben werden, wenn sie einen Bezug zur Stelle/zu den Aufgaben haben; sie runden das Bild eines Bewerbers ab. Auch die Teilnahme an besonderen schulischen Projekten sowie sonstige Leistungen sollten aufgenommen werden. Beendet wird der Lebenslauf mit Datum und Unterschrift. Unüblich, aber bei der Bewerbung um einen Ausbildungsplatz möglich, sind Angaben zum Erwerbsstatus der Eltern.

Analyse des Lebenslaufs

Ansatzpunkte für die Analyse sind folgende Punkte:

- Analyse der zeitlichen Folge: Beispiele für Analysekriterien sind zeitliche Lücken, Häufigkeit und jeweiliger Zeitpunkt der Arbeitsplatzwechsel, Ausbildungszeiten, Dauer der Betriebszugehörigkeiten, Arten der Beschäftigungsverhältnisse
- Analyse der Positionsentwicklung: dazu gehören Aufgabenfelder, ausgeübte Berufe, berufliche Auf- und Abstiege
- Analyse der Firmen und Branchen: Umfang und Art der Branchenerfahrungen, Unternehmensgröße, vorgelagerte und nachgelagerte Produktionsstufen (Lieferanten bzw. Absatzmittler)
- Zusammenfassung und Bewertung der (Teil-)Ergebnisse in der Kontinuitätsanalyse: Gemeint ist damit die Kontinuität in der Entwicklung des Bewerbers. Dies ist Grundlage des Bewerberprofils und der Ableitung von Entwicklungspotenzialen.

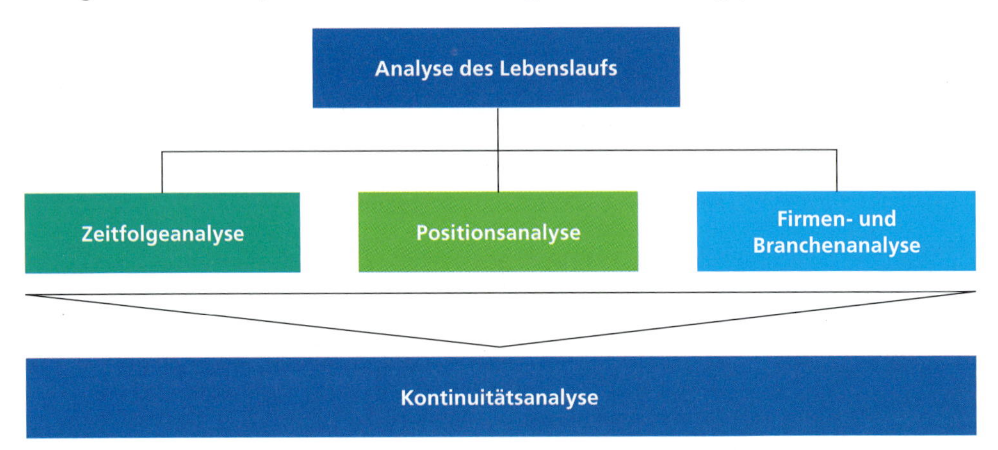

Eigene Darstellung in Anlehnung an Reiner Bröckmann, Personalwirtschaft, Lehr- und Übungsbuch für Human Resource Management, Schäffer-Poeschel, 5. Auflage 2009, S. 74f.

Praxistipp

Checkliste für die Analyse des Lebenslaufs
Bei der Analyse von Lebensläufen erleichtern Checklisten die Arbeit. Gleichzeitig können diese als Grundlage für die Vorbereitung auf ein etwaiges Bewerbungsgespräch sein. Folgendes Beispiel zeigt, wie eine solche Checkliste aufgebaut sein kann:

Prüfkriterien	Ja	Nein	Klären	Notizen
Formale Prüfung				
Übersichtlichkeit				
Fehlerfreiheit				
Vollständigkeit der persönlichen Angaben				
Übereinstimmung Lebenslauf und Belege				
Persönliche Unterschrift				
…				
Inhaltliche Prüfung				
Ausbildung, Ausbildungsberuf				
Berufserfahrung				
Branchenerfahrung				
Fortbildungen, Weiterbildungen				
(stellenrelevante) Zusatzqualifikationen				
Zeiten der Nicht-Erwerbstätigkeit sind erläutert				
Stellen- und Berufswechsel sind plausibel				
Berufliches Profil ist erkennbar				
Angegebene Hobbies stehen in Bezug zur ausgeschriebenen Stelle				
…				

2.2.4 Bewerbungsfoto

Seit der Einführung des Allgemeinen Gleichbehandlungsgesetzes (AGG) in Deutschland im Jahr 2006 wird in den meisten Stellenausschreibungen auf die ausdrückliche Anforderung eines Fotos in der Bewerbung verzichtet. Nach wie vor allerdings fügen die meisten Bewerber ihrer vollständigen Bewerbung ein Foto an (auf dem Deckblatt oder auf dem Lebenslauf). Das führt dazu, dass zwar auf der einen Seite die Unternehmen keine Bewerbungsfotos verlangen, auf der anderen Seite jedoch die Bewerbungen negativ auffallen, die kein Foto enthalten.

Fotos laden zu einer schnellen Bewertung ein: Die dargestellte Person ist einem sympathisch oder unsympathisch. Als objektives Analyse- und Auswertungsergebnis ist dies recht oberflächlich. Auch wenn der subjektive Eindruck bei einem Foto stärker ist als bei einem geschriebenen Text, kann das Foto im Hinblick auf die Eigenschaften des Bewerbers, insbesondere die Soft Skills, systematisch ausgewertet werden. Dabei gilt, dass wohl kaum jemand wegen eines Fotos eingestellt wird, aber durchaus wegen eines Fotos abgelehnt werden kann.

Bei der Auswertung eines Bewerbungsfotos sollte man gegenwärtig sein, dass der Bewerber genau dieses Bild von sich ausgewählt hat, um überzeugend zu wirken. Es kann daher durchaus die Frage gestellt werden: Was will der Bewerber mit genau diesem Foto ausdrücken?

Ansatzpunkte für die Auswertung sind die fotografische Qualität und Anordnung sowie die Inhalte des Fotos.

Praxistipp

Checkliste für die Analyse eines Bewerbungsfotos

Prüfkriterien	Befund	Notizen
Qualität		
Art des Fotos	*professionelles Bewerbungsfoto, Urlaubs- oder sonstiges privates Foto*	
Art des Abzugs	*s/w, Farbe*	
Größe/Format des Bewerbungsfotos (Standardformat ist 6 cm * 9 cm)		
Ausmaß des Kontrasts zwischen Hintergrund und Kleidung/Person		
Anordnung in der Bewerbung		
Anordnung	*Teil des Deckblatts, des Lebenslaufs, ...*	
Art der Fixierung	*nicht fixiert, geklebt, gedruckt, geheftet ...*	
...		
Inhalt des Fotos		
Erster Eindruck		
Hintergrund	*dunkel/hell, Studio/Arbeitsumgebung ...*	
Dargestellter Ausschnitt	*Gesicht, Oberkörper, Hände*	
Art des Blicks / des Gesichtsausdrucks	*Selbstbewusst, zugewandt, neugierig, zurückhaltend, entspannt, lachend, lächelnd ...*	
Auffällige Details	*Größe des Ausschnitts, Krawatte schräg ...*	
Gesamteindruck im Hinblick auf die Bewerberauswahl		
...		

2.2.5 (Arbeits)Zeugnisse

Zeugnisse sind Bescheinigungen über die Bewertung von Leistungen. Beispiele sind Schulzeugnisse und Arbeitszeugnisse, in denen ein Arbeitgeber die Leistungen eines Arbeitnehmers bezeichnet. Bei Arbeitszeugnissen wird zwischen einfachen (ohne Leistungsbewertung) und qualifizierten Zeugnissen (mit Leistungsbewertung) unterschieden.

Arbeitszeugnisse

Die rechtlichen Grundlagen zu Arbeitszeugnissen für Arbeitnehmer finden sich im BGB (§ 630) und in der Gewerbeordnung (§ 109 – Zeugnis für Arbeitnehmer).

- Danach hat ein Arbeitnehmer Anspruch auf ein **Zeugnis**, das (mindestens) Angaben zu Art und Dauer der Tätigkeit enthält.
- Der Arbeitnehmer kann ein **qualifiziertes Arbeitszeugnis** verlangen, das sich zusätzlich auf Leistung und Verhalten im Arbeitsverhältnis bezieht.
- Bei Ausbildungsverhältnissen hat der Ausbildende die Pflicht, bei Beendigung des Ausbildungsverhältnisses ein **Ausbildungszeugnis** auszustellen (vgl. § 16 BBiG).
- Nicht eindeutig geklärt ist die Frage, wann ein Arbeitnehmer ein **Zwischenzeugnis** verlangen kann; verbindliche Regelungen dazu fehlen. Nach einem Urteil des Bundesarbeitsgerichts muss ein wichtiger Grund[1] für den Anspruch auf Erteilung eines Zwischenzeugnisses vorliegen (Erwartung einer Kündigung durch den Arbeitgeber, Versetzung innerhalb des Unternehmens, Ausscheiden des Vorgesetzten und ähnliches).

Der Anspruch auf ein Zeugnis entsteht mit der Beendigung des Arbeitsverhältnisses. Bestehen lange Kündigungsfristen, kann ein „vorläufiges" Arbeitszeugnis für Bewerbungen des Arbeitnehmers ausgestellt werden. Einen Anspruch auf Zusendung bzw. Nachsendung des Zeugnisses hat der Arbeitnehmer nicht. Es handelt sich vielmehr um eine sogenannte „Holschuld". Ein Recht zu Zurückhaltung des Zeugnisses, etwa um die Rückgabe von Werkzeugen zu erzwingen, hat der Arbeitgeber nicht.

Bd. 1, LF 3, 3.2

Gemäß dem Grundsatz des verständigen Wohlwollens des Zeugnisausstellers kann es keine „schlechten" Arbeitszeugnisse geben. Für abgestufte und differenzierte Darstellung des Leistungs- und Sozialverhaltens eines Arbeitnehmers haben sich verschiedene Standardformulierungen etabliert, die relativ leicht interpretierbar sind. Weitere Informationen können der Art der Schlussformel, der Reihenfolge der aufgelisteten Tätigkeiten, der Position des Unterzeichners entnommen werden.

[1] *BAG 21.1.1993 - 6 AZR 171/92*

Praxistipp

Der typische Aufbau eines qualifizierten Arbeitszeugnisses

Firmenbogen		
Firmenbriefkopf	Angaben zum Arbeitgeber	Unüblich ist die Adressangabe des Arbeitnehmers

Überschrift			
„(Arbeits-)Zeugnis"	„Zwischenzeugnis"	„Ausbildungszeugnis"	„Praktikantenzeugnis"

Einleitung und persönliche Daten		
Personalien des Arbeitnehmers, Geburtsdatum, -ort	Tätigkeits- und Positionsbezeichnung	Art und Dauer der Beschäftigung, ggf. Unterbrechungszeiten
Unternehmensinformationen: Branche, Produkte, Konzernzugehörigkeit u. dgl.		

Aufgaben und Tätigkeiten			
Hierarchische Position (Kompetenzen und Verantwortung)	Berufsbezeichnung	Aufgabengebiet, Art der Tätigkeit, Sonderprojekte, Versetzungen	Berufliche Entwicklung

Beurteilung der Leistung und der Ergebnisse				
Arbeitsbereitschaft „Wollen"	Arbeitsbefähigung „Können"	Fachwissen, Weiterbildung	Arbeitsweise, -stil	Arbeitserfolg, Ergebnisse
Identifikation, Engagement, Initiative, Dynamik, Elan, Zielstrebigkeit, Energie, Fleiß, Interesse, Einsatzwille, Mehrarbeit	*Ausdauer, Belastbarkeit, Flexibilität, Umgang mit Stress, Optimismus und positives Denken, Auffassungsgabe, Denkvermögen, Urteilsvermögen, Konzentration, Organisationstalent, Kreativität*	*Inhalt, Aktualität, Umfang, Tiefe, Anwendung, Nutzen, Eigeninitiative, berufsbegleitend, Bildungserfolg, Zertifikate*	*Selbstständigkeit, Eigenverantwortung, Zuverlässigkeit, Sorgfalt, Gewissenhaftigkeit, Planung, Systematik, Methodik, Sicherheit, Sauberkeit, Hygiene*	*Qualität, Verwertbarkeit, Quantität, Tempo, Intensität, Produktivität, Umsatz, Rendite, Termintreue, Zielerreichung, Sollerfüllung*

<table>
<tr><td colspan="3">ggf. konkrete herausragende Erfolge</td></tr>
<tr><td colspan="3">bei Vorgesetzten: Führungsumstände und Führungsleistungen</td></tr>
<tr><td colspan="3">Zusammenfassende Leistungsbewertung: Stetigkeit und Zufriedenheit (s. Standardformulierungen)</td></tr>
<tr><th colspan="3">Beurteilung des Sozialverhaltens</th></tr>
<tr><td>Verhalten gegenüber Vorgesetzten und Kollegen</td><td>Verhalten gegenüber Externen (insbesondere Kunden)</td><td>Soziale Kompetenz</td></tr>
<tr><td>Einwandfreiheit, Vorbildlichkeit, Teamfähigkeit, Kooperation, Wertschätzung, Anerkennung, Beliebtheit</td><td>Auftreten, Kontaktfähigkeit, Gesprächsverhalten, Verhandlungsstärke, Akquisitionsfähigkeit, Kundenzufriedenheit</td><td>Vertrauenswürdigkeit, Ehrlichkeit, Integrität, Loyalität, Diskretion, Kompromissbereitschaft, Durchsetzungsfähigkeit, Überzeugungsvermögen</td></tr>
<tr><th colspan="3">Schlussabsatz („magischer Vierklang“ aus Trennungsgrund, Bedauern, Dank, Zukunftswunsch)</th></tr>
<tr><td>Kündigungsformel, Beendigungsformel (Beendigungsinitiative), eventuell mit Begründung</td><td>Dankes-/Bedauern-Formel, Empfehlung, Referenz, Verständnis, Wiederbewerbungsbitte</td><td>Zukunftswünsche, Erfolgswünsche</td></tr>
<tr><td colspan="2">Ausstellungsdatum</td><td>Unterschrift (ggf. Vertretungsbefugnis)</td></tr>
</table>

In geringem Umfang geänderte und ergänzte Zusammenstellung, vgl. Aufbau und Bestandteile eines vollständigen und wohlgeordneten Zeugnisses, Richard Boorberg Verlag GmbH, unter: http://www.zeugnis-manager.de/zeugnisaufbau.pdf, zuletzt abgerufen am 14.05.2012

Wesentlich bei der Auswertung eines Arbeitszeugnisses sind die dargestellten und bewerteten Aufgabengebiete und Tätigkeiten eines Arbeitnehmers. Bei aller Suche nach „versteckten“ Hinweisen sollte dies nicht vergessen werden.

Praxistipp

Checkliste für die Auswertung/Interpretation von Arbeitszeugnissen

Bei der Interpretation und Auswertung von Arbeitszeugnissen sollte man sich des zugrunde liegenden Dreiecksverhältnisses bewusst sein: Mit dem Arbeitszeugnis gibt der Zeugnis-Aussteller eine Bewertung über einen Arbeitnehmer ab, der sich bei einem Dritten, dem Zeugnis-Empfänger und -Interpreten, für einen bestimmten Aufgabenbereich bewirbt.

Mit dieser Beurteilung gibt der Zeugnis-Aussteller gleichzeitig Informationen über sich selbst preis; dies bezeichnet der Kommunikationswissenschaftler Friedemann

von Thun als „Selbstoffenbarung"; frei nach dem Motto: „Was Peter über Paul sagt, sagt mehr über Peter als über Paul." (René Descartes)
Diese Selbstoffenbarung kann sich nicht nur auf die eigentliche Bewertung der Leistungen des Arbeitnehmers beziehen, sondern umfasst beispielsweise auch das Wissen des Zeugnis-Ausstellers über die „üblichen" Regeln der Zeugniserstellung. Dazu gehören formale Aspekte genauso wie sprachliche Formulierungen, Umfang, Vollständigkeit etc. Dieses bildet den Hintergrund für die inhaltliche Auswertung.
Hilfreich bei der Auswertung von Arbeitszeugnissen sind Checklisten, die eine Art Fahrplan bei der Interpretation eines Arbeitszeugnisses sind. Sie unterstützen dabei, Inkonsistenzen (Widersprüchlichkeit, Zusammenhanglosigkeit) aufzudecken und standardisieren die Auswertung, was einen späteren Vergleich verschiedener Bewerber erleichtert.

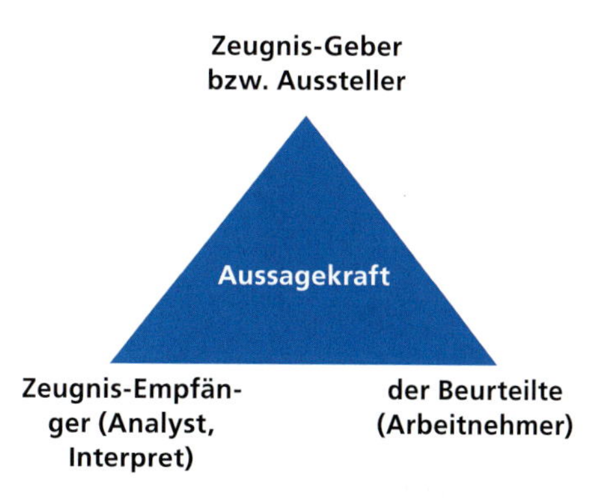

<table>
<tr><th>Leitfragen/Prüfkriterien</th><th colspan="4"></th></tr>
<tr><th>Formale Aspekte</th><th>Ja</th><th>Nein</th><th>Klären</th><th>Notizen</th></tr>
<tr><td>Beinhaltet das Zeugnis alle Gliederungspunkte eines qualifizierten Arbeitszeugnisses?</td><td></td><td></td><td></td><td></td></tr>
<tr><td>Ist der Umfang angemessen?</td><td></td><td></td><td></td><td></td></tr>
<tr><td>Ist eindeutig erkennbar, wer das Zeugnis unterzeichnet hat?</td><td></td><td></td><td></td><td></td></tr>
<tr><td>...</td><td></td><td></td><td></td><td></td></tr>
<tr><th>Bewertete Leistungsangaben</th><th colspan="2">Note</th><th colspan="2">Notizen</th></tr>
<tr><td>Arbeitsbereitschaft „Wollen"</td><td colspan="2"></td><td colspan="2"></td></tr>
<tr><td>Arbeitsbefähigung „Können"</td><td colspan="2"></td><td colspan="2"></td></tr>
<tr><td>Fachwissen, Weiterbildung</td><td colspan="2"></td><td colspan="2"></td></tr>
<tr><td>Arbeitsweise, -stil</td><td colspan="2"></td><td colspan="2"></td></tr>
</table>

Leitfragen/Prüfkriterien		
Arbeitserfolg, Ergebnisse		
...		
Zusammenfassende Leistungsnote (Stetigkeit und Zufriedenheit)		
Bewertetes Sozialverhalten	**Note**	**Notizen**
Verhalten gegenüber Vorgesetzten und Kollegen		
Verhalten gegenüber Externen (insbesondere Kunden)		
Soziale Kompetenz		
...		
Schlussabsatz	**Note**	**Notizen**
Kündigungsformel, Beendigungsformel		
Dankes-/Bedauern-Formel		
Zukunftswünsche, Erfolgswünsche		
Auffälligkeiten, Glaubwürdigkeit, Konsistenz ...		
...		
...		
...		

Schulzeugnisse

Schulzeugnisse sind amtliche Urkunden über die schulischen Leistungen einer Person. Unterschieden werden folgende Arten von Schulzeugnissen:

Jahreszeugnis	Halbjahreszeugnis	Abschlusszeugnis	Abgangszeugnis
Ausstellung zum Ende eines Schuljahres mit Versetzungshinweis.	Gibt den Stand der Leistungen zum Schulhalbjahr wieder. In Berufsschulen werden diese Zeugnisse i. A. nur für die Oberstufe bzw. das letzte Ausbildungsjahr ausgestellt.	Zeugnis über den Schulabschluss (z. B. FOR, Fachabitur, Abitur). An Berufsschulen wird das Erreichen des Berufsschulabschlusses dokumentiert.	Zeugnis bei Verlassen der Schule ohne Abschluss.

Die Leistungsbewertung erfolgt in der Regel mit dem Schulnotensystem „1" bis „6"; möglich sind weiterhin verbale Leistungsbewertungen (z. B. Waldorfschulen, Montessorischulen). Zusätzlich werden in einigen Bundesländern für bestimmte Bildungsgänge die sogenannten „Kopfnoten" zur Beurteilung des Arbeits- und Sozialverhaltens vergeben.
Zeugnisse mit Leistungsbeurteilungen in Schulnotenform werden auch nach Beendigung eines Studiums ausgestellt (Bachelor, Master, Diplom); zusätzlich erhalten die Absolventen eine Urkunde über den verliehenen Hochschulgrad.

Schulzeugnisse in Bewerbungen

In der Praxis ist der Umgang mit schulischen Zeugnissen sehr unterschiedlich. Bei jungen Bewerbern und bei Bewerbern mit relativ kurzen Zeiten der Berufserfahrung sollten die jeweils letzten Schulzeugnisse bzw. das Zeugnis über den höchsten allgemeinbildenden Abschluss in einer Bewerbung enthalten sein. Das gilt auch für die Berufsschulzeugnisse, wenn es um die ersten Anstellungen nach Abschluss einer Ausbildung geht. Je länger die Phase der schulischen und beruflichen Ausbildung zurückliegt, umso eher kann auf die Analyse der schulischen Zeugnisse verzichtet werden. In jedem Fall der Bewerbung beigelegt sein sollten die Dokumente über die beruflichen Abschlüsse.
Bei der Auswertung von schulischen Zeugnissen liegt der Schwerpunkt auf den Leistungsstärken und -schwächen, so wie sie sich in den Noten zeigen. Von großer Bedeutung sind ebenfalls Angaben wie Fehlzeiten, unentschuldigtes Fehlen, Projektbeteiligungen, die durch separate Zertifikate belegt sein können, und Ähnliches.

2.2.6 Sonstige Qualifikations- und Leistungsnachweise

Im Idealfall sind einer Bewerbung alle Nachweise über Qualifikationen und Leistungen beigefügt, die für die ausgeschriebene Stelle von Bedeutung sind. In der Praxis scheinen dies viele Bewerber falsch zu verstehen und legen einer Bewerbung alles Mögliche an Nachweisen bei.

Aus Sicht des stellenausschreibenden Unternehmens sind die Nachweise über Qualifikationen und Leistungen die Belege für die im Lebenslauf behaupteten Qualifikationen und Berufsabschlüsse.

Nachweise über Berufsabschlüsse und Fortbildungen

Dazu gehören vor allem die berufsqualifizierenden Nachweise wie IHK-Prüfungszeugnisse, Facharbeiterbriefe und Gesellenbriefe.

Im fachlichen Kontext

Urkunden der Berufsabschlüsse
Berufsabschlüsse werden sowohl durch ein Zeugnis (mit Noten) als auch durch eine Urkunde dokumentiert. Nachgewiesen werden berufsqualifizierende Abschlüsse in staatlich anerkannten Ausbildungsberufen mit folgenden Unterlagen.

Berufsbereiche	Kaufmännische Berufe	Gewerblich-technische Berufe	Handwerkliche Berufe
Qualifikationsnachweis	IHK-Prüfungszeugnis (bis 2000: Kaufmannsgehilfenbrief)	Facharbeiterbrief	Gesellenbrief

LF 5, 1.3.2 Bei den weiteren Nachweisen kann man unterscheiden zwischen Fortbildungs- und Weiterbildungsnachweisen.

- Fortbildungen dienen dazu, „die berufliche Handlungsfähigkeit zu erhalten und anzupassen, zu erweitern und beruflich aufzusteigen" (§ 1 Absatz 4 BBiG). Fortbildungen gründen auf der beruflichen Erstausbildung. Der Qualifikationserwerb wird meist durch eine Prüfung vor einer zuständigen Stelle (IHK, HWK) festgestellt und durch eine entsprechende Urkunde dokumentiert. Beispiele sind Abschlüsse zum Fachwirt und zum Meister (z. B. Industriemeister, Meister im Handwerk).
- Als Weiterbildung wird jede Art von (beruflicher) Bildung bezeichnet. Weiterbildungen können organisiert oder autodidaktisch erfolgen. Beispiele sind die Teilnahme an Computer- und Sprachkursen, Marketingseminaren, Telefontrainings etc.

Sonstige Nachweise

Zu den sonstigen Nachweisen zählen die für die Stellenbesetzung notwendigen Bescheinigungen, dazu gehören beispielsweise der Führerschein, Schweißerscheine, Bescheinigungen über Erste-Hilfe-Kurse, Zertifikate über die Teilnahme an Seminaren zur Arbeitssicherheit etc. Bewerber mit einer ausländischen Staatsangehörigkeit sollten ggf. einen Beleg hinzufügen, aus dem die Erlaubnis zur Erwerbstätigkeit hervorgeht.

2.2.7 Zusammenfassung der Analyse: Eignungsprofil und Potenzialanalyse

Die Befunde der detaillierten Analyse einer schriftlichen Bewerbung müssen zusammengesetzt werden, um ein umfassendes Bild des Bewerbers zu erhalten. Maßstab für die Auswertung sind die Stellenanforderungen, an denen sich ein Bewerber messen lassen muss. Auf diesem Weg lassen sich dann Eignungs- bzw. Tätigkeitsprofile erstellen. Berücksichtigt man zusätzliche Eigenschaften des Bewerbers, die zum Beispiel die Entwicklungsmöglichkeiten einschließen, spricht man auch von Potenzialanalysen.

Definition
Eignungs- und Tätigkeitsprofile bilden die Stärken und Schwächen eines Bewerbers im aktuellen Zeitpunkt auf der Grundlage des bisherigen (beruflichen) Lebensweges ab. Mit einer **Potenzialanalyse** werden zusätzlich die Fähigkeits- und Entwicklungspotenziale für zukünftige Tätigkeiten dargestellt.

Kriterien für die Stellenanforderungen

Die Stellenanforderungen legen fest, welche Eigenschaften ein Bewerber im Hinblick auf die Erfüllung der Stellenaufgaben haben sollte. Diese Anforderungen sind **Soll**-Beschreibungen von dem, was ein Bewerber nach Einschätzung des Unternehmens mitbringen soll. Unterscheiden lassen sich die Anforderungen beispielsweise

- nach den jeweiligen Kompetenzbereichen in fachliche, soziale bzw. verhaltensbezogene und persönliche Kompetenzen und
- nach der in der Ausschreibung zugemessenen Bedeutung in Muss-, Soll-, Kann-Anforderungen („must have", „should have", „nice to have").

Üblicherweise sind in der A-Kategorie nur solche Bewerber aufgenommen, die die Muss-Kriterien erfüllen. Beispiele dafür sind ganz bestimmte Eignungen, fachliche Qualifikationen und ggf. vorhandene „Erlaubnisse", ohne die die ausgeschriebene Tätigkeit nicht ausgeübt werden kann. Die weitergehende Auswertung wird sich daher vor allem mit den Soll- und Kann-Kriterien beschäftigen.

Eignungsprofil

LF 6, 1.2.1.1

Profildarstellungen sind dazu geeignet, die Ausprägungen eines Bewerbers hinsichtlich der geforderten Anforderungen übersichtlich und differenziert darzustellen. Im Kopfteil einer solchen Profildarstellung werden die persönlichen Daten sowie die jeweiligen Muss-Kriterien vermerkt. Die Ausprägung der Soll- und Kann-Kriterien kann dann differenziert innerhalb einer Skala bewertet werden.
Das Beispiel verwendet eine dreiteilige Skala von „–" (minus – nicht vorhanden) über „+/–„ (plus/minus – vorhanden) bis „+" (plus – gut/sehr gut ausgeprägt). Je mehrstufiger die Skala ist, umso differenziertere Beurteilungen sind möglich. Zum visuellen Profil wird diese tabellarische Darstellung, wenn die einzelnen Ausprägungen der Kriterien mit einer Linie verbunden werden.

Beispiel
Eignungsprofil mit der Skala „–, +/–, +"

Stelle	…			
Bewerber/-in	…			
Ausbildung	Anforderung:	Ausprägung:		
Berufserfahrung	Anforderung:	Ausprägung:		
		–	+/–	+
Fachliche Kompetenzen	MS-Office-Kenntnisse			
	Englischkenntnisse in Wort und Schrift			
	…			
Soziale Kompetenzen	Teamfähigkeit			
	…			
Persönliche Kompetenzen	Sinn für Zahlen			
	Selbstständiges Arbeiten			
	…			

Potenzialanalyse

Während das Eignungsprofil die aktuellen Eigenschaften auf der Grundlage des bisherigen beruflichen Werdegangs ableitet, richtet die Potenzialanalyse einen Blick auf die zukünftigen Entwicklungen des Bewerbers. Dies lässt sich mit folgender Leitfrage verdeutlichen: Ist der Bewerber geeignet, die (aktuellen und) zukünftigen Anforderungen der Stelle auszufüllen?

Bd. 3
Um diese Frage einigermaßen konkret beantworten zu können, müssen natürlich Prognosen oder Vorstellungen über die zukünftigen Stellenanforderungen existieren. Viele Unternehmen formulieren regelmäßig für sich langfristige Entwicklungsperspektiven, genannt Unternehmensstrategie. Damit antworten die Unternehmen auf die sich permanent und dynamisch, meist sogar mit zunehmender Geschwindigkeit, ändernden Umweltbedingungen: Seien es die Kundenwünsche, die geografische Verbreitung und Globalisierung, die Konkurrenzbeziehungen oder die Art des Handels zwischen Unternehmen und Kunden (z. B. Internethandel/E-Commerce). Solche strate-

gischen Überlegungen finden nicht zuletzt Eingang in die Gestaltung einer systematischen **Personalentwicklung**, um die Kompetenzen der Mitarbeiter kontinuierlich an neue Anforderungen anzupassen.
Auch bei der Stellenbesetzung sollten die Entwicklungspotenziale des neuen Mitarbeiters berücksichtigt werden. Zusätzlich zu den konkreten Anforderungen einer bestimmten Stelle lassen sich die Bewerbungsunterlagen auch auf solche Eigenschaften auswerten, die Anpassungen an Veränderungen erleichtern (= Veränderungskompetenz als Teil der persönlichen Kompetenz).

Beispiele für Merkmale der Veränderungskompetenz	
Lernbereitschaft	Flexibilität
Lernfähigkeit	Anpassungsfähigkeit
Innovationsfähigkeit	....

2.3 Bewerberranking mit der Nutzwertanalyse

Einer detaillierten Analyse werden im Allgemeinen nur die Bewerbungen der Kategorie A unterzogen. Diese entsprechen den Anforderungen und sind ohne weitere Mängel. Bei Bedarf werden weitere Bewerbungen aus der Kategorie B einbezogen. Da der Auswahlprozess jedoch sehr aufwendig und zeitintensiv ist, wird man sich bei einer Stellenbesetzung auf die jeweils besten Bewerbungen beziehen.
Im weiteren Verlauf der Auswertung geht es darum, den Bewerberkreis im Hinblick auf die Stellenanforderungen weiter zu verkleinern, um diejenigen Bewerber zu identifizieren, die in die nächste Runde des Auswahlprozesses kommen: Häufig schließt sich direkt ein Vorstellungsgespräch an. In anderen Fällen werden mittels Bewerbungsanalyse die Bewerber ausgewählt, die an einem Assessment-Center teilnehmen sollen.
Grundlage des weiteren Vorgehens ist die **Bewerberübersicht**, die in Kurzform die wesentlichen Details der interessanten Bewerber nach der detaillierten Analyse der Bewerbungen zusammenfasst.

Kriterien	Bewerber 1	Bewerber 2	Bewerber 3	Bewerber 4	...
Name, Wohnort					
Weitere persönliche Angaben					
Schulabschluss					
Ausbildung ...					
Berufserfahrung, Jahre, Branchen ...					
Fachliche Qualifikationen ...					
Zusatzqualifikationen					
Sprachliche Fähigkeiten/ Erfahrungen					
Kommunikative Fähigkeiten/ Erfahrungen					
Besondere Eigenschaften/ Merkmale/Erfahrungen					
...					

Eine derartige Übersicht stellt die Resultate der Bewerbungsanalyse zusammen. Um ein Ranking der Bewerbungen in der A-Kategorie herzustellen, müssen die einzelnen Bewerber zum einen mit dem Anforderungsprofil, zum anderen untereinander verglichen werden.
Für diesen (doppelten) Vergleich bietet sich die Nutzwertanalyse an. Sie ist ein Instrument für den systematischen Vergleich von komplexen Sachverhalten, in diesem Falle von Anforderungsprofil und Bewerberkompetenzen.

Vorgehen bei der Nutzwertanalyse

Die Nutzwertanalyse läuft in fünf Schritten ab:

1. Zunächst werden aus dem Anforderungsprofil die Merkmale abgeleitet, die aus Sicht des Unternehmens für die Erfüllung der Stelle besonders wichtig sind. Dabei sollte man darauf achten, dass es sich um verschiedene, voneinander unabhängige Kriterien handelt.
2. Dann werden die Kriterien nach ihrer Bedeutung und Wichtigkeit gewichtet; denn nicht jedes Merkmal ist für die Stelle gleich bedeutend. Bei der Gewichtung geht man so vor, dass für alle Merkmale zusammen eine Punktzahl von 100 angenommen wird und diese je nach Bedeutung auf die einzelnen Merkmale verteilt werden. In der Summe ergeben alle Merkmale zusammen 100 %. Auch wenn die Merkmalsliste erweitert wird, sollte man die neue Gewichtung wieder auf 100 % beziehen.

3. Anschließend wird für jede einzelne Bewerbung geprüft, wie stark jedes Merkmal ausgeprägt ist. Diese Ausprägung wird mit Punkten bewertet: Je höher die Punktzahl ist, umso stärker ist das Merkmal in der Bewerbung vorhanden.
   Bei der Punktbewertung können verschiedene Maßstäbe angelegt werden; beispielsweise können drei Punkte vergeben werden, wenn ein Merkmal vollständig zutrifft, zwei Punkte, wenn es im durchschnittlichen Ausmaß vorhanden ist, ein Punkt, wenn es in Ansätzen und null Punkte, wenn es gar nicht vorhanden ist. Je mehr Punkte maximal vergeben werden, umso differenzierter und feiner ist die Bewertung.
4. Der nächste Schritt hat das Ziel, die vergebenen Punkte mit der Gewichtung zusammenzubringen. Hierzu werden die Punkte mit dem Gewichtungsfaktor multipliziert.
5. Im letzten Schritt werden alle Punktwerte eines Bewerbers zum sogenannten Nutzwert zusammengerechnet. Dieser gibt das Ausmaß der Eignung eines Bewerbers für ein bestimmtes Anforderungsprofil an.

Merkmale, Entscheidungskriterien (1)	Gewichtung der Merkmale	Bewerber 1		Bewerber 2	
	in % (2)	Punkte	gewichtete Punkte	Punkte	gewichtete Punkte
Berufserfahrung	15	2	30	1	15
MS-Office Kenntnisse	15	2 (3)	30	3 (3)	45
Englisch-Kenntnisse	30	3	90	2	60
Organisationsfähigkeit	10	1	10 (4)	2	20 (4)
Teamfähigkeit	20	2	40	1	20
Belastbarkeit	10	1	10	2	20
Summe (Nutzwerte)	**100**		**210** (5)		**180** (5)

Die Nutzwerte aller Bewerber spiegeln die **relative Eignung** der Bewerber für die ausgeschriebene Stelle. Daraus lässt sich direkt das Ranking ablesen. Im Beispiel erfüllt Bewerber 1 die gewichteten Merkmale besser als Bewerber 2.

Definition

Die **Nutzwertanalyse** ist ein mehrdimensionales, semi-quantitatives Instrument zur Bewertung von Entscheidungsalternativen.
Kennzeichen sind zum einen die Berücksichtigung vieler Entscheidungskriterien („mehrdimensionales Bewertungsverfahren"), zum anderen die Bewertung mit Punktwerten, die eigentlich qualitative Kriterien berechenbar macht („semi-quantitatives Bewertungsverfahren").
Andere Bezeichnungen für die Nutzwertanalyse sind: **Punktbewertungstabelle, Scoring-Modell, Punktwerttabelle, Multifaktorenmethode.**

Vorteile der Nutzwertanalyse

Die Nutzwertanalyse reduziert komplexe Entscheidungssituationen auf eindeutige und leicht zu vergleichende Punktwerte. Dadurch kann der Eindruck entstehen, dass die Ergebnisse der Nutzwertanalyse scheinbar mathematisch korrekt und damit objektiv sind. Dies wird allerdings den Vorteilen der Nutzwertanalyse nicht gerecht.
Diese Vorteile liegen vielmehr darin, dass Entscheidungen, die ja immer auch subjektive, also persönlich gefärbte Komponenten haben, in ihrer Entstehung offengelegt und transparent werden. Die Bewertung ist **nicht objektiv, sondern objektiviert**: Sie ist einer kritischen Prüfung durch den Anwender selbst und durch Dritte zugänglich. Anders gesagt, sie gibt demjenigen, der eine Nutzwertanalyse durchführt, ein Hilfsmittel an die Hand, sich über die verschiedenen Stationen einer Entscheidung klar zu werden. Der Anwender einer Nutzwertanalyse wird dazu angeleitet, eine „vernünftige" im Sinne einer sachlich nachvollziehbaren Entscheidung zu treffen. Für den Anwender wird es leichter, Gründe für eine bestimmte Entscheidung anzugeben. Im Einzelnen muss sich der Anwender über folgende Sachverhalte klar werden:

- Was sind die relevanten Entscheidungskriterien bzw. Auswahlkriterien für eine Stellenbesetzung?
- In welcher Beziehung stehen die Auswahlkriterien zueinander?
- Welches Gewicht bzw. welche Bedeutung kommt den verschiedenen Auswahlkriterien innerhalb des ganzen Auswahlprozesses zu?
- In welchem Ausmaß erfüllt ein Bewerber die verschiedenen Kriterien?

Die ersten drei Fragen zu beantworten, ist die Herausforderung bei Anwendung der Nutzwertanalyse; hier spielen die unterschiedlichen Einschätzungen und Bewertungen der Anwender eine große Rolle. Es macht Sinn, die Festlegung der Entscheidungskriterien mit allen an der Personalauswahl Beteiligten zu diskutieren. Im Prozess können dann durchaus neue Erkenntnisse über die Bedeutung einzelner Kriterien gewonnen werden. Die Zuordnung der Punktewerte für die einzelnen Bewerber ergibt sich aus der Analyse der Bewerbungsunterlagen und macht keine besonderen Schwierigkeiten.

Weitere Einsatzfelder für die Nutzwertanalyse

Die Nutzwertanalyse wird nicht nur bei der Bewerberauswahl eingesetzt. Sie eignet sich grundsätzlich für alle komplexen Entscheidungssituationen, bei denen mehrere/viele Entscheidungskriterien berücksichtigt werden.
Zum Einsatz kommt die Nutzwertanalyse beispielsweise in folgenden Entscheidungsfeldern:

- bei Standortentscheidungen: Auswahl und Entscheidung über einen Filial-/Unternehmensstandort,
- bei Kaufentscheidungen: systematischer Vergleich von Angeboten verschiedener Unternehmen (bei Großprojekten, Investitionsentscheidungen und langfristigen oder hochwertigen Rahmenverträgen, im privaten Bereich: Anschaffung eines Pkw o. dgl.),
- bei Vermarktungsentscheidungen: Zugang zu einem Markt (international, regional), Einführung neuer Produkte, Produktideenbewertung.

2.4 Schriftverkehr und Terminverwaltung

Die Sachbearbeitung im Bewerbungsverfahren hat neben der Erfassung der Bewerbungen zwei Hauptaufgaben:

- die Erledigung des Schriftverkehrs und
- die Organisation und Verwaltung der Termine.

Schriftverkehr

Zum Schriftverkehr gehören die Bestätigungsschreiben nach Eingang der Bewerbungen, die Schreiben an die abgelehnten Bewerber der B- und C-Kategorien sowie die Einladungsschreiben zum Vorstellungsgespräch.

Schriftverkehr mit den Bewerbern		
Bestätigungsschreiben nach Eingang der Bewerbung	Ablehnungsschreiben	Einladungsschreiben zum Vorstellungsgespräch

Bei der Formulierung und Gestaltung dieser Schreiben sollte man die Wirkung auf die Bewerber berücksichtigen, denn jeder Schriftverkehr repräsentiert das Unternehmen. Diese Möglichkeiten zur Kontaktaufnahme kann das Unternehmen zum Aufbau und zur Pflege eines positiven Arbeitgeberimages nutzen (Employer Branding).

Ablehnungsschreiben

Während das Bestätigungsschreiben selbst bereits eine Wertschätzung gegenüber dem Bewerber ausdrückt, ist die Formulierung einer Absage an einen Bewerber meist eine Herausforderung; schließlich enthält das Schreiben eine Ablehnung, was zunächst kaum zu einem guten Gefühl bei einem Bewerber beiträgt. Umso mehr Mühe sollte man sich machen, solche Schreiben sachlich überzeugend und nicht personenbezogen ablehnend zu gestalten. Häufig verwendet werden bestimmte Standardformulierungen, die jedoch in vielen Fällen als solche von den Bewerbern erkannt und nicht besonders geschätzt werden.

Beispiele

Beispiele für Standardformulierungen

„wir danken für das Interesse an unserem Unternehmen...“; „uns ist die Auswahl nicht leicht gefallen..“; „wir haben uns für jemand anderen entschieden; bitte sehen Sie dies nicht als Wertung Ihrer persönlichen Qualifikationen ...“.

Im Hintergrund zu beachten sind bei den Formulierungen die Rahmenbedingungen des Allgemeinen Gleichbehandlungsgesetzes. Diskriminierungen sollten in jedem Fall vermieden werden.

Praxistipp

Folgende Elemente finden sich in einem guten Absageschreiben:

- Persönliche Anrede
- Dank aussprechen für das gezeigte Interesse an dem Unternehmen
- Bedauern über die Absage äußern

- Herausstellen positiver Aspekte (aus Bewerbungsunterlagen)
- Hinweis auf Rückgabe der Bewerbungsunterlagen
- Grußformel mit Ermutigung und Perspektive sowie gute Wünschen für den weiteren beruflichen Weg

Einladungsschreiben

Einladungen zu Vorstellungsgesprächen dürften von den meisten Bewerbern unabhängig von stilistischen Fragen positiv aufgenommen werden. Zu beachten sind bei Einladungen die gesetzlichen Regelungen über die Fahrtkostenübernahme:

Wer Bewerber einlädt, muss Fahrtkosten zahlen

Bewerber (...) bleiben immer öfter auf den Kosten für die Fahrt zum Vorstellungsgespräch sitzen. In vielen Fällen haben die Jobsuchenden allerdings ein Recht auf eine Kostenerstattung. Laut § 670 BGB muss ein Unternehmen, das einen Bewerber einlädt, notwendige Ausgaben ersetzen, die im Zusammenhang mit einem Vorstellungsgespräch anfallen (...). Diese Verpflichtung gilt unabhängig davon, ob sich der Jobsuchende auf eine Stellenanzeige oder initiativ beworben hat und ob am Ende ein Arbeitsverhältnis zustande kommt. Es spielt auch keine Rolle, ob die Einladung zum Gespräch schriftlich oder telefonisch erfolgt ist, sagt Pia Alexa Becker, Fachanwältin für Arbeitsrecht in München.
Doch die Regelung lässt ein Hintertürchen offen: Das Unternehmen kann eine Kostenübernahme bereits in der Einladung ausschließen und muss dann nicht zahlen. (...)
Die Erstattung erst beim Gespräch vor Ort ablehnen, darf der potenzielle Arbeitgeber jedoch nicht. „Wir übernehmen bei Bewerbungsgesprächen keine Vorstellungskosten", lautet die gängige Floskel. Steht davon nichts im Schreiben oder erwähnt der Personaler das Thema Fahrtkosten nicht am Telefon, kann der Bewerber davon ausgehen, dass Kosten übernommen werden. Ersetzt wird in der Regel eine Bahnfahrt zweiter Klasse oder bei Anreise mit dem Pkw die Entfernungspauschale von 30 Cent pro Kilometer. Prinzipiell werden auch Flüge bezahlt, wenn eine Zugfahrt zu lang und zu umständlich wäre. Wer fliegen möchte, sollte das allerdings vorher auf jeden Fall mit dem Personalverantwortlichen besprechen (...).
Schließt das Unternehmen eine Kostenübernahme aus, springt unter Umständen die Agentur für Arbeit ein. Voraussetzung ist allerdings, dass der Bewerber dort arbeitssuchend gemeldet ist und die Kostenübernahme vor dem Gesprächstermin beantragt. Für den Antrag ist das Einladungsschreiben der Firma notwendig. Die Agentur für Arbeit stellt dem Bewerber dann entweder direkt eine Fahrkarte aus oder erstattet die Ausgaben. Eine nachträgliche Kostenerstattung ist nicht möglich.

Quelle: Verlagsgruppe Handelsblatt GmbH & Co. KG: Wer Bewerber einlädt muss Fahrtkosten zahlen, Handelsblatt GmbH, erschienen am 24.11.2006, unter: http://www.karriere.de/service/wer-bewerber-einlaedt-muss-fahrtkosten-zahlen-124955, zuletzt abgerufen am 14.05.2012

Terminverwaltung

Die Aufgabe der Terminverwaltung betrifft die zeitliche Organisation. Dabei ist die Bewerbung ein Teil des gesamten Einstellungsprozesses. Bei der zeitlichen Planung macht es daher Sinn, den Einstellungsprozess als Grundlage der Planung zu nehmen. Zum einen geht es um die zeitliche Gestaltung des gesamten Einstellungsverfahrens, zum anderen um die Terminsetzung im Einzelfall wie etwa für Vorstellungsgespräche.

Phasen des Einstellungsprozesses

Die zeitliche Planung des Einstellungsprozesses kann entweder bei der Bedarfsformulierung beginnen oder mit der konkreten Ausschreibung.

Im Einzelnen können folgende Phasen unterschieden werden: LF 5, 2.1.1

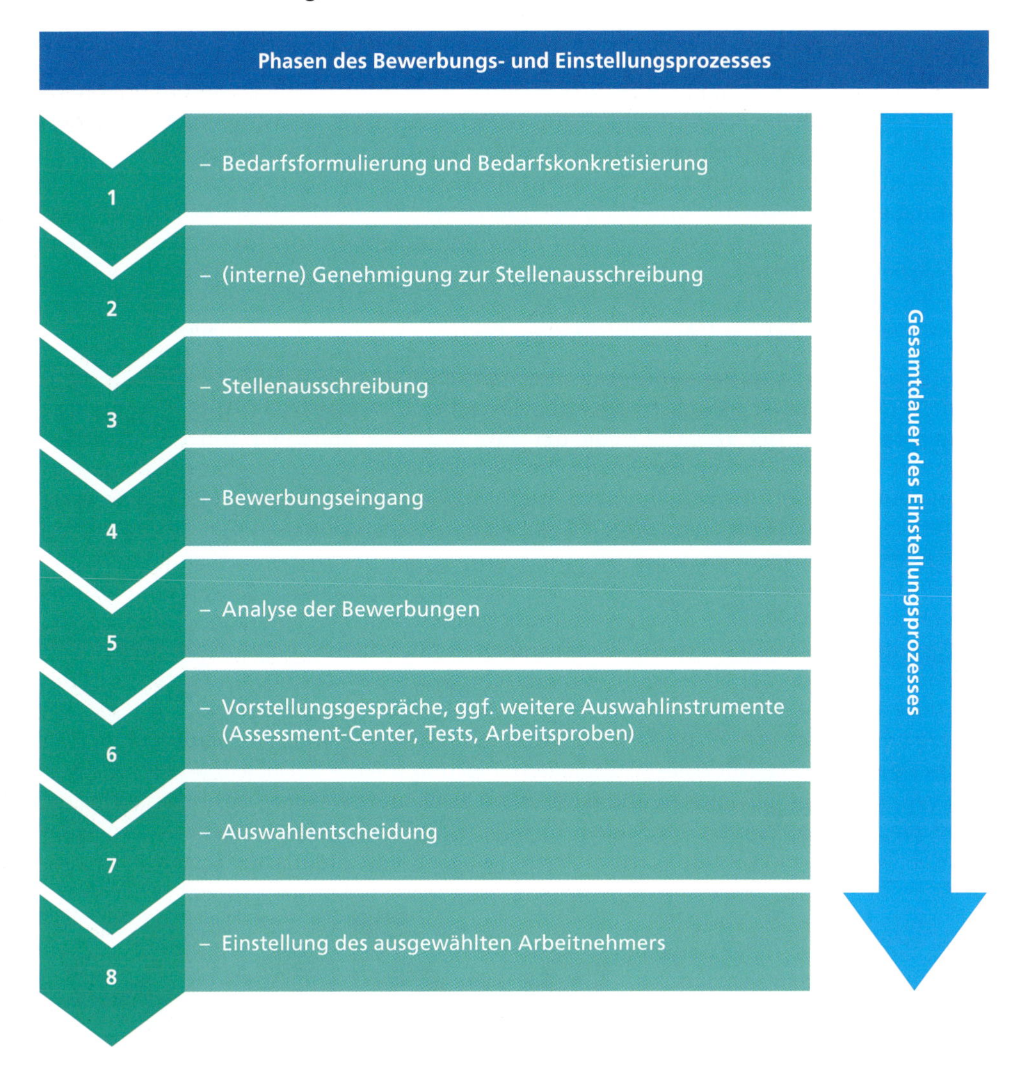

Die zeitliche Gestaltung des Gesamtverfahrens ist von vielen Faktoren abhängig. Eine Regeldauer für Bewerbungsverfahren gibt es nicht. Durchschnittszahlen sind in diesem Fall relativ nichtssagend, wie die häufig genannte Dauer von einer Woche bis sechs Monaten zeigt. Die Dauer wird von sehr vielen Einflussfaktoren mitbestimmt, die sich unter folgende Oberbegriffe zusammenfassen lassen:

- Situation auf dem Arbeitsmarkt und gesuchte Qualifikationen,
- Dringlichkeit der Bedarfsdeckung,

- Prozesse und Beteiligte im Unternehmen,
- Standort und Arbeitgeberimage,
- Ausschreibungsmedien (online, print),
- Art und Umfang der angeforderten Unterlagen,
- Art des Auswahlverfahrens (Vorstellungsgespräch oder umfassendes Assessment-Center).

Soll eine bestimmte Stelle zu einem bestimmten Zeitpunkt besetzt werden, etwa als Vertretung für einen freigestellten Mitarbeiter (Elternzeit, Schwangerschaft u. dgl.) oder als Nachfolger für einen ausscheidenden Mitarbeiter (Erreichen der Altersgrenze o. dgl.), muss vom Zeitpunkt der geplanten Einstellung zurückgerechnet werden. Dabei sollten die Besonderheiten und die Unwägbarkeiten in jeder Phase berücksichtigt werden (z.B. Erscheinungsweise der Ausschreibungsmedien, Berufsgruppe, Situation auf dem Arbeitsmarkt etc.).

Terminverwaltung für Vorstellungsgespräche

Die Terminierung von Bewerbungsgesprächen übernimmt das einladende Unternehmen. In der Regel ist es üblich, dass der Bewerber den meist schriftlich mitgeteilten Termin bestätigt. Die zeitliche Lage der Gespräche ist abhängig von den üblichen Arbeitszeiten im Unternehmen sowie der Verfügbarkeit der in die Gespräche eingebundenen Personen. Eingeplant werden sollten Zeiten für Pausen und für eine erste Bestandsaufnahme und einen ersten Gedankenaustausch zwischen den Gesprächsführenden des Unternehmens.
Es gehört zum guten Ton, sich unmittelbar vor dem Gespräch nochmals einen Überblick zu verschaffen. Während des Bewerbungsgesprächs zur Einstimmung in den Bewerbungsunterlagen zu blättern, ist weder souverän noch fair dem Bewerber gegenüber. Es zeugt allein von der schlechten Vorbereitung (oder dem schlechten Gedächtnis) des Interviewers.
Häufig finden Bewerbungsgespräche für eine Stellenbesetzung in relativ kurzer Zeit hintereinander statt. Mit einer solchen Terminierung soll die Vergleichbarkeit zwischen den verschiedenen Bewerbern und Eindrücken erleichtert werden. Das ist diskutierbar, denn die Vergleichbarkeit kann auch über ein standardisiertes Vorgehen hergestellt werden. Nicht zu unterschätzen ist in jedem Fall die Belastung für die Gesprächsführenden.
Ein wertschätzendes Verhalten ist es, die Interessen der Bewerber bei der Terminsetzung zu berücksichtigen; eine Rolle spielen dabei etwa die Arbeitszeiten des Bewerbers, Dauer und Länge der Anreise, Verkehrslage und Ähnliches.

Zusammenfassung

- Mit dem Bewerbungseingang nach einer Stellenausschreibung entsteht rechtlich ein sogenanntes **Anbahnungsverhältnis**, das Arbeitgeber und Arbeitnehmer zu gegenseitiger Rücksichtnahme verpflichtet.
- Eine **vollständige Bewerbung** besteht aus einem Anschreiben, dem Lebenslauf, dem Bewerbungsfoto, den Arbeitszeugnissen, ggf. Schulzeugnissen und sonstigen Leistungsnachweisen. Ergänzt und individualisiert werden kann eine Bewerbung durch die sogenannte Dritte Seite.
- Die **Bearbeitung** eingehender schriftlicher Bewerbungen auf Stellenausschreibungen erfolgt in mehreren Schritten. Dabei werden verschiedene Instrumente eingesetzt:

Bearbeitungsschritte	Instrumente, Hilfsmittel
Erfassung der Bewerbersituation	Bewerbereingangsliste
Erste Grobsortierung (Vorselektion) der eingegangenen Bewerbungen	Klassifikation in A-, B-, C-Kategorie
Vorbereitung der systematischen Analyse und Auswertung	Anforderungsprofil, Stellenbeschreibung
Durchführung der Analyse der Bewerbungsunterlagen	Checklisten für die Analyse von Anschreiben, Lebenslauf, Bewerbungsfoto
Feststellung der Eignung	Eignungsprofil, Potenzialanalyse
Erstellung einer Rangliste der geeigneten Bewerber	Nutzwertanalyse
Einladung der Bewerber zum Bewerbungsgespräch	Terminverwaltung

Aufgaben

1. *Erstellen Sie ein Flussdiagramm über den Ablauf des Bewerbungsprozesses in Ihrem Unternehmen nach einer Stellenausschreibung. Gehen Sie dabei von der Suche nach internen Mitarbeitern aus.*

2. *Erläutern Sie die Begriffe Posting, Sourcing, aktive und passive Stellensuche.*

3. *Sie bereiten sich als Mitarbeiter eines Personaldienstleistungsunternehmens auf ein Gespräch mit dem Personalleiter eines mittelständischen Unternehmens vor. Dieser Personalleiter hatte Sie gebeten, in einem Beratungsgespräch die Vorteile der Auslagerung der Bewerberauswahl auf ein Personaldienstleistungsunternehmen zu erläutern.*

4. *Als Mitarbeiter in einer Personalabteilung erhalten Sie den Auftrag, nachfolgendes Anschreiben zu analysieren:*

Petra Lammers
Hansmannweg 3
78345 Petersberg
Handy 01356-142536879

27.8.2015

Firma Presswerk AG
Herr Gebhardt
Herkulesstr. 1-10
59514 Soest

Bewerbung auf Ihre Stellenausschreibung am 25.08.2015

Sehr geehrte Damen und Herren,

mit Interesse habe ich Ihr Stellenangebot in den Soester Nachrichten gelesen. Hiermit bewerbe ich mich um die Stelle als Bürokauffrau im Personalbereich.

Ich habe meine Ausbildung zur Bürokauffrau vor vier Jahren erfolgreich abgeschlossen. Anschließend wurde ich für ein Jahr von meinem Ausbildungsbetrieb, der Hera Finanzdienstleistungen GmbH in Dortmund übernommen. Danach war ich als Elternzeitvertretung bei der Hassloch Maschinenbau GmbH in Dortmund als Sekretärin der Geschäftsführung tätig; dabei war ich auch für den Personalbereich zuständig. Ende des vergangenen Jahres lief der befristete Arbeitsvertrag aus. Seither bin ich arbeitssuchend.

Ich habe mein Wissen stets erweitern können. Im Bürobereich bin ich mit allen anfallenden Tätigkeiten vertraut. Ich habe seit Anfang des Jahres an zwei Schulungen über das Windows-Officepaket erfolgreich teilgenommen. Im PC-Bereich bin ich sehr fit. Außerdem spreche ich fließend Englisch, da meine Großeltern aus Amerika sind.

Ich denke, dass ich genau die richtige für die Tätigkeit in einem Büro bin. Mich zeichnet eine besondere Teamfähigkeit aus. Ich arbeite schnell und sorgfältig und selbstständig.

Ich würde mich sehr über eine Einladung zu einem Vorstellungsgespräch freuen. Sie können mich auch gern telefonisch kontaktieren.

Mit freundlichen Grüßen

P. Lammers

Anlagen

5. *Bei der Analyse des Lebenslaufs werden verschiedene Analyseschwerpunkte gesetzt. Ordnen Sie die nachfolgenden Inhalte den drei Analysearten zu:*

(1) Firmen- und Branchenanalyse

(2) Zeitfolgeanalyse

(3) Positionsanalyse

Analyseinhalte	Art der Analyse
Bisherige Berufserfahrung	
Teilzeitbeschäftigung	
Häufigkeit der Stellenwechsel	
Branchenerfahrung	
Dauer der Ausbildung	
Vorheriger Arbeitgeber	
Beförderungen	

6. *Als Mitarbeiter/-in der Personalabteilung sind Sie unter anderem für die Sachbearbeitung im Zusammenhang mit der Erstellung von Arbeitszeugnissen zuständig. Im Verlauf des Arbeitstages gehen verschiedene Anfragen bei Ihnen ein. Entscheiden Sie für jeden Fall, ob und ggf. welche Art von Zeugnis umgehend erstellt werden muss.*

Fallbeschreibung	Zeugnisanspruch, Zeugnisart
Hans Jancker, im Unternehmen beschäftigt seit acht Jahren, fordert ein Zwischenzeugnis an.	
Rainer Klusener wird verhaltensbedingt fristlos gekündigt. Er war drei Jahre in dem Unternehmen beschäftigt. Er verlangt ein einfaches Arbeitszeugnis.	
Die Auszubildende Petra Baumann wird nach bestandener Abschlussprüfung nicht weiterbeschäftigt.	
Jan Heinzel wird das Unternehmen nach fünf Jahren Beschäftigung als Produktionsleiter auf eigenen Wunsch zum Ende des übernächsten Monats verlassen. Er bittet um ein qualifiziertes Arbeitszeugnis.	
Karla Schumann, beschäftigt seit zwei Monaten und noch in der Probezeit, verlangt ein Zwischenzeugnis.	

7. *Sie sind mit der Planung des Bewerbungsprozesses befasst. Bringen Sie folgende Tätigkeiten des Bewerbungsprozesses in die richtige Reihenfolge; vergeben Sie eine „1" für den ersten Schritt, eine „2" für den zweiten Schritt usw.*

	Reihenfolge
Erstellen eines Eignungsprofils	
Festlegung der Analysekriterien	
Fahrtkostenabrechnung der Bewerber	
Analyse der Bewerbungsunterlagen	
Versenden der Eingangsbestätigung	
Rücksendung der Bewerbungsunterlagen nicht geeigneter C-Bewerber	

8. *Die Controllerin Gertrud Müller erreicht im kommenden März die Altersgrenze. Sie sind mit der Planung des Prozesses der Neubesetzung der Stelle befasst. Welche der folgenden Aussagen über die Dauer des Stellenbesetzungsprozesses ist zutreffend? Tragen Sie die richtige Ziffer in das Kästchen ein.* ☐

Aussagen
1. Der Bewerbungs- und Stellenbesetzungsprozess wird durch die größtmögliche Verbreitung der Stellenausschreibung deutlich verkürzt.
2. Angesichts der noch immer hohen Arbeitslosenquoten kann mit einem großen Bewerberandrang gerechnet werden, sodass die Stelle schnell besetzt werden kann.
3. Da in die Bewerbungsanalyse neben dem Leiter der Finanzabteilung auch der Personalleiter, ein Mitglied des Betriebsrates sowie die Gleichstellungsbeauftragte einbezogen werden, wird der Stellenbesetzungsprozess deutlich länger dauern.
4. Da die angesprochenen Bewerber eine insgesamt hohe Qualifikation haben müssen, ist mit perfekten Bewerbungen zu rechnen, was den Auswahlprozess deutlich reduzieren wird.
5. Da es sich um ein sehr spezielles Aufgabengebiet handelt, das spezifische Branchenkenntnisse erfordert, ist mit einer eher längeren Dauer des Prozesses zu rechnen.

9. *Nachdem Sie Ihre Ausbildung als Personaldienstleistungskauffrau/-mann beendet haben, bewerben Sie sich auf eine Stellenausschreibung als Disponent/-in. Erstellen Sie für Ihre Bewerbung die sogenannte „Dritte Seite".*

10. *Die Nutzwertanalyse wird u. a. im Rahmen der Personalauswahl eingesetzt. Welche der folgenden Aussagen zur Nutzwertanalyse ist richtig?*

Die Nutzwertanalyse ist ...

a) ein Instrument der Zeugnisanalyse.	
b) ein Verfahren zur vergleichenden Beurteilung von Bewerbern.	
c) ein Verfahren, um die Qualifikation eines Bewerbers umfassend darzustellen.	
d) ein Verfahren, das zur Beurteilung von Bewerbern nur objektive Sachverhalte heranzieht.	

11. *Bringen Sie folgende Schritte zur Anwendung des Instruments Nutzwertanalyse in die richtige Reihenfolge. Markieren Sie den ersten Schritt mit einer „1", den zweiten mit einer „2" usw.*

Bestimmung der Bewertungskriterien	
Addition der Nutzwerte	
Festlegung des Schemas zur Punktevergabe	
Festlegung der Bedeutung der Merkmale des zukünftigen Stelleninhabers	
Ermittlung der Rangfolge der Bewerber	
Analyse des Anforderungsprofils	

12. *Der Niederlassungsleiter Hubert Kaiser muss im Verlauf der kommenden Woche folgende Aufgaben erledigen. Beraten Sie ihn, für welche Aufgaben er eine Nutzwertanalyse einsetzen kann. Ordnen Sie den folgenden Aussagen die nachfolgenden Aufgaben zu:*

(1) Nutzwertanalyse kann sinnvoll eingesetzt werden.

(2) Nutzwertanalyse kann nicht sinnvoll eingesetzt werden.

a) Einsatzgespräch mit dem Baustellenleiter führen.	
b) Entscheidung für einen der drei Anbieter für die Ausstattung des neuen Büros mit Mobiliar.	
c) Entscheidung über die Anfertigung einer Abmahnung für Heinrich G.	
d) Festlegung der Anzahl der zu vernichtenden Ordner aus dem Aktenarchiv.	

e) Auswahl eines Standortes für eine neue Niederlassung im Westen des Ruhrgebietes	
f) Entscheidung für einen der fünf innerbetrieblichen Bewerber auf die interne Stellenausschreibung	

13. *Im Rahmen eines Bewerbungsverfahrens erstellen Sie eine Nutzwertanalyse.*

(1) Sie planen, je Merkmal maximal fünf Punkte zu vergeben; ein Kollege weist Sie darauf hin, dass es besser ist, mehr Punkte zu vergeben, beispielsweise maximal zehn Punkte.

Mit welchen beiden der folgenden Aussagen antworten Sie ihm zutreffend? (MEHRERE AUSSAGEN)

a) „Es macht keinen Unterschied, ob ich maximal fünf oder zehn Punkte vergebe."	
b) „Wenn ich zehn Punkte vergebe, entsteht eine größere Summe, sodass das Ergebnis unnötig kompliziert ist."	
c) „An der Rangfolge der verschiedenen Bewerber wird sich durch einen höheren maximalen Punktwert nichts ändern."	
d) „Es ist grundsätzlich besser, weniger Punkte zu vergeben."	
e) „Mit einer höheren maximalen Punktzahl kann ich die Unterschiede zwischen den Bewerbern deutlicher herausarbeiten."	
f) „Je größer die Punktzahl ist, umso stärker wird die Bedeutung der geringer gewichteten Kriterien."	

(2) Ein anderer Kollege spricht Sie darauf an, dass das ganze Verfahren sehr zeitaufwendig ist. „Wir haben in meinem Ausbildungsbetrieb solche Spielereien nicht gemacht. Personal haben wir natürlich trotzdem eingestellt – und wir waren meistens zufrieden mit den neuen Mitarbeitern."

Welche der folgenden Aussagen beschreiben die Vorteile der Nutzwertanalyse bei der Bewerberauswahl zutreffend? (MEHRERE AUSSAGEN)

a) „Durch die Gewichtung bei der Nutzwertanalyse ist sichergestellt, dass die Bewerber nach den spezifischen Anforderungen des jeweiligen Stellenprofils ausgesucht werden."	
b) „Die tabellarische Übersicht des Punkteschemas zeigt dem Bewerber sehr deutlich, wo er steht."	
c) „Die Subjektivität bei der Bewerberauswahl ist auf die Festlegung der Gewichtungsfaktoren beschränkt."	

d) „Bei der Punktevergabe kommt es nur auf die persönliche Einschätzung durch den Auswählenden an."	
e) Bei der Anwendung der Nutzwertanalyse ist sichergestellt, dass alle Bewerber nach denselben Kriterien beurteilt werden."	

14. *(Aufgabe für eine Gruppenarbeit im Klassenverband)*
Ihnen liegt folgende Stellenausschreibung vor:

Wir sind ein erfolgreiches Maschinenbauunternehmen
mit dem Schwerpunkt im Bereich Druckmaschinen.

Um unser weiteres Wachstum sicherzustellen suchen wir
zum nächstmöglichen Zeitpunkt eine/n

Personalreferenten/Personalreferentin

Ihr Aufgabengebiet umfasst schwerpunktmäßig die Organisation der Aktivitäten zur Personalbeschaffung in enger Abstimmung mit den jeweiligen Fachabteilungen sowie die Unterstützung der Geschäftsleitung bei Fragen des Personalbereichs. Mittelfristig soll die Stelle um die Funktion Personalentwicklung erweitert werden.

Wir erwarten von Ihnen eine Ausbildung in einem kaufmännischen Beruf und ausgeprägtes Interesse an den Aufgaben der Personalwirtschaft. Da der bisherige Stelleninhaber noch im Unternehmen ist, garantieren wir eine umfassende Einarbeitung. Sicheres Auftreten und Anwendungskenntnisse der Standardsoftware setzen wir voraus.

Wir bieten Ihnen neben einem attraktiven Gehaltspaket und zeitgemäßen Sozialleistungen ein angenehmes Arbeitsklima mit einem ausgewogenen Verhältnis von Sicherheit und Dynamik.

Wir freuen uns auf Ihre Bewerbung, die Sie bitte an Herrn Meierhoff unter dieser Adresse senden:
Presswerk AG, Herkulesstraße 1–10, 59514 Soest

Bearbeiten Sie folgende Aufgaben in Kleingruppen mit je drei Mitgliedern.

a) Versetzen Sie sich in die Rolle eines 38 Jahre alten Bewerbers/einer 38 Jahre alten Bewerberin. Die Person ist an dieser Stelle sehr interessiert.
Erstellen Sie aus dieser Sicht eine (Kurz-)Bewerbung bestehend aus Anschreiben und Lebenslauf. Seien Sie kreativ!

b) Nachdem alle Gruppen ihre Bewerbungen erstellt haben, kopieren Sie diese, sodass jeder Gruppe der vollständige Satz an Bewerbungen vorliegt.
Machen Sie eine erste Vorauswahl und ordnen Sie die Bewerbungen den Kategorien A, B und C zu. Notieren Sie in Stichworten je eine kurze Begründung für die Entscheidungen.

c) Analysieren Sie die Bewerbungen der Kategorie A. Nutzen Sie für die Auswertung Checklisten. Erstellen Sie Eignungsprofile für die Bewerber.

d) *Führen Sie eine Nutzwertanalyse durch, um die Rangfolge der Bewerbungen zu ermitteln.*

e) *Stellen Sie Ihre Ergebnisse und die Gründe für Ihre Entscheidungen in der Klasse vor.*

f) *Vergleichen Sie anschließend die Ergebnisse. Begründen Sie Unterschiede und Gemeinsamkeiten.*

3 Auswahlinstrumente planen und einsetzen

Einstiegssituation ▶

Frau Henning und der Auszubildende **Marc Lengert** der **Weise Personallösungen GmbH** haben die vorliegenden Bewerbungen analysiert und mithilfe der Nutzwertanalyse miteinander verglichen. Neun der Bewerber erreichen bei der Nutzwertanalyse eine fast gleich große Punktzahl.

Frau Henning: „Das ist eine erfreuliche Ausgangsposition."

Marc Lengert: „Geben wir nun alle Bewerberdaten an die Presswerk AG weiter?"

Frau Henning: „Nein. Mit der Presswerk AG haben wir vereinbart, dass wir drei geeignete Kandidaten vorschlagen. Die endgültige Auswahl übernehmen dann der Personalleiter und ein Vorstandsmitglied der Presswerk AG."

Marc Lengert: „Warum können wir dem Kunden nicht alle neun vorschlagen? Er hat dann eine größere Auswahl – und das ist doch immer ein Vorteil."

Frau Henning: „Das sehe ich nicht so und der Kunde wohl auch nicht, denn sonst hätte er sich ja nicht an uns gewendet. Der Kunde spart nicht nur Zeit, indem wir für ihn das Bewerbungsverfahren organisieren und bearbeiten, er beauftragt uns auch als Experten. Das umfasst nicht nur die Schaltung von Anzeigen, sondern natürlich auch eine professionelle und qualitativ einwandfreie Personalauswahl und -empfehlung! Wir werben schließlich damit, dass wir Personalexperten sind."

Marc Lengert: „Und welche der neun Bewerber schlagen wir vor?"

Frau Henning lächelt. „Wie würden Sie denn vorgehen?"

Marc Lengert: „Ich würde erst einmal Bewerbungsgespräche führen."

Frau Henning: „Aha. Und warum?"

Marc Lengert: „Dann kenne ich die Bewerber und kann besser prüfen und einschätzen, wer nun wirklich für die Stelle geeignet ist."

Frau Henning: „Was genau würden Sie denn prüfen?"

Marc Lengert: „Ich würde mir die Stellenausschreibung noch einmal ansehen. Daraus geht ja hervor, dass Englisch- und EDV-Kenntnisse, selbstständiges Arbeiten und Teamfähigkeit besonders wichtig sind. Ich mache mir eine Checkliste für die Gespräche und anschließend kann ich alles auswerten."

Frau Henning: „Halten Sie es für eine gute Idee, beispielsweise die Teamfähigkeit in einem Bewerbungsgespräch zu prüfen?"

Marc Lengert ist irritiert. „Sie haben Recht. Das ist wohl schwierig, vielleicht sogar unmöglich. Was sollen wir denn sonst machen?"

Arbeitsaufträge

1. *Beschreiben Sie das Problem in der Ausgangssituation.*
   Machen Sie einen ersten Vorschlag für das Vorgehen in diesem Fall auf Grundlage der Stellenausschreibung in der Lernsituation zu Kapitel 2 (Bewerbungen auswerten).

   Die Basis bilden neun Bewerber, die von der Papierform her ähnlich gut für eine Stelle geeignet sind. Es müssen daher weitere Informationen über die Bewerber erhoben werden, um die Eignung umfassend zu beurteilen. Erstellen Sie eine Liste mit weiteren Eigenschaften, die der geeignete Kandidat haben sollte.

2. *Informieren Sie sich in Kapitel 3.2 über Instrumente zur Personalauswahl.*

3. *Planen Sie auf der Grundlage der Stellenanforderungen den weiteren Personalauswahlprozess. Legen Sie dabei fest, welche Instrumente in welcher Reihenfolge eingesetzt werden sollen. Berücksichtigen Sie die Qualitätsanforderungen an die Auswahlinstrumente.*

4. *Prüfen Sie mithilfe der Kriterien der DIN 33430 die Qualität Ihres Vorschlags.*

5. *Präsentieren Sie Ihre Planungen dem Kundenunternehmen Presswerk AG.*

6. *Reflektieren Sie, welche Einwände die Presswerk AG gegen Ihren Vorschlag vorbringen könnte, und entkräften Sie diese Einwände.*

3.1 Elemente des Personalauswahlprozesses

Die Personalauswahl ist eine Teilaufgabe der **Personalgewinnung**, zu der weiterhin die Aufgaben der Personalbeschaffung, der Personaleinstellung und der Personaleinführung gehören.

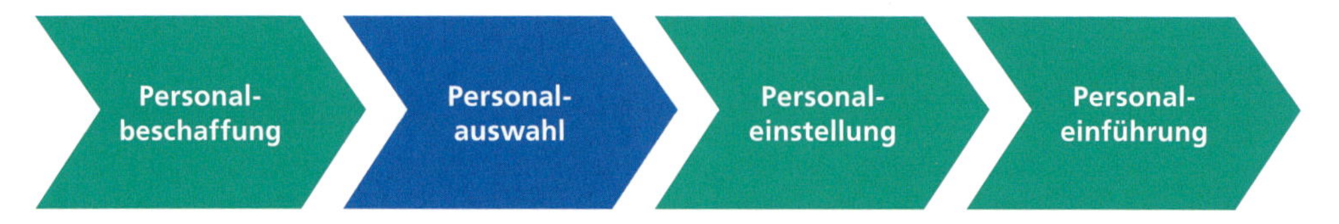

Personalauswahl bedeutet, aus der Menge der Bewerber diejenige Person auszuwählen (zu „selektieren"), die am besten für die ausgeschriebene Stelle geeignet ist. Der Personalauswahlprozess, auch Selektionsprozess genannt, ist eine Entscheidungsaufgabe: Aus einer Menge von Alternativen entscheidet man sich für die **beste** Alternative. LF 5, 2 Das Problem bei der Auswahlentscheidung ist, die für die bestmögliche Entscheidung notwendigen Informationen zu erhalten. Ein erster Schritt dieser Informationsbeschaffung über die Bewerber ist die Analyse der Bewerbungsunterlagen. Häufig sind diese Informationen nicht ausreichend. Es werden daher weitere Instrumente eingesetzt, wie zum Beispiel Vorstellungsgespräche und verschiedene Arten von Tests.

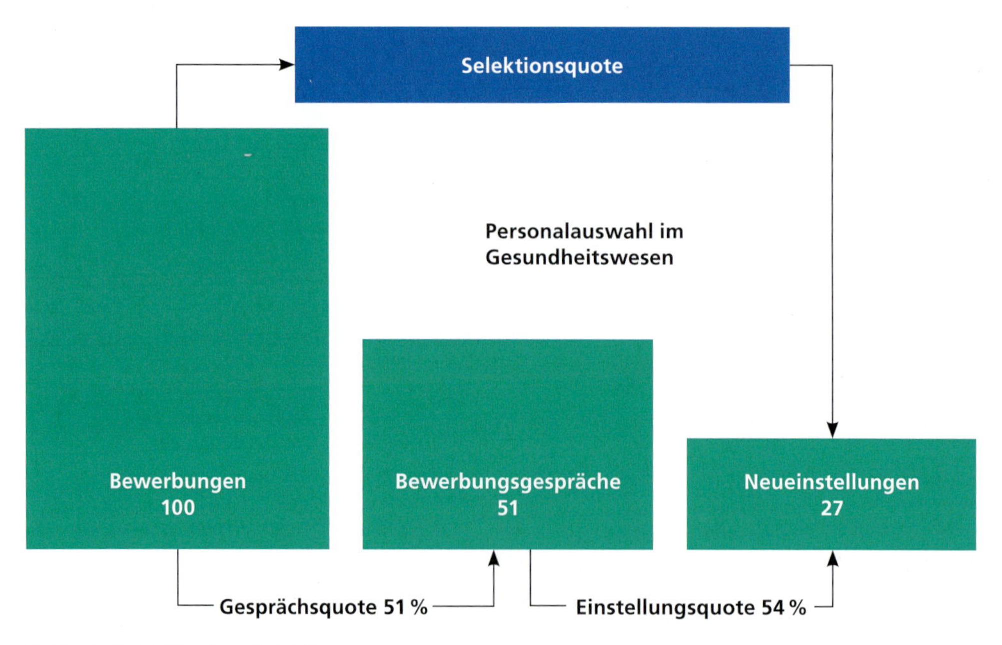

Zahlenbeispiel für einen Selektionsprozess

Quelle: Forschungsgruppe „Personalauswahl im Gesundheitswesen": Forschungsprojekt Personalauswahl im Gesundheitswesen, Psychologisches Institut der Universität Heidelberg, unter: http://www.pflegewissenschaft.uni-hd.de/Seiten/istanalyse.html, zuletzt abgerufen am 19.06.2012

Definition
Die Gesamtheit aller Tätigkeiten, die dazu dienen, eine freie Stelle mit der „richtigen" Person zu besetzen, bezeichnet man als **Personalauswahl**.

Im Grunde beginnt die Personalauswahl bereits mit der Veröffentlichung einer Stellenausschreibung: Mit den Formulierungen legt das Unternehmen grundlegende Rahmenbedingungen fest: Wer fühlt sich angesprochen; wer hat ein Interesse an dem Unternehmen und an der Stelle; wer reicht Bewerbungsunterlagen ein. Im ungünstigsten Fall erreichen das Unternehmen nur ungeeignete Bewerbungen, was sich manchmal erst im Verlauf des Auswahlprozesses zeigt. Es kommt dann auf das Unternehmen an, ob es den „Besten" der eher ungeeigneten Bewerber nimmt, oder ob es einen neuen Beschaffungsprozess in Gang setzt.
Im Idealfall liegen nach einer Ausschreibung genügend Bewerbungen vor. In dem sich dann anschließenden Prozess der Personalauswahl werden die geeigneten bzw. wird der geeignete Bewerber herausgefiltert (selektiert). Selektionskriterium ist die Eignung der Bewerber für das ausgeschriebene Anforderungsprofil.

3.1.1 Ziel des Auswahlprozesses: Die Eignungsfeststellung

Ziel des Auswahlprozesses ist es, den Bewerber mit der besten Eignung für eine Stelle zu identifizieren. Eignung ist ein relativer Begriff: Er bezeichnet die Ausprägung von Merkmalen im Hinblick auf bestimmte (Stellen-)Anforderungen. Im betrieblichen Bereich geht es um die Eignung einer Person für konkrete Arbeitsaufgaben. Dabei kann zwischen verschiedenen **Arten der Eignung** unterschieden werden:

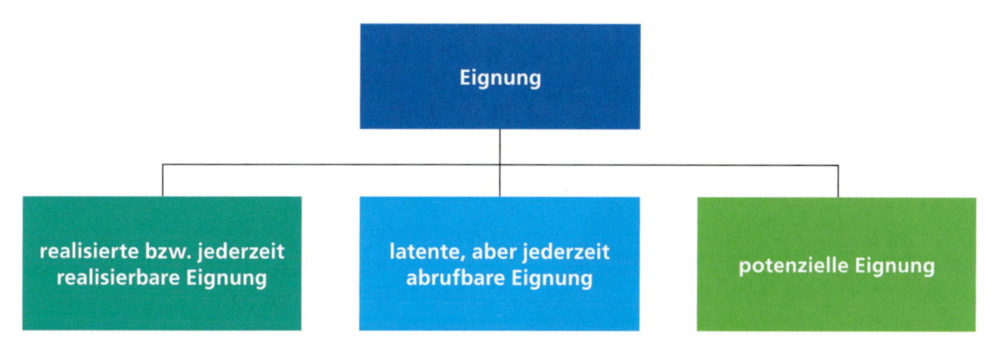

Wenn es eher um eine kurzfristig zu besetzende Stelle mit festgelegten Aufgaben und/oder um eher einfache Tätigkeiten geht, steht die realisierte bzw. jederzeit realisierbare Eignung des Bewerbers im Vordergrund.
Beabsichtigt das Unternehmen eine langfristige Stellenbesetzung, muss neben der aktuellen Eignung auch die potenzielle Eignung berücksichtigt werden. Da sich Aufgabenbereiche mit der Zeit ändern können und neue Techniken andere Anforderungen bringen, sollte sich ein Stelleninhaber stets anpassen können. Von Bedeutung sind dann zusätzlich die Veränderungsbereitschaft und -fähigkeit der Bewerber (Entwicklungspotenzial).

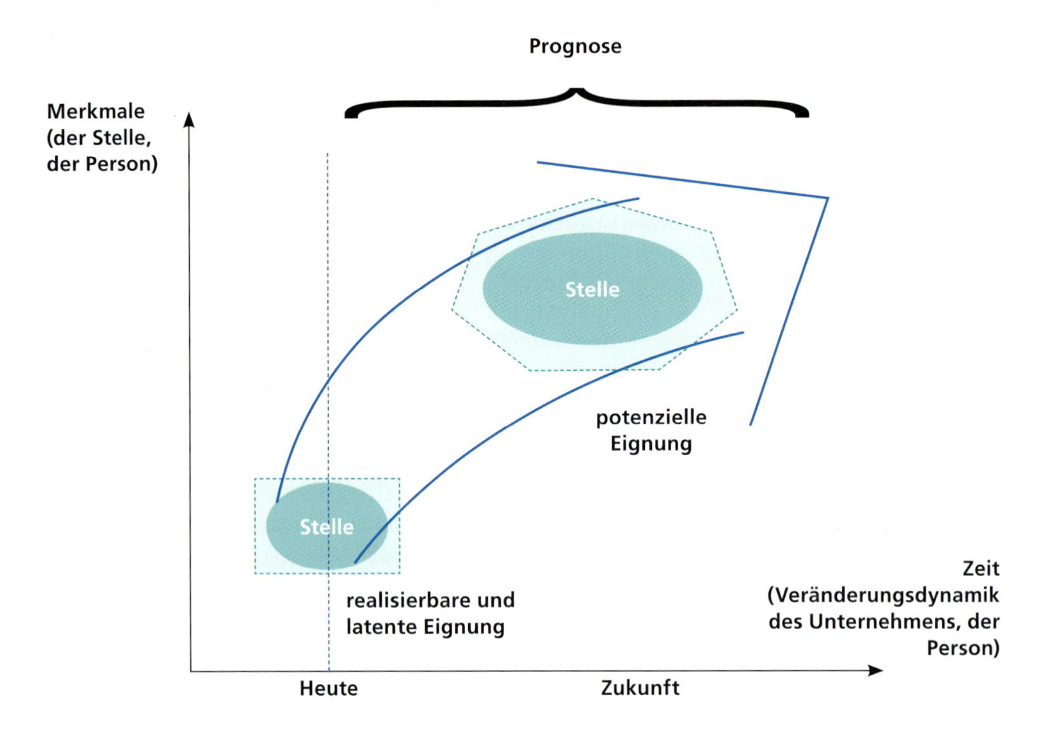

Eignungsdiagnose und Verhaltensprognose

Die Eignung lässt sich nicht an der Nasenspitze ablesen und sie ist nur bedingt aus den schriftlichen Unterlagen herauszulesen. Für ein Aufgabengebiet geeignet zu sein, bedeutet in einem umfassenden Sinne, das nötige **Wissen** mitzubringen, den Willen zur Erfüllung der Aufgaben zu haben (**Wollen**) und schließlich auch das richtige Verhalten zu zeigen (**Können**). So verstanden ist Eignung ein sehr komplexes Merkmal, das sich vollständig erst dann zeigt, wenn jemand das Aufgabengebiet tatsächlich ausübt.

Diese Überlegung führt dazu, Bewerber zur Probearbeit einzuladen und sie in der tatsächlichen Arbeitssituation direkt zu **testen**. Probearbeiten als Instrument der Personalauswahl ist aber nicht bei allen Stellenbesetzungen anwendbar. In den meisten Fällen geht es darum, die Eignung der Bewerber **vor der Arbeitsaufnahme** festzustellen (Diagnose), das Verhalten in der Zukunft vorherzusagen (Prognose) und anschließend eine Entscheidung zur Einstellung zu treffen.

Dabei ist die Feststellung der fachlichen Kompetenzen anhand der schriftlichen Unterlagen und der vorgelegten Qualifikationsnachweise und Zeugnisse relativ einfach nachzuvollziehen. Ein Teil des notwendigen Wissens ist damit sicherlich abgedeckt. Noch

nicht geklärt ist aber, ob jemand tatsächlich das Wollen (Motivation) und Können (Verhalten) mitbringt. Hier setzen die eignungsdiagnostischen Instrumente an:

- Hat der Bewerber die erforderlichen Eigenschaften und Persönlichkeitsmerkmale?
- Wird der Bewerber bei der Aufgabenbearbeitung erfolgreich sein?
- Passt die persönliche Lebensplanung zur Aufgabenstellung?

Die bei der Personalauswahl eingesetzten Instrumente können nach diesen Fragestellungen unterschieden werden:

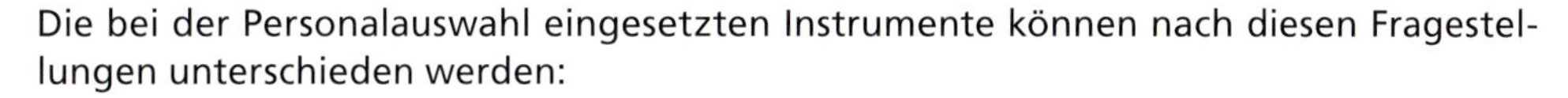

Eignungsdiagnostische Ansätze der Personalauswahl		
Eigenschaftsansatz, auch: Konstruktansatz	**Simulationsansatz**	**Biografieansatz**
Psychologisch-diagnostische Verfahren (Tests) zur Messung der Ausprägung von persönlichen Eigenschaften wie etwa Leistungs- und Konzentrationsfähigkeit, Intelligenz, Einstellungen, Motivation	Simulation bestimmter beruflicher Situationen durch: • (psycho-)motorische Aufgaben • situationsgebundene Einzelaufgaben • situationsgebundene Gruppenaufgaben	Ableitung von Aussagen über das zukünftige Verhalten aus dem bisherigen Verhalten (Verhaltensprognose)
z. B. Konzentrationstest, Intelligenztest, Wissenstest	z. B. Arbeitsproben, Assessment-Center	z. B. Bewerbungsunterlagen, biografischer Fragebogen, Einstellungsgespräch

Daneben werden auch Personalfragebögen und selten auch grafologische Gutachten bei der Personalauswahl eingesetzt.

3.1.2 Ablauf der Personalauswahl

Erster Schritt im Personalauswahlprozess ist die Bestimmung der Anforderungen. Sie sind quasi der Einkaufszettel der Bewerberauswahl. Die Anforderungen legen fest, welche Merkmale (Fähigkeiten, Eigenschaften, Verhaltensweisen) der zukünftige Stelleninhaber mitbringen muss, um den Aufgabenbereich zu beherrschen.

Beispiel

*Für die Stelle eines **Kommissionierers** formuliert die Stellenausschreibung die Anforderungen Belastbarkeit und Zuverlässigkeit. Konkretisiert kann das etwa Folgendes bedeuten:*

- *Belastbarkeit: Muskelkraft (Heben, Tragen), Ausdauer, Handgeschicklichkeit, motorische Koordination,*
- *Zuverlässigkeit: Pünktlichkeit, verbindliches Verhalten, hält sich an Vereinbarungen, erledigt Aufgaben termingerecht, arbeitet mit gleichmäßiger Leistung.*

*Die Stelle eines **Teamleiters** ist mit Führungsaufgaben verbunden. Welche Merkmale muss ein Bewerber mitbringen, um diese Führungsaufgaben wahrzunehmen? Konkretisiert werden kann dies etwa durch folgende Merkmale:*

Eine Person mit Teamleitungsaufgaben muss u. a. folgende Fähigkeiten haben:

- *Einfluss auf das Verhalten der Teammitglieder nehmen,*
- *die Teammitglieder motivieren,*
- *die Unternehmens- und/oder Bereichsziele vertreten,*
- *Entscheidungen treffen und sie durchsetzen,*
- *das Verhalten der Mitglieder kontrollieren und korrigieren,*
- *(verständlich) kommunizieren,*
- *Informationen strukturieren.*

Fehler bei der Konkretisierung der Anforderungen führen zwangsläufig zu Fehlern bei der Stellenbesetzung, auch wenn das Personalauswahlverfahren ansonsten sehr gut war. Nachdem die eingehenden Bewerbungen analysiert und klassifiziert wurden, geht es im nächsten Schritt um die Feinauswahl der Bewerber: Geplant wird, über wie viele Stufen der Auswahlprozess erfolgen soll und welche Auswahlinstrumente in welcher Reihenfolge eingesetzt werden sollen.
Das Vorgehen in der Praxis ist dabei sehr unterschiedlich; Beispiele sind in der Tabelle zusammengestellt.

(häufig eingesetzte) Auswahlinstrumente	Telefoninterview, Sprachtest, Intelligenztest, Persönlichkeitstest, Postkorb-Übung, psychologischer Test, Onlinetest, Probearbeiten, Fallstudie, Gruppendiskussion, Leistungstest, Präsentation, Vorstellungsgespräch, grafologisches Gutachten, biografischer Fragebogen, Assessment-Center		
Vorauswahl	Analyse und Bewertung der schriftlichen Bewerbungen		
	Einstufige Auswahlprozesse	Zweistufige Auswahlprozesse	Mehrstufige Auswahlprozesse
Phase 1	Vorstellungsgespräch (strukturiert, unstrukturiert)	(Online-)Tests oder AC oder Mini-AC	(Online-)Tests
Phase 2		Vorstellungsgespräch	AC, Mini-AC
Phase 3			Vorstellungsgespräch
Phase ...			Probearbeiten
Einstellung des Bewerbers			

3.1.3 Qualitätskriterien für den Personalauswahlprozess: Die DIN 33430

Die DIN 33430 beschreibt Qualitätskriterien und -standards für berufsbezogene Eignungsbeurteilungen sowie Qualifikationsanforderungen für die an der Eignungsbeurteilung beteiligten Personen. Verabschiedet wurde die Norm im Jahr 2002. Sie geht zurück auf eine Initiative des Berufsverbands Deutscher Psychologinnen und Psychologen (BDP). Ziel dieser Norm ist die stärkere Berücksichtigung und Verbreitung wissenschaftlich fundierter Erkenntnisse aus der Psychologie bei berufsbezogenen Eignungsbeurteilungen. Es geht bei der Norm nicht um die Festlegung eines bestimmten Auswahlverfahrens, sondern um die Beschreibung von Anforderungen für ein „gutes" bzw. „richtiges" Vorgehen bei der Personalauswahl (Prozessnorm*)*. Umgesetzt werden kann die Norm mithilfe von Checklisten für Verfahren, beteiligte Personen und Abläufe.

Die Forderungen der DIN 33430

Unter anderem fordert die DIN 33430

- dass die zur Eignungsbeurteilung eingesetzten Verfahren auf Grundlage einer Arbeits- und Anforderungsanalyse festgelegt werden,
- dass die Regeln zur Auswertung, Interpretation und Entscheidung vorab festgelegt werden,
- dass für jedes Beurteilungsverfahren (so auch für Interviews und Assessment-Center) ausführliche Verfahrenshinweise (Manuale) vorliegen, damit verschiedene, unabhängige Beurteiler in gleicher Weise vorgehen und zu vergleichbaren Ergebnissen und Urteilen kommen können,
- dass die zur Eignungsbeurteilung herangezogenen Normwerte der Referenzgruppe der Kandidaten entsprechen (z. B. ist die Beurteilung von Managern nicht normgerecht, wenn sie anhand von Normentabellen erfolgt, die aus Realschülerdaten abgeleitet wurden),
- dass die Validität der eingesetzten Verfahren empirisch nachgewiesen ist,
- dass die Kennwerte der Güte der Verfahren sowie die Normwerte spätestens alles acht Jahre überprüft werden,
- dass der gesamte Prozess der Eignungsbeurteilung, einschließlich der Gütekriterien der Verfahren und der Entscheidungsregeln, nachvollziehbar dokumentiert wird,
- dass die Verantwortlichen und Mitwirkenden Kenntnisse und angeleitete Praxiserfahrung im Bereich der Eignungsdiagnostik aufweisen. Die benötigten Kenntnisse und Erfahrungen sind in der Norm detailliert aufgelistet.

Quelle: Föderation Deutscher Psychologenvereinigungen GbR: Die DIN 33430 zur Eignungsdiagnostik, unter: http://www.psychologie.de/ueber/gremien/din-33430/, abgerufen am 19.06.2012

Vorteile bringt die Anwendung der Norm in mehrfacher Hinsicht:

- die Unternehmen haben damit einen Leitfaden für die Gestaltung und Umsetzung eines qualitätsorientierten Beurteilungs- und Auswahlprozesses;
- sie können die Norm auch als Grundlage für den Vergleich von Angeboten externer Dienstleister einsetzen;
- bei der externen Vergabe von Eignungsbeurteilungen kann die Norm als Vertragsbestandteil vereinbart werden, wodurch die Vertragserfüllung leichter zu kontrollieren ist.

- Die Dokumentationsanforderungen initiieren und erleichtern einen Prozess der qualitativen Verbesserung des Vorgehens bei der Personalauswahl.
- Vorteil und Ziel gleichermaßen ist der Schutz der Kandidaten und Bewerber vor nicht sachgemäßer Anwendung der Eignungsbeurteilungen.

Recherchetipp

Weiterführende Informationen:
Der Berufsverband Deutscher Psychologinnen und Psychologen hält auf seiner Internetseite zahlreiche Informationen zu Inhalten und Anwendungen der DIN 33430 bereit: http://www.bdp-verband.de/bdp/politik/din.shtml.
Ein Übersichtsartikel zur DIN 33430 findet sich unter http://www.psychologie.de/ueber/gremien/din-33430/.

3.1.4 Rechtliche Rahmenbedingungen

Der rechtliche Rahmen der Personalauswahl wird bestimmt durch die Rechte des Bewerbers, die Rechte des Arbeitgebers sowie die Beteiligungsrechte der bereits im Unternehmen beschäftigten Arbeitnehmer.

Der Arbeitgeber hat das Recht auszuwählen, wer in seinem Unternehmen beschäftigt ist. Er kann die Maßnahmen einsetzen, die seiner Ansicht nach am besten geeignet sind, die richtigen Mitarbeiter zu finden. Der Arbeitgeber ist derjenige, der den Auswahlprozess plant, die Ziele setzt, Auswahlinstrumente bestimmt und letztlich auch für die Kosten des Auswahlprozesses aufkommt. Beschränkt sind die Rechte des Arbeitgebers durch die Rechte des Betriebsrates als Vertretungsorgan der Belegschaft und durch die Rechte des Bewerbers.

LF5, 3.5 Bei der Personalauswahl werden häufig psychologisch-diagnostische Maßnahmen eingesetzt, die die Eignung und Leistungsfähigkeit des Bewerbers feststellen sollen (s. nächsten Abschnitt). Das Persönlichkeitsrecht des Bewerbers beschränkt die Datenerhebung auf die Eigenschaften und Verhaltensweisen, die für den Arbeitsplatz wichtig sind; allgemeine Persönlichkeitsprofile dürfen nicht erstellt werden. Dieses Recht bezieht auch die körperliche Eignungsfeststellung ein. AIDS-Tests, Tests auf Alkoholkonsum und Ähnliches sind nicht zulässig. Die im Rahmen des Auswahlprozesses gewonnen Erkenntnisse über eine Person unterliegen wie auch die Bewerbungsunterlagen dem Datenschutz.

Die Zustimmungsrechte des Betriebsrates beziehen sich zum einen auf die Einführung eines Personalfragebogens (§ 94 BetrVG), zum anderen auf die Einführung von Auswahl- und Einstellungsrichtlinien (§ 95 BetrVG). Mit solchen Richtlinien werden Grundsätze für Auswahl- und Einstellungsverfahren formuliert. Ihre Anwendung kann beispielsweise die Auswahl- und Einstellungsprozesse standardisieren, was insgesamt die Abläufe verbessert, zeitlich überschaubarer macht und ggf. sogar mit geringeren Kosten verbunden ist. In größeren Unternehmen ab 500 Beschäftigten kann der Betriebsrat die Aufstellung von solchen Richtlinien verlangen.

3.2 Instrumente der Personalauswahl

Für die Personalauswahl steht eine ganze Reihe von Instrumenten zur Verfügung; sie dienen dazu, die Kompetenzen des Bewerbers festzustellen (zu diagnostizieren) und auf dieser Grundlage eine Vorhersage (Prognose) über den voraussichtlichen Erfolg bei der Aufgabenerfüllung abzugeben.

Definition
Die **Instrumente der Personalauswahl** dienen dazu, Informationen über den Bewerber erhalten.

LF5, 5.4
LF5, 5.5

Neben den unten vorgestellten Instrumenten gehören dazu auch Probearbeiten, Vorlage von Arbeitsproben (z. B. bei Journalisten, Designern, Handwerkern, (Konstruktions-) Ingenieuren), natürlich die Analyse der Bewerbungsunterlagen, das Vorstellungsgespräch, das Einholen von Referenzen und im weitesten Sinne auch die Probezeit nach der Einstellung. Im Folgenden werden die Instrumente vorgestellt, die weit verbreitet sind.

3.2.1 Qualitätsanforderungen an die Auswahlinstrumente

Personalauswahlinstrumente werden mit der Absicht eingesetzt, zutreffende Informationen über den Bewerber zu erhalten, sodass sich eine richtige Beurteilung ableiten lässt. Es ist dem Unternehmen nicht damit gedient, ab und an mal einen Zufallstreffer bei der Stellenbesetzung zu landen oder den am besten geeigneten Bewerber für eine Stelle nicht zu erkennen und ihn abzulehnen. Daraus lassen sich einige Anforderungen an die Auswahlinstrumente ableiten (**Gütekriterien**):

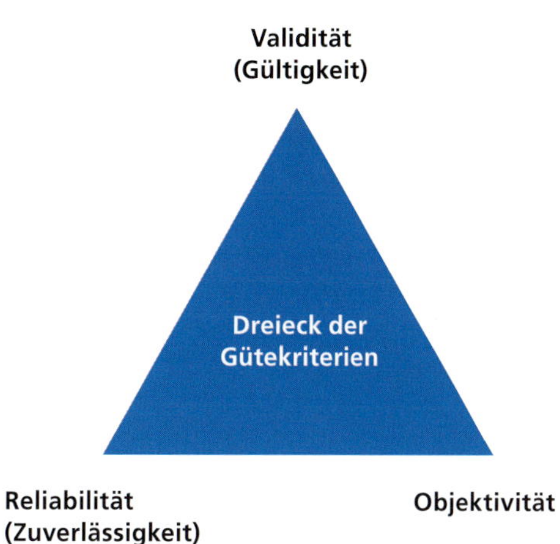

Validität – Gültigkeit

Das wichtigste Qualitäts- bzw. Gütekriterium eines Auswahlverfahrens ist die Validität (Gültigkeit). Damit ist gemeint, dass das Verfahren auch tatsächlich das misst, was es messen soll. Ein Beispiel: Zur Erhöhung der Verkehrssicherheit ist geplant, dass alle

Fahrradfahrer an einem Reaktionstest teilnehmen, mit dem die Reaktionsgeschwindigkeit auf Signaländerungen (Licht springt von rot auf grün) gemessen wird. Fraglich allerdings ist, ob man mit diesem Test auch die Reaktionsfähigkeit im Straßenverkehr messen kann. Die Validität wird in diesem Fall eher gering sein.
Die Validität eines eignungsdiagnostischen Verfahrens wird mit dem Validitätskoeffizienten (Zahl zwischen 0 und 1) angegeben; je näher der Wert an die 1 reicht, umso valider ist ein Verfahren.

Reliabilität – Zuverlässigkeit

Auswahlverfahren sollen zuverlässig sein, d.h. sie sollen immer gleich gut funktionieren. Wird beispielsweise ein Bewerber zum zweiten Mal mit demselben Auswahlinstrument getestet, soll dasselbe Ergebnis herauskommen. Dieses Verhalten wird als Reliabilität bezeichnet. Weichen die Ergebnisse eines Bewerbers nach einer Wiederholung voneinander ab, liegen Messfehler vor. Je geringer die Abweichungen sind, umso größer ist die Messgenauigkeit des Auswahlverfahrens.[1] Als Untergrenze für den Reliabilitätskoeffizienten eines Auswahlverfahrens wird ein Wert von 0,8 angegeben; Verfahren mit einem Koeffizienten zwischen 0,8 und 0,9 gelten als mittelmäßig; liegt der Koeffizient über 0,9, ist das Verfahren sehr zuverlässig.[2]

Objektivität – Unabhängigkeit vom Anwender

Ein Auswahlverfahren ist objektiv, wenn die Ergebnisse unabhängig von demjenigen sind, der den Test einsetzt. Es darf also nicht vorkommen, dass Bewerber bei einem Testleiter systematisch bessere Ergebnisse erreichen als bei einem anderen Testleiter. Objektivität setzt demnach voraus, dass subjektive Deutungen und Interpretationen sowie individuelle Erläuterungen und Instruktionen bei der Testdurchführung möglichst ausgeschlossen werden. Dies wird bei der systematischen Personalauswahl dadurch erreicht, dass alle mit der Auswahl befassten Personen dieselben Erläuterungen weitergeben und, beispielsweise in einem Bewerbungsgespräch, dieselben Fragen stellen (strukturiertes Interview).

Praxistipp

In zahlreichen wissenschaftlichen Studien wurden die Reliabilität und die Validität der Personalauswahlinstrumente untersucht; in der Tabelle sind die Validitätskoeffizienten für ausgewählte Verfahren zusammengestellt:

[1] *Die Ursache für Abweichungen könnten auch Veränderungen bei dem Bewerber sein.*

[2] *Datenbereiche nach Jürgen Bortz, Nicola Döring: Forschungsmethoden und Evaluation. 2. Aufl. 1995, S. 181 ff.*

Verfahren	Validitätskoeffizient
Schulnoten (Mathe besser)	0,15
Bewerbungsunterlagen mit Noten	0,18
Arbeitszeugnisse (Problem: mindestens 20 % der Arbeitszeugnisse werden von den Bewerbern selbst erstellt)	0,20
Biografischer Fragebogen	0,35
Arbeitsproben / Simulationen	0,38
Strukturierte Interviews	0,40
Intelligenztests	0,40
Probezeit	0,40

Weitere Koeffizienten können über die gängigen Suchmaschinen im Internet gefunden werden.

Neben diesen (Haupt-)Gütekriterien der Auswahlverfahren haben weitere Qualitätskriterien eine Bedeutung:

- Praktikabilität
- Ökonomie
- Fairness
- Vermeidung von Diskriminierungen

3.2.2 Personalfragebogen

Der Personalfragebogen fragt in standardisierter Form alle für eine Einstellung notwendigen Informationen ab. Er wird an unterschiedlichen Stellen im Auswahlprozess eingesetzt:

- Er kann grundsätzlich an alle Bewerber versendet werden oder
- nur an die Bewerber, die die erste Auswahlhürde der Analyse der Bewerbungsunterlagen erfolgreich überstanden haben.
- In mehr oder weniger spontanen Bewerbungsgesprächen dient er als Leitfaden für die relevanten Inhalte.

Für ein Unternehmen ist die Abfrage der Personendaten in standardisierter Form eine Erleichterung beim Vergleich verschiedener Bewerber (Vollständigkeit der Angaben, strukturierte Form der Angaben).
Inhaltlich entspricht der Personalfragebogen ungefähr dem Personalbogen in einer Personalakte, in der die wesentlichen Informationen über einen Bewerber zusammengefasst sind.

---

[1] *Sven Max Litzcke: Psychologische Verfahren der Personalauswahl, ohne Ort, 2003, S. 21 f.; im Internet unter http://psydok.sulb.uni-saarland.de/ergebnis.php?suchart=teil&Lines_Displayed=10&sort=o.date_year+DESC%2C+o.title&suchfeld1=oa.person&suchwert1=Litzcke%2C+Sven+Max, abgerufen am 09.10.2012*

In Personalfragebögen werden Informationen zu folgenden Feldern abgefragt:

Art der Information	Beispiele für Angaben
Angaben zur Person	Kontaktdaten, Staatsangehörigkeit, Bankverbindung
Daten zur Entgeltabrechnung	Sozialversicherungsnummer, Krankenversicherung, Steuerklasse, Religionszugehörigkeit
Aufenthaltserlaubnis, Arbeitserlaubnis	Ausweisnummer, Dauer der Gültigkeit der Arbeitserlaubnis bzw. Aufenthaltserlaubnis
Fragen zur Gesundheit	Aktueller Gesundheitszustand, chronische Erkrankungen, frühere schwere Erkrankungen, Impfungen, Schwindelfreiheit etc.
Schwerbehinderung, körperliche Einschränkungen	Art und Grad der (Schwer-)Behinderung, Einschränkungen in Bezug auf die angestrebte Stelle
Schulische und Berufsausbildung	Schulabschluss, Ausbildungsabschluss, -note
Berufserfahrung	Übersicht über bisherige Tätigkeiten und Arbeitgeber, Dauer der Beschäftigungsverhältnisse, besondere Fachkenntnisse und Qualifikationen
Sonstiges	Abfrage spezieller Kenntnisse: (Sprachen, Schweißen, Staplerschein, ...) Abfrage von Vorstrafen, Gehaltsvorstellungen, zeitlichen Einschränkungen (z. B. genehmigte Kuraufenthalte, gebuchte Urlaube)

Am Ende eines Personalfragebogens findet sich häufig die **Selbsterklärung** des Arbeitnehmers, in der die Person bestätigt, dass alle Fragen wahrheitsgemäß beantwortet wurden. Bewerber und Arbeitgeber sollten dabei beachten, dass sich die Wahrheitspflicht nur auf die zulässigen Fragen bezieht; rechtlich unzulässige Fragen, die beispielsweise nicht mit dem Arbeitsplatz in Verbindung stehen, kann der Bewerber nach eigenem Gutdünken beantworten. Häufig wird diese Selbsterklärung ergänzt um die Erlaubnis, die abgefragten Informationen über den Mitarbeiter zu speichern und ggf. (in anonymisierter Form) weiterzugeben.
Der formale Aufbau eines Personalfragebogens ist möglich als

- Tabelle oder
- fortlaufender Text.

Beispiel
Ich bewerbe mich als ________________ und mache folgende Angaben zu meiner Person:
Name: ______________________, Adresse: ________________ ...
Ich kann frühestens am ________________ eingestellt werden. ...

Die inhaltliche Gestaltung des Personalfragebogens ist durch **gesetzliche Regelungen** beschränkt:

- Zulässig sind nur solche Fragen und Informationen, die für einen Arbeitsplatz von Bedeutung sind. Das gilt insbesondere zu Fragen zum Gesundheitszustand und zur (Schwer-)Behinderung. Auf die Offenbarungspflichten des Bewerbers wird im Zusammenhang mit dem Bewerbungsgespräch eingegangen.
- Den Inhalten und dem Einsatz eines Personalfragebogens muss der Betriebsrat zustimmen (§ 94 BetrVG).

LF5, 4

3.2.3 Biografischer Fragebogen

Die Grundidee eines biografischen Fragebogens ist die in der Psychologie abgesicherte Erkenntnis, dass aus dem bisherigen Verhalten eines Bewerbers auf das zukünftige Verhalten geschlossen werden kann. Inhaltlich werden Ereignisse und Verhaltensweisen in der Vergangenheit abgefragt bzw. hinterfragt, um so auf das zukünftige Verhalten und den voraussichtlichen Erfolg in einem Arbeitsbereich zu schließen. Gefragt wird in biografischen Fragebögen nicht nur nach den beruflichen Erfahrungen; die Fragen können sich auch auf ehrenamtliches Engagement oder auf die Ausübung bestimmter Sportarten beziehen. Auch hieraus lassen sich Rückschlüsse auf die Einstellung und die Motivation eines Bewerbers ziehen.
Der biografische Fragebogen ist wesentlich detaillierter und genauer als der sich ebenfalls auf die biografische Entwicklung beziehende Lebenslauf. Er richtet sich auf konkrete Ereignisse und Verhaltensweisen in der Vergangenheit; die Betonung liegt dabei auf der Verhaltensdimension. Der Teilnehmer kann Stellung zu seiner (beruflichen) Entwicklung nehmen, zu seinen Interessen und außerberuflichen Tätigkeiten. Die Personalverantwortlichen können so viel besser Einstellungen und Verhaltensmotive herausfinden. Indem ein Bewerber Stellung zu Ereignissen nimmt, zeigt er seine Reflexionsbereitschaft und -fähigkeit. Besonderheiten können umfassender erläutert und eingeordnet werden als beispielsweise in einem Lebenslauf. Da im Vordergrund das Verhalten des Bewerbers in der Vergangenheit steht, können vonseiten des Unternehmens die Antworten grundsätzlich überprüft werden (z. B. Mitgliedschaft im Sportverein).

Beispiel
Zur Unterscheidung von Wissens-, Meinungs- und Verhaltensfragen

Wissensorientierung	Welche EDV-Programme können für das Projektmanagement eingesetzt werden?
Meinungsorientierung	Würden Sie sich zutrauen, in einem Projekt die Leitung zu übernehmen?
Verhaltensorientierung	In welchen beruflichen oder privaten Projekten haben Sie mitgearbeitet? Beschreiben Sie Ihre Erfahrungen.

Trotz der hohen Validität für die Personalauswahl werden biografische Fragebögen in Deutschland, anders als im US-amerikanischen Raum, eher selten eingesetzt. Ein Grund dafür liegt im Aufwand für die Erstellung eines Fragebogens. Um die gewünschte hohe

Qualität der Ergebnisse zu erzielen, muss ein biografischer Fragebogen auf den konkreten Arbeitsbereich bzw. die spezifische Situation und das Unternehmen bezogen sein, denn jedes Unternehmen bzw. jeder Aufgabenbereich erfordern andere persönliche Qualitäten. Um genau die Persönlichkeitsmerkmale zu identifizieren, die für das Unternehmen besonders wichtig im Hinblick auf den Unternehmenserfolg sind, kann man folgendermaßen vorgehen: Die angestellten Mitarbeiter werden in zwei Gruppen eingeteilt – die Erfolgreichen und die in ihren Aufgabenbereichen weniger Erfolgreichen. Anschließend werden beide Gruppen intensiv befragt, um die entscheidenden Unterschiede herauszufinden. Auf dieser Grundlage dann lassen sich für Neueinstellungen biografische Fragebögen entwickeln. Zu klären sind in diesem Zusammenhang etwaige Datenschutzprobleme, da biografische Fragen in die Sphäre des Privaten und der Persönlichkeit reichen.

3.2.4 Grafologische Gutachten

Ein grafologisches Gutachten leitet auf der Grundlage der Handschrift Persönlichkeitsmerkmale und Fähigkeiten der Person ab. Bis in die 1990er-Jahre relativ verbreitet, ist der Einsatz von grafologischen Gutachten bei der Personalrekrutierung heute in Deutschland selten. Ein Grund dafür ist die fehlende theoretische und empirische Unterfütterung der grafologischen Verfahren: Zwar sind Handschriften höchst individuell, „charakteristisch" und im weitesten Sinne körperlicher Ausdruck (genauso wie das Auftreten beispielsweise), doch (bislang) gibt es keine gesicherten Verbindungen zwischen Handschrift und bestimmten Persönlichkeitseigenschaften. In anderen Ländern, beispielsweise der Schweiz, werden grafologische Gutachten im Zusammenhang mit Personalauswahlentscheidungen häufiger eingesetzt.

Hinweis

Von der Grafologie zu unterscheiden ist die (forensische) Schriftuntersuchung, die die Echtheit von handschriftlichen Aufzeichnungen prüft.

Die Berufsbezeichnung Grafologe ist nicht geschützt, eine akademische oder sonstige Ausbildung ist nicht geregelt. Je nach Standpunkt wird der Begriff Schriftpsychologie als **Synonym** für Grafologie verwendet (z. B. durch den Berufsverband geprüfter Grafologen/Psychologen e. V.) oder zur **Abgrenzung** von der Grafologie.

Ein Unternehmen kann in seiner Stellenausschreibung eine Handschriftenprobe verlangen (z. B. handgeschriebener Lebenslauf o. Ä.). Legt der Bewerber diesen der Bewerbung bei, gilt die Zustimmung zu einer grafologischen Analyse der Handschrift als erteilt (konkludentes Verhalten).

Was die Schrift verrät: Handschriftenproben bei der Personalauswahl sind umstritten

Von Claudia Hennen

(...) „Ich habe Ihnen mal zwei Schriften mitgebracht aus meiner Praxis. Das eine ist ein Bewerber, der sich als Geschäftsführer einer Tochtergesellschaft für internationale Aufgaben beworben hat, im Alter von fünfzig Jahren. Der zweite Bewerber ist fast gleich alt, als qualifizierter Sachbearbeiter hat er sich beworben. Wenn Sie die Schriften anschauen, sehen Sie eigentlich schon selbst gravierende Unterschiede."

Hannelore Holsträter legt die beiden Handschriftenproben vor sich auf den Schreibtisch. (...)

„Die eine Schrift, die des Geschäftsführers, eher eckig und kantig, die des Sachbearbeiters eher gefällig, relativ diszipliniert, stringent, vielleicht auch ein bisschen einfach in der Formung. Der andere hat sehr viel mehr eigenständige Formung, auf jeden Fall ein Mann mit Ecken und Kanten. Bei dem anderen sieht man, dass er sehr viel anpassungsbereiter ist, von daher auch als Sachbearbeiter ganz gut geeignet."

Rund dreißig übergeordnete Merkmale untersucht Hannelore Holsträter bei einer Schrift – Ober- und Unterlänge, Tempo und Größe, Rechts oder Linkslage und vieles mehr. Jedes Merkmal steht für mehrere Charaktereigenschaften. So kann eine enge Schrift sowohl Selbstbeherrschung als auch Ängstlichkeit bedeuten. Letztlich geht es immer um den Gesamteindruck:

„Wenn Sie das hier sehen, da stimmt die Unterschrift im Wesentlichen mit der Schrift überein, was die Ausweitung, die Größe und die Formung anbelangt. Das heißt, dieser Mensch gibt sich so, wie er tatsächlich ist. Denn man sagt, die Unterschrift ist dasjenige, wo jeder Mensch versucht sich darzustellen. Wenn jemand eine überhöhte oder sehr verschnörkelte Unterschrift macht, dann gibt er sich anders, als er tatsächlich ist."

Am Ende der Analyse steht ein rund zwei Seiten langes Gutachten. Darin heißt es dann zum Beispiel: „Der Schreiber fasst rasch auf, kombiniert auf seinem Spezialgebiet routiniert und zweckmäßig. Er hat gelegentlich Stimmungsschwankungen zu bewältigen, wobei er seine innere Lässigkeit nie verleugnen kann. Insgesamt ein strebsamer, in seiner Persönlichkeit aber wenig festgelegter Mensch, der Regeln und Normen freizügig auslegt."

Jens Brandenburg von der Düsseldorfer Unternehmensberatung „Brandenburg Consultants" vertraut auf solche Gutachten. Er vermittelt Führungskräfte mit einem Jahresgehalt ab 80000 €. Wenn Assessment Verfahren und psychologische Tests nicht ausreichen, bittet er um eine Handschriftenprobe.

(...) wenige Firmen in Deutschland [suchen] den Rat der Graphologen (...). Fünf bis zehn Prozent", schätzt Hannelore Holsträter – genaue Zahlen fehlen. In der Schweiz und in Frankreich hingegen sind es zwischen 38 und 93 Prozent, je nach Befragung.

Quelle: Hennen, Claudia: Was die Schrift verrät, Deutschlandradio, unter: http://www.dradio.de/dlf/sendungen/campus/784799/, abgerufen am 19.06.2012

Recherchetipp

Weitere Informationen:
http://www.gwup.org/infos/nachrichten/349-graphologie-weiterhin-zur-personalauswahl-nicht-empfehlenswert
http://www.graphologie.de/
http://www.gfs2000.de/entstehungsgeschichte_de.html

http://www.weltwoche.ch/ausgaben/2011-40/die-rueckkehr-der-grafologie-die-weltwoche-ausgabe-402011.html
In dem Brigitte-Selbsttest können Sie nachvollziehen, welche Aspekte einer Schrift untersucht und beurteilt werden: http://www.brigitte.de/job-geld/karriere/graphologie-1016673/

3.2.5 Arten von Tests

Gibt man in eine Internet-Suchmaschine den Begriff **Einstellungstest** ein, erhält man in Sekundenbruchteilen über eine Millionen Seitenergebnisse. Der Umfang entspricht nahezu dem sprichwörtlichen Sand am Meer und verdeutlicht die Verbreitung von Tests im Zusammenhang mit der Personalauswahl. Vor allem bei der Vergabe von Ausbildungsplätzen werden Tests eingesetzt. Fast jeder Auszubildende hat Erfahrungen, wie so ein Test aufgebaut ist und welche Inhalte er hat.

Definition
Unterschieden werden **Berufs- und Leistungstests, Intelligenztests** und **Persönlichkeitstests**. Von einer **Testbatterie** spricht man, wenn verschiedene Elemente von Leistungs- und Intelligenztests zu einer Übung kombiniert werden. Bei den meisten Einstellungstests handelt es sich um solche kombinierten Tests.

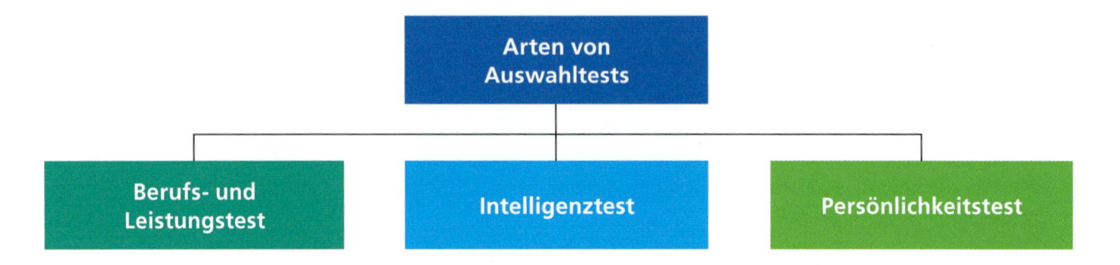

Im fachlichen Kontext

Tests werden nicht nur bei der Personalauswahl, sondern auch bei der **Berufswahl** und der beruflichen Umorientierung eingesetzt. Sie sollen die Probanden (Prüflinge) dabei unterstützen, eine eigene Entscheidung zu treffen (Tests zur Selbstselektion).

Tests bzw. Testbatterien können eine Dauer von bis zu zwei Stunden haben. Einzelne Tests, z.B. zur Messung der Konzentration, sind deutlich kürzer (ca. 20 Minuten). Der Einsatz von Tests bei der Personalauswahl hat für das Unternehmen den Vorteil, dass viele Bewerber parallel getestet werden können und dabei dieselben Bedingungen haben. Die Testauswertung ist relativ einfach und erfolgt meist EDV-gestützt, auch wenn der Test selbst auf Papier bearbeitet wurde.
Möglich sind auch Online-Tests. Hierbei ist aber nicht garantiert, dass der Test auch tatsächlich von der richtigen Person (allein) bearbeitet wird. Sie bieten sich daher eher für Persönlichkeitstests an, bei denen es kein Richtig und Falsch gibt, sondern Aspekte einer Persönlichkeit herausgearbeitet werden. Bei sogenannten **Self-Assessments** kann ein Proband die Testergebnisse meist direkt im Anschluss abrufen und erhält eine Auswertung der eigenen Stärken und Schwächen.

Berufs- und Leistungstests (Konzentrationstest, Wissenstest)

Zu den typischen Berufs- und Leistungstests zählen Konzentrations- und Wissenstests.[1]

Konzentrationstest	Wissenstest
Test, der unter hohem Zeitdruck durchgeführt wird und die Konzentrationsfähigkeit beziehungsweise das Leistungsvermögen misst ***Beispiele:*** • *d2-Test: Durchstreichen von Zeichen zur Messung der visuellen und allgemeinen Aufmerksamkeit, Sorgfalt und Gewissenhaftigkeit* • *K-L-T (Konzentrations-Leistungstest): Additions- und Subtraktionsaufgaben zur Messung der Langzeitanspannung und Ausdauer* • *Pauli-Test: Addition von Zahlen zur Messung der Leistungsdynamik, Ausdauer, Gewissenhaftigkeit, Motivation*	Test, der die Allgemeinbildung beziehungsweise fachspezifisches Wissen hinterfragt ***Beispiel:*** • *Fragen aus Politik, Wirtschaft, Erdkunde, Physik, auch tagesaktuelle Fragen; durchgeführt meist als Multiple-Choice-Test; ggf. Anpassungen an die verschiedenen Berufe, z. B. Test für kaufmännische Berufe o. dgl.*

Beispiel
d2-Test
Die Aufgabe besteht darin, so schnell wie möglich – aber dennoch korrekt – folgende d durchzustreichen:

II	II	I	II			II	I	II	II
p	d	p	p	d	d	d	d	p	d
				II	I	II	I		II
II	I		II	II		II		I	
d	d	d	d	p	p	d	p	d	p
II		II			II		I	I	I
		II	II	II			I	I	
d	d	p	d	d	d	p	p	d	p
II	I		I		II	II	I	I	II

Intelligenztests

In der Psychologie wird der Begriff **Intelligenz** als Sammelbegriff für bestimmte kognitive Fähigkeiten eines Menschen verwendet. Intelligenz steht im Zusammenhang mit vernünftigem (rationalem) Verhalten, mit der Fähigkeit, sich in neuen Situationen schnell und zutreffend zu orientieren, den Überblick zu erhalten und neu auftretende Probleme lösen zu können. Intelligenten Menschen werden ganz bestimmte individuelle und soziale Fähigkeiten zugeschrieben, wie Befragungen ergaben; dazu gehören folgende drei Verhaltensbereiche:[2]

---

[1] *Beschreibungen nach Doris Brenner, Frank Brenner, Einstellungstests sicher bestehen. Haufe-Verlag, 4. A. 2010, S. 24; Beispiele für Konzentrationstests nach Wagner/Bartscher/Nowak 2002, S. 109, zitiert nach Reiner Bröckermann, Personalwirtschaft. Lehr- und Übungsbuch für Human Resource Management, Schäffer-Poeschel, 5. A., 2009, S. 97.*

[2] *Sternberg, R. J., Conway, B., Bernstein, M. & Ketron, J. C. (1981). Peoples Conceptualisations of Intelligence. Journal of Personality and Social Psychology, pp. 37–55, S. 45; zit. nach http://www.stangl-taller.at/TESTEXPERIMENT/testarten.html (Website von Werner Stangl, österreichischer Psychologe).*

Verhaltensweisen, die für Intelligenz stehen ...		
Praktische Problemlösefähigkeit	**Verbale Fähigkeit**	**Soziale Kompetenz**
Urteilt und schlussfolgert logisch und gut. Identifiziert Beziehungen zwischen Ideen. Sieht alle Aspekte eines Problems. Reagiert nachdenklich auf die Vorstellungen anderer. Schätzt Situationen angemessen ein. Erfasst den Kern von Problemen. Interpretiert Informationen richtig. Trifft gute Entscheidungen.	Spricht klar und artikuliert. Ist verbal flüssig. Kennt sich innerhalb bestimmter Wissensgebiete gut aus. Arbeitet hart. Liest viel. Geht effektiv mit Leuten um. Schreibt ohne Schwierigkeiten. Lässt sich Zeit zum Lesen nicht nehmen.	Akzeptiert andere so wie sie sind Gibt Fehler zu. Entfaltet Interesse am Geschehen in der Welt. Ist pünktlich bei Verabredungen. Hat ein soziales Bewusstsein. Denkt nach, bevor er spricht oder handelt. Schätzt die Relevanz von Informationen für ein anstehendes Problem richtig ein. Ist sensitiv gegenüber den Bedürfnissen und Wünschen anderer. Ist offen und aufrichtig mit sich und anderen. Entfaltet Interesse an seiner unmittelbaren Umgebung.

Im fachlichen Kontext

Das Ausmaß dieser Fähigkeiten wird mit den sogenannten Intelligenztests gemessen und kann als **Intelligenzquotient IQ** oder **Prozentrang PR** ausgedrückt werden. Diese Werte drücken den Vergleich der individuellen Testergebnisse mit dem geschätzten Durchschnitt der Gesamtbevölkerung gleichen Alters aus, der einen Wert von 100 bzw. 50,0 hat. Man nimmt an, dass die verschiedenen kognitiven Fähigkeiten in einer Bevölkerung „normal" verteilt sind; d. h. sie scharen sich verstärkt um den Durchschnitt. Knapp 70 % der Bevölkerung haben einen Intelligenzquotienten zwischen 85 und 115; ab einem IQ von 130 spricht man von Hochbegabung, wozu etwa zwei Prozent der Bevölkerung gehören.

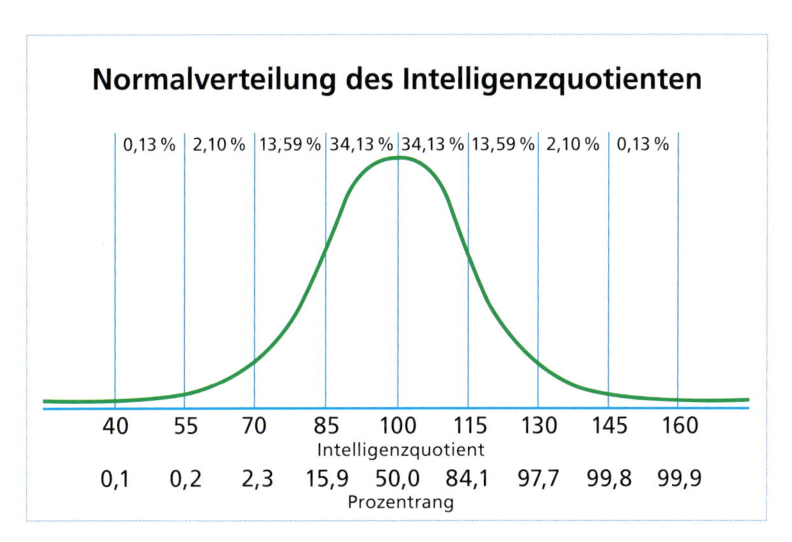

Quelle: Normalverteilung des Intelligenzquotienten, unter: http://www.dghk-hh.de/index.php?nav=21, hrsg. v. Deutsche Gesellschaft für das hochbegabte Kind e. V.

Regionalverein Hamburg, Hamburg, zuletzt abgerufen am 10.10.2012

Auch wenn man von *der* Intelligenz spricht, verbergen sich dahinter doch eine ganze Reihe von Einzelfähigkeiten. Der amerikanische Intelligenz-Forscher Howard Gardner unterscheidet neun unterschiedliche Intelligenzarten, die mehr oder weniger unabhängig voneinander sind:

sprachliche Intelligenz

musikalische Intelligenz

logisch-mathematische Intelligenz

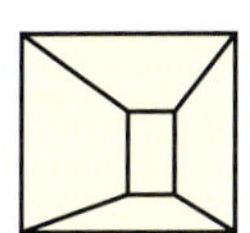

räumliche Intelligenz

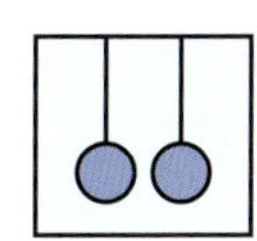

körperlich-kinästhetische Intelligenz

intrapersonale Intelligenz

interpersonale Intelligenz

naturalistische Intelligenz

existenzielle Intelligenz (auch: potenzielle Intelligenz genannt)

Quelle: Vgl. Axel Springer AG: Multiple Intelligenz – die vielfältigen Intelligenzen des Howard Gardner, Kooperatives Lernen, unter: http://www.kooperatives-lernen.de/dc/netautor/napro4/appl/na_professional/parse.php?mlay_id=2500&mdoc_id=1000465, 19.06.2012

Beim Verhalten und Problemlösen sind mehr oder weniger alle Intelligenzbereiche beteiligt; jedoch ist nicht jede Art von Intelligenz für die Ausübung einer bestimmten Tätigkeit gleich wichtig. Je nach Anforderungen kann daher der Intelligenztest anders gestaltet sein. So können beispielsweise vermehrt Aufgaben zum Sprachverständnis oder mehr Aufgaben zur Wahrnehmung und zum räumlichen Sehen gestellt sein.

Beispiele
Beispiele für Aufgaben zu ausgewählten Intelligenzarten:

Sprachliche Intelligenz	Mathematische Intelligenz	Räumliche Intelligenz
Satzergänzungen Analogien Gemeinsamkeiten	Rechenaufgaben Zahlenreihen Rechenzeichen	Figurenauswahl Würfelaufgaben Matrizen

Bei der Personalauswahl bzw. im beruflichen Kontext werden häufig Tests zur Messung der Intelligenzstruktur eingesetzt.

Hirnforschung: Intelligenz-Quotient geht bei Teenagern auf und ab

In Deutschland wird der Ausbildungsweg von Kindern schon früh festgelegt. Doch neue Tests zeigen: Die menschliche Intelligenz ist viel variabler als gedacht.
Der Intelligenz-Quotient (IQ) kann sich während der Teenagerjahre ändern. Das berichten britische Forscher im Fachjournal „Nature". „Wir haben die Tendenz, Kinder relativ früh im Leben zu beurteilen und ihren Ausbildungsweg festzulegen", erklärte Studienautorin Cathy Price. Die Ergebnisse zeigten aber, dass sich die Intelligenz von Kindern noch entwickelt, ihr IQ signifikant verbessern könne. Leistungsstarke Kinder andererseits hielten ihr Potenzial womöglich nicht. Bislang galt die menschliche Intelligenz als über Jahre stabil.
Die Wissenschaftler vom Wellcome Trust Centre for Neuroimaging am University College in London hatten 33 Jugendliche zwischen 12 und 16 Jahren untersucht. Von ihrem Gehirn wurde eine Aufnahme mittels Magnetresonanztomografie (Kernspin, MRT) gemacht, zudem unterzogen sie sich einem gängigen Intelligenztest. Dabei wurden Sprache, Allgemeinwissen und Gedächtnis sowie Fähigkeiten wie das Suchen nach fehlenden Bildelementen oder das Lösen von Puzzles analysiert. Vier Jahre später wurden die Jugendlichen – die nichts von dem zweiten Test wussten – erneut untersucht.

Die Testwerte bei den Intelligenzquotienten variierten zwischen 77 und 135 beim ersten Termin und zwischen 87 und 143 beim zweiten Termin. Einige der Jugendlichen verbesserten ihr Ergebnis in den Tests um 20 Punkte. Andere verschlechterten sich um einen ähnlichen Betrag. Dabei konnten sich die Ergebnisse bei einzelnen Fähigkeiten unterschiedlich entwickeln. (...)
Erklären ließ sich das Auf und Ab des Intelligenzquotienten zunächst nicht. Diskutiert werde, dass die Kinder – je nachdem – Früh- oder Spätentwickler sein könnten, hieß es. Darüber hinaus könnte aber auch die Ausbildung eine Rolle spielen. Die Wissenschaftler sehen Hinweise dafür, dass das Gehirn im Verlauf des Lebens formbar bleibt und sich an neue Herausforderungen anpassen kann.

Quelle: Axel Springer AG: Intelligenz-Quotient geht bei Teenagern auf und ab, unter: http://www.welt.de/wissenschaft/article13669281/Intelligenz-Quotient-geht-bei-Teenagern-auf-und-ab.html, erschienen am 19.10.2011

Persönlichkeitstests

Was Persönlichkeit ist, lässt sich gut im Alltag beobachten: wir kennen den „nervösen Typ", den „dominanten Typ". Wir bezeichnen manche Menschen als „nett" und andere als „aufdringlich", wieder andere als „smart", „still", „extrovertiert", „launisch" und noch vieles mehr. Menschen verhalten sich in weiten Teilen relativ stabil, auch wenn sie in neue Situationen kommen. Dieses wiederkehrende Verhalten einer Person macht die Persönlichkeit aus.

Definition

Als **Persönlichkeit** bezeichnet man die Gesamtheit der individuellen Ausprägungen von verschiedenen Persönlichkeitsmerkmalen. Diese Merkmale sind Ausdruck der Lebensmotive eines Menschen; sie geben im Zeitablauf recht stabile Gewohnheiten wieder, mit der ein Mensch in bestimmten Situationen oder auf bestimmte Anforderungen agiert und reagiert.

Für den beruflichen Kontext geht es meist um ganz bestimmte Persönlichkeitsmerkmale:

> Den Arbeitgeber interessiert in diesem Zusammenhang insbesondere, wie es um die emotionale Stabilität (z. B. Ausgeglichenheit, Selbstbewusstsein, Gelassenheit oder Aggressivität), soziale Intelligenz (z. B. Kontaktfähigkeit, Durchsetzungsvermögen oder Anpassungsfähigkeit) sowie das Leistungsverhalten (z. B. Pflichtbewusstsein, Ehrgeiz, Wille zum Erfolg oder Arbeitseinstellung) der Kandidaten bestellt ist.[1]

Bereits in der Antike gab es Versuche, Persönlichkeitstypen zu beschreiben, die eine Orientierung über den Charakter und das Temperament einer Person geben. Unterschieden wurden die vier Temperamente Sanguiniker, Choleriker, Phlegmatiker, Melancholiker.

Was diese Typen ausmacht, kann man in dem System des Psychologen Hans Eysenck (1916–1997) erkennen, der alle Persönlichkeitsausprägungen auf zwei Verhaltensdimensionen zurückführt:

- Ist eine Person eher introvertiert oder eher extrovertiert?
- Ist eine Person eher stabil in ihrem Verhalten oder eher unstabil?

Mithilfe dieser beiden Verhaltensausprägungen lässt sich ein System erstellen, in das die Persönlichkeit jedes Menschen eingeordnet werden kann. Und auch die antiken Temperamente finden sich hier wieder:

---

[1] *Doris Brenner, Frank Brenner, Einstellungstests sicher bestehen. Haufe-Verlag, 4. A. 2010, S. 33.*

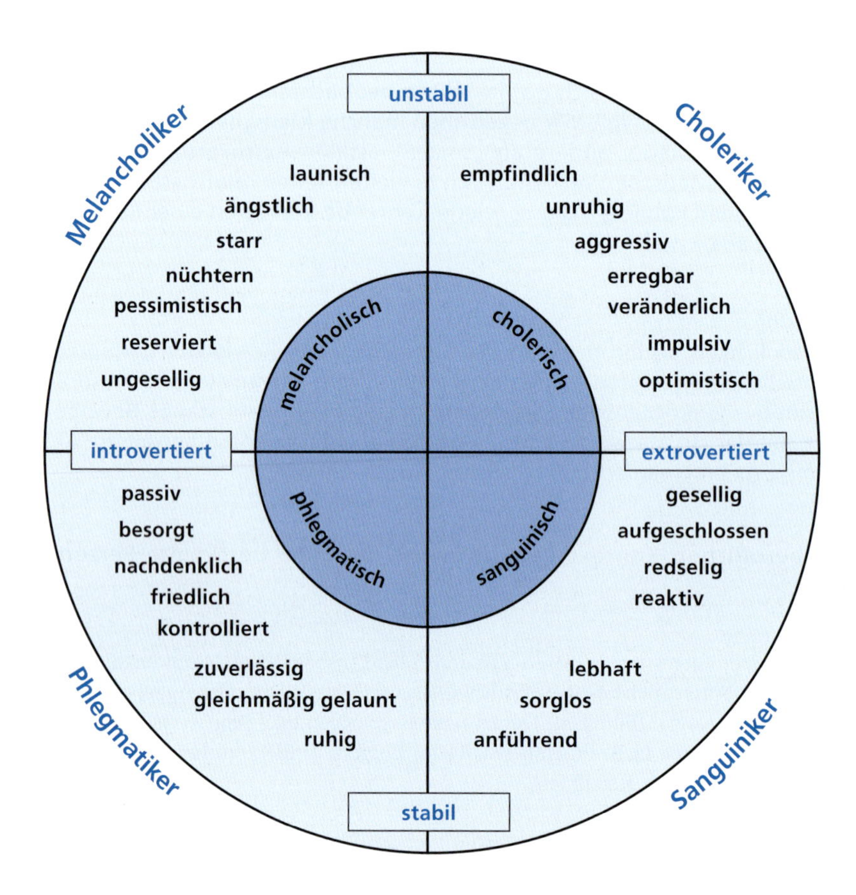

Zwei Arten von Tests werden im beruflichen Bereich eingesetzt, um Informationen über die Persönlichkeit eines Bewerbers zu erhalten: projektive Testverfahren und Fragebogentests.

Persönlichkeitstests im beruflichen Bereich	
Projektive Testverfahren (Verfahren zur „Entfaltung") • Rorschach-Test („Tintenklecks"-Test) • Situationszeichnungen	Fragenbogentest Dem Kandidaten werden Aussagen vorgelegt, die er in einer Skala von „stimmt", „zweifelhaft", „stimmt nicht" bewerten muss.

Der Einsatz von Persönlichkeitstests bei der Personalauswahl ist umstritten, da sehr persönliche Informationen erhoben werden. Persönlichkeitstests werden überwiegend bei der Auswahl von Führungskräften eingesetzt.

Praxistipp

Beschreibung eines Persönlichkeitstests

B5T-Persönlichkeitstest (Version 2012)

Der Big-Five-Persönlichkeitstest (B5T) von Dr. Lars Satow zählt seit 2010 zu den am häufigsten eingesetzten psychologischen Persönlichkeitstests im deutschsprachigen Raum. Er ist als Paper-Pencil-Version, Excel-Version sowie als Online-Version verfügbar und kann für nichtkommerzielle Forschungs- und für Unterrichtszwecke kostenlos verwendet werden.

Der Test erfasst die fünf grundlegenden Persönlichkeitsdimensionen sowie die drei Grundmotive ‚Bedürfnis nach Anerkennung und Leistung', ‚Bedürfnis nach Einfluss und Macht' und ‚Bedürfnis nach Sicherheit und Ruhe'. Zudem gibt es eine Kontrollskala ‚Ehrlichkeit bei der Beantwortung der Fragen'. Die Reliabilität der Skalen bewegt sich zwischen .90 und .76.

Skalen: Neurotizismus (10 Items), Extraversion (10 Items), Gewissenhaftigkeit (10 Items), Offenheit (10 Items), Verträglichkeit/Beliebtheit (10 Items), Bedürfnis nach Anerkennung und Leistung (6 Items), Bedürfnis nach Macht und Einfluss (6 Items), Bedürfnis nach Sicherheit und Ruhe (6 Items), Ehrlichkeit bei der Testbeantwortung (4 Items)

Quelle: Dr. Satow, Lars: B5T-Persönlichkeitstest (Version 2012), unter: http://www.drsatow.de/tests/persoenlichkeitstest.html, 19.06.2012

3.2.6 Assessment-Center (AC)

Ein Assessment-Center (AC) ist im Unterschied zu den bisher vorgestellten Auswahlinstrumenten ein **Gruppenauswahlverfahren**: Mehrere Bewerber werden gleichzeitig bei der Bearbeitung verschiedener Aufgaben und Übungen beobachtet und anschließend im Hinblick auf die Eignung beurteilt.

Definition

Assessment bedeutet Einschätzung, Beurteilung, Abwägung. Ein **Assessment-Center** ist im Allgemeinen ein Gruppenprüfverfahren, bei dem verschiedene Übungen und Aufgaben einzeln und gemeinsam bearbeitet werden müssen.

Manchmal wird in diesem Zusammenhang auch von **Job Casting** gesprochen. Neben dem klassischen Gruppen-AC gibt es zahlreiche Weiterentwicklungen und spezielle Formen: Einzel-Assessment vor allem für Positionen im Top-Management; On-the-Job-Assessment und Reality-Assessment, etwa in Form von betrieblichen Projekten; online verfügbares Self-Assessment, auch multimedial unterstützt, zur Selbsteinschätzung der Bewerber.

Ziele und Merkmale eines Assessment-Centers

Mit der Durchführung eines Assessment-Centers werden insbesondere folgende **Ziele** verfolgt:

- Direkter Vergleich der vorher ausgewählten interessanten Bewerber;
- Beurteilung mehrerer, vor allem der außerfachlichen Kompetenzen der Teilnehmer;
- Beurteilung auf der Grundlage des gezeigten Verhaltens der Teilnehmer bei der Bewältigung konkreter, praxisbezogener Aufgaben.

Um diese Ziele zu erreichen, hat ein AC folgende **Merkmale**:

- Die Aufgaben und Übungen im AC orientieren sich an den Anforderungen des zu besetzenden Arbeitsplatzes; die gewünschten Anforderungen werden in mehreren und unterschiedlichen Übungen getestet; da die Übungen für alle Teilnehmer gleich sind, ist die Chancengleichheit gewährleistet; die **Vielzahl der Übungen** gewährleistet, dass das Verhalten der Bewerber möglichst umfassend und ganzheitlich erfasst werden kann;
- das Verhalten der Teilnehmer wird beobachtet und in Beobachtungsbögen erfasst; eine Beurteilung erfolgt erst später bei der Auswertung – **Beobachtung** und Beurteilung müssen deutlich getrennt sein; die Beobachtungsbögen enthalten möglichst verhaltensbezogene Beschreibungen (s. Beispiel);
- Es werden mehrere Beobachter eingesetzt, die je einen oder mehrere Teilnehmer beobachten; diese Beobachter werden **Assessoren** genannt; jeder Assessor beobachtet unabhängig; ein Austausch der Assessoren während der Aufgaben und Übungen findet nicht statt; erst am Ende eines Tages oder des AC werden die Beobachtungen zusammengetragen und ausgewertet; für jeden Bewerber wird ein Stärken-Schwächen-Profil erstellt; als Assessoren werden externe und interne Personen eingesetzt: beispielsweise externe Personalberater und Psychologen sowie Vorgesetzte und speziell geschulte Mitarbeiter aus der Personalabteilung.

Beispiele für Übungen im AC

Die in einem AC konkret eingesetzten Aufgaben und Übungen sind abhängig von der einzelnen Auswahlentscheidung; typischerweise kommen in einem AC folgende Aufgabenarten vor, die bestimmte Kompetenzen abdecken:

Aufgabentypen	Erläuterungen und Beispiele	Kompetenzen
Präsentation, Kurzvortrag	Vortrag zu einem vorgegebenen Thema, mit oder ohne Vorbereitungszeit, mit oder ohne Medieneinsatz; wichtig ist die Klärung der Rolle des Vortragenden, der Situation, der Zielgruppe, der Ziele, des (zeitlichen) Umfangs; Beispielthema: Neue Wege zur Personalrekrutierung	u. a. (Re-)Präsentationsfähigkeit, Ausdrucksfähigkeit, Überzeugungsfähigkeit, Fachkompetenz

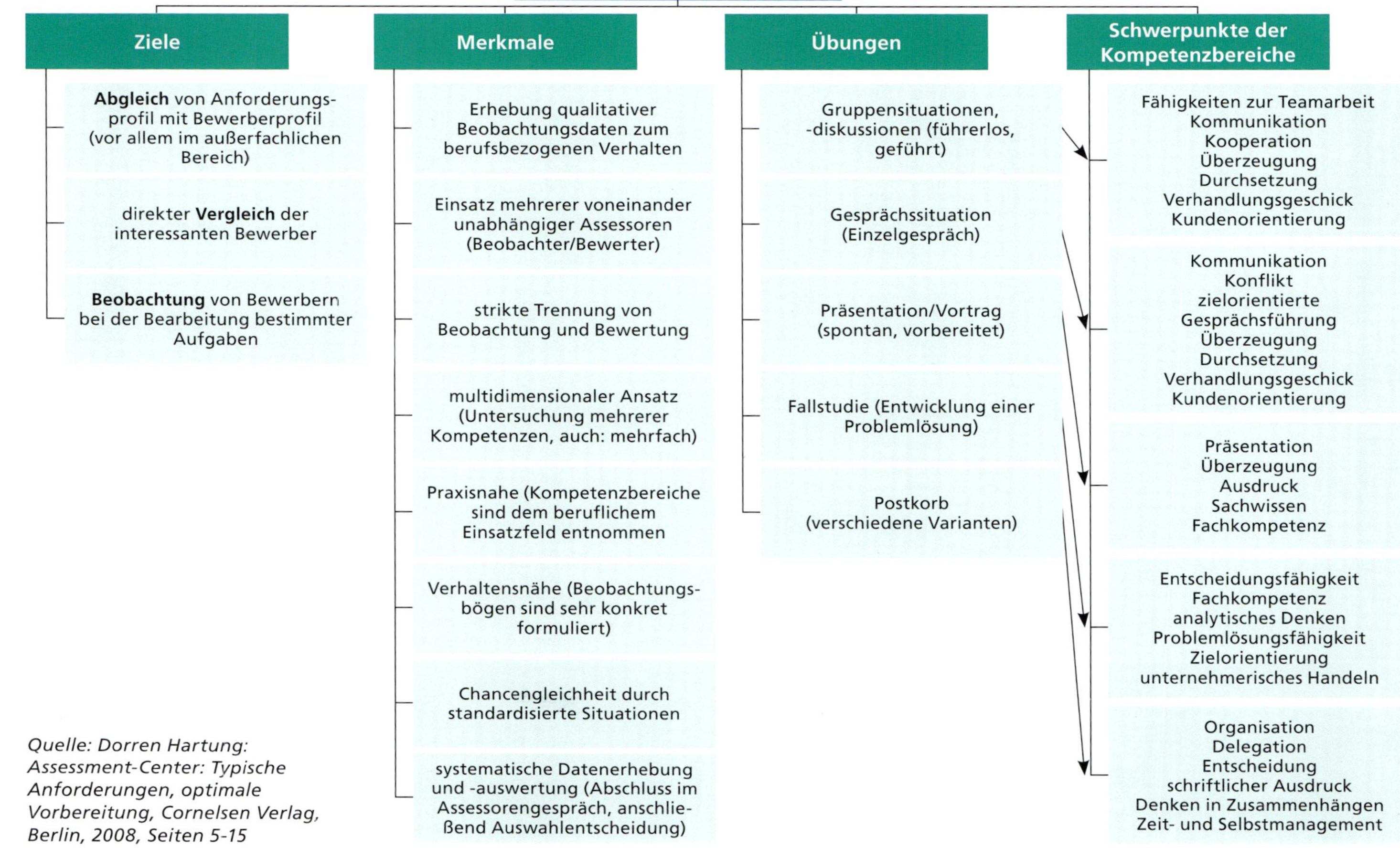

Quelle: Dorren Hartung: Assessment-Center: Typische Anforderungen, optimale Vorbereitung, Cornelsen Verlag, Berlin, 2008, Seiten 5-15

Aufgabentypen	Erläuterungen und Beispiele	Kompetenzen
Gruppen-diskussion	Durchführung von führungslosen und geführten Diskussionen; mit und ohne Rollenvorgaben; Beispiele: Arbeitsgruppensitzungen, Teambesprechungen u. Ä.; mit der Aufgabe einer gemeinsamen Entscheidungsfindung zu einem bestimmten Problem	u. a. Kommunikationsfähigkeit, Gesprächsführung, Überzeugungsfähigkeit, Durchsetzungsfähigkeit, Kooperationsfähigkeit, Moderationsfähigkeit
Gesprächs-situation Rollenspiel	Führung eines Konflikt-, Kritik-, Feedbackgesprächs, eines Beratungs- oder Verkaufsgesprächs o. Ä., oft in Form eines Rollenspiels	u. a. Kommunikationsfähigkeit, Verhandlungsgeschick, Beratungskompetenz, Überzeugungsfähigkeit
Fallstudie	Grundlage ist eine Problemsituation, für die meist in der Gruppe Lösungen entwickelt werden müssen; möglich sind fachliche und branchenspezifische Probleme oder Rätsel, die gemeinsam gelöst werden müssen; ggf. sind umfangreiche Informationen zu analysieren; auch als Einzelübung möglich	u. a. analytisches Denken, Zielorientierung, Problemlösungsfähigkeit, Initiative, Frustrationstoleranz, Kommunikations- und Konfliktfähigkeit, Entscheidungsfähigkeit,
Postkorb-Übung	Einzelübung etwa in der Form, Termine zu planen; der Teilnehmer erhält den Auftrag, eine Reihe von Aufträgen mit unterschiedlicher Dringlichkeit und Bedeutung zu ordnen; Merkmale sind Terminüberschneidungen, Zeitdruck und die Notwendigkeit, Prioritäten zu setzen; der erstellte Plan muss begründet werden	u. a. Organisations- und Delegationsfähigkeit, analytisches Denken, Entscheidungsfähigkeit, Zeit- und Selbstmanagement, Stressresistenz
Aufsatz	Schriftliche Aufbereitung eines vorgegebenen oder frei gewählten Themas; Beispielthemen: Begründung Ihrer Einstellung, branchenspezifische oder allgemeine Themen	u. a. schriftliche/sprachliche Ausdrucksfähigkeit, strukturiertes Denken, formale Sprachkompetenz (Rechtschreibung, Grammatik), Fachkompetenz

Beispiele für Kriterien in Beobachtungsbögen

Üblicherweise wird für jede Übung im AC ein eigener Beobachtungsbogen erstellt. Dieser listet die Kompetenzen und konkreten Verhaltensweisen auf, die mit einer bestimmten Übung beobachtet werden sollen. Der Beobachter notiert, ob, wie häufig und in welcher Ausprägung ein Teilnehmer eine bestimmte Verhaltensweise gezeigt hat. Die Beobachtungsbögen sollten so gestaltet sein, dass sie leicht auszufüllen sind; sie müssen übersichtlich, eindeutig und konkret sein. Für Notizen und schriftliche Randbemerkungen hat der Beobachter einer Übung meist keine Zeit. Im Folgenden sind einige Beispiele dargestellt.

Gruppendiskussion – Kommunikationsfähigkeit und Überzeugungsfähigkeit

Die Merkmale Kommunikationsfähigkeit und Überzeugungsfähigkeit in einer Gruppendiskussion können beispielsweise folgendermaßen umgesetzt werden:

Beobachtungsbogen Gruppendiskussion, Beobachter: ______________, Datum: ________

	Ausprägung		**Ausprägung**	
	vorhanden	nicht vorhanden	vorhanden	nicht vorhanden
Kommunikationsfähigkeit, Überzeugungsfähigkeit	NAME: ______________		NAME: ______________	
geht auf andere zu	______________		______________	
setzt Mimik und Gestik unterstützend ein	______________		______________	
drückt sich angemessen aus	______________		______________	
hört zu und lässt ausreden	______________		______________	
nimmt Einwände auf und entkräftet sie	______________		______________	
begründet seinen Standpunkt	______________		______________	
begeistert den/die Gesprächspartner	______________		______________	
...	______________		______________	

Fallstudie – Analytisches Denken und Zielorientierung

In Fallstudien stehen u. a. das analytische Denkvermögen und die Zielorientierung der Teilnehmer unter Beobachtung; diese Kompetenzen lassen sich beispielsweise an folgenden Verhaltensweisen erkennen:

Beobachtungsbogen Gruppendiskussion, Beobachter: ________________, Datum: ________

	Ausprägung		Ausprägung	
	vorhanden	nicht vorhanden	vorhanden	nicht vorhanden
Analytisches Denken und Zielorientierung	NAME: ____________		NAME: ____________	
analysiert die Problemstellung				
erfasst die vorhandenen Informationen				
stellt Verbindungen her				
macht Lösungsvorschläge				
entwickelt Alternativen				
beteiligt sich aktiv				
behält das Ziel im Blick				
...				

Gesprächssituation – Beratungskompetenz

Mögliche Gesprächssituationen leiten sich aus dem Anforderungskatalog der ausgeschriebenen Stelle ab; für einen Personaldisponenten gehört die Beratungssituation von Kunden beispielsweise zu den stellentypischen Aufgaben. Die Beratungskompetenz kann in folgende beobachtbare Verhaltensweisen aufgelöst werden:

Beobachtungsbogen Gruppendiskussion, Beobachter: ____________, Datum: ________

	Ausprägung		Ausprägung	
	vorhanden	nicht vorhanden	vorhanden	nicht vorhanden
Beratungskompetenz	NAME: ____________		NAME: ____________	
wendet sich dem Gesprächspartner körperlich zu				
sucht und hält Blickkontakt				
drückt seine Wertschätzung aus				
hört aktiv zu, lässt ausreden				
geht auf die Beiträge des Gegenübers ein				
stellt Fragen				
stellt eine positive Gesprächsatmosphäre her				
...				

Rahmenbedingungen und Ablauf eines AC

Ein klassisches Assessment-Center umfasst zwei Tage; beteiligt sind zwischen acht und zwölf Bewerber. Zunehmend werden aus Kostengründen sogenannte Mini-AC eingesetzt, die einen halben bis einen Tag dauern.
Außer den Beobachtern nimmt ein Moderator teil, der den Ablauf steuert, Fragen der Teilnehmer beantwortet und den organisatorischen Rahmen erläutert. Die typischen AC-Übungen können auch mit den anderen diagnostischen Instrumenten der Personalauswahl (Tests, Interviews) kombiniert werden.

Nachdem die Entscheidung für den Einsatz eines AC zur Personalauswahl gefallen ist, muss das AC vorbereitet werden. Dazu gehören folgende Aufgaben:

- Konkretisierung des Anforderungsprofils hinsichtlich der fachlichen und außerfachlichen Kompetenzen,
- Umsetzung der (außerfachlichen) Kompetenzen in Verhaltensweisen,
- Festlegung der Art der Übungen im AC,
- Entwicklung von anforderungsbezogenen Übungen,
- Erstellung der Beobachtungsbögen,
- Bestimmung der Anzahl der Assessoren,
- Festlegung von Zeit und Ort der Veranstaltung, Buchung der Räumlichkeiten (extern, intern),
- Planung des zeitlichen Ablaufs des AC (s. Beispiel im fachlichen Kontext),
- Vorauswahl und Einladung der Teilnehmer,
- Schulung bzw. Einstimmung der Assessoren für die Beobachtung der Teilnehmer; damit sollen u.a. die möglichen Wahrnehmungsverzerrungen minimiert werden, die zu Fehlurteilen führen können; dies entfällt meist, wenn externe Dienstleister das AC durchführen.

Bd. 3 Nach Durchführung des AC müssen Ablauf und Ergebnisse dokumentiert werden. Soweit die Feedback-Gespräche mit den Teilnehmern noch nicht stattgefunden haben, erfolgen diese im Nachgang entweder persönlich oder telefonisch.

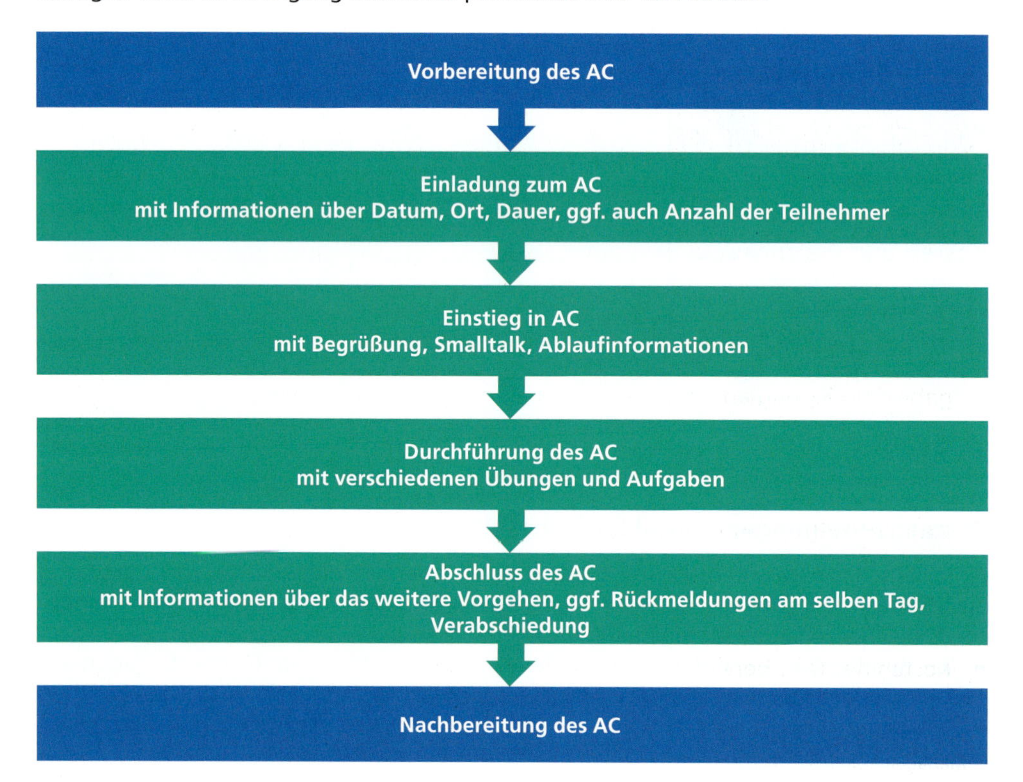

Beispiel

Skizze eines Terminplans für die Durchführung eines eintägigen Assessment-Centers[1]

Vorarbeiten …		
…		
Durchführung		
Uhrzeit	**Teilnehmer**	**Assessoren**
9:00 – 9:20	Begrüßung	Vorbereitung
9:20 – 10:00	Gruppendiskussion	Beobachtung der Gruppendiskussion
10:00 – 10:15	Pause	Beurteilung der Gruppendiskussion
10:15 – 11:00	…	
12:00 – 13:00	Mittagspause	Beurteilung …
…	… (verschiedene Übungen)	… (Beobachtung der Übungen, jeweils anschließende Beurteilungen)
16:20 – 16:50	Test	Abendessen
16:50 – 18:00	Abendessen	Testauswertung und Ergebniszusammenfassung
18:00 – 19:00	Rückmeldung der Ergebnisse	Gesprächsführung
Nachbereitung …		
…		

Kosten und Prognosequalität eines AC

Mit der Planung und Durchführung eines AC sind hohe Kosten verbunden:

- Planungskosten entstehen entweder indirekt im Unternehmen in Form von Personalkosten für die an der Planung beteiligten Mitarbeiter oder direkt durch die Vergabe der Planung an ein Beratungsunternehmen;
- Kosten für die Schulung der Assessoren;
- mit der Durchführung verbunden sind die Personalkosten der eingesetzten Assessoren und Moderatoren, Kosten für das Catering (Getränke, Mahlzeiten) und ggf. die Räumlichkeiten; bei mehrtägigen ACs kommen die Übernachtungskosten der Teilnehmer hinzu;
- Reisekosten der Bewerber (es sei denn, dies ist im Einladungsschreiben ausgeschlossen);
- Kosten der Nachbereitung (Personaleinsatz).

---

[1] *In enger Anlehnung an Reiner Bröckermann, Personalwirtschaft. Lehr- und Übungsbuch für Human Resource Management, 5. A. 2009, S. 108.*

Diesen Kosten steht als Vorteil gegenüber, dass die Ergebnisse eines AC als sehr valide gelten; das bedeutet, es lassen sich nachweislich gültige Prognosen über das Verhalten der Bewerber treffen. Begründen lässt sich dies damit, dass in einem AC mehrere und verschiedenartige Übungen (**Methodenvielfalt**) zum Einsatz kommen, in erster Linie handlungsorientierte und situative Verfahren und Aufgaben bewältigt werden und die Beurteilung nicht nur auf einem Instrument (bzw. auf einer Schulter) ruht, sondern die Beobachtungen mehrerer Assessoren zu Urteilen über eine Person zusammengefasst werden. Dies ergibt ein sehr umfassendes Bild der Stärken und Schwächen einer Person und verbessert so die **Prognosequalität**. Pauschal ausgedrückt: Je besser man einen Menschen kennenlernt, umso besser lässt sich sein zukünftiges Verhalten vorhersagen. Es lässt sich aber nicht ausschließen, dass die guten Ergebnisse eines AC auf die besonders gute Vorauswahl der Teilnehmer zurückzuführen ist.

3.2.7 Trends: Bewerber-Screening, Social Media Recruiting und Recrutainment

Internet und Computer geben Unternehmen neue Werkzeuge an die Hand, Personalauswahlprozesse zu unterstützen. Hier sollen nur einige Trends und Ansatzpunkte wiedergegeben werden. Das gesamte Feld entwickelt sich sehr dynamisch; die elektronischen Technologien und vor allem das Nutzerverhalten in diesem Bereich lassen sich kaum auf ein paar Jahre hinaus vorhersagen. Facebook beispielsweise wurde 2004 in Amerika gegründet; im März 2008 ging die deutschsprachige Version online und bereits im Jahr 2013 werden in Deutschland knapp 26 Millionen Nutzer gezählt (weltweit über eine Milliarde Nutzer; siehe http://www.allfacebook.de/userdata).
Die sich derzeit abzeichnenden Veränderungen bei der Personalauswahl sollen mit einigen kurzen Hinweisen erläutert werden.

3.2.7.1 Vorauswahl mittels Bewerber-Screening

Screening bedeutet Durchsiebung, Durchleuchtung; der Begriff wird für Verfahren verwendet, die aus einer relativ großen Anzahl von Bewerbern die interessanten Bewerber auswählen. Eingesetzt werden für das Job-Screening massentaugliche Verfahren, also etwa Online-Tests oder auch E-Assessments. Solche Verfahren lassen sich gut in die Homepage eines Unternehmens integrieren und das Unternehmen kann vorgeben, dass alle Bewerber und Interessenten diese Tests vor einer Bewerbung ausfüllen müssen. Der Erfolgsgrad wird in einer Maßzahl festgehalten, nach der ein Bewerber-Ranking erstellt werden kann. Das Unternehmen kann sich anschließend auf die Bewerber konzentrieren, die bei der Vorauswahl erfolgreich waren.

3.2.7.2 Pre-Employment Check

Der Pre-Employment Check ist die Untersuchung des Hintergrunds eines Bewerbers. Synonym werden die Begriffe **Pre-Employment Screening**, **Background Check**, **Background Investigation** verwendet. Es handelt sich dabei um eine Bewerberüberprüfung, die im englischsprachigen Raum vor Einstellung mehr oder weniger Standard ist. Überprüft werden Zeugnisse, Zertifikate, Referenzen, Vorstrafen, Vermögensverhältnisse; recherchiert wird in amtlichen Registern sowie in Presse- und Internetveröffentlichungen. Im weiteren Sinne gehören zum Pre-Employment Check auch die Hintergrundrecherchen im Internet und in sozialen Online-Netzwerken.

Recherchetipp

Weiterführender Link: http://www.deloitte.com/view/de_DE/de/dienstleistungen/corporate-finance/1606d6c182ec5310VgnVCM2000001b56f00aRCRD.htm

3.2.7.3 Hintergrundrecherchen in Sozialen Netzwerken

Der Begriff Soziale Netzwerke (Social Networks) hat sich eingebürgert für Online-Netzwerke, in denen die Teilnehmer eigene Profilseiten anlegen und miteinander kommunizieren können. Das weltweit größte soziale Netzwerk ist Facebook. Die meisten Nutzer von Online-Netzwerken sind Privatpersonen, die aus meist privaten Motiven Wichtiges und Belangloses, Kluges und Dummes auf ihrer Profilseite präsentieren und häufig auch der Öffentlichkeit zur Verfügung stellen. Für die Nutzer selbst mag Facebook ein Werkzeug sein, mit dessen Hilfe sie ihre privaten Beziehungen organisieren und beleben und untereinander kommunizieren. Aus Sicht eines rekrutierenden Unternehmens ist Facebook eine riesige Datensammlung über Privatpersonen mit spezifischen Informationen über Hobbys, Freunde, Vorlieben und Vorstellungen.
Für die Personalauswahl sind die Daten aus unterschiedlichen Perspektiven von Bedeutung:

- Unternehmen können in sozialen Netzwerken Hintergrundinformationen über die Bewerber recherchieren (Job Screening).
- Unternehmen können interessante Bewerber durch ihre Profile identifizieren und direkt ansprechen und so zu einer Bewerbung auffordern (siehe dazu auch 3.2.7.4 Social Games).

Sprichwörtlich ist mittlerweile die Geschichte von dem Bewerber, der eine Stelle wegen kompromittierender Fotos auf Facebook nicht bekommen hat. Nach einer Umfrage des Bundesverbands Informationswirtschaft, Telekommunikation und neue Medien e.V. (BITKOM) suchen rund die Hälfte der Unternehmen im Internet nach Informationen über einen Bewerber. Dabei nutzen 49 % der Unternehmen Internet-Suchmaschinen,

21 % der Unternehmen recherchieren in beruflichen Online-Netzwerken wie XING und LinkedIn nach Bewerberinformationen. Etwa 19 % nutzen für die Informationsgewinnung auch die privaten Online-Netzwerke wie beispielsweise Facebook und StudiVZ.[1]

Social Media Nutzung

Nutzung von Social Media Recruting. Bitte wählen Sie die passende Ergänzung in Bezug auf Ihr Unternehmen für folgende Sätze: In unserem Unternehmen nutzen wir für Personalmarketing …

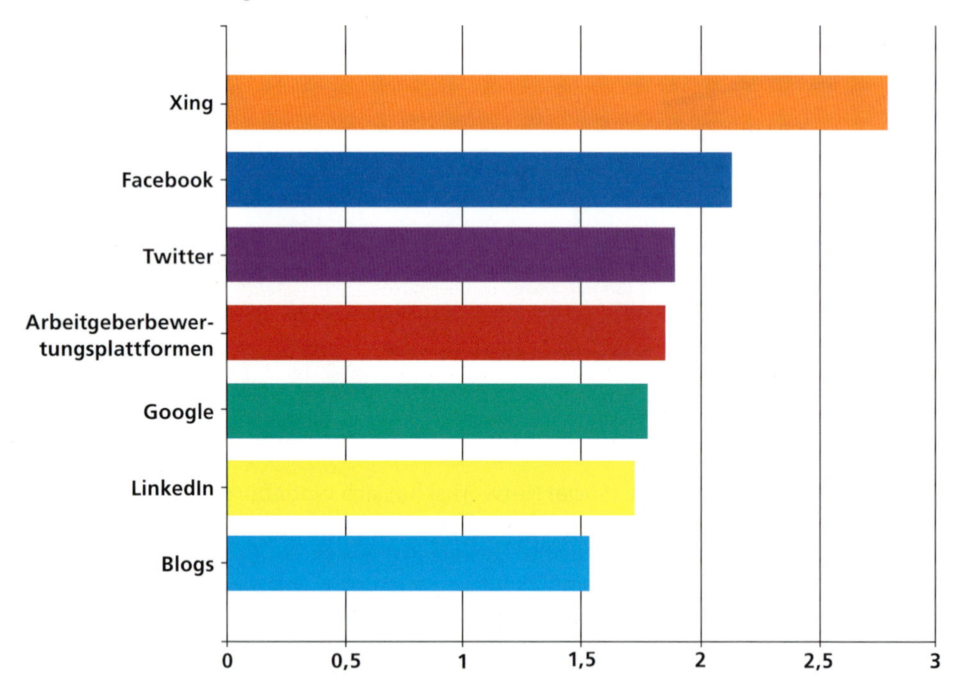

Nutzung (Rangmittelwert 1 = trifft gar nicht zu, 5 = trifft immer zu

Recherchetipp

Weitere Informationen und Kommentare zum Beispiel im Blog https://wollmilchsau.de/personalmarketing/social-media-recruiting-studie-2015-da-geht-noch/

Rechtlich ist dieses Verhalten fragwürdig, denn nach dem BDSG darf der Arbeitgeber personengebundene Daten nur erheben, wenn der Bewerber seine ausdrückliche Erlaubnis dazu gegeben hat. Öffentlich verbreitete Informationen hingegen kann der Arbeitgeber durchaus nutzen. Bei den privaten Online-Netzwerken liegt diese

[1] *Quelle: Vgl. BITKOM: Background Checks zu Bewerbern über das Internet, Kinast & Partner Rechtsanwälte, unter: http://www.datenschutzticker.de/index.php/2011/10/bitkom-background-checks-zu-bewerbern-ueber-das-internet/, erschienen am 21.10.2011*

Öffentlichkeit aber nicht automatisch vor. Ein Personalverantwortlicher müsste sich mindestens durch eine Anmeldung Zutritt zu dem Netzwerk verschaffen. Das bisherige BDSG deckt Hintergrundrecherchen zu Bewerbern nur mit folgenden Ausnahmen ab:

Recherchen in Online-Netzwerken sind rechtlich zulässig, wenn ...		
... die Einwilligung des Bewerbers vorliegt (nach § 4a BDSG)	... die Daten allgemein zugänglich sind (nach § 28 BDSG)	... die Daten wichtig für die Entscheidung zum Abschluss eines Arbeitsvertrages sind (nach § 32 BDSG)

Quelle: Dierck, Nina: Arbeitsrecht – Dürfen Personaler Social Media Profile auswerten?, Jochen Mai, Kerpen, unter: http://karrierebibel.de/arbeitsrecht-durfen-personaler-social-media-profile-auswerten/, erschienen am 19.04.2011

Im fachlichen Kontext

Neues Gesetz zur Regelung des Beschäftigtendatenschutzes: *Xing ja – facebook nein*
Mit einem neuen Gesetz sollen die Unklarheiten bei der computergestützten Personalrekrutierung und -auswahl beseitigt werden. Seit 2010 gibt es dazu einen Gesetzesentwurf, der allerdings nach kontroversen Diskussionen bislang nicht als Gesetz verabschiedet wurde; das Gesetzgebungsverfahren ruht seit Anfang 2013. Eine Presseinformation des Bundesinnenministeriums fasst zentrale Inhalte zusammen:

Internetrecherchen des Arbeitgebers (§ 32 Absatz 6): Der Arbeitgeber darf sich grundsätzlich über einen Bewerber aus allen allgemein zugänglichen Quellen (z. B. Zeitung oder Internet) informieren. Eine Einschränkung der Informationsmöglichkeiten des Arbeitgebers sieht der Gesetzentwurf hinsichtlich sozialer Netzwerke im Internet vor. Soweit soziale Netzwerke der Kommunikation dienen (z. B. facebook, schülerVZ, studiVZ, StayFriends), darf sich der Arbeitgeber daraus nicht über den Bewerber informieren. Nutzen darf der Arbeitgeber jedoch soziale Netzwerke, die zur Darstellung der beruflichen Qualifikation ihrer Mitglieder bestimmt sind (z. B. Xing, Linked In). Damit soll der Ausforschung privater, nicht zur Veröffentlichung bestimmter Daten entgegengewirkt werden.

Quelle: Hintergrundpapier zum Entwurf eines Gesetzes zur Regelung des Beschäftigtendatenschutzes – Kabinettbeschluss vom 25.08.2010, Bundesministerium des Innern – SKIR, unter: http://www.bmi.bund.de/SharedDocs/Downloads/DE/Kurzmeldungen/pressepapier_beschaeftigtendatenschutz.html?nn=109628, erschienen am 25.08.2010

3.2.7.4 Social Games und Recrutainment

Spielerisch zum Erfolg – zwei Aspekte kommen bei der Nutzung von Social Games für die Rekrutierung zusammen:

- Vor allem junge Leute spielen gern Online-Spiele und:
- Spielen ist Verhalten; es zeigen sich etwa Risikofreude, strategisches Geschick, kognitive Fähigkeiten u. v. m.; nicht von ungefähr gehören auch Rollenspiele zu den Auswahlinstrumenten.

Definition

Social Games sind eine Art Gesellschaftsspiele über das Internet.
Recrutainment setzt sich zusammen aus **Recruit**ing und Enter**tainment** und bedeutet Rekrutierungsspiel. Spielerisch sollen Verfahren der Personalauswahl absolviert werden. Dabei stehen simulative Verfahren, die den Arbeitsalltag oder die berufstypische Problemstellungen mit einem spielerischen Kontext verbinden, im Vordergrund.

Rund 17 Millionen Menschen in Deutschland spielen Online-Spiele. Besonders geschätzt sind im Jahr 2012 *Farmville* (weltweit ca. 70 Millionen Spieler mit abnehmender Tendenz) und *Frohe Ernte* (beides Bauernhof-Management-Spiele); weitere Beispiele sind das Karrierespiel *Fliplife* (seit 2010) und das Spiel *Karrierejagd durchs Netz*, in denen der Spielerfolg und das Verhalten in Spielerprofilen zusammengefasst werden können. Online-Spiele werden in zweifacher Hinsicht von den Unternehmen im Zusammenhang mit der Rekrutierung genutzt:

- Zum einen bieten die Spiele die Möglichkeit, das eigene Unternehmen positiv darzustellen und Informationen über Produkte, Ziele und Abläufe zu vermitteln; ggf. kann dadurch das Wissen der Nutzer/Bewerber über das Unternehmen verbessert werden.
- Zum anderen können die Spielweisen, ggf. durch Tests u. Ä., angereichert, als Online-Assessment-Center bestimmte Fähigkeiten der Spieler prüfen; solche Bausteine werden bei der Bewerbervorauswahl eingesetzt.

Recherchetipp

Einen Einblick in die Welt des Recrutainments bietet die Website des Dienstleisters Cyquest unter http://www.cyquest.de/.
Kritischer Zeit-Artikel zu Social Games im Allgemeinen: http://www.zeit.de/digital/games/2011-07/bogost-cowclicker-game

3.3 Ärztliche Eignungsuntersuchung

Die ärztliche Eignungsuntersuchung (auch: Einstellungsuntersuchung) soll feststellen, ob eine Person für eine bestimmte Aufgabe körperlich geeignet ist. Sie ist grundsätzlich für die Personengruppe der jugendlichen Bewerber zwischen 15 und 18 Jahren vorgeschrieben (§ 32 Absatz 1 JArbSchG) und für die Ausübung bestimmter Berufe bzw. Tätigkeiten, wie z. B.

- bei Umgang mit Gefahrstoffen oder Strahlenbelastungen (z. B. Röntgenassistenten),
- bei Berufen und Aufgaben mit besonderer Verantwortung (z. B. Piloten, Busfahrer, Ärzte, Lokführer),
- für Beamte.

Auch außerhalb dieser genannten Berufsgruppen haben Arbeitgeber ein Interesse daran, die Eignung und die allgemeine körperliche Leistungsfähigkeit eines Bewerber zu kennen. Rechtlich sind dem allerdings enge Grenzen gesetzt:

- Ein Arbeitgeber kann nach den körperlichen Voraussetzungen eines Bewerbers fragen bzw. eine Eignungsuntersuchung verlangen.
- Der Bewerber muss über den Zweck der Untersuchung informiert werden.
- Diese darf sich nur auf die Anforderungen des spezifischen Arbeitsplatzes beziehen.
- Der Bewerber muss der Untersuchung (und damit auch der Weitergabe des Untersuchungsergebnisses) zustimmen.
- Durchgeführt werden sollte die Untersuchung von einem Facharzt (Betriebsarzt), der die Umstände am Arbeitsplatz kennt; die Kosten trägt der Arbeitgeber.
- Der Betriebsarzt kann an den Arbeitgeber die Eignung des Bewerbers für eine Stelle in einer Tauglichkeitsbescheinigung zurückmelden: zulässig sind die Beschreibungen „tauglich, bedingt tauglich, nicht tauglich"; detaillierte Informationen über den Gesundheitszustand darf der Arzt aufgrund der Schweigepflicht nicht an den Arbeitgeber weitergeben; daraus folgt weiterhin, dass solche ärztlichen Gutachten nicht in die Personalakte gelangen.

Recherchetipp

Weitere Informationen sind in der Broschüre der DGUV (Nr. 10349) zusammengestellt; im Internet unter http://publikationen.dguv.de/dguv/udt_dguv_main.aspx?FDOCUID=24994

3.4 Einflussfaktoren auf die Gestaltung der Personalauswahl

Durch die Vielzahl der Instrumente können die Unternehmen ihre Personalauswahlprozesse sehr individuell gestalten. Zu den Standards in der Praxis gehören dabei die Analyse der Bewerbungsunterlagen und die Durchführung von Gesprächen mit den Bewerbern.

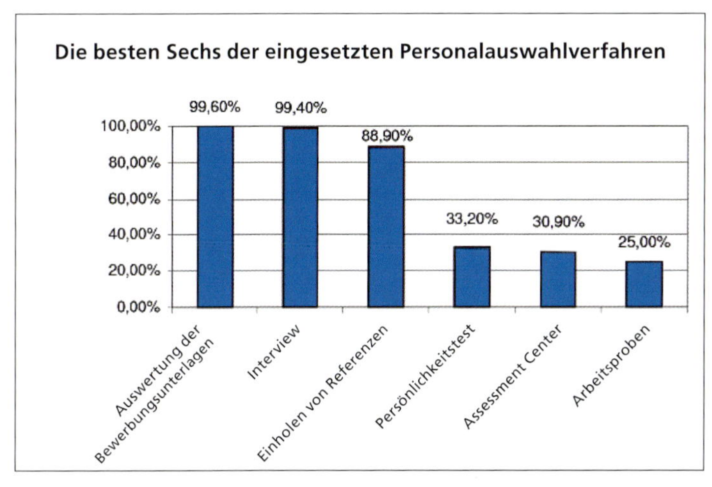

Quelle: Grafische Darstellung nach Daten von Berchtold, Matthias: Häufigste Auswahlverfahren in der Personalselektion, Auszug aus HR Today 12/Dezember 2005, unter: http://www.bmperformance.ch/uploads/fichiers/Article_HR_Today_12_2005_Allemand.pdf, Zürich 2005, zuletzt abgerufen am 10.10.2012

Darüber hinaus verlaufen die Auswahlprozesse in den Unternehmen sehr unterschiedlich; sowohl hinsichtlich der Dauer des Prozesses als auch bezogen auf die Anzahl und Reihenfolge der eingesetzten Auswahlmaßnahmen.
Die Ursachen dafür liegen in den jeweils sehr unterschiedlichen Bedingungen. Bei der Gestaltung des Prozesses der Personalauswahl spielen verschiedene Aspekte eine Rolle:

- die eignungs-diagnostische Qualität der Auswahlinstrumente,
- das Anforderungsprofil (Komplexität des Aufgabenbereichs, Bedeutung der Stelle für das Unternehmen: Führungskraft, rein ausführende Stelle, Repräsentant),
- die Kosten einer Fehlbesetzung,
- zeitliche Bedingungen (Dringlichkeit der Stellenbesetzung),
- der Ressourceneinsatz für die Personalauswahl (Zeit, finanzielle Mittel),
- die Anzahl und Qualität der Bewerber sowie
- Erfahrungen und Kompetenzen des Unternehmens bei der Personalauswahl.

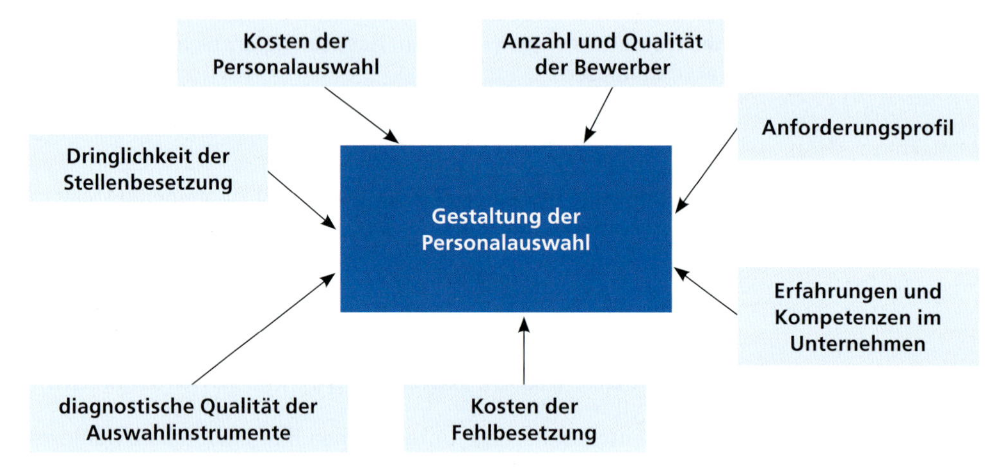

Einflussfaktoren auf die Gestaltung der Personalauswahl

Über die Zusammenhänge dieser Einflussfaktoren lassen sich einige grundsätzliche Aussagen treffen:

- Je höher die Anforderungen hinsichtlich Führungsverantwortung und Repräsentationsfunktion an eine Stelle sind, umso komplexer sind die Auswahlinstrumente.
- Je höher die Kosten einer Fehlbesetzung sind, umso aufwendiger wird die Personalauswahl betrieben.
- Bei einer geringen Anzahl von Bewerbern für eine bestimmte Qualifikation verliert der Auswahlprozess an Bedeutung; wichtiger werden dann Personalmarketing, Rekrutierungsanstrengungen und die innerbetriebliche Personalentwicklung; dieser Punkt wird in Zukunft angesichts des Fachkräftemangels an Bedeutung gewinnen.
- Bei sonst gleichen Bedingungen, z. B. Bewerberzahl, Kosten, werden für die Personalauswahl die Instrumente mit der besseren diagnostischen Qualität eingesetzt; anders ausgedrückt: Bei gleicher resp. ähnlicher diagnostischer Qualität wird je das kostengünstigste Verfahren verwendet.

Im fachlichen Kontext

Kosten der Fehlbesetzung
Hier müssen u. a. folgende Kostenpositionen berücksichtigt werden:
Kosten der Stellenausschreibung, interne/externe Personalkosten bei der Bearbeitung und Analyse der Bewerbungen, Kosten des Auswahlverfahrens, Personalkosten des eingestellten Mitarbeiters mit Berücksichtigung der geringeren Leistungsfähigkeit in der Einarbeitungsphase, Kosten für die Einarbeitung (Pate), ggf. Imageschäden bei Kunden und Mitarbeitern. Je nach Position können diese Kosten ein Monatsgehalt bis sogar drei Jahresgehälter (mittleres und Top-Management) erreichen.

Zusammenfassung

- **Personalauswahl** ist ein Teilprozess der Personalgewinnung. Ziel des Auswahlprozesses ist es, die Eignung der Bewerber für ein bestimmtes Anforderungsprofil festzustellen (Eignungsdiagnose). **Eignung** meint dabei die aktuelle Eignung (realisierte und latente Eignung) und die zukünftige Eignung (potenzielle Eignung).
- Die Personalauswahl ist in den Unternehmen unterschiedlich organisiert; es gibt **einstufige und mehrstufige Auswahlprozesse**. Bei der Planung und Umsetzung sollten die Qualitätskriterien der DIN 33430 (Qualitätskriterien und -standards für berufsbezogene Eignungsbeurteilungen) berücksichtigt werden. Die Gestaltungsfreiheiten des Auswahlprozesses werden durch die Bewerberrechte (Persönlichkeitsrechte, Recht auf Datenschutz) und die Beteiligungsrechte des Betriebsrates beschränkt.
- Die bei der Personalauswahl eingesetzten **Instrumente** lassen sich drei Ansätzen zuordnen:

Eignungsdiagnostische Ansätze der Personalauswahl		
Eigenschaftsansatz, auch: Konstruktansatz	**Simulationsansatz**	**Biografieansatz**
u. a. Konzentrationstest, Intelligenztest, Wissenstest	u. a. Arbeitsproben, Assessment-Center,	z. B. Bewerbungsunterlagen, biografischer Fragebogen, Einstellungsgespräch

- Weitere Instrumente sind: Hintergrundrecherchen, Social Games, Rollenspiele, Probearbeiten, im weitesten Sinne auch die Probezeit und die ärztliche Eignungsuntersuchung.

- Die Gestaltung eines Personalauswahlprozesses ist in der Praxis von verschiedenen Faktoren abhängig:
  - Anforderungsprofil,
  - Kosten der Personalauswahl,
  - Anzahl und Qualität der Bewerber,
  - Erfahrungen mit der Personalauswahl im Unternehmen,
  - Kosten der Fehlbesetzung einer Stelle,
  - Dringlichkeit der Stellenbesetzung,
  - diagnostische Qualität der Auswahlinstrumente: Validität, Reliabilität und Objektivität.
- Bei Beachtung der Wirtschaftlichkeit wird ein Unternehmen einen (möglichst) optimalen Auswahlprozess gestalten. Das muss nicht gleichzeitig der bestmögliche sein, denn er berücksichtigt neben den Auswahlergebnissen auch die Kosten und den Aufwand für den gesamten Auswahlprozess.

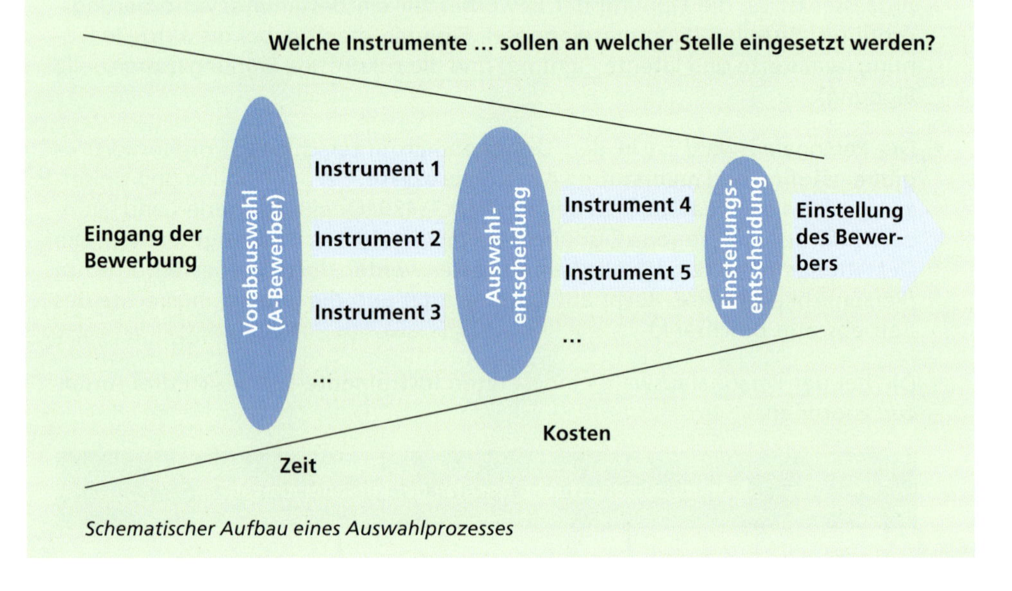

Schematischer Aufbau eines Auswahlprozesses

Aufgaben

1. *Nehmen Sie begründet Stellung zu der Behauptung, dass die Personalauswahl mit der Stellenausschreibung beginnt.*

2. *Unterscheiden Sie folgende Begriffe: realisierte Eignung, latente Eignung, potenzielle Eignung.*

3. *Beschreiben Sie den Zusammenhang zwischen Eignungsdiagnose und Verhaltensprognose.*

4. *Sie sind Personalreferent in einem Maschinenbauunternehmen und u. a. für die Rekrutierung, Auswahl und Einstellung von Auszubildenden für den kaufmännischen Bereich verantwortlich. Bislang erfolgte die Personalauswahl in folgender Reihenfolge: Stellenausschreibung ➔ Bewerbungseingang ➔ Analyse der Bewerbungsunterlagen ➔ Einladung der A-Kandidaten zum Bewerbungsgespräch ➔ Auswahlentscheidung und Einstellung.*
   - *In Zukunft sollen zusätzlich Testbatterien, Rollenspiele und Kurzpräsentationen für die Eignungsdiagnostik eingesetzt werden.*
   - *Machen Sie einen Vorschlag für die Reihenfolge des zukünftigen Auswahlprozesses. Begründen Sie Ihren Vorschlag.*

5. *Sie sind Mitarbeiter/-in in einem Personaldienstleistungsunternehmen. Das Unternehmen will den Bereich der Personalberatung, insbesondere Suche und Vermittlung von Führungskräften, erweitern. Sie schlagen vor, die DIN 33430 zum Bestandteil der Verträge zu machen.*
   Listen Sie die Gründe auf, die für den Einbezug der DIN 33430 bei der Personalberatung, insbesondere Personalauswahl, sprechen.

6. *Bringen Sie folgende Teilschritte der Personalauswahl in eine sachlogisch richtige Reihenfolge. Markieren Sie den ersten Schritt mit einer 1, den zweiten mit einer 2 usw.*

Tätigkeit	Reihenfolge
Einladungen zum Assessment-Center versenden	
Veröffentlichung der Stellenausschreibung	
Einstimmung der Assessoren	
Beobachtungen auswerten	
Anforderungsprofil aus Stellenbeschreibung ableiten	
Bewerberranking erstellen	
Zustimmung des Betriebsrates zu den Auswahlrichtlinien	
Feedback an die Bewerber geben	

7. *Unterscheiden Sie zwischen den Aufgaben eines Moderators und denen eines Assessors.*

8. *Als Personalberater planen Sie den Auswahlprozess für ein Kundenunternehmen. Unter anderem wollen Sie einen allgemeinen kognitiven Fähigkeitstest durchführen sowie einen biografischen Fragebogen einsetzen.*

a) Ihr Kunde ist damit nicht einverstanden. Er meint, dass beide Auswahlinstrumente dasselbe messen. Beraten Sie den Kunden über die Unterschiede zwischen diesen beiden Verfahren.

b) Ihr Kunde bleibt hartnäckig und besteht darauf, dass nur eines der beiden Instrumente eingesetzt wird. Unter anderem liegen Ihnen folgende Informationen zu den beiden Instrumenten vor:

Verfahren:	Validität	Reliabilität
Allgemeiner kognitiver Fähigkeitstest	0,51	0,96
Biografischer Fragebogen	0,35	0,93

Für welches der beiden Verfahren entscheiden Sie sich? Begründen Sie Ihre Entscheidung.

9. *Das mittelständische Zeitarbeitsunternehmen HP Klocke GmbH will zwei Personaldisponenten (Personal- und Kundenbetreuung) einstellen. Das Unternehmen wendet sich insbesondere an die Berufsanfänger, die gerade erfolgreich ihre Ausbildung zum Personaldienstleistungskaufmann abgeschlossen haben.*
Erstellen Sie für den Auswahlprozess einen biografischen Fragebogen.

10. *Sie nehmen erstmals als Assessor an einem AC teil. Der Moderator gibt Ihnen zur Vorbereitung auf Ihre Beobachtungstätigkeit den Auftrag, einen Beobachtungsbogen für eine Präsentation zu erstellen. Mit dieser Übung sollen folgende Fähigkeiten getestet werden: Kommunikationsfähigkeit, Auftreten, Belastbarkeit, Zielorientierung, Umgang mit Präsentationsmedien.*
Erstellen Sie für die Präsentation zum Thema Facebook gegen LinkedIn einen Beobachtungsbogen für das Verhalten der AC-Teilnehmer, der die aufgezählten Fähigkeiten konkretisiert.

11. *Sie sind Personalreferent in einem Kreditinstitut. Für die Auswahl von Auszubildenden planen Sie die Durchführung eines eintägigen AC. Zur Vorbereitung haben sie eine Tabelle mit den Anforderungen und verschiedenen AC-Übungen erstellt:*

a) Markieren Sie in der Matrix auf der folgenden Seite, welche Auswahlverfahren für die einzelnen Anforderungen geeignet sind.

b) Ein Kollege weist Sie darauf hin, dass Sie für ein eintägiges AC zu viele Übungen zusammengestellt haben. Sie wollen diesen Hinweis prüfen, indem Sie einen detaillierten Ablaufplan für das AC erstellen.
Erstellen Sie einen detaillierten Ablaufplan für das AC. Berücksichtigen Sie dabei folgende Aspekte: Pausen, Beurteilungs- und Austauschphasen der Assessoren, Feedbackgespräche.

Anforderungen	Konzentrationstest	Intelligenztest, Schwerpunkt Mathematik	Gruppendiskussion (Thema: gemeinsame Entscheidungsfindung)	Postkorbübung	Rollenspiel (Kundengespräch)	Fallstudie (Thema: Einsatz von Social Games im Marketing)
Sprachliche Ausdrucksfähigkeit						
Logisches Denken						
Analytische Fähigkeiten						
Ergebnisorientiertes Handeln						
Belastbarkeit						
Teamfähigkeit						
Initiative						
Einsatzbereitschaft						
Kooperationsfähigkeit						

4 Vorstellungsgespräche vorbereiten

Einstiegssituation ▶

Die Disponentin der **Weise Personallösungen GmbH, Frau Henning,** hat der **Presswerk AG** folgende drei Bewerber für die Besetzung der Stelle „Assistenz der Geschäftsführung (m/w)" vorgeschlagen:

LF 5, 2

Name, Alter	Angaben zum Bewerber (Ausschnitt)
Peter Hemmer, 34 Jahre alt	Verheiratet, 1 Kind (6 Jahre), Bürokaufmann; Staatlich geprüfter Betriebswirt/ Schwerpunkt Rechnungswesen; Branchenerfahrung, Wohnort: Bielefeld
Sabine Jakobs, 36 Jahre alt	Verheiratet, 2 Kinder (14 und 12 Jahre), Industriekauffrau, Fernstudium Betriebswirtschaft, zuletzt selbstständige Eventmanagerin, 2 Jahre Auslandsaufenthalt in USA, Wohnort: Dortmund
Sebastian Keller, 28 Jahre alt	Betriebswirt (FH), Branchenerfahrungen, zuletzt Maschinenbau Herzig in Iserlohn, Wohnort Hagen

Der Personalleiter der Presswerk AG, **Herr Thönnissen,** ist sehr zufrieden.
„Frau Henning, diese Auswahl überzeugt mich von der Papierform her. Und etwas anderes haben wir ja jetzt noch nicht. Ich halte es für sinnvoll, dass Sie uns auch im weiteren Verlauf unterstützen. Ich bitte Sie, die Vorstellungsgespräche vorzubereiten und bei der Durchführung ebenfalls dabei zu sein. Wie bereits besprochen, werden Herr Jauber, unser Vorstandvorsitzender, und ich die Gespräche führen. Auch wenn wir da durchaus Erfahrungen haben, halten wir es für sinnvoll, Sie in diesem Fall mit einzubeziehen und von Ihrem Wissen zu profitieren. Wir kennen schließlich die Gefahren durch eine falsche Beurteilung."

Arbeitsaufträge

1. *Sie haben bereits in Ihrem Ausbildungsbetrieb an Vorstellungsgesprächen teilgenommen. Beschreiben Sie, wie Sie solche Gespräche führen und worauf Sie dabei achten.*

2. *Arbeiten Sie die Unterschiede zwischen dem Vorgehen bei Vorstellungsgesprächen in Ihrem Betrieb und der Situation heraus, in der Frau Henning sich befindet.*

3. *Erarbeiten Sie mithilfe der Informationen in Kapitel 4.1.3 eine Checkliste für die Vorbereitung der Vorstellungsgespräche bei der Presswerk AG.*

4. *Erstellen Sie einen Zeitplan für die Durchführung der Vorstellungsgespräche bei der Presswerk AG und laden Sie die Bewerber zu diesen Gesprächen ein. Nutzen Sie die Informationen in Kapitel 4.2.3.*

Fortsetzung der Situation

Versetzen Sie sich in die Rolle von Frau Henning von der Weise Personallösungen GmbH: Nach Rücksprache mit Herrn Thönnissen erfahren Sie, dass die Vorstellungsgespräche in Form eines teilstrukturierten Interviews geführt werden sollen. Herr Thönnissen bittet Sie um Hinweise, worauf dabei zu achten ist.

5. *Erstellen Sie für Herrn Thönnissen und Herrn Jauber eine Präsentation zur Vorbereitung auf die Vorstellungsgespräche. Gehen Sie dabei auf folgende Aspekte ein:*
   - *Ziele und Inhalte des Vorstellungsgesprächs*
   - *Gesprächsablauf*
   - *Gesprächsführung*
   - *Auswertung und Dokumentation*

   Nach Ihrem Vortrag stellt Herr Jauber folgende Fragen:
   - *„Die Gespräche laufen bei dieser Vorbereitung alle gleich ab; ist ein freies Bewerberinterview nicht doch besser geeignet? Es ist auch nicht so aufwendig in der Vorbereitung."*
   - *„Warum soll ich mir denn von den Bewerbern nochmals ihren Lebenslauf erzählen lassen; den habe ich doch schon schriftlich vorliegen."*
   - *„Die Smarties im SMART und die Windeln sind doch albern. Was sollen solche Fragen im Vorstellungsgespräch bringen?"*
   - *„Und wie wollen Sie nun sicherstellen, dass ich mich nicht doch für den mir sympathischsten Bewerber entscheide?"*
     Beantworten Sie diese Fragen.

Fortsetzung der Situation

Sie erhalten im Nachgang zu Ihrer erfolgreichen Tätigkeit bei der Besetzung der Stelle „Assistenz der Geschäftsführung" weitere Aufträge von der Presswerk AG zur Vorbereitung der Personalauswahl und Durchführung von Vorstellungsgesprächen:
- *Besetzung von zwei Stellen Werkzeugmacher (m/w)*
- *Besetzung von vier Helferstellen im Lager-/Logistikbereich*
- *Besetzung einer Sachbearbeitungsstelle (Teilzeit) in der Personalabteilung (Lohnabrechnung)*

6. *Bearbeiten Sie folgende Aufgaben.*
   a) *Planen Sie für jeden Fall das Vorgehen bei den Vorstellungsgesprächen.*
   b) *Arbeiten Sie die Gemeinsamkeiten und Unterschiede zur Stellenbesetzung „Assistenz der Geschäftsführung" heraus.*
   c) *Verallgemeinern Sie, von welchen Bedingungen die Planung und Durchführung der Vorstellungsgespräche abhängt.*

4.1 Vorstellungsgespräche im Personalauswahlprozess

LF 5, 3.4 In Deutschland werden an jedem Arbeitstag rechnerisch etwa 30000 Personen neu eingestellt. Sollte jeder Arbeitgeber im Vorfeld jeder dieser Einstellungen fünf Vorstellungsgespräche durchführen, sind dies allein 150000 Vorstellunggespräche; jährlich bedeutet das 18 Millionen Gespräche.
Neueinstellungen von Arbeitnehmern sind ohne Vorstellungsgespräche kaum denkbar. Tatsächlich sind die Gespräche mit den Bewerbern neben der Analyse der Bewerbungsunterlagen das am weitesten verbreitete Instrument zur Bewerberauswahl.

Im fachlichen Kontext

Wortklaubereien
Die Begriffe **Vorstellungsgespräch, Bewerbungsgespräch, Einstellungsgespräch** werden weitgehend synonym für das Auswahlinstrument Gespräch gebraucht; die Bezeichnung Vorstellungsgespräch findet sich am häufigsten. (Google-Abfrage: Vorstellungsgespräch: 3,7 Mio. Treffer, Bewerbungsgespräch: 636000 Treffer, Einstellungsgespräch 194000 Treffer). Daneben sind die Begriffe Bewerberinterview und Auswahlgespräch gebräuchlich.
Eine sprachliche Unterscheidung lässt sich etwa so begründen: Sich gegenseitig vorzustellen ist in diesem Zusammenhang die neutrale Beschreibung; aus Sicht des Bewerbers mag es sich eher um ein Bewerbungsgespräch handeln. Um ein Gespräch zu Besprechung der Einstellung handelt es sich jedoch eher nicht. Dies mag erst zu einem späteren Zeitpunkt der Fall sein (auch Vertragsgespräch genannt).

Das persönlich geführte Vorstellungsgespräch ist ein **Instrument im Personalauswahlprozess**. Ebenso wie die anderen Instrumente dient es aus Sicht des Unternehmens dazu, (weitere) Informationen zur Beurteilung eines Bewerbers zu erheben. Hauptsächlich wird es als Instrument der Endauswahl eingesetzt, seltener für eine Zwischenauswahl für die Teilnahme an Tests oder Assessment Center. Zunehmend werden für die Vorauswahl telefonische Vorstellungsgespräch geführt.[1]

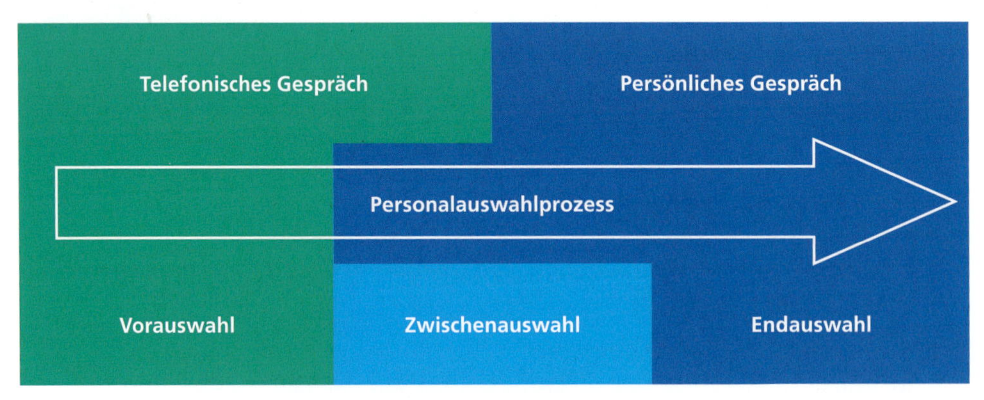

[1] *Siehe auch: http://www.wirtschaftspsychologie-aktuell.de/strategie/strategie_20080716_Das_situative_Interview.html, abgerufen am 12.10.2012*

4.1.1 Ziele des Unternehmens und der Bewerber

Oberstes Ziel des Vorstellungsgesprächs ist, genauso wie bei den anderen Instrumenten der Personalauswahl, die Prüfung der **Eignung** des Bewerbers.

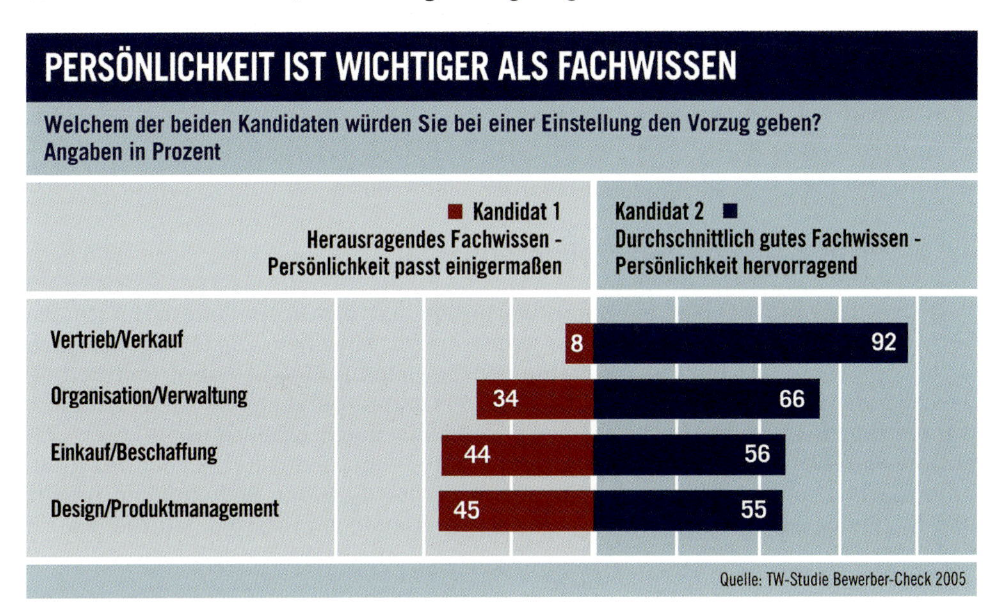

Das Unternehmen verfolgt folgende Ziele:

- bei der Eignungsprüfung:
  - Gewinnen eines persönlichen Eindrucks von Auftreten, Persönlichkeit etc.;
  - Überprüfen und ggf. Vervollständigen der Informationen aus den Bewerbungsunterlagen;
  - Ermitteln der Interessen und Wünsche, Vorstellungen und Erwartungen;
  - Prüfen der sozialen und emotionalen Kompetenzen (Soft Skills);
  - Prüfen der fachlichen Kompetenzen;
  - Prüfen der Einsatzmöglichkeiten;
  - Identifizieren von Job Hoppern.

Bd. 1, LF 4, 2.3.5

- zur Unternehmensdarstellung:
  - Informieren über Unternehmen und Arbeitsplatz;
  - Imagepflege durch Hinterlassen eines positiven Eindrucks (Employer Branding); denn nur ein Bruchteil der Bewerber, mit denen Gespräche geführt werden, werden auch eingestellt.

Vorrangiges Ziel der Bewerber ist es,

- einen guten und kompetenten Eindruck zu erzielen, um die Aussichten auf Einstellung zu verbessern;

daneben finden sich folgende Interessen und Ziele der Bewerber:

- Fragen zum Arbeitsplatz, zu den Arbeitsbedingungen (Arbeitszeiten, Urlaubszeiten etc.) und möglichen Entwicklungs- und Aufstiegsperspektiven klären.
- Einen Eindruck von der Unternehmenskultur, der Organisation und des Umgangs miteinander gewinnen.
- Manchen Bewerbern geht es darum, Erfahrungen in Vorstellungsgesprächen zu sammeln.
- Andere wollen durch erfolgreiche Bewerbungsverfahren ihre Position im „Alt"-Unternehmen stärken, etwa für Gehaltsverhandlungen.

4.1.2 Aussagekraft und Prognosequalität

LF 5, 3.2.1

Nach Einschätzung der Personalverantwortlichen hat das Vorstellungsgespräch die höchste Validität (= Gültigkeit) als Auswahlinstrument. Mit einem Vorstellungsgespräch lassen sich besonders gut die Ausprägungen bestimmter Eigenschaften und Verhaltensweisen voraussagen. Diese meist auf Erfahrungen beruhenden Einschätzungen werden durch wissenschaftliche Studien belegt; nur durch Arbeitsproben lassen sich bessere Werte erreichen. Allerdings gilt diese gute Prognosequalität nur für das strukturierte Vorstellungsgespräch, das für alle Bewerber dieselben Bedingungen schafft und subjektive Beurteilungsanteile der Interviewer in engen Grenzen hält (siehe auch Kapitel 4.2.1).

	Wissenschaftlich nachgewiesene (empirische) Prognosequalität		Einschätzung der Prognosequalität durch Personalverantwortliche
	Validität	Rang	Rang
Arbeitsproben	0,54	1	3
Strukturiertes Einstellungsinterview	0,51	2	1
Intelligenztest	0,51	2	6
Unstrukturiertes Einstellungsinterview	0,38	4	5
Assessment-Center	0,37	5	1
Biografischer Fragebogen	0,35	6	7
Zusätzlich eingeholte Referenzen	0,26	7	4

Quelle: Vgl. Hell, Benedikt: Klarheit statt Handgelenk mal Pi, in: Alpha – Kadermarkt der Schweiz 24./25.09.2011; Tabelle geändert

Aus Sicht der Unternehmen haben Vorstellungsgespräche also tatsächlich eine Auswahlfunktion. Das relativiert die Freude der Bewerber über eine Einladung zu einem solchen Gespräch; denn mit der Einladung ist allenfalls die erste Hürde zu einer Einstellung genommen. Für einen Bewerber ist es wahrscheinlicher, dass nach einem Vorstellungsgespräch eine Absage kommt, denn nur einer von fünf Bewerbern wird nach einem Vorstellungsgespräch eingestellt:[1]

Anzahl der Bewerbungen	davon	Anzahl der Vorstellungsgespräche	davon	Anzahl der Einstellungen
	ca. 11 %		Ca. 18 %	
191.398	→	21.001	→	3.712
		Ca. 2 %		

4.1.3 Facetten des Vorstellungsgesprächs

Aussagekräftige Vorstellungsgespräche müssen vorbereitet werden. Facetten der Vorbereitung betreffen die Gesprächsart, die Bestimmung der Teilnehmer seitens des Unternehmens, die organisatorische Vorbereitung, die Gesprächsplanung und welche Inhalte zur Sprache kommen sollen.

Die Nachbereitung von Bewerbungsgesprächen umfasst neben der Auswertung der für die Personalauswahl relevanten Informationen auch die Dokumentation der Auswertungsergebnisse. Dies kann sowohl unternehmensintern für die Begründung einer bestimmten Auswahlentscheidung wichtig sein als auch unternehmensextern im Zusammenhang mit Diskriminierungsvorwürfen.
Die Abbildung auf der nächsten Seite fasst die verschiedenen Facetten des Vorstellungsgesprächs zusammen.
Bei der Vorbereitung des Vorstellungsgesprächs müssen alle Facetten bedacht, gestaltet und organisiert werden. Einige Facetten betreffen die Rahmenbedingungen des Gesprächs (Art, Teilnehmer, Organisation); für das Gespräch selbst gilt es, die Inhalte und die Art und Weise der Gesprächsführung festzulegen, um einen geordneten Gesprächsablauf sicherzustellen. Die Nachbereitung beginnt bereits während des Gesprächs: Die Beobachtungen müssen erfasst und dokumentiert werden, um anschließend eine sachgemäße Entscheidung auf der Grundlage der Gespräche zu treffen.
Die hier zusammengestellten Aspekte der Vorbereitung gelten analog für die telefonische Vorauswahl.

[1] *Quelle: Vgl. Staufenbiel JobTrends Deutschland 2011. Die Studie zu Entwicklungen am Arbeitsmarkt, S. 54, Staufenbiel Institut GmbH, im Internet erhältlich unter http://www.staufenbiel.de/publikationen/staufenbiel-jobtrends-deutschland-2011.html, abgerufen am 10.10.2012*

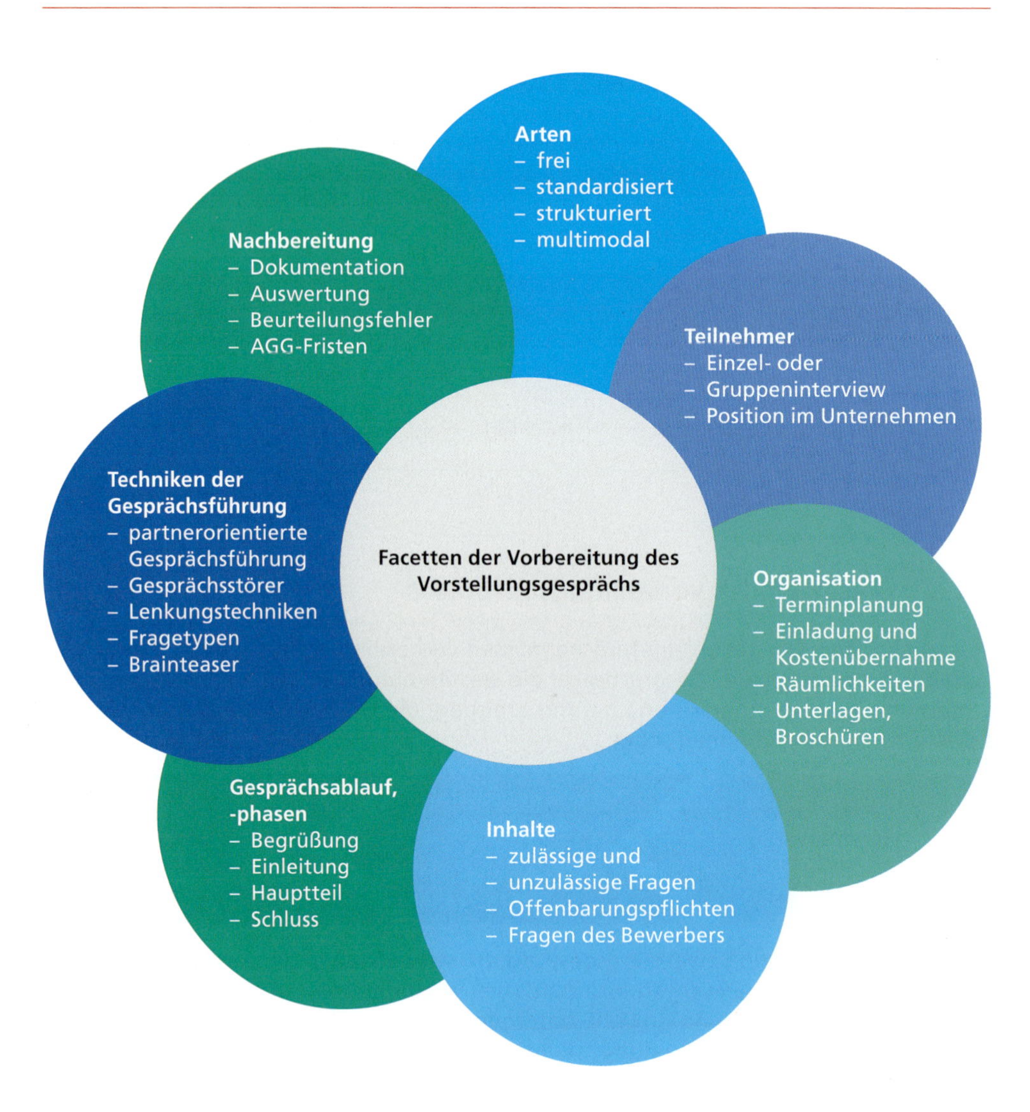

4.2 Gestaltung der Gesprächsbedingungen

Einige vorbereitende Tätigkeiten sind offensichtlich und selbstverständlich, wie etwa das Festlegen von Ort und Zeit eines Vorstellungsgesprächs sowie das Informieren bzw. Einladen der Bewerber. Andere Aspekte sind abhängig von der Art des Unternehmens und der Art der Aufgabe, wie zum Beispiel die Anzahl der Teilnehmer an einem Gespräch. Wichtig ist es, sich im Vorfeld Gedanken darüber zu machen, was mit dem Gespräch erreicht werden soll **(Ziele des Vorstellungsgesprächs)**, und hierfür die erforderlichen Bedingungen zu schaffen.

4.2.1 Interviewformen in Vorstellungsgesprächen

Eine Grundentscheidung bei der Vorbereitung eines Vorstellungsgesprächs betrifft die Frage, wie stark das Gespräch vorstrukturiert sein soll:

- **Freies Interview:** Es gibt außer für den Einstieg keine weiteren Vorgaben; Interviewer und Interviewter regen sich gegenseitig an und folgen dem sich ergebenden Gesprächsverlauf.
- **Strukturiertes Interview:** Grundlage ist ein Leitfaden, der den Gesprächsverlauf gliedert und Fragenblöcke enthält, die relativ flexibel im Gespräch bearbeitet werden können.
- **Standardisiertes Interview:** Ein vorbereiteter Fragebogen ist die Grundlage des Gesprächs und steuert über die (vorformulierten) Fragen den Gesprächsablauf, die Inhalte und ihre Reihenfolge.

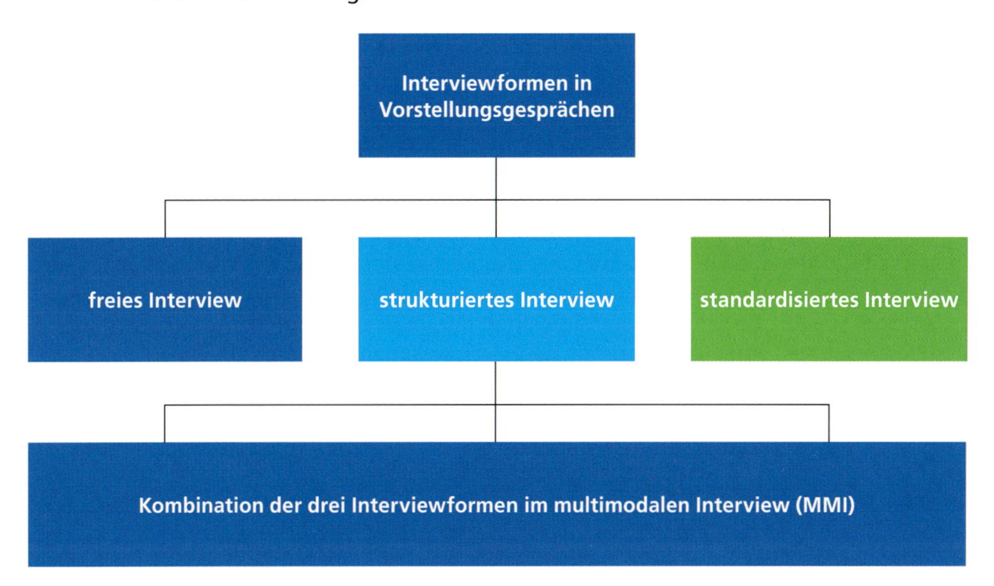

Vorteile und Nachteile verschiedener Interviewarten

Die Vorteile und Nachteile der verschiedenen Interviewformen beziehen sich auf die Bedeutung des Interviewers (subjektive Einflüsse, Fähigkeit zur Gesprächsführung), Dauer des Interviews, Möglichkeiten des Bewerbers, sich in das Gespräch einzubringen, Vergleichbarkeit der Bewerber, Art der Dokumentation, Vollständigkeit der Inhalte und Aussagekraft. Wie bereits an anderer Stelle belegt, ist die Aussagekraft des strukturierten Interviews deutlich höher als die des freien Interviews.

Das **standardisierte Interview** hat die engsten Vorgaben; es handelt sich weniger um ein Gespräch (gegenseitiger Austausch), als vielmehr darum, gemeinsam einen Fragebogen auszufüllen. Der Gesprächsverlauf ist unabhängig von der Person des Interviewers. Auch vollkommen ungeübte Mitarbeiter können sich so um Vorstellungsgespräche kümmern. Die Gesprächsergebnisse lassen sich gut protokollieren (auch direkt in den PC) bzw. abhaken und anschließend gut auswerten, daalle Bewerber mithilfe derselben Vorlage interviewt wurden; der persönliche Einfluss des Interviewers ist weitgehend ausgeschaltet. Es kommt dann nicht mehr darauf an „wie" eine Frage gestellt ist. Standardisierte Interviews sind zeitlich recht genau vorhersehbar und damit planbar. Die Möglichkeiten zur Selbstdarstellung des Bewerbers sind dabei recht klein.

Eine Gefahr bei der **freien Form** des Vorstellungsgesprächs ist die fehlende Ordnung und Struktur. Es kommt sehr auf die Kompetenzen des Interviewers an, ob ein „roter Faden" erkennbar ist und letztlich alle Inhalte angesprochen werden. Für den Interviewer ist es schwierig, den Überblick zu behalten, das Gespräch dauert deutlich länger als bei der standardisierten Form und es ist schwieriger, das Gespräch zu dokumentieren. Im laufenden Gespräch besteht kaum die Möglichkeit, sich ausführliche Notizen zu machen. Bei der Auswertung kommt es sehr auf das Gedächtnis des Interviewers an.
Der Vorteil ist, dass das freie Interview viel Raum für die individuelle Gestaltung lässt, die Gesprächspartner können flexibel aufeinander reagieren und die Vorbereitung ist auf den ersten Blick nicht besonders aufwendig im Vergleich zum standardisierten Interview.
Das **strukturierte Interview** kombiniert die Vorteile beider Gesprächsarten; es bietet die Möglichkeit, flexibel auf die Umstände zu reagieren und andererseits über den Einsatz eines Leitfadens die Übersicht zu behalten und eine Grundlage für die Dokumentation zu schaffen.

Im fachlichen Kontext

Das multimodale Interview (MMI)
Das multimodale Interview ist eine Zwischenform aus vorstrukturiertem Gesprächsablauf, freien Interviewphasen und bestimmten standardisierten Fragen. Es wurde von dem Eignungsdiagnostiker und Psychologen Heinz Schuler in den 1990er-Jahren entwickelt. Vorgegeben ist eine bestimmte Gesprächsabfolge, die mit zum Teil standardisierten Fragestellungen je unterschiedliche Aspekte des Bewerbers beleuchtet. Das Attribut „multi" bezieht sich auf die Vielfalt der im Gespräch thematisierten Bereiche (Eigenschaften, Verhalten, Biografie des Bewerbers) („modal" bezieht sich auf Art und Weise). Die Aussagekraft über die Kompetenzen des Bewerbers ist beim multimodalen Interview mit einer Validität von über 0,50 sehr hoch.

4.2.2 Teilnehmerkreis

Vorstellungsgespräche können in Form von **Einzel- oder Gruppeninterviews** durchgeführt werden.

		Unternehmensvertreter/Interviewer	
		Einer	Mehrere
Bewerber	Einer	**Einzelinterview**	(bei mehr als zwei auch: Jury-Interview, Board-Interview)
	Mehrere	(zur Vorauswahl)	**Gruppeninterview**

In vielen Unternehmen sind mehrere Personen an der Einstellung neuer Mitarbeiter beteiligt; häufig nehmen neben dem Personalverantwortlichen Fachvertreter der betroffenen Abteilung teil. Im öffentlichen Dienst ist zusätzlich der Personalvertreter beteiligt. Je nach Position können einem Bewerber zwischen zwei und fünf Unternehmensvertreter gegenübersitzen.
Die Zahl der Teilnehmer an einem Vorstellungsgespräch kann auch gezielt dazu genutzt werden, die Reaktion des Bewerbers auf unterschiedliche Gesprächspartner oder auf besondere Drucksituationen festzustellen **(Stressgespräch)**.
Gruppeninterviews mit mehreren Bewerbern werden fast nur bei der Vorauswahl eingesetzt oder im Zusammenhang mit einem Assessment Center, beispielsweise bei der Einführung und Vorstellung des organisatorischen Ablaufs.

4.2.3 Organisatorische Vorbereitung

Die organisatorische Vorbereitung umfasst die Raum- und Terminplanung und die rechtzeitige Bereitstellung der notwendigen Unterlagen (Bewerbungen, Stellenausschreibung und -beschreibung, Unternehmensinformationen, ggf. Merkblatt für Leiharbeitnehmerinnen und Leiharbeitnehmer der Bundesagentur für Arbeit). Soweit die Übernahme der Vorstellungskosten des Bewerbers nicht bei der Einladung ausgeschlossen wurde, sollte auch hierfür ein entsprechendes Formular vorgehalten werden.

Im fachlichen Kontext

Erstattungsanspruch des Bewerbers
Wird ein Bewerber zu einem Vorstellungsgespräch eingeladen, ist der Arbeitgeber nach § 670 BGB zur Erstattung der mit diesem Vorstellungsgespräch verbundenen Kosten verpflichtet. Dazu gehören die Fahrtkosten, Verpflegungskosten sowie Übernachtungskosten.
Wird die Strecke mit dem privaten PKW zurückgelegt, werden häufig die steuerlich abzugsfähigen Aufwendungen erstattet; bei Fahrten mit der Bahn liegen die Fahrtkostenbelege vor. Die Anreise mit dem Flugzeug sollte im Vorfeld abgeklärt werden, genauso wie die Erstattung von Übernachtungskosten. Beträge für den Verpflegungs(mehr) aufwand werden nach Belegen oder nach abzugsfähigen Pauschalen erstattet.
Der Arbeitgeber kann die Kostenerstattung im **Einladungsschreiben ausschließen**. Bei arbeitslosen und arbeitsuchenden Bewerbern ist eine Kostenerstattung durch die Bundesagentur für Arbeit möglich. Erhält der Bewerber von keiner Seite die Kosten erstattet, kann er sie als Werbungskosten bei seiner nächsten Steuererklärung angeben.

Es ist eine Selbstverständlichkeit, dass die Vorstellungsgespräche in einer ruhigen **Atmosphäre** stattfinden. Störungen sollten vermieden werden, um gute Gesprächsergebnisse zu erzielen. Die Gestaltung der Rahmenbedingungen wie beispielsweise Empfangen des Bewerbers, Pünktlichkeit, Getränke, Sitzordnung, Freundlichkeit und Höflichkeit im Umgang beeinflussen zum einen die Haltung des Bewerbers im Gespräch, aber vor allem auch die Bewertung des Unternehmens durch den Bewerber nach dem Gespräch.
Häufig werden mehrere Bewerber zu Vorstellungsgesprächen eingeladen; diese finden dann hintereinander statt. Die voraussichtliche Gesprächsdauer sowie die sich daran anschließende Reflexion der Eindrücke der beteiligten Unternehmensvertreter bilden das Grundgerüst der zeitlichen Planung. Vorteile der gehäuft stattfindenden

Vorstellungsgespräche liegen in der besseren Vergleichbarkeit der verschiedenen Bewerber, da die Eindrücke „frisch" sind und in der leichteren Koordination mehrerer Teilnehmer aus dem Unternehmen. Haben die Bewerber in ihren Bewerbungen Wünsche zur zeitlichen Lage der Gespräche der Gespräche geäußert, sollten diese berücksichtigt werden. Bei sehr dicht aufeinander folgenden Gesprächen sollten getrennte Wartebereiche eingerichtet werden, in denen Bewerber sich aufhalten können, ohne den Vorgängern zu begegnen. Zwischen den Gesprächen sollten kurze Vorbereitungsphasen einkalkuliert werden, in denen die Unternehmensvertreter ggf. nochmals die Bewerbungsunterlagen durchsehen und sich anhand des Gesprächsleitfadens (s. unten) auf die Person einstellen.

Wie lange dauert ein Vorstellungsgespräch üblicherweise?

Das kann sehr unterschiedlich sein und hängt auch stark von [dem Bewerber] ab. Faktoren, die die Länge des Gesprächs bestimmen, sind die zu besetzende Position, branchen- und berufsspezifische Aspekte und die Persönlichkeit des Interviewers und des Bewerbers selbst. Die Länge entscheidet auch nicht zwangsläufig über ein gutes oder ein schlechtes Vorstellungsgespräch. So kann es sein, dass [die] Gesprächspartner sich wirklich gut verstehen und sich nett und lange unterhalten. Auf der anderen Seite kann ein überdurchschnittlich langes Gespräch aber auch auf Unsicherheiten hinweisen, die im Gespräch geklärt werden mussten. Ein kurzes Gespräch kann bedeuten, dass [Bewerber] zu zurückhaltend waren und kein gutes Gespräch zustande gekommen ist oder dass [der] Gesprächspartner eher zu kurzen Gesprächen neigt oder in kurzer Zeit alle nötigen Informationen [ ] erhalten hat. Zwei unterschiedliche Gespräche für dieselbe Position können aufgrund von Persönlichkeitsfaktoren (hier vor allem des Bewerbers) verschieden lang ausfallen.
Vorstellungsgespräche für Azubis sind in der Regel mit 25 bis 45 Minuten kürzer als Gespräche für eine erste Position nach dem Studium, die im Schnitt eine bis zwei Stunden dauern. Bewerber, die eine höhere Position oder gar eine Führungsposition anstreben, müssen mit einer Dauer von 90 Minuten bis zu mehreren Stunden rechnen.

Quelle: Wie lange dauert ein Vorstellungsgespräch üblicherweise?, Andreas Ahrens, Göttingen, unter: http://www.vorstellungsgespraech-fragen.de/vorstellungsgespraech/bewerbungsgespraech/dauer.php, abgerufen am 02.08.2012

4.3 Festlegung der Gesprächsinhalte

LF5, 4.1.1 Die Gesprächsinhalte leiten sich aus den Zielen des Vorstellungsgesprächs ab: Neben der Unternehmensdarstellung und dem persönlichen Kennenlernen geht es bei diesen Zielen vor allem um die Überprüfung und Bewertung der Eignung des Bewerbers. Viele Informationen liegen dem Unternehmen in den schriftlichen Bewerbungsunterlagen bereits vor; sie bilden den Hintergrund für den Frage- und Informationsbedarf im Vorstellungsgespräch. Das Gespräch ermöglicht es, noch offene Fragen zu klären, die Motivation des Bewerbers zu prüfen und seine Reaktionen zu beobachten. Die Unmittelbarkeit der Gesprächssituation ermöglicht es, weitere Informationen und Hinweise über den Bewerber zu erhalten: freie Schilderungen und die Wortwahl offenbaren persönliche Färbungen und individuelle Schwerpunkte und Einschätzungen.
Beispiele für Leitfragen zur Vorbereitung eines Vorstellungsgesprächs:

Leitfragen zur Vorbereitung	Bezugspunkte und Beispiele
Welche Informationen sind über den Bewerber bekannt?	Informationen aus den Bewerbungsunterlagen
Welche Informationsbedürfnisse ergeben sich aus der Analyse der Bewerbungsunterlagen?	Lücken im Lebenslauf, Veränderungen im beruflichen Werdegang
Aus welcher Motivation bewirbt sich der Bewerber?	Hintergrund für die Bewerbung
Welche Ausprägung haben die fachlichen Kompetenzen?	Prüfung des fachlichen Wissens, sichere Handhabung des Fachvokabulars
Welche außerberuflichen Tätigkeiten sind für das Anforderungsprofil interessant?	Hobbys, Interessen, private Lebensumstände
Wo liegen die besonderen Stärken und Schwächen des Bewerbers?	Besondere Kompetenzen oder fehlende Kompetenzen
Welche Entwicklungspotenziale hat der Bewerber?	Motivation zur Weiterbildung, Karriereorientierung
Welche persönlichen und kommunikativen Eigenschaften werden erwartet?	Persönlicher Eindruck, Kommunikationsverhalten, Auftreten, Kleidung

Rechtliche Grenzen: Unzulässige Fragen und unwahre Antworten

Das Interesse des Arbeitgebers ist es, so viel wie möglich über einen Bewerber, seine Persönlichkeit, seine Motive, Lebensumstände und -planungen zu erfahren, um die Einsatz- und Entwicklungsmöglichkeiten möglichst umfassend und zutreffend beurteilen zu können. Das schließt auch Lebensbereiche ein, die nicht unmittelbar etwas mit der Berufstätigkeit zu tun haben, wie z. B. Hobbys, sozialer Umgang und Beziehungsleben, Freizeitaktivitäten, chronische Erkrankungen, aktuelle Lebensumstände und Vermögensverhältnisse sowie private Planungen und Wünsche für die Zukunft. Demgegenüber stehen die Interessen des Bewerbers: Auf der einen Seite will er sich mit dem Ziel einer Einstellung möglichst gut präsentieren, auf der anderen Seite steht jedem Menschen das Recht auf seine Privatsphäre zu **(Persönlichkeitsrecht)**.
Das Recht des Arbeitgebers auf Information und das Recht des Bewerbers auf Schutz seiner Privatsphäre können bei bestimmten Inhalten kollidieren. Die deutsche Rechtsprechung hat diesen Gegensatz soweit aufgelöst, dass maßgeblich für die rechtliche Zulässigkeit bestimmter Fragen und Inhalte im Bewerbungsgespräch der eindeutige und direkte Bezug zum zu besetzenden Arbeitsplatz ist. Fragt der Arbeitgeber trotzdem weitergehende persönliche Informationen ab, kann der Arbeitnehmer ohne weitere Konsequenzen die Unwahrheit sagen. Es kommt dann also nicht zu der Situation, dass der Arbeitgeber einen Bewerber ablehnt, weil er Fragen nicht beantwortet hat. Auch der Bewerber wird in die Pflicht genommen: Er muss von sich aus solche Dinge zur Sprache bringen, die für die Besetzung der Stelle und Ausübung der Tätigkeit von Bedeutung sind **(Offenbarungspflicht)**.

Beispiele • *Krankheiten, wenn die Einsatzfähigkeit betroffen ist (HIV-Infektion bei Ärzten, Pflegepersonal; Allergien)* • *Schwerbehinderung (wenn besonderes Informationsbedürfnis wegen des Arbeitsplatzes besteht – rechtlich umstritten, s. a. rechte Spalte)* • *Vermögensverhältnisse (z. B. bei einem Kassierer, bei höheren Vertrauenspositionen)*		***Beispiele*** *Schwangerschaft, Schwerbehinderung (soweit die Schwerbehinderung nicht im Zusammenhang mit der zu besetzenden Stelle steht), allgemeiner Gesundheitszustand (sofern die Einsatzfähigkeit nicht beeinträchtigt ist), Krankheiten, HIV-Infektion (Ausnahmen gibt es bei medizinischem Personal), Vorstrafen (Ausnahmen, wenn für die Stelle wichtig), Religions- und Parteizugehörigkeit (außer bei Tendenzbetrieben), sexuelle Neigungen, ethnische Herkunft, allgemeine Vermögensverhältnisse, Freizeitverhalten und Trinkgewohnheiten, Einkommenshöhe in vorherigen Arbeitsverhältnissen, Vorliegen von Lohnpfändungen (grundsätzlich nicht, in bestimten Fällen durchaus)*
Für den Arbeitsplatz direkt/unmittelbar wichtige Informationen		Für den Arbeitsplatz und die auszuübende Tätigkeit nicht (eindeutig) wichtige Informationen
Zulässige Fragen		Unzulässige Fragen
Recht des Arbeitgebers auf Informationen über Bewerber		
Inhalte im Vorstellungsgespräch		
Recht des Arbeitnehmers auf Schutz seiner Privatsphäre		
Pflicht zur wahrheitsgemäßen Beantwortung	Offenbarungspflicht	Recht zur wissentlichen Falschbeantwortung
Beispiele *Ausmaß der Sprachkenntnisse, Prüfungsnoten, Qualifikationen, zeitliche Verfügbarkeit*	***Beispiele*** *Antreten einer Haftstrafe, nachvertragliches Wettbewerbsverbot*	***Beispiele*** *Leugnung von Heiratsabsichten und Kinderwunsch, Verschweigen von Krediten und Schulden, Verschweigen einer (Schwer-) Behinderung soweit für die Tätigkeit ohne Bedeutung*

Merkmal des Vorstellungsgesprächs als Auswahlinstrument ist der persönliche und direkte Kontakt zwischen Unternehmensvertreter und Bewerber. Im Unterschied etwa zur Analyse der Bewerbungsunterlagen erfolgt die Reaktion des Bewerbers unmittelbar und kann direkt beobachtet werden. Diese Eigenart des Gesprächs kann für die Überprüfung des Bewerbers genutzt werden; zögerliche Antworten, lückenhafte Darstellungen und auch eloquente Ausführungen beeinflussen das Gesprächsergebnis.

Im fachlichen Kontext

Rechtsfolgen von unwahren Antworten und unzulässigen Fragen
Erkennt der Arbeitgeber nach Vertragsabschluss, dass der Bewerber seinen Offenbarungspflichten nicht nachgekommen ist oder auf zulässige Fragen nicht wahrgemäß geantwortet hat, kann der Arbeitgeber den Arbeitsvertrag nach § 123 BGB wegen arglistiger Täuschung anfechten. Eine **Anfechtung** führt dazu, dass der Arbeitsvertrag ab Anfechtungserklärung unwirksam ist. Die Unwirksamkeit wirkt allerdings nicht rückwirkend, die Entlohnung für bereits erbrachte Arbeitsleistungen muss erfolgen. Man spricht in diesem Fall von einem **faktischen Arbeitsverhältnis**. Ist dem Arbeitgeber ein Schaden durch die arglistige Täuschung entstanden, kann er diesen gegenüber dem Arbeitnehmer geltend machen.
Wahrheitswidrige Antworten auf unzulässige Fragen bieten keine Grundlage für eine Anfechtung.
Überschreitet der Arbeitgeber im Vorstellungsgespräch die Grenze des Persönlichkeitsrechts des Arbeitnehmers mit unzulässigen Fragen, kann ebenfalls eine Schadensersatzpflicht entstehen. Fragt beispielsweise der Arbeitgeber nach chronischen Krankheiten, und lehnt einen dies bejahenden Bewerber nach dem Vorstellungsgespräch ab, könnte der Grund für die Ablehnung eine unzulässige Diskriminierung sein; nach AGG entstehen daraus Entschädigungs- und Schadensersatzansprüche.

Bd. 1, LF 4, 2.3.5

4.4 Planung und Steuerung des Gesprächsablaufs

Vorstellungsgespräche sind formale zweckbezogene Kommunikationsbeziehungen zwischen Personen, die sich (noch) nicht persönlich kennen. Diese Gespräche laufen nach einer bewährten Grundgliederung aus Einleitung, Hauptteil, Schluss ab. Die Beteiligten verfolgen eindeutige Ziele: Das Unternehmen will den Bewerber kennenlernen sowie Informationen prüfen und erhalten; der Bewerber will sich möglichst gut darstellen. Viele Bewerber bereiten sich umfassend auf Bewerbungsgespräche vor; das bezieht sich nicht nur auf Informationen über das Unternehmen, sondern auch auf das Vorstellungsgespräch an sich. An den Interviewer werden hohe Anforderungen an die Gesprächstechniken gestellt; er muss die jeweiligen Eigenarten und Reaktionen des Bewerbers berücksichtigen, um seine Gesprächsziele zu erreichen.

Mögliche Taktiken von Bewerbern
Selbstverständlich versuchen alle Bewerber, sich im Vorstellungsgespräch so positiv wie möglich darzustellen. Sie sind auf der Suche nach einem (neuen) Job und finden, bedingt durch die derzeitige Marktlage, selten interessante Angebote. Sie möchten in jedem Fall den Eindruck erwecken, interessant und wertvoll für das Unternehmen zu sein. Auf diese Weise können sie die Einstellung von Ihrer persönlichen Entscheidung abhängig machen (Verstärkung des Selbstbewusstseins). Bewerber werden Ungünstiges über die eigene Person immer versuchen zu verschweigen oder als unbedeutend abtun. (...)
Wir können in der Regel davon ausgehen, dass Bewerber
1. sich über das Unternehmen informiert haben;
2. über Literatur, Internet oder sogar ein professionelles Bewerbertraining sehr gut auf Ihre Rolle im Vorstellungsgespräche vorbereitet sind:

- Verhalten im Gespräch ist eingeübt
- die wichtigsten bzw. häufigsten Fragen sind bekannt und die
- passenden Antworten darauf zurechtgelegt.

3. sich aufgrund vorausgegangener Gespräche einen umfassenden Erfahrungsschatz (positiv oder auch negativ gefärbt) angeeignet haben.

Quelle: Mögliche Taktiken von Bewerbern, USP Unternehmensberatung Schwerpunkt Personal, Rheine, unter: http://www.personalentwicklungsberatung.de/Informationen/Vorstellungsgesprache_fuhren_-/Mogliche_Taktiken_von_Bewerber/mogliche_taktiken_von_bewerber.html, abgerufen am 02.08.2012

4.4.1 Gesprächsphasen und -ablauf

Vorstellungsgespräche gliedern sich grob in **drei Phasen**: Einleitung (1)[1], Hauptteil (2 bis 7) und Schluss (8). Nach der ersten Kontaktaufnahme erfolgt der inhaltliche Teil, der je nach Interviewform unterschiedlich gestaltet ist: Beim standardisierten Interview werden die Fragen entlang des vorbereiteten Fragebogens gestellt. Beim freien Interview sind die Inhalte nicht genau festgelegt, sie ergeben sich aus den Interessen des Interviewers und den Reaktionen des Bewerbers. Das (teil-)strukturierte Interview gibt einen Gesprächsleitfaden mit Fragestellungen vor; die Reihenfolge der Bearbeitung und die Schwerpunkte im Gespräch sind nicht ganz so strikt wie beim standardisierten Interview vorgegeben. Die verschiedenen Interviewformen lassen sich kombinieren, um dadurch die diagnostische Qualität zu erhöhen. Es bleibt Raum für die Selbstdarstellung des Bewerbers, gleichzeitig ist sichergestellt, dass alle wichtigen Informationen ausgetauscht werden und durch standardisierte Gesprächselemente gleiche Bedingungen für mehrere Bewerber sichergestellt sind. Die Auswertung und der Vergleich werden dadurch erleichtert. Ein in der Praxis bewährter Gesprächsablauf hat folgende Detailgliederung[2]:

Gesprächselemente		Inhalte und Ziele
1.	Gesprächsbeginn	Begrüßung und kurzes informelles Gespräch, um sich gegenseitig kennenzulernen und eine positive Gesprächsatmosphäre zu schaffen; eine Beurteilung findet in dieser Phase nicht statt. Erläuterungen zum weiteren Vorgehen
2.	Selbstvorstellung des Bewerbers	Aufforderung zur Darstellung des beruflichen Werdegangs (Lebenslauf, Berufswahl, berufsbezogene Erwartungen, berufliche Entwicklung, Motivation zur Bewerbung) Beobachtung des Kommunikationsverhaltens, Wortwahl, Setzung von Schwerpunkten
3.	Freies Gespräch	Thematisierung von Aspekten aus der Selbstvorstellung und den Bewerbungsunterlagen Vervollständigung der Informationen (Lücken und Brüche im Lebenslauf, Hintergründe zu Zeugnissen, beruflichen Neuorientierungen)

[1] *Die Ziffern beziehen sich auf den dargestellten Ablaufplan eines Vorstellungsgesprächs.*

[2] *Dargestellt ist der Gesprächsablauf des **multimodalen Interviews MMI** nach Schuler; vgl.: Schuler, Heinz & Frintrup, Andreas: „Wie das Einstellungsinterview zur überlegenen Auswahlmethode wird", unter: http://www.personalpsychologie.de/presse/, hrsg. v. S & F Personalpsychologie Managementberatung GmbH, Stuttgart, abgerufen am 12.10.2012*

Gesprächselemente		Inhalte und Ziele
4.	Berufs-orientierung, Organisations-wahl	Berufsbezogene Interessen, Motive und Hintergründe Motivation der Bewerbung und des Stellenwechsels Selbsteinschätzung und Erwartungen an die Tätigkeit Prüfung der fachlichen Qualifikation, praxisbezogene Wissensfragen
5.	Biografie-bezogene Fragen	Thematisierung von (anforderungsbezogenen) Verhaltensweisen in konkreten Situationen Aufdeckung von Verhaltensmustern und Eigenschaften (Arbeitsweisen, Werteorientierungen, Leistungsverhalten etc.)
6.	Informationen zur Tätigkeit	Konkrete und realistische Informationen über die Tätigkeit und die Anforderungen der ausgeschriebenen Stelle im Unternehmen, ggf. gestützt mit Broschüren; realistische Einschätzung der Tätigkeit durch den Bewerber, Vorbereitung einer erfolgreichen Integration nach Einstellung, Fragen des Bewerbers werden beantwortet
7.	Situative Fragen	Beschreibung einer erfolgskritischen Situation (mit Unternehmens- und Tätigkeitsbezug) und Aufforderung zur Darstellung des Verhaltens/des Problemlösungsansatzes Einschätzung der Handlungsfähigkeiten und -dispositionen des Bewerbers
8.	Gesprächs-abschluss	Informationen über die Bedingungen des Arbeitsvertrages und über das weitere Vorgehen, Beantwortung von Fragen des Bewerbers zu Vertragsinhalten, Konditionen etc.

Beispiel

Biografiebezogene Fragen[1] *sollten möglichst aktivitäts- und leistungsbezogen sein und praktisches Handeln zum Gegenstand haben und nicht etwa Pläne und Wünsche. Es sollen solche Verhaltensweisen erfragt werden, die ähnlich zu den Anforderungen sind. Um beispielsweise die Eigenschaft Kollegialität zu prüfen, kann die Fragestellung lauten:*
„In welchem Fall haben Sie einen Kollegen oder eine Kollegin unterstützt, ein Problem zu lösen? Wie haben Sie erkannt, dass er oder sie Hilfe braucht? Wie sind Sie vorgegangen, wie hat er oder sie darauf reagiert?"

LF 5, 3.1.1

Situative Fragen *zielen darauf ab, Handeln gedanklich zu simulieren (Simulationsverfahren); das bietet sich dann an, wenn konkrete Arbeitsproben nicht abgegeben werden können. Die Situation sollte so konstruiert sein, dass es kein Richtig und Falsch gibt. Folgende Frage wird zum Beispiel bei der Besetzung von Führungspositionen gestellt:*
„Sie haben in einer wichtigen Sache eine falsche Entscheidung getroffen, die das Unternehmen viel Geld kosten wird. Sie befürchten, dass Ihr Vorgesetzter sehr verärgert sein wird, wenn er davon erfährt. Was tun Sie?"

[1] *Beispiele aus Schuler, Heinz & Frintrup, Andreas: „Wie das Einstellungsinterview zur überlegenen Auswahlmethode wird", unter: http:// www.personalpsychologie.de/presse/, Seiten 65 und 68, hrsg. v. S & F Personalpsychologie Managementberatung GmbH, Stuttgart, abgerufen am 12.10.2012*

Im fachlichen Kontext

Irritation mit System: Wie viele Smarties passen in einen SMART?

Die Inhalte und Methoden in Vorstellungsgesprächen sind kein Geheimwissen; jeder interessierte und motivierte Bewerber wird sich auf sein Vorstellungsgespräch genauso vorbereiten wie das Unternehmen. Für die Aussagefähigkeit des Vorstellungsgesprächs entsteht dadurch ein Problem: Zeigt ein gut gelungenes und überzeugend absolviertes Vorstellungsgespräch die berufliche Qualität des Bewerbers an – oder die Qualität der Vorbereitung?

Eine mögliche Lösung des Problems ist es, Bewerbungsgespräche weiterzuentwickeln, immer wieder Neues auszuprobieren, um dadurch die „wirklichen" Qualitäten des Bewerbers aufzudecken.

Brainteaser sind eine dieser neuen Möglichkeiten; es handelt sich dabei um kleine Denkaufgaben, die keinen Zusammenhang zur ausgeschriebenen Tätigkeit oder zum Unternehmen haben. Beispiele dafür sind „Wie viele Smarties passen in einen SMART"? oder „Wie viele Windeln werden in Deutschland pro Jahr verbraucht?"

Wenn sich der Bewerber entsprechend darauf einlässt, geben diese Fragen dem Personaler die Möglichkeit, dem Bewerber beim Denken „zuzusehen". Es handelt sich demnach beim Brainteaser um eine Art Fähigkeitstest:

> „Im Grunde genommen geht es darum, das logische und analytische Denkvermögen eines Bewerbers zu testen. Man will herausfinden, wie eine Person mit ungewohnten Situationen bzw. nicht zu erwartenden Problemen umgeht. Schließlich wird man im Joballtag immer wieder mit solchen Situationen konfrontiert. Gerade im Beratungsbereich ist die analytische Betrachtung von Problemstellungen eine äußerst wichtige Qualifikation. Der Befragte soll zeigen, ob er Kreativität mitbringt und wie er Probleme angeht, welche Lösungswege er einschlägt und ob er eine Fragestellung strukturiert erfassen kann."

Quelle für Text und Beispiele: Wirnshofer, Josef: Wie viele Smarties passen in einen Smart?, Süddeutsche Zeitung Digitale Medien GmbH, unter: http://jetzt.sueddeutsche.de/texte/anzeigen/547964/Wie-viele-Smarties-passen-in-einen-Smart, erschienen am 31.05.2012

4.4.2 Techniken der Gesprächsführung

Gesprächsführung bezeichnet die aktive und zielgerichtete Gestaltung eines Gesprächs. Dabei werden Gesprächstechniken eingesetzt, die den Verlauf des Gesprächs steuern und sicherstellen, dass die geplanten Ergebnisse tatsächlich erreicht werden.

Definition

Gesprächstechniken sind Verhaltensweisen, die es erleichtern, Gespräche gut zu führen.

Die Gesprächstechniken lassen sich einteilen in Techniken einer partnerorientierten Gesprächsführung sowie Lenkungstechniken, die fallweise im Gespräch eingesetzt werden. Darüber hinaus gilt es, Gesprächsstörer zu vermeiden.

Techniken der partnerorientierten Gesprächsführung

Partnerschaftlich geführte Gespräche zeichnen sich dadurch aus, dass die Gesprächspartner einander ernst nehmen, sich wertschätzen, sich in ihren Wünschen anerkennen und respektieren. Diese Grundhaltung bestimmt die Beziehungsebene eines Gesprächs, die unterschwellig die Inhaltsebene begleitet. Eine positive Grundhaltung äußert sich in Mimik und Gestik, in der Wortwahl, der Art der Ansprache und in der Art, auf die Äußerungen des Gegenübers zu reagieren. Folgende Verhaltensweisen unterstützen den Aufbau einer partnerorientierten Gesprächsführung:

- persönliche und namentliche Ansprache des Gesprächspartners;
- bewusster und sensibler Einsatz der eigenen Körpersprache: Mimik, Gestik, Zuwendung, Einhaltung der Distanz; aufmerksame Beobachtung der Körpersprache des Bewerbers (s. a. Sachtext unten);
- aktives Zuhören;
- Eingehen auf die Beiträge des Gegenübers;
- Sprechen in einer für das Gegenüber verständlichen Sprache (betrifft die Verwendung von Fremdwörtern, Satzlänge, Satzbau etc.);
- Einhalten der sachlichen Gesprächsebene;
- Herstellen von Transparenz, indem der Gesprächspartner über Organisation, Vorgehen, Dauer und Ablauf des Vorstellungsgesprächs aufgeklärt wird (u. a. Hinweise darauf, wann etwaige Fragen des Bewerbers geklärt werden etc.).

Körpersprache im Vorstellungsgespräch

„Kopf hoch und lächeln“

Was die Sprache nicht zeigen kann, bringt der Körper zum Ausdruck. Darauf hat sich Sabine Mühlisch spezialisiert – sie trainiert die Körpersprache von Bewerbern. Im Interview erklärt sie, wie man seine Gestik und Mimik im Vorstellungsgespräch einsetzen sollte.

Frau Mühlisch, warum ist Körpersprache so wichtig?

Körpersprache ist unsere Ursprache. Jeder Mensch versteht sie von Geburt an. Wir müssen also sowohl zuhören als auch zuschauen, um zu verstehen, was der andere im Ganzen meint. Wenn die Körpersprache etwas anderes ausdrückt, als man sagt, kann es zu Missverständnissen kommen.

Wie kann ich verhindern, dass so etwas geschieht?

Die geistige und emotionale Grundhaltung ist sehr wichtig. Wenn Sie mit Angst in ein Gespräch gehen, ist das die falsche Voraussetzung. Das Wort Angst kommt vom lateinischen „angustus“ und bedeutet Enge. Genau das drückt der Körper im Gespräch aus: Die Oberarme werden an den Körper gedrückt, Blickkontakt wird nur gelegentlich gehalten, meist schaut man von unten nach oben oder auf den Boden. Im Sitzen werden die Beine zusammengeklemmt, die Füße stehen nicht auf der gesamten Sohle.

Fangen wir mal vorne an: Wie betrete ich das Büro?

Erst mal sollten Sie zeigen: Hier bin ich! Bitte nicht vor dem Gesprächspartner ducken, sondern ihm auf Augenhöhe begegnen. Das heißt: aufrechter, nicht zu schneller Gang, Kopf hoch und lächeln! Dann sollten Sie das Territorium des anderen akzeptieren: Anklopfen und im Türrahmen stehen bleiben, bis Sie hereingebeten werden. Wenn man schnell hereinplatzt, geht der andere sofort in die innere Abwehrhaltung, weil er unterbewusst wahrnimmt, dass sein Territorium nicht respektiert wird.

Wie zeige ich meinen Respekt bei der Begrüßung?

In Deutschland sollten Sie eine halbe Armlänge Abstand beim Händeschütteln halten und die Hand des Gegenübers nicht zu fest drücken, damit würden Sie zu viel Macht für sich beanspruchen. Bei der Begrüßung ist es in Ordnung, wenn sich der Bewerber und der Personaler direkt gegenüberstehen. Für ein Gespräch ist diese Haltung zu konfrontativ. Wenn man sich im Stehen kurz unterhält, zum Beispiel darüber, wie die Anfahrt war, sollte man sich deshalb ungefähr um 45 Grad zueinander drehen, sich somit einander zuwenden und die Konfrontation in Partnerschaftlichkeit wandeln. Dann wartet man ab, bis der Personaler bittet, Platz zu nehmen. Wenn der Bewerber sich hinsetzt, sollte er darauf achten, dass er dabei nicht den Blickkontakt zu seinem Gesprächspartner verliert.

Und wie sitzt man richtig?

Es gibt eine Grundhaltung. Die Beine sollten hüftbreit stehen – das ist besonders für die Herren ein wichtiger Hinweis. Wer sich breitbeinig hinsetzt, zeigt dem Alphamännchen – also dem Personalchef – seine Genitalien und fordert ihn damit heraus. Die Arme sollten locker auf den Lehnen liegen, der Oberkörper sollte aufrecht gehalten werden und die Rückenlehne berühren.

Verharrt man in dieser Position?

Auf keinen Fall! Man sollte gestikulieren, den Oberkörper bewegen, die Mimik einsetzen und so das Gespräch lebhaft machen.

Die Arme vor dem Körper zu verschränken signalisiert Abwehr, oder?
Es kommt immer darauf an, wie man etwas macht. Wenn ich die Arme verschränke, die Schultern hochziehe und grimmig schaue, ist die Sache klar: Abwehrhaltung. Wenn ich aber beim Armeverschränken lächele und mich zurücklehne, signalisiere ich damit nur, dass ich meine Handlung zurücknehme und mein Gegenüber sprechen lasse.

Unser Gespräch ist nun fast zu Ende. Wie hinterlasse ich bei der Verabschiedung einen guten Eindruck?
Wenn ich Sie zur Tür bringe, sollten Sie mit mir Schulter an Schulter gehen. So signalisieren Sie mir, dass wir auf einer Ebene sind. Wie am Anfang des Gesprächs sollte es auch am Ende etwas Smalltalk geben. Den besten letzten Eindruck hinterlassen Sie, wenn Sie sich an der Tür noch einmal zum Gesprächspartner drehen. Das letzte, was der Personaler von dem Bewerber sieht, sollte nämlich dessen lächelndes Gesicht und nicht sein Hintern sein.

Quelle: Heide, Dana: Kopf hoch und lächeln, Verlagsgruppe Handelsblatt GmbH & Co. KG, unter: http://www.karriere.de/bewerbung/kopf-hoch-und-laecheln-9537/, erschienen am 01.12.2009

Vermeidung von Gesprächsstörern

Als Gesprächsstörer wirken alle Verhaltensweisen, die den partnerschaftlichen Aufbau des Gesprächs fallweise oder durchgängig verhindern. Dazu zählen natürlich die Umkehrungen bzw. Falschanwendungen der oben dargestellten Stilmittel. Zusätzlich sind zu nennen:

- Behandlung des Gegenübers „von oben herab"; das bezieht sich darauf, dass eine Hierarchie zwischen den Gesprächspartnern aufgebaut wird; ein Beispiel ist, den Bewerber wie einen Bittsteller zu behandeln; solche Störungen können auch von den Rahmenbedingungen ausgehen: Sitzordnung wie bei einem Verhör, zu laute Umgebung, Unterbrechungen des Gesprächs;
- zu hohe Gesprächsanteile des Unternehmensvertreters; schließlich ist der Bewerber derjenige, der interviewt und dessen Eignung überprüft werden soll; die Gefahr lässt sich durch eine gute Vorbereitung und einen abgestimmten Gesprächsleitfaden vermindern;
- unangebrachte verbale und non-verbale Kommentierungen der Äußerungen des Bewerbers; Beispiel: hochgezogene Augenbrauen, Äußerungen wie „Ihr Leben ist ja total interessant" etc. wirken verunsichernd;
- auch fehlende Aufmerksamkeitssignale (verbale, körpersprachliche Bestätigungen) können störend wirken; mit einem Kopfnicken o. dgl. kann man ausdrücken, dass man zugehört und verstanden hat; sich gar nicht rühren wirkt irritierend;
- fehlende Konzentration z. B. durch zu viele Vorstellungsgespräche hintereinander; Beispiel: die Versicherung, dass ein Gähnen nichts mit der Person des Bewerbers zu tun hat, wird diesen kaum beruhigen.

Gesprächslenkung durch Fragen

Wer fragt, der führt! Mit dieser Redewendung wird die Bedeutung von Fragen in Gesprächen herausgestellt. Man kann darüber diskutieren, ob dies tatsächlich in allen Gesprächen so ist oder ob dies nicht eine deutliche Übertreibung ist. Die Redewendung eröffnet einen Zusammenhang zwischen den beiden Begriffen **Fragen** und Führung: Der Fragende

richtet sich an sein Gegenüber und bringt diesen dazu, über die Frage nachzudenken und eine Antwort zu geben. Fragen beeinflussen also das Zusammenspiel von Aktion und Reaktion in einem Gespräch – anders gesagt: Sie lenken das Gespräch.
In Vorstellungsgesprächen haben beide Gesprächspartner die Möglichkeit, Fragen zu stellen und den Gesprächsverlauf zu beeinflussen und zu lenken. Dem Bewerber gelingt dies umso besser, je weniger gut das Gespräch vorbereitet ist und je unklarer die Ziele des Gesprächspartners sind. Bei gut vorbereiteten Bewerberinterviews wird der Unternehmensvertreter derjenige sein, der das Gespräch so lenkt, dass er seine Ziele am besten erreicht.
Es gibt unterschiedliche Fragetypen:

- Es gibt **offene Fragen**, die dem Antwortenden individuelle Möglichkeiten eröffnen, und **geschlossene Fragen**, die den Antwortenden zu einer Entscheidung zwingen (ja/nein); ähnlich wirken Alternativfragen, bei denen die Entscheidungsalternativen in der Fragestellung dargeboten werden (Oder-Verknüpfungen).
- Es gibt Fragen, die keiner Beantwortung bedürfen **(rhetorische Fragen)**; die eine bestimmte Antwort nahelegen **(suggestive Fragen)** oder die provozieren sollen **(provokative Fragen)**; provokativ und belastend wirken häufig auch sogenannte **Negativfragen**, in denen sich eine negative Haltung des Fragenden offenbart. Werden mehrere Fragen direkt hintereinander gestellt (**Mehrfach-Fragen**, Kettenfragen, Fragenbatterie), kann der Bewerber leicht überfordert sein.
- Nach der inhaltlichen Wirkung lassen sich weiterführende und klärende Fragen unterscheiden.

Fragetyp	Beispiel	Bemerkung
Offene Fragen	„Wie gehen Sie mit Stress und Termindruck um?"	Raum für die individuelle Antwort des Bewerbers
Geschlossene Fragen	„Sind Sie belastbar?"	Vermutlich wird jeder Bewerber hier mit „ja" antworten; daher fragwürdiger diagnostischer Wert.
Direkte Fragen	„Was halten Sie von dem Vorschlag, einen gesetzlichen Mindestlohn für gewerbliche Arbeitnehmer einzuführen?"	Der Bewerber ist direkt angesprochen, seine Meinung zu sagen; es besteht die Gefahr, dass der Bewerber bei sensiblen Inhalten seine Meinung zurückhält und eher taktisch antwortet.
Indirekte Fragen	„Wie meinen Sie, bewerten die Personaldisponenten in der Zeitarbeitsbranche die Einführung eines Mindestlohns für gewerbliche Arbeitnehmer?"	Der Bewerber ist nicht direkt angesprochen; in der Antwort kommen die Meinungen und Einstellungen zum Tragen. Taktische Fragestellung im Gespräch; kann auch suggestiv wirken; nicht unproblematisch.
Provokative Fragen	„Warum glauben Sie denn, dass Sie für die Stelle geeignet sind?"	Der Bewerber gerät unter Rechtfertigungsdruck; solche Fragen können Gespräche stark belasten. Provokative Fragen werden in Vorstellungsgesprächen durchaus gestellt; sie haben beispielsweise die Funktion, die Belastbarkeit und die Reaktionen in Stresssituationen zu prüfen. Fair sind solche Fragen eher nicht.

Fragetyp	Beispiel	Bemerkung
Suggestive Fragen	„Sie arbeiten doch lieber im Team?"	Suggestionsfrei lässt sich formulieren: „Wo sehen Sie Ihre Stärken bei der Arbeit im Team?"
Negativ-fragen	„Warum hat Ihr letzter Arbeitgeber Ihnen eine durchschnittliche Leistung bescheinigt?", „Warum haben Sie die Note ausreichend in Mathematik?"	Der Befragte wird durch die Art der Fragestellung in die Defensive gedrängt; er hat den Impuls, sich zu rechtfertigen.

Im Sinne eines partnerschaftlichen Gesprächs sollten die im Vorstellungsgespräch eingesetzten Lenkungsfragen folgende Anforderungen erfüllen:

- Die Formulierungen sollen genau, vollständig und verständlich für den jeweiligen Gesprächspartner sein.
- Die Fragen sollen motivierend und offen sein.
- Mehrfach-Fragen sind zu vermeiden.
- Der Gesprächspartner erhält ausreichend Zeit für die Beantwortung.
- Mimik, Gestik, Stimmlage und -betonung sollen angemessen sein.

4.5 Planung der Auswertung und Dokumentation

Die Ergebnisse der Vorstellungsgespräche müssen dokumentiert und ausgewertet werden. Das ist zum einen darin begründet, dass man eine möglichst vernunftgeleitete und objektive Entscheidung bei der Personalauswahl treffen möchte. Zum anderen erleichtert die Dokumentation den Nachweis, dass eine Diskriminierung nach AGG nicht stattgefunden hat.

Im fachlichen Kontext

Abgelehnte Bewerber können innerhalb von zwei Monaten Ansprüche aus einer Benachteiligung nach AGG geltend machen.

§ 15 AGG – Entschädigung und Schadensersatz

(4) Ein Anspruch nach Absatz 1 oder 2 muss innerhalb einer Frist von zwei Monaten schriftlich geltend gemacht werden, es sei denn, die Tarifvertragsparteien haben etwas anderes vereinbart. Die Frist beginnt im Falle einer Bewerbung oder eines beruflichen Aufstiegs mit dem Zugang der Ablehnung und in den sonstigen Fällen einer Benachteiligung zu dem Zeitpunkt, in dem der oder die Beschäftigte von der Benachteiligung Kenntnis erlangt.

Der Begriff **Dokumentation** bezeichnet hier das Festhalten der Ergebnisse des Gesprächs oder einzelner Gesprächselemente; dies kann während des Gesprächs stattfinden oder direkt im Anschluss daran. Anschließend erst werden die Beobachtungen und (Einzel-) Ergebnisse ausgewertet und die Bewerber verglichen. Auch die Auswertung selbst sollte dokumentiert werden; d. h. Einschätzungen und Bewertungen der einzelnen Kandidaten mit dem Anforderungsprofil sowie die Entscheidung für einen bestimmten Bewerber.

Dem zeitlichen Aufwand der Dokumentation stehen folgende Vorteile gegenüber:

- Herstellung der Vergleichbarkeit aller Bewerber,
- Berücksichtigung aller Informationen und Eindrücke aus dem Gespräch,
- Minimierung von Fehleinschätzungen,
- Grundlage für einen systematischen Austausch mit den anderen am Gespräch beteiligten Personen,
- Nachvollziehbarkeit der eigenen Bewertung,
- Minimierung systematischer Beurteilungsfehler wie z. B. durch Einfluss von Sympathie,
- Beleg für die Entscheidungsfindung und Nachweis einer systematischen Personalauswahl ohne subjektive Benachteiligung bestimmter Personen.

Die Dynamik eines Gesprächs setzt der Dokumentation allerdings Grenzen. Eine wörtliche Protokollierung entfällt damit (technische Aufzeichnungen wirken in Gesprächen eher belastend). Der Gesprächsführende konzentriert sich auf das Gespräch; die Protokollführung wäre eine nicht zu leistende Doppelbelastung.
Stattdessen werden häufig auf der Grundlage des Gesprächsleitfadens Beobachtungs- bzw. Beurteilungsbögen eingesetzt, die je nach Gesprächsphase Einzelbewertungen ermöglichen. Erst im Anschluss werden diese Einzelbeurteilungen zu einem Gesamturteil zusammengefasst.

Beispiel
Beurteilungsbogen für die Selbstdarstellung des Bewerbers

Beurteilungsbogen **Datum/Zeit:** ____________		**Stelle:** ____________					
Name: ____________________		**Phase: Selbstdarstellung**					
Themen	Kriterien	Ausprägung					Bemerkungen
Berufserfahrung/Ausbildung							
	Schwerpunkte stimmen mit Lebenslauf überein	1	2	3	4	5	
	Erfahrungen stimmen mit Anforderungen überein	1	2	3	4	5	
	Darstellung ist erfolgsbezogen	1	2	3	4	5	
	...	1	2	3	4	5	
Berufswahl							
	... ist persönlich begründet	1	2	3	4	5	
	... identifiziert sich mit Beruf	1	2	3	4	5	
	...	1	2	3	4	5	
Berufsbezogene Erwartungen							
	... ist leistungs- und ergebnisorientiert	1	2	3	4	5	
	... arbeitet gern mit anderen zusammen	1	2	3	4	5	
	...	1	2	3	4	5	

Mimik/Gestik							
	… lebendig, zum Inhalt passend	1	2	3	4	5	
	… aufmerksam, zugewandt	1	2	3	4	5	
	… Auftreten, Wahl der Kleidung	1	2	3	4	5	
	…	1	2	3	4	5	
Wortwahl/Satzbau							
	… angemessen	1	2	3	4	5	
	… Fachvokabular	1	2	3	4	5	
	…	1	2	3	4	5	

Der Aufwand für die **Auswertung** ist abhängig von der Art der Dokumentation. Je standardisierter die Dokumentation vorgegeben ist, umso leichter lassen sich die Einzelbewertungen zu einem Gesamturteil zusammenführen. In dem dargestellten Beispiel gibt es zwei Möglichkeiten:

- Die Bewertung erfolgt nach Schulnoten.
- Die Bewertung erfolgt nach Punkten; je besser ein Kriterium bewertet ist, umso höher ist die markierte Punktzahl.

LF 6, 1.2.3

Im ersten Fall ist der Bewerber als besser einzuschätzen, der eine besonders niedrige Summe aus den einzelnen Noten hat; im zweiten Fall ist der Bewerber besser, der eine besonders hohe Gesamtpunktzahl hat. Die Zusammenstellung aller Teilbewertungen in einer Übersicht ergibt das Eignungsprofil des Bewerbers. Will man mehrere Bewerber miteinander vergleichen, bietet sich die Nutzwertanalyse an. In diesem Fall ist es eine Erleichterung, wenn die Bewertung nach Punkten und nicht nach Noten erfolgt ist.

4.6 Typische Beurteilungsfehler

Band 3, LF 10, 3

Wie bereits an verschiedenen Stellen erkennbar, ist das gesamte Verfahren der Personalauswahl um Objektivität und Nachvollziehbarkeit bemüht; das hängt vor allem mit den vielen „Urteilen" zusammen, die im Verlauf des Auswahlprozesses eine Rolle spielen: Die Bewerbungsunterlagen, die Fähigkeiten und Kompetenzen, der persönliche Eindruck, die Aussagen des Bewerbers werden beurteilt. Diese Urteile sind immer auch subjektiv gefärbt und geben daher nur eingeschränkt Auskunft über den Bewerber.
In Vorstellungsgesprächen zeigen sich vor allem folgende typische Beurteilungsfehler:

- Der erste Eindruck wird überbewertet.
- Sympathie und Antipathie beeinflussen die Beurteilung.

- Vorurteile des Beurteilenden bestimmen die Wahrnehmung.
- Der Bewerber enttäuscht die aufgebauten Erwartungen und wird daraufhin (noch) schlechter beurteilt.
- Der Überstrahlungseffekt (Halo-Effekt) führt dazu, dass Einzelbeurteilungen eine größere Bedeutung erlangen (im Guten wie im Schlechten).

Eine ausführliche Dokumentation und die Trennung von Beobachtung und Bewertung können dazu beitragen, solche Beurteilungsfehler in engen Grenzen zu halten.

Zusammenfassung

- Vorstellungsgespräche gehören mit zu den am häufigsten eingesetzten **Personalauswahlinstrumenten**.
- Unternehmen und Bewerber verfolgen im Vorstellungsgespräch je eigene **Ziele**:

Ziele des Unternehmens	Ziele des Bewerbers
Gewinnen eines persönlichen Eindrucks von Auftreten, Persönlichkeit etc. Überprüfen und ggf. Vervollständigen der Informationen über den Bewerber Ermitteln der Interessen und Wünsche, Vorstellungen und Erwartungen des Bewerbers Prüfen der sozialen, emotionalen (Soft Skills) und fachlichen Kompetenzen Prüfen der Einsatzmöglichkeiten Identifizierung von Job Hoppern Informieren über Unternehmen und Arbeitsplatz Imagepflege durch Hinterlassen eines positiven Eindrucks (Employer Branding)	Hinterlassen eines guten und kompetenten Eindrucks Verbessern der Einstellungschancen Klären von Fragen zum Arbeitsplatz, zu den Arbeitsbedingungen, zu möglichen Entwicklungs- und Aufstiegsperspektiven Gewinnen eines Eindrucks von der Unternehmenskultur, der Organisation und des Umgangs miteinander Sammeln von Erfahrungen in Vorstellungsgesprächen Stärken der Verhandlungsposition im „Alt"-Unternehmen

Die diagnostische und prognostische Qualität von **strukturierten** Vorstellungsgesprächen ist deutlich höher als von **unstrukturierten** Gesprächen.

- Die **Vorbereitung und Gestaltung** von Vorstellungsgesprächen umfasst Festlegungen in folgenden Bereichen:
  - Festlegung der Art des Vorstellungsgesprächs (frei, standardisiert, strukturiert, multimodal)
  - Bestimmung der Anzahl und Position der Teilnehmer
  - Organisation von Zeit und Ort, rechtzeitige Einladung der Teilnehmer und Information über Regelungen zur Kostenübernahme
  - Planung der Gesprächsinhalte unter Berücksichtigung ihrer Zulässigkeit
  - Planung des Gesprächsablaufs
  - Vorbereitung und Schulung des Interviewers hinsichtlich Gesprächsführung, Lenkungstechniken und typischer Beurteilungsfehler
  - Erstellung von Beobachtungs- und Auswertungsbögen, Festlegung der Anforderungen zur Dokumentation des Gesprächs und der Auswahlentscheidung

Aufgaben

1. *Formulieren Sie einen kurzen Informationstext über den Einsatz von Gesprächen in Personalauswahlverfahren.*

2. *Stellen Sie die Gründe zusammen, warum Vorstellungsgespräche umfassend vorbereitet werden sollten.*

3. *Erstellen Sie eine Checkliste für die Vorbereitung von Vorstellungsgesprächen. Was muss bedacht werden?*

4. *Sie sind als Mitarbeiter/-in der GPS Personalberatung GmbH mit der Besetzung der Stelle eines Vertriebsdisponenten für die Peters AG Textilhandel beauftragt. Es gibt Probleme bei der Terminabsprache mit dem Leiter der Vertriebsabteilung. Deshalb schlägt dieser vor, dass Sie die Vorstellungsgespräche allein führen.*
   a) Stellen Sie die Argumente zusammen, die gegen dieses Vorgehen sprechen.
   b) Angenommen, die Terminprobleme lassen sich nicht ausräumen. Beschreiben Sie Ihr Vorgehen in diesem Fall.

5. *Als Mitarbeiter/-in der Personalabteilung erhalten Sie folgende Liste von Auswahlverfahren mit der Bitte, die Auswahlverfahren nach ihrer Aussagekraft über die Eignung des Bewerbers zu sortieren. Markieren Sie das Verfahren mit der höchsten Aussagekraft mit einer „1", das mit der zweithöchsten Aussagekraft mit einer „2" usw.*

Personalauswahlverfahren	Rang
Assessment Center	
Referenzen vorheriger Arbeitgeber	
Strukturiertes Einstellungsgespräch	
Biografischer Fragebogen	
Arbeitsproben	
Freies Einstellungsgespräch	

6. *Vergleichen Sie tabellarisch die Gesprächsarten freies, standardisiertes und (teil-)strukturiertes Interview hinsichtlich der in der Tabelle zusammengestellten Merkmale:*

Merkmale	Interviewformen		
	frei	standardisiert	(teil-)strukturiert
Bedeutung des Interviewers (subjektive Einflüsse, Fähigkeit zur Gesprächsführung)			
Aussagekraft/diagnostische und prognostische Qualität			

Merkmale	Interviewformen		
	frei	standardisiert	(teil-)strukturiert
Vergleichbarkeit der Bewerber			
Dauer des Interviews			
Vollständigkeit der Inhalte			
Möglichkeiten des Bewerbers, sich in das Gespräch einzubringen			
Aufwand für und Art der Dokumentation			

7. *Stellen Sie die Vorteile und Nachteile des freien Interviews und des standardisierten Interviews übersichtlich einander gegenüber.*

8. *In der Waxx AG soll die Stelle eines Finanzbuchhalters in der Abteilung Rechnungswesen besetzt werden; es handelt sich um einen PC-Arbeitsplatz. Als Personalreferent/-in sind Sie an dem Auswahlverfahren beteiligt. Ihnen liegt folgender Entwurf für die Inhalte im Vorstellungsgespräch vor; ordnen Sie den einzelnen Inhalten folgende Rechte und Pflichten zu:*
   (1) Offenbarungspflicht des Bewerbers
   (2) Zulässige Fragestellungen mit Wahrheitspflicht des Bewerbers
   (3) Unzulässige Fragestellungen mit Recht des Bewerbers zur Falschbeantwortung.

Geplante Inhalte	Rechte/Pflichten
Bestehen Wettbewerbsverbote ...	
Gründe für den Stellenwechsel ...	
Vorliegen einer Schwerbehinderung ...	
Geordnete Vermögensverhältnisse, keine Schulden ...	
Vorstrafen wegen Vermögensdelikten ...	
Vorliegen von Einschränkungen im Sehvermögen ...	
Vorliegen einer Schwangerschaft	
Eheliche Verhältnisse und Planungen ...	
Bereitschaft, den Wohnort zum Standort des Unternehmens zu verlagern ...	

9. *Der zuständige Leiter der Fachabteilung der Waxx AG legt Ihnen einen Fragenkatalog für das Vorstellungsgespräch vor. Gehen Sie auf jede Frageformulierung ein, identifizieren Sie mögliche Probleme und machen Sie ggf. Vorschläge für die Verbesserung der Formulierung.*
   - *Waren Sie an Ihrem letzten Arbeitsplatz zufrieden mit Ihrem Aufgabengebiet?*
   - *Warum haben Sie Ihr Arbeitsverhältnis denn gekündigt?*
   - *Ihr beruflicher Werdegang ist ja nicht besonders eindeutig. Warum haben Sie sich hier beworben?*
   - *Was sind denn Ihre besonderen Stärken?*
   - *Meinen Sie nicht, dass Sie fachlich noch einiges nachholen könnten?*
   - *Wo sehen Sie sich beruflich in fünf Jahren?*
   - *Warum hat Ihnen Ihr Arbeitgeber gekündigt?*

5 Arbeitsverträge gestalten

Einstiegssituation ▶

Die **Weise Personallösungen GmbH** berät die **Presswerk AG** bei der Besetzung der Stelle „Assistenz der Geschäftsführung". Am heutigen Vormittag wurden die drei Vorstellungsgespräche geführt. Beteiligt waren **Herr Jauber,** Vorstandsvorsitzender, und **Herr Thönnissen,** Personalleiter, von der Presswerk AG und **Frau Henning** von der Weise Personallösungen GmbH, die von dem Auszubildenden Marc Lengert begleitet wurde. Mit Zustimmung aller Beteiligten konnte **Marc Lengert** als stiller Beobachter an den Gesprächen teilnehmen.

Nach der Auswertung der Beobachtungen und Eindrücke in den Vorstellungsgesprächen sind sich alle Beteiligten einig, dass Frau Sabine Jakobs einen sehr guten Eindruck hinterlassen hat.

Herr Jauber: „Ich bin vollkommen davon überzeugt, dass sie die Richtige für die Stelle ist."

Herr Thönnissen: „Frau Jakobs hat zwei noch jüngere Kinder; ich sehe da wirklich ein Problem auf uns zukommen. Die Assistenzaufgabe ist sehr umfänglich; Überstunden sind keine Seltenheit, vor allem bei Abendveranstaltungen oder an Wochenenden."

Herr Jauber: „Das ist aber doch eine vorübergehende Einschränkung. Deswegen auf eine Einstellung von Frau Jakobs zu verzichten, halte ich nicht für sinnvoll."

Herr Thönnissen: „Wir müssen uns aber eine Lösung überlegen. Die Arbeit wird ja nicht geringer, nur weil Frau Jakobs weniger Zeit hat."

Frau Henning: „Das lässt sich ja durch unterschiedliche Konstruktionen auffangen. Wir können Ihnen beispielsweise auch ein Angebot über einen kaufmännischen Mitarbeiter machen."

Herr Jauber: „Genau. Oder wir stellen jemanden befristet ein. Wie auch immer: Herr Thönnissen, leiten Sie das Erforderliche für die Einstellung in die Wege. Und fragen Sie bei Frau Jakobs nach, welche Vorstellungen über den zeitlichen Umfang sie hat."

Herr Thönnissen: „Gut. Ich schlage vor, Frau Jakobs zunächst befristet einzustellen. Auch wenn wir uns viel Mühe bei der Auswahl gegeben haben, besteht doch die Gefahr, dass Frau Jakobs mit den Aufgaben nicht zurechtkommt. Wir sollten unsere Flexibilität erhalten. Ich erinnere Sie an den Fall von Herrn Klaus: Es hat sehr lange gedauert und wir haben eine recht hohe Abfindung bezahlen müssen, damit er einen Aufhebungsvertrag unterscheibt. Er passte einfach nicht in unser Unternehmen."
Herr Jauber: „Frau Henning, was halten Sie denn davon?"
Frau Henning: „Das muss man gut überlegen. Befristungen haben ja nicht nur Vorteile."

Arbeitsaufträge:

1. *Beschreiben Sie die Problemstellung in der Situation.*
   Machen Sie einen ersten Vorschlag, wie die Presswerk AG das Problem Ihrer Ansicht nach lösen sollte.

2. *Informieren Sie sich in Kapitel 5.2. über die Gestaltungsmöglichkeiten von Arbeitsverhältnissen und stellen Sie die verschiedenen Möglichkeiten in einem übersichtlichen Schaubild zusammen.*

3. *Unterschieden werden u. a. folgende Arten von Arbeitsverhältnissen:*
   - *befristete und unbefristete Arbeitsverhältnisse,*
   - *Teilzeit- und Vollzeitarbeitsverhältnisse.*

   Stellen Sie die Vorteile und Nachteile der Vertragsarten aus Sicht des Arbeitgebers und aus Sicht des Arbeitnehmers übersichtlich zusammen.

4. *Treffen Sie eine begründete Entscheidung darüber, welche Art von Vertrag Frau Jakobs in dieser Situation angeboten werden soll.*
   Vergleichen Sie Ihre Entscheidung mit Ihrem ersten Vorschlag aus der ersten Aufgabe; arbeiten Sie die Unterschiede und Gemeinsamkeiten heraus.

5. *Versetzen Sie sich in die Rolle eines Mitarbeiters in der Personalabteilung der Presswerk AG: Sie erhalten den Auftrag, den Arbeitsvertrag für Frau Jakobs zu erstellen.*
   Dazu stehen Ihnen folgende Informationen zur Verfügung:

   Sabine Jakobs, 36 Jahre alt, geb. am 15.05., wohnhaft Zur Heide 12,
   44339 Dortmund, verheiratet, zwei Kinder
   Außertarifliches Entgelt: 2 900,00 € monatlich, Arbeitszeit: 30 Stunden
   Information aus dem Tarifvertrag:
   Jährlich stehen einem Vollzeitmitarbeiter 28 Urlaubstage zu.

6. *Beschaffen Sie sich einen Blankoarbeitsvertrag aus Ihrem Unternehmen oder recherchieren Sie einen Arbeitsvertrag im Internet.*
   Vergleichen Sie den selbst erstellten Arbeitsvertrag mit dem anderweitig beschafften Arbeitsvertrag. Stellen Sie Gemeinsamkeiten und Unterschiede zusammen und begründen Sie die Abweichungen.

5.1 Rechtliche Grundlagen von Arbeitsverhältnissen

Arbeitsverhältnisse sind Rechtsverhältnisse zwischen den Vertragspartnern Arbeitgeber und Arbeitnehmer. Besonderes Kennzeichen von Arbeitsverhältnissen ist in den meisten Fällen die persönliche und wirtschaftliche Abhängigkeit des Arbeitnehmers vom Arbeitgeber: Für die meisten Arbeitnehmer ist das regelmäßige Arbeitsentgelt die Grundlage der Existenzsicherung. Zwischen Arbeitgebern und Arbeitnehmern existiert ein **strukturelles Ungleichgewicht** hinsichtlich der Gestaltung der Vertragsbedingungen. Dieses Ungleichgewicht aufzuheben bzw. zu verringern ist Ziel des Arbeitsrechts, das dem Schutz der Arbeitnehmer dient. Diese Schutzrechte beeinflussen die **prinzipielle Vertragsfreiheit** zwischen Arbeitnehmern und Arbeitgebern.

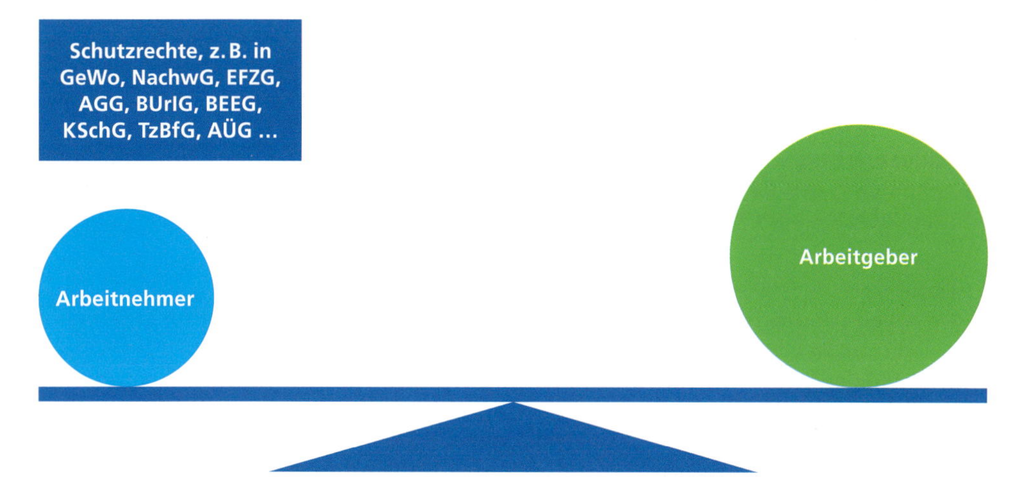

5.1.1 Der Arbeitsvertrag

Ein Vertrag ist ein einseitiges (z. B. Testament, Mahnung) oder mehrseitiges Rechtsgeschäft zwischen Personen. Mit einem Vertrag binden sich die Vertragsparteien; sie vereinbaren für die Zukunft ein bestimmtes Verhalten, indem sie mit dem Vertrag **Rechte und Pflichten** festlegen.

Besonderheiten des Arbeitsvertrags

Ein Arbeitsvertrag ist eine besondere Art des Vertrags mit folgenden Kennzeichen:

- Es handelt sich um einen auf Abhängigkeit beruhenden Dienstvertrag zwischen zwei Beteiligten.
- Zu beachten sind verschiedene Regelungen für den Abschluss des Vertrags.
- Es gibt vertragstypische Mängel.

An einem Arbeitsvertrag sind die beiden **Parteien** Arbeitnehmer und Arbeitgeber beteiligt. Der Arbeitsvertrag ist eine besondere Art des Dienstvertrages; er begründet das Arbeitsverhältnis zwischen dem Arbeitnehmer und dem Arbeitgeber. Dabei sind Arbeitgeber und Arbeitnehmer grundsätzlich frei in ihrer Entscheidung, mit wem sie

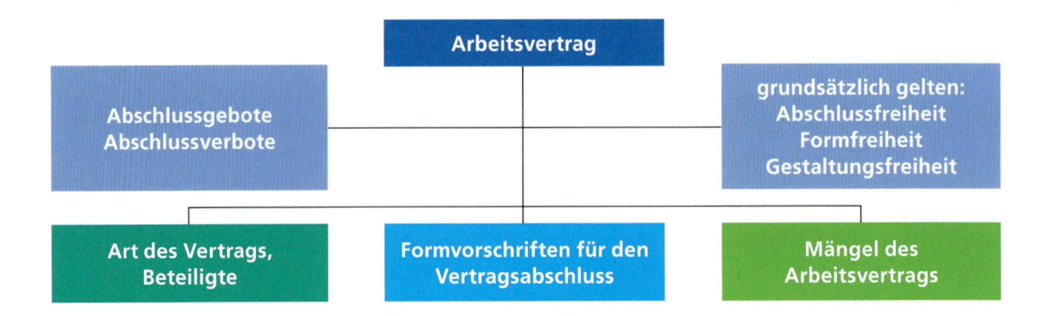

einen Arbeitsvertrag abschließen (Abschlussfreiheit). Von dieser grundsätzlichen **Abschlussfreiheit** gibt es Ausnahmen:
Abschlussgebote: gesetzlich ist die Beschäftigung von Schwerbehinderten in einem bestimmten Umfang vorgeschrieben; tarifvertraglich können Abschlussgebote mit älteren Arbeitnehmern vereinbart sein;
Abschlussverbote: Abschlussverbot mit Nicht-EU-Ausländern ohne entsprechende Genehmigung der BA; Personen mit schweren Vorstrafen dürfen keine Verträge mit Auszubildenden oder Jugendlichen abschließen.

Definition

Ein **Arbeitnehmer** ist jemand, der einem anderen für eine bestimmte Zeit zur Leistung verpflichtet ist und zu diesem in einem Abhängigkeitsverhältnis steht.
Arbeitnehmer werden in manchen Gesetzen auch als Beschäftigte bezeichnet (z.B. AGG). Arbeitnehmer sind Arbeiter (überwiegend körperliche Arbeit) und Angestellte (überwiegend geistige Arbeit), wobei die Unterscheidung heute keine (sozialversicherungsrechtliche) Bedeutung mehr hat und eine Unterscheidung nach dem Schwerpunkt der Tätigkeit in vielen Einsatzbereichen nicht leicht möglich ist. Außertarifliche („AT") Angestellte sowie leitende Angestellte sind Arbeitnehmer. Für letztere gibt es einige Sonderregelungen (ArbZG, KSchG und BetrVG gelten nicht im selben Umfang für leitende Angestellte).
Ein **Arbeitgeber** ist jemand, der Arbeitnehmer beschäftigt. Arbeitgeber ist auch jemand, der in seinem Privathaushalt eine Haushaltshilfe beschäftigt.

Kennzeichen dieses besonderen Dienstvertrages ist, dass der Dienst in Form von **abhängiger Arbeit** geleistet wird. Anderen Dienstverträgen fehlt dieses Abhängigkeitsverhältnis: Wendet man sich beispielsweise an einen Rechtsanwalt, um seine Interessen im Nachgang zu einem Verkehrsunfall zu vertreten, handelt es sich ebenfalls um einen Dienstvertrag. Allerdings leistet der Rechtsanwalt dem Auftraggeber/Mandanten keine abhängigen Dienste; er ist im Wesentlichen frei bei der Bestimmung seiner Arbeitszeit und seinen konkreten Aufgaben. Wesentlicher Inhalt eines Arbeitsvertrages ist die Verpflichtung zur (Arbeits-)Leistung und Gegenleistung.

Vertragsabschluss

Formal kommt ein Arbeitsvertrag zustande, wenn Arbeitgeber und Arbeitnehmer wechselseitig übereinstimmende Willenserklärungen abgeben. Diese Willenserklärungen können schriftlich erfolgen, mündlich oder durch konkludentes (= schlüssiges) Verhalten. Sind sich die Vertragsparteien einig, ist ein wirksamer Arbeitsvertrag zustande gekommen. Der Vertragsabschluss bedarf also nicht einer bestimmten Form. Diese **Formfreiheit** gilt aber nicht für alle Einzelregelungen eines Arbeitsvertrages: so ist etwa gesetzlich festgelegt, dass ein befristeter Arbeitsvertrag nur schriftlich geschlossen werden kann (s. 5.2.2). Auch in Tarifverträgen kann die Schriftform vereinbart sein.

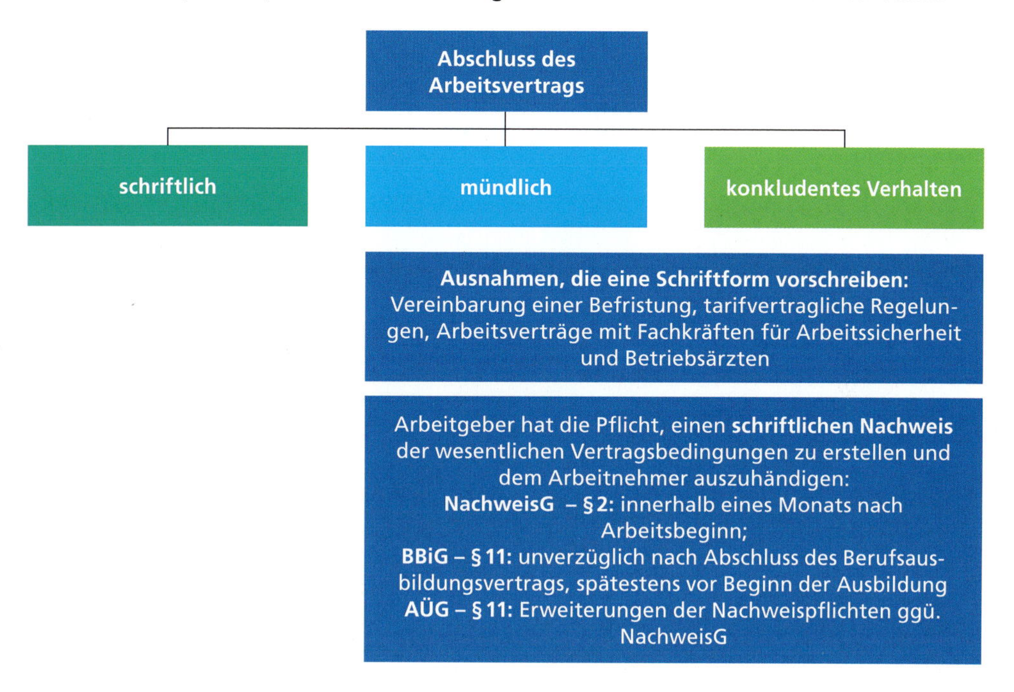

Von der Formfreiheit des Vertragsabschlusses selbst ist die sogenannte **Nachweispflicht** des Arbeitgebers nach dem Nachweisgesetz zu unterscheiden. Nach dieser muss der Arbeitgeber die wesentlichen Vertragsbedingungen schriftlich festlegen. Für die Wirksamkeit des Vertrags hat dies jedoch keine Bedeutung; d.h. auch ohne Nachweis liegt ein Arbeitsvertrag vor. Ähnlich verhält es sich mit der Pflicht des Arbeitnehmers, dem Arbeitgeber seinen **Sozialversicherungsausweis** vorzulegen und in bestimmten Branchen diesen immer mitzuführen **(Mitführpflicht)**. Diese Regel gilt für das Baugewerbe, bei der Personen- und Güterbeförderung, im Gaststätten- und Beherbergungsgewerbe, für Schausteller, Messebeteiligte, Fortwirtschaft und Gebäudereinigung.
Ein Arbeitsvertrag ist wirksam, d.h. im rechtlichen Sinne **vorhanden**, wenn folgende Bedingungen beim Vertragsabschluss eingehalten wurden:

- die beteiligten Vertragspartner sind voll geschäftsfähig und vertretungsberechtigt,
- die vertraglichen Inhalte verstoßen nicht gegen gesetzliche und tarifvertragliche Regelungen,
- die vereinbarten Inhalte verstoßen nicht gegen die guten Sitten,
- es liegt beim Vertragsabschluss kein Irrtum über wesentliche Vertragsinhalte oder wesentliche Eigenschaften der Person oder des Arbeitsplatzes vor; dieser Irrtum schließt arglistige Täuschung oder Drohung ein,
- die ggf. vorliegenden Formvorschriften wurden eingehalten.

Liegen diese Bedingungen bei Vertragsschluss nicht vor, handelt es sich um einen Mangel bei Vertragsabschluss.

Mängel des Vertragsabschlusses und Rechtsfolgen

Treffen einzelne der oben aufgezählten Bedingungen für den Vertragsabschluss **(Wirksamkeitserfordernisse)** nicht zu, liegt ein Mangel des Vertragsabschlusses vor. Dieser führt dazu, dass der Arbeitsvertrag zur Gänze oder in Teilen **nichtig** ist, also kein wirksamer Arbeitsvertrag zustande gekommen ist oder einzelne Regelungen in dem Vertrag nicht gelten. Beispielhaft sind verschiedene Möglichkeiten in der Tabelle zusammengestellt:[1]

Art des Mangels des Arbeitsvertrages	Beispiel	Rechtsfolge
(eingeschränkte) Geschäftsunfähigkeit des Arbeitnehmers	Fehlende Einwilligung und Genehmigung der Eltern bei einem Minderjährigen zum Vertragsabschluss	Arbeitsvertrag ist nichtig
Formmangel	Mündlicher Vertragsabschluss anstelle eines tarifvertraglich vorgesehenen schriftlichen Vertragsabschlusses	Arbeitsvertrag ist nichtig
Verstoß gegen gesetzliche Verbote	Beschäftigung eines ausländischen Arbeitnehmers ohne entsprechenden Aufenthaltstitel	Arbeitsvertrag ist nichtig
	Vereinbarung einer Lohnfortzahlung von zwei Wochen	Arbeitsvertrag ist wirksam; anstelle der nichtigen Regelungen gilt das EFZG
Verstoß gegen die guten Sitten	Vereinbarung eines sittenwidrigen Lohns („Lohnwucher")	Nichtigkeit der Vereinbarung über den Lohn (nach § 138 BGB); der Arbeitsvertrag an sich ist wirksam; an die Stelle der nichtigen Vereinbarung tritt die „übliche Vergütung" nach § 612 BGB
	Übertragung des Geschäftsrisikos an den Arbeitnehmer z. B. durch Koppelung des Entgelts an den Umsatz oder die Auslastung	s. o.

[1] *Eigene Zusammenstellung nach Bundesministerium für Arbeit und Soziales, Übersicht über das Arbeitsrecht/Arbeitsschutzrecht, BW Bildung und Wissen Verlag: Nürnberg, 4. A. 2010, S. 49 f.*

Art des Mangels des Arbeitsvertrages	Beispiel	Rechtsfolge
Irrtum über wesentliche Eigenschaften bei Vertragsabschluss	Eine Arbeitnehmerin verneint im Einstellungsgespräch die Frage, ob sie schwanger ist; nach Einstellung zeigt sie eine Schwangerschaft an.	Es handelt sich hier um eine unzulässige Frage des Arbeitgebers; der Arbeitsvertrag ist wirksam; im Übrigen ist eine Schwangerschaft keine „wesentliche Eigenschaft", sondern eine vorübergehende.
	Ein Arbeitnehmer wird als Sekretär eingestellt; nach Einstellung zeigt sich, dass er sehr langsam im Stenografieren ist.	Der Arbeitsvertrag ist wirksam zustande gekommen; es kann allenfalls (nach Abmahnung) gekündigt werden.
	Ein Arbeitnehmer erklärt sich im Arbeitsvertrag bereit, Nacht- und Wochenendschichten zu arbeiten. Nach Vertragsabschluss legt er eine ärztliche Bescheinigung vor, dass er aus gesundheitlichen Gründen keine Nachtschicht arbeiten kann.	Der Arbeitgeber kann nach Kenntnis dieser Täuschung den Arbeitsvertrag anfechten. Folge der Anfechtung ist die Nichtigkeit des Arbeitsvertrages. Hat der Arbeitnehmer vorher bereits gearbeitet, steht ihm der Lohn aus diesem sogenannten **faktischen Arbeitsverhältnis** zu.

Im fachlichen Kontext

Wirksamkeit, Nichtigkeit und Anfechtung

Wirksamkeit von Verträgen bedeutet, dass diese Verträge als Rechtsbeziehung vorhanden sind und die Vertragsbeteiligten ihre vertraglichen Rechte einfordern können. Damit Rechtsgeschäfte wirksam sind, müssen bestimmte Bedingungen erfüllt sein. Fehlen diese Bedingungen, können ein Vertrag oder bestimmte vertragliche Vereinbarungen von Beginn an nichtig sein; im Gesetz wird das auch als **Unwirksamkeit** bezeichnet. Bei **Teilnichtigkeit** werden die nichtigen Vereinbarungen durch gesetzliche ersetzt.

Nichtigkeit des ganzen Vertrags bedeutet, dass der Vertrag an sich gar nicht existiert; entsprechend können die Rechte aus so einem Vertrag nicht eingefordert werden. Erhält ein Vertragsbeteiligter erst nach Vertragsabschluss Kenntnis davon, dass wesentliche Eigenschaften bei Vertragsabschluss nicht bestanden haben, kann er einseitig erklären, dass der Arbeitsvertrag nicht mehr bestehen soll. Der zunächst wirksam geschlossene Arbeitsvertrag wird angefochten. Eine solche **Anfechtung** wegen Irrtums muss innerhalb von zwei Wochen nach Kenntnis des Anfechtungsgrundes erklärt werden. Ist der Anfechtungsgrund eine Täuschung oder Drohung, beträgt die Anfechtungsfrist ein Jahr. War zwischenzeitlich der Arbeitsvertrag schon umgesetzt worden, bleiben die Ansprüche aus dem Vertrag für die Vergangenheit bestehen,

nicht aber für die Zukunft. Das Arbeitsverhältnis endet mit der Anfechtungserklärung. Die Kündigungsvorschriften gelten nicht.
Anfechtungen von Arbeitsverträgen kommen in der Praxis eher selten vor; meist wegen arglistiger Täuschung.

5.1.2 Rechte und Pflichten aus dem Arbeitsvertrag

Aus dem Wesen des Arbeitsvertrages folgen typische Rechte und Pflichten für die Vertragsbeteiligten; unterschieden wird dabei zwischen Hauptpflichten und Nebenpflichten.

Arbeitsvertragliche Hauptpflichten

Die Hauptpflichten ergeben sich aus dem Arbeitsvertrag als Dienstvertrag:

§ 611 BGB: Vertragstypische Pflichten beim Dienstvertrag

(1) Durch den Dienstvertrag wird derjenige, welcher Dienste zusagt, zur Leistung der versprochenen Dienste, der andere Teil zur Gewährung der vereinbarten Vergütung verpflichtet.

(2) Gegenstand des Dienstvertrags können Dienste jeder Art sein.

Dabei gilt, dass der Arbeitnehmer persönlich zur Leistung verpflichtet ist, er darf keine Vertretungskraft schicken, wenn er verhindert ist. Der Arbeitgeber kann dieses auch nicht verlangen. Umgekehrt gilt, dass der Arbeitgeber den Anspruch auf Arbeitsleistung nicht auf andere Arbeitgeber übertragen kann – mit zwei Ausnahmen allerdings:
1. Arbeitnehmerüberlassung
2. Betriebsübergang nach 613a BGB

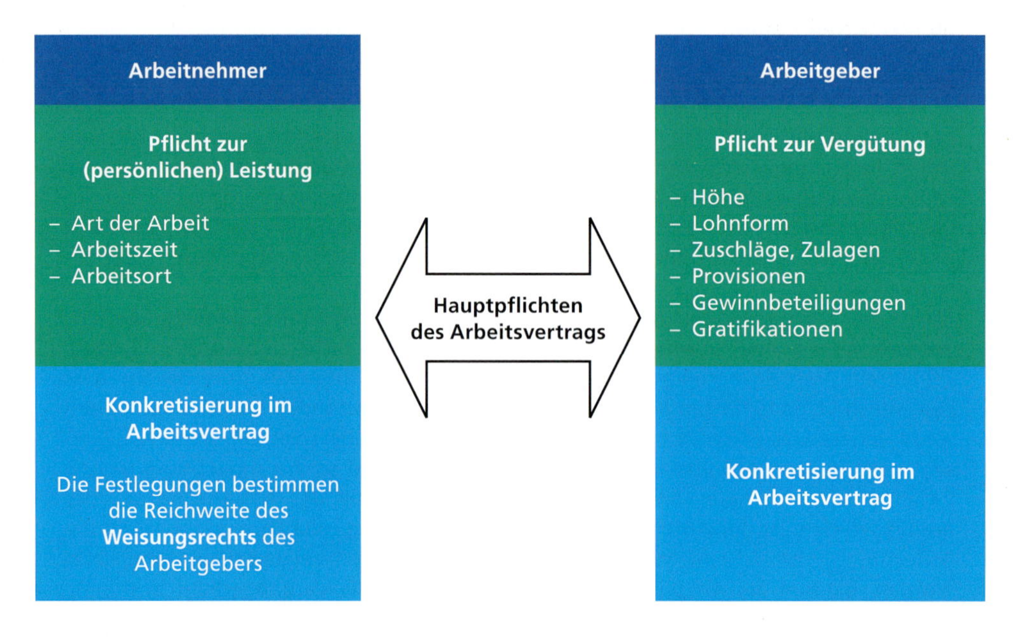

Art, Zeit und Ort der Arbeitsleistung werden im Arbeitsvertrag konkretisiert, sie bestimmen den Rahmen der Weisungsbefugnis des Arbeitgebers (auch: **Direktionsrecht**).
Die Hauptpflicht des Arbeitgebers ist die Leistung der Vergütung, und zwar auch dann, wenn eine Vergütung nicht ausdrücklich vereinbart ist (§ 612 BGB).

Arbeitsvertragliche Nebenpflichten

Außer diesen Hauptpflichten ergeben sich aus dem Arbeitsvertrag sogenannte **Nebenpflichten**; diese gelten auch ohne weitere Vereinbarung aus dem Rechtsverhältnis des Arbeitsvertrags:

Nebenpflichten des Arbeitnehmers	
Handlungspflichten	**Unterlassungspflichten**
Pflicht zur Treue und Rücksichtnahme (§§ 241, 242 BGB) Anzeigepflicht der krankheitsbedingten Arbeitsunfähigkeit (§ 5 EFZG) Pflicht zur Anzeige und ggf. Abwendung drohender Schäden Rechenschaftspflicht über Geschäfte und Arbeiten Pflicht zur Herausgabe von Arbeitsmitteln	Verbot der Vorteilsannahme (z. B. Schmiergeld) Verschwiegenheitspflicht, Wahrung von Betriebs- und Geschäftsgeheimnissen Unterlassung rufschädigenden Verhaltens (Loyalitätspflicht) Wettbewerbs- und Konkurrenzverbot
Nebenpflichten des Arbeitgebers	
Fürsorgepflicht (§ 241 BGB); diese umfasst: • Schutz von Leben und Gesundheit (§ 618 BGB, Arbeitsschutzrecht) • Schutz der Persönlichkeitsrechts (z. B. Intimsphäre, Datenschutz) • Schutz eingebrachter Sachen (durch abschließbare Schränke u. dgl.) Gewährung von Urlaub Schutz vor Benachteiligung (nach AGG) Freistellung nach Bundeselterngeld- und Elternzeitgesetz BEEG Freistellung nach Pflegezeitgesetz PflegezeitG	

Die weitere Ausgestaltung arbeitsvertraglicher Regelungen wird im Zusammenhang mit den Inhalten des Arbeitsvertrages dargestellt.

5.2 Arten von Arbeitsverhältnissen

Arbeitsverhältnisse können sehr verschieden gestaltet sein. **Gestaltungskriterien** sind:

- der zeitliche Umfang,
- die zeitliche Dauer,
- der sozialversicherungsrechtliche Status sowie
- Kriterien wie tarifvertragliche Bindung und Zweck des Arbeitsverhältnisses.

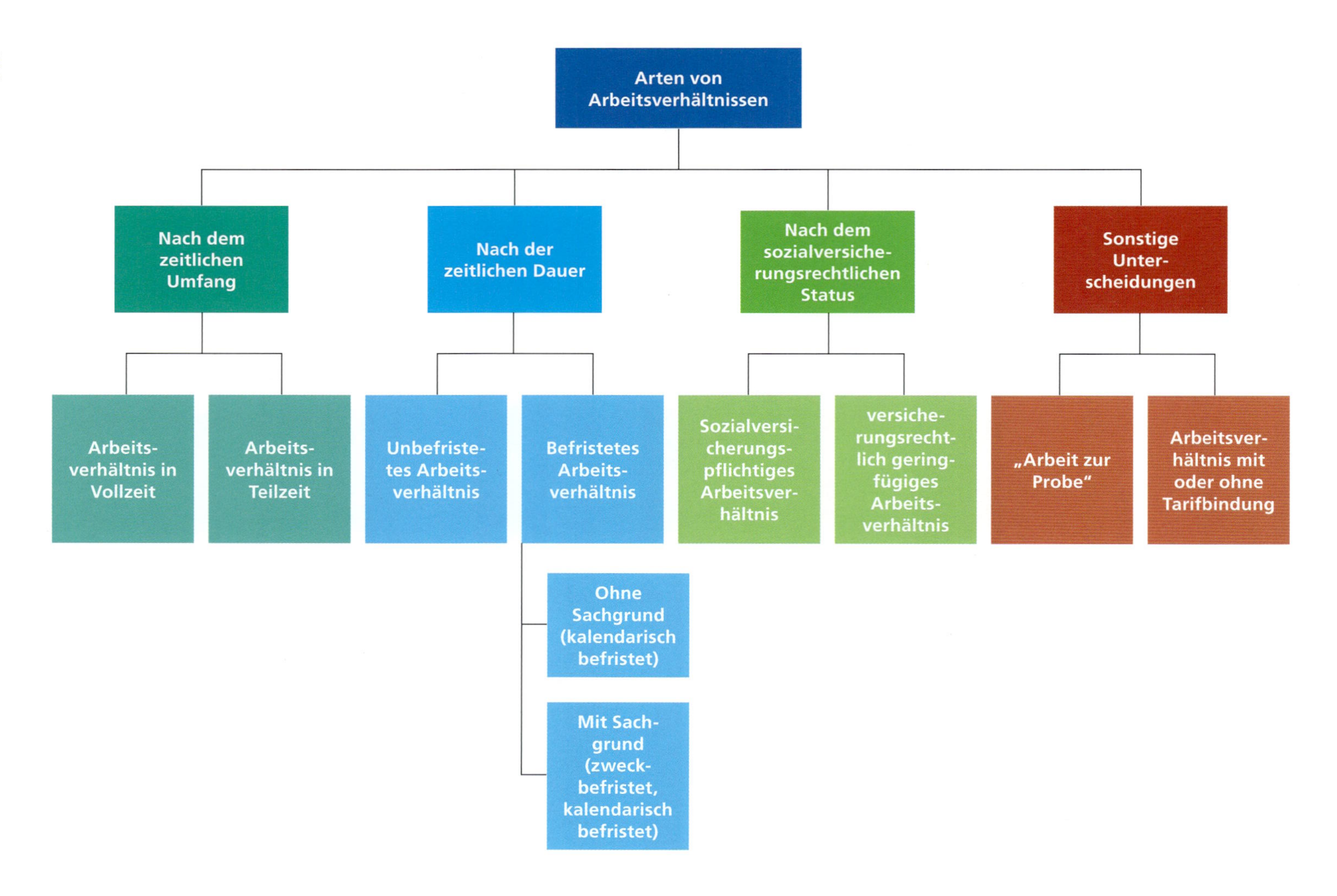

Arten von Arbeitsverhältnissen
Nach dem zeitlichen Umfang
Arbeitsverhältnis in Vollzeit
Arbeitsverhältnis in Teilzeit
Nach der zeitlichen Dauer
Unbefristetes Arbeitsverhältnis
Befristetes Arbeitsverhältnis
Ohne Sachgrund (kalendarisch befristet)
Mit Sachgrund (zweckbefristet, kalendarisch befristet)
Nach dem sozialversicherungsrechtlichen Status
Sozialversicherungspflichtiges Arbeitsverhältnis
versicherungsrechtlich geringfügiges Arbeitsverhältnis
Sonstige Unterscheidungen
„Arbeit zur Probe“
Arbeitsverhältnis mit oder ohne Tarifbindung

In Deutschland handelt es sich bei den meisten Arbeitsverhältnissen um unbefristete Vollzeitarbeitsverhältnisse; diese werden auch als **Normalarbeitsverhältnis** bezeichnet. Zugenommen haben in den letzten Jahren befristete und Teilzeitarbeitsverhältnisse; zu letzteren gehören auch die sogenannten geringfügigen Beschäftigungsverhältnisse.

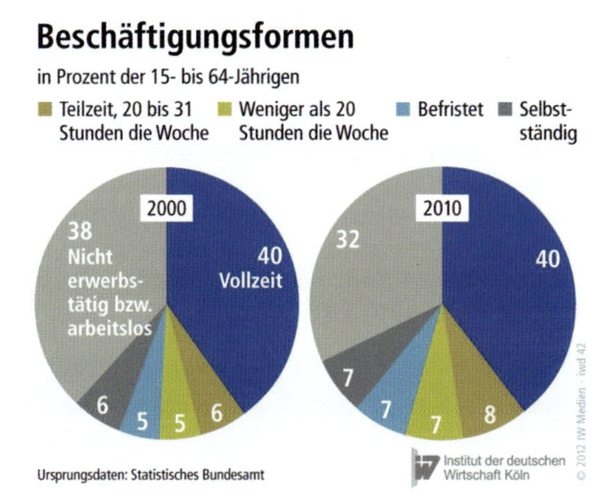

Im fachlichen Kontext

Atypische Beschäftigung

„Im Gegensatz zum Normalarbeitsverhältnis, das in der Regel darauf ausgerichtet ist, den eigenen Lebensunterhalt und eventuell den von Angehörigen voll zu finanzieren, können atypische Beschäftigungsformen diesen Anspruch häufig nur bedingt erfüllen. Sie sind jedoch nicht mit prekärer Beschäftigung gleichzusetzen. Prekäre Beschäftigung zeichnet sich durch ein erhöhtes Armutsrisiko des/der Beschäftigten aus, welches zusätzlich von der persönlichen Berufsbiografie und dem persönlichen Haushaltskontext abhängig ist. Die hier angesprochenen Formen atypischer Beschäftigung können durchaus absichtlich gewählt sein, weil sich beispielsweise im konkreten Fall dadurch berufliche und andere persönliche Interessen besser kombinieren lassen."

[...]

[Als atypisch Beschäftigte werden alle die abhängig Beschäftigten bezeichnet, auf deren Haupttätigkeit] eines der folgenden Kriterien zutrifft:

- Befristung
- Teilzeitbeschäftigung mit 20 oder weniger Stunden
- Zeitarbeitsverhältnis
- geringfügige Beschäftigung

Quelle: Atypische Beschäftigung, Statistisches Bundesamt, unter: https://www.destatis.de/DE/Meta/AbisZ/AtypischeBeschaeftigung.html, abgerufen am 02.08.2012

5.2.1 Vollzeit- und Teilzeitbeschäftigung

Nach dem zeitlichen Umfang werden Vollzeit- und Teilzeitarbeitsverhältnisse unterschieden. Gesetzlich ist der Umfang einer Vollzeitbeschäftigung nicht geregelt. Er ergibt sich aus der Unternehmens- oder Branchenpraxis oder aus dem je geltenden Tarifvertrag. Entsprechend unterschiedlich kann der Stundenumfang einer Vollzeitbeschäftigung ausfallen. Als Orientierungswert gilt die 40-Stunden-Woche. Laut den Tarifverträgen in der Arbeitnehmerüberlassung ist der wöchentliche Stundenumfang bei einer Vollzeitstelle 35 Stunden. In vielen Entleihbetrieben ist die wöchentliche Arbeitszeit höher. Geleistete Mehrstunden werden dem überlassenen Zeitarbeitnehmer auf dem Arbeitszeitkonto gutgeschrieben. Eine Anpassung der individuellen Arbeitszeit an die Situation im Kundenbetrieb ist ebenfalls möglich.

Gewöhnliche Arbeitszeiten von Vollzeitbeschäftigten in großen Wirtschaftszweigen, Deutschland (Std./Woche)

	1995	2000	2003	2008
Metallindustrie (M&E)	38,3	38,6	38,2	39,3
Verarbeitendes Gewerbe ohne M&E	39,5	39,9	39,6	40,3
Verarbeitendes Gewerbe gesamt	38,8	39,2	38,8	39,7
Private Dienstleistungen*	40,4	41,0	40,3	40,9
Öffentlicher Dienste**	39,3	39,7	39,6	40,4
Gesamtwirtschaft	39,7	40,1	39,6	40,4

** NACE 50–52, 55, 60–67, 70–74, 90–93, 95; ** Nur öffentliche Verwaltung, NACE 75*
Basis: 15- bis 64-jährige abhängig Beschäftigte
Quelle: Europäische Arbeitskräftestichprobe (EU-LFS), eigene Berechnungen

Quelle: Franz, Christine, Lehndorff, Steffen, 2010: Arbeitszeitentwicklung und Krise – eine Zwischenbilanz: IAQ-Arbeitszeit-Monitor 2010. Duisburg: Inst. Arbeit und Qualifikation. IAQ-Report, Nr. 2010-07, S. 8

Als Teilzeitbeschäftigter gilt jemand, **dessen regelmäßige Wochenarbeitszeit kürzer ist als die eines vergleichbaren vollzeitbeschäftigten Arbeitnehmers** (§ 2 Absatz 1 TzBfG). Als Vergleichsmaßstab dient bei Fehlen eines Tarifvertrages ein Vollzeitbeschäftigter desselben Betriebs oder derselben Branche. Die Reduzierung der Arbeitszeit gegenüber Vollzeitbeschäftigten kann täglich, wöchentlich oder monatlich erfolgen.
Grundsätzlich gelten für Teilzeitbeschäftigte dieselben Bedingungen wie für Vollzeitbeschäftigte. Eine Benachteiligung wegen der Beschäftigung in Teilzeit darf nicht erfolgen **(Grundsatz der Gleichbehandlung)**. Das bezieht sich vor allem auf das Entgelt (inkl. Provisionen, Sonderzahlungen u. dgl.) und beispielsweise den Urlaubsanspruch; beides muss zeitanteilig umgerechnet werden. Teilzeitarbeitnehmer ist auch ein unterhalb der Sozialversicherungspflichtgrenze (geringfügig) beschäftigter Arbeitnehmer. Grundsätzlich hat auch ein geringfügig Beschäftigter Anspruch auf Urlaub, Entgeltfortzahlung, Mutterschutz u. dgl.

Im fachlichen Kontext

LF5, 5.2.3

Anspruch auf Teilzeitarbeit

Das Teilzeit- und Befristungsgesetz TzBfG hat das Ziel, Teilzeitbeschäftigung zu fördern. Das beginnt bei der Ausschreibung von geeigneten Stellen auch für Teilzeitarbeit (§ 7 TzBfG) und umfasst unter den Bedingungen des § 8 TzBfG auch einen (Verlangens-)Anspruch des Arbeitnehmers auf Reduzierung der Arbeitszeit. Lehnt der Arbeitgeber dieses Verlangen nicht bis einen Monat vor dem gewünschten Beginn ab, verringert sich die Arbeitszeit wunschgemäß. Will der Arbeitgeber dem Wunsch des Arbeitnehmers nicht nachkommen, muss er die Monatsfrist für die Mitteilung einhalten. In der Praxis wird Teilzeitarbeit aber fast immer einvernehmlich zwischen Arbeitnehmer und Arbeitgeber vereinbart. Auch eine Verlängerung der Arbeitszeit ist prinzipiell möglich (§ 9 TzBfG). Der Arbeitgeber muss bei einer Stellenbesetzung Teilzeitbeschäftigte bei gleicher Eignung bevorzugt behandeln.

5.2.2 Unbefristete und befristete Arbeitsverhältnisse

Nach der zeitlichen Dauer werden unbefristete und befristete Arbeitsverhältnisse unterschieden. Unbefristete Arbeitsverhältnisse werden „auf Dauer" geschlossen **(Dauerarbeitsverhältnis)**, eine Beendigung ist regelmäßig nur durch eine Kündigung oder einen Aufhebungsvertrag möglich. Dagegen sind befristete Arbeitsverhältnisse auf eine bestimmte Zeit geschlossen (§ 3 Absatz 1 TzBfG). Die ordentliche Kündigung eines befristeten Arbeitsverhältnisses ist nur möglich, wenn dies im Arbeitsvertrag oder im Tarifvertrag vereinbart ist.

Arten der Befristung

Für die Befristung von Arbeitsverhältnissen gelten die Regelungen des Teilzeit- und Befristungsgesetzes (TzBfG). Nach dem Gesetz sind Befristungen mit einem sachlichen Grund und Befristungen ohne sachlichen Grund zulässig. Die möglichen rechtlichen Sachgründe sind in **§ 14 Absatz 1 TzBfG** aufgezählt:

Ein sachlicher Grund liegt insbesondere vor, wenn

2. der betriebliche Bedarf an der Arbeitsleistung nur vorübergehend besteht,
3. die Befristung im Anschluss an eine Ausbildung oder ein Studium erfolgt, um den Übergang des Arbeitnehmers in eine Anschlussbeschäftigung zu erleichtern,
4. der Arbeitnehmer zur Vertretung eines anderen Arbeitnehmers beschäftigt wird,
5. die Eigenart der Arbeitsleistung die Befristung rechtfertigt,
6. die Befristung zur Erprobung erfolgt,
7. in der Person des Arbeitnehmers liegende Gründe die Befristung rechtfertigen,
8. der Arbeitnehmer aus Haushaltsmitteln vergütet wird, die haushaltsrechtlich für eine befristete Beschäftigung bestimmt sind, und er entsprechend beschäftigt wird oder
9. die Befristung auf einem gerichtlichen Vergleich beruht.

Entsteht ein befristetes Arbeitsverhältnis ohne einen dieser Sachgründe, liegt eine kalendermäßige Befristung vor. Die Regelungen für beide Arten von Befristungen unterscheiden sich.

Befristungen mit Sachgrund

Erfolgt eine Befristung mit Sachgrund, kann die Dauer des Arbeitsvertrages entweder zeitlich genau bestimmt sein (z. B. bis zum 30. April d. J.), oder die Dauer ist an einen bestimmten Zweck geknüpft (z. B. Vertretung bis zum Ende der Elternzeit einer anderen Person).

- Im ersten Fall handelt es sich um einen **kalendermäßig befristeten** Arbeitsvertrag;
- im zweiten Fall handelt es sich um einen **zweckbefristeten** Arbeitsvertrag.

Ein kalendermäßig befristeter Arbeitsvertrag endet mit dem Ablauf der vereinbarten Zeit (§ 15 Abs. 1 TzBfG). Ein zweckbefristeter Arbeitsvertrag endet mit Erreichen des Zwecks bzw. genauer:

> ... frühestens jedoch zwei Wochen nach Zugang der schriftlichen Unterrichtung des Arbeitnehmers durch den Arbeitgeber über den Zeitpunkt der Zweckerreichung.

Befristungen ohne Sachgrund

Eine Befristung ohne Sachgrund ist nur in Ausnahmefällen möglich:

- Mit einem erstmals eingestellten Arbeitnehmer kann eine kalendermäßige Befristung bis zu einer Dauer von zwei Jahren vereinbart werden. Innerhalb dieser Dauer von zwei Jahren kann der Vertrag höchstens dreimal verlängert werden (§ 14 Abs. 2 TzBfG).
- In den ersten vier Jahren nach der Gründung eines Unternehmens ist eine kalendermäßige Befristung (ohne Sachgrund) bis zu einer Dauer von vier Jahren zulässig (§ 14 Abs. 2aTzBfG).
- Mit Arbeitnehmern, die mindestens 52 Jahre alt sind und vor einer Einstellung mindestens vier Monate beschäftigungslos waren, kann ein kalendermäßig befristeter Arbeitsvertrag bis zu einer Dauer von fünf Jahren geschlossen werden.

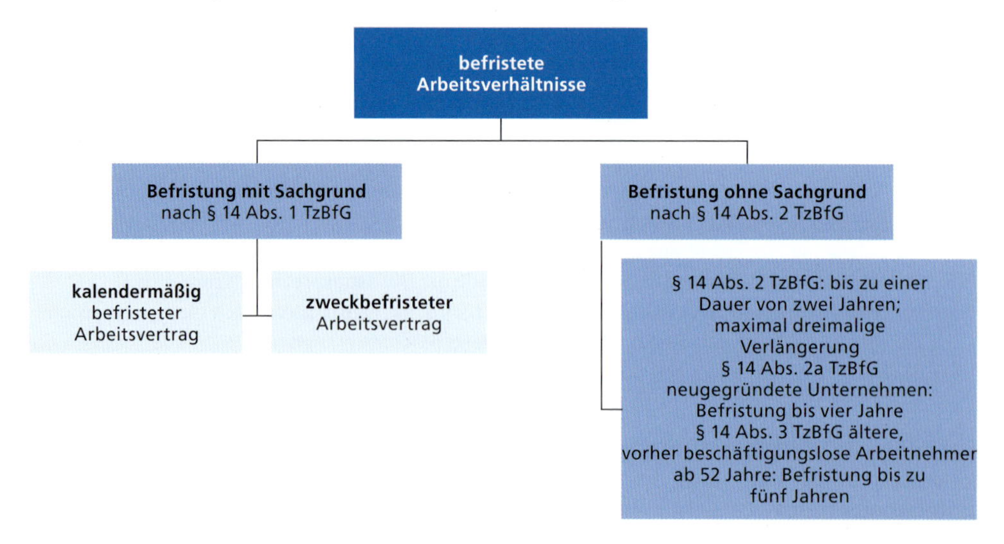

Wirksamkeit der Befristung

Befristete Arbeitsverhältnisse können nur **schriftlich** vereinbart werden. Dies ist eine wichtige Ausnahme von der sonst geltenden Formfreiheit beim Vertragsabschluss. Ein mündlich geschlossener Arbeitsvertrag ist also in jedem Fall ein unbefristeter Vertrag. Für die Wirksamkeit der Befristung muss in jedem Fall mindestens die Befristungsvereinbarung schriftlich getroffen werden, ansonsten ist ein unbefristeter Arbeitsvertrag entstanden.
Es sind zwei Fälle denkbar, bei denen auch in einem schriftlichen Arbeitsvertrag die Befristung unwirksam ist:

- der Sachgrund ist nicht vereinbar mit § 14 Abs. 1 TzBfG,
- die Ausnahmen für eine sachgrundlose Befristung sind nicht gegeben.

In allen diesen Fällen ist die Befristung unwirksam; es ist ein unbefristeter Arbeitsvertrag entstanden.

Beispiel
Nach Abschluss eines befristeten Arbeitsvertrags ohne Sachgrund mit Hans Peters stellt sich heraus, dass Herr Peters bereits vor fünf Jahren als Werkstudent in dem Unternehmen beschäftigt war. Die Voraussetzungen des § 14 Abs. 2 TzBfG liegen demnach nicht vor. Es ist ein unbefristetes Arbeitsverhältnis entstanden.

Vorteile und Nachteile von Befristungen

Befristungen werden in den verschiedenen Branchen sehr unterschiedlich eingesetzt. Eher selten sind es die Arbeitnehmer, die befristete Arbeitsverhältnisse wünschen. Im Prinzip jedoch sind befristete Arbeitsverhältnisse mit Vorteilen und Nachteilen sowohl für den Arbeitgeber als auch für den Arbeitnehmer verbunden. Es gilt daher, in jedem Einzelfall die Vorteilhaftigkeit einer Befristung neu zu beurteilen.

Befristeter Arbeitsvertrag	
Vorteile	**Nachteile**
Überbrückung von kurzfristigen personellen Engpässen im Unternehmen.	Fehlende Sicherheit für den Arbeitnehmer, Einschränkung der Lebensplanung, häufig keine Verlängerung des Arbeitsverhältnisses (z. B. bei Befristungen ohne Sachgrund).
Arbeitgeber kann Arbeitnehmer in der Arbeitssituation erproben.	Geringe Bindung des Arbeitnehmers an den Betrieb (Committment), Probleme beim Aufbau eines Vertrauensverhältnisses.
Vertrag endet ohne Kündigung; der Arbeitgeber muss den Betriebsrat nicht einbeziehen.	Entstehung zusätzlichen Leistungsdrucks für den Arbeitnehmer; Gefahr von Erkrankungen, Fehlzeiten.
Der Kündigungsschutz des MuSchG greift nicht.	Betriebsrat muss nicht einbezogen werden, wenn das Arbeitsverhältnis endet.

Befristeter Arbeitsvertrag	
Vorteile	**Nachteile**
Arbeitnehmer kann berufliche Erfahrungen sammeln und drohende Lücken im Lebenslauf überbrücken.	Ordentliche Kündigung ist ohne Vereinbarung nicht möglich.
	Gesetzliche Regelungen des TzBfG sind zu beachten; ggf. höherer Aufwand und mehr Dokumentation.

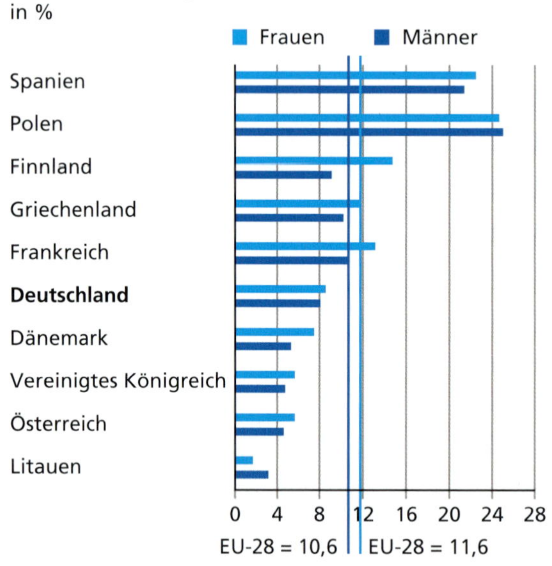

https://www.destatis.de/DE/ZahlenFakten/GesamtwirtschaftUmwelt/Arbeitsmarkt/_Doorpage/Indikatoren_QualitaetDerArbeit, hrsg. v. Statistisches Bundesamt, Wiesebaden, zuletzt abgerufen am 21.04.2016

Im fachlichen Kontext

Befristungen gehen seit 2012 leicht zurück

Seit 1991 ist die Befristungsquote von 5,8 % um zwei Prozentpunkte auf 8,1 % angestiegen. Zu beachten ist, dass der Anstieg auf Grund methodischer Änderungen etwas überzeichnet dargestellt wird. Der Anteil legte in der Vergangenheit meist in konjunkturellen Schwächephasen stärker zu, während er in Aufschwungphasen leicht zurückging. In Folge der Finanzmarktkrise ging der Anteil befristet Beschäftigter dagegen im Jahr 2009 zunächst sogar leicht zurück, um seit 2010 wieder moderat anzusteigen. Seit 2012 sinkt die Befristungsquote erneut und erreichte im Jahr 2014 mit einem Wert von 8,1 % wieder das Niveau von 2005.

Abhängig Beschäftigte[1] mit befristetem Arbeitsvertrag in %							
Jahr	Alter von ... bis ... Jahren						
	Insgesamt	25 bis 34	35 bis 44	45 bis 54	55 bis 64	65 bis 74	75 und älter
1991	5,8	8,2	4,9	4,3	4,3	11,4	2,0
1993	5,7	8,3	4,8	4,1	3,3	9,3	2,6
1995	6,1	9,2	5,2	4,2	4,0	4,9	5,2
1997	6,4	10,0	5,5	4,0	4,3	4,8	6,8
1999	7,3	11,8	6,5	4,6	4,3	4,6	2,7
2001	6,7	11,2	5,9	4,4	4,3	6,9	5,5
2003	6,5	12,0	5,4	3,9	4,2	7,4	3,4
2005	8,0	15,9	6,7	4,6	4,5	7,7	7,1
2007	8,4	16,9	7,2	5,1	4,5	7,5	1,3
2009	8,6	17,7	7,0	5,3	4,5	7,9	5,7
2011	8,9	18,6	7,4	5,5	4,4	6,6	5,2
2012	8,5	17,7	7,3	5,2	4,2	6,9	3,8
2013	8,3	17,7	7,1	4,9	3,7	7,2	5,0
2014	8,1	17,2	7,4	4,6	3,6	7,6	2,8

[1] Abhängig Beschäftigte ab 25 Jahre.

Quelle: Ergebnis der Arbeitskräfteerhebung.

Quelle: https://www.destatis.de/DE/ZahlenFakten/Indikatoren/QualitaetArbeit/Dimension4/4_2_BefristetBeschaeftigte.html, hrsg. v. Statistisches Bundesamt, Wiesebaden, zuletzt abgerufen am 21.04.2016

Befristete Jobs sind vor allem Frauensache

16. Juli 2012

[ ] Frauen [sind] häufiger befristet beschäftigt als Männer: Ihre Quote liegt an der betrieblichen Gesamtbeschäftigung bei 9,0 Prozent, die der Männer nur bei 6,5 Prozent. Auch bei den Neueinstellungen liegen die Frauen mit 49 Prozent befristeten Verträgen vor den Männern mit 42 Prozent.

Sind diese Zahlen ein Beleg dafür, dass Frauen von den deutschen Betrieben in der Befristungspraxis gegenüber Männern benachteiligt werden? Nein, sagt IAB-Experte Christian Hohendanner, der seit Jahren das Thema befristete Beschäftigung erforscht. [...] Aber Frauen sind überdurchschnittlich in Branchen vertreten, in denen Befristungen eine sehr große Rolle spielen: Im Gesundheits- und Sozialwesen, im Bereich Erziehung und Unterricht sowie im Gastgewerbe. So liegt der Anteil der Frauen im Gesundheits- und Sozialwesen bei 76 Prozent, die Befristungsquote beträgt 12 Prozent.

In der klassischen Männerdomäne, den MINT-Berufen (Mathematik, Informatik, Naturwissenschaft und Technik) spielen Befristungen dagegen kaum eine Rolle. [...]

[...] In der öffentlichen Verwaltung, in der die Mitarbeiter praktisch unkündbar sind, nutzt man Befristungen auch als Flexibilitätspuffer, um das Personal bei Bedarf reduzieren zu können. 68 Prozent der neu Eingestellten bekommen nur einen Vertrag auf Zeit – unter allen Branchen der Spitzenwert. Und Frauen sind mit einem Anteil von 56 Prozent in der Verwaltung überrepräsentiert.

[...] Es könne aber auch sein, das in bestimmten Berufen häufiger befristet wird, eben weil dort mehr Frauen arbeiten, meint Hohendanner. Für einen Teil der Befristungen sei dies durchaus plausibel: Denn in Branchen mit einem hohen Frauenanteil sei der Bedarf an Vertretungen bei Schwangerschaft und Erziehungszeiten höher als in anderen Branchen.

Auch „betriebliche Segregation" könne eine Rolle spielen: Auf Frauenarbeitsplätze werden wieder Frauen eingestellt. Zudem könnte es auch sein, das die Konzessionsbereitschaft von Frauen bei der Stellensuche „je nach Haushaltskontext" höher ausfällt als bei Männern, vermutet der IAB-Forscher. [...]

Quelle: Befristete Jobs sind vor allem Frauensache, Ullstein GmbH, Berliner Morgenpost Digital, unter: http://www.morgenpost.de/wirtschaft/article108307144/Befristete-Jobs-sind-vor-allem-Frauensache.html, abgerufen am 03.08.2012

Zeitarbeit: Unbefristete Arbeitsverhältnisse und Vollzeitbeschäftigung überwiegen

14. Oktober 2011

Das iGZ-Mittelstandsbarometer zeichnet in seiner ersten Auflage ein repräsentatives Bild des mittelständischen Zeitarbeitsmarktes in Deutschland. Gekennzeichnet sei der Markt, laut der Befragung, vor allem durch Beschäftigungswachstum: im Durchschnitt legte die Belegschaft der Zeitarbeitsunternehmen im 2. Quartal um 28,1 % zu. Dabei handele es sich vor allem um unbefristete Beschäftigungsverhältnisse, die bei den befragten Unternehmen 81,7 % der Anstellungsverhältnisse ausmachen. Ebenfalls in der Mehrzahl sind mit 89,5 % Vollzeitanstellungen. Neun von zehn Zeitarbeitskräften arbeiten demnach in Vollzeit. Steigt der Anteil der beschäftigten Frauen bei einem Zeitarbeitsunternehmen, so steigt meist auch die Teilzeitquote an. Durchschnittlich sind mit 78,1 % aber deutlich mehr Männer als Frauen in Zeitarbeit tätig. Eine mögliche Erklärung dafür könnte die starke Fokussierung der Branche auf das verarbeitende Gewerbe sein, in dem mehr als die Hälfte der Zeitarbeitskräfte (51,1 %) tätig sind. Ebenfalls in der Mehrzahl (57,3 %) sind Zeitarbeitskräfte mit einem anerkannten Berufsabschluss. Auch auf die Frage nach einer Übernahme der Zeitarbeitskräfte durch den Kunden gibt das Barometer Auskunft: demnach wechselt mehr als jede dritte Zeitarbeitskraft (32,6 %) nach einem Einsatz zum Kunden.

Quelle: abakus Personal GmbH & Co. KG, unter: http://www.aba.ag/blog/zeitarbeit-studie-unbefristete-arbeitsverhaltnisse-und-vollzeitbeschaftigung-uberwiegen/, abgerufen am 03.08.2012

5.2.3 Weitere Arten von Arbeitsverhältnissen

In der Praxis finden sich weitere Arten von Arbeitsverhältnissen, die zum Teil Befristungen enthalten oder geringere Stundenumfänge haben.

Geringfügige Beschäftigung

Nach dem sozialversicherungsrechtlichen Status unterscheidet man sozialversicherungspflichtige und geringfügige Beschäftigungsverhältnisse. Letztere können in Unternehmen in zwei Arten vorkommen:

- **geringfügig entlohnte Beschäftigung**: das Arbeitsentgelt beträgt regelmäßig maximal 450,00 € im Monat („450-Euro-Job");
- **kurzfristige Beschäftigung**: pro Kalenderjahr ist die Beschäftigung nach „ihrer Eigenart" auf längstens zwei Monate/60 Kalendertage oder insgesamt 50 Arbeitstage begrenzt; typische Beispiele sind Saisontätigkeiten in der Gastronomie und in der Landwirtschaft, Krankenhausvertretungen, Aushilfstätigkeiten auf dem Weihnachtsmarkt u. dgl.; das Arbeitsentgelt ist sozialversicherungsfrei, aber lohnsteuerpflichtig.

Recherchetipp

Weitere Informationen zur geringfügigen Beschäftigung finden sich bei der Minijob-Zentrale im Internet unter http://www.minijob-zentrale.de.

„Arbeit zur Probe"

In der Praxis findet sich der Begriff „Arbeit zur Probe". Arbeitsrechtlich können damit unterschiedliche vertragliche Konstruktionen gemeint sein:

- **Probezeit** innerhalb eines unbefristeten Arbeitsverhältnisses: Die Dauer der Probezeit ist gesetzlich nicht festgelegt; bewährt sind bis zu drei Monate Probezeit bei einfachen Tätigkeiten, bis zu sechs Monate bei höherwertigen Tätigkeiten; grundsätzlich sind auch längere Probezeiten möglich, soweit sie „angemessen" sind;
- **Befristung zur Erprobung** nach § 14 Abs. 1 Ziffer 5 TzBfG;
- **Probearbeit** im Rahmen einer Trainings- oder Eingliederungsmaßnahme der Bundesagentur für Arbeit zur Integration arbeitsloser Personen;
- **„Einfühlungsverhältnis"** zur Klärung der persönlichen Voraussetzungen für ein zukünftiges Ausbildungs- oder Arbeitsverhältnis: ein solches Einfühlungsverhältnis, das auch als „Schnupper-Praktikum" oder „Praktikum" bezeichnet wird, dient dem persönlichen Kennenlernen; im Unterschied zu den anderen Konstruktionen liegt hier noch kein Arbeitsverhältnis vor und es ergeben sich keine Leistungs- und Entgeltzahlungspflichten; ein Einfühlungsverhältnis kann nur kurze Zeit andauern (2 bis 3 Tage); es wird empfohlen, dieses Einfühlungsverhältnis schriftlich zu dokumentieren, um Missverständnisse zu vermeiden; bei der rechtlichen Beurteilung, ob ein Arbeitsvertrag vorliegt oder nicht, kommt es aber immer auf die konkreten Umstände an; ggf. kann aus dem konkreten Verhalten auf einen Arbeitsvertrag geschlossen werden (konkludentes Verhalten).

Praktikum

Praktika dienen dazu, praktische Einblicke in den Berufs- und Arbeitsalltag zu erhalten. In manchen schulischen und akademischen Ausbildungen sind sie vorgeschrieben.

Es gibt zahlreiche Arten von Praktika:

Anerkennungspraktikum: Pflichtpraktikum nach einer fachtheoretischen und fachpraktischen Ausbildung zur Anerkennung eines Berufsabschlusses
Auslandspraktikum: Freiwilliger Auslandsaufenthalt zur Verbesserung der Einstellungs- und Aufstiegsmöglichkeiten und zur Verbesserung der Fremdsprachenkenntnisse. Bei internationalen Studiengängen häufig vorgeschrieben.
Praxissemester: Für Studierende an Hochschulen im Rahmen der Studienprüfungsordnung. [...]
Schnupperpraktikum: Wenige Tage dauerndes Praktikum von Schülern zum Kennenlernen betrieblicher Arbeits- und Ausbildungsbedingungen.
Schülerbetriebspraktikum: In den meisten Bundesländern sind Betriebspraktika in der vorletzten oder letzten Klasse vorgeschrieben. Die Organisation erfolgt in der Regel über die Schule.
Studienbegleitendes Praktikum (freiwillig): Freiwillige berufspraktische Zusatzqualifikation zur Verbesserung der Arbeitsmarktchancen für Studierende aller Fachrichtungen.
Trainee: Berufs- und unternehmensspezifische Startprogramme für akademische Berufsanfänger. Sie dienen in erster Linie zur Anwerbung des akademischen Nachwuchses.
Vorpraktikum/Fachpraktikum: Vorgeschriebenes Praktikum, das als Pflichtpraktikum in der jeweiligen Fachrichtung absolviert werden muss. Praktikantenrichtlinien erhalten Sie bei der jeweiligen Ausbildungseinrichtung.

Quelle: Bundesagentur für Arbeit, unter: http://www.arbeitsagentur.de/nn_26026/Navigation/zentral/Buerger/Ausbildung/Praktikum/Praktikum-Nav.html, abgerufen am 03.08.2012

Praktikanten sind keine Arbeitnehmer; entsprechend besteht keine Leistungspflicht bzw. aus Sicht des Praktikanten kein Anspruch auf Zahlung eines Entgelts. Übernimmt allerdings ein Praktikant berufstypische Arbeiten, muss er auch entsprechend bezahlt werden, da davon auszugehen ist, dass ein Arbeitsverhältnis vorliegt. In der Realität scheuen sich jedoch viele Praktikanten, dies einzufordern, da so ggf. eine spätere Festanstellung verhindert wird.

Im fachlichen Kontext

„Generation Praktikum"

[...] Wenig oder gar kein Geld, kaum Karrierechancen – aber zufrieden: Zu diesem Ergebnis kommt der Praktikantenreport 2012, für den die Betreiber des Portals „meinpraktikum.de“ die Einträge ihrer User aus dem Jahr 2011 ausgewertet haben. Dabei entpuppt sich die einst so zornige „Generation Praktikum“ als recht zahm. Insgesamt sind 65,8 Prozent aller Praktikanten zufrieden mit ihren Einblicken in die Berufswelt. Und das trotz einer durchschnittlichen Vergütung von nur 290 € pro Monat.
Eine Studie der Personalberatung alma mater hat deutlich höhere Zahlen errechnet. Auf 605 € Bruttolohn pro Monat kommen die Personaler. Dafür wurden allerdings nur

akademische Nachwuchskräfte befragt, die aufgrund ihrer Qualifikation schon eine höhere Entlohnung erwarten können. Der Praktikantenreport 2012 widmet sich dagegen allen abgegebenen Bewertungen, darunter auch Praxiserfahrungen in vielen Ausbildungsberufen oder Schülerpraktika. Beide Studien kommen aber zu dem Ergebnis, dass auch trotz aller Debatten um die Ausbeutung von Praktikanten noch immer viele Unternehmen keine Entlohnung anbieten.

Der Praktikantenreport 2012 registriert sogar 40 Prozent unbezahlte Praktika in Deutschland. Dabei wurden zuerst die Branchen Gesundheit, Öffentlicher Dienst und Bildung genannt. Hier sind jeweils 80 Prozent der Praktikanten unbezahlt. In Unternehmensberatungen, der Konsumgüterindustrie und im Bereich Internet/Multimedia sind es dagegen nur zehn Prozent. In diesen gut bezahlten Bereichen – die Spitzenverdiener kommen auf über tausend Euro im Monat – waren die Praktikanten insgesamt glücklicher mit ihren Einblicken in das Berufsleben. Die Gründe für diese Zufriedenheit sehen die Praktikanten vor allem in den spannenden Aufgaben und der hohen Verantwortung, die ihnen übertragen wird.

[...] Im Schnitt dauerte ein Praktikum bei rund 7,75 Stunden Arbeit pro Tag zehn Wochen. Dabei blicken viele skeptisch in die Zukunft. 58,2 Prozent stufen ihre Karrierechancen als schlecht ein.

Zufrieden mit ihren Erfahrungen sind vor allem Praktikanten in den Branchen Konsumgüterindustrie, Versicherungen, Telekommunikation und Internet/Multimedia (84 Prozent). In der Gastronomie und der Metallverarbeitung sind über 50 Prozent der Bewerber dagegen unglücklich.

Außerdem verzeichnen die Portalbetreiber einen deutlichen Unterschied zwischen Hochschulpraktika und sonstigen Praxiserfahrungen wie Vorstudienpraktika oder einem verpflichtenden Schülerpraktikum. Je qualifizierter die Teilnehmer, desto zufriedener sind sie – nur 27 Prozent der Studenten sind von ihrem Praktikum enttäuscht. Bei den Schülerpraktikanten beträgt diese Quote 45 Prozent.

„Generation Praktikum“ nur konstruiert?

Damit kratzt die Studie an der These von der ausgebeuteten, aber gut ausgebildeten „Generation Praktikum“ oder auch der „Generation Prekär“. Unter diesen Begriffen ist in den letzten Jahren ein Streit um die Behandlung von Praktikanten in deutschen Unternehmen entbrannt. Den Arbeitgebern wurde von Fachleuten wie dem Jurist Michael Stelzel oder der Soziologin Tatjana Fuchs vorgeworfen, gut qualifizierte Praktikanten als billige Arbeitskräfte auszunutzen.

Einige Experten wie der Sozialforscher Harald Schomburg oder seine Kollegen Kolja Briedis und Karl-Heinz Minks halten die „Generation Praktikum“ aber vor allem für ein von den Medien konstruiertes Gebilde. Das Phänomen des von einem zum nächsten wandernden Praktikanten mit Hochschulabschluss sei höchstens in einigen wenigen Branchen anzutreffen. Schomburg schlug deshalb den Begriff „Generation Vielfalt“ vor. Studien wie die des DGB und der Hans-Böckler-Stiftung konnten das Phänomen ebenfalls nicht bestätigen. [...]

Quelle: Römer, Jörg: Glücklich ohne Geld und Karriere, SPIEGEL ONLINE GmbH, unter: http://www.spiegel.de/karriere/berufsstart/studie-zur-generation-praktikum-a-827882.html, erschienen am 18.04.2012

Recherchetipp

Der Verein fairwork e.V. setzt sich für Hochschulpraktikanten ein und gibt rechtliche Informationen über Praktika unter http://www.fairwork-ev.de/

5.3 Inhalte eines Arbeitsvertrages

LF 5, 5.1.1 Grundsätzlich besteht hinsichtlich der Inhalte eines Arbeitsvertrages **Gestaltungsfreiheit**. Flankiert wird diese Gestaltungsfreiheit durch die gesetzlichen und tarifvertraglichen Regelungen sowie ggf. in einem Unternehmen vorhandene Betriebsvereinbarungen. Das Verhältnis dieser verschiedenartigen Regelungen wird als Normenhierarchie bezeichnet. Im individuellen Arbeitsvertrag kann von den gesetzlichen und kollektiven Regelungen nur abgewichen werden, wenn der Arbeitnehmer dadurch günstiger gestellt wird **(„Günstigkeitsprinzip")**.

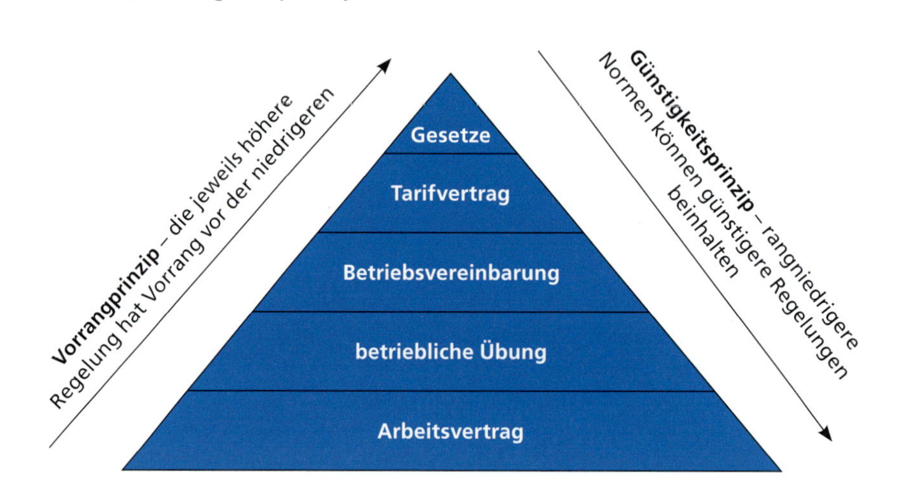

Das **Vorrangprinzip** führt dazu, dass bei Arbeitsverträgen bestimmte gesetzliche Mindestanforderungen eingehalten werden. Man spricht in diesem Zusammenhang auch von der „Unabdingbarkeit" bestimmter Standards; Beispiel ist etwa die Mindesturlaubsregelung im BUrlG, die auch durch tarifvertragliche Regelungen nicht beschnitten werden kann.
Im Arbeitsvertrag werden die Rechte und Pflichten von Arbeitgeber und Arbeitnehmer konkretisiert:

- Leistung des Arbeitnehmers: Art der Leistung, Zeit, Ort
- Entgeltzahlung des Arbeitgebers: Höhe, Zuschläge, Zulagen, Gratifikationen etc. sowie Art der Zahlung und Zeitpunkt; Grundlage für die Entgelthöhe sind entweder freie Vereinbarungen zwischen Arbeitgeber und Arbeitnehmer oder der jeweils geltende Entgelttarifvertrag, der neu eingestellte Mitarbeiter wird nach den jeweiligen Eingruppierungsgrundsätzen (meist eine Kombination aus beruflicher Ausbildung und Berufserfahrung) einer Entgeltgruppe zugeordnet; das Entgelt bzw. der Stundenlohn ergibt sich dann aus der aktuellen Entgelttabelle.

Recherchetipp

Über die Tarifverträge in der Zeitarbeit informieren die Verbände auf ihren Seiten im Internet:
Bundesarbeitgeberverband der Personaldienstleister (BAP) www.personaldienstleister.de
Interessenverband Deutscher Zeitarbeitsunternehmen (iGZ) http://www.ig-zeitarbeit.de

Hinweise auf weitere notwendige Vertragsinhalte gibt das Nachweisgesetz NachwG (§ 2 Abs. 1):

1. der Name und die Anschrift der Vertragsparteien,
2. der Zeitpunkt des Beginns des Arbeitsverhältnisses,
3. bei befristeten Arbeitsverhältnissen: die vorhersehbare Dauer des Arbeitsverhältnisses,
4. der Arbeitsort oder, falls der Arbeitnehmer nicht nur an einem bestimmten Arbeitsort tätig sein soll, ein Hinweis darauf, dass der Arbeitnehmer an verschiedenen Orten beschäftigt werden kann,
5. eine kurze Charakterisierung oder Beschreibung der vom Arbeitnehmer zu leistenden Tätigkeit,
6. die Zusammensetzung und die Höhe des Arbeitsentgelts einschließlich der Zuschläge, der Zulagen, Prämien und Sonderzahlungen sowie anderer Bestandteile des Arbeitsentgelts und deren Fälligkeit,
7. die vereinbarte Arbeitszeit,
8. die Dauer des jährlichen Erholungsurlaubs,
9. die Fristen für die Kündigung des Arbeitsverhältnisses,
10. ein in allgemeiner Form gehaltener Hinweis auf die Tarifverträge, Betriebs- oder Dienstvereinbarungen, die auf das Arbeitsverhältnis anzuwenden sind.

Für Zeitarbeitnehmer gilt zusätzlich § 11 AÜG:

(1) Der Nachweis der wesentlichen Vertragsbedingungen des Leiharbeitsverhältnisses richtet sich nach den Bestimmungen des Nachweisgesetzes. Zusätzlich zu den in § 2 Abs. 1 des Nachweisgesetzes genannten Angaben sind in die Niederschrift aufzunehmen:
   1. Firma und Anschrift des Verleihers, die Erlaubnisbehörde sowie Ort und Datum der Erteilung der Erlaubnis nach § 1,
   2. Art und Höhe der Leistungen für Zeiten, in denen der Leiharbeitnehmer nicht verliehen ist.

(2) Der Verleiher ist ferner verpflichtet, dem Leiharbeitnehmer bei Vertragsschluss ein Merkblatt der Erlaubnisbehörde über den wesentlichen Inhalt dieses Gesetzes auszuhändigen. Nichtdeutsche Leiharbeitnehmer erhalten das Merkblatt und den Nachweis nach Absatz 1 auf Verlangen in ihrer Muttersprache. Die Kosten des Merkblatts trägt der Verleiher.

Formulararbeitsverträge

Formulararbeitsverträge sind standardisierte und vorformulierte Arbeitsverträge, die auf eine Vielzahl von Arbeitsverhältnissen in einem Betrieb angewendet werden. Die enthaltenden Regelungen müssen genauso wie individuell ausgehandelte Arbeitsverträge den rechtlichen und tarifvertraglichen Bestimmungen entsprechen. Die einzelnen Klauseln müssen klar und unmissverständlich formuliert sein.

Praxistipp

Muster für Arbeitsverträge finden sich zahlreich im Internet; die Vorlagen sollten vor einer tatsächlichen Anwendung als Arbeitsvertrag intensiv überprüft werden.

5.4 Mitbestimmung des Betriebsrates

Trotz der grundsätzlichen Abschlussfreiheit des Arbeitgebers haben die bereits beschäftigten Arbeitnehmer über den Betriebsrat bei der Einstellung weiterer Mitarbeiter ein **Mitbestimmungsrecht**. Einstellungen sind, genauso wie beispielsweise Eingruppierungen, Umgruppierungen und Versetzungen zustimmungspflichtig (§ 99 BetrVG).
Einstellungen in diesem Sinne sind alle neu abzuschließenden Arbeitsverträge; auch die **Entfristung** eines vormals befristeten Arbeitsvertrages oder die **Verlängerung** eines befristeten Arbeitsvertrages zählen zu den zustimmungspflichtigen Neueinstellungen.
Der Arbeitgeber muss den Betriebsrat umfassend über die Person des neuen Mitarbeiters informieren. Zu den Unterlagen gehören neben der vollständigen Bewerbung auch Ergebnisse der eingesetzten Personalauswahlverfahren. Informationen über die anderen Bewerber müssen dem Betriebsrat ebenfalls zur Verfügung gestellt werden, sodass er die Entscheidung nachvollziehen kann.
Die **Reaktionsfrist** des Betriebsrates beträgt eine Woche. Fristbeginn ist der Tag nach Zugang der Informationen an den Betriebsrat. Schweigen gilt als Zustimmung. Entsprechend sollte der Betriebsrat mindestens eine Woche vor der geplanten Einstellung informiert werden.
Innerhalb dieser Wochenfrist kann der Betriebsrat die Einstellung **schriftlich** ablehnen. Die Ablehnungsgründe sind in **§ 99 Abs. 2 BetrVG** dargelegt, andere Gründe sind nicht zulässig (= begrenztes Zustimmungsverweigerungsrecht):

(2) Der Betriebsrat kann die Zustimmung verweigern, wenn

1. die personelle Maßnahme gegen ein Gesetz, eine Verordnung, eine Unfallverhütungsvorschrift oder gegen eine Bestimmung in einem Tarifvertrag oder in einer Betriebsvereinbarung oder gegen eine gerichtliche Entscheidung oder eine behördliche Anordnung verstoßen würde,
2. die personelle Maßnahme gegen eine Richtlinie nach § 95 verstoßen würde,
3. die durch Tatsachen begründete Besorgnis besteht, dass infolge der personellen Maßnahme im Betrieb beschäftigte Arbeitnehmer gekündigt werden oder sonstige Nachteile erleiden, ohne dass dies aus betrieblichen oder persönlichen Gründen gerechtfertigt ist;

als Nachteil gilt bei unbefristeter Einstellung auch die Nichtberücksichtigung eines gleich geeigneten befristet Beschäftigten,

4. der betroffene Arbeitnehmer durch die personelle Maßnahme benachteiligt wird, ohne dass dies aus betrieblichen oder in der Person des Arbeitnehmers liegenden Gründen gerechtfertigt ist,
5. eine nach § 93 erforderliche Ausschreibung im Betrieb unterblieben ist oder
6. die durch Tatsachen begründete Besorgnis besteht, dass der für die personelle Maßnahme in Aussicht genommene Bewerber oder Arbeitnehmer den Betriebsfrieden durch gesetzwidriges Verhalten oder durch grobe Verletzung der in § 75 Abs. 1 enthaltenen Grundsätze, insbesondere durch rassistische oder fremdenfeindliche Betätigung, stören werde.

Verweigert der Betriebsrat die Zustimmung, hat der Arbeitgeber drei Handlungsmöglichkeiten:

- er sieht von der Einstellung ab,
- er holt sich im Rahmen eines Ersetzungsverfahrens die Zustimmung des zuständigen Arbeitsgerichts ein,
- er stellt den Arbeitnehmer „vorläufig" ein (= vorläufige Maßnahme).

Die zweite und dritte Handlungsoption sind Ausdruck eines Konflikts zwischen Arbeitgeber und Betriebsrat. Ohne an dieser Stelle tiefer auf die möglichen Konflikte und Lösungsmöglichkeiten einzugehen, sei auf Folgendes verwiesen: Ohne Zustimmung des Betriebsrates oder ersatzweise des Arbeitsgerichtes kann der Arbeitgeber einen Arbeitnehmer nicht dauerhaft beschäftigen; auch die vorläufige Maßnahme endet ohne die Zustimmung innerhalb von zwei Wochen nach der Entscheidung des Gerichts.

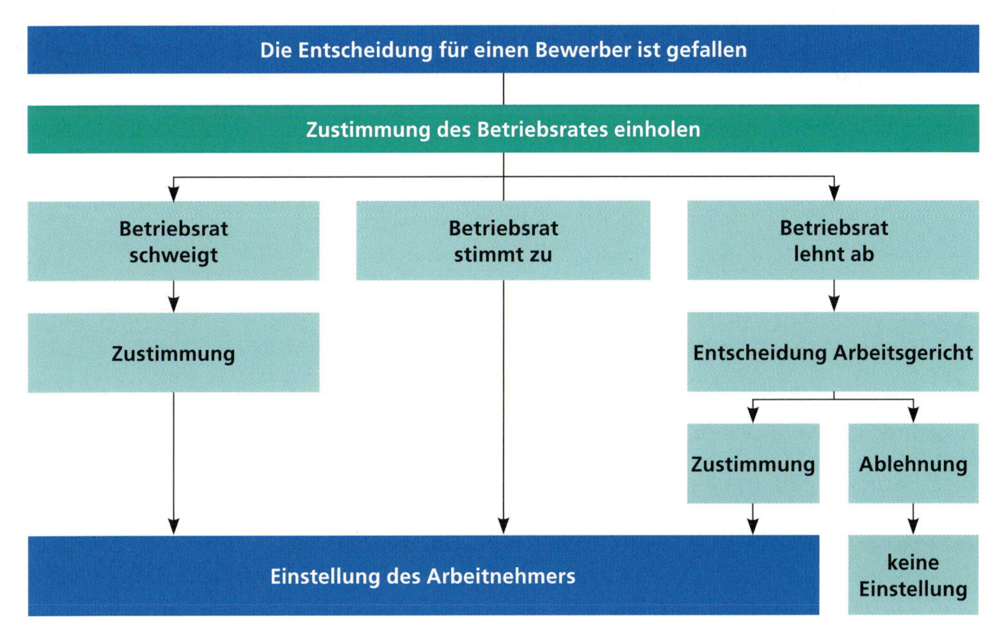

Zusammenfassung

- **Arbeitsverträge** sind eine Art von Dienstverträgen. Grundsätzlich gelten für den Arbeitsvertrag die **Abschlussfreiheit,** die **Formfreiheit** und die **Gestaltungsfreiheit**. Die Wirksamkeit des Arbeitsvertrages selbst ist nicht an die Schriftform gebunden, jedoch einzelne Regelungsbereiche (z. B. die Befristung). Innerhalb eines Monats nach Vertragsabschluss müssen die wesentlichen Vertragsbedingungen schriftlich nachgewiesen sein.
- Mit einem Arbeitsvertrag gehen Arbeitnehmer und Arbeitgeber **Haupt-** und **Nebenpflichten** ein. Die Hauptpflicht des Arbeitnehmers ist die Leistung des Dienstes, die des Arbeitgebers die Gegenleistung dafür (Entgeltzahlung).
- Unterschieden werden verschiedene **Arten von Arbeitsverhältnissen**:
  - Vollzeit- und Teilzeitarbeitsverhältnisse,
  - Befristete und unbefristete Arbeitsverhältnisse,
  - Sozialversicherungspflichtige und geringfügige Beschäftigungsverhältnisse,
  - Praktika u. a.
- Bei der inhaltlichen Gestaltung sind die gesetzlichen und tarifvertraglichen Regelungen im Sinne des **Vorrangprinzips** zu berücksichtigen; für den Arbeitnehmer günstigere als diese Regelungen können vereinbart werden (**Günstigkeitsprinzip**).
- Bei der Einstellung von neuen Mitarbeitern hat der **Betriebsrat** ein Mitbestimmungsrecht.

Aufgaben

1. *Erläutern Sie die Bedeutung von Arbeitnehmerschutzrechten und nennen Sie vier Beispiele.*
2. *Listen Sie Voraussetzungen für den Abschluss eines wirksamen Arbeitsvertrages auf.*
3. *Nennen Sie je ein Gegenbeispiel für folgende Freiheitsprinzipien beim Abschluss des Arbeitsvertrags:*
   - *Abschlussfreiheit*
   - *Formfreiheit*
   - *Gestaltungsfreiheit*
4. *Nennen Sie vier Beispiele für Arten von Arbeitsverträgen.*
5. *Erläutern Sie die Begriffe Vorrangprinzip und Günstigkeitsprinzip.*
6. *Grenzen Sie die Begriffe „Befristung mit Sachgrund" und „Befristung ohne Sachgrund" voneinander ab.*
7. *Ein Arbeitsverhältnis beinhaltet Rechte und Pflichten von Arbeitnehmer und Arbeitgeber.*
   Ordnen Sie folgende (Neben-)Rechte den Arbeitgebern oder den Arbeitnehmern oder beiden bzw. keinem von beiden zu. Schreiben Sie die jeweils zutreffende Zahl in das dafür vorgesehene Kästchen:

1 – Recht des Arbeitgebers
2 – Recht des Arbeitnehmers
3 – Recht von Arbeitnehmer und Arbeitgeber
4 – Recht von keinem von beiden

Recht auf Verschwiegenheit	
Recht auf Wettbewerbstätigkeit	
Recht auf Arbeitsleistung	
Recht auf Treue	
Recht auf Weihnachtsgeld	
Recht auf Datenschutz	
Recht auf Urlaub	

Recht zur Anweisung	
Recht auf Gegenleistung	
Recht auf Krankheit	
Recht auf Minderleistung	
Recht auf Fürsorge	
Recht auf Überstunden	
Recht zur Kündigung	

8. *Der Arbeitsvertrag ist die Grundlage der vertraglichen Beziehung zwischen Arbeitgeber und Arbeitnehmer. Nennen Sie sechs Inhalte des Arbeitsvertrages.*

9. *Sie sind Disponent/-in in dem Zeitarbeitsunternehmen Workflex GmbH.*

a) Das Johannis-Hospital fordert von Ihnen eine Pflegekraft an; die Stelle umfasst 30 Stunden im Schichtdient; geplant ist eine Einsatzdauer von elf Monaten. Sie haben eine Bewerberin gefunden, die alle Anforderungen erfüllt und die Sie neu einstellen können und wollen.

Welche Art von Arbeitsvertrag sollte in diesem Fall abgeschlossen werden?

Unbefristeter Vollzeitarbeitsvertrag mit elfmonatiger Probezeit.	
Unbefristeter Teilzeitarbeitsvertrag mit sechs Monaten Probezeit.	
Befristeter Vollzeitarbeitsvertrag über neun Monate mit sachlichem Grund.	
Befristeter Teilzeitarbeitsvertrag über neun Monate ohne sachlichen Grund.	

b) Kurz vor Ablauf der elf Monate kündigt der zuständige Mitarbeiter des Johannis-Hospital an, dass der Einsatz um weitere 13 Monate verlängert werden kann. Wie reagieren Sie aus Sicht Ihres Unternehmens am besten?

Das befristete Arbeitsverhältnis ohne sachlichen Grund kann bis zu einer Dauer von zwei Jahren verlängert werden.	
Die bisher eingesetzte Pflegekraft darf nicht weiterhin in diesem Einsatz beschäftigt werden, da sonst ein unbefristetes Arbeitsverhältnis entsteht.	
Die Verlängerung der Befristung um weitere 13 Monate wird der Mitarbeiterin telefonisch mitgeteilt.	
Das befristete Arbeitsverhältnis wird mit dem Sachgrund Erprobung um 13 Monate verlängert.	

10. *Als Disponent/-in der Workflex GmbH haben Sie Katja Peters befristet für drei Monate eingestellt. Nach sechs Wochen Beschäftigung teilt Ihnen Frau Peters mit, dass Sie schwanger ist. Welche der folgenden Handlungsmöglichkeiten ist zulässig?*

Sollte sich Frau Peters für die Tätigkeit als nicht geeignet erweisen, muss das Ende der Befristung abgewartet werden. Das Arbeitsverhältnis endet dann automatisch.	
Da das befristete Arbeitsverhältnis automatisch eine Probezeit enthält, kann ohne weitere Angabe von Gründen gekündigt werden.	
Durch Schwangerschaft greift für Frau Peters das Mutterschutzgesetz; die Befristung ist damit hinfällig.	

11. *Die Trippel Handels AG schließt einen Arbeitsvertrag mit Hans Landmann über 30 Stunden ab. Folgende weitere Informationen liegen Ihnen vor:*
Die Normalarbeitszeit in dem Unternehmen hat einen Umfang von 40 Stunden, das Urlaubsgeld beträgt 500,00 €, das Weihnachtsgeld 1 200,00 € für Vollzeitmitarbeiter.

Stundenlohn: 12,80 €

Ermitteln Sie das monatliche Bruttoentgelt, das Urlaubsgeld und das Weihnachtsgeld für Herrn Landmann.

12. *Die Trippel Handels AG hat am 1.1. des Jahres erstmals Vanessa Unger befristet für 12 Monate eingestellt. Am 1. Februar des darauffolgenden Jahres soll Vanessa Unger als Schwangerschaftsvertretung bis zum 31.12. des Jahres für eine andere Arbeitnehmerin eingestellt werden. Beurteilen Sie die Zulässigkeit der Befristungen. Nennen Sie jeweils die gesetzlichen Grundlagen.*

13. *Die Trippel Handels AG will zum Ersten des übernächsten Monats Leander Tegger einstellen. Planen Sie den Termin, zu dem der Betriebsrat spätestens unterrichtet werden muss.*

14. *Sie sind Mitarbeiter in dem mittelständischen Beratungsunternehmen Penger GmbH. Am heutigen Mittwoch geht es sehr turbulent zu: Drei Mitarbeiterinnen und Mitarbeiter sind gleichzeitig krank geworden und der Arbeitsvertrag von Hans Meier war bis zum gestrigen Dienstag befristet. Der Geschäftsführer Peter Ebert reagiert schnell: Hans Meier soll bis zum Ende der Woche weiter arbeiten, um den enormen Arbeitsanfall zu bewerkstelligen.*
Beurteilen Sie die arbeitsvertragliche Situation von Hans Meier mithilfe von § 15 Absatz 5 TzBfG.

15. *Hannes Tillmann hat einen befristeten Arbeitsvertrag bei der Kunstschmiede Hard Workers GmbH. Er wurde eingestellt, weil die Schmiede einen Großauftrag über eine 12 km lange Zaunanlage in einer kurzen Zeit fertigstellen musste. Am 15. März ist für den Geschäftsführer absehbar, dass Ende der kommenden Woche der Auftrag erfolgreich beendet wird.*
Bestimmen Sie das kalendermäßige Ende des befristeten Vertrags.

Lernfeld 6:

Personaleinsatz vorbereiten und durchführen

1 Personaleinsatzplanung: Stellenanforderungen und Mitarbeiterprofile abgleichen

Einstiegssituation ▶

Simone Gabel ist Auszubildende im zweiten Ausbildungsjahr bei dem Zeitarbeitsunternehmen **Personalflex GmbH**. Seit drei Monaten ist sie in der Niederlassung Süd eingesetzt und dem Disponenten **Jakob Ellinger** zugeordnet. Jakob Ellinger betreut verschiedene Kunden in der Region, bei denen derzeit 75 Mitarbeiter der Personalflex GmbH eingesetzt sind. Die Kundenunternehmen gehören zu folgenden Bereichen: Lager und Logistik und Metallbau Unternehmen.

Während Jakob Ellinger gerade zu einem Kunden unterwegs ist, betreut Simone Gabel das Telefon. Gegen 11 Uhr ruft **Gerhard Pensmann** von der **PrimaLog GmbH** an, einem Logistikbetrieb, der sich auf die Lagerung und Verteilung von Frisch- und Kühlwaren spezialisiert hat. Die PrimaLog GmbH betreibt drei große Distributionszentren in Süddeutschland, zwei davon in einem Umkreis von etwa 30 Km von der Niederlassung der Personalflex GmbH entfernt. In der vergangenen Woche hatte sich die PrimaLog GmbH erstmals mit Personalanforderungen an die Personalflex GmbH gewendet; bislang hatte das Unternehmen ausschließlich mit einem regionalen Wettbewerber der Personalflex GmbH zusammengearbeitet.

Gerhard Pensmann: „Hallo Frau Gabel, es geht um einen der beiden Mitarbeiter, den Sie uns in der vergangenen Woche überlassen haben."

Simone Gabel hat zwischenzeitlich am Bildschirm den Auftrag der Firma PrimaLog GmbH aufgerufen. „Ich sehe schon, Herr Pensmann, Sie hatten zwei Staplerfahrer angefordert. Wir haben Ihnen Herrn Kammer und Herrn Remmer überlassen. Haben sich die beiden gut eingearbeitet?"

Gerhard Pensmann: „Tja, das ist so eine Sache: Wir haben ausführlich mit dem Leiter unserer Logistikabteilung gesprochen und wir sehen derzeit keine Alternative: Wir möchten Sie bitten, uns ab Morgen einen Ersatz für Herrn Remmer zu überlassen."

Arbeitsaufträge:

1. *Analysieren Sie die Ausgangssituation.*
   - *Beschreiben Sie die Probleme aus Sicht der Personalflex GmbH.*
   - *Nennen Sie mögliche Gründe für das Verhalten des Kunden.*
   - *Machen Sie einen Vorschlag dafür, wie sich die Personalflex GmbH in diesem Fall verhalten sollte.*

2. *Jakob Ellinger ist unzufrieden mit der Situation und will die Personaleinsatzplanung in diesem Fall überprüfen und auf Fehler durchleuchten. Versetzen Sie sich in die Rolle des verantwortlichen Niederlassungsleiters und analysieren Sie das Vorgehen bei der Einsatzplanung. Ihnen liegen folgende Informationen über den Vorgang vor: Bei der Personalflex GmbH werden für die Erfassung der Kundenwünsche standardisierte Formulare verwendet, die als Grundlage für die Mitarbeiterauswahl dienen. Die Profildaten der Mitarbeiter sind in Form von Mitarbeiterkarteien abgelegt. Die vollständigen Unterlagen liegen Ihnen zur Auswertung vor.*

Kundenformular		
Branche		Logistik
Datum		27.8.
Sachbearbeiter		Ellinger
Unternehmensangaben		
Angaben zum Einsatzort		Kühllager Westheim gg. auch im Warenlager Ahrbach
Unternehmen		PrimaLog GmbH gegr. 1999, schnell wachsend, kein eigener Fuhrpark, tätig im Lebensmittelbereich, rund 145 Mitarbeiter
Ansprechpartner		Gerhard Pensmann (Personalabteilung)
Angaben zur Beschäftigung		
Lohn/Gehalt	(in EUR brutto)	tarifgebunden
Arbeitsbeginn	Uhrzeit	6:00 bzw. 14:00
Wochenarbeitszeit	in Stunden	40
Schichtbetrieb	Art	ja (2 Schichten)
Nachtschicht		bei Bedarf
Akkordarbeit		– (Prämien)

Anforderungen und Qualifikationen	
Anzahl/Art Mitarbeiter	2 gewerblich/Logistik
Führerschein	
Klasse B	X
Klasse C	–
Staplerschein	X
Andere	–
Führungszeugnis	X
weitere Qualifikationen	Umgang mit Lebensmitteln und Kühlwaren
Persönliche Voraussetzungen	
Alter	Durchschnitt ca. 30 Jahre
körperliche Belastung	teilweise hoch
Nichtraucher	–
Eignung für Schwerbehinderte	nein
sonstiges	–
Angaben zur Disposition	
Mitarbeiter	Remmer, Kammer
Einsatzbeginn	ab 01.09.
Disponent	Ellinger

a) *Analysieren Sie die vorliegenden Unterlagen und erstellen Sie*
   - *das Anforderungsprofil und*
   - *das Mitarbeiterprofil.*

   Hintergrundinformationen dazu finden Sie in Kapitel 1.2.1.

b) *Vergleichen Sie das Anforderungsprofil und das Mitarbeiterprofil mithilfe eines Eignungsprofils. Wählen Sie eine geeignete Darstellungsform (siehe Kapitel 1.2.3).*

Hubert Remmer

- geb. 1958
- Einstellung: 01.03.2009
- Qualifikation/Fachkenntnisse:
  Lagerlogistik, Lagersoftware und Office-Paket, Vorarbeiter, Disposition Lager, Stapler (div.), Führerschein
- Kundenkontakt (Telefon Lager, Kundenberatung)

- Einsätze:
  Maschinenlager Heinrich AG (häufig verlängerter Dauereinsatz auf Wunsch des Kunden) [sehr gute Bewertung!!!]
  derzeit einsatzfrei wegen kürzlicher Standortaufgabe Heinrich AG

Auszug aus der Mitarbeiterkartei

c) *Beurteilen Sie die Eignung des Mitarbeiters Hubert Remmer für den Einsatz bei dem Kunden. Begründen Sie Ihre Beurteilung.*

d) *Vergleichen Sie die Ergebnisse aus der Teilaufgabe c) mit Ihren ersten Überlegungen in Arbeitsauftrag 1 (Gründe für das Verhalten des Kunden). Welche Schlüsse über die Einsatzplanung bei der Personalflex GmbH ziehen Sie aus diesem Vergleich?*

3. *Bewerten Sie die in der Mitarbeiterkartei zusammengestellten Informationen vor dem Hintergrund der erarbeiteten Ergebnisse. Legen Sie fest, welche Informationen über den Mitarbeiter Remmer zusätzlich notwendig sind, um ein umfassendes Profil im Hinblick auf die Anforderungen zu erstellen.*

4. *Erstellen Sie eine Checkliste für die Personaleinsatzplanung der Personalflex GmbH, um das Vorgehen bei der Profilerstellung in Zukunft besser zu gestalten und ein präziseres Matching sicherzustellen.*

5. *Zur Vertiefung: Kundenanfrageformulare beinhalten zum einen Informationen, die grundsätzlich für die Bearbeitung wichtig sind, wie z. B. Kundenstammdaten, andere Informationen sind sehr speziell auf bestimmte Branchen und Einsatzbereiche bezogen.*

a) *Legen Sie fest, welche Kundeninformationen grundsätzlich für die Überlassung wichtig sind und welche branchentypischen Fragestellungen es gibt.*

b) *Erstellen Sie detaillierte Kundenanfrageformulare für folgende Branchen und Einsatzbereiche:*
   - *Verwaltungspersonal in einer medizinischen Gemeinschaftspraxis mit vier Fachärzten,*
   - *Pflegekraft in einem Pflegeheim für Senioren mit Demenz,*
   - *Schweißer in einer Werft,*
   - *Elektriker in einem Industriebetrieb (Automobilbranche),*
   - *Lastkraftfahrer für eine international tätige Spedition.*

LF 4, 1.2.2 Bei der Personaleinsatzplanung geht es darum, einer Stelle den *richtigen* Mitarbeiter zur *richtigen* Zeit am *richtigen* Ort zuzuordnen. In der kurzfristigen Sichtweise wird diese Zuordnung auch als **Disposition** bezeichnet, die Aufgabenträger entsprechend als Disponenten. In einigen Branchen ist die Aufgabe der tagesaktuellen Zuordnung von Personal bzw. Material elementar für die Leistungserstellung der Unternehmen, dort wird der Begriff Disponent als eigenständige Funktionsbeschreibung verwendet. Beispiele hierfür sind die Zeitarbeitsbranche und die Logistikbranche.

Beispiele
Der Disponent in einem Zeitarbeitsunternehmen ordnet dem Anforderungsprofil eines Kundenunternehmens einen geeigneten Mitarbeiter zu.
Der Disponent in einer Spedition ordnet den (Kunden-) Transportaufträgen das geeignete Transportmittel samt Fahrer zu.

Die Personaleinsatzplanung ist eine Teilaufgabe der Personalpolitik bzw. der Personalplanung.
Prinzipiell findet sich diese Planungsaufgabe in jedem Unternehmen. Innerhalb der Personaldienstleistungsbranche kommt ihr eine besondere Bedeutung zu, weil im Rahmen der Arbeitnehmerüberlassung und der Personalvermittlung die Einsatzplanung Teil der betrieblichen Leistungserstellung ist, sie bildet den Kern der Wertschöpfung des Unternehmens. In allen anderen Branchen dagegen ist die Personaleinsatzplanung eine aus dem Unternehmenszweck abgeleitete Aufgabe. Bd. 1, LF 3, 1.1
In diesem Kapitel werden zunächst die Grundlagen der Personaleinsatzplanung dargestellt; anschließend werden der Ablauf der Personaleinsatzplanung sowie die konkrete Umsetzung vor allem im Zusammenhang mit der Arbeitnehmerüberlassung im Detail aufbereitet. Abgeschlossen wird das Kapitel mit einem Abschnitt über die Kennziffern der Personaleinsatzplanung.

1.1 Personaleinsatzplanung als Teilbereich der Personalplanung

Um ihren Leistungszweck zu erfüllen, setzen Unternehmen Personal ein. Die Beschäftigung von Personal ist daher keine originäre (= eigenständige) Aufgabe eines Unternehmens, sondern eine aus dem Unternehmenszweck abgeleitete (= derivative) Notwendigkeit. Beispielsweise muss eine Tischlerei für die Leistungserstellung, etwa für die Herstellung von Regal- und Schrankwänden, entsprechend qualifiziertes Personal in ausreichender Menge einsetzen, damit die Maschinen bedient und die Hölzer bearbeitet werden können. Weiteres Personal erstellt die Konstruktionspläne, beschafft die Materialien, besucht die Kunden, fährt die Auslieferungsfahrzeuge usw. Damit die betriebliche Tätigkeit auf Dauer reibungslos funktionieren kann, muss der Personalbereich geplant werden. Dabei stehen die Personalplanung und die Planungen der anderen betrieblichen Funktionsbereiche wie etwa Absatz, Produktion, Finanzierung in einem wechselseitigen Abhängigkeitsverhältnis: Beispielsweise wirken sich höhere Absatzzahlen auch auf die Planung der Produktion und ggf. der Finanzen aus. Die Gesamtheit aller Teilpläne wird auch als **Unternehmensplanung** bezeichnet.

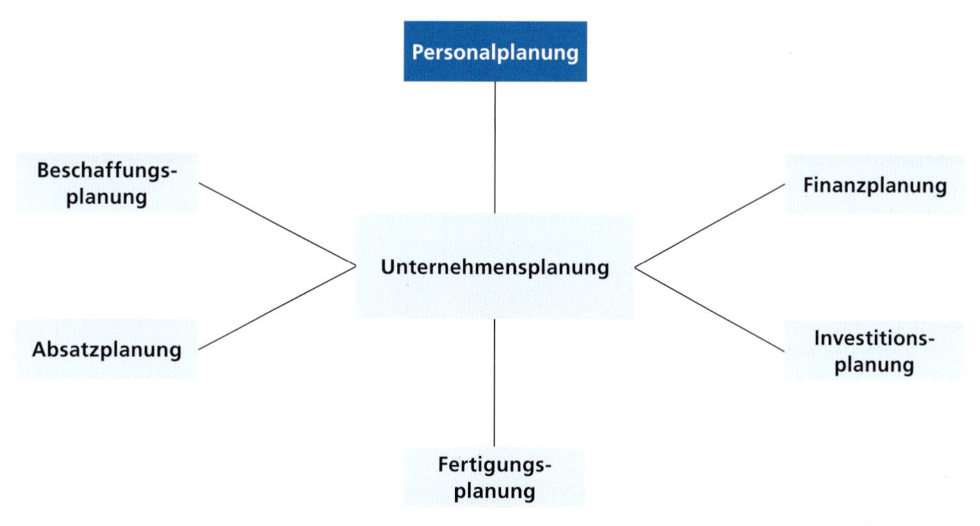

Quelle: Albert, Günther: Betriebliche Personalwirtschaft, Kiehl Verlag, 2008, S. 37

Aufgaben, Ziele und Bereiche der Personalplanung

Bd. 1, LF 2

Ziel der Personalplanung ist die bestmögliche Sicherstellung der personellen Basis, sodass das Unternehmen seine Ziele verfolgen und erreichen kann. Im Einzelnen bedeutet dies, dass die Personalplanung Folgendes gewährleisten muss:

Die Personalplanung soll

- die richtigen Mitarbeiter,
- mit der richtigen Qualifikation,
- in der richtigen Anzahl,
- zur richtigen Zeit,
- am richtigen Ort,
- zu „richtigen", im Sinne von betriebswirtschaftlich angemessenen, Kosten

bereitstellen.[1] Um diese Aufgaben zu erledigen, umfasst die Personalplanung folgende Planungsbereiche:

Planung des Personalbedarfs, der Personalbeschaffung, des Personaleinsatzes, der Personalentwicklung, der Personalfreisetzung und der Personalkosten. In allen Planungsbereichen geht es darum, den Personaleinsatz bestmöglich (= optimal) zu steuern, sodass personelle Engpässe und Überhänge vermieden werden. Dies umfasst zum einen die Beschaffung geeigneter Mitarbeiter, zum anderen aber auch die Aufdeckung von Entwicklungspotenzialen und die Planung der **Personalentwicklung**.

---

[1] *Analog werden auch die Aufgaben in der Logistik mit diesen sechs „R" beschrieben; auch dort handelt es sich um ein Zuordnungsproblem. Die Logistik organisiert jedoch Materialflüsse, was mit dem Einsatz des Faktors Arbeitsleistung nicht gleichzusetzen ist. Das Flussprinzip kann auf den Faktor Arbeit nicht unmittelbar übertragen werden.*

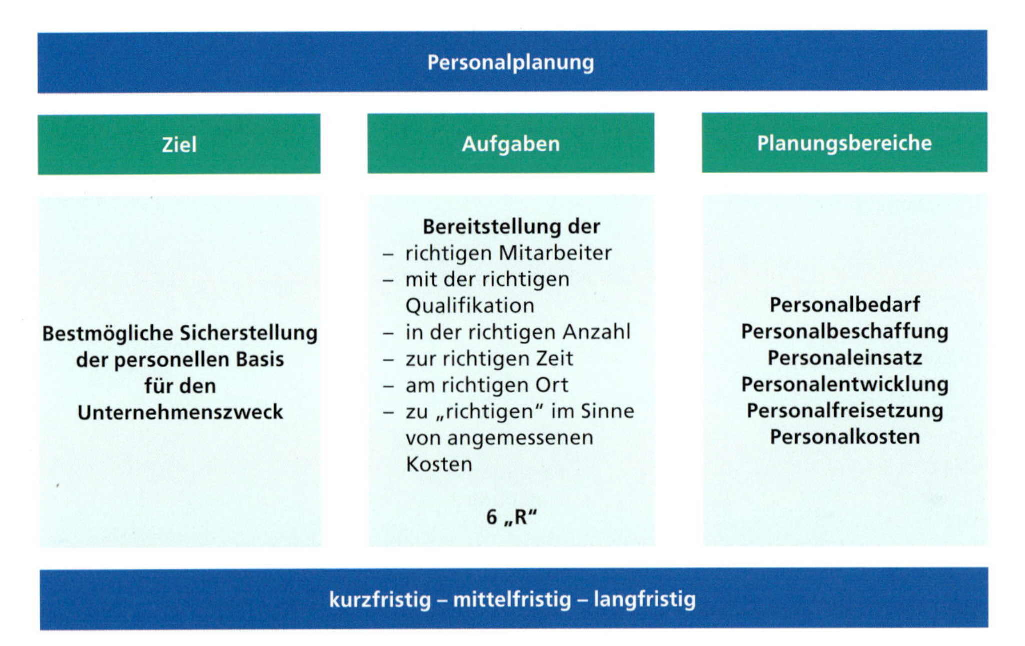

Aufgaben, Bereiche und Ziele der Personalplanung

1.1.1 Definition und Ziel der Personaleinsatzplanung

Die Personaleinsatzplanung hat das Ziel, den Personaleinsatz bestmöglich zu gestalten. Dies kann sich auf verschiedene zeitliche Fristen beziehen:

- **Kurzfristig** geht es um die Zuordnung von den jeweils am besten geeigneten Mitarbeitern auf die Stellen im Unternehmen. In dieser kurzen Frist sind sowohl die Qualifikationen der Mitarbeiter als auch die Anforderungen der Stellen gegeben bzw. fix.
- **Langfristig** gesehen können sich die Stellenanforderungen ändern sowie Fertigkeiten von Mitarbeitern entwickelt werden. In diesem zeitlichen Horizont entspricht die Personaleinsatzplanung dann weitgehend der Gesamtheit der Personalplanung, also inklusive der Aufgaben Personalbeschaffung und Personalentwicklung.

Im engeren Sinne wird mit dem Begriff der Personaleinsatzplanung die kurzfristige, manchmal auch mittelfristige Zuordnung von Mitarbeitern auf Stellen bezeichnet. Die Anpassung der Qualifikationen an sich ändernde Stellenanforderungen bzw. die Veränderung der Arbeitsplatzanforderungen dagegen werden den Bereichen Personal- und Organisationsentwicklung zugewiesen.
Die Personaleinsatzplanung im Sinne der Disposition umfasst drei Aspekte der Zuordnung:

- Die **qualitative** Zuordnung bezieht sich auf die Qualifikationen des Mitarbeiters und die fachlichen Anforderungen der Stelle.
- Bei der **quantitativen** Zuordnung geht es um die mengenmäßige Entsprechung von Personalbedarf in einem Unternehmen (oder Unternehmensteil) und tatsächlichem Personalbestand (gemessen zum Beispiel in Stunden).

- Die **zeitliche** Zuordnung stimmt die terminliche Übereinstimmung von Personalbedarf und Personalbestand ab.

Definition
Bei der **(kurzfristigen) Personaleinsatzplanung** werden den Stellen bzw. Arbeitsplätzen die qualitativ geeigneten Mitarbeiter in ausreichender Anzahl zur richtigen Zeit zugeordnet.

	Qualitative Zuordnung	Quantitative Zuordnung	Zeitliche Zuordnung
Kurzfristig	Personaleinsatzplanung, Disposition		
Mittelfristig			
Langfristig	Personalbeschaffung, Personalentwicklung		

Bei der *optimalen* Zuordnung von Mitarbeitern auf Stellen sind neben den Interessen des Unternehmens auch die der Mitarbeiter zu berücksichtigen.
Effizient (= wirkungsvoll) ist die Personaleinsatzplanung, wenn

- die individuellen Arbeitszeiten in Übereinstimmung mit den betrieblich optimalen Laufzeiten gebracht werden,
- keine körperliche und/oder psychische Über- oder Unterforderung der einzelnen Mitarbeiter vorliegt,
- Arbeitszufriedenheit herrscht und
- die Personalkosten minimiert sind.

Die Bedingungen hängen wechselseitig zusammen: So wird sich in vielen Fällen eine andauernde Über- oder Unterforderung von Mitarbeitern genauso wie die Vernachlässigung der Mitarbeiterwünsche bei den Arbeitszeiten negativ auf die Arbeitszufriedenheit auswirken. Die Besetzung von Stellen mit überqualifizierten Personen, die meist besser entlohnt werden, wird dazu führen, dass die Personalkosten höher als notwendig sind. Man kann aufgrund dieser zum Teil in Konflikt stehenden Ziele auch von einem „magischen Zielviereck" sprechen, das zwar Orientierung bei der Personaleinsatzplanung gibt, bei dem sich in der Praxis jedoch kaum der ideale Zustand einstellen wird, dass alle Ziele gleichzeitig erreicht werden.

Ziel und Zielbedingungen der Personaleinsatzplanung

1.1.2 Einflussfaktoren auf die Personaleinsatzplanung

Beeinflusst wird die Personaleinsatzplanung von zahlreichen unternehmensinternen und -externen Faktoren. Zu den **internen** Einflussfaktoren zählen beispielweise die bereits genannten Interessen, Wünsche und Einstellungen der Mitarbeiter inklusive Urlaubszeiten und Zeiten der Weiterbildung, die in einem Unternehmen zu einem bestimmten Zeitpunkt verfügbaren Qualifikationen sowie das Ausmaß der Fehlzeiten, das Führungsverhalten und das allgemeine Betriebsklima. Hinzu kommt die Berücksichtigung der betriebswirtschaftlich sinnvollen Maschinenlaufzeiten sowie die Besetzung von besonders wichtigen Stellen wie etwa an den Kassen im Einzelhandel.
Externe Einflussfaktoren auf die Personaleinsatzplanung sind die aktuelle konjunkturelle Lage sowie das Nachfrageverhalten, aber auch aktuelle Ereignisse wie politische Ereignisse oder Naturereignisse können die Personaleinsatzplanung beeinflussen. Gesellschaftliche Entwicklungen wirken sich indirekt über die Beeinflussung der Nachfrage, die Einstellung der Mitarbeiter oder die Organisation von Unternehmen aus (Stichwörter: Arbeitszeitflexibilisierung, familienfreundliche Arbeitszeiten, Work-Life-Balance u. dgl.). Durch technische Entwicklungen kann sich die Arbeitswelt mittel- und langfristig verändern. Wichtig sind weiterhin die rechtlichen Rahmenbedingungen, die bei der Personaleinsatzplanung eingehalten werden müssen; dazu zählen etwa Schutzregelungen für bestimmte Mitarbeitergruppen (Mutterschutz, Jugendschutz) oder für die Allgemeinheit (Arbeitszeitgesetz, Teilzeit- und Befristungsgesetz) sowie unternehmensbezogene Regelungen wie das Ladenschlussgesetz. Weitere Rahmenbedingungen ergeben sich durch Tarifverträge und Betriebsvereinbarungen.

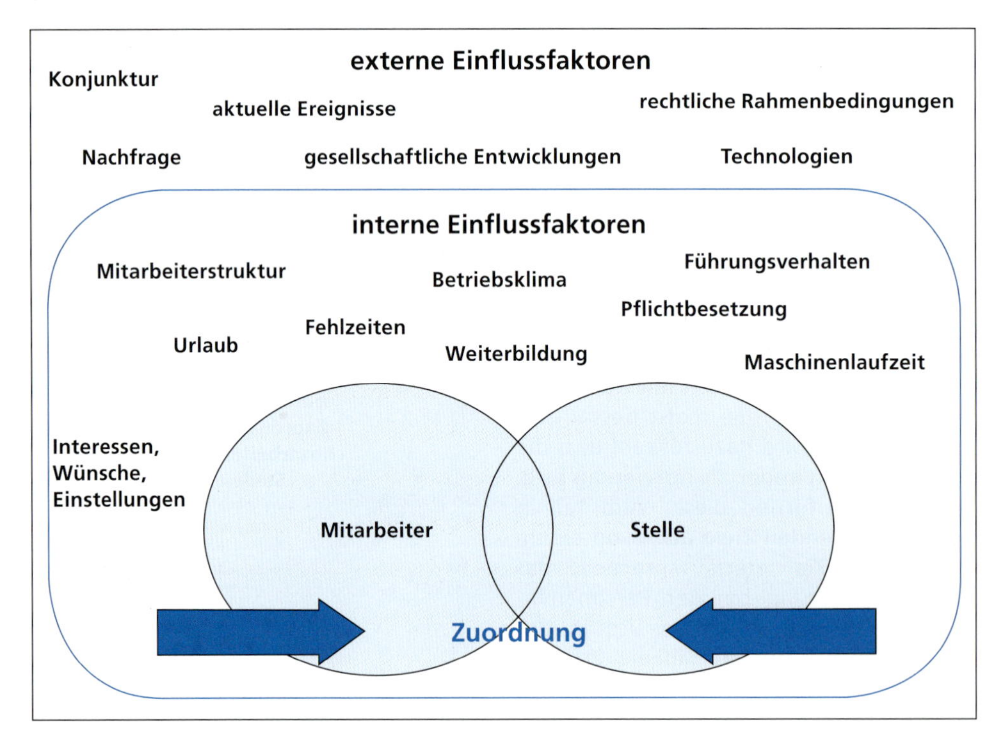

Einflussfaktoren auf die Personaleinsatzplanung

1.1.3 Informationsgrundlagen der Personaleinsatzplanung

Zur Erfüllung der Aufgaben der Personaleinsatzplanung sind zum einen umfassende Informationen über die jeweiligen Profile notwendig sowie zum anderen Informationen über den personal- und einsatzbezogenen Gesamtzusammenhang. **Organisations- und Stellenbesetzungspläne** zeigen den aktuellen Stand des Mitarbeitereinsatzes. Hinweise auf die weitere kurzfristige Entwicklung liefern unternehmensbezogene Kennzahlen, Produktionspläne sowie Angaben der Personalstatistik, wie etwa über die Fehlzeitenentwicklung.

Aus **Stellenbeschreibungen** lässt sich das Anforderungsprofil des Stelleninhabers ableiten, das für die Erfüllung der mit der Stelle verbundenen Aufgaben notwendig ist. Die Informationsgrundlagen für die Mitarbeiter liegen in Form von Arbeitsverträgen, Zeugnissen, Qualifikationen und Mitarbeiterbeurteilungen in der Personalakte vor. Hinzu kommen individuelle Angaben aus den Arbeitszeitkonten und Urlaubsplänen.

Nicht zu unterschätzen ist die Bedeutung der Erfahrung des jeweiligen Planers bzw. Disponenten, wie die folgende Abbildung zeigt. Abhängig von der Unternehmensgröße und der Komplexität der Planungsaufgaben werden in Unternehmen auch EDV-unterstützte Planungssysteme eingesetzt, die sich mit anderen Softwaremodulen, wie etwa Zeiterfassungssystemen, verbinden lassen.

Systeme zur Personaleinsatzplanung heute und in Zukunft: Meinungsvergleich

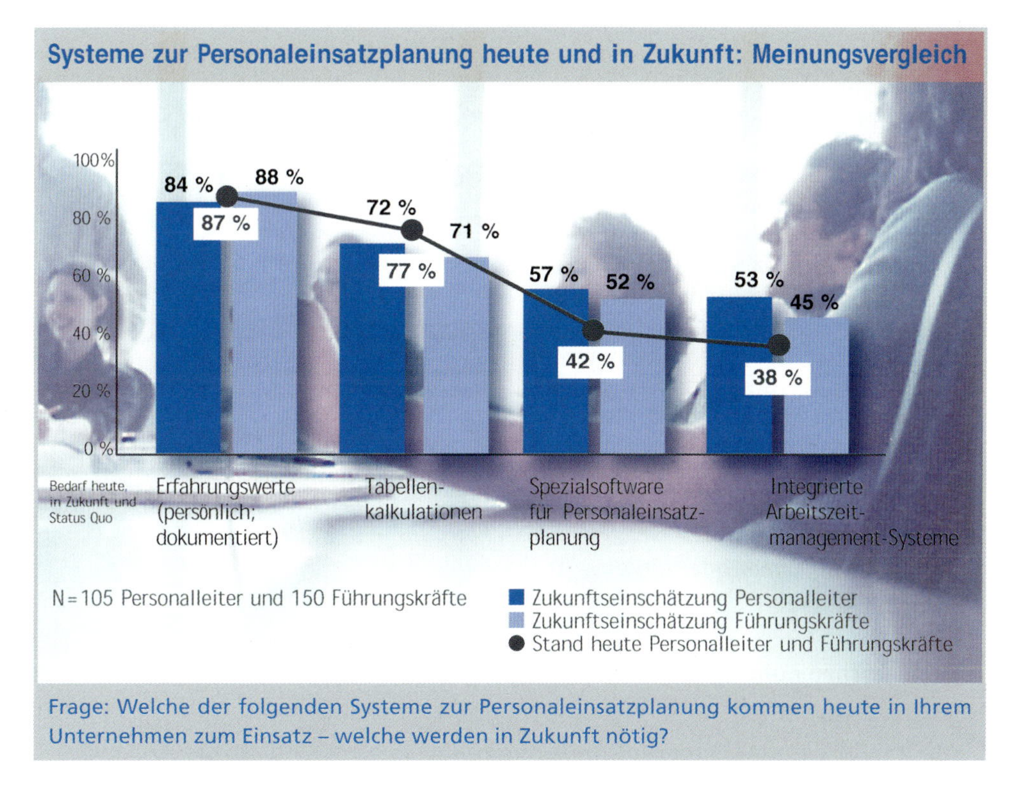

Frage: Welche der folgenden Systeme zur Personaleinsatzplanung kommen heute in Ihrem Unternehmen zum Einsatz – welche werden in Zukunft nötig?

Quelle: ATOSS/DEKRA 2003

1.1.4 Instrumente der Personaleinsatzplanung

Für die Lösung der meist komplexen Probleme der Personaleinsatzplanung werden je nach Unternehmensgröße, -branche, betrieblichen Laufzeiten und Stabilität der Umweltbedingungen verschiedene Instrumente eingesetzt. Die meisten Instrumente fokussieren einen Teil des insgesamt dreidimensionalen Zuordnungsproblems (qualitativ, quantitativ, zeitlich):

<table>
<tr><th colspan="4">Instrumente der Personaleinsatzplanung</th></tr>
<tr><th>Qualitative Zuordnung</th><th colspan="2">Quantitative Zuordnung</th><th>Zeitliche Zuordnung</th></tr>
<tr><td>Stellenbeschreibungen,
Anforderungsprofile,
Mitarbeiterprofile</td><td></td><td colspan="2" rowspan="2">Schichtpläne,
Dienstpläne</td></tr>
<tr><td colspan="2">Stellenpläne und Stellenbesetzungspläne</td></tr>
<tr><td colspan="4">Integrierte EDV-Lösungen</td></tr>
</table>

Stellenbeschreibungen und Anforderungsprofile decken genauso wie die Mitarbeiterprofile die qualitativen Aspekte des Zuordnungsproblems ab. Stellenpläne und Stellenbesetzungspläne dagegen zeigen zusätzlich an, wie viele der jeweiligen Qualifikationen benötigt werden.

Schichtpläne und **Dienstpläne** koordinieren die Tätigkeit von Mitarbeitern bzw. Mitarbeitergruppen zu bestimmten Einsatzzeiten. Mit diesen Plänen kann visualisiert werden, dass zu jeder Zeit ausreichend Mitarbeiter für eine bestimmte Tätigkeit bzw. an einem bestimmten Einsatzort zur Verfügung stehen. Der Begriff Dienstplan findet sich häufig im öffentlichen Bereich (Pflegeeinrichtungen, Polizeidienst, Krankenhäuser, Feuerwehr etc.). Umgesetzt werden Schichtpläne in Form einer Tabelle, entweder in einer entsprechenden Software oder auf einer Dispositionstafel.

Im fachlichen Kontext

Schichtarbeit

Schichtarbeit ist eine Form der Arbeitszeitgestaltung, die die individuelle Arbeitszeit des Mitarbeiters von den betrieblichen Laufzeiten entkoppelt. Maximal ist mit einem vollkontinuierlichen Schichtbetrieb eine Betriebszeit von wöchentlich 168 Stunden möglich (7 Tage zu je 24 Stunden). Unterschieden werden vollkontinuierliche Schichtenmodelle (168 Betriebsstunden) und teilkontinuierliche Schichtenmodelle (5 Tage zu

je 24 Stunden, ohne Wochenende; max. 120 Stunden Betriebszeit). Je nachdem, wie viele Schichten aufeinander folgen unterscheidet man Zweischicht-, Dreischicht-, Vier- und Fünfschichtmodelle. Die beiden letzteren sind für die Konti-Schicht notwendig. Für den einzelnen Mitarbeiter ändert sich die jeweilige Einsatzzeit (Früh-, Spät-, Nachtschicht), es sei denn, er ist für eine Schicht auf Dauer eingestellt (Beispiel sind dauernde Nachtdienste in einer Pflegeeinrichtung).
Schichtarbeit ist aus gesundheitlicher Sicht aufgrund der Unregelmäßigkeit nicht unbedenklich. Der Gesetzgeber hat daher im Arbeitszeitgesetz vorgesehen, dass die Schichtarbeit nach „den gesicherten arbeitswissenschaftlichen Erkenntnissen über die menschengerechte Gestaltung der Arbeit festzulegen“ ist (§ 6 Absatz 1 AZG). Die Festlegung von Schichtmodellen in einem Unternehmen ist daher häufig Anlass für Diskussionen und Auseinandersetzungen zwischen Arbeitnehmern/Betriebsrat und Arbeitgeber.

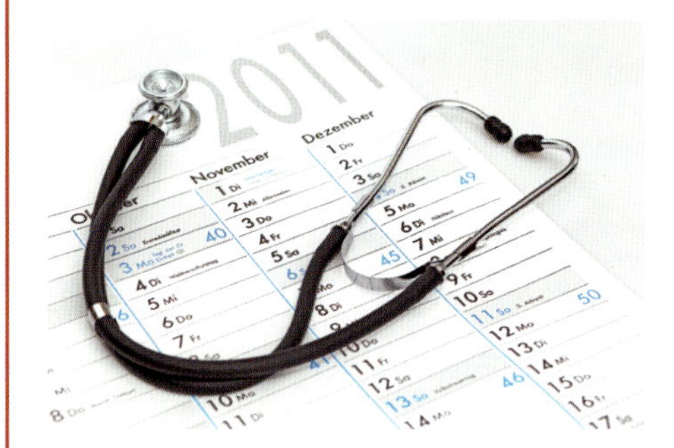

	Mo	Di	Mi	Do	Fr	Sa	So
A	F	F	S	S	N	N	N
B			F	F	S	S	S
C	N	N			F	F	F
D	S	S	F	F			
E	F	F	S	S	N	N	N
F			F	F	S	S	S
G	N	N			F	F	F
H	S	S	N	N			R
I	R	R	R	R	R	R	

F – Frühschicht, S – Spätschicht, N – Nachtschicht, R – Ruhe

Weitere Hinweise zur Arbeitszeitgestaltung und zu Schichtmodellen finden Sie zum Beispiel unter folgenden Quellen: www.arbeitszeiten.nrw.de, www.bmg.bund.de. Auch die gesetzlichen Krankenkassen bieten Informationen zur Gestaltung von Schichtarbeit an; beispielsweise unter www.barmer-gek.de, Stichwort Schichtarbeit. Die IG Metall fasst in einer Broschüre Beispiele und arbeitswissenschaftliche Erkenntnisse zusammen: im Internet abrufbar unter http://library.fes.de/pdf-files/netzquelle/igm/schichtplan.pdf, abgerufen am 10.10.2012.

1.1.5 Organisation der Personaleinsatzplanung

Die Aufgabe der Personaleinsatzplanung ist in den Unternehmen unterschiedlich organisiert. Im Einzelnen gehören folgende Festlegungen zur Organisation der Einsatzplanung:

- Wer plant? (Vorgesetze, zentrale Stelle oder Abteilung)
- Wann wird geplant? (Festlegung des Planungszeitpunktes: regelmäßig an bestimmten Kalendertagen, bedarfsorientiert bei Vorliegen von Veränderungen)
- Was wird geplant? (qualitative, quantitative und/oder zeitliche Zuordnung, beispielsweise der Einsatz bestimmter Mitarbeiter oder Mitarbeitergruppen zu bestimmten Zeiten oder für bestimmte Aufgaben)

- Wie wird geplant? (Form der Planungen, beispielsweise in Form von Schichtplänen, Arbeitsaufträgen, Verwendung unterstützender Medien wie Dispositions- bzw. Magnettafeln, Einsatz von Softwarelösungen usw.)

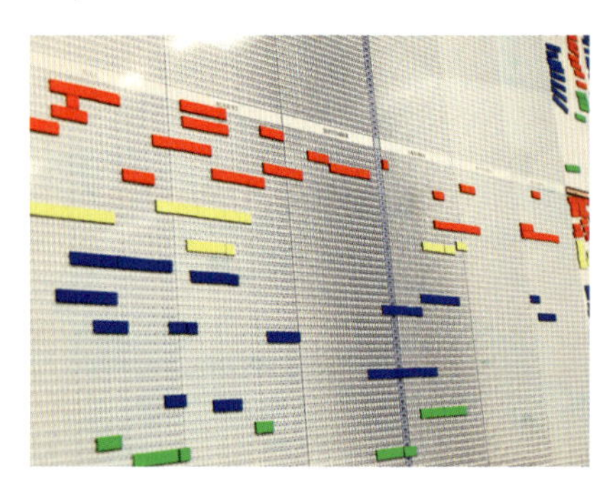

Die konkrete Ausgestaltung der Planungsorganisation ist von vielen Faktoren abhängig, beispielhaft sind hier einige zusammengestellt:

- Branche und Größe des Unternehmens,
- Bedeutung des Personals für die Leistungserstellung,
- Organisationsform des Unternehmens: Filialunternehmen, Unternehmen mit nur einem Standort,
- Fristigkeit und Häufigkeit der Einsatzplanungen (täglich, wöchentlich, monatlich),
- Fluktuations- und Fehlzeitenquoten.

Beispiel

In einem Filialunternehmen aus dem Textilhandel werden die Einsatzpläne wöchentlich im Voraus dezentral in den jeweiligen Filialen erstellt. Verantwortlich für die Durchführung der Planungen ist der jeweilige Filialleiter. Grundlage der Planungen sind die Öffnungszeiten der Filiale sowie die Kundenfrequenzen an unterschiedlichen Werktagen und zu unterschiedlichen Tageszeiten. Daten dazu können über das Warenwirtschafts- und Kassensystem stundengenau ausgewiesen werden. Dabei spielen die Erfahrungen des Filialleiters eine große Rolle. Auf dieser Grundlage wird der mengenmäßige und zeitliche Personalbedarf bestimmt. Zusätzlich ist in einer Betriebsanweisung festgelegt, dass zu den Öffnungszeiten entweder der Filialleiter oder sein Stellvertreter anwesend sein muss. Die Aufgabe des Filialleiters besteht darin, auf der Grundlage dieser betrieblichen Anforderungen festzulegen, welche Mitarbeiter wann in der Filiale arbeiten müssen. Hinsichtlich der formalen Qualifikationen unterscheiden sich die Mitarbeiter nur wenig; sie haben aber unterschiedliche Umfänge an wöchentlichen Arbeitszeiten vereinbart. Daneben haben die Mitarbeiter unterschiedliche Vorlieben, was die Zeiten für Beginn und Ende der Arbeitszeit angeht.

1.2 Vorgehen bei der Personaleinsatzplanung: Profiling und Matching

Die Zuordnung von Mitarbeitern auf Stellen erfordert einen Abgleich (**Matching**) der Mitarbeiterprofile mit den Anforderungsprofilen, um auf diesem Weg etwas „Passendes" und „Übereinstimmendes" zu finden. Voraussetzung für ein erfolgreiches **Matching** sind daher umfassende und zutreffende Beschreibungen der Stellenanforderungen und der Voraussetzungen des Mitarbeiters. Bevor also ein Abgleich stattfinden kann, müssen zunächst die jeweiligen sogenannten

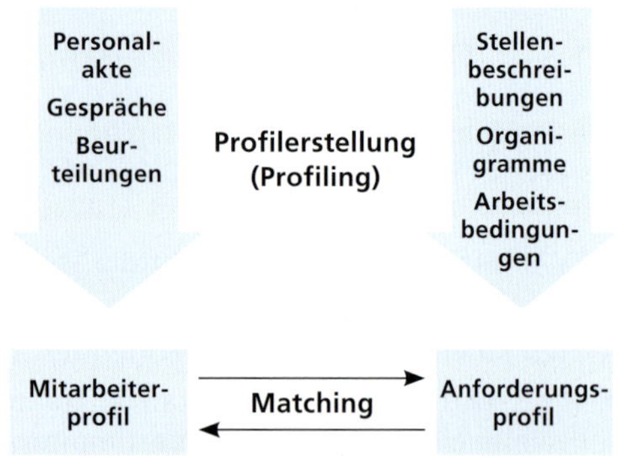

Zusammenhang von Profilerstellung und Matching

„Profile" erstellt werden. Für diesen Prozess der **Profilerstellung** wird zunehmend auch der Begriff **Profiling** verwendet.

1.2.1 Profilerstellung

Der Begriff **Profil** wird in ganz unterschiedlichen Zusammenhängen gebraucht: Im technischen Gebrauch etwa bezeichnet es Bauteile, die eine bestimmtes Form haben (Stahlprofile, T- und U-Profile, das Profil eines Autoreifens usw.), Geologen beschreiben bestimmte Geländeprofile (Anordnung von Mulden, Erhebungen, Ebenen usw.), Tunnel haben ein charakteristisches Querschnittsprofil.
Profile sind das Ergebnis einer bestimmten Perspektive: Ein Profil ist eine Seitenansicht von einem Gegenstand oder auch einer Person; letztere gibt beispielsweise ein Scherenschnitt wieder.

Definition
Ein **Profil** ist eine Zusammenstellung von charakteristischen Merkmalen und ihren Ausprägungen zu einem bestimmten Zeitpunkt (Ist-Zustand).

Die Inhalte von Personenprofilen unterscheiden sich je nach Anwendungsbereich: Im beruflichen Kontext sind u.a. Fachkompetenzen, besondere Fähigkeiten und Erfahrungen wichtig, im privaten Bereich geht es eher um Einstellungen, Vorlieben, Hobbys etc. Während bei der Suche nach neuen Freunden und/oder Partnern zwei Personenprofile abgeglichen werden, geht es im beruflichen Bereich um den Abgleich von Stellenanforderungen und Handlungsvermögen im Hinblick auf aktuelle und zukünftige Aufgaben. Für diesen Prozess wird in der Praxis häufig der Begriff **Profiling** verwendet.

Definition
Profiling ist die Erfassung und Analyse von Merkmalen eines Arbeitnehmers im Hinblick auf ein (allgemeines oder spezifisches) Anforderungsprofil.

1.2.1.1 Erstellung des Anforderungsprofils

Informationsgrundlage für das Anforderungsprofil ist, soweit in den Unternehmen vorhanden, die Stellenbeschreibung. Aus ihr lässt sich das Anforderungsprofil ableiten.
Die **Stellenbeschreibung** umfasst die aufbau- und ablauforganisatorische Einbindung der Stelle. Aus dieser Beschreibung müssen nun die wesentlichen Anforderungen an den zukünftigen Stelleninhaber konkretisiert werden. Dies erfordert eine umfassende Analyse der Stellen- und Aufgabensituation, um festzustellen, was eine Person mitbringen muss, um die jeweilige Stelle bestmöglich auszufüllen. Dabei kommt es nicht darauf an, maximale Anforderungen zu formulieren, sondern geeignete. Dies wiederum setzt umfangreiches Wissen über die Aufgabenbereiche und die Abläufe im Unterneh-

Bd. 1, LF 4, 1.2.2

men voraus, zum anderen aber auch Wissen über Berufe und Qualifikationen, soziale und persönliche Kompetenzen.
Hilfreich ist es, sich an **Leitfragen** zu orientieren:

- Welche (Kern-)Aufgaben werden von dieser Stelle bearbeitet?
- Wie ist die Stelle bzw. sind die (Teil-)Aufgaben der Stelle in das organisatorische Gefüge eingebettet?
- Unter welchen Bedingungen (zeitlich, organisatorisch, umweltbezogen) werden die Aufgaben bearbeitet?
- Welche Arbeitsmittel werden bei der Aufgabenerfüllung eingesetzt?
- Welche fachlichen Qualifikationen sind notwendig, um die Aufgaben auszuüben?
- Welche verhaltensbezogenen und persönlichen Kompetenzen sind erforderlich, um die Aufgaben zu erledigen?
- Welche weiteren Kompetenzen/Fähigkeiten/Eigenschaften sollte jemand haben, um die Aufgaben zu erledigen?

Beispiel

Ein Beispiel soll dies verdeutlichen: In einem Dialysezentrum soll ein Anforderungsprofil für den Aufgabenbereich Betreuung der Dialysepatienten erstellt werden. Eine eingehende Analyse der Situation ergibt, dass die notwendigen fachlichen Kompetenzen durch zwei Berufsausbildungen abgedeckt sind: Ausbildung in der Krankenpflege ***oder*** *Ausbildung als Medizinische Fachangestellte (MFA, bis 2006 Arzthelferin). Als weitere fachliche und persönliche Anforderungen werden definiert: technisches, physikalisches, mathematisches Verständnis, hohes Ausmaß an sozialen Kompetenzen, wie z. B. Kommunikationsfähigkeit und Empathie; persönliche Kompetenzen: körperliche und psychische Belastbarkeit u. a. wegen Schichtdiensten/ggf. Nachtdiensten, selbstständiges Arbeiten etc.*

Für eine umfassende Analyse müssen neben den Kompetenzbereichen die Rahmenbedingungen des Arbeitsplatzes berücksichtigt werden. Ein detaillierter Analyserahmen umfasst beispielsweise folgende Bereiche:

Anforderungsbereiche	Beispiele für Anforderungsmerkmale
Fachliche Anforderungen	Ausbildung, Examina, Zertifikate, Zeugnisse, Belehrung nach dem Infektionsschutzgesetz, Unbedenklichkeitsbescheinigungen, Fahrerlaubnisse …
(Sozialkommunikative und) Verhaltensanforderungen	Kontaktfähigkeit, Kommunikationsfähigkeit, Umgangsformen, Auftreten, Durchsetzungsvermögen …
Anforderungen an die Persönlichkeit	Belastbarkeit, Leistungsmotivation, Selbstständigkeit, Verantwortungsbewusstsein, sprachliches Ausdrucksvermögen …
Anforderungen hinsichtlich Arbeitsorganisation und Arbeitszeit	Teamarbeit/Einzelarbeitsplatz, Überstunden, Schichtdienst, Wochenendarbeit, Vollzeit/Teilzeit …
Anforderungen hinsichtlich des Arbeitsumfelds und des Gebrauchs von Arbeitsmitteln	Umgang mit überdurchschnittlicher Lärmbelastung, Zugluft, Kälte, Nässe, Temperaturschwankungen …

Anforderungsbereiche	Beispiele für Anforderungsmerkmale
Psychophysisches Anforderungsprofil	Körperhaltung, Fortbewegung, Sinnes- und Informationsverarbeitung, Gleichgewichtssinn, physische Belastung, Ausdauer ...

Für die Darstellung von Anforderungsprofilen gibt es keine formalen Anforderungen, häufig werden tabellarische Darstellungen verwendet.

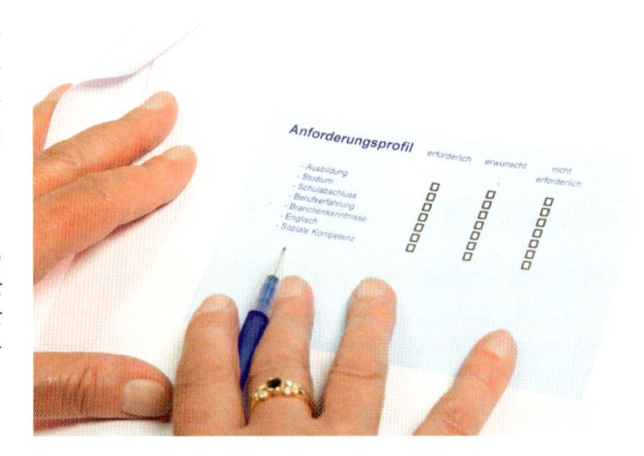

Beispiel

Anforderungsprofile können je nach Verwendungszweck sehr detailliert und umfassend sein. Dargestellt ist das psychophysische Anforderungsprofil für die Stelle eines Busfahrers.[1]

Psychophysisches Anforderungsprofil:	++	+	–	– –
Körperhaltung				
Stehen				X
Sitzen	X			
Knien/hocken				X
Liegen				X
Geneigt/gebückt				X
Arme in Zwangshaltung		X		
Körperfortbewegung				
Gehen/steigen				X
Klettern				X
Kriechen/rutschen				X
Körperteilbewegung				
Kopf-/Halsbewegung		X		
Rumpfbewegung		X		
Armbewegung		X		
Hand-/Fingerbewegung	X			
Bein-/Fußbewegung	X			

[1] *Das Anforderungsprofil ist etwa auch geeignet für die Beurteilung, ob ein leistungsgewandelter Beschäftigter weiterhin seinen Arbeitsplatz ausüben kann bzw. grundsätzlich für diesen Arbeitsplatz geeignet ist.*

Psychophysisches Anforderungsprofil:	++	+	-	--
Sinnes- und Informationsverarbeitung				
Sehen	X			
Hören	X			
Sprechen		X		
Tasten/fühlen				X
Gestik/Mimik		X		
Riechen/schmecken			X	
Aufmerksamkeit	X			
Reaktionsvermögen	X			
Mentale Belastbarkeit/Ausdauer	X			
Komplexe Merkmale				
Heben und tragen				X
Schieben/ziehen		X		
Physische Belastbarkeit/Audauer	X			
Gleichgewicht	X			

Quelle: Stellenbeschreibung mit integriertem Anforderungsprofil, Prospektiv Gesellschaft für betriebliche Zukunftsgestaltungen mbH, unter: http://www.prospektiv.de/extensions/bibliothek/Dokumente/PDF/Arbeitsschwerpunkte/4206_Stellenbeschreibung%20und%20Anforderungsprofil.pdf, abgerufen am 27.03.2012

Im Allgemeinen reichen ca. 15 Merkmale zur Beschreibung der Anforderungen einer Stelle aus. Nachdem diese erhoben sind, sollte für jedes Kriterium die für die Stelle notwendige Ausprägung im Sinne einer Gewichtung der Bedeutung für die Gesamtaufgabe festgelegt werden. Die Gewichtung kann mithilfe verschiedener **Skalendarstellungen** vorgenommen werden:

- Verbale Skalen unterscheiden beispielsweise in „wichtige", „sehr wichtige" und „wünschenswerte" Eigenschaften oder in „stark ausgeprägt", „ausgeprägt", „weniger ausgeprägt"; häufig spricht man auch von Muss-, Soll und Kann- (bzw. wünschenswerten) -Kriterien oder -Merkmalen.
- Die relative Bedeutung lässt sich auch mit „+" und „–" Zeichen oder numerischen Skalen („1, 2, ...") angeben.

Hilfreich für die Gewichtung der einzelnen Merkmale ist es, die Häufigkeit und Intensität der einzelnen Aufgaben zu erfassen und in das Profil mit aufzunehmen.

Beispiel
In einem Lagerbereich sind zwei Helferstellen zu besetzen. Mit mehr als 50 % Zeitanteil ist der Aufgabenschwerpunkt der einen Stelle die Kommissionierung unter Einsatz einer Ameise (Gabel-Hubwagen). Die andere Stelle ist ausschließlich für die Wareneingangskontrolle zuständig. Die beiden Anforderungsprofile unterscheiden sich deutlich hinsichtlich der Qualifikationen und der psychophysischen Anforderungen. Pauschaliert man hier die Anforderungen, kann es zu Fehlbe-

setzungen kommen, mit den entsprechenden negativen Auswirkungen auf die Abläufe und die eingesetzten Mitarbeiter.

Probleme bei der Erstellung des Anforderungsprofils

Die Erstellung von Anforderungsprofilen ist mit (zeitlichem) Aufwand verbunden, was vermutlich ein Grund dafür ist, dass in vielen Unternehmen keine schriftlichen Anforderungsprofile vorliegen; ähnliches gilt übrigens auch für schriftliche Stellenbeschreibungen. In vielen Fällen werden die Anforderungen einer Stelle spontan dann bestimmt, wenn eine Neubesetzung ansteht, also ohne vorausgehende umfassende Analyse. Eine Gefahr besteht bei Stellenneubesetzungen, wenn die Stellenanforderungen unreflektiert aus den Eigenschaften des bisherigen Stelleninhabers abgeleitet werden. Eine ggf. vorliegende Fehlbesetzung wird dann in die Zukunft fortgeschrieben.
Das Anforderungsprofil kann dabei in zwei Richtung von den tatsächlich für die Aufgaben notwendigen Anforderungen abweichen:

- Eine **Überdeckung** ist gegeben, wenn die formulierten Anforderungen größer sind als die für die Ausübung der Stelle notwendigen Anforderungen,
- entsprechend lässt sich im umgekehrten Fall von einer **Unterdeckung** sprechen.

Die Folgen von Fehlern bei der Profilerstellung zeigen sich erst nach der Stellenbesetzung. Man spricht dann auch von einem **Mismatch**. Offensichtlich liegt jedoch kein Fehler im Bereich **Matching** vor, sondern bei der Profilerstellung. Bei der Arbeitnehmerüberlassung ist die Ermittlung bzw. Beurteilung des vom Kunden erstellten Anforderungsprofils eine wesentliche Aufgabe des Disponenten. Seine Branchenkenntnisse, Erfahrungen und das im Umgang mit dem Kunden notwendige Fingerspitzengefühl bietet die Voraussetzung für ein erfolgreiches Matching.

1.2.1.2 Erstellung des Mitarbeiterprofils

Profile von Mitarbeitern werden in ganz unterschiedlichen Anwendungsbereichen erstellt; deshalb ist es wichtig, sich noch einmal klarzumachen, dass es bei der Einsatzplanung um die kurzfristige Stellenbesetzung geht. Neben diesem Anwendungsbereich haben Mitarbeiterprofile eine große Bedeutung bei der Neueinstellung, im Bereich der Arbeitsvermittlung (dies wird im nächsten Abschnitt dargestellt) sowie in der Personalentwicklung.

Bd.1, LF 4

Bd. 3, LF 10

Die Profile sind jeweils unterschiedlich akzentuiert: So stehen bei der Personalentwicklung die Stärken und Schwächen des Mitarbeiters im Vordergrund. Hierbei geht um die Herausstellung der Entwicklungsmöglichkeiten und Fördermaßnahmen (Fort- und Weiterbildung). Im Unterschied dazu sind die Voraussetzungen eines Mitarbeiters in einer kurzfristigen Perspektive weitgehend fixiert.

Arten von Mitarbeiterprofilen		
Kompetenzprofile Stärken/Schwächen-Profile (auch: Qualifikationsprofil)	Profile für die „arbeitsmarktbezogene Chanceneinschätzung"*	einsatzbezogene Mitarbeiterprofile, Qualifikationsprofile
Anwendung in der (strategischen) Personalentwicklung	Anwendung bei der Arbeitsvermittlung (BA und private Arbeitsvermittler)	Anwendung bei der kurzfristigen Personaldisposition (Schicht- und Dienstpläne, Arbeitnehmerüberlassung)

** Fachbegriff der Bundesagentur für Arbeit*

Informationsgrundlage für einsatzbezogene Mitarbeiterprofile sind neben den üblicherweise in der Personalakte vorhandenen Informationen weitere Beurteilungen und Einsatzerfahrungen. Nicht immer liegen alle Informationen in schriftlicher Form vor, sondern bestehen als persönlicher Eindruck des jeweiligen Vorgesetzten und/oder Personaldisponenten.

Personalakte	Einsatzerfahrungen	Sonstige Informationen
Bewerbung mit Lebenslauf und Zeugnissen, Fahrerlaubnisse, Zwischenzeugnisse, Zertifikate, Nachweise über Fort- und Weiterbildungen, Vorsorge- und G-Untersuchungen, Belehrungen nach InfSG ...	Art und Dauer bisheriger Einsätze, Aufgabengebiete und Arbeitsbedingungen, Feedback von Kunden und/oder Vorgesetzten/Disponenten, Feedback des Mitarbeiters, Selbsteinschätzung des Mitarbeiters ...	Persönlicher Umgang des Mitarbeiters, Lebenshintergründe, Einstellungen, Motivation ...

Einfach in einem beruflichen Profil aufzubereiten sind die vorhandenen Qualifikationen und Erfahrungen. Bei den persönlichen Merkmalen wie Belastbarkeit, Leistungsmotivation etc. erfordert die Erfassung eine mehr oder weniger subjektive Beurteilung durch den jeweils Verantwortlichen (Vorgesetzter/Disponent) oder durch den Mitarbeiter selbst. Systematische Beurteilungsfehler können dabei nicht ausgeschlossen werden.

Bd. 3 LF 10

Mitarbeiterprofile sind genauso wie Anforderungsprofile **Zustandsbeschreibungen**, das bedeutet, sie sind für einen bestimmten Zeitpunkt gültig. Die Inhalte eines Mitarbeiterprofils sind abhängig vom jeweiligen Verwendungszweck:

- Geht es um Entwicklungsmöglichkeiten, werden eher grundsätzlich vorhandene Eigenschaften, Handlungskompetenzen, Stärken und Schwächen des Mitarbeiters beschrieben.
- Geht es um eine Chanceneinschätzung auf dem Arbeitsmarkt, werden allgemeine Merkmale des Mitarbeiters mit dem (allgemeinen) Arbeitsmarkt verglichen.

- Liegt das konkrete Anforderungsprofil einer Stelle vor, können detailliert fachliche und verhaltensbezogene sowie persönliche und psychophysische Merkmale verglichen werden.

Mitarbeiterprofile werden also immer wieder neu im Hinblick auf allgemeine oder spezifische Anforderungen erstellt. Im Unterschied dazu beziehen sich Anforderungsprofile auf bestimmte Aufgaben, Arbeitsabläufe und Arbeitsbedingungen. Es reicht demnach nicht aus, einen Mitarbeiter einmal, zum Beispiel bei seinem Eintritt ins Unternehmen, in einem beruflichen Profil zu erfassen. Das gilt insbesondere für die Arbeitsnehmerüberlassung, bei der die Mitarbeiter relativ kurzfristig in unterschiedlichen Einsätzen tätig sind.
Die Inhalte, nach denen ein Mitarbeiter beurteilt wird, leiten sich aus den relevanten Inhalten des Anforderungsprofils ab. Es werden also dieselben Merkmale geprüft und analysiert, sodass ein Vergleich der verschiedenen Ausprägungen möglich ist.
Bei einer genaueren Betrachtung der einzelnen **Profilmerkmale** wird deutlich, dass einige Merkmale meist längere Zeit Gültigkeit haben, andere dagegen sich schnell bzw. häufig ändern können. Beispiele für (relativ) stabile Merkmale sind etwa die Ausbildung, weitere Qualifikationen und fachliche Kompetenzen sowie grundsätzliche Verhaltensmerkmale, Persönlichkeitsaspekte und einige psychophysische Merkmale. Dagegen ändern sich (Berufs-)Erfahrungen mit jedem neuen Einsatz. Jeder Mensch lernt mit jedem Tag dazu und es besteht immer die Möglichkeit, dass sich an den Lebensumständen, Einstellungen oder der Motivation eines Menschen etwas ändert. Bei der Erstellung von Mitarbeiterprofilen gilt es, veränderungsoffen zu sein und die Kompetenzen eines Mitarbeiters immer wieder neu zu beurteilen. Von einer Fortschreibung solcher Profile ist daher abzuraten.
Bei der Arbeitnehmerüberlassung werden häufig standardisierte Mitarbeiterprofile erstellt, die in anonymisierter Form dem Kunden vor Vertragsabschluss zur Prüfung übergeben werden. Solche Profile beziehen sich fast ausschließlich auf die fachlichen Qualifikationen. Dem Disponenten obliegt es, zusätzliche Kriterien für eine Feinauswahl anzulegen. Dabei hat er auch etwaige Sperrvermerke des Mitarbeiters zu berücksichtigen, die den Einsatz in bestimmten Unternehmen verhindern. Hintergründe für solche Sperrvermerke können Wünsche des Mitarbeiters sein, Erfahrungen aus bisherigen Überlassungen, rechtliche Gründe).

1.2.1.3 Profiling in der öffentlichen und privaten Arbeitsvermittlung

Die Abkehr von einer eher auf die Verwaltung der Arbeitslosen ausgerichteten Arbeitsmarktpolitik hin zu einer aktivierenden Politik des „Förderns und Forderns" erforderte den Einsatz neuer Instrumente bei der Arbeitsvermittlung durch die Bundesagentur für Arbeit. Mit dem Job-AQTIV-Gesetz wurde im Jahr 2002 das **Profiling** der Arbeitslosen und Arbeitsuchenden eingeführt. Der Begriff wird zwar nicht im Gesetz verwendet, für die in §6 Absatz 1 SGB III vorgeschriebene Feststellung der beruflichen und persönlichen Eignung hat sich aber die Bezeichnung „Profiling" durchgesetzt.
Vormals hatte sich die öffentliche Arbeitsvermittlung ausschließlich auf die Erfassung der beruflichen Qualifikationen bezogen. Durch internationale Studien und Vergleiche erkannte man aber, dass die Beschäftigungsfähigkeit (Employability) nicht nur eine Frage der Qualifikation ist, sondern zusätzlich weitere Aspekte zu berücksichtigen sind: Beispiele dafür sind Mobilität und Flexibilität, Motivation, Auftreten und Verhalten. Nachgewiesen werden konnte, dass durch ein gezieltes Profiling die Effektivität der

Vermittlung gesteigert und das Risiko der Langzeitarbeitslosigkeit reduziert werden kann.[1] Dem Profiling kommt daher während der Beratungsgespräche bei den Agenturen für Arbeit eine prominente Bedeutung im Rahmen der Situationsanalyse zu:

Phase im Beratungsprozess	Standardsequenzen
	Einstieg: Begrüßung, Kontaktaufnahme
Phase I: Situationsanalyse	I-01 Beratungsanlass
	I-02 Profiling (a) Qualifikationen und Fertigkeiten (b) Persönliche Fähigkeiten und Motivation (c) Intellektuelle und gesundheitliche Leistungsfähigkeit (d) Rahmenbedingungen (e) Spezifische Ausbildung- bzw. Arbeitsmarktbedingungen
	I-03 Gesamteinschätzung
Phase II: Zielfindung	II-01 Diskussion der Integrationsziele
	II-02 Festlegung des Integrationsziels
Phase III: Lösungsstrategien	III-01 Ansatzpunkte zur Zielerreichung
	III-02 Konkretisierung der Integrationsstrategie (a) Vermittlung unterstützen (b) Perspektiven erarbeiten (c) Qualifizierung initiieren (d) Rahmenbedingungen verbessern (e) Profiling vervollständigen
	III-03 Integrationsplan/Eingliederungsvereinbarung
	Abschluss: abschließende Fragen, Ermutigung

Die Einordnung des Profiling im Beratungsgespräch bei der Bundesagentur

Quelle: Rübner, Matthias, Sprengard, Barbara: Beratungskonzeption der Bundesagentur für Arbeit – Grundlagen, hrsg. v. Bundesagentur für Arbeit, März 2011, unter: http://www.arbeitsagentur.de/zentraler-Content/Veroeffentlichungen/Beratung/Beratungskonzeption-der_BA-Grundlagen.pdf, S. 53, abgerufen am 17.09.2012

Erläuterung aus dem Leitfaden zur Gesprächsführung zum Profiling:

Sequenz I-02 „Profiling“ beschreibt aus einer ganzheitlichen Perspektive die gemeinsame Erarbeitung des Kundenprofils. Ziel ist sowohl die Klärung der – für den Zielberuf bzw. die Zieltätigkeit relevanten – Qualifikationen, Stärken und Ressourcen des Kunden als auch die Identifizierung eines möglichen individuellen Handlungs-bzw. Unterstützungsbedarfs.

Quelle: Rübner, Matthias, Sprengard, Barbara: Beratungskonzeption der Bundesagentur für Arbeit – Grundlagen, hrsg. v. Bundesagentur für Arbeit, März 2011, unter: http://www.arbeitsagentur.de/zentraler-Content/Veroeffentlichungen/Beratung/Beratungskonzeption-der_BA-Grundlagen.pdf, S. 54, abgerufen am 17.09.2012

---

[1] *Vgl. http://www.infomit.de/eignungsdiagnostik/bundesagenturfuerarbeit/index.php, abgerufen am 27.03.2012*

Die mit dem Instrument des Profilings durchgeführte ausführliche Diagnose und Bewertung der arbeitsmarktbezogenen Chancen bildet die Grundlage für individuell zugeschnittene Unterstützungsangebote („Fördern"). Ausdrücklicher Bestandteil der Diagnose ist die Möglichkeit zur Selbstreflexion, mit der der Arbeitssuchende/Arbeitslose ein realistische(re)s Bild seiner aktuellen Situation und seiner Chancen erhält bzw. erhalten soll.

> Im Regelfall soll der Vermittler im Erstgespräch gemeinsam mit dem Kunden die Weichen für das weitere Vorgehen stellen. Den Auftakt bildet ein qualifiziertes Profiling als Grundlage der Integrationsarbeit. Eine beraterische Gestaltung bedeutet, den Kunden in den Prozess der Profilerstellung aktiv einzubeziehen, den Blick auf vorhandene Ressourcen und Stärken zu richten und diese für den Kunden erkennbar zu machen. Beraterische Ausgestaltung heißt auch, dass für den Kunden der Erkenntniszuwachs bereits während der Erhebungsphase einsetzt und dass nicht erst am Ende ein bestimmtes Ergebnis festgestellt und besprochen wird. Beraten heißt damit, auch das Profiling auf die Erweiterung des Wissens und die Steigerung der Handlungsfähigkeit des Kunden auszurichten.

Quelle: Rübner, Matthias, Sprengard, Barbara: Beratungskonzeption der Bundesagentur für Arbeit – Grundlagen, hrsg. v. Bundesagentur für Arbeit, März 2011, unter: http://www.arbeitsagentur.de/zentraler-Content/Veroeffentlichungen/Beratung/Beratungskonzeption-der_BA-Grundlagen.pdf, S. 17, abgerufen am 17.09.2012

Ein vergleichbarer Beratungsansatz wird bei der **beruflichen Erstorientierung** angewendet.

Recherchetipp

Einen Profiling-Bogen für Transfermaßnahmen finden Sie unter: http://www.arbeitsagentur.de/zentraler-Content/A06-Schaffung/A062-Beschaeftigungsverhaeltnisse/Publikation/pdf/Beratungs-und-Interpretationshilfe-05-2006.pdf
Einen Profiling-Bogen für SGB-II-Neukunden finden Sie unter: http://www.bvaa-online.de/obj/DokumenteArbeitsmarkt/RSAnlage2

Private Arbeitsvermittlung und Transfergesellschaften

Bd. 1, LF 2, 2.3.1

Neben der Bundesagentur für Arbeit sind auf dem Arbeitsmarkt die Arbeitsvermittler und die Transfergesellschaften mit der Aufgabenstellung einer **bewerberorientierten Vermittlung** tätig.[1]
Dem Profiling kommt hierbei ebenfalls eine besondere Bedeutung zu, da die privaten Anbieter existenziell auf die erfolgreiche Vermittlung angewiesen sind. Vergleiche des Profilings bei der öffentlichen Arbeitsvermittlung (Bundesagentur für Arbeit) und bei privaten Arbeitsvermittlern zeigen folgende Unterschiede:

- Zeitliche Dauer des Profilings: Während nach der oben genannten Studie die Agenturen für Arbeit ca. 20 Minuten je Arbeitssuchenden verwenden, wird die Dauer der Gespräche zur Kompetenzbilanzierung von den privaten Arbeitsvermittlern mit etwa einer Stunde angegeben.

[1] *Vermittlungsaufgaben auf dem Arbeitsmarkt nehmen viele weitere Einrichtungen wahr, die hier nicht ausdrücklich benannt werden; vgl. dazu ausführlich Bd. 1, LF 2, 2.3*

- Art der Skalierung der Merkmalsausprägungen: Während in dem Formular der Arbeitsagenturen nur binär zwischen vorhanden/nicht vorhanden unterschieden wird, nutzen viele private Arbeitsvermittler eine Art Schulnotensystem, um eine differenzierte Beurteilung der Ausprägung bestimmter Merkmale zu erfassen. Dies bezieht sich vor allem auf die sogenannten **Soft Skills**, die zum Teil wesentlich detaillierter und in größerer Merkmalsanzahl analysiert werden.

Weitere Unterschiede sind in der Tabelle zusammengestellt:

Praxisfeld: Private Arbeitsvermittlung	Praxisfeld: Staatliche Arbeitsvermittlung (örtliche Agenturen für Arbeit)
Möglichkeit der Klientenauswahl	Klientenfluss
Geringe Fallzahlen	Hohe Fallzahlen
Spezialisierung auf Teilgruppen	Alle Arbeitsuchenden
Erfolgsprämien-Prinzip	Rechtsanspruch
Freies Profiling	Regelbasiertes Profiling
Punkturelle Kurzzeitaufgabe	Daueraufgabe
Arbeitgeber-Perspektive	Klientenzentrierte Perspektive
Heterogene Ausbildung der Vermittler	Vermittler mit Fachausbildung

Unterschiede in Arbeitsweise und Rahmenbedingungen beim Profiling zwischen privater und staatlicher Arbeitsvermittlung

Quelle: Haasler, Bernd: Kompetenzerfassung bei Arbeitssuchenden, Universität Bremen, Institut Technik und Bildung (ITB), unter: http://www.itb.uni-bremen.de/fileadmin/Download/publikationen/AP_57.pdf, 2006, abgerufen am 27.03.2012

Im fachlichen Kontext

Erst neuerdings wird diskutiert, das Profiling als eigenständige Leistung der privaten Arbeitsvermittler anzuerkennen und im Zusammenhang mit dem Vermittlungsgutschein auch honorierbar zu machen. Bislang (Stand Juli 2011) ist es so, dass die Profilerstellung gleichsam „automatisch" dazu gehört, aber nicht ausdrücklich als Leistung benannt ist. Diese Veränderung kann durchaus als Hinweis auf den Bedeutungszuwachs des Profiling bei der Bundesagentur für Arbeit interpretiert werden.

1.2.2 Matching

Sobald das Anforderungs- sowie das Mitarbeiterprofil vorliegen, kann ein Abgleich erfolgen mit dem Ziel, die Eignung bzw. Passung festzustellen. Dieses Abgleichen der beiden vorliegenden Profile wird als (Job-)**Matching** bezeichnet.

Definition
Der Begriff **(Job-)Matching** bezeichnet den Abgleich von Mitarbeiterprofilen und Anforderungsprofilen mit dem Ziel, den Grad der Übereinstimmung festzustellen.

Der Begriff Matching wird nicht nur im Personalbereich verwendet, sondern beispielsweise auch im Zusammenhang mit Auswahlentscheidungen von Softwareprogrammen und Unternehmensberatern, Mentoring-Programmen und in Partnervermittlungen. Gemeinsam ist diesen Anwendungsbeispielen die Komplexität der zu vergleichenden Profile und die Suche bzw. Feststellung von Übereinstimmungen. Die Komplexität beruht darauf, dass ein Sachverhalt, in diesem Fall eine „Arbeitsdienstleistung" und eine Stelle, durch viele zum Teil sich gegenseitig bedingende Eigenschaften und Merkmale gekennzeichnet ist. Die Vielfalt der Details macht es aufwendig und schwierig, sowohl das Ganze als auch seine Bestandteile zu erfassen und zu überschauen.

Beispiel

Die Schwierigkeit des Matching soll mit einem kleinen Beispiel(-Test) verdeutlicht werden. Bei der folgenden Aufgabe muss ein Abgleich zwischen verschiedenen Formen erfolgen. Es soll der Würfel bestimmt werden, der sich aus der zweidimensionalen Vorlage falten lässt.

Quelle: http://www.fibonicci.com/de/raumliches-vorstellungsvermogen; abgerufen am 02.02.2012

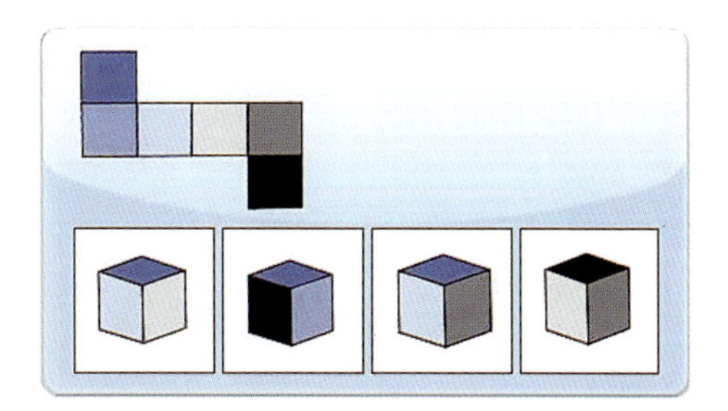

Die Vielfalt der Details ist nicht die einzige Schwierigkeit beim Matching. Auch hinsichtlich der Bedeutung können sich die verschiedenen Details und Merkmale unterscheiden. So gibt es etwa beim Job-Matching unabdingbare Anforderungen („Muss-Anforderungen"), die wie ein K.O.-Kriterium wirken. Alle Mitarbeiter, die das jeweilige Merkmal nicht aufweisen, kommen nicht infrage. Zu diesen Merkmalen gehören beispielsweise bestimmte fachliche Qualifikationen, ohne die eine bestimmte Tätigkeit (z. B. Elektriker) nicht ausgeübt werden kann. Der Matching-Prozess sollte daher nach Bedeutung/Wichtigkeit der Merkmale gestaltet sein.

Im fachlichen Kontext

Das **Matching** bei der Auswahl eines Zeitarbeitnehmers für einen Kundenauftrag hat eine ähnliche Funktion wie die Bewerberauswahl bei der Stellenbesetzung. Aus einer bestimmten Anzahl von Bewerbern wird die am besten geeignete Person für eine Stelle ausgesucht.

Unterschiede zwischen Bewerberauswahl und Matching-Prozess:

- Auswahl innerhalb eines Unternehmens im Unterschied zur Auswahl aus einer unbestimmten Zahl von Bewerbungen von Interessenten,
- beschränkter Mitarbeiterpool des Zeitarbeitsunternehmens,
- kurzfristige Stellenbesetzung,
- Interesse des Zeitarbeitsunternehmens an einer Auslastung einsatzfreier Mitarbeiter,
- keine genaue (immanente) Kenntnis der Arbeitsbedingungen und der Arbeitsorganisation,
- Weisungsrecht gegenüber dem jeweilig ausgesuchten Mitarbeiter im Vergleich zu dem Verhältnis zwischen stellenausschreibendem Unternehmen und Bewerber (Anbahnungsverhältnis).

1.2.3 Ablauf und Gestaltung des Matching-Prozesses

Der bei der Arbeitnehmerüberlassung typische Matching-Ablauf erfolgt im Prinzip in folgenden **Phasen**: Fragt ein Kunde einen für sein Anforderungsprofil geeigneten Mitarbeiter an, sucht der Disponent in seinem Mitarbeiterpool nach geeigneten Mitarbeitern, dabei gleicht er immer wieder das Anforderungsprofil mit den verschiedenen Mitarbeiterprofilen ab (Matching). Bei jedem Abgleich werden die Ähnlichkeiten bzw. Unterschiede festgestellt. Das Ergebnis ist je ein Eignungsprofil. Dieser Abgleich ähnelt einem Memory-Spiel, bei dem jeweils eine zweite Karte umgedreht und mit der Vorlage verglichen wird.

Schnelleres vs. genaueres Matching

Es ist offensichtlich, dass der Abgleich länger dauert, wenn eine größere Anzahl an Kriterien miteinander verglichen werden, die beiden Profile also umfassender und detaillierter sind. Gleiches gilt, wenn die Merkmale im Bewerberprofil anders angeordnet sind als im Anforderungsprofil und/oder sich in den verschiedenen Mitarbeiterprofilen unterscheiden. Umgekehrt gilt, dass der Abgleich schneller möglich ist, wenn wenig Merkmale verglichen werden und/oder die Merkmale immer gleich angeordnet sind.

Je nachdem, in welcher Weise der Matching-Prozess gestaltet ist, erfordert er mehr oder weniger Zeit des Disponenten. Bewertet man den Zeiteinsatz des Disponenten mit den anteiligen Personalkosten, kann also ein Matching-Prozess kostenintensiver oder weniger kostenintensiv sein. Diesen (Personal-)Kosten gegenüber stehen die Vorteile („Nutzen") der verschiedenen Vorgehensweisen: Ein detaillierteres Matching bringt im Allgemeinen bessere Ergebnisse als ein anhand von zwei, drei Kriterien durchgeführtes Matching. Entspricht ein Mitarbeiter einem Anforderungsprofil beispielsweise in 15 Kriterien gegenüber drei Kriterien, ist die Wahrscheinlichkeit, dass er genau der „Richtige" ist, wesentlich höher als im anderen Fall. Und bei einer besseren Eignung wiederum kann der Disponent davon ausgehen, dass der Kunde zufriedener ist.

Die Gestaltung des Matching-Prozesses erfordert also eine Entscheidung. Pointiert ausgedrückt muss der Betrieb bzw. der Disponent zwischen den beiden folgenden Alternativen abwägen:

- Der Matching-Prozess soll schnell und kostengünstig erfolgen; dafür werden Ungenauigkeiten in Kauf genommen.
- Der Matching-Prozess soll genau sein, auch wenn er dadurch kostenintensiver ist.

Beeinflusst wird die Entscheidung von zahlreichen Faktoren. Dazu gehören etwa:

- die Bedeutung des Kunden bzw. der Mitarbeiteranforderung; nach einer Beschwerde beispielsweise wird der Disponent genauer matchen wollen;
- Art, Umfang und Qualifikation der Mitarbeiteranforderung; je umfangreicher, qualifizierter und ggf. weniger standardisiert eine Tätigkeit ist, umso umfänglicher muss der Abgleich erfolgen;
- die Bedeutung der Soft Skills (Verhaltens- und persönliche Kompetenzen); die Beurteilung erfordert meist mehr Zeit als der Abgleich von fachlichen Qualifikationen;
- die Erfahrung des Disponenten, sein Wissen über den Kundenbetrieb und dessen Branche sowie über die Mitarbeiter des Zeitarbeitsunternehmens;
- die Organisation der Informationen und Daten in dem Zeitarbeitsunternehmen; sind etwa alle Informationen im EDV-System zugänglich oder müssen bestimmte Unterlagen noch zusammengestellt und/oder gesucht werden; sind die Mitarbeiterprofile passend zu den Anforderungsprofilen aufgebaut o. Ä.

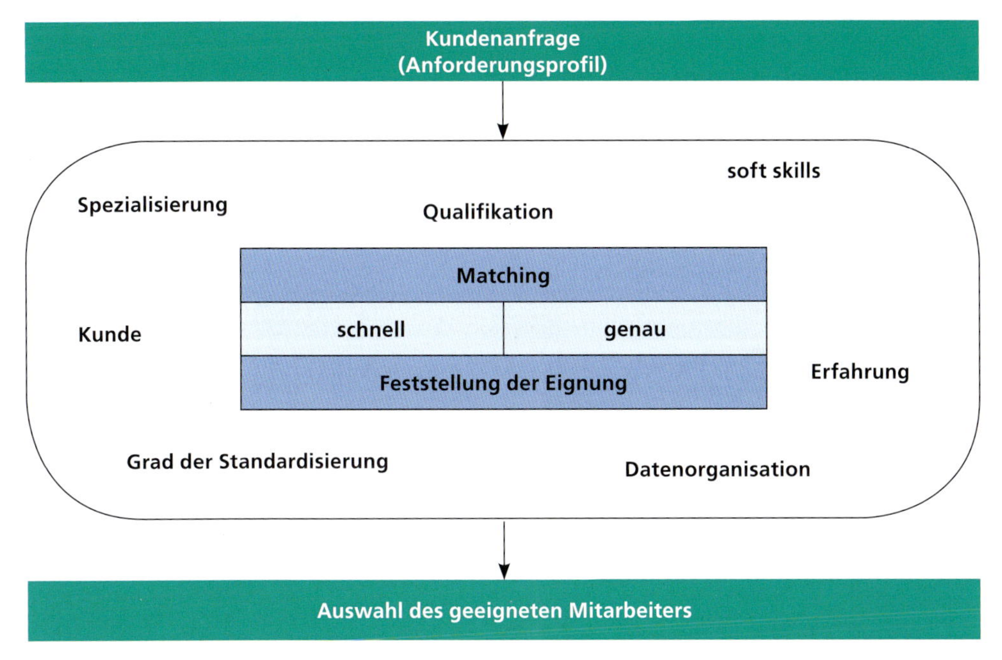

Einflussfaktoren auf den Matching-Prozess

In der Praxis unterscheiden sich die Matching-Prozesse sowohl zwischen den Unternehmen als auch zwischen einzelnen Disponenten sowie auch bei verschiedenen Aufträgen eines Disponenten. Ausschlaggebend ist immer die konkrete Auftragssituation. Verallgemeinern lässt sich allenfalls folgender Merksatz:

Merksatz

Tipp für die Gestaltung des Matching-Prozesses: So genau wie nötig, so schnell wie möglich.

Eignungsprofil und Grad der Übereinstimmung

Um noch einmal auf die Analogie zum Memory-Spiel zurückzukommen: Ein wesentlicher Unterschied zwischen Memory und Personaleinsatzplanung besteht darin, dass man bei einem (vollständigen) Memory-Spiel weiß, dass es jeweils zwei genau zueinander passende Karten gibt. Dies muss für ein beliebiges Anforderungsprofil und einen bestimmten Mitarbeiterbestand nicht gelten. Es kann sein, dass es einen Mitarbeiter gibt, der ganz genau in das Anforderungsprofil passt; es kann aber auch sein, dass es mehrere Mitarbeiter gibt, die unterschiedlich gut in das Anforderungsprofil passen. Im Unterschied zu den Regeln beim Memory kommt es also beim Job-Matching darauf an festzustellen, wie genau ein Mitarbeiterprofil zu einem Anforderungsprofil passt. Anders gesagt, es muss ermittelt werden, in welchen Bereichen es Übereinstimmungen und in welchen es Unterschiede gibt.
Dies wird erreicht, indem bei dem Abgleich ein sogenanntes **Eignungsprofil** erstellt wird. Es gibt an, in welchen Kriterien und in welchem Umfang ein Mitarbeiter die Anforderungen erfüllt. Eignungsprofile können in tabellarischer und grafischer Form erstellt werden.

Profildarstellung in Form einer Tabelle

Eine Tabelle stellt übersichtlich die verschiedenen Anforderungskriterien zusammen; anschließend kann beim Matching für jeden Mitarbeiter festgestellt werden, in welchem Umfang die verschiedenen Kriterien auf ihn zutreffen. Dies kann beispielweise durch „Abhaken" der verschiedenen Merkmale erfolgen.

Eignungsprofil für den Mitarbeiter Hubert Germann (⊗ - Kundenanforderungen; ☑ – Ausprägung beim Mitarbeiter)			
Anforderungskriterien (aus Kundenanfrage)	Bedeutung: +++ Muss-Kriterium (sehr wichtig)	Bedeutung: ++ Soll-Kriterium (wichtig)	Bedeutung: + Kann-Kriterium (wünschenswert)
Staplerschein	⊗ ☑		
Staplererfahrung		⊗ ☑	
Führerschein	⊗ ☑		
Lagersoftware	☑		⊗
Schichtdienst	⊗		☑
Kundenkontakt	☑		⊗
Flexibilität		⊗	☑
Körperliche Belastung		⊗	☑
Teamfähigkeit		☑	⊗

Das Beispiel zeigt deutliche Abweichungen zwischen Mitarbeiterprofil und Anforderungsprofil. Das Problem ist allerdings, dass die Darstellung unübersichtlich ist und keine bzw. nur sehr umständlich Aussagen über das Ausmaß der Abweichungen abgeleitet werden können.
Mit einer **Punktbewertung** kann die Aussagefähigkeit des Eignungsprofils erhöht werden. Dazu legt man beispielsweise einen maximalen Punktwert fest, der dann vergeben wird, wenn ein Mitarbeiter das Kriterium voll erfüllt. Zusätzlich besteht die Möglichkeit einer Gewichtung der Kriterien. Im Ergebnis erhält man einen Punktwert für einen Mitarbeiter, der den Umfang der Eignung für ein bestimmtes Anforderungsprofil ausdrückt.

Anforderungskriterien (aus Kundenanfrage)	Gewichtung (Bedeutung) des Kriteriums	maximal mögliche Bewertung	maximaler Punktwert	Mitarbeiter H.G.	Bewertung Mitarbeiter H.G. multipliziert mit der Gewichtung
Staplerschein	5	100	500	100	500
Staplererfahrung	3	100	300	70	210
Führerschein	5	100	500	100	500
Lagersoftware	2	100	200	95	190
Schichtdienst	5	100	500	10	50
Kundenkontakt	1	100	100	100	100
Flexibilität	3	100	300	30	90
Körperliche Belastung	4	100	400	30	120
Teamfähigkeit	2	100	200	50	100
Summe der Punkte:			3000		1860

Punktbewertungstabelle für die Feststellung der Eignung

Der Vorteil dieses Vorgehens ist, dass man durch eine einfache Erweiterung der Tabelle auch andere Mitarbeiter bewerten und anschließend ein Ranking über alle Mitarbeiter aufstellen kann. Bei der Anwendung der Punktbewertung lässt sich auch der Grad der Übereinstimmung leicht berechnen: In dem Beispiel erreicht der Mitarbeiter A 1860 Punkte von 3000 möglichen Punkten. Sein Grad der Eignung bzw. der Übereinstimmung mit dem Anforderungsprofil beträgt 62 %.

Formel

Grad der Eignung bzw. Grad der Übereinstimmung = erreichte Punktzahl / maximal mögliche Punktzahl * 100

1.2.4 Matching in Personaldienstleistungsunternehmen

In Personaldienstleistungsunternehmen sind Matching-Prozesse wesentlicher Bestandteil der Leistungserstellung. Nicht gelungenes Matching kann mit erheblichen Nachteilen für das Unternehmen und auch den Mitarbeiter verbunden sein. Für Unternehmen entstehen durch eine nicht gelungene Stellenbesetzung Kosten: Zum einen ist der Matching-Prozess selbst mit Kosten verbunden, zum anderen wirken sich nicht gelungene Matching-Ergebnisse auf der Kostenseite aus, indem etwa die Personalkosten höher als für die betriebliche Leistung notwendig sind. Für den Mitarbeiter ist ein nicht angemessener Einsatz Anlass für Über- und Unterforderungen, Unzufriedenheit und ggf. sogar für eine (innere) Kündigung.
Zusätzlich zu dieser Kostenbeeinflussung durch gute oder weniger gute Einsatzplanungen hat das Matching in Personaldienstleistungsunternehmen eine direkt wertschöpfende Aufgabe.
Am Beispiel der Arbeitnehmerüberlassung wird leicht deutlich, dass Matching-Prozesse dort

- häufiger als in Unternehmen anderer Branchen durchgeführt werden;
- einen direkten Einfluss auf die Ertragssituation des Zeitarbeitsunternehmens haben; denn der Umsatz entsteht durch die Überlassung von Mitarbeitern, die für ein jeweiliges Anforderungsprofil geeignet sind. Bei einer sachlich nicht korrekten Durchführung des Matchings und einer damit verbundenen „falschen" Auswahl eines Mitarbeiters trifft das Zeitarbeitsunternehmen die Haftung aus dem Auswahlverschulden;
- die Organisation das Matching als eigenständige Dienstleistung vermarkten kann.

LF 2, 2.1.8

Weitere Besonderheiten ergeben sich daraus, dass

- das Anforderungsprofil im Kundenunternehmen definiert wird;
- nicht nur stellenbezogene Angaben, sondern ggf. auch unternehmensspezifische Kriterien im Anforderungsprofil berücksichtigt werden;
- die Kundenunternehmen verschiedenen Branchen und Wirtschaftsbereichen angehören können.

Die genannten Aspekte führen dazu, dass Disponenten in der Zeitarbeitsbranche ein umfangreiches Wissen über Einsatzgebiete, technische Produktionszusammenhänge und Arbeitsverfahren, notwendige und sinnvolle Qualifikationen und Berufe sowie die Bestimmungen zum Arbeitsschutz und zur Arbeitssicherheit haben müssen.

Praxistipp

Informationsquellen für Qualifikationsanforderungen zum Führen eines Gabelstaplers

Im Logistikbereich werden häufig Mitarbeiter von Zeitarbeitsunternehmen eingesetzt, die einen Gabelstapler führen sollen. Für die Auswahl des richtigen Mitarbeiters muss sich der Disponent mit dem Thema Führen von Flurförderzeugen (= Gabelstapler) auskennen. Informationen dazu finden sich vor allem bei den Berufsgenossenschaften als Träger der gesetzlichen Unfallversicherung.

Die Systematik der verschiedenen Schriftenreihen ist in der Tabelle zusammengestellt:

Schriftenreihe	Art der Inhalte
DGUV Vorschrift (alt: BGV)	DGUV Vorschriften sind die nach § 15 Sozialgesetzbuch VII von den Unfallversicherungsträgern erlassenen Unfallverhütungsvorschriften. Unterteilt werden die Vorschriften in vier Bereiche: Allgemeine Vorschriften Einwirkungen Betriebsart/Tätigkeit Arbeitsplatz/Arbeitsverfahren Beispiel: DGUV Vorschrift 68 (alt: BGV D 27): Flurförderzeuge
DGUV Regel (alt: BGR)	DGUV Regeln als Hilfestellung für die Unternehmer bei der Umsetzung der gesetzlichen Arbeitsschutzvorschriften.
DGUV Grundsatz (alt: BGG)	DGUV Grundsätze beinhalten Maßstäbe für bestimmte Verfahrensfragen, zum Beispiel für die Durchführung von Vorsorgeuntersuchungen (z. B. „G-25 Fahr-, Steuer- und Überwachungstätigkeiten").
DGUV Information (alt: BGI)	DGUV Informationen beinhalten Hinweise und Empfehlungen, die die praktische Umsetzung von Regelungen erleichtern sollen (z. B. BGI 886-5, BGI 869 Betriebliches Transportieren und Lagern; BGI 784 Berufsgenossenschaftlicher Grundsatz für arbeitsmedizinische Vorsorgeuntersuchungen „Fahr-, Steuer- und Überwachungstätigkeiten" (G 25); BGI 707 Gabelstapler; BGI 603 Umgang mit Gabelstaplern; BGI 602 Mein Gabelstapler und ich; BGI 545 Gabelstaplerfahrer; BGI 504-25 Auswahlkriterien für die Vorsorgeuntersuchungen: Fahr-, Steuer- und Überwachungstätigkeiten)

Recherchetipp

Die verschiedenen Titel sind im Internet recherchierbar; eine Übersicht über alle Veröffentlichungen der Schriftenreihen finden Sie beispielsweise in einer Publikation des Spitzenverbands der Berufsgenossenschaften, der DGUV (= Deutsche Gesetzliche Unfallversicherung), unter dem Link http://www.dguv.de/inhalt/medien/datenbank/bgvr/BGI_Verzeichnis_Internet.pdf.

Aufbereiten lassen sich die detaillierten Bestimmungen zur Überlassung eines Staplerfahrers beispielsweise in einem Mindmap; abgebildet sind die Hauptachsen, die durch die jeweiligen Regelungen vervollständigt werden können.

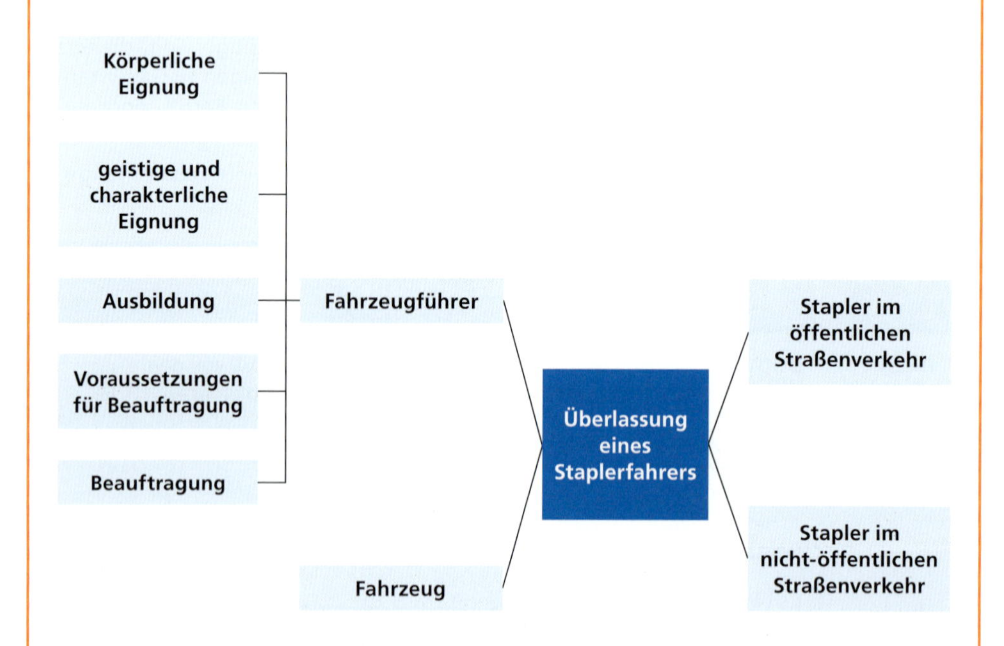

Andere Regelungen zum Einsatz von Mitarbeitern betreffen nicht den Arbeitsschutz im engeren Sinne, sondern dienen beispielsweise der Gefahrenabwehr durch Krankheiten. Dazu zählt der Infektionsschutz nach Infektionsschutzgesetz (IfSG), das Regelungen trifft für den Umgang mit Lebensmitteln. Alle Personen, die im gewerblichen Bereich Lebensmittel herstellen und/oder verarbeiten, müssen entsprechend geschult sein, sodass keine Gesundheitsgefahren von ihnen ausgehen können.

Im Unterschied zu anderen Branchen halten Personaldienstleistungsunternehmen ihre Mitarbeiterprofile verfügbar und in den wesentlichen Punkten auf einem aktuellen Stand. Viele Kundenanforderungen müssen/sollen kurzfristig bedient werden. Die Reaktionszeit des Zeitarbeitsunternehmens wird unter anderem durch die Schnelligkeit bestimmt, mit der es geeignetes Personal findet. Die Matching-Prozesse sind, auch EDV-unterstützt, meist mehrstufig aufgebaut: zunächst wird im Mitarbeiterpool nach den für einen Einsatz notwendigen Qualifikationen gesucht. Sind die fachlich geeigneten Mitarbeiter identifiziert, erfolgt ein verfeinerter Abgleich der weiteren Kriterien. Dabei können durchaus Rankings von möglichen Mitarbeitern entstehen, auch wenn nicht immer ein zahlenmäßiger Grad der Übereinstimmung errechnet wird.

Die Entscheidung über den Einsatz eines bestimmten Mitarbeiters wird in vielen Fällen auch in Kooperation mit dem Kundenunternehmen getroffen. Das Zeitarbeitsunternehmen stellt dem Kundenunternehmen etwa das Mitarbeiterprofil zur Verfügung, sodass sich das Kundenunternehmen selbst einen Eindruck von der Eignung verschaffen kann. Zu beachten sind dabei die datenschutzrechtlichen Bestimmungen.
Die zentrale Bedeutung des Matchings für die Qualität der Personaldienstleistung wird unter anderem daran deutlich, dass dieser Aspekt im Rahmen der Selbstdarstellung und der Öffentlichkeitsarbeit besonders herausgehoben wird. Man findet etwa Begriffe wie **Perfect Match** oder **perfektes** bzw. **optimales Matching**, mit denen die Qualität der eigenen Leistung beschrieben wird. Viele Unternehmen haben auch eine erweiterte Auffassung vom Matching-Prozess: Er endet nicht mit der Auswahl des jeweils geeigneten Mitarbeiters und der anschließenden Überlassung. Vielmehr findet kurz nach Beginn des Einsatzes eine Überprüfung der Auswahl statt. Dabei wendet sich das Zeitarbeitsunternehmen sowohl an den Mitarbeiter wie auch an den Kundenbetrieb, um die Zufriedenheit mit der umgesetzten Lösung zu prüfen.
In einer so erweiterten Auffassung von Matching durchläuft der gesamte Matching-Prozess folgende Stationen:

1. Informationsgrundlagen: Anforderungsprofil eines Kunden, ggf. ergänzt durch Nachfragen des Disponenten; Mitarbeiterdatenbank bzw. Mitarbeiterprofile
2. Definieren und Gewichten von Kriterien und Merkmalen ggf. in Rücksprache mit dem Kundenunternehmen.
3. Matching: Abgleichen der geforderten Merkmale im Anforderungsprofil mit den Merkmalen der Mitarbeiter.
4. Erstellen eines Eignungsprofils und Bestimmen des Grades der Übereinstimmung: Visualisierung der Ergebnisse in Tabellen und/oder Polaritätsprofilen oder Balkendiagrammen; bei Eignung mehrerer Mitarbeiter folgt die Auswahl des am besten geeigneten.
5. Entscheidung (ggf. in Zusammenarbeit mit dem Kunden) und Gestaltung des Einsatzes/der Überlassung.
6. Es schließt sich die Nachbereitung der Einsatzplanung an durch Einholung von Rückmeldungen und Kommentaren von Kundenunternehmen und Mitarbeitern über die Zufriedenheit; ggf. Maßnahmen zur Korrektur ergreifen (Einsatz eines anderen Mitarbeiters, Nachschulungen, wiederholte Unterweisungen etc.).

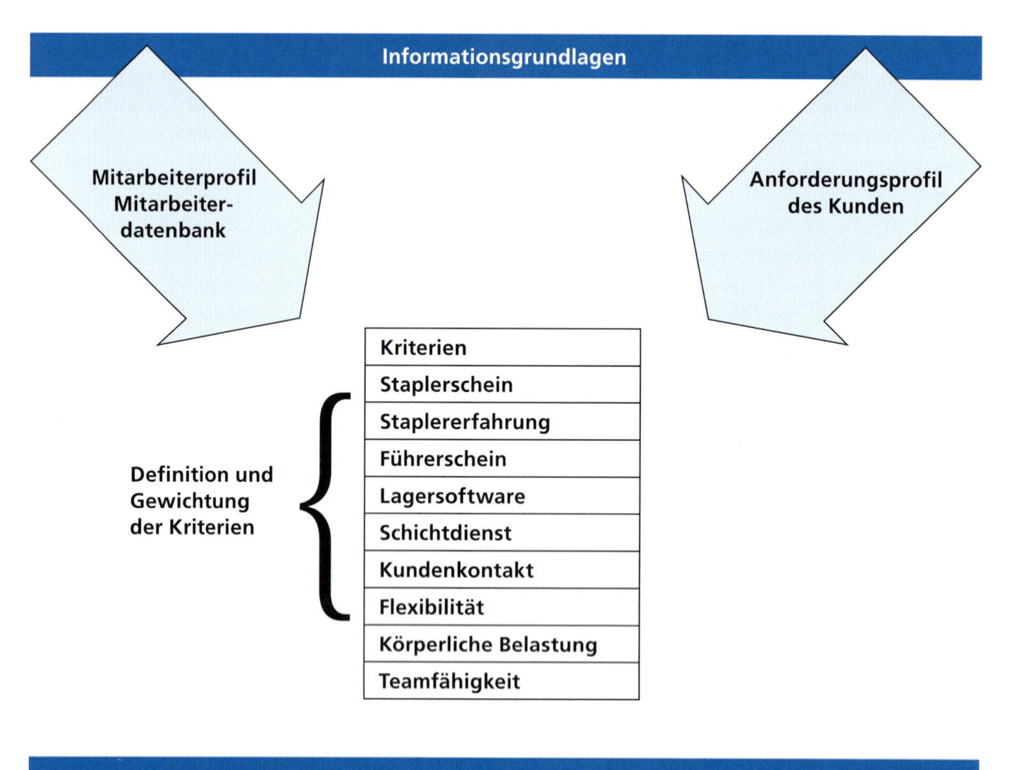

Messung der Ausprägung der Kriterien

Mitarbeiterprofil Mitarbeiterdatenbank	Anforderungsprofil des Kunden

Erstellung eines Eignungsprofils
Visualisierung der Ergebnisse

↓

Auswertung und Interpretation des Ereignisprofils

↓

Entscheidung über den Einsatz

Ablauf des Matching-Prozesses

1.2.5 Visualisierung von Eignungsprofilen

Anforderungs- und Mitarbeiterprofil in tabellarischer Form

1	Kriterien	Mitarbeiter	Anforderungen
2	Staplerschein	100	100
3	Staplererfahrung	70	50
4	Führerschein	100	100
5	Lagersoftware	75	25
6	Schichtdienst	10	50
7	Kundenkontakt	75	10
8	Flexibilität	10	90
9	Körperliche Belastung	30	75
10	Teamfähigkeit	40	85

Das Mitarbeiterprofil als Balkendiagramm

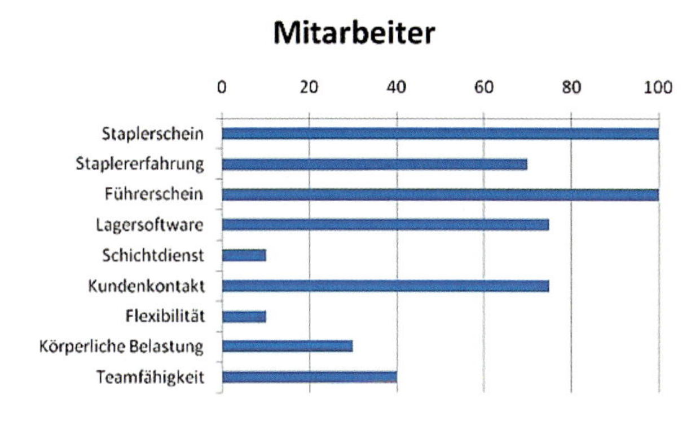

Profildarstellung mit dem Polaritätsdiagramm

Polaritätsdiagramme listen die verschiedenen Kriterien in Zeilen untereinander und geben die jeweiligen Ausprägungen in Spaltenform an. Je feiner die Skalierung ist, umso genauer ist die Profildarstellung. Die Verbindung der einzelnen Ausprägungen erfolgt mit einer (Profil-)Linie.

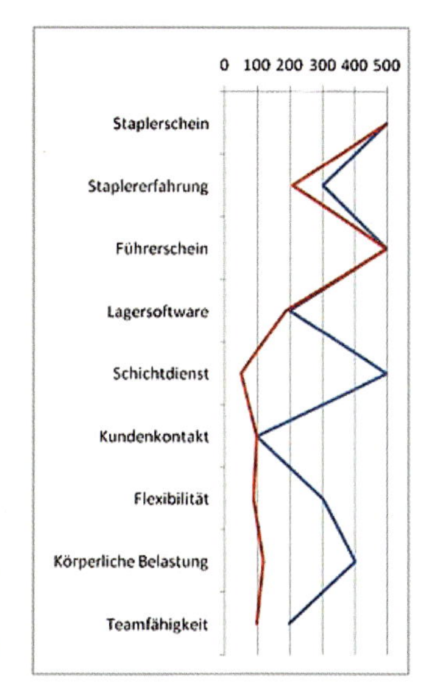

Eignungsprofil (Mitarbeiter – rot, Anforderungen – blau)

Im fachlichen Kontext

Der Begriff **Polarität** bedeutet Gegensätzlichkeit; in der ursprünglichen Form basieren Polaritätsdarstellungen auf sogenannten semantischen Differentialen, was meint, dass Unterschiede durch gegensätzliche Begriffspaare dargestellt werden; so wie etwa heiß – kalt, schön – hässlich, offen – verschlossen. Solche semantischen Differentiale bieten sich besonders für die Darstellung von (subjektiven) Einschätzungen der Soft Skills an. Wenn Profile mithilfe eines semantischen Differentials dargestellt werden, sollten die eher positiven und die eher negativen Aspekte auf je einer Seite angeordnet werden.

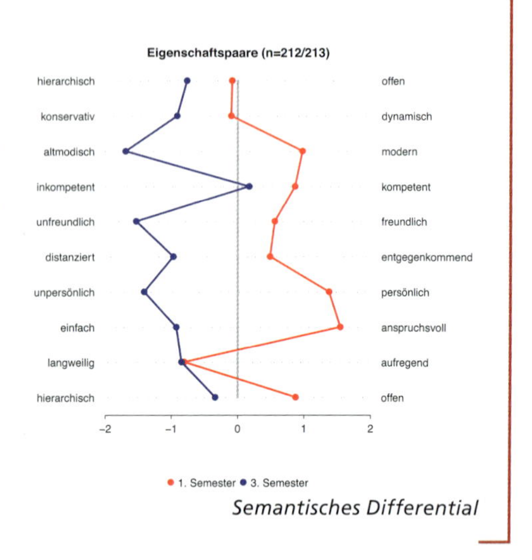

Semantisches Differential

Profilvergleich mit einem Netzdiagramm

In diesem konkreten Anwendungsfall mit neun Kriterien und zwei zu vergleichenden Datenreihen gibt das Netzdiagramm einen guten Überblick über die Passung, wie folgende Abbildung zeigt.

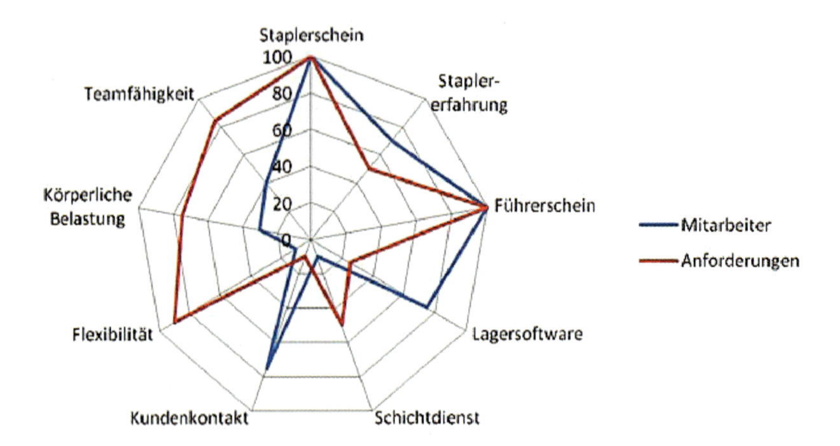

Gegenüber den anderen beiden Darstellungsarten ist das Netzdiagramm allerdings beschränkt zum einen hinsichtlich der Anzahl der betrachteten Kriterien, die sinnvoll dargestellt werden können, zum anderen hinsichtlich der Anzahl der vergleichenden Profile. Häufig werden Netzdiagramme zur Mitarbeiterbeurteilung und Beobachtung der Entwicklung eingesetzt.

Zusammenfassung

- **Ziel der Personaleinsatzplanung** ist die Sicherstellung der personellen Basis in einem Unternehmen. Sie erfordert die Bereitstellung der richtigen Mitarbeiter mit der richtigen Qualifikation in der richtigen Anzahl zur richtigen Zeit am richtigen Ort und zu den „richtigen" (im Sinne von betriebswirtschaftlich angemessenen) Kosten.
- Die Personaleinsatzplanung im engeren Sinne bezieht sich auf die kurzfristige **Disposition**. Das meint die Zuordnung von Mitarbeitern auf Stellen in qualitativer, quantitativer und terminlicher Hinsicht. Eine optimale Zuordnung im Sinne eines effizienten Einsatzes des Faktors Arbeit im Unternehmen ist dann gegeben, wenn
  - die individuellen Arbeitszeiten mit den betrieblich optimalen Laufzeiten übereinstimmen,
  - keine körperliche und/oder psychische Über- oder Unterforderung des einzelnen Mitarbeiters vorliegt,
  - Arbeitszufriedenheit herrscht und
  - die Personalkosten minimiert sind.
- Zahlreiche **interne und externe Faktoren** beeinflussen die Personaleinsatzplanung, hier sind insbesondere die rechtlichen Regelungen des Arbeitszeitgesetzes zu beachten.
- Die **praktische Umsetzung** der Personaleinsatzplanung erfolgt auf der Grundlage von Mitarbeiter- und Anforderungsprofilen. Im Unternehmen muss festgelegt sein, wer, wann was und wie plant.
- Die Grundstruktur eines **Anforderungsprofils** beinhaltet folgende Elemente:

Anforderungsprofil	
Anforderungsbereiche	**Gewichtung/Bedeutung**
fachliche Anforderungen	sehr wichtig / „muss"
Anforderungen an das Verhalten	wichtig / „soll"
persönliche Anforderungen	wünschenswert / „kann"
Anforderungen durch: Arbeitsorganisation, -zeit, Arbeitsumfeld, Arbeitsmittel	
psychosoziale Anforderungen	

- **Informationsgrundlage für Mitarbeiterprofile** sind beispielweise Daten der Personalakte, Erfahrungen mit dem Mitarbeiter in vergangenen Einsätzen sowie im persönlichen Umgang. Das **Profiling** ist auch im Zusammenhang mit der staatlichen und privaten Arbeitsvermittlung wichtig.

- Der Abgleich von Mitarbeiter- und Anforderungsprofilen wird als **Matching** bezeichnet. Der Matching-Prozess kann unterschiedliche gestaltet sein. Einflussfaktoren auf die Gestaltung sind Art und Branche des Kunden, Art der angefragten Qualifikationen, Bedeutung der Soft Skills, Erfahrung des Disponenten, Einsatz der EDV. Für ein erfolgreiches Matching werden die für den Einsatz relevanten Merkmale definiert und gewichtet, nach denen der Abgleich erfolgen soll. Verglichen werden die Ausprägungen der Merkmale im Mitarbeiterprofil mit denen im Anforderungsprofil. Zur Messung können verschiedene Arten von Skalen eingesetzt werden.
- Das Ergebnis des Matching wird im **Eignungsprofil** zusammengefasst, was als Grundlage für die Einsatzentscheidung dient. Eignungsprofile können tabellarisch und/oder grafisch dargestellt werden. Das Ausmaß der Eignung kann mit dem Grad der Übereinstimmung in Prozentwerten ausgedrückt werden.
- Die kurzfristige Personaleinsatzplanung hat in der Zeitarbeitsbranche eine herausgehobene Bedeutung.

Aufgaben

1. *Ziel der Personaleinsatzplanung ist die richtige Zuordnung von Stellen und Mitarbeitern. Wählen Sie die einzelnen Bestandteile einer „richtigen" Zuordnung bei der Personaleinsatzplanung aus, indem Sie die zutreffenden Begriffe herausschreiben:*

Richtige Stelle	Richtige Anzahl	Richtiges Ergebnis	Richtiger Mitarbeiter
Richtiger Ort	Richtige Qualifikation	Richtige Zeit	Richtige Eignung
Richtige Dauer	Richtiger Abstand	Richtige Kosten	Richtige Anforderung

2. *Welches der folgenden Gesetze hat keine Bedeutung für die Personaleinsatzplanung?*

Arbeitszeitgesetz		Teilzeit- und Befristungsgesetz	
Mutterschutzgesetz		Betriebsverfassungsgesetz	
Bürgerliches Gesetzbuch		Handelsgesetzbuch	

3. *Ordnen Sie nachstehende Merkmale den folgenden Anforderungsbereichen zu:*
   (1) Persönliche Anforderungen
   (2) Arbeitsumfeld
   (3) Arbeitsorganisation
   (4) Fachliche Anforderungen
   (5) Verhaltensanforderungen
   (6) psychophysische Anforderungen

Ausbildung		Umgangsformen	
Ausdauer		Staplerschein	
Umgang mit Lärm		Verantwortungsbewusstsein	
Einzelarbeitsplatz		Ausdrucksvermögen	

4. *Profiling und Matching sind Begriffe der Personaleinsatzplanung. Welche Aussagen beschreiben das Verhältnis zwischen Profiling und Matching zutreffend?*

Ohne Matching kein Profiling.	
Beim Matching spielt die subjektive Bewertung durch den Disponenten eine größere Rolle als beim Profiling.	
Das Profiling bezieht sich nur auf Mitarbeiter, beim Matching werden Kunden- und Mitarbeiterdaten in Verbindung gebracht.	
Ein gutes Profiling ist eine Voraussetzung für ein erfolgreiches Matching.	
Profiling und Matching sind Begriffe der Zeitarbeitsbranche, die in anderen Betrieben nicht verwendet werden.	

5. *Ein Kunde fordert von Ihnen einen Staplerfahrer, der ausschließlich in der Lagerhalle des Kunden auf einem Elektrostapler Stapel RX 50 eingesetzt wird. Als Grundlage für die Auswahl eines geeigneten Mitarbeiters legen Sie einige Anforderungsmerkmale fest. Sie unterscheiden die Kriterien nach drei Ausprägungen: „muss" gilt für die Kriterien, die gesetzlich vorgeschrieben sind; „soll" sind solche Merkmale, die zum Beispiel von der Berufsgenossenschaft empfohlen werden, als „kann"-Kriterien bezeichnen Sie alle weiteren Merkmale.*

Vervollständigen Sie folgendes tabellarisches Anforderungsprofil:

Anforderungsmerkmale	„Muss"-Merkmal	„Soll"-Merkmal	„Kann"-Merkmal
Allgemeine Ausbildung zum Staplerfahrer („Staplerschein")			
Führerschein			
mindestens 25 Jahre alt			
G25-Untersuchung			
Erfahrung mit Elektrostapler Stapel RX 50			
Körperlich belastbar, keine Einschränkungen des Seh- und Hörvermögens			
Führungszeugnis ohne Einträge			

6. *Ihnen liegt von dem Kunden Heinrich Still OHG das Anforderungsprofil für einen kaufmännischen Mitarbeiter vor. Sie führen das Matching mithilfe einer Personalsoftware durch. Das Programm stellt Ihnen die beiden geeigneten Mitarbeiter in einem Netzdiagramm dar:*

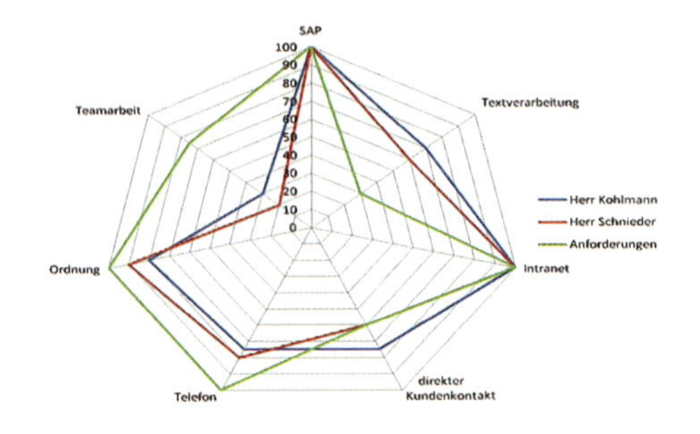

   a) *Werten Sie das Netzdiagramm aus. Prüfen Sie die Eignung der beiden Mitarbeiter für das angegebene Anforderungsprofil.*
   b) *Ermitteln Sie den Grad der Übereinstimmung für beide Mitarbeiter.*
   c) *Treffen Sie eine Auswahl und begründen Sie Ihre Entscheidung.*

7. *Während einer Teamsitzung kommt es zu einem Streit zwischen den beiden Disponenten Jens Heitmann und Manuela Leifert. Herr Heitmann ist der Meinung, dass es bei der Bearbeitung von Kundenanfragen nach Personal vor allem auf die Schnelligkeit ankommt; Frau Leifert sagt dagegen, dass Schnelligkeit überhaupt keine Vorteile für den Erfolg des Unternehmens mit sich bringt, wenn die falschen Mitarbeiter ausgewählt werden.*
   Stellen Sie die Vorteile der beiden Positionen einander gegenüber.

2 Arbeitsschutz beim Personaleinsatz beachten

Einstiegssituation ▶

Tatsächlich entwickelt sich während des gemeinsamen Mittagessens ein angenehmes Akquisitionsgespräch. Die **Knock on Wood AG** verzeichnet seit einiger Zeit eine ansteigende Nachfrage, ist sich allerdings nicht ganz klar darüber, ob es sich um eine dauerhafte Entwicklung oder ein kurzes Aufflackern handelt. **Frau Keil** fasst das Problem für das Unternehmen so zusammen: „Auch wenn wir als AG firmieren, sind wir doch ein Familienbetrieb. Wir legen großen Wert auf eine nachhaltige Entwicklung. Unsere Mitarbeiter sind uns sehr wichtig. Wer bei uns arbeitet, soll sich auf uns verlassen können – so, wie wir uns auch auf unsere Mitarbeiter verlassen. Und jetzt haben wir das Problem, dass unsere Auslastung für den bisherigen Mitarbeiterstamm viel zu hoch ist. Wir wollen aber auch nicht zu früh neue Mitarbeiter einstellen, die wir möglicherweise wieder entlassen müssen. Das ist nicht unser Stil."
Den Gesprächsverlauf nutzt **Jakob Ellinger,** um die Vorteile der Arbeitnehmerüberlassung deutlich zu machen. Für einen ersten Einsatz einigen sich Frau Keil und Herr Ellinger auf drei Mitarbeiter, die möglichst bald in der Knock on Wood AG eingesetzt werden sollen. „Zunächst möchte ich mir aber noch Ihren Betrieb ansehen. Bevor wir unsere Mitarbeiter

in einem anderen Unternehmen einsetzen, müssen wir uns mit den dortigen Gegebenheiten vertraut machen", sagt er. Etwas spitz antwortet **Frau Keil:** „Sie können davon ausgehen, dass in unserem Betrieb alles den gesetzlichen Regelungen entspricht. Oder haben Sie da Bedenken?"

Arbeitsaufträge:

1. *Analysieren Sie den Verlauf des Gesprächs zwischen Frau Keil und Herrn Ellinger. Nehmen Sie dabei zum einen die Sicht des Disponenten Ellinger ein, zum anderen die Perspektive der Personalverantwortlichen Keil und identifizieren Sie mögliche Problempunkte.*

2. *Informieren Sie sich unter Punkt 2.2.1 über die arbeits schutz rechtlichen Pflichten der beteiligten Unternehmen bei der Arbeitnehmerüberlassung.*
   Planen Sie aus Sicht des Disponenten die weiteren Arbeitsschritte.

3. *Recherchieren Sie im Internet Informationen zu den besonderen Arbeitsbedingungen in holzverarbeitenden Betrieben. Strukturieren Sie Ihre Informationen zum Beispiel in einem Mindmap mit den Oberbegriffen der Gefährdungsarten (s. 2.2.2.1).*

4. *Sie orientieren sich bei der Prüfung der Arbeitsbedingungen im Kundenunternehmen an dem „Leitfaden für die Gestaltung der Arbeitsorganisation in Zeitarbeitsunternehmen" der VBG (siehe: http://www.vbg.de/DE/3_Praevention_und_Arbeitshilfen/1_Branchen/15_Zeitarbeit/2_Leitfaden/leitfaden_node.html). Der Leitfaden enthält unter Anderem eine Vorlage für ein Arbeitsplatzbesichtigungsprotokoll.*
   - *Erstellen Sie als Grundlage für dieses Protokoll und der im zweiten Arbeitsauftrag recherchierten Informationen eine Checkliste für die Unternehmens- und Arbeitsplatzbesichtigung in der Knock on Wood AG; Orientierung geben dabei folgende Fragen: Was soll besichtigt werden? Worauf ist bei der Besichtigung besonders zu achten?.*
   - *Stellen Sie die typischen Gefährdungen in einem holzverarbeitenden Betrieb zusammen, zum Beispiel auf einem Flipchart.*
   - *Bewerten Sie die Gefährdungen und leiten Sie Maßnahmen zum Arbeitsschutz ab.*
   - *Entwickeln Sie einen Vorschlag für eine Arbeitsschutzvereinbarung mit dem Kunden Knock on Wood AG, aus der hervorgeht, wer welche Schutzmaßnahmen durchführt.*

5. *Verallgemeinern Sie Ihr Vorgehen in Form einer allgemeinen Arbeitsanweisung an die Disponenten für den Fall, dass ein Neukunde Mitarbeiter für einen Ersteinsatz anfordert.*

2.1 Grundlagen des deutschen Arbeitsschutzsystems

Der Arbeitsschutz ist ein wesentlicher Teil des staatlichen Arbeitnehmerschutzes. Ziel des Arbeitsschutzes ist die Gewährleistung von Sicherheit und Gesundheitsschutz der Beschäftigten bei der Arbeit.
Unterschieden wird zwischen dem sozialen Arbeitsschutz auf der einen Seite und dem technischen und medizinischen Arbeitsschutz auf der anderen Seite:

- Zum **sozialen Arbeitsschutz** gehört neben dem für alle Arbeitnehmer geltenden Arbeitszeitschutz der Schutz von Leben und Gesundheit besonderer Arbeitnehmergruppen, dazu zählen etwa Jugendliche und Frauen vor und nach der Geburt eines Kindes.
- Der **technische und medizinische Arbeitsschutz** beinhaltet nach § 2 Arbeitsschutzgesetz
  - Maßnahmen, die der Verhütung von Unfällen bei der Arbeit dienen,
  - Maßnahmen zur Verhütung von arbeitsbedingten Gesundheitsgefahren und
  - Maßnahmen der menschengerechten Gestaltung der Arbeit.

	Ziele	Maßnahmen
Sozialer Arbeitsschutz	Erhaltung der individuellen Arbeitskraft der Beschäftigten; Schutz besonderer Arbeitnehmergruppen	Arbeitszeitgesetz Ladenschlussgesetze Jugendarbeitsschutzgesetz Mutterschutzgesetz u. a.
Technischer Arbeitsschutz	Vermeidung gesundheitsbeeinträchtigender Folgen der Arbeitsverfahren	Arbeitsschutzgesetz Arbeitsstättenverordnung Bildschirmarbeitsplatzverordnung u. a.
Medizinischer Arbeitsschutz	Schutz der Gesundheit der Arbeitnehmer	Arbeitsmedizinische Vorsorge

Bereiche des Arbeitsschutzes (eigene Zusammenstellung nach BMAS, Arbeitsrecht/Arbeitsschutzrecht, Nürnberg 2008, S. 561)

Unterschieden wird daneben zwischen dem **betrieblichen Arbeitsschutz** und dem **produktbezogenen Arbeitsschutz**; letzterer stellt sicher, dass die in Betrieben genutzten Arbeitsmittel den Sicherheitsstandards genügen.

Im fachlichen Kontext

Die Entstehung des Arbeitsschutzes

Seinen Anfang nahm der deutsche Arbeitsschutz im Jahre 1828 in Preußen. Bei der militärischen Musterung in den preußischen Industriegebieten fand sich zu dieser Zeit keine ausreichende Anzahl militärtauglicher junger Männer mehr. Um aber auch in Zukunft genügend Soldaten zur Verfügung zu haben, sah sich der zuständige General Horn dazu veranlasst, an den König von Preußen heranzutreten und gesetzliche Maßnahmen zum Schutz der Arbeiterschaft zu fordern. Im Jahre 1839 wurde diese Forderung dann durch das Preußische Regulativ für die Beschäftigung jugendlicher Arbeitnehmer in Fabriken erfüllt. Der Reichskanzler Otto von Bismarck initiierte wenige Jahre später weitreichende, für seine Zeit fortschrittliche Sozialgesetze, die sich im Wesentlichen mit der Unfall-, Kranken-, Renten- und Invaliditätsversicherung befassten.

Quelle: Schadewaldt, Hans: Die Geschichte des Arbeitsschutzes, BsAfB, unter: http://www.bsafb.de/fileadmin/downloads/pa_5_10_2006/pa5_10_2006_geschichte_des_arbeitsschutzes.pdf, 2006, abgerufen am 27.03.2012

2.1.1 Gesetzliche Grundlagen

Eine rechtliche Grundlage für den Arbeitsschutz ergibt sich bereits aus dem Grundgesetz:

- Schutz der Menschenwürde (Artikel 1, Absatz 1 GG)
- Recht auf Leben und körperliche Unversehrtheit (Artikel 2, Absatz 2 GG)

In der Tabelle sind wesentliche Gesetze des Arbeitsschutzes zusammengestellt. Regelungen des sozialen Arbeitsschutzes sind bereits an anderer Stelle dieses Lehrbuchs dargestellt worden, sie werden hier nur wegen der Vollständigkeit aufgeführt. In diesem Kapitel wird der technische und medizinische Arbeitsschutz behandelt.

Bd. 1, LF 3

Seit 1996 sind die wichtigsten Regelungen zum Arbeitsschutz, die vorher in verschiedenen Gesetzen verteilt waren, im **Arbeitsschutzgesetz** (ArbSchG) zusammengefasst. Daneben finden sich Regelungen im **Arbeitssicherheitsgesetz**, im **Arbeitszeitgesetz** und im **Sozialgesetzbuch VII**. Nicht weiter erläutert werden hier folgende Gesetze, die ebenfalls im Zusammenhang mit dem Arbeitsschutz stehen: das Ladenschlussgesetz (LadSchlG), das Gendiagnostikgesetz (GenDG) sowie das Bundes-Immissionsschutzgesetz (BImSchG).

Technisch-medizinischer Arbeitsschutz	
Gesetz	**Regelungsinhalte**
Arbeitsschutzgesetz (ArbSchG)	Ziele und Maßnahmen des Arbeitsschutzes, Rechte und Pflichten des Arbeitgebers und des Arbeitnehmers
Arbeitssicherheitsgesetz (ASiG)	Regelungen zu den Aufgaben von Betriebsärzten, Sicherheitsingenieuren und Fachkräften für Arbeitssicherheit

Technisch-medizinischer Arbeitsschutz	
Gesetz	**Regelungsinhalte**
7. Sozialgesetzbuch (SGB VII)	Regelungen zu gesetzlicher Unfallversicherung, Unfallverhütungsvorschriften, Sicherheitsbeauftragten, Haftungsbeschränkungen der Unternehmer
Sozialer Arbeitsschutz	
Gesetz	**Regelungsinhalte**
Arbeitszeitgesetz (ArbZG)	Rahmenbedingungen für die Gestaltung der Arbeitszeiten
Jugendschutzgesetz (JSchG)	Besondere Schutzregelungen für arbeitende Jugendliche
Mutterschutzgesetz (MuSchG)	Besondere Schutzregelungen bei der Beschäftigung von werdenden und stillenden Müttern

Wesentliche Gesetze und Regelungsinhalte zum sozialen und technisch-medizinischen Arbeitsschutz

2.1.2 Aufbau des technisch-medizinischen Arbeitsschutzsystems

Das öffentlich-rechtliche System des deutschen Arbeitsschutzes gründet auf zwei Säulen:

- In Form des sogenannten **staatlichen Arbeitsschutzes** erlassen Bund und Länder Gesetze und Verordnungen, die den Arbeitsschutz gewährleisten sollen; Adressat dieser Regelungen sind grundsätzlich alle Arbeitgeber.
- Daneben erlassen die Berufsgenossenschaften, durch das 7. Sozialgesetzbuch (SGB VII) als Träger der gesetzlichen Unfallversicherung bestimmt, **Unfallverhütungsvorschriften** (vgl. § 14 SGB VII), die für ihre jeweiligen Mitgliedsunternehmen gelten. Die Berufsgenossenschaften sind bei der Formulierung der Unfallverhütungsvorschriften unabhängig; entsprechend wird diese Säule des Arbeitsschutzrechtes auch als „autonomes Arbeitsschutzrecht" bezeichnet.

Im fachlichen Kontext

Die Berufsgenossenschaft als Träger der gesetzlichen Unfallversicherung

Die Berufsgenossenschaften sind die Träger der gesetzlichen Unfallversicherung. Diese wurde in Deutschland im Juli 1884 eingeführt mit der Aufgabe, den Versicherten bei Arbeitsunfällen Unterstützung zu geben durch Zahlung von Unfallrenten und Finanzierung von medizinischen Heilbehandlungen. Von Beginn an gehörte auch die Unfallverhütung zu den Aufgaben. Geregelt sind die Grundlagen zur gesetzlichen Unfallversicherung im 7. Sozialgesetzbuch (SGB VII); Regelungen betreffen etwa den Kreis der Versicherten, die Prävention, die Leistungen sowie die Gestaltung der Beiträge.

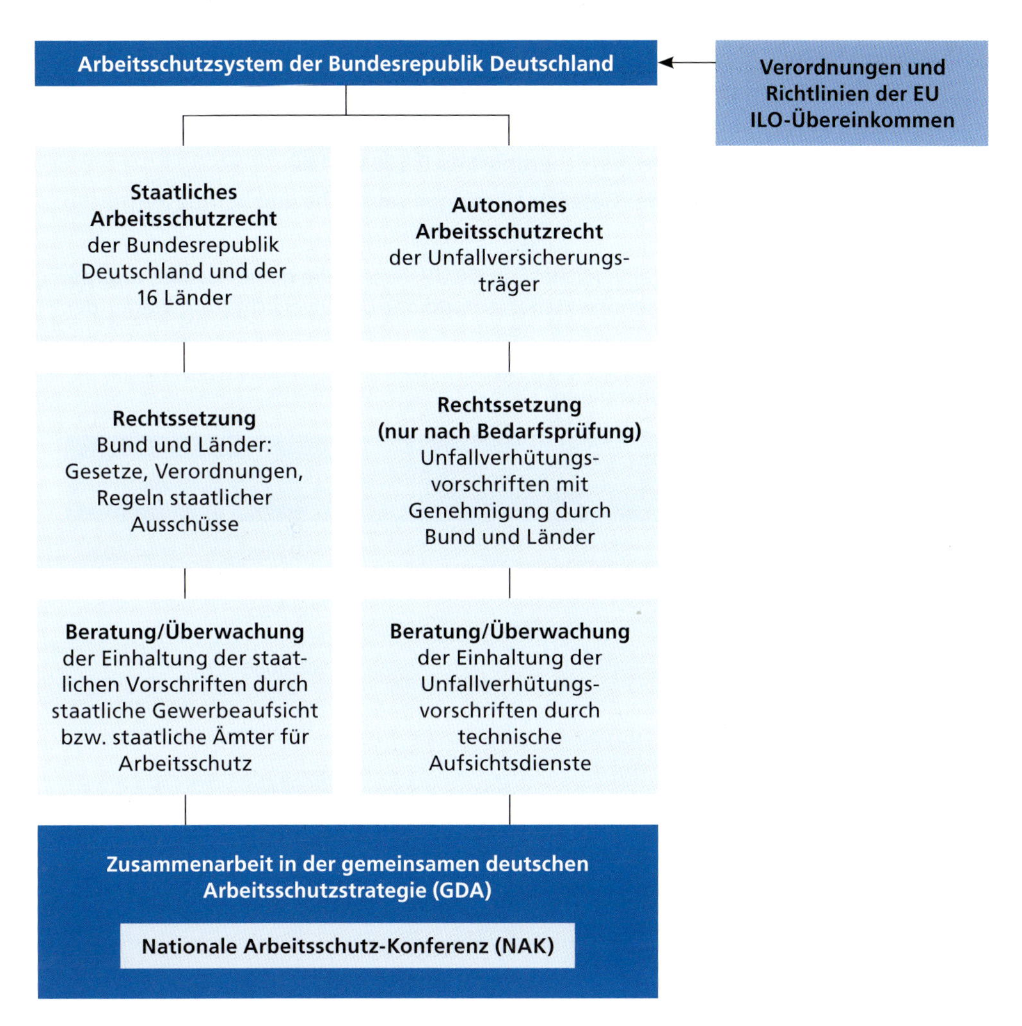

Aufbau des deutschen Arbeitsschutzsystems

Quelle: Bundesministerium für Arbeit und Soziales (Hrsg.): Sicherheit und Gesundheit bei der Arbeit 2008, Dortmund/Berlin/Dresden, 2009, S. 18

Regelungen im SGB VII:

- Aufgaben (§ 1)

Prävention, Rehabilitation, Entschädigung

Aufgabe der Unfallversicherung ist es, nach Maßgabe der Vorschriften dieses Buches

1. mit allen geeigneten Mitteln Arbeitsunfälle und Berufskrankheiten sowie arbeitsbedingte Gesundheitsgefahren zu verhüten,
2. nach Eintritt von Arbeitsunfällen oder Berufskrankheiten die Gesundheit und die Leistungsfähigkeit der Versicherten mit allen geeigneten Mitteln wiederherzustellen und sie oder ihre Hinterbliebenen durch Geldleistungen zu entschädigen.

- Versicherter Personenkreis (§§ 2 bis 6)
- Versicherungsfall (§§ 7 bis 13)
- Prävention (§§ 14 bis 25)
- Leistungen nach Eintritt des Versicherungsfalls (§§ 26 bis 103)
- in den weiteren Kapiteln des Gesetzes sind organisatorische und beitragsrechtliche Bereiche geregelt.

Die **Deutsche Gesetzliche Unfallversicherung DGUV** vertritt die gemeinsamen Interessen der gewerblichen Berufsgenossenschaften und der Unfallversicherungsträger der öffentlichen Hand.
Einen Eindruck über die Größenordnung der Aufgaben der Berufsgenossenschaften vermittelt folgende Zusammenstellung:

	2013	Veränderung zum Vorjahr
Unternehmen/Einrichtungen	3,9 Mio.	+1,30 %
- davon gewerbliche BG	3,3 Mio.	
- davon öffentliche Hand	664 000	
- davon Schüler-UV	141 000	+ 0,70 %
Vollarbeiter*	38,9 Mio.	+ 2,40 %
Anzahl Versicherte	78,1 Mio.	
- davon Kinder, Schüler, Studierende	17,2 Mio.	
geleistete Arbeitsstunden	60,3 Mrd.	
- davon gewerbliche BG	52,2 Mrd.	
der Beitragsermittlung zugrundegelegte Entgelte**	842 Mrd.	+ 3,00 %
Meldepflichtige Arbeits- und Wegeunfälle insgesamt	1 060 181	- 0,12 %
- Meldepflichtige Wegeunfälle insgesamt	185 667	+ 5,28 %
- Anzahl tödliche Arbeitsunfälle	455	- 9,00 %
meldepflichtige Unfälle gewerbliche BG (je 1 000 Vollarbeiter)	23,47	- 3,93 %
meldepflichtige Unfälle der öffentlichen Hand (je 1 000 Vollzeitarbeiter)	16,21	+ 0,27 %

	2013	Veränderung zum Vorjahr
Anzahl der besichtigten Betriebe durch die technischen Aufsichtsdienste	241 000	
Anzahl der Beanstandungen	979 000	
Anzahl der Sicherheitsbeauftragten	520 000	
Anzahl der Fachkräfte für Arbeitssicherheit	74 000	
Anzahl der in Erster Hilfe unterwiesenen Personen	1,5 Mio.	
* ein Vollarbeiter entspricht einem Vollzeitäquivalent		
** ohne Entgelte der Beschäftigten im öffentlichen Dienst		

Eigene Zusammenstellung nach Angaben der DGUV (http://www.dguv.de/de/Zahlen-und-Fakten/Pr%C3%A4vention/index.jsp)

Bei der Wahrnehmung ihrer gesetzlich bestimmten Aufgaben werden die Berufsgenossenschaften durch den Staat kontrolliert. Die Aufsicht ist beim Bundesversicherungsamt und beim Bundesministerium für Arbeit und Soziales angesiedelt, d. h. dass letztlich dem Staat die gesamte Verantwortung für den Arbeitsschutz zukommt. Die Dualität bezieht sich auf die konkrete Durchführung und nicht darauf, dass zwei parallele Systeme bestehen.

2.1.3 Normenhierarchie im Arbeitsschutzrecht

Der Staat regelt die verschiedenen Rechtsbereiche nicht nur durch Gesetze. Rechtlich bindend sind ebenso Verordnungen und Richtlinien. Die Unterscheidung dieser verschiedenen Rechtsnormen erfolgt nach dem Verfahren, mit dem sie zustande gekommen sind.

- **Gesetze** können nur durch die gesetzgebende Kraft (Legislative) verabschiedet werden,
- **(Rechts-)Verordnungen** dagegen werden von der Regierung verabschiedet (Exekutive, daher auch exekutives Recht genannt).
- Eine ähnliche rechtliche Qualität wie Verordnungen haben **Satzungen** von Anstalten und Körperschaften des Bundesrechts. Eine Berufsgenossenschaft etwa ist eine Körperschaft des öffentlichen Rechts, ihre Satzung hat daher einen dem Gesetz vergleichbaren Status als sogenanntes materielles Recht.
- **Richtlinien und Verwaltungsvorschriften** sind Anordnungen innerhalb der öffentlich-rechtlichen Organisationen, die dafür sorgen sollen, dass die Gesetze und Verordnungen überall und durch die verschiedenen Sachbearbeiter gleich angewendet werden. Sie konkretisieren das Verwaltungshandeln und haben daher eine indirekte bzw. mittelbare rechtliche Außenwirkung.

- Neben diesen Normen spielen im Arbeitsschutzrecht auch **allgemein anerkannte Regeln** eine große Rolle, dazu gehören etwa BMA-Leitlinien, DIN/EN-Normen und VDE-Bestimmungen. Beeinflusst werden die Regelungen in Deutschland durch die Europäische Union mit ihren Verordnungen und Richtlinien.

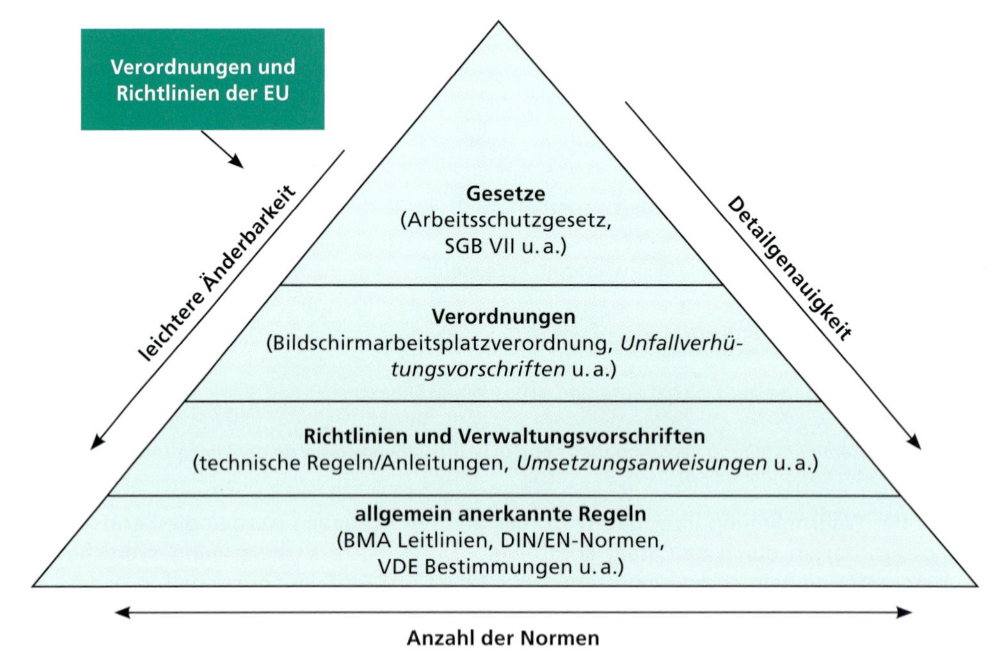

Normenhierarchie im Arbeitsschutzrecht; kursiv sind die der Rangstufe entsprechenden Regeln der Berufsgenossenschaften gesetzt.

Neben der Einordnung in den Hierarchieaufbau, die ein Hinweis auf die Schwere bzw. die Einfachheit der Änderbarkeit ist, lassen sich die Regelungen auch nach ihrer Anzahl und ihrem Grad der Detailgenauigkeit in der Ausgestaltung unterscheiden.

Im fachlichen Kontext

Bundesweite Initiativen im Arbeitsschutz

Initiative Neue Qualität der Arbeit (INQA)

Die in § 1 des Arbeitsschutzgesetzes formulierte Aufgabe, „Sicherheit und Gesundheitsschutz der Beschäftigten bei der Arbeit durch Maßnahmen des Arbeitsschutzes zu sichern und zu verbessern“, berührt auch die Fragen danach, was eigentlich **gute Arbeit** ausmacht und wie der **optimale Arbeitsplatz** gestaltet sein sollte. Befördert auch durch die Diskussionen und Ziele auf europäischer Ebene wurde im Jahr 2002 in Deutschland die **Initiative Neue Qualität der Arbeit** gegründet, die vom Bundesministerium für Arbeit und Soziales gefördert wird. Beteiligte sind verschiedene Bundesministerien, die Bundesländer, Organisationen der Arbeitnehmer und Arbeitgeber,

Berufsgenossenschaften, Krankenversicherungen, verschiedene Forschungseinrichtungen und Stiftungen. Ziel der Initiative ist es, mehr Arbeitsqualität für Beschäftigte zu erreichen und damit auch die Innovationskraft und Wettbewerbsfähigkeit von Unternehmen nachhaltig zu stärken. Vier Themen hat die Initiative dabei im Blick: Personalführung, Chancengleichheit & Diversity, Wissen & Kompetenz und natürlich Gesundheit, wo auch der Arbeitsschutz verortet ist. Die Initiative stellt Beispiele für gelungene praktische Lösungen zusammen und kommuniziert diese mit dem Ziel, das Gestaltungswissen zu verbreiten.
Beispiele für Schwerpunktthemen der Initiative sind:

- Wissen & Kompetenz: z. B. 30-/40-/50plus, Älterwerden in Beschäftigung
- Gesundheit: z. B. Psychische Gesundheit in der Arbeitswelt (psyGA-transfer)
- Personalführung: z. B. flexible Arbeitszeiten und Arbeitssysteme
- Chancengleichheit & Diversity: z. B. Vereinbarkeit von Familie und Beruf für Frauen und Männer

Recherchetipp

INQA stellt im Internet zahlreiche Beispiele für „guter Praxis" vor. Weitere Informationen finden Sie unter www.inqa.de.

Gemeinsame Deutsche Arbeitsschutzstrategie (GDA)

Die im Arbeitsschutzgesetz geforderte „Gemeinsame Deutsche Arbeitsschutzstrategie (GDA)" hat sich seit 2008 unter dem Leitbild konkretisiert: „Gemeinsam Handeln – jeder in seiner Verantwortung". Träger der GDA sind Bund, Länder und Unfallversicherungsträger (vgl. ArbSchG § 20a). Unter anderem verleiht die GDA den Deutschen Arbeitsschutzpreis, der dabei helfen soll, innovative Arbeitsschutzmaßnahmen in den Unternehmen anzuregen und den Transfer gelungener Maßnahmen zu unterstützen. Zentrales Entscheidungsgremium der GDA ist die **Nationale Arbeitsschutzkonferenz** (NAK).

Recherchetipp

Ein Arbeitsprogramm der GDA widmet sind der Sicherheit und dem Gesundheitsschutz bei der Zeitarbeit. Weitere Informationen finden Sie unter www.gda-portal.de.

2.1.4 Überwachungsaufgabe des Arbeitsschutzes

Analog zum zweigliedrigen Arbeitsschutzsystem besteht auch bei der Überwachung der Einhaltung der arbeitsschutzrechtlichen Bestimmungen in den Unternehmen ein Dualismus aus staatlicher und „autonomer", also berufsgenossenschaftlicher Aufsicht. Unterschieden werden die staatliche Gewerbeaufsicht und der Technische Aufsichtsdienst der Berufsgenossenschaften, die unabhängig auf der Grundlage „ihrer" Aufgaben beim Arbeitsschutz agieren.

Überwachung durch den staatlichen Arbeitsschutz

Die Überwachung des staatlichen Arbeitsschutzes liegt bei den **Arbeitsschutzbehörden** der Bundesländer (Artikel 83 ff. GG). Regelmäßig zweimal im Jahr stimmen die Bundesländer ihre Überwachungs- und Aufsichtsarbeit im Länderausschuss für Arbeitsschutz und Sicherheitstechnik (LASI) ab. Die konkrete Überwachungsaufgabe nehmen auf der regionalen Ebene Gewerbeaufsichtsämter oder Staatliche Ämter für Arbeitsschutz wahr. Die Art der Organisation ändert sich seit einigen Jahren deutlich und variiert zwischen den verschiedenen Bundesländern. Zum Teil sind eigenständige Verwaltungen aufgelöst worden und die Überwachungsaufgabe wird nun auf regionaler Ebene von den Bezirksregierungen oder auf kommunaler (Stadt oder Kreis) Ebene wahrgenommen.
Um ihren Aufgaben der Aufsicht nachzukommen, können die **Gewerbeaufsichtsbeamten** jederzeit und unangemeldet Betriebe betreten; ist dies erforderlich, können sie Anordnungen zur Sicherstellung des Arbeitsschutzes treffen. Die staatlichen Gewerbeaufsichtsbeamten sind nicht nur für den technischen Arbeitsschutz zuständig, sondern ebenso für den medizinischen und den sozialen Arbeitsschutz.

Recherchetipp

Der Länderausschuss veröffentlicht umfangreiche Informationen zur Umsetzung des staatlichen Arbeitsschutzes im Internet auf der Seite http://lasi.osha.de/.
Recherchieren Sie, wer für die Überwachung des staatlichen Arbeitsschutzes in Ihrer Region zuständig ist. Beginnen Sie die Recherche auf der Internetseite des Wirtschaftsministeriums Ihres Bundeslandes.

Überwachung durch den autonomen Arbeitsschutz

Entsprechend dem dualen Aufbau des Arbeitsschutzsystems sind die Berufsgenossenschaften dazu verpflichtet, ihre Maßnahmen für den Arbeitsschutz zu überwachen, also mit eigenem Aufsichtspersonal die Umsetzung der Vorschriften zu kontrollieren und ggf. beratend einzugreifen. Dabei arbeiten sie mit den Krankenkassen zusammen. Der **Technische Aufsichtsdienst** der Berufsgenossenschaften hat ebenso wie der staatliche **Gewerbeaufsichtsbeamte** das Recht, jederzeit den Betrieb zu betreten, die Einhaltung der Unfallverhütungsvorschriften zu kontrollieren und ggf. Anordnungen für die Einhaltung des Arbeitsschutzes zu treffen. Bei Zuwiderhandlungen können sie Geldbußen verhängen.

2.1.5 Innerbetriebliche und außerbetriebliche Akteure

An der Umsetzung des Arbeitsschutzes in den Unternehmen wirken verschiedene Akteure mit. Die gesetzlichen Regelungen geben zahlreiche Positionen vor, die an der Umsetzung des Arbeitsschutzes mitzuwirken haben. Dabei steht in der vollen Verantwortung für die Gewährleistung eines angemessenen Arbeitsschutzes immer der Unternehmer. Nicht zuletzt durch die duale Struktur des deutschen Arbeitsschutzes und dem überragenden Interesse des Staates und der Bürger an einem funktionierenden Arbeitsschutz in den Unternehmen wirken an der Umsetzung des betrieblichen Arbeitsschutzes auch zahlreiche Akteure mit, die nicht zum Unternehmen gehören.[1]

- **Außerbetriebliche Akteure** des Arbeitsschutzes:
  - Gesetzgeber und Berufsgenossenschaften als Normengeber
  - Gewerbeaufsichtsämter/-beamte
  - Technischer Aufsichtsdienst der Berufsgenossenschaften
  - Bundesanstalt für Arbeitsschutz und Arbeitsmedizin (BAuA)
  - Deutsche Arbeitsschutzausstellung (DASA)
  - Anmeldestelle nach dem Chemikaliengesetz
  - Zulassungsstelle für Biozid-Produkte
  - Landesämter für Arbeitsschutz
  - Beratungsstellen der Berufsgenossenschaften
- **Innerbetriebliche Akteure** des Arbeitsschutzes:
  Außer dem Unternehmer und den Beschäftigten befassen sich folgende Akteure mit dem Arbeitsschutz in einem Unternehmen (in Klammern sind die rechtlichen Grundlagen angegeben):
  - Fachkraft für Arbeitssicherheit – FaSi, auch: SiFa (ASiG)
  - Betriebsarzt – BA (ASiG)
  - Sicherheitsbeauftragte – SiBe (§ 22 SGB VII)
  - Ersthelfer (§ 21 SGB VII; § 10 ArbSchG)
  - Brandschutzbeauftragte[2]
  - Vorgesetzte
  - Betriebsrat (BetrVG)

LF6, 4.3

Alle innerbetrieblichen Akteure sind bei der Koordination und Umsetzung des innerbetrieblichen Arbeitsschutzes in Form von Beratung, Kontrolle, Motivation und Unterweisung eingebunden. Als koordinierendes Instrument ist für Unternehmen mit mehr als 20 Beschäftigten der **Arbeitsschutzausschuss** (ASA) im Arbeitssicherheitsgesetz (§ 11 ASiG) vorgesehen, der mindestens einmal im Vierteljahr zusammentreten muss. Teilnehmer sind: der Arbeitgeber bzw. sein Beauftragter, zwei Mitglieder des Betriebsrates, Betriebsärzte, Fachkräfte für Arbeitssicherheit und Sicherheitsbeauftragte. Im ASA werden alle Anliegen des Arbeitsschutzes, des Gesundheitsschutzes und der Unfallverhütung behandelt.

[1] *Vgl.: Struktur des Arbeits- und Gesundheitsschutzes in Deutschland, Arbeit und Leben Bremen e. V., unter: http://www.aulbremen.de/triatria/de/de_materialien/de_materialien_Vergleichstudie.pdf, abgerufen am 07.03.2012*

[2] *Vgl. dazu die Inhalte der Richtlinie vfdb 12-09/01-2009-03: Bestellung, Aufgaben, Qualifikation und Ausbildung von Brandschutzbeauftragten. vfdb – Vereinigung zur Förderung des Deutschen Brandschutzes e. V.*

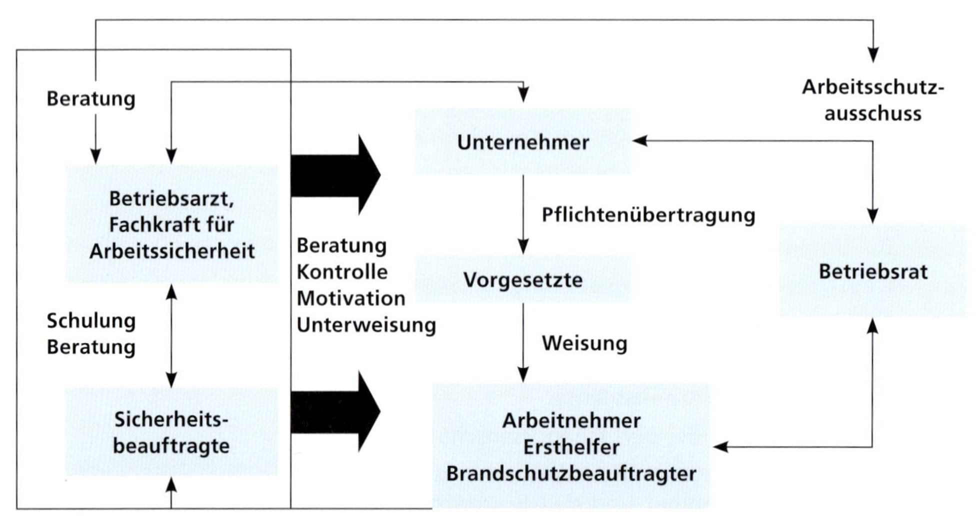

Quelle: Die innerbetrieblichen Akteure des Arbeitsschutzes , unter: http://www.aulbremen.de/triatria/de/de_materialien/de_materialien_Vergleichstudie.pdf, hrsg. v. Arbeit und Leben Bremen, Bremen, zuletzt abgerufen am 08.11.2012

2.1.6 Unternehmerhaftung und Haftungsprivileg

Verantwortlich für den Arbeitsschutz im Unternehmen ist der Unternehmer. Das gilt zum einen im öffentlich-rechtlichen Arbeitsschutz (staatlicher und autonomer Arbeitsschutz), zum anderen aber auch durch das privatrechtliche Vertragsverhältnis zwischen Arbeitgeber und Arbeitnehmer (Fürsorgepflicht des Arbeitgebers). Verletzt der Arbeitgeber seine Pflichten aus dem **öffentlich-rechtlichen Arbeitsschutz**, begeht er mindestens eine Ordnungswidrigkeit (Bußgeld), in schweren Fällen macht er sich sogar strafbar. Aus dem **privatrechtlichen Vertragsverhältnis** ergibt sich ebenfalls die Verantwortung für den Arbeitsschutz: Im Dienstverhältnis ist der Arbeitgeber („Dienstberechtigter") dazu verpflichtet, die Arbeitsbedingungen so zu regeln, dass der Arbeitnehmer („der Verpflichtete") „gegen Gefahr für Leben und Gesundheit geschützt ist" (§ 618 Absatz 1 BGB; vgl. dazu auch § 62 HGB). Kommt der Arbeitgeber seinen Pflichten nicht nach, kann der Arbeitnehmer vor dem Arbeitsgericht auf Pflichterfüllung klagen. Kommt es zu Schädigungen, etwa infolge eines Arbeitsunfalls, kann der Arbeitnehmer ggf. Schadenersatz geltend machen. In dieser Rechtskonstruktion findet sich das allgemeine Schadensersatzprinzip des Zivilrechts wieder: Wer andere schädigt, hat die finanziellen Folgen zu tragen.

§ 618 BGB Pflicht zu Schutzmaßnahmen

(1) Der Dienstberechtigte hat Räume, Vorrichtungen oder Gerätschaften, die er zur Verrichtung der Dienste zu beschaffen hat, so einzurichten und zu unterhalten und Dienstleistungen, die unter seiner Anordnung oder seiner Leitung vorzunehmen sind, so zu regeln, dass der Verpflichtete gegen Gefahr für Leben und Gesundheit soweit geschützt ist, als die Natur der Dienstleistung es gestattet.

(...)

(3) Erfüllt der Dienstberechtigte die ihm in Ansehung des Lebens und der Gesundheit des Verpflichteten obliegenden Verpflichtungen nicht, so finden auf seine Verpflichtung zum Schadensersatz die für unerlaubte Handlungen geltenden Vorschriften der §§ 842 bis 846 entsprechende Anwendung.

Die arbeitsrechtliche Haftung des Arbeitgebers bezieht sich aber nur auf solche Fälle, in denen der Arbeitgeber seine Schutzpflichten schuldhaft bzw. vorsätzlich verletzt hat und dadurch Leben und Gesundheit des Arbeitnehmers beeinträchtigt wurden.

Beispiel
Ein Arbeitgeber schickt einen Monteur auf das Hallendach, obwohl er weiß, dass es brüchig und defekt ist.

Liegt kein Vorsatz bei der Verursachung eines Arbeitsunfalles vor, ist der Unternehmer vom Schadenersatz durch die Regelungen des 7. Sozialgesetzbuches befreit:

§ 104 SGB VII: Beschränkung der Haftung der Unternehmer

(1) Unternehmer sind den Versicherten, die für ihre Unternehmen tätig sind oder zu ihren Unternehmen in einer sonstigen die Versicherung begründenden Beziehung stehen, sowie deren Angehörigen und Hinterbliebenen nach anderen gesetzlichen Vorschriften zum Ersatz des Personenschadens, den ein Versicherungsfall verursacht hat, nur verpflichtet, wenn sie den Versicherungsfall vorsätzlich oder auf einem nach § 8 Abs. 2 Nr. 1 bis 4 versicherten Weg herbeigeführt haben. ()

Anstelle des Unternehmers übernimmt die Berufsgenossenschaft als gesetzliche Unfallversicherung alle Kosten, die mit dem **Personenschaden** verbunden sind, einschließlich der Kosten für eine Heilbehandlung oder ggf. den Ausgleich für eine aufgrund der Schwere des Unfalls eintretende Erwerbsunfähigkeit oder -minderung in Form einer andauernden Rentenzahlung. Der Unternehmer ist von der Haftung freigestellt. Das bezieht sich auch auf Schadenersatz und Schmerzensgeld und gleichermaßen auf mögliche Haftungsfragen zwischen Arbeitnehmern (vgl. § 105 SGB VII). Diese Art der Haftungsbeschränkung bzw. Haftungsfreistellung wird auch als Haftungsprivileg bezeichnet.

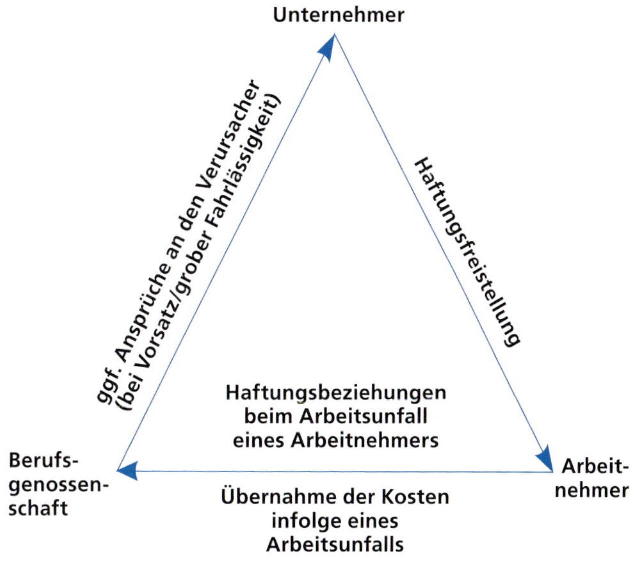

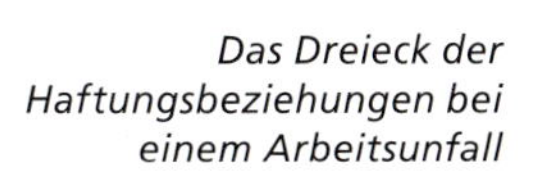
Das Dreieck der Haftungsbeziehungen bei einem Arbeitsunfall

Hintergrund dieser Regelungen ist die Absicht, den Betriebsfrieden zu erhalten und zu sichern und ihn nicht durch Rechtsstreitigkeiten zu stören. Das bedeutet aber nicht gleichzeitig, dass der Unternehmer damit aus jedem Haftungsrisiko entlassen ist. Es besteht vielmehr für die Berufsgenossenschaft die Möglichkeit, Regress beim Unternehmer zu nehmen, soweit er den Arbeitsunfall vorsätzlich verursacht hat. Im Einzelfall reicht auch ein grob fahrlässiges Verhalten des Unternehmers, um diesen Regressanspruch auszulösen (Regress = Rückgriff).

Hinweis

Pflichtversichert in der gesetzlichen Unfallversicherung sind die Beschäftigten. Aus Unternehmersicht wirkt diese gesetzliche Unfallversicherung wie eine Haftpflichtversicherung, indem sie den Unternehmer in bestimmten Fällen von der Haftung freistellt.

2.2 Pflichten des Arbeitgebers beim Arbeitsschutz

Die Ausrichtung der deutschen Arbeitsschutzregelungen lässt sich mit zwei Schlagwörtern zusammenfassen: **Unternehmerverantwortung und Prävention**. Leitbild ist die Vermeidung von Arbeitsunfällen, woraus für den Unternehmer eine umfassende Verantwortung folgt, die nicht allein damit abgelöst werden kann, dass detaillierte Vorgaben eingehalten werden. Das Arbeitsschutzgesetz als zentrale Rechtsgrundlage des Arbeitsschutzes listet nicht im Detail auf, was ein Unternehmer tun muss, um sich „richtig" zu verhalten; vielmehr ist es ein Instrument zur „Förderung der Selbstidentifikation" von Unternehmer und Beschäftigten mit den Zielen des Arbeitsschutzes.

> „Dahinter steckt die Annahme, dass die Effizienz der Prävention in dem Maße zunehmen wird, wie Arbeitgeber und Beschäftigte den Arbeitsschutz zu ‚ihrer eigenen Sache' machen und nicht lediglich als bevormundende Fremdbestimmung begreifen. Das Gesetz gibt deshalb weitgehend nur Schutzziele und allgemein gehaltene Anforderungen vor. Nur wenige Verhaltensweisen sind detailliert ausgeführt. Ausgehend von größtmöglicher Eigenverantwortung werden den Betrieben Spielräume eingeräumt, die erforderlichen Schutzmaßnahmen angepasst an die betrieblichen Verhältnisse und die Art der jeweiligen Tätigkeiten zu treffen. Das verlangt insbesondere den Arbeitgebern die Bereitschaft ab, sich ggf. unter Zuhilfenahmen von Arbeitsschutzexperten die notwendigen fachlichen Kompetenzen im Arbeitsschutz selbst anzueignen und auf dem aktuellen Stand zu halten."

Quelle: Bundesministerium für Arbeit und Soziales: Übersicht über das Arbeitsrecht/Arbeitsschutzrecht, BW Bildung und Wissen Verlag: Nürnberg, 4. Aufl. 2010, S. 633

2.2.1 Ziele und Grundsätze des Arbeitsschutzes

Die Ziele des Arbeitsschutzes umfassen die Wahrung und Verbesserung von **Sicherheit** und **Gesundheitsschutz** der Beschäftigten bei der Arbeit (§ 1 ArbSchG). Der Zweck ist dementsprechend nicht nur die aktuelle Verhütung von Arbeitsunfällen, sondern auch die „Verbesserung" von Sicherheit und Gesundheitsschutz, was beinhaltet, das sich der

betriebliche Arbeitsschutz dynamisch entwickelt bzw. entwickeln soll bis hin zu einer „menschengerechten Gestaltung der Arbeit" (§2 ArbSchG). Um diese Zielvorgabe inhaltlich auszufüllen, reicht also nicht allein der Blick ins Gesetzbuch; vielmehr müssen die jeweiligen technischen, medizinischen und organisatorischen Entwicklungen berücksichtigt werden, um eine jeweils aktuelle inhaltliche Konkretisierung der „Verbesserung" des Arbeitsschutzes bzw. der „menschengerechten" Arbeitsplatzgestaltung vornehmen zu können. Die inhaltliche Ausgestaltung der Ziele wird sich je nach medizinischem oder technischem Forschungsstand unterscheiden.
Entsprechend dieser dynamischen Ziele sind die im Arbeitsschutzgesetz genannten **Arbeitgeberpflichten** keine konkreten Vorgaben, sondern beziehen sich auf ein bestimmtes Handlungsschema:
Der Arbeitgeber soll (gemäß §3 ArbSchG)

- die erforderlichen Maßnahmen treffen,
- die ergriffenen Maßnahmen auf Wirksamkeit überprüfen,
- ggf. die Maßnahmen anpassen,
- eine Verbesserung von Sicherheit und Gesundheitsschutz anstreben,
- für eine geeignete Organisation sorgen und die erforderlichen Mittel bereitstellen,
- die Organisation so gestalten, dass die Beschäftigten am Arbeitsschutz mitwirken.

Die Vorgehensweise bei der betrieblichen Gestaltung des Arbeitsschutzes entspricht einem Regelkreis, der durch Rückkoppelungen zwischen Verhalten (Maßnahmen einsetzen), Verhaltensergebnis (Überprüfung der Wirksamkeit) und Zielvorgaben einen kontinuierlichen Verbesserungsprozess ermöglicht bzw. auslöst.

LF 6, 4.4

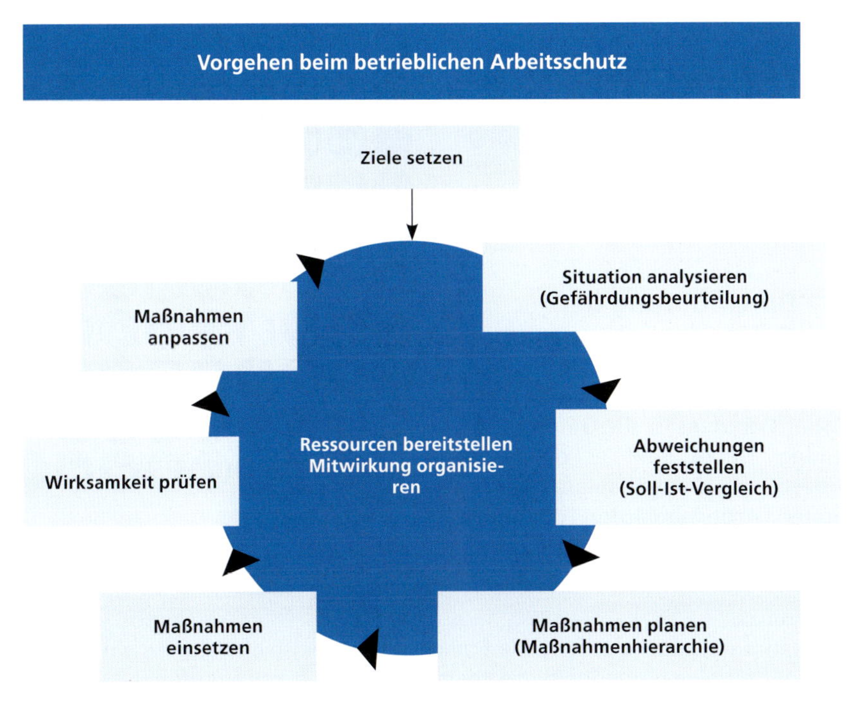

Vorgehen beim betrieblichen Arbeitsschutz

Bei der Umsetzung der Maßnahmen soll der Arbeitgeber die in § 4 ArbSchG aufgestellten Grundsätze beachten.

§ 4 ArbSchG: Allgemeine Grundsätze

Der Arbeitgeber hat bei Maßnahmen des Arbeitsschutzes von folgenden allgemeinen Grundsätzen auszugehen:

1. Die Arbeit ist so zu gestalten, dass eine Gefährdung für Leben und Gesundheit möglichst vermieden und die verbleibende Gefährdung möglichst gering gehalten wird;
2. Gefahren sind an ihrer Quelle zu bekämpfen;
3. bei den Maßnahmen sind der Stand von Technik, Arbeitsmedizin und Hygiene sowie sonstige gesicherte arbeitswissenschaftliche Erkenntnisse zu berücksichtigen;
4. Maßnahmen sind mit dem Ziel zu planen, Technik, Arbeitsorganisation, sonstige Arbeitsbedingungen, soziale Beziehungen und Einfluss der Umwelt auf den Arbeitsplatz sachgerecht zu verknüpfen;
5. individuelle Schutzmaßnahmen sind nachrangig zu anderen Maßnahmen;
6. spezielle Gefahren für besonders schutzbedürftige Beschäftigtengruppen sind zu berücksichtigen;
7. den Beschäftigten sind geeignete Anweisungen zu erteilen;
8. mittelbar oder unmittelbar geschlechtsspezifisch wirkende Regelungen sind nur zulässig, wenn dies aus biologischen Gründen zwingend geboten ist.

Das Arbeitsschutzgesetz legt also fest, in welcher Form der Arbeitgeber im Bereich Arbeitsschutz vorgehen soll; in der betrieblichen Situation muss dieses Vorgehen auf den einzelnen Arbeitsplatz und die konkreten Arbeitsbedingungen angewendet werden. Weitere Informationen zur Auswahl von Maßnahmen des Arbeitsschutzes folgen in Kapitel 2.2.3.

2.2.2 Durchführung der Gefährdungsbeurteilung

Kern der Gestaltung des innerbetrieblichen Arbeitsschutzes ist die Gefährdungsbeurteilung. Dabei geht es darum, an einem bestimmten Arbeitsplatz oder bei bestimmten Arbeitsabläufen die möglichen **Gefahrenquellen** herauszufinden.

Definition

Eine **Gefährdung** ist eine potenzielle Schadensquelle beispielsweise für einen Arbeitsunfall oder für eine gesundheitliche Beeinträchtigung durch spezifische Belastungen, denen ein Arbeitnehmer ausgesetzt ist. Eine Gefährdung liegt also nicht erst vor, wenn es tatsächlich zu einem Unfall gekommen ist, sondern wenn die Möglichkeit besteht, dass durch die Bedingungen an einem Ort ein Unfall ausgelöst werden kann. Beispiele sind etwa rutschige Böden, scharfe Kanten, elektrischer Strom etc.

Rechtliche Regelungen zur Gefährdungsbeurteilung

Bestimmungen zur Gefährdungsbeurteilung finden sich in erster Linie im Arbeitsschutzgesetz:

- die Pflicht zur Ermittlung der Gefährdungen ergibt sich aus § 5 ArbSchG;
- daneben besteht auch die Pflicht zur Dokumentation der Ergebnisse der Gefährdungsanalysen (§ 6 ArbSchG);
- die DGUV Vorschrift 2 (Unfallverhütungsvorschrift) konkretisiert die Rolle der Betriebsärzte und der Fachkräfte für Arbeitssicherheit;
- die DGUV Vorschrift 1 (alt: BGV A1) legt in § 3 fest, dass Gefährdungsbeurteilungen bei Änderungen der betrieblichen Gegebenheiten zu überprüfen sind.

Anlässe der Gefährdungsbeurteilung

Gefährdungsbeurteilungen müssen immer dann erstellt werden, wenn es zu wesentlichen Änderungen bei den Arbeitsbedingungen kommt. Die DGUV Regel 100-001 (alt: BG Regel A1) nennt mögliche Anlässe für die Erstellung und/oder Überprüfung der Gefährdungsbeurteilung:

- bei Neu- oder Umbau von Betriebsanlagen und Einrichtungen,
- bei Beschaffung oder Umrüstung technischer Arbeitsmittel, z. B. Werkzeuge, Maschinen,
- bei Einführung von gesundheitsgefährdenden Arbeitsstoffen,
- bei Einführung oder wesentlichen Änderungen von Arbeitsverfahren und -abläufen,
- bei Änderungen der Mitarbeiterstruktur,
- nach Arbeitsunfällen oder Beinaheunfällen,
- bei Verdacht auf Berufskrankheiten oder auf arbeitsbedingte Verursachung von Erkrankungen,
- bei Änderung der Vorschriften.

In einer Vielzahl von Fällen wird es nur gelegentlich notwendig, die vorhandene Gefährdungsbeurteilung zu überprüfen. In manchen Bereichen wird hingegen eine regelmäßige Prüfung unumgänglich sein, z. B. im Baugewerbe auf Baustellen.

Hier können sich erfahrungsgemäß häufiger wesentliche Änderungen, z. B. beim Einsatz von Arbeitsmitteln oder Arbeitsabläufe ergeben. In solchen Fällen ist eine Überprüfung der vorhandenen Gefährdungsermittlung erforderlich. Entsprechend den Ergebnissen der Beurteilung muss gegebenenfalls eine Anpassung der Arbeitsschutzmaßnahmen erfolgen.

Quelle: DGUV Regel 100-001: Grundsätze der Prävention; Stand Mai 2014, S. 19, unter: http://publikationen.dguv.de/dguv/udt_dguv_main.aspx?QPX=TUlEPTEwMDEmQ0lEPTEwMDAy, zuletzt abgerufen am 06.11.2015

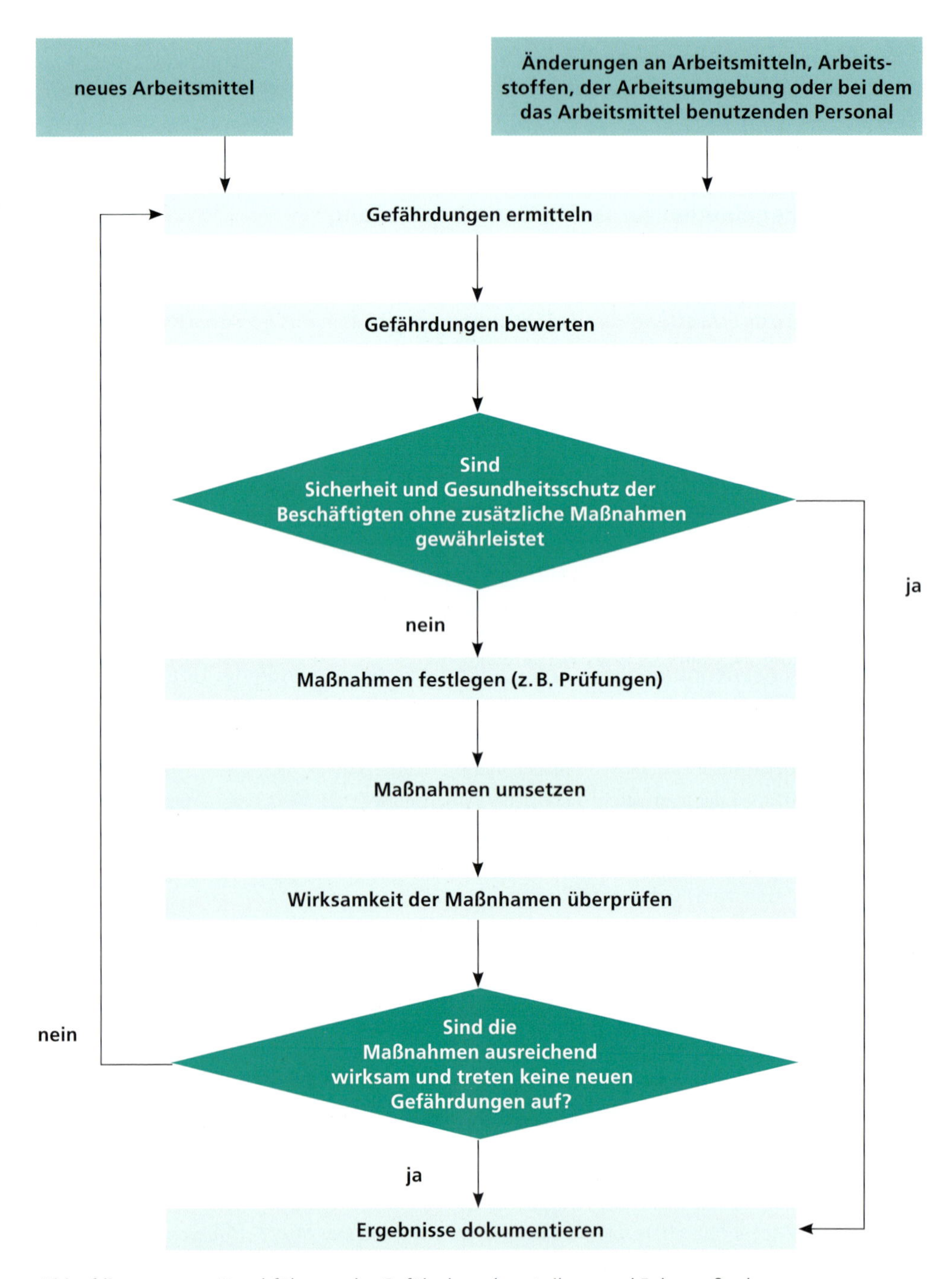

Ablaufdiagramm zur Durchführung der Gefährdungsbeurteilung und Folgemaßnahmen

Quelle: Vorschriftensammlung der Gewerbeaufsicht Baden-Württemberg, Version 01/2007: Technische Regeln für Betriebssicherheit TRBS 1111 – Gefährdungsbeurteilung und sicherheitstechnische Bewertung, S. 11, unter: http://www.baua.de/de/Themen-von-A-Z/Anlagen-und-Betriebssicherheit/TRBS/TRBS-1111.html, hrsg. v. Bundesanstalt für Arbeitsschutz und Arbeitsmedizin (BAuA), Dortmund, abgerufen am 06.12.2012

2.2.2.1 Inhalte der Gefährdungsbeurteilung

Zwar legt das Arbeitsschutzgesetz (ArbSchG) fest, dass der Arbeitgeber die Pflicht zur Ermittlung möglicher Gefährdungen hat, nicht jedoch, wie eine Gefährdungsbeurteilung auszusehen hat. Hinweise gibt die Zusammenstellung in §5 ArbSchG über die möglichen Ursachen von Gefährdungen, die bei einer Analyse berücksichtigt werden müssen. Diese lassen sich unter den Begriffen Arbeitsstätte, Arbeitsmittel und tätigkeitsbezogene Gefahren zusammenfassen:

Angaben in §5 ArbSchG	Ansatzpunkte für Gefährdungen
1. Gestaltung und die Einrichtung der Arbeitsstätte und des Arbeitsplatzes 2. physikalische, chemische und biologische Einwirkungen	**Arbeitsstätte**
3. Gestaltung, Auswahl und Einsatz von Arbeitsmitteln, insbesondere von Arbeitsstoffen, Maschinen, Geräten und Anlagen sowie der Umgang damit	**Arbeitsmittel**
4. Gestaltung von Arbeits- und Fertigungsverfahren, Arbeitsabläufen und Arbeitszeit und deren Zusammenwirken	**Arbeitsorganisation (Abläufe und Strukturen)**
5. unzureichende Qualifikation und Unterweisung der Beschäftigten	**„Arbeit Leistender" (Beschäftigter)**

Arten von Gefährdungen, Gefährdungsfaktoren

Beispiele für Gefährdungsfaktoren listet die DGUV Regel 100-001 auf:

Gefährdungen/Belastungsarten	Beispiele
1. Mechanische Gefährdungen	Quetsch- und Scherstellen an Maschinenteilen, Ausrutschen, Stolpern, Abstürzen
2. Elektrische Gefährdungen	Gefährliche Körperströme durch Berühren unter Spannung stehender Teile, Lichtbogenbildung durch Kurzschluss
3. Gefahrstoffe	Einatmen giftiger, ätzender oder reizender Stoffe wie Holzstaub, Umgang mit Kraftstoffen
4. Biologische Arbeitsstoffe	Infektionsgefahr durch Mikroorganismen und Viren, Umgang mit gentechnisch veränderten Organismen
5. Brand- und Explosionsgefährdungen	Umgang mit Sprengstoffen, Bildung gefährlicher explosionsfähiger Atmosphären, Schweißarbeiten

Gefährdungen/Belastungsarten	Beispiele
6. Thermische Gefährdungen	Verbrennungen an heißen Oberflächen, Aufenthalt in Kühlräumen
7. Gefährdung durch spezielle physikalische Einwirkungen	Lärm, Ultraschall, Vibrationen, Strahlung, Unter- oder Überdruck
8. Gefährdungen durch Arbeitsumgebungsbedingungen	Hitze, Witterung, Kälte, Nässe, Zugluft, Belüftung, Beleuchtung am Arbeitsplatz
9. Physische Belastung/Arbeitsschwere	Bewegen schwerer Lasten, einseitige Arbeitshaltung, Zwangshaltung
10. Psychische Faktoren	Ungenügende Gestaltung von Arbeitsaufgaben, Arbeitsorganisation, Arbeitsumgebungen, sozialen Bedingungen
11. Sonstige Gefährdungen	Durch Eingriffe von Menschen (z. B. Überfall), Tieren, Pflanzen

Beispiele für in der Praxis ermittelte Gefährdungen und Belastungen nach DGUV Regel 100-001

Quelle: DGUV (Hrsg.): Grundsätze der Prävention, DGUV Regel 100-001, Mai 2014, unter: http://publikationen.dguv.de/dguv/pdf/10002/100-001.pdf, abgerufen am 20.11.2015

2.2.2.2 Vorgehen bei der Gefährdungsbeurteilung

Bestimmte Methoden oder Verfahrensweisen sind für die Gefährdungsbeurteilung nicht definiert. Nicht nur die eingesetzten Maßnahmen zum Arbeitsschutz, sondern auch die eingesetzten Methoden ergeben sich aus den konkreten Umständen und Arbeitsbedingungen.
Je komplexer, je gefährlicher und je unbekannter die zu beurteilenden Tätigkeitsbereiche sind, umso höher sollten die Anforderungen an die eingesetzten Beurteilungsmethoden sein. In diesem Zusammenhang ist ein Rückgriff auf die inhaltliche Struktur von „Beurteilungen" sinnvoll: Sie setzen sich aus zwei Einzelschritten zusammen, die für eine Analyse hilfreich sind.
Eine Beurteilung besteht aus

- der **Ermittlung und Feststellung** von Gefährdungen und
- der **Bewertung** dieser Gefährdungen vor dem Hintergrund der Arbeitssicherheit und des Gesundheitsschutzes.

Ermittlung von Gefährdungen

Der erste Schritt bei der Gefährdungsbeurteilung ist die Festlegung des zu untersuchenden Arbeitsbereichs. Anschließend werden die verschiedenen Gefährdungen ermittelt. Hilfreich sind in diesem Zusammenhang Übersichten über mögliche Gefährdungen und Checklisten. Beide sichern eine vollständige Betrachtung der Arbeitsbedingungen. Mögliche Methoden, die für die Informationsgewinnung eingesetzt werden, sind

- die Betriebsbegehung und
- die Auswertung von Arbeitsunfällen und sonstigen Schadensereignissen.

Bei gleichartigen Arbeitsbedingungen ist die Beurteilung eines Arbeitsplatzes für die Anforderungen des Arbeitsschutzgesetzes ausreichend, das heißt die Ergebnisse können auf andere gleichartige Arbeitsplätze übertragen werden (vgl. §5 Absatz 2 ArbSchG). Die Ermittlung von möglichen Gefährdungen ergibt sich aus der Anschauung und Analyse der vorliegenden Arbeitsbedingungen. Unabdingbar ist in jedem Fall die Prüfung der Gegebenheiten vor Ort zum relevanten Zeitpunkt.

Bewertung von Gefährdungen: Bestimmung der Risikopriorität

Im zweiten Schritt geht es darum, die verschiedenen möglichen Schadensquellen hinsichtlich ihres Gefährdungspotenzials zu **bewerten**. Eine Bewertung beinhaltet immer subjektive Aspekte, im Bereich der Gefährdungsbeurteilung sollten diese jedoch soweit wie möglich vermieden werden. Wenn dies nicht möglich ist, sollten die Bewertungskriterien transparent und somit einer **intersubjektiven Überprüfung** zugänglich gemacht werden. Mit diesem Vorgehen ist also nicht die Subjektivität aus dem Verfahren ausgeschlossen, es kann jedoch jede bzw. jeder Sachkundige die Art und Weise der Bewertung nachvollziehen und ggf. kritisieren und verbessern.
Ausgangspunkt für die Bewertung sind die tatsächlich vorliegenden Gefährdungen. Wie bereits festgestellt, ist eine Gefährdung durch eine mögliche Schadensquelle – wichtig sind hier beide Bestandteile der Definition: **möglich** und **Schadensquelle**.

- **Möglich** meint, dass ein Ereignis auftreten kann, aber nicht unbedingt auftreten muss. Die Wahrscheinlichkeit, dass es zu einem Schadensereignis kommt, ist unter anderem abhängig von der Dauer und der Häufigkeit des Aufenthalts von Mitarbeitern in dem Bereich.
- **Schadensquelle** beinhaltet, dass von diesem Umstand ein Schaden ausgehen kann. Ist es z. B. in einer Produktionshalle sehr laut, können Schädigungen am Gehör der Arbeitnehmer verursacht werden.

Eine Gefährdung setzt sich zusammen aus der Wahrscheinlichkeit eines Schadensereignisses und den Folgen im Schadensfall, d. h. dem Schadensausmaß oder der Schadensschwere. Für diesen Zusammenhang wird in der Praxis der Begriff **Risikopriorität** verwendet. Kann man Zahlenwerte für die Eintrittswahrscheinlichkeit und die Schadensschwere angeben, erhält man die **Risikoprioritätszahl** (RPZ).

Formel

Risikoprioritätszahl (RPZ) = Eintrittswahrscheinlichkeit * Schadensschwere

Im fachlichen Kontext

Im Bereich des betrieblichen Risikomanagements wird für einen solchen Zusammenhang der Begriff Risiko verwendet. Ein Risiko vereint die Folgen eines eingetretenen Schadens mit der erwarteten Häufigkeit ihres Eintritts. Mathematisch setzt sich das Risiko als Produkt aus Eintrittswahrscheinlichkeit und Schadensausmaß zusammen.
Risiko = Eintrittswahrscheinlichkeit * Schadensausmaß

Möglichkeiten zur Darstellung der Eintrittswahrscheinlichkeit

Die **Eintrittswahrscheinlichkeit** wird häufig als Quote angegeben, so bedeutet beispielsweise 1/100, dass in einem von hundert Fällen ein Schadensereignis auftritt. Das lässt sich auch als Prozentzahl angeben, 1/100 entspricht 1 %. So genau lassen sich in der Praxis die Eintrittswahrscheinlichkeiten jedoch nicht immer feststellen. Daher wird häufig auf pragmatische Klassifikationsmethoden zurückgegriffen.
In der DGUV Information 212-515 (alt: BGI 515) ist ein System vorgeschlagen, das zehn (links) bzw. drei **Wahrscheinlichkeitsstufen** unterscheidet:

Wahrscheinlichkeit des Auftretens (A)	Stufe	Wahrscheinlich des Auftretens des Unfalls
1	Leicht	Äußerst unwahrscheinlich
2		
3		
4	Mittel	
5		Wahrscheinlich
6		
7	Hoch	
8		
9		Äußerst wahrscheinlich
10		Zwangsläufig, unabdingbar

Bezifferung der Eintrittswahrscheinlichkeit nach BGI 515

Quelle: DGUV (Hrsg.): Persönliche Schutzausrüstungen, BGI 515, S. 21, unter: http://publikationen.dguv.de/dguv/pdf/10002/bgi515.pdf, abgerufen am 05.02.2016

Möglicher Ansatz zur Bewertung von Personenschäden

Für die Beurteilung der Verletzungsschwere nutzen die Regelwerke der Unfallversicherungsträger ein **Klassifizierungssystem** mit 10 Klassen, das die Verletzungsschwere zusammen mit der anschließenden **Handlungsfähigkeit** bewertet:

Verletzungsschwere Handlungsfähigkeit		Verletzungsschwere	Handlungsfähigkeit
Leicht	1	Minimalverletzung	Handlungsfähig (kann sich selbst aus der Notsituation befreien)
	2	Oberflächliche Verletzung	
	3	Leichte Prellung	
Mittel	4	Schwere Prellung (AU < 3 Tage)	Eingeschränkt handlungsfähig (kann eigenständig die Rettungskette einleiten)
	5	Schwere Prellung (AU > 3 Tage)	
	6	Leichte Knochenbrüche	
Hoch	7	Schwere Knochenbrüche	handlungsunfähig
	8	Schwere Knochenbrüche mit inneren Verletzungen	
	9	Schwere innere Verletzungen	
	10	Tod	

Bewertung von Personenschäden

Quelle: „Persönliche Schutzausrüstungen" (DGUV Information 212-515; alt: BGI 515) der Deutschen Gesetzlichen Unfallversicherung e. V. (DGUV), Mittelstraße 51, 10117 Berlin

Wird dazu auch die Eintrittswahrscheinlichkeit als Zahlenwert angegeben, lässt sich die **Risikoprioritätszahl** ermitteln.

Beispiel
In einer großen Kfz-Werkstatt hat die Gefährdungsbeurteilung unter anderem Folgendes ergeben (Auszug):

Schadensquelle	Gefahrenbeschreibung	Eintrittswahrscheinlichkeit	Maßzahl für die Verletzungsschwere	RPZ
Inspektionsgrube	In die Grube fallen	3	5	15
Rutschiger Boden (Ölreste u. a.)	Ausrutschen, Fallen	4	4	16
Verlängerungskabel	Stolpern, Fallen	5	3	15
Hebebühne	Abstürzende Ladung durch Funktionsstörung der Anlage	2	10	20

Höchste Priorität bei der Gestaltung von Maßnahmen hat hier die Gefährdung durch die Hebebühne. Diese Prioritätszahl bedeutet jedoch nicht, dass von den anderen Gefährdungen abgesehen werden kann bzw. diese nicht mit entsprechenden Maßnahmen vermieden bzw. minimiert werden müssen, denn gegen alle identifizierten Gefährdungen müssen Maßnahmen ergriffen werden.

2.2.2.3 Visualisierung von Gefährdungsbeurteilungen

Aufgrund der Gefährdungsbeurteilungen können **Prioritätenlisten** der Risiken erstellt werden, die die nachfolgenden Schritte der Maßnahmenplanung und -umsetzung erleichtern und in denen die Dringlichkeit der einzelnen Maßnahmen direkt ablesbar ist.

Dringlichkeit	Priorität	Hinweis
hoch	A	Das Thema muss vorrangig behandelt werden. Die Gefahrenquellen sollten so schnell wie möglich beseitigt werden.
mittel	B	Das Thema ist ebenfalls dringlich, kann aber bis zur Erledigung der wichtigeren Aufgaben zurückgestellt werden.
niedrig	C	Die Bearbeitung dieses Themas bringt Ihnen sicher Vorteile. Wenden Sie sich daher diesem Thema erst dann zu, wenn die dringlichen Themen abgearbeitet sind.

Beispiele für Prioritätsklassen
Quelle: Handwerksammern Düsseldorf, Hamburg, Münster, Trier und der ZDH, Verantwortungsvolles Unternehmen, unter http://www.hwk-muenster.de/fileadmin/user_upload/hwk/CSR_Handbuch.pdf, S. 18, abgerufen am 17.09.2012

Beispiel
Prioritätslisten lassen sich auch ohne Bezifferung der Eintrittswahrscheinlichkeit und der Schadensfolgen erstellen, wie das folgende Beispiel zeigt.
Gefährdungsbeurteilung für einen Schweißer-Arbeitsplatz in einer Schiffswerft und Erstellung einer Prioritätenliste für die Dringlichkeit der Maßnahmen zum Arbeitsschutz

Arbeitsbedingungen	Gefährdungen und Belastungen	Eintritts-wahrschein-lichkeit	Schadens-ausmaß	Priorität/ Dringlich-keit
Bei einer Besichtigung werden folgende Arbeitsbedingungen festgestellt: Dunkle und laute Arbeitsumgebung, gestapelte Kabel, Materialien, enge Verkehrswege, kein Tageslicht, die Einsatzdauer der Schweißer liegt organisatorisch bedingt bei drei Stunden je Schicht, …	1. Stürzen und Stolpern	Mittel	Mittel	B
	2. Ohrschädigungen 3. Überhören von Warnzeichen und damit verbundene Gefährdungen	Mittel	Hoch	A
	4. Schweißrauche, Beeinträchtigung der Atmung, giftige Dämpfe	Hoch	Hoch	A
	5. Belastungen des Bewegungsapparates durch Zwangshaltungen	Niedrig	mittel	C
…	…	…	…	…

Anmerkung: Messung der Eintrittswahrscheinlichkeit in drei Schritten: niedrig – mittel – hoch
Messung des Schadensausmaßes: gering – mittel – hoch (bei Personenschäden mindestens „mittel")

Für eine bessere Übersicht können die verschiedenen Prioritäten farblich unterlegt werden.
Alternativ können die Ergebnisse einer Gefährdungsanalyse auch in Form einer Matrix dargestellt werden. Die Achsenbezeichnungen geben die Eintrittswahrscheinlichkeit und das Schadensausmaß an, die einzelnen Felder fassen dann eine bestimmte Risikoklasse zusammen. Je höher das

Risiko ist, umso dringlicher ist die Notwendigkeit, entsprechende Maßnahmen einzuführen. Der Prioritätsgrad bzw. die Risikoklasse der einzelnen Gefährdungen ist an der Anordnung innerhalb der Matrix erkennbar.

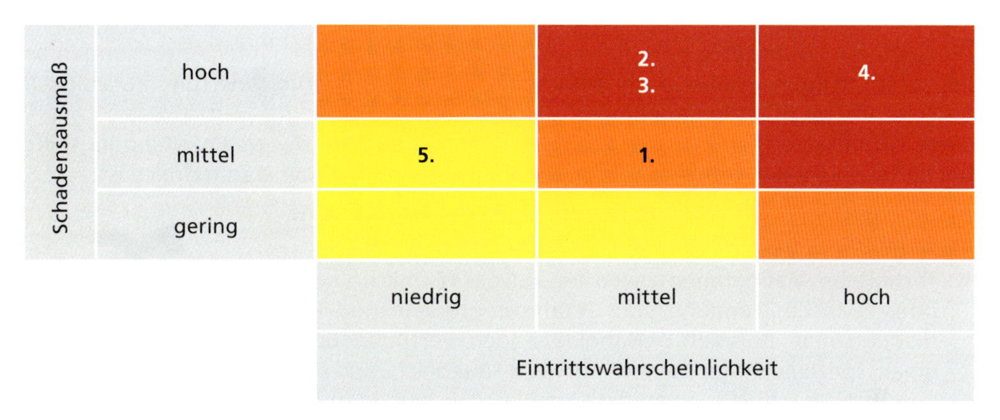

Darstellung der Risiken in einem Risikographen

Anmerkung: Diese Art der Darstellung ähnelt im Aufbau dem Risikographen der Norm EN 60601, die die Sicherheitsanforderungen an medizinische elektrische Geräte und medizinische Systeme definiert. Für detailliertere Risikobewertungen können auch mehr als drei Bewertungskategorien berücksichtigt werden.

Soweit noch keine Maßnahmen zum Arbeitsschutz definiert sind, schließt sich an die Bewertung die Auswahl von geeigneten Maßnahmen an. Bei Folgeanalysen gilt es, den bisherigen Stand der Maßnahmen im Rahmen der Gefährdungsbeurteilung ebenfalls zu bewerten: Sind die jeweiligen Maßnahmen ausreichend? Können bzw. sollten Verbesserungen durchgeführt werden (etwa weil sich die technischen Möglichkeiten soweit verändert haben, dass ein höherer Schutzfaktor erreicht werden kann)?

2.2.3 Auswahl der Maßnahmen zum Arbeitsschutz

Aus der Gefährdungsbeurteilung werden die Maßnahmen zum Arbeitsschutz abgeleitet. Diese können entweder an der Wahrscheinlichkeit eines Schadensereignisses ansetzen oder an der Schadensschwere, die sich im Fall eines Schadens ergibt.

Merksatz

Maßnahmen des Arbeitsschutzes führen entweder dazu,
- dass ein Schadensereignis nicht eintritt und/oder
- dass die Schadensschwere verringert wird.

Maßgeblich für die Auswahl und den Einsatz der Maßnahmen sind die in §4 ArbSchG aufgelisteten **Allgemeinen Grundsätze**: LF6, 2.2.1

- Grundsatz der Gefährdungsvermeidung bzw. -verminderung
- Grundsatz der Gefahrenbekämpfung an der Quelle
- Grundsatz der Aktualität und Wissenschaftlichkeit

- Grundsatz der Ganzheitlichkeit
- Grundsatz des Vorrangs kollektiver Schutzmaßnahmen
- Grundsatz der Spezialität der Maßnahmen

Die weiteren Grundsätze beziehen sich auf die Erteilung geeigneter Anweisungen an die Beschäftigten (siehe auch folgenden Unterabschnitt) sowie die Zulässigkeit geschlechterspezifischer Regelungen.
Diese Grundsätze legen eine Maßnahmenhierarchie nahe, die als Entscheidungshilfe bei der Auswahl der konkreten arbeitsplatzbezogenen Maßnahmen hilfreich ist:

- Den **höchsten Schutzwert** haben Maßnahmen, die eine Gefährdung bzw. Schadensquelle vollständig beseitigen.
- **Technische Maßnahmen** zielen ab auf die räumliche und/ oder zeitliche Trennung von Gefährdungsquelle und Bedienpersonal. Beispiel 1: Handkreissägen verfügen über einen speziellen Klappschutz für das Sägeblatt, der sich automatisch schließt, wenn das Sägeblatt aus dem Material herausgezogen wird. Beispiel 2: die Art der Kupplung zwischen Elektrosteckdose und Stromverbraucher.

- **Organisatorische Maßnahmen** beziehen sich auf die Art der Arbeitsorganisation, dazu gehören Arbeitsabläufe, Arbeitszeiten, die räumliche/zeitliche Trennung von einzelnen Arbeitsvorgängen und Mitarbeitern, aber auch die Überwachung der Mitarbeiter bei der richtigen Umsetzung der Unterweisungen; die Unterweisung selbst zählt allerdings zu den verhaltensbezogenen Maßnahmen.

Nachrangig zu den vorhergehenden Maßnahmen sind direkt an den Beschäftigten ansetzende Maßnahmen (nachrangig bedeutet hier, dass vor diesen an der Person ansetzenden Schutzmaßnahmen zunächst die Möglichkeiten der anderen Maßnahmenränge ausgeschöpft sein müssen):

- **Personenbezogene Maßnahmen** setzen den Arbeitsschutz an der Person an. Die bestimmten Gefährdungen ausgesetzten Beschäftigten erhalten eine Persönliche Schutzausrüstung (PSA), die sie gegen die nicht durch vorrangige Maßnahmen ausschaltbaren Gefährdungen schützen sollen.
- **Verhaltensbezogene Maßnahmen** zielen darauf ab, das Verhalten der Beschäftigten so zu beeinflussen, dass mögliche Gefährdungen nicht zu Schäden führen. Mittels Einweisungen und Unterweisungen, Hinweiszeichen etc. wird auf das konkrete Verhalten eingewirkt.

Aus betrieblicher Sicht haben die an der Person ansetzenden Maßnahmen den geringsten Wirkungsgrad. Die Umsetzung der Unterweisungen und auch die Nutzung der PSA sind letztlich von der Akzeptanz der Anordnungen durch die betroffenen Arbeitnehmer abhängig. Einflüsse auf diese Akzeptanz haben etwa auch Betriebsklima, Vorbildverhalten der Führungskräfte, Organisation der Arbeitsabläufe; Probleme können z.B. durch Zeitdruck entstehen.

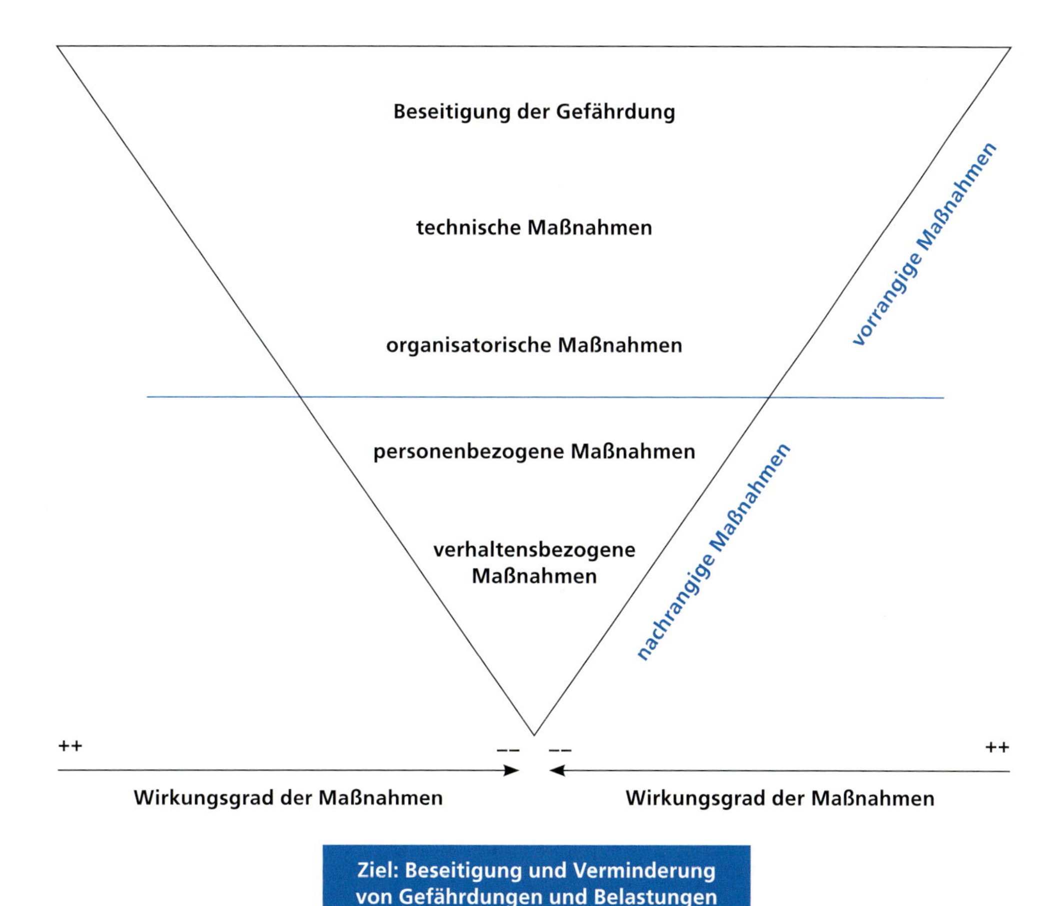

Maßnahmenhierarchie im Arbeitsschutz

2.2.4 Persönliche Schutzausrüstung – PSA

Eine Persönliche Schutzausrüstung ist eine von Beschäftigten zu tragende Ausrüstung,

> „um sich gegen eine aus den konkreten Bedingungen an ihrem Arbeitsplatz ergebende Gefährdung für ihre Sicherheit und Gesundheit zu schützen, sowie jede mit demselben Ziel verwendete und mit den persönlichen Schutzausrüstungen verbundene Zusatzausrüstung." (BGI 515 S. 4)

Beispiele

Beispiele für PSA:
Hand- und Armschutz, Schnitt- und Stechschutz, Atemschutz, Fuß- und Knieschutz, Augen- und Gesichtsschutz, Kopfschutz, Gehörschutz, Hautschutzmittel, PSA gegen Absturz, zum Retten aus Höhen und Tiefen sowie gegen Ertrinken.

Nach der DGUV Vorschrift 1, „Grundsätze der Prävention“ muss der Unternehmer den Beschäftigten „geeignete persönliche Schutzausrüstungen“ bereitstellen. Die Auswahl einer geeigneten PSA berücksichtigt u. a. folgende Aspekte:

- den Stand der Technik;
- die Produktsicherheit, die durch das GS-Zeichen und/oder die EG-Konformitätserklärung belegt ist;[1]
- die Begrenzung der Gefährdung auf ein möglichst geringes Restrisiko sowie
- ergonomische und hygienische Aspekte (Passform, Einstellmöglichkeiten, Gewicht, Handhabbarkeit, Aufbewahrung, ggf. Benutzung durch mehrere Beschäftigte etc.).

Im fachlichen Kontext

Persönliche Schutzausrüstungen dürfen in Europa nur nach einer Prüfung und Zertifizierung in Verkehr gebracht werden. Prüf- und Zertifizierungsstellen sind beispielsweise das Institut für Arbeitsschutz der DGUV (IFA), der Fachausschuss Persönliche Schutzausrüstungen und der Fachausschuss Elektrotechnik (PSA mit Schutzwirkung gegen elektrische Risiken). Die Zulassung von Schutzausrüstungen wird dokumentiert durch Produktkennzeichnungen:

- Die **CE-Kennzeichnung** (CE – Conformité Européenne) bestätigt, dass das Produkt mit den relevanten EU-Richtlinien zur Produktsicherheit übereinstimmt; mit der Verwendung des Zeichens erklärt der Hersteller, dass das Produkt allen Anforderungen genügt; eine Prüfung durch unabhängige Stellen findet nicht statt.
- Die CE-Kennzeichnung in Verbindung mit einer vierstelligen Ziffer zeigt an, dass eine sogenannte „Benannte Stelle“ als von der EU autorisierte Einrichtung das Produkt in der Herstellungsphase überwacht.
- Die **GS-Kennzeichnung** bescheinigt „geprüfte Sicherheit“; damit wird testiert, dass die Anforderungen des Produktsicherheitsgesetzes (ProdSG) eingehalten sind. Die GS-Kennzeichnung ist freiwillig.

[1] *Gemäß europäischer PSA-Richtlinie 89/686/EWG*

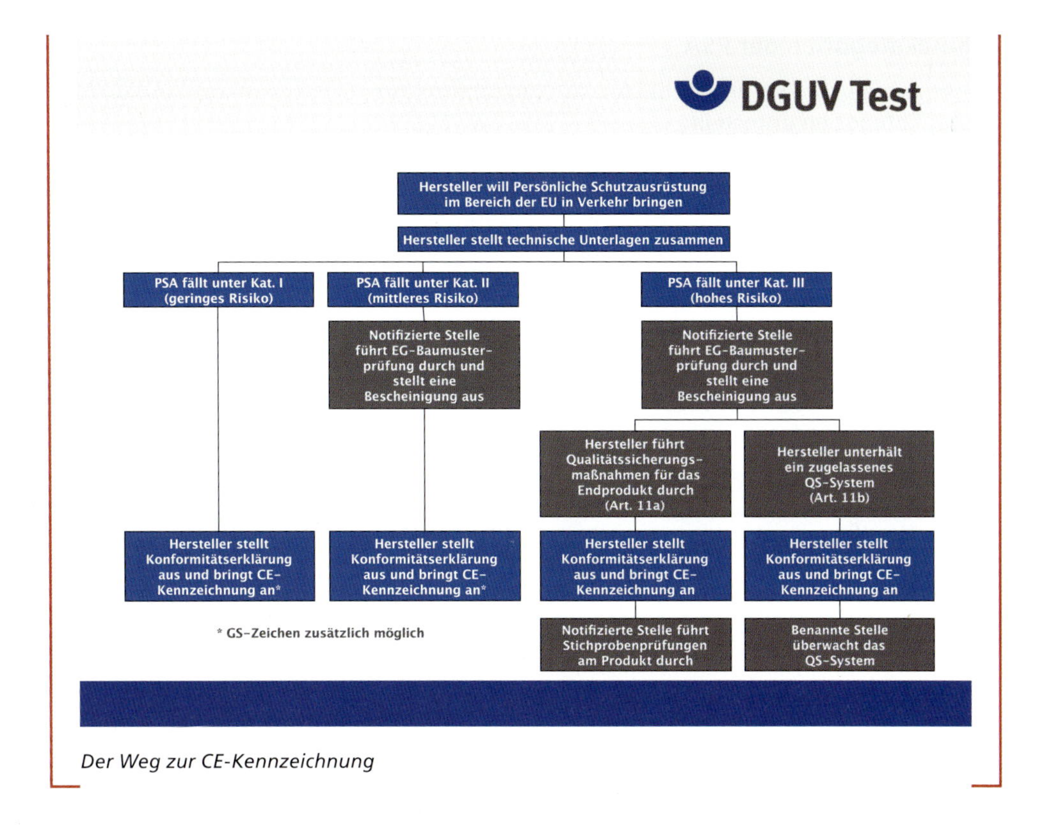

Der Weg zur CE-Kennzeichnung

Pflichten des Arbeitgebers

Im Zusammenhang mit der Persönlichen Schutzausrüstung hat der Arbeitgeber folgende Pflichten:

- Auswahl und Bereitstellung geeigneter PSA;
- in ausreichender Anzahl;
- unter Anhörung der Beschäftigten bzw. der Arbeitnehmervertretung;
- die Kosten für die PSA hat, genauso wie für andere Maßnahmen des Arbeitsschutzes der Arbeitgeber zu tragen (§ 3 Absatz 3 ArbSchG);
- Prüfung und Einhaltung der Tragezeitbegrenzungen und der Gebrauchsdauern;
- Unterweisung der Beschäftigten über die sicherheitsgerechte Nutzung der PSA;
- Verwendung von Hinweiszeichen dort, wo die Nutzung der PSA geboten ist.

Recherchetipp

Die Deutsche Gesetzliche Unfallversicherung (DGUV) stellt Informationen über PSA unter http://www.dguv.de/fb-psa/PSA-Regelwerke/index.jsp zusammen.

Schutzkategorien der PSA

Die Angebote zur PSA unterscheiden sich hinsichtlich ihres Schutzumfangs und werden in drei Kategorien unterteilt:

PSA-Kategorie	Erläuterungen	Beispiele
I	„In diese Kategorie gehören solche persönlichen Schutzausrüstungen, bei denen man davon ausgeht, dass der Benutzer selbst die Wirksamkeit gegenüber geringfügigen Risiken beurteilen kann und deren Wirkung, wenn sie allmählich eintritt, vom Benutzer rechtzeitig und ohne Gefahr wahrgenommen werden kann."	Handschuhe für Gartenarbeiten, leichtes Schuhwerk
II	„Zu dieser Kategorie gehören alle persönlichen Schutzausrüstungen, die weder der Kategorie I noch der Kategorie III zuzuordnen sind."	Arbeitsschutzhelme, Schutzschuhe, Gehörschützer
III	„Zu Kategorie III gehören komplexe persönliche Schutzausrüstungen, die gegen tödliche Gefahren oder ernste und irreversible Gesundheitsschäden schützen sollen, und bei denen man davon ausgehen muss, dass der Benutzer die unmittelbare Wirkung der Gefahr nicht rechtzeitig erkennen kann."	Atemschutzgeräte, persönliche Schutzausrüstungen zum Schutz gegen Absturz

PSA-Kategorien

Quelle: DGUV (Hrsg.): Kategorien von Persönlichen Schutzausrüstungen, unter: http://www.dguv.de/dguv-test/de/produktsicherheit/konformitaet/psa/psa-kategorie/index.jsp, abgerufen am 27.03.2012 (eigene Beispiele)

Beispiel

*Die angebotenen Schutzausrüstungen sind auch innerhalb einer **Kategorie** sehr differenziert. Beim Schuhwerk unterscheidet man beispielsweise zwischen Sicherheitsschuhen (S), Schutzschuhen (P) und Arbeitsschuhen (O). Innerhalb dieser Gruppen gibt es verschiedene **Sicherheitsklassen**. Im Bereich der Sicherheitsschuhe werden folgende Klassen unterschieden: SB – Sicherheitsbasisschuh und*

- *S1 – geschlossener Fersenbereich, antistatisch, Energieaufnahme im Fersenbereich, kraftstoffbeständige Laufsohle*
- *S2 – zusätzlich zu S1 Schutz vor Wasserdurchtritt und Wasseraufnahme des Obermaterials*
- *S3 – zusätzlich zu S2 Durchtrittsicherheit, profilierte Laufsohle.[1]*

Weitere Spezifikationen werden durch folgende Buchstaben-Kennzeichnungen kenntlich gemacht: ESD-Schuhe schützen vor elektrostatischer Entladung, HRO-Schuhe haben einen erweiterten Widerstand gegenüber Kontaktwärme, HI-Schuhe bieten zusätzliche Wärmeisolierung. Geregelt sind die Eigenschaften der Schuhe und die Kennzeichnungen in verschiedenen DIN EN ISO-Normen.

[1] *Vgl. Martin, Claude: Sicherheitsschuhe, Schutzschuhe oder Berufsschuhe? In: Safety-Plus 1/2002, S. 33–35, S. 35, unter: http://www.vsu.ch/jwa/VFS-DFA-63093-safetyplus_2_2001.pdf, abgerufen am 27.03.2012*

Sicherheitsschuh Typ S3

Rutschhemmender Berufsschuh für Gastronomie

Im Folgenden sind weitere Beispiele für Schutzausrüstungen zusammengestellt.

EKASTU Gasschutzbrille, gas- und staubdicht

- DIN EN 166 1 5 – SN
- Vollsichtbrille beständig gegen Chemikalien
- optimaler Schutz in Bereichen, in denen z. B. augenreizende Chemikalien zum Einsatz kommen
- gas- und staubdichte Brille aus hautfreundlichem Gummi
- farblose 3-Schicht Sandwich-Scheiben
- beschlagfrei und kratzfest, großes Blickfeld
- Scheiben leicht auswechselbar
- bequemer druckfreier Sitz
- 99,99 % UV-Schutz

EN

CE

2.2.5 Unterweisung der Beschäftigten

Mit der Unterweisung informiert der Unternehmer den Beschäftigten über die arbeitsschutzrelevanten Bedingungen seines Arbeitsplatzes. Dadurch hat der Beschäftigte die Möglichkeit, sich gefährdungsbewusst, „sicher" und gesundheitsgerecht an seinem Arbeitsplatz zu verhalten.
Das Arbeitsschutzgesetz regelt in § 12 die Grundlagen der Unterweisung:

Wortlaut des § 12 Absatz 1 ArbSchG	Regelungsbereiche
Der Arbeitgeber hat die Beschäftigten über Sicherheit und Gesundheitsschutz bei der Arbeit während ihrer Arbeitszeit ausreichend und angemessen zu unterweisen.	Thema der Unterweisung Terminierung der Unterweisung Umfang der Unterweisung
Die Unterweisung umfasst Anweisungen und Erläuterungen, die eigens auf den Arbeitsplatz oder den Aufgabenbereich der Beschäftigten ausgerichtet sind.	Inhalt der Unterweisung
Die Unterweisung muss bei der Einstellung, bei Veränderungen im Aufgabenbereich, der Einführung neuer Arbeitsmittel oder einer neuen Technologie vor Aufnahme der Tätigkeit der Beschäftigten erfolgen.	Zeitpunkt der Unterweisung Anlässe der Unterweisung
Die Unterweisung muss an die Gefährdungsentwicklung angepasst sein und erforderlichenfalls regelmäßig wiederholt werden.	Intervall der Unterweisung

Die Regelungen des Arbeitsschutzgesetzes (staatlicher Arbeitsschutz) werden durch die Unfallverhütungsvorschriften in den autonomen Arbeitsschutz übernommen, konkretisiert und zum Teil erweitert:

DGUV Vorschrift 1 – Grundsätze der Prävention

§ 4 Unterweisung der Versicherten

(1) Der Unternehmer hat die Versicherten über Sicherheit und Gesundheitsschutz bei der Arbeit, insbesondere über die mit ihrer Arbeit verbundenen **Gefährdungen und die Maßnahmen zu ihrer Verhütung**, entsprechend § 12 Abs. 1 Arbeitsschutzgesetz (ArbSchG) (…) zu unterweisen; die Unterweisung muss erforderlichenfalls wiederholt werden, **mindestens aber einmal jährlich erfolgen**; sie muss **dokumentiert** werden.

(2) Der Unternehmer hat den Versicherten die für ihren Arbeitsbereich oder für ihre Tätigkeit relevanten **Inhalte der geltenden Unfallverhütungsvorschriften** und Regeln der Unfallversicherungsträger sowie des einschlägigen staatlichen Vorschriften- und Regelwerks in **verständlicher Weise** zu vermitteln.

DGUV Vorschrift 9 – Sicherheits- und Gesundheitsschutzkennzeichnung am Arbeitsplatz

§ 5 Unterrichtung, Unterweisung

(1) Die Versicherten sind über sämtliche zu ergreifenden Maßnahmen im Hinblick auf die **Sicherheits- und Gesundheitsschutzkennzeichnung** am Arbeitsplatz zu unterrichten.

(2) Die Versicherten sind **vor Arbeitsaufnahme** und danach mindestens einmal jährlich über die Bedeutung der eingesetzten Sicherheits- und Gesundheitsschutzkennzeichnung sowie über die Verpflichtung zur Beachtung derselben zu unterweisen.

(eigene Hervorhebungen)

Damit sind die Pflichten des Unternehmers bei der Unterweisung von Beschäftigten umfassend beschrieben. Die Tabelle stellt die bei der Unterweisung zu beachtenden Regeln zusammen:

Regelungsbereiche	Inhalte
Thema der Unterweisung	• Sicherheits- und Gesundheitsschutz bei der Arbeit
Inhalt der Unterweisung	• Anweisungen und Erläuterungen zum Arbeitsplatz und zum Aufgabenbereich • Gefährdungen am Arbeitsplatz und Ergebnisse der Gefährdungsbeurteilungen • Maßnahmen zur Gefährdungsverhütung (inklusive Erste Hilfe-Einrichtungen, Brandbekämpfung und Evakuierung; vgl. BetrVG § 81) • für den Aufgabenbereich relevante Inhalte der aktuellen Unfallverhütungsvorschriften und der staatlichen Vorschriften • Sicherheits- und Gesundheitsschutzkennzeichnung am Arbeitsplatz (Sicherheitszeichen)
Umfang der Unterweisung	• ausreichend • angemessen • verständlich

Regelungsbereiche	Inhalte
Terminierung der Unterweisung	• während der Arbeitszeit
Zeitpunkt der Unterweisung	• vor Aufnahme der Tätigkeit
Anlässe der Unterweisung	• (Neu-) Einstellung • Veränderungen im Aufgabenbereich • Einführung neuer Arbeitsmittel • Einführung einer neuen Technologie • nach Unfällen • **anlassunabhängige** Unterweisungen in regelmäßigen Intervallen
Intervall der Unterweisung	• angepasst an die Gefährdungsentwicklung • regelmäßige Wiederholung • mindestens einmal jährlich
Dokumentation der Unterweisung	• Dokumentation jeder Unterweisung (Erst- und Folgeunterweisungen)

Nicht festgelegt ist die Art und Weise der Unterweisung. Sie kann in einem persönlichen Gespräch erfolgen, das direkt vor Ort zwischen dem Unterweisenden und dem Unterwiesenen stattfindet. Möglich ist daneben auch der Einsatz von „elektronischen Hilfsmitteln" wie etwa Softwarelösungen am Arbeitsplatz. Auch hierbei gelten die oben dargestellten Bedingungen der Unterweisung; ggf. sollte der für die Unterweisung Verantwortliche das Verständnis der Unterweisung überprüfen.
Die gesetzlichen Regelungen enthalten keine konkreten Angaben dazu, wer die Unterweisung vornehmen muss. In den Gesetzestexten wird immer nur der Unternehmer genannt, der in erster Linie für die Unterweisung verantwortlich ist. Der Unternehmer kann allerdings andere Personen mit der Unterweisung beauftragen. In der Praxis wird diese Aufgabe an die jeweiligen Führungskräfte übertragen (Abteilungsleiter, Filialleiter, Werkstattleiter, Disponent). Bei der Auswahl der richtigen Personen sollte der Unternehmer darauf achten, dass diese über die notwendigen arbeitspädagogischen Kenntnisse und Erfahrungen verfügen und durch die Art und Weise der Unterweisung dafür sorgen, dass die Beschäftigten die Zusammenhänge verstehen und motiviert sind, die arbeitsschutzrechtlichen Regelungen zu beachten. Zur Unterweisung fähig sind auch die Fachkräfte für Arbeitssicherheit, die darüber hinaus beratend bei der Umsetzung der Unterweisung tätig sind.

LF 6, 3.4 und 4.1

2.2.6 Dokumentationspflichten

Die Ergebnisse der Gefährdungsbeurteilung sowie die ergriffenen Maßnahmen zum Arbeitsschutz und ihre Überprüfung müssen dokumentiert werden. Diese Dokumentation dient zum einen dem Anspruch, den Arbeitsschutz im Unternehmen kontinuierlich zu entwickeln und zu verbessern (anhand der Dokumentation lässt sich ein solcher

Entwicklungsprozess verfolgen und begleiten). Zum anderen hat die Dokumentation **Belegfunktion** für die Überwachungseinrichtungen im Arbeitsschutz (Staatliche Gewerbeaufsicht, berufsgenossenschaftliche Aufsichtspersonen).[1]
Inhaltliche und formale Vorgaben zur Dokumentation der Unterweisungen sind rechtlich nicht getroffen. Die Berufsgenossenschaften stellen Formulare zur Verfügung, die das Vorgehen im Betrieb erleichtern. Als Mindestanforderungen bei der Dokumentation sind folgende Aspekte zu beachten:

- Datum, Ort und Dauer der Unterweisung
- Beteiligte an der Unterweisung
- Inhalte der Unterweisung
- Unterschriften des Unterweisenden und des Unterwiesenen

Recherchetipp

Beispiele für Formulare zur Dokumentation der Unterweisung finden Sie auf der Internetseite der Verwaltungs-Berufsgenossenschaft www.vbg.de/ bzw. können dort angefordert werden (Unterweisungs-CD).

2.2.7 Bedeutung der G-Untersuchungen

Der Arbeitsschutz ist auf **Prävention** ausgerichtet. Verhindert werden sollen zum einen Arbeitsunfälle, zum anderen aber auch arbeitsbedingte Erkrankungen und Berufskrankheiten. Die Früherkennung von letzteren setzt entsprechende gesundheitliche Untersuchungen der Arbeitnehmer voraus. Die Grundlagen dazu bestimmt die Verordnung zur arbeitsmedizinischen Vorsorge (ArbMedVV).
Unterschieden werden

- nach dem Zeitpunkt der Untersuchung:
  - Erstuntersuchungen, die vor Aufnahme einer Tätigkeit stattfinden
  - Nachuntersuchungen, die während oder nach Beendigung einer Tätigkeit stattfinden
  - nachgehende Untersuchungen, die nach Ablauf einer bestimmten Zeit nach Beendigung der Tätigkeit durchgeführt werden, da manche Gesundheitsstörungen erst nach einer gewissen Zeit auftreten (Latenzzeit)
- nach dem Grad der Verpflichtung:
  - Pflichtuntersuchungen, die der Arbeitgeber bei bestimmten Tätigkeiten veranlassen muss
  - Angebotsuntersuchungen, die ein Arbeitgeber anbieten muss
  - Wunschuntersuchungen, die ein Arbeitgeber den Beschäftigten ermöglichen muss

Die Untersuchungen werden vom Arbeitgeber veranlasst bzw. bekannt gemacht; für die Durchführung beauftragt der Arbeitgeber den Betriebsarzt, da dieser die arbeitsplatzbezogenen Gefährdungen kennt. Die Zeit der Durchführung der Untersuchung ist Arbeitszeit. Die Kosten der Untersuchungen trägt der Arbeitgeber.

---

[1] *§ 6 ArbSchG räumt Arbeitgebern mit zehn oder weniger Beschäftigten eine Freistellungsmöglichkeit von diesen Dokumentationspflichten ein; die Rechtsprechung des EuGH hat allerdings festgelegt, dass die Dokumentationspflicht auch für Arbeitgeber in Kleinbetrieben besteht. Vgl. Bundesministerium für Arbeit und Soziales, Übersicht über das Arbeitsrecht/Arbeitsschutzrecht, BW Bildung und Wissen Verlag, 4. Aufl. 2010, S. 635*

Die Berufsgenossenschaften haben Grundsätze zur Durchführung der arbeitsmedizinischen Vorsorgeuntersuchungen entwickelt, die als **G-Untersuchungen** bezeichnet werden. Diese Grundsätze („G") legen Mindeststandards für den Umfang der Vorsorgeuntersuchungen fest, an denen die Betriebsärzte sich orientieren müssen.

G-Untersuchung	Bezeichnung	Anwendungsbeispiel
G 1.1 bis 1.4	Gesundheitsgefährlicher Staub usw.	Baubranche, Abbrucharbeiten
G 3	Bleialkyle	Umgang mit Kraftstoffen
G 15	Chrom-VI-Verbindungen	Schweißen
G 20	Lärm	Einsatz Maschinenhallen, Produktionsbetrieben, Flughäfen
G 21	Kältearbeiten	Einsatz in Schlachtbetrieben, Fleischereien
G 24	Hauterkrankungen	Feuchtarbeit
G 25	Fahr-, Steuer- und Überwachungstätigkeiten	Führen von Gabelstaplern und Krananlagen
G 35	Arbeitsaufenthalt im Ausland unter besonderen klimatischen und gesundheitlichen Belastungen	Auslandseinsatz im Baubereich beispielsweise in den Vereinigten Arabischen Emiraten
G 37	Bildschirm-Arbeitsplätze	Büro- und Verwaltungstätigkeiten
G 39	Schweißrauche	Schweißen
G 41	Arbeiten mit Absturzgefahr	Einsatz als Stuckateur, bei Montagen und Reparaturen mit Höhenüberwindung
G 42	Infektionskrankheiten	Einsatz in Müllanlagen, Krankenhäusern
G 44	Buchen- und Eichenholzstaub	Einsatz in Schreinereien und Tischlereien, Möbelindustrie

Anwendungsbeispiele für ausgewählte G-Untersuchungen

Die berufsgenossenschaftlichen Grundsätze für die arbeitsmedizinische Vorsorge werden von der DGUV als Informationen herausgegeben. Der geänderte Titel der Veröffentlichung lautet nun „Handlungsanleitung für die arbeitsmedizinische Vorsorge nach dem Berufsgenossenschaftlichen Grundsatz..." (im Internet unter http://dguv.de/publikationen).

Von den arbeitsmedizinischen Vorsorgeuntersuchungen zu unterscheiden sind die sogenannten **Eignungsuntersuchungen**. Mit diesen wird im Vorfeld festgestellt, ob eine bestimmte Person für eine bestimmte Tätigkeit körperlich und psychisch „geeignet" ist. Zu solchen Eignungsuntersuchungen gehören beispielsweise auch die Tauglichkeitsprüfungen der Bundeswehr und die Fahrerlaubnis im Straßenverkehr, die die Kraftfahrereignung testiert. Ein häufiges Beispiel aus dem gewerblichen Bereich ist die Durchführung der G25-Untersuchung für die Feststellung der Eignung zur Führung eines Gabelstaplers.

Recherchetipp

Ausdrücklich vorgeschrieben ist die G25-Untersuchung[1] nicht, sie hat aber den Status einer „allgemein anerkannten arbeitsmedizinischen Regel". Der Arbeitgeber hat nach DGUV Vorschrift 68 („Flurförderzeuge") die Pflicht, sich vor dem Einsatz am Stapler von der Eignung des Mitarbeiters zu überzeugen. Das geht in der Regel nur mittels der G25-Untersuchung. Unterlässt ein Arbeitgeber diese Art der Eignungsfeststellung und kommt es zu einem Arbeitsunfall, der auf mangelnde Sehfähigkeit zurückzuführen ist, muss der Arbeitgeber mit Regressforderungen rechnen. Die G25-Untersuchung kann durch Betriebsvereinbarungen als Pflichtuntersuchung eingesetzt werden.

arbeitsmedizinische Betreuung der Arbeitnehmer	
arbeitsmedizinische Vorsorge	Eignungsfeststellung
Instrument der Gesundheitsvorsorge ArbMedW Pflichtuntersuchungen Angebotsuntersuchungen Wunschuntersuchungen	**Instrument der Auswahl und Disposition** Feststellung der körperlichen und psychischen Leistungsfähigkeit und Belastbarkeit im Hinblick auf bestimmte Tätigkeiten

Vorsorge- und Eignungsuntersuchungen

[1] *genauer Titel: Handlungsanleitung für die arbeitsmedizinische Vorsorge nach dem Berufsgenossenschaftlichen Grundsatz G 25 „Fahr-, Steuer- und Überwachungstätigkeiten" - DGUV Information 240-250*

Im fachlichen Kontext

Ordnungswidrigkeit und Straftat
Nicht durchgeführte Vorsorgeuntersuchungen können als Ordnungswidrigkeit oder Straftat geahndet werden (§ 10 ArbMedVV). Wenn beispielsweise ein Zeitarbeitsunternehmen eine Vorsorgeuntersuchung nicht durchführt oder nicht rechtzeitig durchführt, kann die staatliche Gewerbeaufsicht (staatlicher Arbeitsschutz) ein Bußgeld in Höhe von 5 000,00 € auferlegen. Da der Kunde (Entleiher) einen Mitarbeiter ohne Vorsorgeuntersuchung nicht tätig werden lassen darf, können auch hier noch einmal 5 000,00 € Bußgeld fällig werden.

2.3 Umsetzung des Arbeitsschutzes bei der Arbeitnehmerüberlassung

Bei der Arbeitnehmerüberlassung gelten grundsätzlich die bisher dargestellten Ausführungen zum Arbeitsschutz. Zur Erinnerung: Arbeitnehmerüberlassung bedeutet, dass ein Arbeitnehmer, der bei einem Zeitarbeitsunternehmen angestellt ist, an ein Kundenunternehmen überlassen wird und dort in die Betriebs- und Arbeitsabläufe integriert wird.[1] Aufgrund des branchentypischen Dreiecksverhältnisses zwischen Arbeitnehmer, Zeitarbeitsunternehmen und Kundenunternehmen stellen sich jedoch einige Fragen nach der praktischen Durchführung des Arbeitsschutzes und der Verantwortlichkeit für den Arbeitsschutz. Grundsätzlich sind beide Beteiligten – Zeitarbeitsunternehmen und Entleihbetrieb – zur Zusammenarbeit aufgefordert (vgl. § 8 ArbSchG).

LF 6, 3.4

2.3.1 Unterweisungen

Das Arbeitnehmerüberlassungsgesetz AÜG legt fest, dass für den überlassenen Arbeitnehmer die Arbeitsschutzvorschriften des Kundenbetriebs gelten (§ 11 Absatz 6 AÜG). Diese Regelung ergibt sich gleichsam selbstverständlich, da der Arbeitsschutz an die konkreten Betriebsbedingungen und Arbeitsplätze anknüpft. Den Kundenbetrieb treffen daher alle Pflichten für den Arbeits- und Gesundheitsschutz (beispielsweise die Durchführung der Gefährdungsbeurteilung und die Ableitung und Umsetzung von Arbeitsschutzmaßnahmen).
Die Pflicht zur Unterweisung durch den Entleiher regelt das Arbeitsschutzgesetz:

[1] *Damit ist die Arbeitnehmerüberlassung von dem Fremdpersonaleinsatz und der Zusammenarbeit mehrerer Arbeitgeber (vgl. z. B. § 8 ArbSchG) zu unterscheiden. Erfolgt beispielsweise die Zusammenarbeit auf der Grundlage eines Werkvertrages, verbleibt die Verantwortung für die Arbeitnehmer bei „ihrem" Arbeitgeber, auch wenn der Einsatz in einem anderen Betrieb stattfindet.*

§ 12 Absatz 2 ArbSchG: Unterweisung

(2) Bei einer Arbeitnehmerüberlassung trifft die Pflicht zur Unterweisung nach Absatz 1 den Entleiher. Er hat die Unterweisung unter Berücksichtigung der Qualifikation und der Erfahrung der Personen, die ihm zur Arbeitsleistung überlassen werden, vorzunehmen. Die sonstigen Arbeitsschutzpflichten des Verleihers bleiben unberührt.

Unabhängig von den konkreten Einsatzbedingungen kann die allgemeine Unterweisung vom Zeitarbeitsunternehmen als Arbeitgeber vorgenommen werden. Sie kann sich entsprechend nur auf die vorher bekannten Bereiche des Arbeitseinsatzes beziehen, wie etwa Einsatzort, Tätigkeits- und Aufgabenbeschreibungen, Auftragsdauer etc. Arbeitsplatzübergreifende Unterweisungen beziehen sich ferner auf das Verbot von Alkohol während der Arbeitszeit sowie auf die arbeitsschutzrechtlichen Bestimmungen für die Arbeitnehmer nach §§ 15 bis 17 ArbSchG:

- Beachtung und Einhaltung der Maßnahmen zum Arbeitsschutz
- Meldepflichten bei defekten Schutzsystemen
- Unterstützung von Betriebsarzt, Fachkraft für Arbeitssicherheit und Arbeitgeber beim Arbeitsschutz
- Vorschlagsrecht für Maßnahmen zur Verbesserung des Arbeitsschutzes

Unterweisung des Zeitarbeitnehmers	
durch den Verleiher (Zeitarbeitsunternehmen)	**durch den Entleiher** (Kundenunternehmen)
Allgemeine Unterweisung Beispielinhalte: Alkohol- und Drogenverbot Pflichten des Arbeitnehmers nach ArbSchG	**arbeitsplatzspezifische Unterweisung** Beispielinhalte: Gefährdungen und Belastungen am Arbeitsplatz, Maßnahmen zur Gefährdungsverhütung (Erste-Hilfe-Einrichtungen, Brandschutz etc.), Sicherheits- und Gesundheitsschutzkennzeichnung

Beteiligte bei der Unterweisung eines Leiharbeitnehmers

Zusätzlich sind zeitarbeitsspezifische Gefährdungs- und Belastungspotenziale zu beachten, die sich aus folgenden **zeitarbeitstypischen Bedingungen** ergeben:

- zeitliche begrenzte Einsatzzeiten
- wechselnde Einsatzbetriebe
- sich ändernde Arbeitsanforderungen und Arbeitsabläufe
- wechselnde Arbeitsschutzorganisationen

Diese besonderen Bedingungen sind bei der Unterweisung zu berücksichtigen. Dabei kann das Zeitarbeitsunternehmen ggf. Maßnahmen installieren, die sich auf einen Abbau der Belastungen beziehen. Das Kundenunternehmen hat diese Besonderheiten bei der Gestaltung der Unterweisung von Zeitarbeitnehmern zu berücksichtigen; ggf. müssen die Unterweisungen, die für die Stammbelegschaft durchgeführt werden, entsprechend angepasst werden.

2.3.2 Bereitstellung von Persönlicher Schutzausrüstung

Rechtlich nicht bestimmt ist, wer der beteiligten Partner bei einer Arbeitnehmerüberlassung die Persönliche Schutzausrüstung bereitstellt. Dieser Aspekt muss daher vertraglich geregelt werden. Bei einer Vereinbarung sollten u. a. folgende Aspekte berücksichtigt werden:

- Dauer des Einsatzes
- Kenntnis über die genauen Spezifikationen der notwendigen PSA
- Spezifität der Schutzkleidung für den Arbeitsplatz
- zeitliche Verfügbarkeit

Bei der Regelung der Bereitstellung sollte die Pflicht zur Unterweisung beachtet werden. In der Praxis ist es häufig so, dass Ausrüstungen, die in mehreren Einsatzbereichen nutzbar sind, vom Zeitarbeitsunternehmen gestellt werden, während spezielle PSA vom Kundenunternehmen bereitgestellt wird.

2.3.3 Arbeitsschutzvereinbarungen und Empfehlungen der VBG

Die Verwaltungs-Berufsgenossenschaft empfiehlt, die arbeitsschutzrelevanten Fragen in einer **Arbeitsschutzvereinbarung** ausdrücklich zu regeln. Für die Praxis hat die VBG Checklisten und Praxishilfen aufgelegt. Als besonders wichtig für die Gewährung eines hohen Niveaus im Arbeitsschutz stellt die VBG die vertrauensvolle Zusammenarbeit zwischen Zeitarbeits- und Kundenunternehmen heraus.

Recherchetipp

- Die Publikationen der Verwaltungs-Berufsgenossenschaft finden Sie auf der Website www.vbg.de unter dem Eintrag „Downloads & Medien". Auch über die Suchfunktion lassen sich die BGI leicht finden.
- In einem weiteren Projekt werden Ansätze für ein integriertes Gesundheitsmanagementsystem in der Zeitarbeitsbranche entwickelt: http://www.gesunde-zeitarbeit.de.

Zusammenfassung

- Arbeitsschutz ist Teil des staatlichen Arbeitnehmerschutzes. Er teilt sich in drei Bereiche: **sozialer Arbeitsschutz, technischer Arbeitsschutz, medizinischer Arbeitsschutz.**
- Gesetzlich verankert ist der technisch-medizinische Arbeitsschutz u.a. in folgenden Gesetzen: **Grundgesetz, Arbeitsschutzgesetz, Arbeitssicherheitsgesetz, SGB VII.**
- Das **Arbeitsschutzsystem** in Deutschland gründet auf den beiden Säulen des staatlichen Arbeitsschutzes und des autonomen Arbeitsschutzes, organisiert durch die Berufsgenossenschaften.
- Beteiligt am Arbeitsschutz sind **betriebliche** und **außerbetriebliche** Akteure:

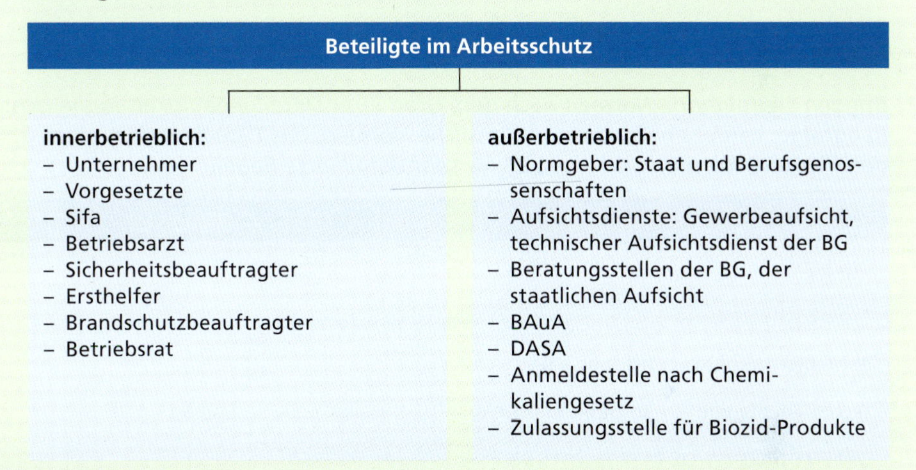

- Verantwortlich für den Arbeitsschutz im Unternehmen ist der **Arbeitgeber**. Das gilt im öffentlich-rechtlichen Arbeitsschutz, aber auch privatwirtschaftlich aufgrund des Vertragsverhältnisses und der damit verbundenen (Neben-)Pflichten zwischen Arbeitgeber und Arbeitnehmer. Die Haftung des Unternehmers ist beschränkt durch das sog. **Haftungsprivileg**. Danach tritt die **Berufsgenossenschaft** als Träger der gesetzlichen Unfallversicherung für den Arbeitgeber ein.
- Der Arbeitgeber erfüllt seine Pflichten im Arbeitsschutz dadurch, dass er die Gefährdungen, denen die Arbeitnehmer im Rahmen ihrer betrieblichen Tätigkeit ausgesetzt sind, analysiert und bewertet **(Gefährdungsbeurteilung)** und entsprechende Maßnahmen ergreift, die den Arbeitnehmer vor Schäden durch Gefährdungen schützt. Das umfasst neben **Schutzmaßnahmen** gegen Unfälle auch Maßnahmen zur Gesundheitsvorsorge. Gefährdungsbeurteilungen und ergriffene Schutzmaßnahmen müssen schriftlich dokumentiert sein.
- **Gefährdungen** können ausgehen von der Arbeitsstätte, den eingesetzten Arbeitsmitteln und der Arbeitsorganisation. Die Beurteilung der Relevanz von Gefährdungen berücksichtigt die Eintrittswahrscheinlichkeit eines Schadens und die mögliche Schadensschwere.

- Maßgeblich für die Auswahl von Arbeitsschutzmaßnahmen sind verschiedene Grundsätze: **Gefährdungsvermeidung** geht vor **Gefährdungsverminderung** durch technische, organisatorische, personenbezogene oder verhaltensbezogene Maßnahmen.
- Die **Persönliche Schutzausrüstung** als personenbezogene Schutzmaßnahme ist daher eine nachrangige Maßnahme, genauso wie die Unterweisung als verhaltensbezogene Schutzmaßnahme.
- G-Untersuchungen dienen der **Prävention**.
- Bei der Arbeitnehmerüberlassung sind grundsätzlich Zeitarbeitsunternehmen und Kundenunternehmen in der Pflicht des Arbeitsschutzes. Sinnvoll ist es, in einer Arbeitsschutzvereinbarung die **Zuständigkeiten** detailliert zu klären.

Aufgaben

1. *Bringen Sie folgende Normen nach dem Grad ihrer Detailgenauigkeit in die richtige Rangfolge; vergeben Sie eine „1" für solche Normen, die allgemein sind, eine „2" für detailliertere Normen und eine „3" für sehr detaillierte Regelungen:*

Normen	Rang
DIN 5008	
Arbeitsschutzgesetz	
Betriebssicherheitsverordnung – BetrSichV	
Technische Regeln für Betriebssicherheit	
DIN EN 61400-1 (VDE 0127-1): 2011-08 Windenergieanlagen	
Bildschirmarbeitsplatzverordnung	

2. *Welche der folgenden Aussagen zum deutschen Arbeitsschutzsystem ist richtig? Tragen Sie den zutreffenden Buchstaben in das Kästchen ein.* ☐

Aussagen zum deutschen Arbeitsschutzsystem

a) Mit der Gemeinsamen Deutschen Arbeitsschutzstrategie legen das Bundesministerium für Arbeit und die Berufsgenossenschaften die Regeln (BGR) für die Umsetzung des deutschen Arbeitsschutzes fest.

b) Staatlicher Arbeitsschutz und autonomer Arbeitsschutz sind zwei unabhängige Systeme zur Gewährleistung des sozialen Arbeitsschutzes.

c) Im Unterschied zum berufsgenossenschaftlichen Aufsichtspersonal haben die Gewerbeaufsichtsbeamten des staatlichen Arbeitsschutzes das Recht, jederzeit den Betrieb betreten zu können.

d) Die Gewerbeaufsichtsbeamten des staatlichen Arbeitsschutzes sind im Unterschied zum berufsgenossenschaftlichen Aufsichtsdienst zuständig für die Überwachung des sozialen, technischen und medizinischen Arbeitsschutzes.

e) Die Berufsgenossenschaften sind demokratische Einrichtungen mit dem Recht, sich selbst zu kontrollieren.

3. *Durch das Haftungsprivileg der Unternehmer übernimmt die zuständige Berufsgenossenschaft die Kosten von Arbeitsunfällen. Halten Sie diese Regelung für sinnvoll? Stellen Sie die Vorteile und Nachteile des Haftungsprivilegs zusammen*

   a) aus Sicht des Unternehmers,

   b) aus Sicht der Arbeitnehmer.

4. *Gerd Hillbeck will sich mit einer Tischlerei selbstständig machen. Er plant die Einstellung von zwei Gesellen. Beraten Sie ihn über seine arbeitsschutzrechtlichen Pflichten.*

5. *Führen Sie eine Gefährdungsbeurteilung Ihres Arbeitsplatzes im Ausbildungsbetrieb durch.*

6. *Gefährdungen können von a) der Arbeitsstätte, b) den Arbeitsmitteln und c) der Arbeitsorganisation ausgehen.*
   Ordnen Sie die folgenden Beschreibungen je einem der genannten Ansatzpunkte zu, indem Sie den zutreffenden Buchstaben eintragen.

Beschreibung	Ansatzpunkt
Lärm	
Schichtarbeit	
elektrische Anlagen	
Benutzung der PSA	
Einsatz von Schmierstoffen	
heiße Oberflächen	
Zeitarbeitnehmer	

7. *Vervollständigen Sie folgende Aussagen zum Arbeitsschutz. Beziehen Sie sich jeweils auf das, was sachlogisch vorher geschehen muss:*

   Aussagen zum Arbeitsschutz

   a) Bevor die neue Maschine in Betrieb gesetzt wird, sollte …

   b) Bevor personenbezogene Maßnahmen zum Arbeitsschutz eingesetzt werden können, müssen …

   c) Bevor ein Arbeitnehmer die PSA nutzt, sollte …

   d) Bevor Maßnahmen zum Arbeitsschutz festgelegt werden, sollte …

   e) Vor einer Bewertung der Gefährdungen müssen diese …

8. *Sie sind Disponent/-in in einem Zeitarbeitsunternehmen. Vor der Überlassung der angeforderten Mitarbeiter an eine Tischlerei legt Ihnen nach einer Arbeitsplatzbesichtigung die Fachkraft für Arbeitssicherheit folgendes Protokoll (Auszug) vor:*

Schadensquelle	Gefahrenbeschreibung	Eintritts-wahrschein-lichkeit	Maßzahl für die Verletzungs-schwere
Einblattkreissäge	Defekte Kunststoffabdeckung (klemmt)	2	10
	Fehlender Schiebestock	5	5
	Holzstäube (schwache Saug-anlage)	6	3
Von der Decke hängende Kabel	Stolpern, Fallen	3	3
Arbeitsumgebung	Lärm	9	2

Legen Sie für die Gefährdungen eine Bearbeitungsrangfolge nach Ihrer Bedeutung fest. Auf den ersten Rang kommt die Gefährdung, die Sie zuerst bearbeiten wollen, auf den zweiten Rang diejenige, die Sie als zweites bearbeiten wollen etc.

9. *Sie sind Disponent/-in in einem Zeitarbeitsunternehmen.*

a) *Die Spedition Baustoff Jockel GmbH fordert von Ihnen einen Lkw-Fahrer an. Während der Betriebsbesichtigung des Speditions- und Lagerbereichs fällt Ihnen folgende Szene auf:*

- *Erstellen Sie für den Einsatz eine Gefährdungsanalyse. Gehen Sie dabei systematisch vor, indem Sie als Grundlage die Liste der Gefährdungsarten nehmen.*
- *Machen Sie Vorschläge für Arbeitsschutzmaßnahmen und verwenden Sie dabei die Maßnahmenhierarchie.*

b) Die communicate AG, ein Betreiber von Callcentern, fordert bei Ihnen einen kaufmännischen Mitarbeiter an. Der Einsatz findet in einem Großraumbüro statt:

- *Erstellen Sie eine Gefährdungsanalyse. Gehen Sie dabei systematisch nach Gefährdungsarten vor.*

Recherchetipp

Hinweise für die Analyse und Gefährdungen von Büroarbeitsplätzen finden Sie beispielsweise unter folgender Internetadresse: http://www.ergo-online.de Stichwort Gefährdungsbeurteilung.

10. *Für die Auswahl von Arbeitsschutzmaßnahmen formuliert das Arbeitsschutzgesetz einige Grundsätze; markieren Sie diese Grundsätze des Arbeitsschutzes in der folgenden Auflistung mit einem „R“:*

Grundsatz ...	... des Arbeitsschutzes
... der Einheitlichkeit	
... der Ganzheitlichkeit	
... der Aktualität	
... der Wahrheit	
... der Vollständigkeit	
... des Eigenbedarfs	

11. *Sie sind Disponent/-in in einem Transportunternehmen und setzen am heutigen Tag einen als Aushilfskraft neu eingestellten Fahrer erstmals ein. Er soll mit einem Kleintransporter mehrere Pakete ausliefern. Sie verabreden sich mit dem Fahrer direkt am Fahrzeug.*

- *Legen Sie die Inhalte der Unterweisung fest.*

12. *Sie sind Disponent/-in in einem Zeitarbeitsunternehmen. Bislang führen Sie die allgemeinen Unterweisungen in einem persönlichen Gespräch durch. Die Geschäftsleitung plant, die allgemeinen Inhalte der Unterweisung für externe Mitarbeiter zukünftig mithilfe eines Software-Moduls durchzuführen. Legen Sie die allgemeinen Inhalte der Unterweisung eines Zeitarbeitnehmers fest.*
    - *Stellen Sie die Vorteile und Nachteile der Unterweisung mittels Software-Modul übersichtlich zusammen.*
    - *Nehmen Sie begründet Stellung zum Vorschlag der Geschäftsleitung.*

3 Mitarbeiter auf einen Einsatz vorbereiten

Einstiegssituation ▶

Nach seiner Rückkehr von der Arbeits- und Betriebsbesichtigung bei der **Knock on Wood AG** informiert der Disponent **Jakob Ellinger** die Auszubildende **Simone Gabel** über seine Beobachtungen. „Das ist ein interessanter Betrieb mit innovativen und kreativen Produkten. Die ganze Belegschaft wirkt wie eine eingeschworene Gemeinschaft. Meiner Einschätzung nach könnten dort einige Abläufe noch optimiert werden, doch insgesamt scheint alles gut zu funktionieren. Die Mitarbeiter dort sind sehr aufmerksam. Es wäre sehr schön für uns, wenn wir langfristig mit dem Unternehmen zusammenarbeiten könnten. Mein Eindruck insgesamt ist sehr positiv."

Peter Heimann

Silke Milbradt

Simone Gabel freut sich über die überraschende und gelungene Akquisition. „Der Betrieb hat drei Mitarbeiter angefordert. Können wir denn so schnell drei Mitarbeiter dort einsetzen?", fragt sie Herrn Ellinger. „Ich habe mir das schon überlegt", antwortet Herr Ellinger. „Wir sollten dort unbedingt erfahrene Kräfte einsetzen. Kurzfristig braucht die Knock on Wood AG zwei Schreiner und einen Helfer im Lagerbereich. Wir werden auf jeden Fall **Peter Heimann** und **Silke Milbradt** einsetzen; die haben Ende der letzten Woche ihren Einsatz beendet und stehen zur Verfügung. Beide haben Erfahrungen im Möbelbau und sind sehr zuverlässige Leute. Da mache ich mir keine Sorgen."

Simone Gabel hat die Namen notiert. „Und wen setzen wir als Helfer ein?", fragt Simone. „Nach meiner Übersicht sind alle Helfer im Einsatz."
„Das ist etwas schwieriger, doch auch zu lösen. In der letzten Woche hatte ich ein interessantes Gespräch mit einem jungen Mann, der mit seiner Qualifikation gut dieses Arbeitsgebiet übernehmen kann. Ich hatte insgesamt einen sehr guten Eindruck. Er scheint lernwillig und hochmotiviert zu sein. Allerdings hat er bislang noch keine Erfahrungen als Zeitarbeitnehmer; und wenn ich es mir recht überlege, hat er insgesamt nur wenig Berufserfahrung."

Arbeitsaufträge:

1. *Analysieren Sie die Situation für das Zeitarbeitsunternehmen.*
   - *Identifizieren Sie die Probleme, die sich durch die kurzfristige Anforderung von Mitarbeitern durch ein neues Kundenunternehmen für den verantwortlichen Disponenten und den Zeitarbeitnehmer ergeben können.*
   - *Beschreiben Sie, wie Sie in einem solchen Fall vorgehen würden.*

2. *Informieren Sie sich in dem Kapitel 3.2.1 über die rechtlichen und organisatorischen Hintergründe für Einsatzplanungsgespräche. Überarbeiten und konkretisieren Sie vor dem Hintergrund dieser Informationen die Beschreibung Ihres Vorgehens.*

3. *Planen Sie den Ablauf des Einsatzplanungsgesprächs.*
   - *Versetzen Sie sich in die Rollen*
     a) eines einsatzerfahrenen Zeitarbeitnehmers und
     b) eines neu eingestellten Zeitarbeitnehmers
     und erstellen Sie einen Gesprächsleitfaden für das Einsatzplanungsgespräch.
   - *Legen Sie auch die äußeren Bedingungen wie Zeit, Ort, Dauer und Teilnehmer fest.*
   - *Planen Sie, wie der Disponent überprüfen kann, ob die Inhalte von den Mitarbeitern verstanden und behalten wurden.*
   - *Legen Sie Kriterien für die Messung des Erfolgs eines Einsatzplanungsgesprächs fest.*

4. *Führen Sie das Gespräch als Rollenspiel durch.*

5. *Überprüfen Sie Ihre Planungen anhand der Erfahrungen im Rollenspiel. Identifizieren Sie die kritischen Punkte bei Ihrer Planung und machen Sie Verbesserungsvorschläge.*

6. *Fassen Sie Ihre Erfahrungen und Informationen in einer Checkliste für die Durchführung von Einsatzplanungsgesprächen zusammen.*

3.1 Anlässe und Bereiche der Einsatzvorbereitung

Beim Personaleinsatz wird einem bestimmten Mitarbeiter ein bestimmtes Aufgabengebiet zugewiesen. Einen Mitarbeiter auf einen Einsatz vorbereiten bedeutet, ihn mit allen Informationen auszustatten, die er für die Ausübung der betrieblichen Tätigkeit braucht. Die Einsatzvorbereitung ist meistens keine sich täglich wiederholende Aufgabe, sie entsteht immer dann, wenn sich Änderungen ergeben

- im Aufgabengebiet oder
- bei der Zuordnung von Arbeitnehmer auf Aufgabengebiete

Beispiele für Änderungen im Aufgabengebiet sind etwa Änderung der betrieblichen Abläufe, Inbetriebnahme einer neuen Maschine/einer neuen Software o. dgl. In solchen Fällen ist es notwendig, dass die ggf. auch schon länger dort eingesetzten Mitarbeiter neue bzw. zusätzliche Informationen bekommen und entsprechend vorbereitet werden, um ihr Aufgabengebiet auch weiterhin zu bearbeiten. Solche Fragestellungen sind Gegenstand der **Personalentwicklung**, bei der es darum geht, Mitarbeiter an die sich ändernden arbeitstechnischen und ablaufbezogenen Rahmenbedingungen der Unternehmenswelt anzupassen und weiterzuentwickeln. Dieses Thema wird im dritten Band ausführlich behandelt.

Bd. 3, LF 10

Änderungen bei der personellen Zuordnung auf Stellen und Aufgabengebiete können sehr unterschiedliche Anlässe haben und die Einsatzvorbereitung hat je andere Ziele und wird jeweils unterschiedlich gestaltet.

Neueinstellungen von Arbeitnehmern

Das Ziel bei der Neueinstellung von Mitarbeitern ist in den meisten Fällen die **fachliche und soziale Integration** in den betrieblichen Zusammenhang. Die Programme zur Einführung neuer Mitarbeiter sind häufig auf eine zeitliche Dauer von mehreren Monaten ausgelegt.

Systematischer Arbeitsplatzwechsel im Rahmen einer Jobrotation

Auch die Etablierung von neuen arbeitsorganisatorischen Modellen wie beispielsweise **Jobrotation** erfordert einen Einführungsprozess. Ist so ein Modell aber erst einmal im Betrieb etabliert, ist eine weitere Einsatzvorbereitung nur noch in Ausnahmefällen notwendig.

Kurzfristige Ad-hoc-Arbeitsplatzwechsel etwa bei Krankheitsausfällen

Im Vordergrund steht dabei, dass das jeweilige Aufgabengebiet überhaupt besetzt ist und nicht in erster Linie die Qualität der Besetzung (Beispiel: Telefonzentrale, Empfang, Kurierdienstfahrer etc.).

Bei **Ad-hoc-Arbeitsplatzwechseln** und Einsätzen auf Zeit ist in einer relativ kurzen Zeit zu gewährleisten, dass ein Mitarbeiter das Aufgabengebiet und die betrieblichen Abläufe überblickt und beherrscht. Anstrengungen für eine soziale Integration scheinen daher auf den ersten Blick nicht bedeutungsvoll, da ein Arbeitnehmer bei einem Ad-hoc-Arbeitsplatzwechsel in seinem bisherigen sozialen Umfeld bleibt; er kennt die Kollegen, das Unternehmen und hat weiterhin seine sozialen Beziehungen. Ähnliches gilt bei der typischen Einsatzwechseltätigkeit von Monteuren und Mitgliedern einer Betriebsreserve, die in einer Gruppe auf verschiedenen Baustellen und/oder Filialen eingesetzt werden.

Einsatz auf Zeit

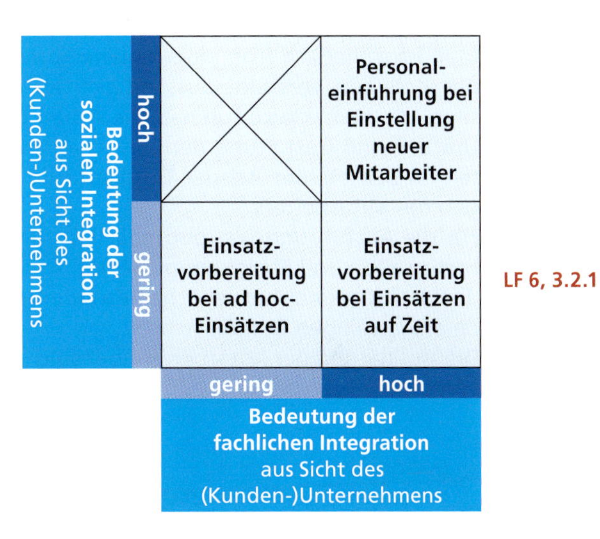

Abgrenzung der Begriffe Personaleinführung und Einsatzvorbereitung

Hierzu gehören beispielsweise tätigkeitstypische Einsatzwechseltätigkeiten für Arbeitnehmer ohne feste bzw. regelmäßige Arbeitsstätte wie etwa Montagearbeiter und Mitglieder einer Betriebsreserve für Filialbetriebe. Auch Zeitarbeitnehmer gehören dazu, auch wenn die Einsatzdauer in einem Kundenunternehmen in annähernd der Hälfte der Fälle mehr als 90 Tage beträgt.

LF 6, 3.2.1

Zeitarbeitnehmer

In einem besonderen Spannungsverhältnis stehen die Zeitarbeitnehmer. Sie werden in einem Einsatz sowohl mit neuen betrieblichen Abläufen und Tätigkeiten als auch mit neuen Kollegen, Teams und Vorgesetzten konfrontiert. Im Vordergrund steht aus Sicht des Kundenunternehmens im Allgemeinen die möglichst schnelle fachliche Integration, sodass der Zeitarbeitnehmer vollumfänglich Aufgaben übernehmen kann. Im konkreten Einsatz können sich unterschiedliche Situationen ergeben:

- Das Kundenunternehmen bemüht sich um die Integration des Zeitarbeitnehmers in fachlicher und sozialer Hinsicht.
- Das Kundenunternehmen überträgt (offen oder stillschweigend) die Verantwortung für eine Integration auf das Zeitarbeitsunternehmen.
- Die Kollegen nehmen den überlassenen Mitarbeiter wohlwollend auf.
- Die Kollegen haben erkennbar oder absehbar Vorurteile gegenüber dem Zeitarbeitnehmer.

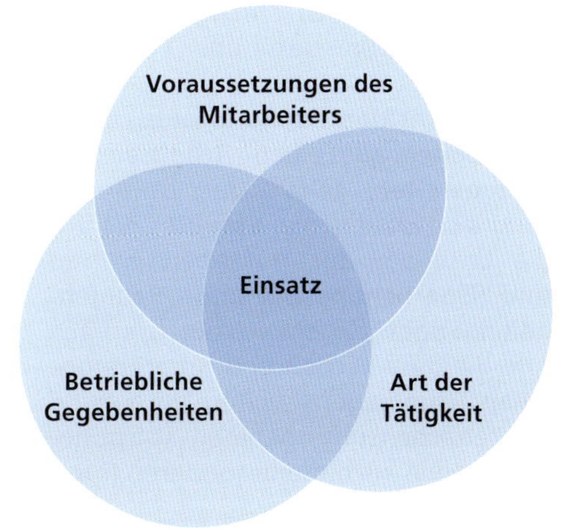

Die Bestimmungsfaktoren eines betrieblichen Einsatzes

Hieraus erwachsen besondere Aufgaben für die Einsatzvorbereitung in Zeitarbeitsunternehmen, je nachdem, mit welcher Situation ein überlassener Mitarbeiter konfrontiert wird.

Bereiche der Einsatzvorbereitung

Was alles zu einer guten Einsatzvorbereitung gehört, kann man sich gut vorstellen, wenn man sich an seinen ersten

Arbeits- oder Ausbildungstag erinnert: Alles ist neu; man weiß zunächst nicht, „wie es hier so abläuft"; die Formulare sind fremd; man weiß nicht, wer wann Kaffee nehmen darf oder wie genau die Arbeit am Computer funktioniert, selbst wenn man gute EDV-Kenntnisse hat. Handelt es sich um den ersten Ausbildungstag, fehlen zusätzlich noch die allgemeinen Informationen über die Hintergründe des jeweiligen Aufgabenfeldes. Man ist schließlich froh, dass jemand kommt, meist der Ausbilder oder die Ausbilderin, der Kollegen vorstellt, Zuständigkeiten nennt, Arbeitsabläufe erläutert und genau sagt, was man wie zu tun hat. Die Arbeit beginnt.

Umfang und Gestaltung der Einsatzvorbereitung sind abhängig von den Gegebenheiten im Betrieb, der Art der Tätigkeit und den Fähigkeiten, Kenntnissen und Erfahrungen des Mitarbeiters.

Für die Ausführung von betrieblichen Aufgaben sind nicht nur mitarbeiterspezifische Fertigkeiten und Fähigkeiten wichtig, sondern auch Informationen über die Abläufe in dem Betrieb, über betriebliche Besonderheiten sowie über die ganz konkreten Umstände am jeweiligen Ort der Arbeit.

Die Aufklärung der Mitarbeiter über solche Zusammenhänge bezeichnet man als Unterweisung.

Definition

Jemanden **unterweisen** bedeutet, ihn im Hinblick auf die Ausführung bestimmter Aufgaben wissend zu machen, ihn also zu befähigen, die Aufgaben zu bearbeiten.

Der Begriff **Unterweisung** steht in einem engen Zusammenhang mit Unterrichten. Während Unterweisen sich auf das Wissendmachen in einem praktischen Sinne bezieht, meint Unterrichten eher das Wissendmachen hinsichtlich der theoretischen Kenntnisse.

Art, Methode, Umfang und Inhalte der Unterweisung sind abhängig vom Unternehmen, der Branche, der Art der Tätigkeit und dem Mitarbeiter, wie etwa seiner Ausbildung und Betriebszugehörigkeit, seinem Alter etc. Eine Unterweisung kann in Gesprächsform (Einsatzplanungsgespräch) oder programmiert am PC (z. B. eine Unterweisung zum AGG) durchgeführt werden. Es kann sich außerdem um umfängliche Unterweisungsprozesse über einen längeren Zeitraum handeln, wie etwa eine Berufsausbildung.

Zweck einer Unterweisung ist es, einen Mitarbeiter auf einen Arbeitseinsatz vorzubereiten. Inhalt der Unterweisung sind daher alle Aspekte, die für die Erfüllung der Aufgaben wichtig sind (Einarbeitungsplanung). Rahmenbedingungen für ein solches Gespräch sind die gesetzlichen und organisatorischen Grundlagen, weitere Interessen des Zeitarbeitsunternehmens (Disponenten) sowie auch die besonderen Interessen des Mitarbeiters.

3.2 Grundlagen der Einsatzvorbereitung

Bei der Einsatzplanung wird einem Arbeitnehmer ein Aufgabenbereich (Stelle) zugewiesen. Formal wird der Mitarbeiter zum Stelleninhaber, der die in einer Stellenbeschreibung niedergelegten Aufgaben, Rechte und Pflichten erfüllt. Die Auswahl des Mitarbeiters und die Zuordnung auf eine Stelle ist die vorbereitende Tätigkeit, in der Mitarbeiterprofile und Stellenanforderungsprofile in möglichst weitgehende Übereinstimmung gebracht werden. LF 6, 1.2

Bei der hier behandelten Zuweisung geht es darum, die Zuordnung konkret umzusetzen, d.h. den Mitarbeiter so vorzubereiten, dass er die ihm zugewiesenen Aufgaben übernehmen kann.

Grundlagen der Einsatzvorbereitung

3.2.1 Rahmenbedingungen der Einsatzvorbereitung

Umfang, Art, Gestaltung und Ausmaß der Einsatzvorbereitung sind abhängig von den gesetzlichen Regelungen, den organisatorischen Bedingungen und den Voraussetzungen des Arbeitnehmers.

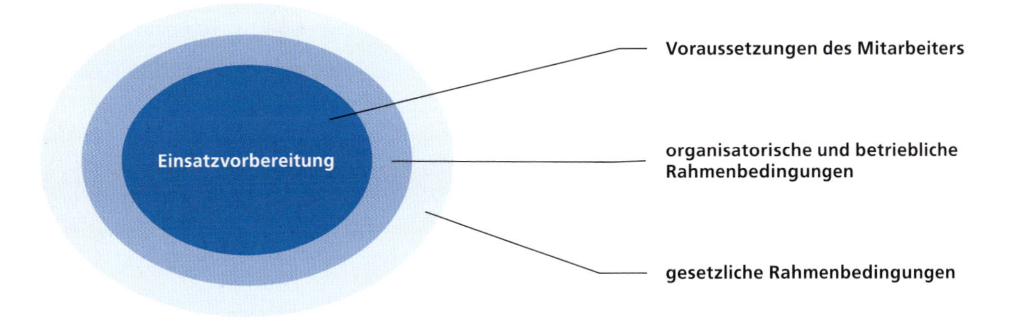

Gesetzliche Rahmenbedingungen

Vorgaben für die Umsetzung der Einsatzvorbereitung ergeben sich aus dem Arbeitsverhältnis und aus den arbeitsschutzrechtlichen Pflichten des Arbeitgebers. Das **Betriebsverfassungsgesetz** legt dem Arbeitgeber eine allgemeine Unterrichts- und Erörterungspflicht im Hinblick auf die Einsatzvorbereitung auf:

§ 81 BetrVG Unterrichtungs- und Erörterungspflicht des Arbeitgebers

(1) Der Arbeitgeber hat den Arbeitnehmer über dessen Aufgabe und Verantwortung sowie über die Art seiner Tätigkeit und ihre Einordnung in den Arbeitsablauf des Betriebs zu unterrichten.

In der **Betriebssicherheitsverordnung** und im **Arbeitsschutzgesetz** wird diese allgemeine Unterrichtspflicht im Bereich Arbeitsschutz konkretisiert. Zusätzlich enthalten sie Hinweise darauf, in welcher Art der Arbeitgeber dieser Unterrichtungspflicht nachkommen sollte:

§ 9 Betriebssicherheitsverordnung

Unterrichtung und Unterweisung

(1) Bei der Unterrichtung der Beschäftigten nach § 81 des Betriebsverfassungsgesetzes und § 14 des Arbeitsschutzgesetzes hat der Arbeitgeber die erforderlichen Vorkehrungen zu treffen, damit den Beschäftigten

1. angemessene Informationen, insbesondere zu den sie betreffenden Gefahren, die sich aus den in ihrer unmittelbaren Arbeitsumgebung vorhandenen Arbeitsmitteln ergeben, auch wenn sie diese Arbeitsmittel nicht selbst benutzen, und
2. soweit erforderlich, Betriebsanweisungen für die bei der Arbeit benutzten Arbeitsmittel

in für sie verständlicher Form und Sprache zur Verfügung stehen. Die Betriebsanweisungen müssen mindestens Angaben über die Einsatzbedingungen, über absehbare Betriebsstörungen und über die bezüglich der Benutzung des Arbeitsmittels vorliegenden Erfahrungen enthalten.

§ 12 ArbSchG

Unterweisung

(1) Der Arbeitgeber hat die Beschäftigten über Sicherheit und Gesundheitsschutz bei der Arbeit während ihrer Arbeitszeit ausreichend und angemessen zu unterweisen.

§ 81 BetrVG	§ 9 BetrSichV	§ 12 ArbSchG
Unterrichtungspflicht über Aufgabe und Verantwortung sowie über die Art der Tätigkeit und ihre Einordnung in den Arbeitsablauf des Betriebs	Pflicht zur angemessenen Information über Gefahren der Arbeitsumgebung und der Arbeitsmittel in verständlicher Form und Sprache	Pflicht zur Unterweisung über Sicherheit und Gesundheitsschutz bei der Arbeit

Pflichten des Arbeitgebers bei der Einsatzvorbereitung

Rechtliche Besonderheiten der Einsatzvorbereitung bei der Arbeitnehmerüberlassung

Bei der Arbeitnehmerüberlassung mit ihrem typischen Dreiecksverhältnis teilen sich zwei Unternehmen (Zeitarbeits- und Kundenunternehmen) die Arbeitgeberfunktionen, womit Arbeitgeberpflichten von beiden Unternehmen wahrgenommen werden. Im Arbeitsschutzgesetz und im Arbeitnehmerüberlassungsgesetz sind insbesondere die Pflichten des Kundenunternehmens („Entleiher") bestimmt:

- § 12 ArbSchG
- § 11 Absatz 6 AÜG

Dementsprechend bleiben grundsätzlich die Arbeitgeberpflichten des Zeitarbeitsunternehmens bestehen; allein die Pflicht zur arbeitsplatzspezifischen Unterweisung geht auf den Kundenbetrieb über. Diese Regelung trägt dem Umstand Rechnung, dass der Kundenbetrieb wesentlich besser über die Verhältnisse in seinem Betrieb Bescheid weiß als der Personaldienstleister.
Die Unterrichtungspflicht des Zeitarbeitsunternehmens umfasst alle den Arbeitsvertrag bzw. das Arbeitsverhältnis betreffenden Inhalte. Dazu gehört auch die Aufklärung des Arbeitnehmers über die Besonderheiten der Stellung als überlassener Arbeitnehmer, der einem geteilten Direktionsrecht unterliegt. Dieses besteht zum einen gegenüber den Verantwortlichen im Kundenunternehmen bzw. Entleihbetrieb (eingeschränktes Direktions- bzw. Weisungsrecht), zum anderen gegenüber den Vorgesetzten im Zeitarbeitsunternehmen bzw. Verleihbetrieb (Arbeitgeber).
Gegenüber anderen Arbeitsverhältnissen gibt es bei der Arbeitnehmerüberlassung eine Verteilung der Pflichten und Inhalte der Einsatzvorbereitung. Daraus ergeben sich ggf. zusätzliche Abstimmungsbedarfe über die Art und Weise der Einsatzvorbereitung für das Zeitarbeitsunternehmen und das Kundenunternehmen.

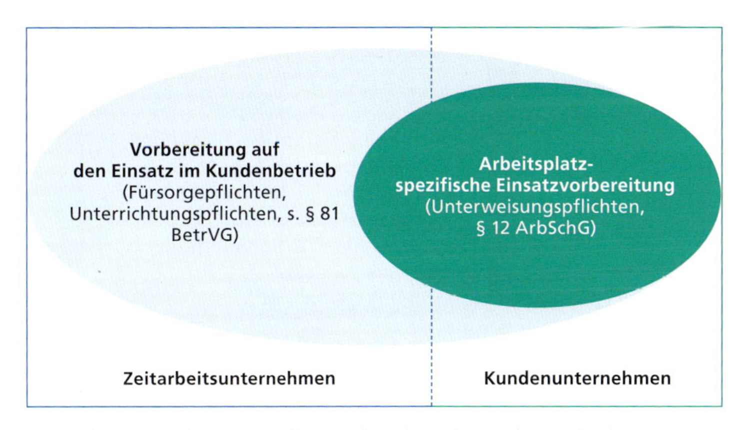

Besonderheiten der Einsatzplanung bei der Arbeitnehmerüberlassung

Organisatorische Rahmenbedingungen des Personaleinsatzes

Bezugseinheit des Personaleinsatzes ist die Stelle, die als kleinste organisatorische Einheit bestimmte Aufgaben und Verantwortlichkeiten zusammenfasst. Eingebunden ist die Stelle in einen organisatorischen Rahmen, der die betrieblichen Abläufe und den Aufbau abbildet. Als (neuer) Stelleninhaber sind umfassende Kenntnisse der Stelle und der

Abläufe notwendig. Hinzu kommen Regeln, die unternehmensweit gültig sind. Zusammen machen diese Bereiche die formalen organisatorischen Rahmenbedingungen aus.

Beispiel
Bei der ECB Engineering GmbH finden die Teammeetings jeden Montag um 10 Uhr statt. Eine Einladung dazu erfolgt nicht.
Bei der Personalflex GmbH werden Kundenreklamationen und -beschwerden gemeinsam von Disponent und Niederlassungsleiter bearbeitet.

Hinzu kommen Regelungen auf einer informellen Ebene. Diese offenbaren sich in der Unternehmenskultur. Dazu gehören die sozialen Beziehungen der Mitarbeiter sowie informelle Gruppenbildungen.

Beispiel
In einem Handelsbetrieb für Pharmazeutika werden die Auftragseingänge nach Uhrzeit der eingehenden Bestellung an die Kommissionierer verteilt. Die Mitarbeiter der Frühschicht unterstützen sich gegenseitig bei der Zusammenstellung der Artikel für die verschiedenen Aufträge, um die Zeitvorgaben einzuhalten.

Diese kurze Zusammenstellung zeigt, dass das Arbeitsumfeld komplex ist. Bei der Einsatzvorbereitung muss dem jeweiligen Mitarbeiter ein möglichst umfassendes Bild der wesentlichen Regelungen vermittelt werden, um nicht Irritationen, Missverständnisse und Störungen im Betriebsablauf hervorzurufen.

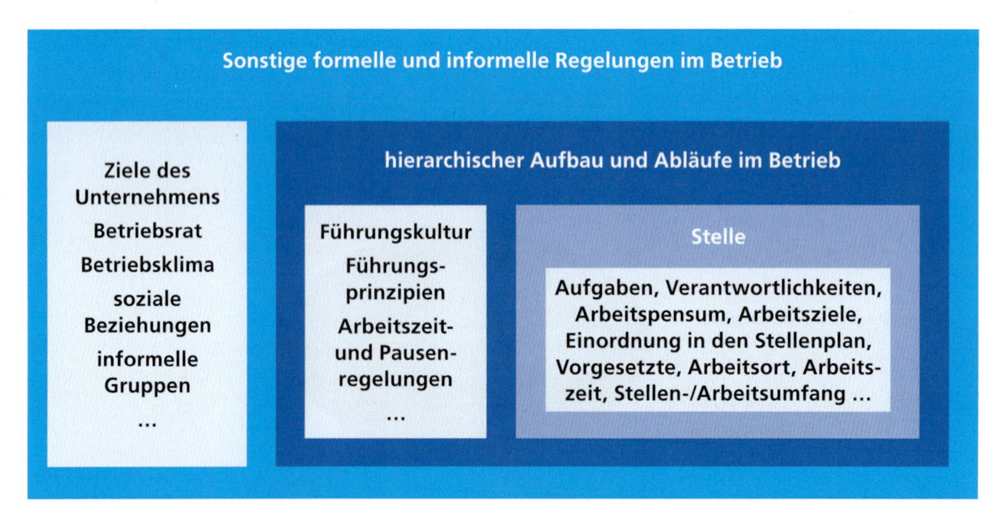

Übersicht über die organisatorischen Rahmenbedingungen des Personaleinsatzes

Organisatorische Besonderheiten bei der Arbeitnehmerüberlassung

Anders als Mitarbeiter der Stammbelegschaft ist ein Zeitarbeitnehmer prinzipiell in einem doppelten organisatorischen Gefüge eingebunden: Einmal in dem Kundenunternehmen, in dessen Hierarchie, betrieblichen Abläufen und sonstigen Regelungen er sich einfügen muss, zum anderen in die Organisation des Zeitarbeitsunternehmens, das eigene hierarchische und ablaufbezogene Gliederungsprinzipien hat. Hinzu kommen die Unterschiede auf der Ebene der Unternehmensziele, des Betriebsklimas und der sozialen Beziehungen (Human Relations).

Beispiel
Bei der Finke Zeitarbeit herrscht ein eher lockerer und vertrauter Umgang zwischen den Disponenten und den Zeitarbeitnehmern. In einem Kundenbetrieb, der Beleuchtungssysteme herstellt, wird dagegen Wert auf einen formal korrekten Umgang gelegt.

Eine große Bedeutung hat im Zusammenhang mit dem Arbeitsschutz die umfassende **Information** des Zeitarbeitnehmers über sein konkretes Einsatzgebiet und seinen Aufgabenbereich. Auch wenn die Pflicht zur arbeitsplatzspezifischen Unterweisung auf den Kunden („Entleiher") fällt, muss sich das Zeitarbeitsunternehmen vergewissern, ob der Einsatz des Zeitarbeitnehmers vertragsgemäß abläuft. Ändern sich die Umstände durch spontane Anordnungen des Entleihbetriebs, müssen ggf. die Vertragsbedingungen angepasst werden. Hinzu kommt, dass das Zeitarbeitsunternehmen als Arbeitgeber seinen **Fürsorgepflichten** nachkommen muss. Kennt der Zeitarbeitnehmer seine konkreten Aufgaben nicht, kann es hier zu Missverständnissen kommen.
Aufgrund der besonderen Bedeutung des Arbeitsschutzes sollte bei der Einsatzvorbereitung vor einer Arbeitnehmerüberlassung vor allem Wert darauf gelegt werden, dass der Mitarbeiter über die vertraglichen Grundlagen der Überlassung genau Bescheid weiß; nur so kann er erkennen, wenn sich sein Arbeitsfeld ändert und den Disponenten entsprechend informieren. Der Disponent kann dann tätig werden, um die vertraglichen Konditionen und/oder die arbeitsschutzrelevanten Änderungen (Unterweisung, PSA, arbeitsmedizinische Vorsorgeuntersuchungen) entsprechend anzupassen oder den Ansprechpartner im Kundenunternehmen auf die Einhaltung der vertraglichen Bedingungen hinzuweisen.
Der **Einsatzwechsel** ist dem Prinzip nach ein Wesensbestandteil der Zeitarbeit, d.h. ein Zeitarbeitnehmer muss sich grundsätzlich darauf einstellen, im Verlauf seines Arbeitsverhältnisses in mehreren Betrieben eingesetzt zu werden. Andererseits relativieren die statistischen Daten den Eindruck, dass Zeitarbeitnehmer in kurzen Abständen und immer wieder die betrieblichen Einsätze wechseln. Rund die Hälfte der Zeitarbeitnehmer ist zwischen 7 und 90 Tagen an einen bestimmten Entleihbetrieb überlassen, fast 40 % sogar länger als drei Monate.

Recherchetipp

Die Bundesagentur für Arbeit veröffentlicht regelmäßig Berichte zum deutschen Arbeitsmarkt sowie zur Entwicklung der Beschäftigung und der Überlassungsdauer in der Branche Zeitarbeit unter http://statistik.arbeitsagentur.de.

Beschäftigungsdauer von Zeitarbeitnehmern in Entleihbetrieben (Stand: 2006)[1]		
Unter 7 Tagen	7 bis 90 Tage	mehr als 90 Tage
12 %	50 %	38 %
Die durchschnittliche Dauer liegt zwischen drei und vier Monaten.		

[1] *Quelle: Vgl. Sczesny, Cordula et. al: Machbarkeitsstudie: Zeitarbeit – Neue Herausforderungen für den Arbeitsschutz. Sinnovation Band 9, Dortmund März 2008, S. 13 und Abbildung 4.5, S. 40*

Beschäftigungsdauer von Zeitarbeitnehmern in Zeitarbeitsunternehmen		
(Stand 2006)[1]		
15,8 %	46,5 %	37,7 %
Stand 1. Hj. 2010[2]		
11,4 %	44,8 %	43,8 %

Voraussetzungen des Arbeitnehmers

Die Übernahme eines Einsatzes, einer Stelle oder eines neuen Aufgabengebiets ist für einen Arbeitnehmer eine einschneidende Angelegenheit, die mit vielen Veränderungen und Neuerungen verbunden ist. Menschen reagieren sehr unterschiedlich auf Veränderungen. Sie können Veränderungen explizit oder implizit ablehnen, sich einer notwendigen Anpassung offen oder verdeckt verweigern; sie können motiviert und bemüht sein, jedoch nicht über die Fähigkeiten verfügen, sich auf solche Veränderungen einzustellen. Sie können sich aber auch mit Freude und großer Bereitschaft auf neue Aufgaben stürzen und gerade durch den Wechsel von Tätigkeiten und Einsätzen neu motiviert werden.

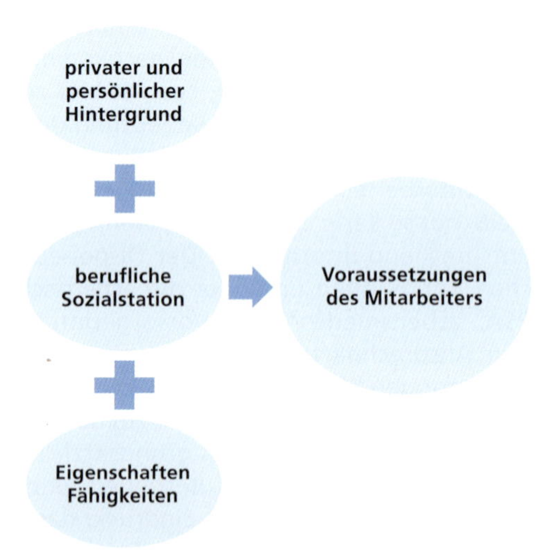

Bestimmungsgründe für die Gestaltung der Einsatzvorbereitung

Beeinflusst wird das Verhalten des Mitarbeiters durch seine berufliche und gesellschaftliche **Sozialisation** sowie seine persönlichen **Eigenschaften** und individuellen **Fähigkeiten**. Gemeinsam bestimmen diese Voraussetzungen die **Bereitschaft** und Fähigkeit, sich auf ein neues Aufgabengebiet einzulassen sowie den Informationsbedarf, der im Rahmen der Einsatzvorbereitung abgedeckt werden muss.

Voraussetzungen des Mitarbeiters	Beispiele
Privater und persönlicher Hintergrund	Bedeutung der Berufstätigkeit für die Existenz, Schulbildung, Einstellung zur Arbeit, Lebenserwartung, Alter, Geschlecht, soziale Stellung
Berufliche Sozialisation	Art und Dauer der Berufserfahrung, Erwartungen

[1] *Quelle: Vgl. Sczesny, Cordula et. al: Machbarkeitsstudie: Zeitarbeit – Neue Herausforderungen für den Arbeitsschutz. Sinnovation Band 9, Dortmund März 2008, S. 13*

[2] *Quelle: Vgl. Arbeitsmarkt in Zahlen – Arbeitnehmerüberlassung, Tabelle 18, hrsg. von Bundesagentur für Arbeit, Nürnberg, 1. Halbjahr 2010, S. 24*

Voraussetzungen des Mitarbeiters	Beispiele
Eigenschaften und Fähigkeiten	Motivation, Lernbereitschaft und Lernfähigkeit, Umgang mit Neuem und Unbekannten, Flexibilität, Kommunikationsfähigkeit, Fähigkeit zur sozialen Integration

Bei der Einsatzvorbereitung sind alle diese unterschiedlichen Voraussetzungen zu berücksichtigen.

3.2.2 Maßnahmen der Einsatzvorbereitung

Die Einsatzvorbereitung umfasst fachliche und soziale Aspekte und erfolgt in sehr unterschiedlichen Arten und Umfängen. In der Praxis finden sich folgende Begriffsunterscheidungen:

- **Einweisung:** Dabei handelt es sich um eine kurze Unterweisung in die konkrete Handhabung von Arbeitsmitteln (z. B. Maschinen) oder Vorgehensweisen (betrieblichen Abläufen).[1]
- **Unterweisung:** Sie umfasst die arbeitsplatzbezogene Qualifizierung in theoretischer und praktischer Hinsicht sowie im Hinblick auf die Arbeitssicherheit.[2]

LF 6, 2

- **Einarbeitung:** Vermittlung der für die Aufgabenerfüllung notwendigen Hintergrundinformationen, Arbeitsmethoden und Arbeitsabläufe; Schwerpunkt liegt auf der fachlichen Integration.
- **Schulung:** Darunter fallen alle Möglichkeiten der Qualifizierung.
- **Einführung eines Mitarbeiters:** Prozess zur fachlichen und sozialen Integration eines neuen Mitarbeiters in ein Unternehmen.

Nur der Begriff Unterweisung ist ein „Terminus technicus", der eine im Arbeitsschutz definierte Bedeutung hat. Die anderen Begriffe werden in der Praxis zum Teil sehr unterschiedlich ausgefüllt. Vor allem hinsichtlich folgender Kriterien unterscheiden sich diese Maßnahmen: Umfang der Vorbereitung, Aufwand und zeitliche Dauer.

	Einweisung	Unterweisung	Schulung	Einarbeitung
Umfang	praktische Anleitung	theoretische und praktische Anleitung	meist sehr umfängliche theoretische und/ oder praktische Anleitung mit Übungsphasen	fachliche Integration in die betrieblichen Abläufe und die Hierarchie

[1] *Daneben werden auch Begriffe wie Instruktion und Briefing verwendet; sie entsprechen am ehesten der Einweisung.*

[2] *Im Unterschied zum Begriff der Unterweisung, der in § 12 ArbSchG definiert ist, ist der Begriff Einweisung kein Terminus technicus. In der Praxis wird der Begriff Unterweisung manchmal für den theoretischen Teil, der Begriff der Einweisung für den praktischen Teil einer Unterweisung verwendet.*

	Einweisung	Unterweisung	Schulung	Einarbeitung
Zeitliche Dauer	sehr kurz	ca. 1 Stunde und länger	mindestens mehrere Stunden	häufig mehrere Tage
Aufwand, Vorbereitungszeit	gering	mittel	hoch	sehr hoch
Ziel	Befähigung eines Mitarbeiters zur Übernahme bestimmter Aufgaben	Arbeitsplatzbezogene Qualifizierung des Mitarbeiters (unter besonderer Berücksichtigung der Bedingungen des Arbeitsschutzes)	(Weiter-)Qualifizierung des Mitarbeiters	Fachliche Integration eines Mitarbeiters in das organisatorische Gefüge und die Abläufe eines Unternehmens

Alle Maßnahmen der Einsatzvorbereitung zielen darauf ab, den Mitarbeiter in die Arbeitsabläufe so zu integrieren, dass infolge des Einsatzes bzw. der Arbeits- und Verhaltensweise des Mitarbeiters Störungen der betrieblichen Abläufe vermieden werden. Störend in diesem Sinne sind alle Ereignisse, die sich hemmend auf die betrieblichen Abläufe auswirken; das können neben Arbeitsunfällen auch nicht angemessene Verhaltensweisen des Mitarbeiters sein, wie etwa die Einhaltung der Pausenregelungen oder nicht anpasste Kommunikation mit Kollegen.

3.3 Einsatzplanungsgespräche zur Einsatzvorbereitung

Die Einsatzvorbereitung erfolgt häufig als ein Mix aus den verschiedenen Maßnahmen. Am Anfang findet meist ein **Einsatzplanungsgespräch** statt, in dem die neuen Aufgaben erläutert werden und das weitere Verfahren besprochen wird. Im weiteren Verlauf folgen dann **arbeitsplatzbezogene Einweisungen und Unterweisungen**. Bei der Arbeitnehmerüberlassung wird das Einsatzplanungsgespräch meist von dem verantwortlichen Disponenten geführt. Häufig begleitet dieser den Zeitarbeitnehmer auch bei seinem Ersteinsatz beim Kunden, um etwaige Fragen zu klären und um Missverständnissen vorzubeugen, die sich vor allem ergeben können, wenn der Zeitarbeitnehmer und/oder das Kundenunternehmen wenig Erfahrungen in diesem Bereich hat. Dadurch ist auch gewährleistet, dass der Arbeitnehmer sicher an dem Arbeitsplatz ankommt, an dem er eingesetzt werden soll. Einweisung und Unterweisung finden im Kundenunternehmen statt.
Gespräche vor dem eigentlichen Einsatzbeginn dienen dazu, den Mitarbeiter auf einen Einsatz einzustimmen, ihn zu motivieren und ggf. auch Ängste zu nehmen. Etwaige Fragen des Mitarbeiters können vorweggenommen werden. Einsatzplanungsgespräche finden meist außerhalb des eigentlichen Arbeitsplatzes statt, sind mit einem geringen Planungs- und Vorbereitungsaufwand verbunden und sind daher ein sehr flexibel und auch kurzfristig einsetzbares Instrument. In Gesprächsform können alle Inhalte des zukünftigen Einsatzes vorweggenommen werden.

Bezug zum Aufgabenbereich der Stelle	
allgemein auf den Arbeitsplatz bezogen	**konkret auf die Tätigkeit bezogen**
Einsatzplanungsgespräch	Einweisung, Unterweisung

Für die Gesprächsführung sollten folgende Elemente festgelegt werden:

- Was soll Inhalt des Gesprächs sein?
- Warum sind diese Inhalte wichtig?
- Welche Ziele sollen mit dem Gespräch erreicht werden?
- Welche Fragen kann ein Mitarbeiter darüber hinaus haben?
- Wie wird sichergestellt, dass alle Inhalte behalten und auch umgesetzt werden?

Der Erfolg eines Einsatzplanungsgesprächs ist auf verschiedenen Ebenen sichtbar:

- auf der Ebene des Gesprächs selbst: Gesprächsatmosphäre, partnerschaftlicher Umgang;
- auf der Ebene der erreichten Gesprächsziele: Hat das Gespräch die beabsichtigte Wirkung (Aufnahme und Verinnerlichung aller relevanten Inhalte; Fähigkeit zur (auch mittel- und langfristigen) Umsetzung der Inhalte und gewünschten Verhaltensweisen)? Kurz gesagt: War das Gespräch kurzfristig und nachhaltig wirksam?

3.3.1 Vorbereitung des Gesprächs

Gerade wenn solche Gespräche beispielsweise von Disponenten häufig geführt werden, ist die Vorbereitung auf das konkrete Gespräch mit einem bestimmten Mitarbeiter besonders wichtig. Bei jeder Aufgabe stellt sich Routine ein; diese darf jedoch bei der Einsatzvorbereitung nicht dazu führen, dass die Eigenarten und Besonderheiten der jeweiligen konkreten Situation sowie des Mitarbeiters nicht ausreichend berücksichtigt werden. Bei der Gesprächsvorbereitung lassen sich organisatorische und inhaltliche Bereiche unterscheiden.

Organisatorische Vorbereitung des Gesprächs

Dazu gehört die Festlegung aller Aspekte der Gesprächssituation, wie

- Zeit,
- Dauer,
- Ort (Büroräume des Personaldienstleisters, des Kunden, eines Meisters bzw. Vorarbeiters etc.),
- Anzahl der Teilnehmer an dem Gespräch (Vier-Augen-Gespräch oder weitere Mitarbeiter) und
- Unterlagen (Grundlage für Erläuterungen).

Die Rahmenbedingungen sollten ruhig sein, d.h. ein Besprechungsraum sollte so gewählt werden, dass nicht immer wieder Unterbrechungen stattfinden.

Inhalte des Gesprächs

Die Vorbereitung beginnt bereits bei der Erfassung und Bestimmung der konkreten **Einsatzbedingungen**, denn diese sollen ja dem Mitarbeiter mitgeteilt werden. Auch sollte man sich vergegenwärtigen, warum im Matching-Prozess genau dieser Mitarbeiter ausgesucht wurde. Einzugehen ist auf die konkreten Anforderungen und Informationsbedürfnisse des Mitarbeiters. Letztere sind beeinflusst durch die bisherigen beruflichen Erfahrungen, seine persönlichen Eigenarten, **Eigenschaften** wie Merkfähigkeit, Motivation etc. Zu unterscheiden ist hier, ob man es mit einem einsatzwechselerfahrenen Mitarbeiter zu tun hat oder einem Mitarbeiter, der neu in dem Unternehmen ist. Ein erfahrener Mitarbeiter kann die sozialen und fachlichen Bedingungen am Einsatzort wesentlich besser antizipieren als ein neuer Mitarbeiter, der ggf. keine bzw. nur geringe Berufserfahrung hat.
Die **Gesprächsatmosphäre** sollte vertrauensvoll sein. Der Mitarbeiter soll Gelegenheit haben, mögliche Unsicherheiten direkt anzusprechen, sodass diese nicht erst später während des Einsatzes zum Tragen kommen. Berücksichtigt werden sollte, dass der Mitarbeiter selbst noch keinen Eindruck von den räumlichen Gegebenheiten des Einsatzes hat, hier können Pläne, Fotos etc. hilfreich sein.

- Neben den jeweiligen Bedingungen des Arbeitsplatzes sind folgende organisatorischen Aspekte zu klären: Fahrtkosten, Verpflegungsmehraufwand, Einsatzprämien, Art des Stundennachweises, Ansprechpartner vor Ort.
- Informationen über die Rahmenbedingungen im Einsatz(betrieb) umfassen beispielsweise folgende Bereiche: Pausenzeiten, Räumlichkeiten (Pausenbrot mitbringen oder ist eine Versorgung vor Ort möglich), Angaben über weitere Kollegen aus dem Zeitarbeitsunternehmen vor Ort, Besuchshäufigkeit des zuständigen Disponenten; Verhältnis zwischen Mitarbeiter und Verantwortlichen im Entleihbetrieb (Reichweite des Direktionsrechtes und Vorbereitung auf die Eingliederung im Kundenbetrieb), Stundennachweise und Zeichnungsberechtigte im Einsatzbetrieb, Bereitstellung der PSA.

Aufbau und Phasen des Gesprächs

Typischerweise durchläuft ein Einsatzplanungsgespräch **drei Phasen**, wobei jeder Phase eine bestimmte Bedeutung zukommt:

Einleitung	Hauptteil – Informationsphase	Schluss
Herstellen einer guten Beziehung zwischen den Gesprächsteilnehmern; im Vordergrund steht in dieser Phase die Person des Gegenübers, (noch) nicht das Thema.	Hinführen zum Gesprächsthema – in diesem Fall: Vorbereitung auf den Einsatz; Festlegung des Gesprächsziels und der gewünschten Ergebnisse; Einholen der Wünsche und des Wissens- und Erwartungsstands des Mitarbeiters, Weitergabe der relevanten Informationen.	Zusammenfassen der Gesprächsinhalte und des Gesprächsergebnisses; Setzen eines positiven Abschlusses beispielsweise durch ein Angebot zur Hilfestellung und Unterstützung; Vermitteln von Anerkennung; Bedanken für das Gespräch.

Das Gespräch soll dazu dienen, dass der Mitarbeiter alle Informationen erhält und aufnimmt, die für seinen Einsatz erforderlich sind. Jeder Mitarbeiter, ob erfahren oder unerfahren, wird bestimmte (Vor-)Urteile ausbilden, was den neuen Einsatz angeht. Diese werden gespeist durch die bisherigen Erfahrungen in anderen Unternehmen und durch die bisherigen Einsatzgespräche, die mit ihm geführt wurden. Vielleicht hat der Mitarbeiter bereits über das Einsatzunternehmen Informationen erhalten, zum Beispiel aus den Medien oder von Kollegen. Einen großen Einfluss auf den Gesprächsverlauf haben die Haltung und Einstellung des Disponenten in Bezug auf das Entleihunternehmen und in Bezug auf den Mitarbeiter. Der Gesprächsführende sollte sich bewusst sein, dass das Gespräch nicht nur auf der verbalen Ebene abläuft, sondern die **Non-verbale-Kommunikation** einen großen Anteil gerade auch an der Art der Beziehung zwischen den Gesprächspartnern hat.

Beispiele für Maßnahmen zur Herstellung einer positiven Gesprächsatmosphäre	
Organisatorische Maßnahmen	**Einsatz von „Wohlfühlinstrumenten"**
Termine machen und einhalten Störungsfreie Gesprächsbedingungen Angemessene zeitliche Planung	Positive Haltung dem Mitarbeiter gegenüber einnehmen, ihn ernst nehmen, wertschätzendes Verhalten, sich dem Mitarbeiter zuwenden, nicht „von oben herab", zugewandte Körpersprache und Mimik (lächeln), aktiv zuhören Vertrauen schaffen (etwa durch Glaubwürdigkeit und Verlässlichkeit, z.B. Termine und Zusagen einhalten) Inhalte durch Bilder oder Karten veranschaulichen (z.B. Anfahrt, Eingang, Maschinen etc.)

3.3.2 Checklisten und Leitfäden zur Durchführung des Gesprächs

Sinnvoll ist der Einsatz von Gesprächsleitfäden und Checklisten für die Einsatzvorbereitung. Ein Gesprächsleitfaden gibt eine Anleitung für die Durchführung eines Gesprächs. In einem solchen Leitfaden geht es um das „Wie" der Gesprächsführung. Im Unterschied dazu sind Checklisten Sammlungen von Inhalten („Was?"), die systematisch abgearbeitet und abgehakt werden können.[1] In der Praxis werden häufig beide Begriffe in einer ähnlichen Bedeutung ver-

[1] *Ursprünglich wurden Checklisten von Piloten bei der Flugvorbereitung eingesetzt.*

wendet, dabei versteht man unter einem Leitfaden meist eine ausführlichere Darstellung des jeweiligen Sachverhalts, während die Checkliste eine stichwortartige Abfolge von einzelnen Arbeitsschritten und/oder Leitfragen ist.

Gesprächsleitfaden

Ein Gesprächsleitfaden beinhaltet die **Gesprächsziele** (Was soll erreicht werden?) sowie Angaben zur organisatorischen Umsetzung des Gesprächs (Ort, Dauer etc.). Er ist immer bezogen auf eine bestimmte **Zielgruppe** und berücksichtigt die Erwartungen, Wünsche und Informationsbedürfnisse der Gesprächspartner. Die Verwendung eines Leitfadens bei der Durchführung von Gesprächen ist mit folgenden Vorteilen verbunden:

- Ein Thema oder ein Vorhaben wird systematisch in seinen Einzelaspekten dargestellt.
- Es wird eine bestimmte Reihenfolge oder ein bestimmter Aufbau eines Gesprächs vorgegeben.
- Dadurch ist gewährleistet, dass jedes Gespräch in einer ähnlichen Form abläuft; ein Unternehmen kann damit die Art der Gesprächsführung bei allen Mitarbeitern standardisieren.
- Auch weniger geübte Personen können ein Gespräch in einer bestimmten Qualität durchführen.
- Die Auswertung der Erfahrungen beim Einsatz des Gesprächsleitfadens kann zu einer steten Verbesserung des Gesprächsleitfadens und damit der Gespräche beitragen.

Beispiel
Beispiel des Aufbaus eines Gesprächsleitfadens zur Einsatzvorbereitung:

Leitfaden für das Einsatzplanungsgespräch von (Name des Mitarbeiters) ______________________	
Name des Gesprächsführenden ______________	Anlass des Gesprächs (Einsatz, Ort, Art, Zeit)
Einleitung	Herstellung einer guten Beziehung durch • zugewandtes Verhalten • ...
Hauptteil Informationsphase	Abfrage des Wissensstands, Erwartungen, Erfahrungen Rahmenbedingungen des neuen Einsatzes Klärung offener Fragen (einsatzbezogen) ...
Schluss	Zusammenfassung der Gesprächsinhalte ...

Checkliste

Checklisten werden vor allem bei umfangreichen, **sich wiederholenden Aufgaben** eingesetzt. Sie unterstützen dabei, diese Aufgaben vollständig und fehlerlos zu erledigen. Die Erstellung von Checklisten ist mit Aufwand verbunden. Oft finden sich Checklisten in der Form einer Liste von Alternativfragen (Antworten können „ja" oder „nein" sein). Dem stehen folgende Vorteile gegenüber:

- Auch komplexe und umfangreiche Aufgaben werden vollständig und fehlerlos bearbeitet; einzelne Punkte werden nicht vergessen.
- Eine Checkliste gliedert und strukturiert umfangreiche Aufgaben; dadurch kann die Aufgabe insgesamt besser organisiert werden; ggf. offenbaren sich bei der Erstellung von Checklisten Ansatzpunkte für die Delegation von Aufgabenteilen, sodass die Gesamtaufgabe schneller bzw. kostengünstiger umgesetzt werden kann.
- Eine schriftliche Checkliste dient der Dokumentation der einzelnen Arbeitsschritte bzw. der verschiedenen Gesprächsinhalte; das erfolgt etwa im Zusammenhang mit dem Nachweis über die Unterrichtungspflicht, indem die Teilnehmer an dem Gespräch die Checkliste unterschreiben.

Beispiel
Beispiel für eine Checkliste der Einsatzvorbereitung

Checkliste für das Einsatzplanungsgespräch von (Name des Mitarbeiters) ______ Einsatzinformationen (Unternehmen, Arbeitsbeginn, Einsatzdauer usw.)		
Organisatorische Fragen	Ist der Mitarbeiter über die Adresse des Einsatzunternehmens, den Ansprechpartner vor Ort sowie die Arbeitszeiten informiert? ...	Ja Nein
Einsatzbezogene Fragen	Verfügt der Mitarbeiter über alle für den Einsatz notwendigen Qualifikationen?	Ja Nein
	Liegen die für den Einsatz notwendigen Unterlagen vor? ...	Ja Nein
Fragen der Arbeitssicherheit	Ist der Mitarbeiter über die Gefahren am Einsatzort informiert? ...	Ja Nein
...		
Unterschriften	Disponent Mitarbeiter	Datum

3.3.3 Kriterien zur Beurteilung eines Einsatzgesprächs

Der Erfolg eines Gesprächs kann auf unterschiedlichen Ebenen beurteilt werden:
Auf der Ebene der Gesprächsführung geht es darum, eine **vertrauensvolle Gesprächsatmosphäre** zu schaffen. Indikatoren dafür können sein: Offenheit der Gesprächsteilnehmer, Wohlfühlen in der Gesprächssituation, geringe Häufigkeit von Unterbrechungen, interessierte Nachfragen etc.
Bedeutungsvoller ist die Erfolgsdimension der **Zielerreichung**: Ist es gelungen, den Mitarbeiter so auf den Einsatz vorzubereiten und einzustimmen, dass keine weiteren Fragen und/oder sogar Störungen in den Abläufen aufgetreten sind? Dies lässt sich erst im Nachgang zu dem Gespräch beurteilen. Mögliche Indikatoren dafür sind: Pünktlichkeit des Mitarbeiters am Einsatzort, positive Rückmeldungen über Einsatzbereitschaft und Leistungsfähigkeit, Betreuungsintensität des Mitarbeiters durch den Disponenten und fachlichen Ansprechpartner im (Kunden-)Unternehmen. Dabei ist jedoch anzumerken, dass der Verlauf des Einsatzes nicht nur von der Qualität des Einsatzplanungsgesprächs abhängt, sondern etwa auch von den tatsächlichen Bedingungen vor Ort, den Kollegen, den Fahrzeiten, der Art der Arbeit etc.

3.4 Gestaltungsmöglichkeiten der Unterweisung

Sagst Du es mir, so vergesse ich es. Zeigst Du es mir, merke ich es mir vielleicht. Lässt Du mich teilnehmen, so verstehe ich es. (Chinesisches Sprichwort)

LF 6, 2.2.5, 2.3.1

Der Begriff Unterweisung bezeichnet die **Vermittlung von Kenntnissen und Fertigkeiten** am Arbeitsplatz. Dazu gehören neben den Inhalten zu Sicherheit und Gesundheitsschutz alle den Arbeitsplatz betreffenden Kenntnisse, die die Qualifikation des Arbeitnehmers verbessern sollen.

- Die Unterweisung kann sich auf einzelne Inhalte beziehen (Sicherheit und Gesundheitsschutz) oder generell dem Aufbau der Qualifikation dienen, wie es etwa bei der Ausbildung üblich ist.
- Die Unterweisung kann als Einzelunterweisung oder Gruppenunterweisung durchgeführt werden.
- Band 3, LF 10 Die Unterweisung kann am Arbeitsplatz (on the job) oder anderen Räumen, ggf. auch in Schulungsform (off the job) durchgeführt werden.
- Für eine kurze, eng tätigkeitsbezogene Unterweisung wird auch der Begriff Einweisung verwendet.
- Ist eine systematisch aufbauende Abfolge von Unterweisungen über einen längeren Zeitraum geplant, spricht man häufig auch von Einarbeitung.

3.4.1 Praktische Anleitung und Vier-Stufen-Methode

Während das Gespräch die Bedingungen am Arbeitsplatz rein gedanklich vorwegnimmt, findet die **praktische Anleitung** direkt am Arbeitsplatz statt. Die Abläufe können genau erläutert und gezeigt werden. Im Rahmen der sogenannten Vier-Stufen-Methode hat die praktische Anleitung einen zentralen Platz.
Die **Vier-Stufen-Methode** ist eine systematische und handlungsorientierte Anleitung zur Durchführung von arbeitsplatzbezogenen Qualifizierungen. Sie wird besonders häufig im Zusammenhang mit der Ausbildung eingesetzt, kann aber durch ihren systematischen Aufbau als eine Art Idealvorstellung für jede Art von Unterweisung dienen.

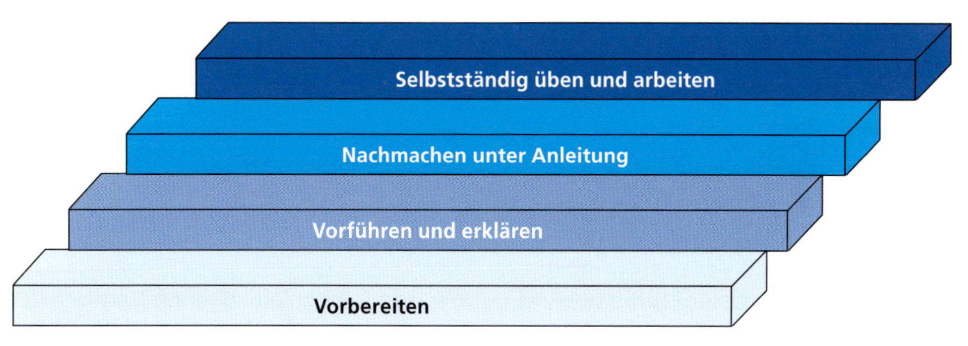

Idealtypischer Aufbau einer Unterweisung nach der Vier-Stufen-Methode

Stufen	Inhalte der Stufe
1. Stufe: Vorbereiten	Die Vorbereitung bezieht sich auf • den Arbeitsplatz • die Inhalte der Unterweisung • den Unterwiesenen
2. Stufe: Vorführen und erklären	Der Unterweisende macht die Arbeitsinhalte vor, erklärt was, wann, wie und warum gemacht werden soll.
3. Stufe: Nachmachen unter Anleitung	Der Unterwiesene macht das Vorgeführte nach; er erklärt sein Tun. Der Unterweisende greift möglichst nicht bzw. wenig ein.
4. Stufe: Selbstständig üben und arbeiten	Der Unterwiesene übt die Tätigkeiten selbstständig; dies kann auch integriert in die betrieblichen Abläufe erfolgen.

Wichtig für den Ablauf ist die Phase der Vorbereitung, die sich nicht nur auf die jeweilige Ausstattung des Arbeitsplatzes bezieht, sondern auch die Lerninhalte, die jeweilige Lernmethode und die eingesetzten Lernmedien festlegt. Die Auswahl wird dabei bestimmt von der jeweiligen Zielgruppe bzw. von der Person, die unterwiesen werden soll. Berücksichtigt werden insbesondere:

- Berufliche Vorerfahrungen und Wissensstand
- Alter
- Lernerfahrungen und Lernfähigkeit
- Motivation, Interessen, Einstellungen und Werte im Hinblick auf die Tätigkeit

Geeignet ist die Vier-Stufen-Methode für Aufgaben, die folgende Bedingungen erfüllen:

- die Bearbeitung besteht aus einer Kombination von menschlicher Tätigkeit und Arbeitsmitteln;
- die Abläufe vollziehen sich in einem überschaubar kurzen Zeitraum;
- die Abläufe sind genau festgelegt und die einzelnen Tätigkeiten finden auf Dauer in derselben Reihenfolge statt.

Als nachteilig bei dieser Methode wirkt der geringe Anreiz zum eigenen Nachdenken und kritischen Reflektieren des Gelernten. Eine Förderung der Selbstständigkeit wird so kaum erreicht.

3.4.2 Weitere Methoden der Unterweisung

Kann eine Unterweisung aufgrund des Inhaltes standardisiert werden, bietet sich die **programmierte Unterweisung** an. Hierbei wird ein Lernprogramm entwickelt, dass der Mitarbeiter mit Unterweisungsbedarf selbstständig und kontrollierbar durchführen kann. Vor allem als Softwarelösungen mit integrierten Lernerfolgskontrollen findet diese Art der Unterweisung in der Praxis Verwendung. Beispiele für Unterweisungsinhalte sind: Umgang mit Daten bzw. Sicherstellung der Einhaltung des Datenschutzes im Unternehmen; Unterweisungen in Bezug auf die Vorgaben des AGG etc.

Methoden in der Ausbildung

In der betrieblichen Ausbildung werden weitere Methoden eingesetzt, die sich stärker an dem Konzept der vollständigen Handlung orientieren: Leittextmethode, Projektmethode, Rollenspiele, Planspiele.

Zusammenfassung

- **Einsatzvorbereitung** bedeutet, einen Mitarbeiter so zu informieren, dass er das ihm zugewiesene Aufgabengebiet ausfüllen kann. Sie ist immer dann nötig, wenn sich das Aufgabengebiet für einen Arbeitnehmer ändert. Im Unterschied zur Personaleinführung steht die **fachliche Integration** in die Betriebsabläufe im Vordergrund.
- **Umfang und Art** der Einsatzvorbereitung sind abhängig von den Voraussetzungen des Mitarbeiters, von der Art der Tätigkeit und von den betrieblichen Gegebenheiten.
- Im Betriebsverfassungsgesetz, im Arbeitsschutzgesetz und in der Betriebssicherheitsverordnung ist die **Unterrichtungspflicht** des Arbeitgebers festgelegt.
- Bei der Arbeitnehmerüberlassung haben Entleihbetrieb und Verleihbetrieb die Pflicht zur Unterrichtung des Arbeitnehmers.
- **Methoden** der Einsatzvorbereitung sind Einweisung, Unterweisung, Einarbeitung, Schulung und Einführungsprogramme.
- Für die Durchführung von Einsatzplanungsgesprächen zur Vorbereitung von Mitarbeitern auf einen Einsatz (beim Kunden) können **Leitfäden und Checklisten** eingesetzt werden.
- Für Unterweisungen als Teil der Einsatzvorbereitung können verschiedene Methoden eingesetzt werden: **praktische Anleitung, Vier-Stufen-Methode, Vorträge, Lehrgespräche** u. a.

Aufgaben

1. *Sie sind Personalreferent/-in bei der Karo Kaufhaus GmbH, einem Warenhauskonzern mit 34 Standorten. Die Verkäuferin Claudia Heinrich soll als Krankheitsvertretung für vier Wochen an einen anderen Standort versetzt werden. Begründen Sie die Bedeutung einer Einsatzvorbereitung.*
2. *Unterscheiden Sie die Begriffe Einweisung und Unterweisung.*
3. *Sie sind Personalreferent/-in bei der CallCenterService AG und dort u. a. zuständig für die Organisation der Unterrichtung der Mitarbeiter nach § 81 BetrVG. Legen Sie für folgende Fallbeschreibungen fest, ob eine Unterrichtung vorgeschrieben ist, indem Sie ein „ja“ bzw. „nein“ eintragen:*

Fallbeschreibung	Pflicht zur Unterrichtung
a) Für die Bearbeitung des Auftrags eines Neukunden sollen vier Mitarbeiter aus der Abteilung Software versetzt werden.	
b) Für die interne Spesenabrechnung wird ab dem nächsten Ersten eine neue Software eingesetzt.	
c) Aus Kostengründen werden die Kugelschreiber in Zukunft von einem anderen Hersteller bezogen.	
d) Der bisher als Agent tätige Jens Grundmann ist zum Teamleiter der Abteilung Software befördert worden.	
e) Am heutigen Tag meldet sich Sibylle Heinz wegen eines Bandscheibenvorfalls krank.	
f) Zum nächsten Ersten wechselt der Betreiber der Betriebskantine.	

4. *Sie sind Mitarbeiter/-in in der Niederlassung eines Personaldienstleistungsunternehmens. Im Zusammenhang mit einer Rekrutierungskampagne nehmen die telefonischen Anfragen von Bewerbungsinteressenten so stark zu, dass Sie eine Aushilfskraft für den Telefondienst einstellen. Unterweisen Sie die Aushilfskraft, sodass sie den Telefondient übernehmen kann.*

5. *Sie leiten die Ausbildungsabteilung in dem Zeitarbeitsunternehmen Gruber Personal GmbH. In Ihrem Ausbildungsplan ist vorgesehen, dass die Auszubildenden zum Personaldienstleistungskaufmann/-kauffrau Gefährdungsanalysen durchführen und dokumentieren. Sie haben den Auftrag, die Unterweisung der drei PDK-Auszubildenden zu planen und durchzuführen. Die Auszubildenden sind im Allgemeinen sehr motiviert; sie freuen sich sehr auf die Arbeitsplatzbesichtigung, die vorab stattfindende Unterweisung halten sie allerdings für „Theoriekram".*

- *Informieren Sie sich über die Inhalte der zu Gefährdungsanalysen in Kapitel 2. Wählen Sie eine geeignete Unterweisungsmethode.*
- *Planen Sie, wie Sie die Auszubildenden ansprechen und motivieren wollen; planen Sie die verschiedenen Schritte der Unterweisung.*
- *Planen Sie, wie Sie den Erfolg der Unterweisung überprüfen werden.*

6. *Sie sind Auszubildende/-r in einem Personaldienstleistungsunternehmen. Im Rahmen dieser Ausbildung werden Sie regelmäßig in andere Abteilungen versetzt. Der jeweilige Abteilungsleiter führt zunächst ein Gespräch mit Ihnen, erklärt Ihnen die neuen Aufgaben und weist Ihnen anschließend ein Arbeitsgebiet zu.*
Nach dem Gespräch stellen Sie fest, dass Sie nicht alles verstanden haben.

a) Legen Sie fest, in welcher der drei Formen Sie reagieren würden:

Reaktionsmöglichkeiten	
aa) Ich zeige dem Abteilungsleiter nicht, dass ich nicht alles verstanden habe. Falls die Kollegen nett sind, frage ich später bei denen nach.	
ab) Ich bitte den Abteilungsleiter, mir die Aufgaben noch einmal zu erklären.	
ac) Ich halte es für nicht so schlimm, wenn ich in der Theorie etwas nicht verstehe. Durch das praktische Tun werde ich die Aufgaben schon verstehen.	

b) Versetzen Sie sich in die Rolle des Abteilungsleiters und prüfen Sie Ihre Reaktion kritisch aus seiner Sicht.

c) Welche Schlussfolgerungen für die Gestaltung von Einsatzgesprächen lassen sich daraus ziehen?

4 Mitarbeiter im Einsatz betreuen

Einstiegssituation ▶

Der Disponent **Jakob Ellinger** hatte der Auszubildenden **Simone Gabel** den Hinweis gegeben, dass **Thomaz Giczkowski** nicht nur einen Arm gebrochen hatte; auch sein Gesicht habe durch den Arbeitsunfall etwas abbekommen. Trotzdem zuckte Simone etwas zusammen als der Schweißer ins Büro trat. Fast das gesamte Gesicht war blau und rot verfärbt. Das linke Auge war zugeschwollen und mit dem rechten Auge versuchte Thomaz Giczkowski, Simone zuzuzwinkern. Es gelang nicht gut.

„Sie machen Sachen." Simone schüttelte den Kopf.

Thomaz Giczkowski: „Alles kein Problem. Glatter Bruch. Das dauert nicht lange."

Jakob Ellinger kam ebenfalls in Simones Büro. „Hallo Herr Giczkowski, ich freue mich, dass Sie heute gekommen sind. Ich bin froh, dass Sie schon wieder auf den Beinen sind. Wie geht es Ihnen?"

Thomaz Giczkowski: „Die Schwellung im Gesicht schmerzt. Bevor ich auf dem Boden landete, bin ich mit dem Gesicht an die Leiter gestoßen. Das war nicht gut. Ich war sogar kurz ohnmächtig."

Jakob Ellinger: „Ich schlage vor, Sie erzählen uns jetzt einmal genau, was passiert ist. Frau Gabel wird dann anschließend die Unfallanzeige ausfüllen."

Simone Gabel: „Die Stammdaten von Herrn Giczkowski habe ich bereits zusammengestellt."
Jakob Ellinger: „Sehr gut; dann können wir uns jetzt ganz auf Ihre Schilderung konzentrieren."
Thomaz Giczkowski: „Der Unfallhergang ist schnell erzählt: Ich bin die Leiter hochgestiegen und dann habe ich irgendwie das Gleichgewicht verloren und dann sind die Leiter und ich umgekippt."
Jakob Ellinger: „Was war das denn für eine Leiter?"
Thomaz Giczkowski: „So eine ganz normale Aluleiter, die man ausklappen kann. Ich habe das kontrolliert: Der Boden war eben. Da war nichts. Ich kann mir das auch nicht erklären; wahrscheinlich war es einfach meine eigene Dummheit."
Jakob Ellinger: „Arbeiten Sie denn nicht auf einer Hebebühne? Das Schweißgerät können Sie doch nicht mit auf eine Leiter nehmen."
Thomaz Giczkowski: „Nein, nein. Ich habe nicht auf der Leiter geschweißt. Das wäre ja viel zu gefährlich! Das geht höchstens auf einer Holzleiter."
Simone verstand zwar nicht genau, warum man nicht auf einer Aluminiumleiter schweißen soll, machte sich aber weiter Notizen.
Jakob Ellinger: „Was passierte, nachdem sie von der Leiter gefallen waren?"
Thomaz Giczkowski: „Ich war einen Moment weggetreten. Und als ich die Augen wieder aufschlug, stand Heinz Jöder, der Kolonnenleiter, vor mir. Er sagte mir, dass er schon den Sanitäter und den Notarzt angerufen hat. Es ging dann alles ganz schnell."
Jakob Ellinger: „Wer hat denn mit Ihnen zusammengearbeitet?"
Thomaz Giczkowski: „Niemand. Ich war in der hinteren Halle allein. Die Stammmitarbeiter haben alle im vorderen Teil der Anlage gearbeitet."
Jakob Ellinger: „Das reicht dann erst einmal. Sie schonen sich jetzt und werden schnell wieder gesund. Frau Gabel, haben Sie noch eine Frage an Herrn Giczkowski?"
Simone Gabel: „Ich denke, ich kann mit den Angaben und dem Überlassenvertrag die Unfallanzeige ausfüllen. Nur eine Frage noch: Warum waren Sie eigentlich auf der Leiter?"
Thomaz Giczkowski: „Ich habe da oben eine Fassung ausgetauscht. Es war recht dunkel in dem hinteren Lager."

Arbeitsaufträge:

1. a) Werten Sie das Gespräch zwischen dem Disponenten Jakob Ellinger und dem Schweißer Thomaz Giczkowski hinsichtlich der Informationen über den Arbeitsunfall aus. Vervollständigen Sie mit den Informationen die Unfallanzeige.

17 Ausführliche Schilderung des Unfallhergangs (Verlauf, Bezeichnung des Betriebsteils, ggf. Beteiligung von Maschinen, Anlagen, Gefahrstoffen)

Die Angaben beruhen auf der Schilderung ☐ des Versicherten ☐ anderer Personen

18 Verletzte Körperteile	**19** Art der Verletzung

20 Wer hat von dem Unfall zuerst Kenntnis genommen? (Name, Anschrift des Zeugen) — War diese Person Augenzeuge? ☐ ja ☐ nein

21 Name und Anschrift des erstbehandelnden Arztes/Krankenhauses
Dr. Dreier, Bethanien Unfallkrankenhaus

22 Beginn und Ende der Arbeitszeit des Versicherten

	Stunde	Minute		Stunde	Minute
Beginn	*7*	*3 0*	Aufgabe Ende	*1 6*	*0 0*

23 Zum Unfallzeitpunkt beschäftigt/tätig als — Berufskennziffer
Schweißer — *191-244*

24 Seit wann bei dieser Tätigkeit? — Monat — Jahr

25 In welchem Teil des Unternehmens ist der Versicherte ständig tätig?
Einsatz als Leiharbeitnehmer

26 Hat der Versicherte die Arbeit eingestellt? ☐ nein ☐ sofort später, am — Tag — Monat — Stunde

27 Hat der Versicherte die Arbeit wieder aufgenommen? ☐ nein ☐ ja, am — Tag — Monat — Jahr

28 Datum	Unternehmer/ Bevollmächtigter	Betriebsrat (Personalrat)	Telefon-Nr. für Rückfragen (Ansprechpartner)

Quelle: VBG (Hrsg.): Formular zur Unfallanzeige bei der Verwaltungs-Berufsgenossenschaft, unter: http://www.vbg.de/apl/arbhilf/notf/unf.htm, abgerufen am 17.09.2012

b) Informieren Sie sich in Kapitel 4.1 über die Aufgaben des Arbeitgebers nach einem Arbeitsunfall.

c) Erstellen Sie eine Checkliste für das Vorgehen nach einem Arbeitsunfall.

2. *Ihnen liegt folgender Auszug aus dem Überlassungsvertrag vor:*

> **§ 3 – Art und Merkmale der Tätigkeit**
> Der überlassene Mitarbeiter wird innerhalb einer Kolonne als Schweißer bei der Instandsetzung eines Industriehallenkomplexes eingesetzt. Die Tätigkeit findet ausschließlich innerhalb des Hallenkomplexes auf ebener Fläche statt. Folgende Schweißverfahren werden angewendet: …

a) Analysieren Sie vor dem Hintergrund dieser Informationen aus dem Überlassungsvertrag die Angaben von Thomaz Giczkowski.

b) Arbeiten Sie die Abweichungen zwischen vertraglicher Vereinbarung und tatsächlichem Einsatz des Mitarbeiters heraus.

c) Beschreiben Sie, welche Probleme sich daraus für das Zeitarbeitsunternehmen und den verantwortlichen Disponenten ergeben.

d) Versetzen Sie sich in die Rolle des Disponenten Jakob Ellinger. Legen Sie Ihr weiteres Vorgehen fest.

3. *Der Disponent entschließt sich dazu, ein Gespräch mit dem Verantwortlichen im Kundenunternehmen zu führen. Bereiten Sie sich in der Rolle von Herrn Ellinger auf dieses Gespräch vor.*
Legen Sie fest, was Sie mit dem Gespräch erreichen, welche Inhalte Sie ansprechen und wie Sie das Gespräch führen wollen.
Übernehmen Sie die Rolle des Verantwortlichen im Kundenunternehmen. Erstellen Sie eine Rollenkarte für diesen Verantwortlichen mit dessen Zielen und den ihn interessierenden Inhalten.
Führen Sie das Gespräch in der Klasse als Rollenspiel durch.
Bewerten Sie den Gesprächsverlauf mithilfe von geeigneten Kriterien.

4. *Einige der Probleme in diesem Fall hätte der Disponent auch bereits vor dem Arbeitsunfall aufdecken und ggf. sogar beheben können.*
Entwickeln Sie auf der Grundlage der Inhalte von Kapitel 4.2.3 ein Konzept zur Betreuung der an Kundenbetriebe überlassenen Mitarbeiter.
Reflektieren Sie die Vorteile und Nachteile einer solchen Betreuung aus Sicht des Zeitarbeitsunternehmens.

4.1 Pflichten des Arbeitgebers bei Arbeitsunfällen

Unfälle sind in vielen Fällen mit dramatischen Folgen für die betroffenen Personen verbunden: Das ganze Leben kann sich durch die Unfallfolgen ändern, etwa durch eine Berufsunfähigkeit. Kennzeichen eines Unfalls ist das plötzliche Eintreten, das den Betroffenen und ggf. auch seine Angehörigen aus den bisherigen Lebensumständen

reißt und in den meisten Fällen mit Schmerzen und Arbeitsausfällen verbunden ist. Unfälle können in nahezu allen Lebensumständen passieren: der Tänzer knickt auf der Tanzfläche im Sprunggelenk um; die vom Baum fallenden Kastanien treffen den Spaziergänger am Kopf; auf der Autobahn erfasst eine Windböe den Kleinwagen und drückt ihn gegen die Leitplanke.
Im privaten Bereich kann man sich gegen die Folgen von Unfällen mit einer Privathaftpflicht versichern, für Unfälle, die im Zusammenhang mit der Erwerbstätigkeit stehen, ist die gesetzliche Unfallversicherung zuständig. Unterschieden werden dabei Arbeitsunfälle im engeren Sinne und sogenannte Wegeunfälle.

Definition
Das SGB VII definiert einen **Unfall** als ein zeitlich begrenztes, von außen auf den Körper einwirkendes Ereignis, das zu einem Gesundheitsschaden oder zum Tod führt (§ 8 Absatz 1 Satz 2 SGB VII).
Im Versicherungsvertragsgesetz VVG, das den Bereich der privaten Versicherung regelt, wird als weiteres Merkmal die „Unfreiwilligkeit der Gesundheitsschädigung" genannt (§ 178 Absatz 2 VVG).

Definition
Ein **Arbeitsunfall** ist ein Unfall, der sich bei der versicherten Tätigkeit ereignet (vgl. § 8 Absatz 1 SGB VII).
Wegeunfälle sind Unfälle, die sich auf dem Weg zur oder von der Arbeitsstätte ereignen (vgl. § 8 Absatz 2 SGB VII).

Ob es sich bei einem Unfall um einen Arbeitsunfall oder nicht handelt, muss ggf. im Detail geprüft werden:

- Ist die betroffene Person versichert nach § 2 Abs. 1 SGB VII?
- Ereignete sich der Unfall bei einer versicherten Tätigkeit (vgl. § 2 SGB VII; § 8 Abs. 2 SGB VII)?
- Liegen ggf. Sonderbestimmung wie in § 8 Abs. 2 SGB VII vor?

Meldepflichten des Arbeitgebers

Die für den Arbeitgeber mit einem Arbeitsunfall verbundenen Pflichten sind abhängig von der Schwere des Unfalls bzw. dessen Folgen.

- Wird ein Arbeitnehmer bei einem Unfall getötet oder
- wird der Arbeitnehmer so schwer verletzt, dass er stirbt oder
- dass er mehr als drei Tage arbeitsunfähig ist (der Unfalltag zählt nicht mit),

muss der Arbeitgeber („der Unternehmer") den Unfall bei der zuständigen Berufsgenossenschaft anzeigen (Anzeigepflicht). Weitere Informationspflichten ergeben sich aus § 193 SGB VII:

§ 193 Pflicht zur Anzeige eines Versicherungsfalls durch die Unternehmer

(1) Die Unternehmer haben Unfälle von Versicherten in ihren Unternehmen dem Unfallversicherungsträger anzuzeigen, wenn Versicherte getötet oder so verletzt sind, dass sie mehr als drei Tage arbeitsunfähig werden.

(...)

(4) Die Anzeige ist binnen drei Tagen zu erstatten, nachdem die Unternehmer von dem Unfall (...) Kenntnis erlangt haben. Der Versicherte kann vom Unternehmer verlangen, dass ihm eine Kopie der Anzeige überlassen wird.

(5) Die Anzeige ist vom Betriebs- oder Personalrat mit zu unterzeichnen. Der Unternehmer hat die Sicherheitsfachkraft und den Betriebsarzt über jede Unfall- oder Berufskrankheitenanzeige in Kenntnis zu setzen.

(...)

(7) Bei Unfällen in Unternehmen, die der allgemeinen Arbeitsschutzaufsicht unterstehen, hat der Unternehmer eine Durchschrift der Anzeige der für den Arbeitsschutz zuständigen Behörde zu übersenden. (...)

Sind die Folgen des Unfalls nicht so schwer,

- bei einer Arbeitsunfähigkeit von maximal drei Tagen
- oder kann der Arbeitnehmer nach einer ersten Hilfe weiterarbeiten,

ist eine Unfallanzeige gesetzlich nicht vorgeschrieben. Die Erste-Hilfe-Leistungen sind im sogenannten Verbandbuch zu dokumentieren.
Erleidet ein überlassener Arbeitnehmer im Kundenbetrieb einen Arbeitsunfall, zeigen Zeitarbeitsunternehmen und Kundenunternehmen den Unfall bei ihrer je zuständigen BG an.[1] Wenn der Arbeitnehmer nicht verletzt ist und seine Tätigkeit umgehend wieder aufnehmen kann, sollte eine erneute Sicherheitsunterweisung erfolgen.

Praxistipp

Der Kundenbetrieb vermerkt in der Unfallanzeige an seine BG, dass es sich um einen überlassenen Arbeitnehmer handelt.

UNFALLANZEIGE

1 Name und Anschrift des Unternehmens

2 Unternehmensnummer des Unfallversicherungsträgers

...

[1] *Für im Rahmen von Werkverträgen beschäftigte Arbeitnehmer meldet (nur) der Arbeitgeber an seine zuständige BG.*

7 Geschlecht ☐ männlich ☐ weiblich	8 Staatsangehörigkeit	9 Leiharbeitnehmer ☐ ja ☐ nein
10 Auszubildender ☐ ja ☐ nein	11 Ist der Versicherte	☐ Unternehmer ☐ Ehegatte des Unternehmers ☐ mit dem Unternehmer verwandt ☐ Gesellschafter/Geschäftsführer

Bei der VBG können die Unfälle auch online angezeigt werden; vgl. dazu http://www.vbg.de/service/online/unfallanzeige.
In der Praxis werden im Fall eines Arbeitsunfalls häufig routinemäßig Unfallanzeigen an die Berufsgenossenschaft übermittelt, auch wenn die Folgen zunächst nicht absehbar sind. Gründe dafür sind zum einen die gesetzlich vorgesehenen Fristen, zum anderen Vereinfachungen bei der Verwaltung. Die Unfallanzeige wird so nicht vergessen.
Die Berufsgenossenschaften erhalten durch diese Meldungen einen deutlich besseren Einblick in das betriebliche Unfallgeschehen. Stellt sich nachträglich heraus, dass die Unfallfolgen nicht so gravierend sind, kann die Berufsgenossenschaft darüber telefonisch informiert werden.

Nach einem Unfall sollten folgende Aufgaben wahrgenommen werden:

- Zusammenstellung der auftragsbezogenen Dokumente;
- Information der Vorgesetzen (im Zeitarbeitsunternehmen);
- Besichtigung des Unfallortes, Feststellung etwaiger Gefährdungen sowie der Unfallursache, um anschließend Abhilfe zu schaffen;
- Prüfung auf etwaige Abweichungen vom vertraglich vereinbarten Einsatz;
- Beantwortung von Rückfragen der Berufsgenossenschaft;
- falls notwendig Information der Angehörigen;
- ggf. Besuch des Arbeitnehmers im Krankenhaus etc.

Im fachlichen Kontext

Ist durch den Unfall der Arbeitnehmer so schwer verletzt, dass eine ärztliche Behandlung notwendig ist, wird er dem Durchgangsarzt vorgestellt („D-Arzt"). Dabei handelt es sich um speziell ausgebildete (meist Unfallchirurgen) und von der Berufsgenossenschaft zugelassene Mediziner, die die Erstversorgung vornehmen und die weitere Behandlung organisieren (z.B. Überweisung an den Hausarzt). In diesem Zusammenhang hat der Arbeitgeber die Pflicht, die Anschriften und Kontaktdaten der Durchgangsärzte im Betrieb bereitzustellen.
Weitere Informationen zum Durchgangsarztverfahren stellt die DGUV bereit unter http://www.dguv.de/landesverbaende/de/med_reha/d_arzt/index.jsp

Dokumentation der Erste-Hilfe-Leistungen - Verbandbuch

In der Dokumentation der Erste-Hilfe-Leistungen[1] werden alle, auch leichte Arbeitsunfälle wie etwa kleinere Schnittverletzungen aufgezeichnet. Diese Dokumentation dient dazu, bei eventuell eintretenden Spätfolgen (beispielsweise Entzündungen, Blutvergiftungen etc.) nachzuweisen, dass es sich ursächlich um einen Arbeitsunfall handelt.

DGUV Vorschrift 1 Grundsätze der Prävention § 24 – Allgemeine Pflichten des Unternehmers

(6) Der Unternehmer hat dafür zu sorgen, dass jede Erste-Hilfe-Leistung dokumentiert und diese Dokumentation fünf Jahre lang verfügbar gehalten wird. Die Dokumente sind vertraulich zu behandeln.

Bei der Umsetzung dieser Pflichten sind in dem Unternehmen einige Fragen zu beantworten:

- Wo wird das Verbandbuch aufbewahrt?
- In welcher Form wird das Verbandbuch geführt? Möglich sind beispielsweise: Buchform, lose Formblätter an jeder Erste-Hilfe-Station, eine Karteiform, Meldeblock, ein elektronisch geführtes Verbandbuch.
- Wer trägt den Unfall in das Verbandbuch ein?
- Wie wird der Datenschutz gewährleistet?

[1] *Detaillierte Regelungen zur Dokumentation der Erste-Hilfe-Leistungen finden sich in der DGUV Information 204-020 „Verbandbuch" (bisher BGI/GUV-I 511) siehe auch: http://www.dguv.de/medien/fb-erstehilfe/de/pdf/dokumentation.pdf*

Praxistipp

Mustervorlage der VBG für ein Verbandbuch

Verbandbuch *der Easy Care VersicherungsAG*									
	Angaben zum Hergang des Unfalls beziehungsweise des Gesundheitsschadens						**Erste-Hilfe-Leistungen**		
Lfd. Nr.	**Name des/der Verletzten bzw. Erkrankten**	**Datum und Uhrzeit**	**Ort/Unternehmensteil**	**Hergang**	**Art und Umfang der Verletzung beziehungsweise Erkrankung**	**Name der Zeugen**	**Datum und Uhrzeit**	**Art und Weise der Maßnahmen**	**Name des Ersthelfers**
1	2	3	4	5	6	7	8	9	10
1	*Peter Kulik*	*20.06.20.. 14:30*	*3. Etage, Raum 311, Abteilung Schadensregulierung*	*Einklemmen des rechten Zeigefingers beim Zuschieben der Schublade*	*Leichte Quetschung und leicht blutende Abschürfung des rechten Zeigefingers*	*Simone Kehlmann*	*20.06.20.., 14:40*	*Kühlung, anschließend Pflaster*	*Hans Hilfreich*

Übertragung der Arbeitgeberpflichten

LF 6, 2.2 Verantwortlich für die Umsetzung des Arbeitsschutzes ist der Unternehmer. Der verantwortliche Unternehmer steht jedoch nicht in allen Unternehmen tatsächlich als Person zur Verfügung. In einer GmbH etwa gibt es einen oder mehrere Geschäftsführer, in einem mittelständischen Unternehmen mit 500 Beschäftigten ist es kaum denkbar, dass der Unternehmer tatsächlich alle Aufgaben persönlich erledigt.

In der Praxis wird daher der Unternehmer Aufgaben, Zuständigkeiten und Befugnisse an **Beauftragte** übertragen. Diese handeln dann in ihrem Zuständigkeitsbereich anstelle des Unternehmers und werden von ihm entsprechend sorgfältig ausgewählt. Die Anforderungen an die Beauftragten beziehen sich auf persönliche Eigenschaften wie etwa die Zuverlässigkeit, die Fachkompetenz und die Sozialkompetenz (Umgang mit Mitarbeitern und Kunden).

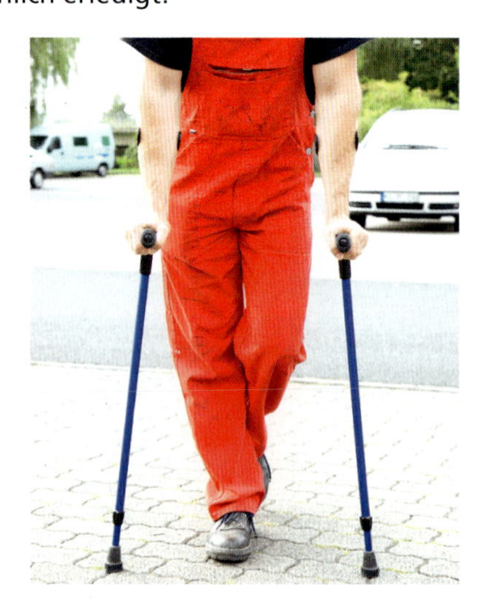

Um ihre Aufgaben erfüllen zu können, brauchen die Beauftragten die nötigen Handlungsspielräume, andererseits sind sie dann auch für ihre Handlungen verantwortlich. In einem Zeitarbeitsunternehmen nimmt diese Aufgaben typischerweise der Disponent („Personalentscheidungsträger") wahr, der die Überlassung von Zeitarbeitnehmern anbahnt und umsetzt. Zu seinem Verantwortungsbereich gehört (auch) die Betreuung nach einem Arbeitsunfall (Anzeigepflicht), und vor allem auch die Verantwortung für die Prävention von Arbeitsunfällen. Speziell für die Disponenten in der Zeitarbeitsbranche werden daher von der VBG Seminare angeboten, die als „PET A" und „PET B" in der Branche bekannt sind. Sie vermitteln die notwendigen fachlichen Kompetenzen im Arbeitsschutz.

Im fachlichen Kontext

Disposition Zeitarbeit: Sicher, gesund und erfolgreich

PETAZ und PETBZ sind die beiden Teile einer zusammenhängenden Ausbildung für Personalentscheidungsträger in der Zeitarbeit. Für einen erfolgreichen Abschluss ist der Besuch beider Teile erforderlich.

Teil A – Themen: Die Rolle des PET und seine Verantwortung; Bedingungen für eine erfolgreiche Dienstleistung Zeitarbeit; das Arbeitssystem des Kunden; Beurteilung des Arbeitssystems des Kunden; Aufgabenstellung für die Praxisphase.

Teil B – Themen: Aufarbeitung der Praxisaufgabe aus Teil A, Integration des Arbeitsschutzes in den Überlassungsprozess, Arbeitsschritte des Überlassungsprozesses und Arbeitsschutzelemente, Unterweisung, Erste Hilfe, Umgang mit Störungen bei der Überlassung, Gruppenarbeiten anhand von Praxisbeispielen, Lernerfolgskontrolle.

Weitere Informationen unter: http://www.vbg.de/DE/Header/5_Seminare/3_Seminarart/seminarart.html?gpdnri=82822667

4.2 Unfallvermeidung: Der Regelkreis des betrieblichen Arbeitsschutzes

Ein Unfallereignis verweist darauf, dass der betriebliche Arbeitsschutz fehlerhaft ist. Die gesetzlichen Vorgaben für die Sicherstellung des Arbeitsschutzes verlangen, dass der Arbeitgeber die Maßnahmen des Arbeitsschutzes erforderlichenfalls an sich ändernde Gegebenheiten anzupassen hat (§ 3 Absatz 1 ArbSchG).

§ 3 ArbSchG – Grundpflichten des Arbeitgebers

(1) Der Arbeitgeber ist verpflichtet, die erforderlichen Maßnahmen des Arbeitsschutzes unter Berücksichtigung der Umstände zu treffen, die Sicherheit und Gesundheit der Beschäftigten bei der Arbeit beeinflussen. Er hat die Maßnahmen auf ihre Wirksamkeit zu überprüfen und erforderlichenfalls sich ändernden Gegebenheiten anzupassen. Dabei hat er eine Verbesserung von Sicherheit und Gesundheitsschutz der Beschäftigten anzustreben.

(2) Zur Planung und Durchführung der Maßnahmen nach Absatz 1 hat der Arbeitgeber unter Berücksichtigung der Art der Tätigkeiten und der Zahl der Beschäftigten

1. für eine geeignete Organisation zu sorgen und die erforderlichen Mittel bereitzustellen sowie
2. Vorkehrungen zu treffen, daß die Maßnahmen erforderlichenfalls bei allen Tätigkeiten und eingebunden in die betrieblichen Führungsstrukturen beachtet werden und die Beschäftigten ihren Mitwirkungspflichten nachkommen können.

Darin zeigt sich die dynamische Komponente des Arbeitsschutzes: Da sich die Arbeitsbedingungen in der Wirtschaft permanent verändern, muss auch der Arbeitsschutz permanent angepasst werden. Der betriebliche Arbeitsschutz ist daher keine einmalige Aufgabe, die nach der Bearbeitung „fertig" ist. Die ergriffenen Maßnahmen müssen immer wieder auf ihre Aktualität und Wirksamkeit überprüft und ggf. verändert werden. In diesem Denkansatz haben Arbeitsunfälle eine Indikatoraufgabe: Sie verweisen darauf, dass etwas nicht stimmt und zeigen die Möglichkeit und Notwendigkeit an, die bisherige Gestaltung des Arbeitsschutzes zu verbessern.
Dieser Denkansatz lässt sich als Regelkreis beschreiben: Auf der Grundlage der Zielvorgabe, hier beispielsweise „Null Unfälle", werden die Arbeitsschutzmaßnahmen für einen Arbeitseinsatz geplant und umgesetzt. Das Ergebnis des Arbeitseinsatzes wird im Hinblick auf das Ziel geprüft; stimmen Ziel („Soll") und Ergebnis des Arbeitseinsatzes („Ist") nicht überein („Soll-Ist-Abweichung"), müssen die Pläne bzw. die geplanten Maßnahmen korrigiert werden.
Ein Arbeitsunfall verletzt offensichtlich das Ziel einer Null-Unfall-Strategie (Prüfen). Um nun die Planungen zu korrigieren, muss die Situation grundlegend analysiert werden. Es muss herausgefunden werden, welche Faktoren zu diesem Arbeitsunfall geführt haben, um anschließend die Maßnahmen so zu verändern, dass sie besser auf das Ziel hinwirken.
Die in diesem Beispiel gesetzte Zielvorgabe „Null-Unfälle" beinhaltet einen hohen Anspruch. Einerseits umfasst sie jede Art von Arbeitsunfall, andererseits sind nicht nur die Unfälle für die Verbesserung des Arbeitsschutzes interessant, sondern auch die Beinaheunfälle (Near miss), bei denen man noch einmal davon gekommen ist. Auch diese Ereignisse können Hinweise auf eine Verbesserung des Arbeitsschutzes geben.

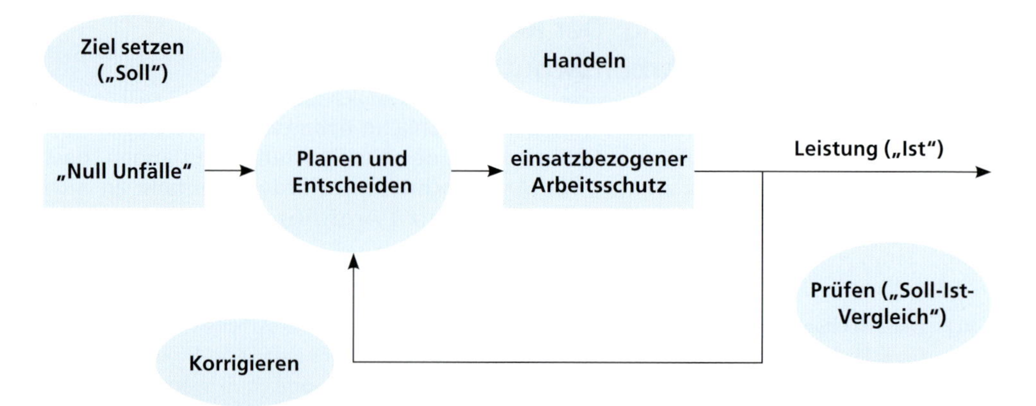

Regelkreis im Arbeitsschutz

4.2.1 Arten und Häufigkeit von Arbeitsunfällen

Bei etwa 42,6 Millionen Erwerbstätigen im Jahr 2014 ereigneten sich rund 870000 meldepflichtige Arbeitsunfälle. Darin enthalten sind 14540 schwere Arbeitsunfälle; 483 Arbeitnehmer starben infolge eines Arbeitsunfalls.[1] Gegenüber den Vorjahren hat sich das meldepflichtige Unfallgeschehen verringert.
Das tatsächliche Unfallgeschehen wird dadurch nur eingeschränkt wiedergegeben; nicht berücksichtigt sind die nicht meldepflichtigen Arbeitsunfälle.

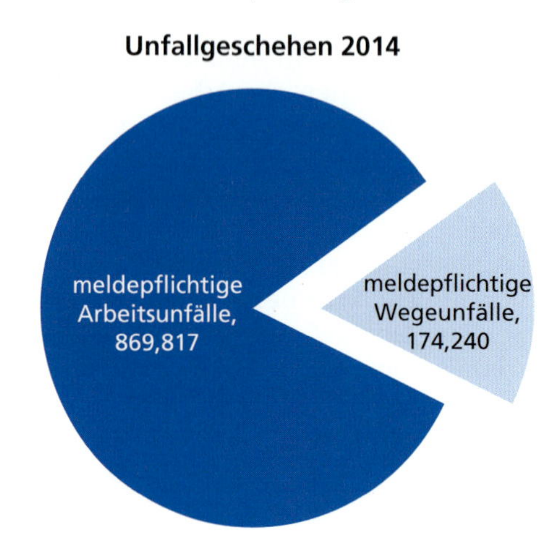

Meldepflichtige und nicht meldepflichtige Arbeitsunfälle ohne Wegeunfälle

Im Jahr 2014 wurden 174240 meldepflichtige Wegeunfälle erfasst. Wegeunfälle sind Unfälle, die sich während des Weges zur oder von der Arbeit ereignen und die nach SGB VII ebenfalls zu den gesetzlich-versicherten Unfällen gehören.

[1] *vgl. http://www.dguv.de/de/Zahlen-und-Fakten/Arbeits-und-Wegeunfallgeschehen/index.jsp*

Überall mehr Sicherheit
Gemeldete Arbeitsunfälle je 1.000 Vollarbeiter in der gewerblichen Wirtschaft nach Wirtschaftszweigen bzw. Gruppen von Berufsgenossenschaften

	1990	2000	2010	2013
Berufsgenossenschaften der gewerblichen Wirtschaft insgesamt	52.1	37.1	26.4	23.5
Bauwirtschaft	119.6	90.4	66.5	57.3
Transport und Verkehr	56.6	50.6	42.9	39.3
Holz und Metall	81.6	58.3	42.6	38.3
Nahrungsmittel und Gastgewerbe	75.3	56.0	40.1	36.0
Handel und Warendistribution	44.1	32.6	26.9	24.7
Energie, Textil, Elektro, Medienerzeugnisse	30.9	22.9	21.8	18.9
Rohstoffe und chemische Industrie	49.8	30.8	19.2	18.3
Gesundheitsdienst und Wohlfahrtspflege	27.9	15.9	15.7	15.2
Verwaltung (einschließlich Bahnen, Glas/Keramik)	24.9	19.0	15.8	13.0

Vollarbeiter: Teilzeitkräfte umgerechnet auf Vollzeitarbeitsplätze; 1990 – Westdeutschland
Quelle: Deutsche Gesetzliche Unfallversicherung

Quelle: http://www.chemie.com/home/details/article/bavc-risiko-eines-arbeitsunfalls-hat-sich-seit-1990-halbiert.html

Das Risiko, einen Arbeitsunfall zu erleiden, ist in den verschiedenen Branchen sehr unterschiedlich, wie die folgende Abbildung der branchenbezogenen Unfallquoten zeigt:

Messung der Unfallquote

Neben den absoluten Zahlen zur Darstellung der Größenordnung von Arbeitsunfällen und ihrer Verteilung auf die verschiedenen Branchen in Deutschland wird in der Unfallstatistik häufig die sogenannte Unfallquote herangezogen: Die Unfallquote bezieht die Anzahl der Arbeitsunfälle (mit oder ohne Wegeunfälle) auf je 1000 Vollzeitmitarbeiter (Full Time Equivalent – FTE).

Formel

$$\text{Unfallquote} = \frac{(\text{Anzahl der meldepflichtigen Arbeitsunfälle}) * 1000}{\text{Anzahl der Vollzeitmitarbeiter}}$$

Der Vorteil der Verwendung dieser Unfallquote zur Beschreibung des Unfallgeschehens ist, dass Veränderungen bei der Anzahl der Beschäftigten berücksichtigt sind. Man spricht auch von der **1000-Mann-Quote**. Durch den Bezug auf eine Vollzeitbeschäftigung gelingt es, Ausmaß an Überstunden, Teilzeitbeschäftigungen und auch Phasen der Kurzarbeit zu berücksichtigen.

Im fachlichen Kontext

Sicherheit und Gesundheit bei der Arbeit in Deutschland
„Im Auftrag des Bundesministeriums für Arbeit und Soziales (BMAS) erstellt die Bundesanstalt für Arbeitsschutz und Arbeitsmedizin (BAuA) jährlich einen statistischen Bericht zum Stand von Sicherheit und Gesundheit bei der Arbeit in Deutschland, der einen Überblick über den Stand von Arbeits- und Gesundheitsschutz sowie deren Entwicklungen gibt. Dieser Bericht wird zum Jahresende des auf das Berichtsjahr folgenden Jahres fertiggestellt und ist daher erst zu Beginn des übernächsten Jahres verfügbar."[1]

Die BAuA nutzt neben der Unfallquote weitere Indikatoren zur Beschreibung der Situation im betrieblichen Arbeits- und Gesundheitsschutz. Die aktuelle Situation fasst die Bundesregierung folgendermaßen zusammen:

Mi, 02.03.2011
Deutlich weniger Arbeitsunfälle
Die Zahl der tödlichen Arbeitsunfälle ist 2009 auf einen neuen Tiefstand gesunken. Das geht aus dem Bericht „Sicherheit und Gesundheit bei der Arbeit" der Bundesanstalt für Arbeitsmedizin und Arbeitsschutz hervor.
Dagegen wurden mehr meldepflichtige Wegeunfälle und Arbeitsunfähigkeitstage gezählt. Auch infolge einer Berufskrankheit starben 2009 mehr Menschen als noch 2008.
Im Jahr 2009 wurden insgesamt 975 000 Arbeitsunfälle registriert. Dies sind 8,4 Prozent weniger als 2008. Mit 26 meldepflichtigen Arbeitsunfällen pro 1 000 Vollzeitbeschäftigten gab es so wenige Arbeitsunfälle wie noch nie seit Bestehen der Bundesrepublik Deutschland. (...)

Weniger Tote durch Arbeits- und Wegeunfälle
Die Zahl der tödlichen Arbeitsunfälle sank 2009 deutlich: Insgesamt starben dabei 622 Menschen. Davon ereigneten sich 146 Unfälle im Straßenverkehr und 476 in den Unternehmen. Im Vorjahr waren noch 738 Arbeitsunfälle tödlich verlaufen.
Dagegen stieg die Zahl der meldepflichtigen Unfälle zur und von der Arbeit. 2009 wurden 181 232 Wegeunfälle registriert, gut ein Prozent mehr als 2008. Die Zahl der tödlichen Wegeunfälle nahm ab: 375 Tote im Vergleich zu 456 Toten in 2008. (...)

Mehr Todesfälle wegen Berufskrankheit
2009 starben 2 803 Versicherte an einer Berufskrankheit, 373 mehr als noch 2008. Hauptursache waren sogenannte anorganische Stoffe, insbesondere Staub aus Asbest. Fast die Hälfte (49,1 Prozent) der Todesfälle ging auf Erkrankungen durch dieses Mineral zurück. Die Zahl der Anzeigen auf Verdacht einer Berufskrankheit lag 2009 bei 70 100, knapp zehn Prozent mehr gegenüber 2008.

Schwerhörigkeit ist häufigste Berufskrankheit
Auf Verdacht einer Berufskrankheit wurden 2009 angezeigt:
- Hauterkrankungen mit 19 709 Fällen,
- Lärmschwerhörigkeit mit 11 302 Fällen sowie

[1] *Quelle: BAuA: Bericht „Sicherheit und Gesundheit bei der Arbeit", unter: http://www.baua.de/de/Informationen-fuer-die-Praxis/Statistiken/Suga/Suga.html, abgerufen am 27.03.2012*

- bandscheibenbedingte Erkrankungen der Lendenwirbelsäule durch langjähriges Heben oder Tragen schwerer Lasten oder durch langjährige Tätigkeiten in extremer Rumpfbeugehaltung mit 5516 Fällen.

In 16657 Fällen wurde die Berufskrankheit anerkannt. Dies entspricht einer Zunahme von 23 Prozent oder 3111 Fällen gegenüber dem Vorjahr. Die Ursache liegt in der erweiterten Liste der Berufskrankheiten. Die Lärmschwerhörigkeit ist mit 5579 Fällen die nach wie vor am häufigsten anerkannte Berufskrankheit. An zweiter Stelle folgt die Asbestose mit 1309 Fällen.

Rentenzahlen steigen
2009 erhielten 6781 Versicherte erstmals eine Rente wegen einer Berufskrankheit. Im Vergleich zu 2008 sind dies 2293 Fälle mehr. Die größte Gruppe bilden hierbei die Erkrankungen durch asbesthaltigen Staub (2015 Fälle).
Auch gingen im Vergleich zu 2006 (158351 Fälle) 8,1 Prozent mehr Menschen wegen verminderter Erwerbsfähigkeit (171129 Fälle) in Rente. Vor allem psychische Erkrankungen und Verhaltensstörungen (gut 38 Prozent) sind hier als Ursache zu nennen.

Mehr Arbeitsunfähigkeitstage
Seit einigen Jahren steigen die Tage der Arbeitsunfähigkeit. Die durchschnittliche Zahl der Arbeitsunfähigkeit blieb dabei mit zwölf Tagen nahezu konstant.
Die Fehlzeiten teilen sich in etwa wie folgt auf:
- Muskel-Skelett-Erkrankungen (22,8 Prozent),
- Atemwegserkrankungen (14,8 Prozent),
- Unfälle und Verletzungen (12,2 Prozent),
- psychische Erkrankungen und Verhaltensstörungen (11,4 Prozent).

Quelle: Presse und Informationsamt der Bundesregierung: Deutlich weniger Arbeitsunfälle, unter: http://www.bundesregierung.de/Content/DE/Artikel/2011/03/2011-03-02-deutlich-weniger-arbeitsunfaelle.html, abgerufen am 02.03.2011

Die Unfallpyramide

Unfälle unterscheiden sich hinsichtlich der Bedeutung und Schwere; die Verhältnisse zeigt beispielhaft die sogenannte Unfallpyramide[1]; danach kommen auf einen Unfall mit tödlichem Ausgang 1200 Unfälle mit einer Ausfallzeit von mehr als drei Tagen, ebenso viele Unfälle mit einer Ausfallzeit von einem bis drei Tagen; 5000 Unfälle, die nicht mit einer Ausfallzeit verbunden sind sowie 70000 Beinaheunfälle. Letztere werden von Arbeitsschutzexperten auch als Near Miss bezeichnet. Ihre Analyse und Ursachenerforschung soll dazu dienen, Arbeitsunfälle generell und insbesondere die schweren Unfälle, zu vermeiden.
Der Aufbau der Pyramide verweist dabei unabhängig von den genannten Zahlen auf folgende Zusammenhänge:

- Schwere Arbeitsunfälle sind „nur" die Spitze des tatsächlichen Unfallgeschehens.
- Unfällen mit schweren Folgen geht eine mehrfach höhere Zahl von Unfällen mit leichteren Folgen voraus.

[1] *Die Darstellung der verhältnismäßigen Größenordnungen von Arbeitsunfällen als Unfallpyramide geht auf das Unternehmen DuPont zurück.*

- Je mehr leichtere Unfälle und Beinaheunfälle sich ereignen, umso größer wird die Gefahr eines schweren Unfalls.
- Aus der Analyse der leichteren Unfälle lassen sich Rückschlüsse für die Vermeidung auch schwererer Unfälle ziehen. Dies gilt insbesondere vor dem Hintergrund, dass vielen Unfällen sogenannte „unsichere Handlungen" der Mitarbeiter vorausgehen; dieser Anteil der durch das Verhalten verursachten Unfälle wird auf rund 85 % geschätzt.

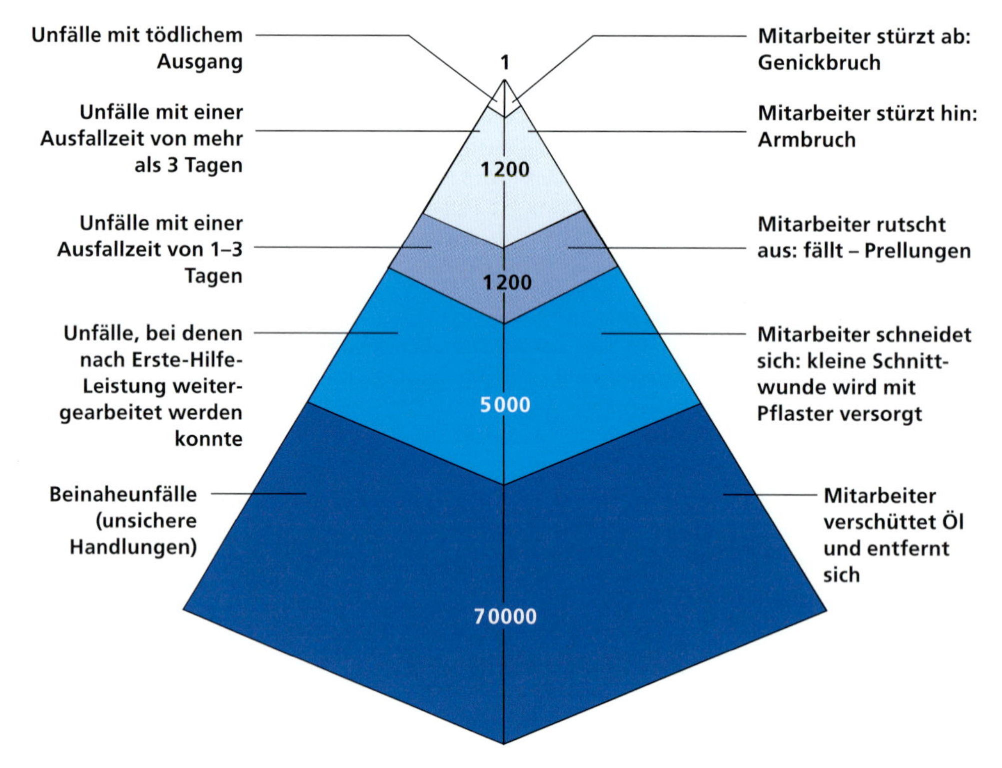

Anlehnung an Lehder, Taschenbuch Arbeitssicherheit, 11. Auflage 2005, Erich Schmidt Verlag, S. 107 f.
Quelle: Die Unfallpyramide unter: http://www.sicher-mit-system.de/sc5/Sc562.htm, hrsg. v. Berufsgenossenschaft Rohstoffe und chemische Industrie (BG RCI), Heidelberg

4.2.2 Kosten von Arbeitsunfällen

Unfälle sind mit sehr unterschiedlichen Folgen verbunden: Der Betroffene leidet an Schmerzen, hat vielleicht sogar dauerhafte gesundheitliche Schädigungen zu ertragen. Tödliche Arbeitsunfälle verursachen Leid und Trauer bei den Hinterbliebenen. Unabhängig davon entstehen dem Unternehmen durch einen Arbeitsunfall Kosten:

- die Personalkosten für die Zeiten des Ausfalls des verunfallten Mitarbeiters;
- entstehende Personalkosten für etwaige Vertretungskräfte, Überstunden; diese Kosten fallen an, wenn die Kapazität des Unternehmens ausgelastet ist und der unfallbedingte Ausfall nicht durch eine betriebliche Reserve aufgefangen werden

kann; bei nicht ausgelasteten Kapazitäten fallen hierfür keine zusätzlichen Kosten an; hält ein Unternehmen grundsätzlich eine Reserve vor, um Engpässe zu vermeiden, müssen diese Reservekosten bei der Kostenermittlung berücksichtigt werden;

- Kosten für ggf. notwendige zusätzliche Qualitätsprüfungen, wenn die Ersatzkräfte nicht so gut eingearbeitet und fachkompetent sind;
- Kosten in Form von entgangenen Umsätzen und Gewinnen, wenn Kunden durch etwaige Verzögerungen bei der Leistungserbringung abspringen.

Die Kosten eines Arbeitsunfalls können nach folgendem Rechnungsschema ermittelt werden:

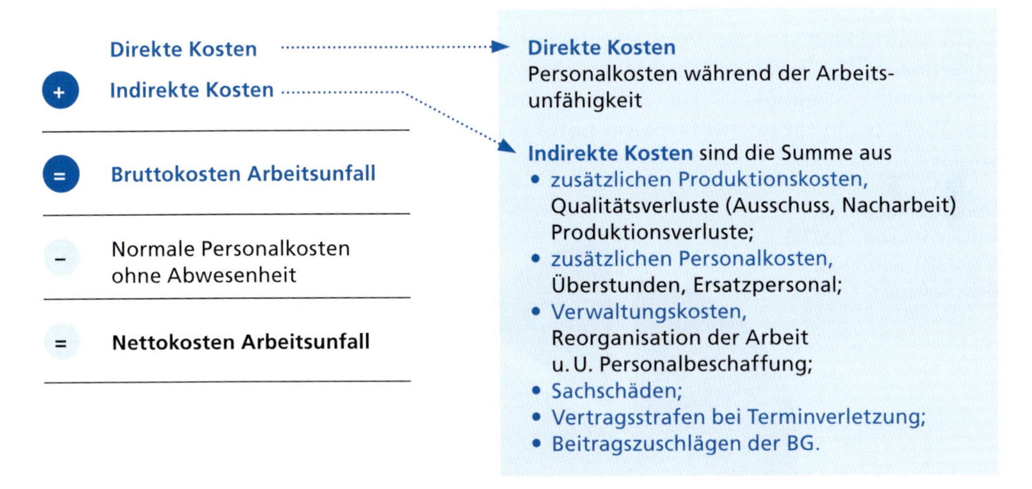

Quelle: vgl. Dr.-Ing. Thomas Kohstall, Kosten von Arbeitsunfällen und arbeitsbedingten Fehlzeiten, unter: http://publikationen.dguv.de/dguv/pdf/10002/iag3022.pdf, hrsg. v. DGUV, Berlin, zuletzt abgerufen am 08.11.2012

Die direkten und indirekten Kosten bilden zusammen die Bruttokosten des Arbeitsunfalls. Zieht man davon die normalerweise entstehenden Personalkosten ab, ergeben sich die Nettokosten.

Definition
Nettokosten eines Arbeitsunfalls sind die Kosten, die dem Unternehmen **zusätzlich** durch den Arbeitsunfall entstehen.

Die durch Arbeitsunfälle entstehenden Kosten wirken sich auf das Unternehmensergebnis aus: Der Gewinn sinkt. Ausgeglichen werden kann dieser Gewinnrückgang durch zusätzliche Umsätze. Dabei gilt: Je geringer die Umsatzrentabilität des Unternehmens ist, umso mehr zusätzlicher Umsatz muss für einen Ausgleich des Gewinnrückgangs am Markt akquiriert werden.

Beispiel
Bei der Magma Maschinenbau GmbH stürzt Peter Heimann bei Elektroarbeiten von der Leiter. Er prellt sich das rechte Knie und ist für 10 Arbeitstage krankgeschrieben. Für diese Zeit setzt die Magma Maschinenbau GmbH einen Zeitarbeitnehmer ein. Die Kosten betragen 1 300,00 €. Der Verwaltungsaufwand wird auf 200,00 € geschätzt. Je nach Umsatzrentabilität sind zum Ausgleich dieser zusätzlich entstandenen Kosten unterschiedliche Umsatzzuwächse notwendig:

Zusätzliche Kosten durch den Arbeitsunfall	Zum Ausgleich notwendiger Mehrumsatz - bei statischer Betrachtung	Umsatzrentabilität		
		5 %	10 %	15 %
1 500,00 €		30 000,00 €	15 000,00 €	10 000,00 €

4.2.3 Unfallgeschehen bei der Arbeitnehmerüberlassung

Zeitarbeitnehmer sind der Verwaltungs-Berufsgenossenschaft zugeordnet, die schwerpunktmäßig für Verwaltungsunternehmen zuständig ist (vgl. die Satzung der VBG § 3 – sachliche Zuständigkeit). Der Anteil der im Bereich der gewerbsmäßigen Arbeitnehmerüberlassung tätigen Mitarbeiter beträgt 17 % an den bei der VBG versicherten Personen.

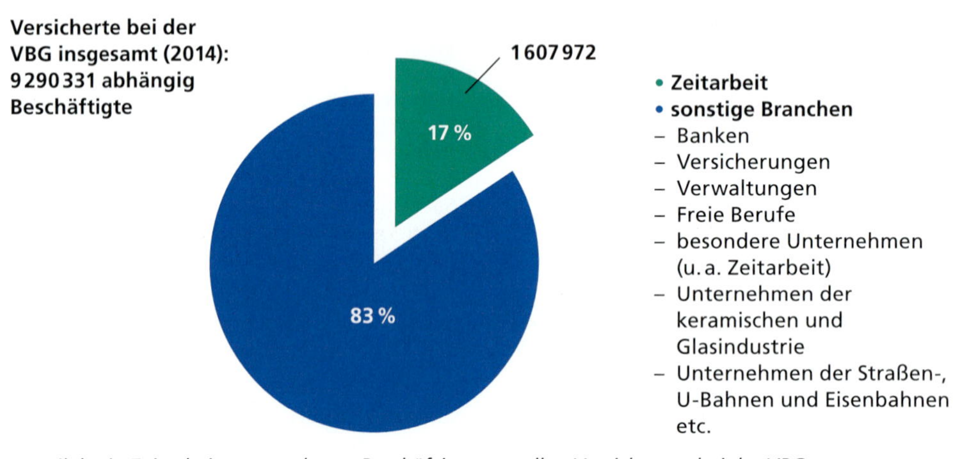

Anteil der in Zeitarbeitsunternehmen Beschäftigten an allen Versicherten bei der VBG

Quelle: eigene Darstellung nach VBG - Jahresbericht 2014, unter: http://www.vbg.de/SharedDocs/Medien-Center/DE/Faltblatt/Die_VBG/Jahresbericht%202014.pdf?__blob=publicationFile&v=5, zuletzt abgerufen am 06.11.2015

Arbeits- und Wegeunfallstatistik			
Jahr	**Registrierte Unfälle insgesamt**	**Meldepflichtige Arbeitsunfälle***	**Meldepflichtige Wegeunfälle***
2014	486 809	147 782	36 300
2013	488 916	145 802	37 795

**Meldepflichtige Unfälle: Tödliche Unfälle oder Unfälle, die eine Arbeitsunfähigkeit von mehr als drei Tagen verursachen*

Quelle: VBG, Jahresbericht 2014, S. 7; unter: http://www.vbg.de/SharedDocs/Medien-Center/DE/Faltblatt/Die_VBG/Jahresbericht%202014.pdf?__blob=publicationFile&v=5, zuletzt abgerufen am 06.11.2015

Die Unfallquote bei den Versicherten aus der Zeitarbeitsbranche beträgt knapp 25 (ohne Wegeunfälle).[1] Bei der Interpretation dieser Zahl muss berücksichtigt werden, dass Zeitarbeitnehmer in den unterschiedlichen Bereichen arbeiten, etwa auch in der Verwaltung, wo die Unfallrisiken deutlich niedriger sind als im gewerblichen Bereich.

Im fachlichen Kontext

Jung, männlich, deutsch sucht ... sichere Arbeit

Das Kölner Institut für Sozialforschung und Gesellschaftspolitik hat das Unfallgeschehen in der Branche Zeitarbeit untersucht und folgende Besonderheiten festgestellt:

> Auf den Helferbereich entfallen nach der für die Zwecke dieser Auswertung vorgenommenen Abgrenzung 74 % der Arbeitsunfälle. Verglichen mit dem Anteil der An- und Ungelernten, den die Erwerbstätigenerhebung mit 52 % ermittelt, liegt der Anteil der verunfallten Helfer über dem Anteil der Helfer an allen Zeitarbeitern.
> Die Verteilung nach Geschlecht zeigt, dass mit 88 % die überwiegende Mehrheit der Verunfallten Männer sind. Damit ist der Anteil der männlichen Unfallopfer höher als der Anteil der männlichen Beschäftigten in der Zeitarbeit, der nach den Angaben des Mikrozensus bei zwei Dritteln liegt.
> Die Unterscheidung nach Altersklassen bei den Verunfallten spiegelt das junge Durchschnittsalter der Branche wider. Insgesamt sind 45 % der Unfallopfer unter 30 Jahre alt. Ausweislich des Mikrozensus sind 31 % der in der Zeitarbeit Beschäftigten unter 30 Jahre alt.
> In der Differenzierung nach der Nationalität zeigt sich, dass der Anteil der ausländischen Mitbürger an den Unfällen in allen drei Jahren bei rd. 3 % liegt. Diese Unfälle ereignen sich praktisch ausschließlich im Helferbereich. Demgegenüber liegt nach der Arbeitnehmerüberlassungsstatistik der Ausländeranteil bei den Zeitarbeitsbeschäftigten zwischen 13 % und 14 %. Allerdings kann daraus nicht geschlossen werden, dass Arbeitsschutzbelange bei ausländischen Zeitarbeitern vernachlässigt werden kann.

Quelle: Hägele, Helmut: Untersuchung des Helferunfallgeschehens in der Zeitarbeit, hrsg. v. ISG – Institut für Sozialforschung und Gesellschaftspolitik, Köln, 2008, unter: http://www.vbg.de/zeitarbeit/p_za/studien/08%2012%2022%20bericht_helferunfallgeschehen_final_kurzfassung.pdf, abgerufen am 27.03.2012

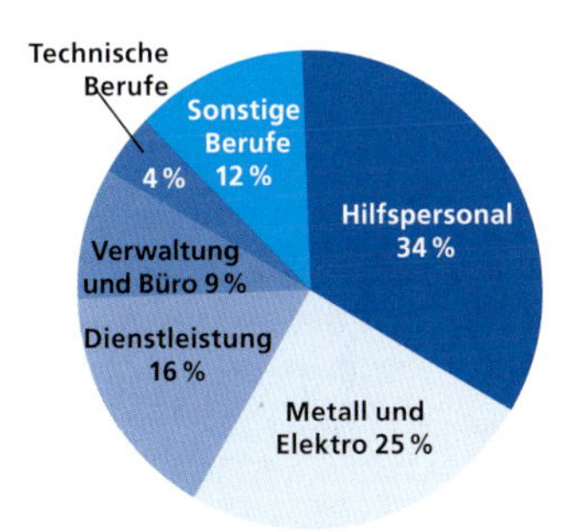

Quelle: Nach Daten der Bundesagentur für Arbeit, Arbeitsmarkt in Zahlen, Arbeitnehmerüberlassung

An verschiedenen Stellen findet sich die Vermutung, dass die Unfallquote der Zeitarbeitnehmer etwa dreimal höher ist als die der Festangestellten in vergleichbaren Tätigkeitsbereichen. Als mögliche Ursachen für die überdurchschnittliche Unfallquote werden folgende Punkte ausgemacht:

[1] *Quelle: Carsten Zölck, Arbeitsschutz in der Zeitarbeit, 2014; unter: http://www.bgrci.de/fileadmin/BGRCI/Veranstaltungen/Sifa_2014_Branchepraev_Chem_FFM_22Mai2014/Carsten_Zoelck_-_Arbeitsschutz_in_der_Zeitarbeit_.pdf, zuletzt abgerufen am 06.11.2015*

- besonders gefahrengeneigte Tätigkeiten;
- Dispositionsmängel: nicht anforderungsgerechte Qualifikation, Berufserfahrung, Routine, Betriebskenntnis;
- hoher Termin- und Kostendruck der Kunden;
- mangelhafte Kommunikation und Kooperation mit Management und Stammbelegschaft der Kundenunternehmen;
- spezifische Arbeitsschutzdefizite (Unterweisungen, Koordination, persönliche Schutzausrüstungen).[1]

Meldepflichtige Arbeits- und Wegeunfälle je 1000 Versicherte in der Zeitarbeit

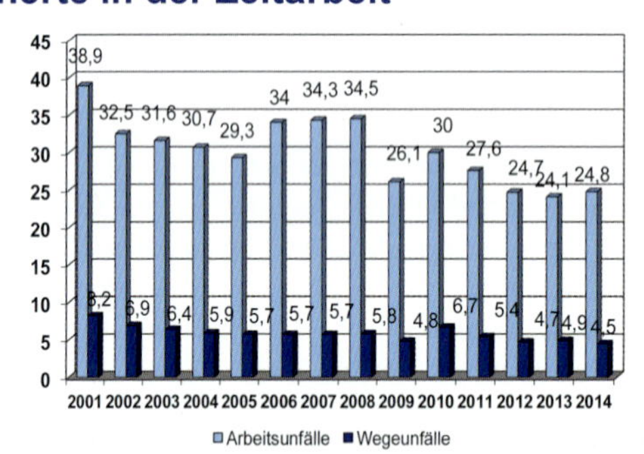

Quelle: VBG

39.904 meldepflichtige Arbeitsunfälle 2014

Präventionsfeld Zeitarbeit 04.2016

Quelle: Carsten Zölck, Arbeitsschutz in der Zeitarbeit, 2014, S. 9; unter: http://www.bgrci.de/fileadmin/BGRCI/Veranstaltungen/Sifa_2014_Branchepraev_Chem_FFM_22Mai2014/Carsten_Zoelck_-_Arbeitsschutz_in_der_Zeitarbeit_.pdf, zuletzt abgerufen am 06.11.2015

Im fachlichen Kontext

Einflussfaktoren auf das Unfallgeschehen

Die allgemeine wirtschaftliche Entwicklung wirkt auf die Unfallzahlen in den Betrieben. Je besser es in der Wirtschaft läuft, umso deutlicher steigen die Unfallquoten.

Arbeitsunfälle: Mit der Konjunkturbelebung nahm die Unfallhäufigkeit wieder zu

Nachdem die Unfallhäufigkeit im Krisenjahr 2009 zurückgegangen war, stieg sie im Folgejahr 2010 mit der konjunkturellen Belebung wieder an, und zwar sowohl bei den gewerblichen Berufsgenossenschaften als auch bei den Unfallversicherungsträgern der öffentlichen Hand. Auch bei den tödlichen Unfällen ging die Unfallquote leicht nach oben. Auf sehr lange Sicht hat das Risiko eines Arbeitsunfalls seit den 1960er Jahren allerdings deutlich abgenommen.

---

[1] *Quelle: Vgl. VBG: Untersuchung des Helferunfallgeschehens in der Zeitarbeit, Seite II, unter: http://www.vbg.de/zeitarbeit/p_za/studien/08%2012%2022%20bericht_helferunfallgeschehen_final_kurzfassung.pdf, abgerufen am 27.03.2012*

Quelle: Uwe Lenhardt: Arbeitsunfälle: Mit der Konjunkturbelebung nahm die Unfallhäufigkeit wieder zu, unter: http://www.gutearbeit-online.de/archiv/beitraege/2012/gute_arbeit_2012_01_page_33_to_35.pdf (letzter Zugriff am 19.10.2012, 17:11)

konjunktureller Aufschwung ↑ + **Entwicklung der Unfallquote** – ↓ konjunktureller Abschwung

Hinweise auf die Ursachen für den Zusammenhang

Die Auswirkungen der Krise auf Gesundheit und Sicherheit bei der Arbeit
Vergangene Rezessionen haben gezeigt, dass eine schwache Wirtschaft allgemein die Arbeitsbedingungen sowie die Sicherheit und Gesundheit bei der Arbeit beeinträchtigen können. Zu den möglichen negativen Auswirkungen gehören:

- Höhere Arbeitslast und höherer Druck bei der Arbeit, wodurch es zu vermehrten Unfällen kommen kann;
- Wachsende Unsicherheit hinsichtlich der zukünftigen Beschäftigungslage. Dies hat direkte Auswirkungen auf die psychosozialen Bedingungen und das Wohlbefinden der Arbeitnehmer (welche sich oft schädlich auf die Gesundheit auswirken);
- Schwierige Marktbedingungen können zu reduzierten Investitionen in Präventionsmaßnahmen durch Arbeitgeber führen, während die Arbeitnehmer stärker davor zurückschrecken, Anforderungen hinsichtlich Sicherheit und Gesundheit bei der Arbeit zu stellen;
- Andererseits kann eine aufgrund der Krise abnehmende Beschäftigung in einigen Ländern für einen Rückgang bei den Arbeitsunfällen verantwortlich sein.

Die Europäische Agentur für Sicherheit und Gesundheitsschutz am Arbeitsplatz ist in Bezug auf die Wirkungen und Folgen der Finanz- und Wirtschaftskrise einer neuen Umfrage nach zum selben Ergebnis gekommen. Die Mehrzahl der zu den Auswirkungen der Krise befragten Europäer gaben an, die Krise werde zu einer Verschlechterung der Arbeitsbedingungen führen (Grafik 1)."

Quelle: VGl. Die Auswirkungen der Krise auf Gesundheit und Sicherheit bei der Arbeit, unter: http://www.issa.int/ger/News-Events/News2/The-impact-of-the-financial-crisis-on-safety-and-health-at-work/(language)/ger-DE, hrsg. v. IVSS, Genf, Schweiz, zuletzt abgerufen am 10.10.2012

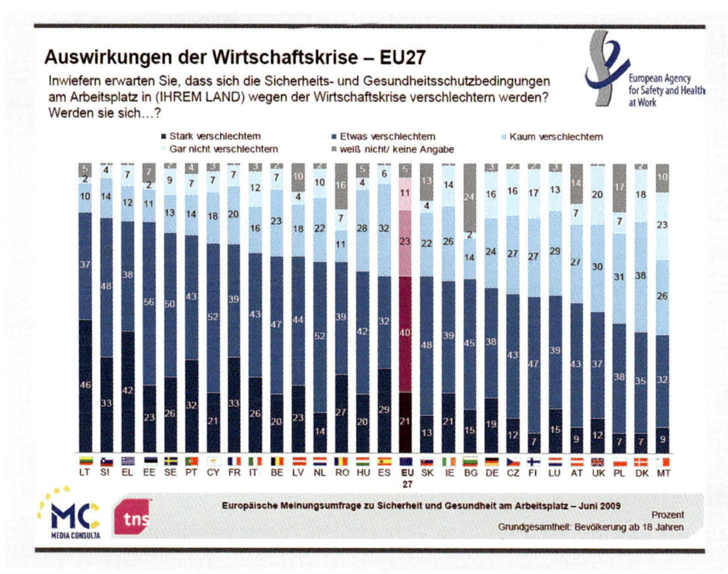

Quelle: Europäische Meinungsumfrage zu Sicherheit und Gesundheit am Arbeitsplatz, hrsg. v. Europäische Agentur für Sicherheit und Gesundheitsschutz am Arbeitsplatz, Bilbao, Spanien 2009

LF 6, 2.2.3

4.2.4 Ansatzpunkte für die Vermeidung von Arbeitsunfällen

Trotz der in einem Unternehmen umgesetzten Maßnahmen zum Arbeitsschutz ereignen sich Unfälle. Die Analyse des Unfallgeschehens zeigt u. a. folgende Einflussfaktoren auf das Unfallgeschehen:

- die Art der Tätigkeit,
- Stellung des Arbeitnehmers im Betrieb (v. a. Zeitarbeitnehmer),
- das Ausmaß von Beinaheunfällen und unsicheren Handlungen,
- die wirtschaftliche und konjunkturelle Lage.

Letzteres kann im Rahmen des Arbeitsschutzes nicht beeinflusst werden, ersteres nur mit Einschränkungen. Die hohe Unfallgefährdung von Zeitarbeitnehmern und das Ausmaß der unsicheren Handlungen als Auslöser von Unfällen bieten jedoch Ansatzpunkte für präventive Maßnahmen.

Beinaheunfälle und unsichere Handlungen

Angesichts der (vermuteten) Gesamtzahl von Beinaheunfällen kann man davon ausgehen, dass jeder Arbeitnehmer (und Auszubildende) täglich in eine Situation kommt, die mit dem Gefühl verbunden ist: „Nochmal Glück gehabt!"
Solche Situationen sind eine Fundgrube für einen erfolgreichen Arbeitsschutz, denn sie offenbaren Fehler, die möglicherweise in Zukunft zu einem tatsächlichen Arbeitsunfall führen können. Der Betroffene wird sich die Situation möglicherweise klarmachen und in Zukunft solche Fehler vermeiden. Häufig werden die Situationen jedoch durch die Betroffenen nicht kommuniziert, sodass dadurch die Gelegenheit zum organisatorischen Lernen und Verbessern des Arbeitsschutzes ungenutzt verstreicht. Wünschenswert ist es daher, im Unternehmen eine Kultur zu schaffen, die auch Beinaheunfälle erfasst und im Hinblick auf den Arbeitsschutz auswertet.
Folgende Maßnahmen können dazu beitragen:

- Durchführung einer Mitarbeiterbefragung,
- Auslage von Formularen zur Erfassung von Beinaheunfällen und außergewöhnlichen Ereignissen direkt an den Arbeitsplätzen,
- Initiierung eines betriebsinternen Projektes zu dem Thema mit einem einschlägigen Titel („Schwein gehabt!"),
- Kommunikation der Idee eines sicheren Arbeitsplatzes im Unternehmen (durch Intranet, Mitarbeiterzeitung u. a.),
- Zusammenstellung und innerbetriebliche Veröffentlichung von Beispielen für Beinaheunfälle,
- Diskussion des Themas im Ausschuss für Arbeitssicherheit.

Recherchetipp

In Österreich ist die Analyse von Beinaheunfällen im Arbeitsschutzgesetz integriert; unter folgender Adresse findet sich ein praxisorientierter Leitfaden für die Schaffung einer entsprechenden Organisationskultur: http://www.arbeitsleben.at/cms/images/stories/broschuere.pdf

Arbeitnehmer in der Zeitarbeit

Zeitarbeitnehmer sind in vielen (Kunden-) Unternehmen besonderen Bedingungen ausgesetzt; sei es durch die Art der Tätigkeit, sei es durch die Art der Integration in den Betrieb und in die sozialen Bezüge dort. Durch die Trennung von Arbeitgeberfunktion (Zeitarbeitsunternehmen) und (eingeschränktem) Weisungsrecht (Kundenunternehmen) können sich für den Zeitarbeitnehmer spezifische Probleme ergeben. Grundlage für die besondere Situation ist die Dreiecksbeziehung zwischen Kundenunternehmen, Zeitarbeitsunternehmen und Zeitarbeitnehmer. Zwar sind die grundlegenden Interessen in den jeweiligen Verträgen niedergelegt; doch können sich kurzfristig und/oder aus Unkenntnis zusätzliche Problemsituationen ergeben:

- Ein Kundenunternehmen setzt einen Zeitarbeitnehmer aufgrund kurzfristiger Engpässe auf einen anderen Aufgabenbereich um.
- Die Abläufe im Kundenunternehmen ändern sich kurzfristig.
- Bei der Auswahl des geeigneten Mitarbeiters sind dem Disponenten einige Aspekte wie etwa die Unternehmenskultur, der Führungsstil, technische Geräte nicht bekannt.
- Der zuständige Disponent als Ansprechpartner für den Mitarbeiter wechselt während einer Überlassung
- ...

Die Reduzierung der Gefährdung von Zeitarbeitnehmern bei der Überlassung hat diese Aspekte ebenfalls zu berücksichtigen. Mögliche Ansatzpunkte dazu sind:

- regelmäßige Feedback-Gespräche mit den überlassenen Arbeitnehmern;
- Schulung und Weiterbildung der Zeitarbeitnehmer im Hinblick auf den Arbeitsschutz;
- an die Fähigkeiten und Vorkenntnisse der Arbeitnehmer angepasste Unterweisungen;
- regelmäßige Kundenbesuche und -gespräche;
- systematische Erfassung der Erfahrungen von Zeitarbeitnehmern in einem Betrieb, um diese für die Überlassung weiterer Mitarbeiter nutzbar zu machen;
- die Bereitschaft, gemeinsam mit dem Kundenunternehmen den Arbeitsschutz umzusetzen;
- ggf. Einfordern der notwendigen Maßnahmen zum Arbeitsschutz für die überlassenen Arbeitnehmer.

4.2.5 Ergebnismessung des Unfallschutzes

Die Strategie Null-Unfälle erfüllt die Anforderungen an die Formulierung von Zielen. Anspruchsvoll ist das Ziel mit Sicherheit, aber durch seine Einfachheit und leichte Verbreitung im Betrieb kann es als gutes Leitmotiv dienen. Die Messung dieses Ziels kann mithilfe folgender Kennziffern erfolgen:

- Zahl meldepflichtiger Arbeitsunfälle
- Zahl meldepflichtiger Wegeunfälle
- Gesamtzahl der Unfälle
- Anzahl der Erste-Hilfe-Fälle
- Unfallquote (bezogen auf 1 000 Arbeitsstunden)
- Krankenquote (bezieht den Gesundheitsschutz mit ein)
- Anzahl der Beinaheunfälle

Eine detaillierte Informationsbasis kann neben der quantitativen Erfassung die verschiedenen Unfallorte (Abteilungen, Werkhallen etc.) und Unfallursachen erheben. Beispiele für eine Systematik sind in der Tabelle wiedergegeben:

Elemente des Arbeitssystems	Beispiele
Arbeitsumgebung	mangelhafte Beleuchtung, hoher Lärmpegel usw.
Arbeitsmittel	falsch gebrauchte Arbeitsmittel: Tisch für Höhenüberwindung nutzen und nicht die Leiter; unsichere und/oder defekte Werkzeuge usw.
Arbeitsorganisation	Falsch organisierte Arbeitsabläufe, unbefugte Erledigung von Aufgaben, fehlende Sicherheitsunterweisungen; fehlende Betriebsanweisungen usw.
Arbeitnehmer	Unbefugte Nutzung von Maschinen; Ablenkung bei der Arbeit, mangelnde Disziplin und Aufmerksamkeit, PSA nicht getragen usw.
Disponent, Vorgesetzter (PET)	fehlende Unterweisung, Unterweisung liegt länger als ein Jahr zurück

Daneben sind weitere Indikatoren denkbar: So kann etwa der Stellenwert des Arbeitsschutzes im Unternehmen durch Befragungen der Mitarbeiter und des Managements erhoben werden. Auch der zeitliche Umfang der Schulungen zum Thema Arbeitsschutz kann bedeutsam sein; dabei ist jedoch zu berücksichtigen, dass dies nur etwas über den Aufwand aussagt und erst einmal nichts über die Wirkung der Schulungen. Ähnliches gilt für die Kosten des Arbeitsschutzes: Sie geben keine Auskunft über die Wirksamkeit der eingesetzten Maßnahmen und können daher zu Fehleinschätzungen führen. In Kombination mit Unfallquoten etc. können diese Kosten als Hinweis auf die Effizienz des Arbeitsschutzes interpretiert werden.

4.3 Elemente eines Betreuungskonzeptes für den Arbeits- und Gesundheitsschutz

Ziel eines umfassenden Betreuungskonzeptes ist es, Gefährdungen der Arbeitssicherheit und Belastungen der Gesundheit frühzeitig zu erkennen, um mit entsprechenden Maßnahmen entgegenzuwirken. Prävention ist der Leitgedanke des Arbeitsschutzes.

Akteure des betrieblichen Arbeits- und Gesundheitsschutzes

LF 6, 2.1.5

Zahlreiche Akteure sind an der Umsetzung dieses Leitgedanken beteiligt: Neben dem Unternehmer bzw. Arbeitgeber und den jeweiligen Vorgesetzten sind das folgende Stellen bzw. Funktionen:

Ersthelfer

Sie sind Teil der Notfallorganisation (vgl. § 10 ArbSchG). Die VBG schreibt vor, dass 10 % der an einer Arbeitsstätte anwesenden Mitarbeiter die Ausbildung zum Ersthelfer haben müssen, bei reinen Büroarbeitsplätzen sind dies 5 %. Der Arbeitgeber muss die Namen der Ersthelfer bekanntmachen. Für die Umsetzung bei der Arbeitnehmerüberlassung schlägt die VBG folgende drei Möglichkeiten vor:

> Das Zeitarbeitsunternehmen überträgt die Erste Hilfe auf das Kundenunternehmen im Arbeitnehmerüberlassungsvertrag. In diesem Fall muss das Kundenunternehmen an der jeweiligen Betriebsstätte sowohl das erforderliche Erste-Hilfe-Material als auch die erforderliche Anzahl an Ersthelfern bereitstellen.
> Werden Mitarbeiter als eigenständige Gruppe (Monteurgruppe o. Ä.) überlassen, ist in der Regel während der gesamten Arbeitszeit kein weiteres Personal vom Zeitarbeitsunternehmen anwesend. Also ist in diesem Fall die Gewährleistung der Ersten Hilfe nicht auf den Kundenbetrieb übertragbar. Deshalb sollte das Zeitarbeitsunternehmen aus dieser Gruppe die notwendige Anzahl an Ersthelfern ausgebildet haben.
> Bei Werkverträgen ist grundsätzlich nur der Werkauftragnehmer selbst zuständig und verantwortlich.

Quelle: VBG: Betriebliche Notfallorganisation, unter: http://www.vbg.de/apl/arbhilf/unterw/1_eh.htm, abgerufen am 27.03.2012

Sicherheitsbeauftragter

Die Bestellung von Sicherheitsbeauftragten ist in Betrieben mit mehr als 20 Beschäftigten vorgeschrieben (§ 22 SGB VII). Der Sicherheitsbeauftragte ist Mitarbeiter des Betriebs; er wird nicht extra für die Aufgabe freigestellt, muss aber Gelegenheit haben, diese Aufgabe zu erfüllen.

in Betriebsstätten mit	Mindestzahl der Sicherheitsbeauftragten
21–150 Beschäftigten	1
151–500 Beschäftigten	2
501–1 000 Beschäftigten	3
und für je weitere 500 Beschäftigte	1 weiterer Sicherheitsbeauftragter

Mindestanzahl der zu bestellenden Sicherheitsbeauftragten nach BGV A1, Anlage 2; für die keramische und Glasindustrie sowie den Verkehrsbereich gelten andere Bestimmungen

Brandschutzbeauftragter

Nur in einigen Branchen ist die Bestellung eines Brandschutzbeauftragten vorgeschrieben: für Krankenhäuser, große Industriebauten und große Verkaufsflächen. Andere Unternehmen bestellen freiwillig einen Spezialisten, der den vorsorgenden Brandschutz koordiniert. Die Ausübung der Tätigkeit setzt eine spezielle Weiterbildung voraus (vgl. vfdb-Richtlinie 12-09/01: 2009-03). Unabhängig davon, ob ein Beauftragter bestellt wurde, muss das Unternehmen die Vorschriften zum Brandschutz einhalten. Die Grundlagen sind Betriebssicherheitsverordnung, Arbeitsstättenverordnung, Landesbauordnungen, Explosionsschutzdokumente für gefährliche Bereiche, brandschutzbezogene Pflichten nach BGV A1, Technische Regeln Betriebssicherheit sowie Vorschriften der Feuerversicherung.

Fachkraft für Arbeitssicherheit (FaSi oder SiFa)

Die (schriftliche) Bestellung von Fachkräften für Arbeitssicherheit ist im ASiG (§ 1) verbindlich vorgeschrieben. Die FaSi (manchmal auch SiFa[1] oder FAS) hat die Aufgabe, den Arbeitgeber „beim Arbeitsschutz und bei der Unfallverhütung" zu unterstützen. Das ASiG legt detailliert die Aufgaben der FaSi und die Anforderungen an sie fest; die Bestellung muss schriftlich erfolgen. Der Umfang der FaSi-Betreuung ergibt sich aus der DGUV Vorschrift 2.

Die detaillierten Regelungen betonen die Bedeutung der FaSi im betrieblichen Arbeitsschutz. Sie ist, genauso wie der Betriebsarzt, eine fachlich qualifizierte und weisungsunabhängige Person. Möglich ist die Betreuung durch eine angestellte FaSi oder durch eine externe FaSi, die für das Unternehmen im erforderlichen Stundenumfang tätig wird.

---

[1] *Laut DGUV wird in den offiziellen Abstimmungen mit BMAS und Ländern für die Fachkraft für Arbeitssicherheit auch das Kürzel Sifa verwendet.*

Betriebsarzt

Die Tätigkeit als Betriebsarzt erfordert zusätzlich zur Ausbildung als Mediziner eine arbeitsmedizinische Qualifikation (Facharzt für Arbeitsmedizin). Ebenso wie FaSis sind Betriebsärzte schriftlich zu bestellen. Die Aufgaben ergeben sich aus der DGUV Vorschrift 2. Auch die betriebsärztliche Betreuung kann extern erfolgen. Dies bietet sich an für Unternehmen,

- die nur einen geringen Bereuungsumfang haben und/oder
- deren Mitarbeiter auf verschiedene, räumlich weit auseinanderliegende Filialen verteilt sind.

Viele Berufsgenossenschaften bieten einen arbeitsmedizinischen Dienst an.

Im fachlichen Kontext

Unternehmermodell
Die seit Januar 2011 geltende DGUV Vorschrift 2 (Anlage 3 zu § 2 Absatz 4) lässt auch ein Unternehmermodell für die Gestaltung der Regelbetreuung zu; verkürzt gesagt, übernimmt der Unternehmer selbst die Aufgaben der FaSi und des Betriebsarztes. Die VBG lässt dieses Unternehmermodell beispielsweise für Zeitarbeitsunternehmen mit bis zu 30 Beschäftigten zu. Kernelement dabei sind Vorschriften für die Schulung des Unternehmers in sicherheitsrelevanten Fragen.

Von einigen BGs werden weitere Sonderkonditionen für Kleinunternehmen mit bis zu zehn Beschäftigten definiert (Betreuung durch ein Kompetenzzentrum). Die VBG macht diese Unterscheidung nicht.

Aufgaben des betrieblichen Arbeits- und Gesundheitsschutzes

Die vielen Aufgaben eines umfassenden Betreuungskonzeptes lassen sich nach verschiedenen Kriterien systematisieren:

- nach der zeitlichen Reihenfolge in vorsorgende und nachsorgende Aufgaben. Ein Beispiel für nachsorgende Aufgaben sind die Betreuungs- und Meldeaufgaben nach einem Arbeitsunfall. Zu den vorsorgenden Aufgaben gehören beispielsweise die Gefährdungsanalyse sowie Unterweisungen, Schulungen etc.
- nach der Grundlage in gesetzlich vorgeschriebene Aufgaben und freiwillige Aufgaben. Die gesetzlichen Grundlagen des Arbeitsschutzes sind in verschiedenen Gesetzen (ArbSchG, ASiG u. a.) und berufsgenossenschaftlichen Unfallverhütungsvorschriften (UVV) niedergelegt; freiwillige Aufgaben gehen über die gesetzlichen Bestimmungen hinaus; sie tragen dazu bei, ein positives Arbeitgeberimage aufzubauen und die Mitarbeiterbindung zu erhöhen. Beispiele dafür sind etwa zusätzliche Schulungen für die Mitarbeiter, Feedbackgespräche, regelmäßige Arbeitsplatzbesichtigungen etc.
- nach dem Auslöser in fallbezogene und regelmäßige Aufgaben. Zu den regelmäßigen Aufgaben gehören beispielsweise die Kontrolle der Arbeitszeiten (AZG) und die regelmäßige Durchführung der notwendigen G-Untersuchungen.

Der Umfang und die Menge dieser mitarbeiterbezogenen Aufgaben machen eine systematische Planung notwendig. Dabei muss festgelegt werden:

Element	Beispiele
Wer betreut den Mitarbeiter	Regeln der Zuständigkeit (Vorgesetzter, Sicherheitsfachkraft, Betriebsarzt, Sachbearbeitung), Festlegung der Ansprechpartner, Transparenz der Verantwortlichkeiten
wann	Terminierung der Aufgaben, zeitliche Planung
in welcher Form?	persönlicher, telefonischer, schriftlicher Kontakt; Dokumentation der Kontakte und Aufgaben

Betriebsärztliche und sicherheitstechnische Betreuung bei der Arbeitnehmerüberlassung

Im Arbeitsschutzgesetz ist festgelegt, dass Zeitarbeitsunternehmen und Kundenunternehmen beim Arbeits- und Gesundheitsschutz zusammenarbeiten müssen (§ 8 ArbSchG). Das beinhaltet die gegenseitige Unterrichtung über sicherheitsbezogene Belange und die Abstimmung der Maßnahmen zum Arbeitsschutz. Besonders deutlich wird die Notwendigkeit zur gegenseitigen Unterrichtung und Abstimmung im Bereich der betriebsärztlichen und sicherheitstechnischen Betreuung von Zeitarbeitnehmern.
Die seit Anfang 2011 geltende DGUV Vorschrift 2 beinhaltet einige wesentliche Änderungen gegenüber den Regelungen in der BGV A2:

- die Gesamtbetreuung besteht aus einer Grundbetreuung und einer betriebsspezifischen Betreuung;
- die Aufgaben der Grundbetreuung sind in Anlage 2 sowie in Anhang 3 zur DGUV Vorschrift 2 aufgelistet;
- der Umfang der Grundbetreuung umfasst 0,5 Stunden, 1,5 Stunden oder 2,5 Stunden je Mitarbeiter und Jahr, abhängig von der Gruppenzuordnung in Anlage 2;
- die Überlassung gewerblicher Arbeitnehmer ist der Gruppe II (1,5 Stunden), die der kaufmännischen Mitarbeiter der Gruppe III (0,5 Stunden) zugeordnet;
- die Anzahl der Stunden für die Grundbetreuung ermittelt sich aus der Zahl der durchschnittlich beschäftigten Arbeitnehmer (bis 20 Stunden: 0,5 Std.; bis 30 Stunden: 0,75 Std.);
- in Zeitarbeitsunternehmen wird dabei die Gesamtzahl der Arbeitnehmer (interne und externe) zugrundegelegt;
- die Aufteilung der Gesamtstunden auf die betriebsärztliche Betreuung und die Betreuung durch eine Fachkraft für Arbeitssicherheit obliegt dem Unternehmer, d. h. diese Aufteilung ergibt sich aus den betrieblichen Verhältnissen mit folgender Einschränkung: jeder der beiden Beteiligten muss mindestens einen 20 %igen Anteil an der Grundbetreuung haben. Es ist möglich, dass die BG in Zukunft für die Aufteilung eine weitere Konkretisierung vornehmen.

Beispiel
Im Jahresdurchschnitt beschäftigt die work&more GmbH 500 Vollzeitkräfte, davon sind 350 Arbeitnehmer gewerblich. Der Umfang der Grundbetreuung ermittelt sich so:

150 kaufmännische Arbeitnehmer multipliziert mit 0,5 Stunden zuzüglich 350 gewerbliche Arbeitnehmer multipliziert mit 1,5 Stunden ergibt einen Betreuungsumfang von 600 Stunden. Betriebsarzt und Fachkraft für Arbeitssicherheit leisten mindestens je 120 Stunden (je 20 %); die verbleibenden 360 Stunden können je nach Bedarf zwischen beiden aufgeteilt werden.

Für den Kundenbetrieb bilden die eingesetzten Zeitarbeitnehmer ebenfalls die Grundlage für die Berechnung des Betreuungsumfangs. Zeitarbeitnehmer haben daher ein doppeltes Gewicht bei der Ermittlung des Betreuungsumfangs. Dies entspricht dem Umstand, dass Betriebsarzt und Sicherheitsfachkraft im Zeitarbeitsunternehmen nicht dieselben detaillierten Kenntnisse der Arbeitsbedingungen haben wie die Fachleute im entleihenden Unternehmen.

Recherchetipp

Für Betriebsräte in Zeitarbeitnehmer einsetzenden Betrieben bietet die IG Metall eine Handreichung für den Umgang mit Leiharbeitnehmern im Betrieb an. Dargestellt ist ein umfangreiches Instrumentarium, das die sicherheitsbezogene Betreuung der Leiharbeitnehmer im Einsatzbetrieb erleichtert: http://grazil.net/extensions/bibliothek/Dokumente/Equal%20Treatment%20Monitor%20/et_monitor_screen.pdf

4.4 AMS – Das Managementsystem für den Arbeitsschutz

Die Umsetzung des Arbeitsschutzes in einem Unternehmen umfasst verschiedene Elemente:

- die angestrebten Ziele,
- die Analyse der Arbeitsbedingungen und Gefährdungen,
- die geplanten und ergriffenen Maßnahmen wie etwa Betriebsanweisungen, Unterweisungen etc.,
- die ernannten Beauftragten und Verantwortlichen,
- Kenngrößen für die Messung von Wirksamkeit und Erfolg der Maßnahmen und
- die zur Verfügung gestellten Ressourcen wie etwa Personal bzw. Arbeitsstunden, finanzielle Mittel, Zeiträume, technische Infrastrukturen wie Räume, EDV etc.

Die Gesamtheit dieser Elemente bildet das System des Arbeitsschutzes in einem Unternehmen. Die Führung, die Steuerung und die Kontrolle dieses Bereichs bezeichnet man als Arbeitsschutzmanagement. Wird dieses System zielorientiert und systematisch geplant und im Unternehmen umgesetzt, spricht man von einem Arbeitsschutzmanagementsystem.

Definition

Ein **Arbeitsschutzmanagementsystem** (AMS) umfasst die Gesamtheit der Instrumente, Regeln, betrieblichen Einrichtungen und Prozesse mit dem Ziel, den Arbeits- und Gesundheitsschutz in einem Unternehmen sicherzustellen und zu verbessern.

Im fachlichen Kontext

Die genannten Elemente werden sich in nahezu allen Unternehmen finden lassen. Das Vorhandensein bedeutet jedoch nicht gleichzeitig, dass das Unternehmen bzw. der Unternehmer eine „bewusste" Planung vorgenommen hat. Von einem Arbeitsschutzmanagementsystem (AMS) spricht man dann, wenn der Arbeitsschutz **systematisch** in die Unternehmenspolitik integriert ist. „Systematisch" meint in diesem Zusammenhang, dass die verschiedenen Elemente des Arbeitsschutzes sorgfältig und sinnvoll aufeinander bezogen geplant und umgesetzt werden.

Arbeitsschutzmanagementsysteme sind Werkzeuge, um den Arbeitsschutz in einem Unternehmen zu integrieren. Der Bedeutung des Arbeitsschutzes entsprechend wurden international und national verschiedene Konzepte entwickelt, um den Unternehmen die Einführung eines AMS zu erleichtern.

Im fachlichen Kontext

Internationale und nationale Standards für ein AMS

Im Jahr 2001 hat die Internationale Arbeitsorganisation (International Labour Organization, ILO) einen Leitfaden für ein AMS vorgelegt (ILO OSH 2001 – ILO Guidelines on occupational safety and health management systems). Vorausgegangen war diesem Vorschlag eine intensive Diskussion darüber, ob international ein Konzept für das betriebliche Arbeitsschutzmanagement verbindlich vorgeschrieben werden sollte, ähnlich anderen internationalen Normen der Internationalen Organisation für Normung ISO. Unter anderem wegen der Unterschiedlichkeit der Unternehmen und der nationalen Bedingungen wurde dieser Ansatz abgelehnt. Stattdessen erging die Aufforderung an die Staaten, den Leitfaden der ILO an die nationalen Gegebenheiten anzupassen. In Deutschland wurde der ILO-Leitfaden im Nationalen Leitfaden für Arbeitsschutzmanagementsysteme NLF umgesetzt. Dieser wiederum bildet eine Grundlage für die von den jeweils zuständigen Bundesländerministerien verabschiedeten Richtlinien für AMS:

- LASI LV 21: Spezifikation zur freiwilligen Einführung, Anwendung und Weiterentwicklung von Arbeitsschutzmanagementsystemen (AMS),
- LASI LV 22: Arbeitsschutzmanagementsysteme – Handlungsanleitung zur freiwilligen Einführung und Anwendung von Arbeitsschutzmanagementsystemen (AMS) für kleine und mittlere Unternehmen (KMU).

Daneben geben die verschiedenen Berufsgenossenschaften branchenspezifische Leitfäden für die Einrichtung eines Arbeitsschutzmanagementsystems heraus (vgl. BGI 5023 der VBG).

Recherchetipp

Die Leitfäden finden sich im Internet unter folgenden Adressen:
http://lasi.osha.de/de/gfx/publications/lasi_publications.php
http://www.baua.de/de/Themen-von-A-Z/Arbeitsschutzmanagement/Arbeitsschutzmanagement.html
http://www.vbg.de/apl/zh/bgi5023/titel.htm

Internationaler Leitfaden für AMS (ILO OSH 2001)

International Labour Organization ILO
(auf Anforderung der internationalen Standardisierungsorganisation ISO)

Nationaler Leitfaden für AMS (NLF)

Bundesministerium für Wirtschaft und Arbeit und oberste Arbeitsschutzbehörden der Länder, der Träger der gesetzlichen Unfallversicherung sowie der Sozialpartner

weitere Konkretisierungen und Praxishilfen

Länderausschuss für Arbeitsschutz und Sicherheitstechnik: LASI LV 21, LASI LV 22	Berufsgenossenschaften, z. B. VBG: BGI 5023 (AMS – Arbeitsschutz mit System)

Vorteile eines AMS

Gesetzlich ist die Einrichtung eines Arbeitsschutzmanagementsystems nicht vorgeschrieben. Zwar muss jedes Unternehmen die notwendigen Einzelmaßnahmen zum Arbeits- und Gesundheitsschutz der Beschäftigten ergreifen, daraus folgt jedoch nicht, dass ein eigenes Managementsystem aufgebaut werden muss. Auf den ersten Blick sind solche AMS sehr komplex und anspruchsvoll gegenüber der Einhaltung der gesetzlichen Anforderungen zum Arbeitsschutz. Sie erscheinen dadurch auch aufwendiger, was unter Umständen Unternehmen davon abhält, ein AMS einzurichten.
Demgegenüber stehen folgende Vorteile:

- Durch die Arbeitsschutzpolitik signalisiert die Unternehmensleitung, dass sie den Arbeitsschutz als besonders wichtige Aufgabe ansieht. Sie übernimmt damit ausdrücklich die Verantwortung für den Arbeitsschutz im eigenen Betrieb. Das kann zu einer positiven Unternehmenskultur durch Wertschätzung der Arbeitnehmer beitragen.
- Der Arbeitsschutz wird als betriebliche Aufgabe wahrgenommen und erfüllt, ähnlich wie bei Qualitätsmanagement- und Umweltmanagementsystemen. In dem Zusammenhang sei darauf hingewiesen, dass die Grundstruktur des AMS der anderer Managementsysteme gleicht, sodass eine Integration des Arbeitsschutzes in bestehende Managementsysteme möglich ist.
- Das AMS beinhaltet die Herstellung von Transparenz und die Beteiligung aller Beschäftigten. Auf diese Weise kann die Motivation der Beschäftigten auf allen Ebenen steigen, sich um den Arbeitsschutz zu kümmern. Die Transparenz kann auch dazu führen, dass sich besonders gute Beispiele und Maßnahmen für den Arbeitsschutz („Best Practice“) innerhalb eines Unternehmens leichter verbreiten können (Lernen von anderen Abteilungen o. Ä.). Durch solche Synergien können organisatorische Kosten ggf. verringert werden.

- Zum AMS gehört der Anspruch, den Arbeitsschutz permanent zu verbessern. Das kann und sollte dazu führen, dass sich Betriebsstörungen durch Arbeitsunfälle und Krankmeldungen durch gesundheitliche Belastungen verringern. Die Folge sind niedrigere Kosten.
- Ähnlich wie ein Qualitätsmanagement kann auch das Arbeitsschutzmanagementsystem zertifiziert werden. Durch dieses Zertifikat kann das Unternehmen ggf. Vorteile bei der Akquisition neuer Kunden haben. In bestimmten (internationalen) Einsatzfeldern sind Zertifikate vorgeschrieben (beispielsweise SCC – Sicherheits Certifikat Contractoren – und SCP – Sicherheits Certifikat Personaldienstleister).

Bausteine des nationalen Arbeitsschutzmanagementsystems NLF

Auf der Grundlage des ILO OSH 2001 wurde in Deutschland der Nationale Leitfaden für Arbeitsschutzmanagementsysteme (NFL) entwickelt. Die Abbildung zeigt die Struktur des Leitfadens.

Bausteine des AMS gemäß NLF

Quelle: Leitfaden für Arbeitsschutzmanagementsystem des Bundesministerium für Wirtschaft und Arbeit (BMWA), der obersten Arbeitsschutzbehörden der Länder, der Träger der gesetzlichen Unfallversicherung und Sozialpartner, hrsg. v. Bundesanstalt für Arbeitsschutz und Arbeitsmedizin, Dortmund 2002

Wesentlicher Bestandteil des AMS ist die angestrebte kontinuierliche Verbesserung, was den Anforderungen des Arbeitsschutzgesetzes (vgl. § 3 Absatz 1) entspricht. Der Leitfaden konkretisiert die Inhalte für jeden der fünf Hauptbereiche.

Auftakt für die Einrichtung eines Arbeitsschutzmanagementsystems ist die Erklärung des Unternehmers bzw. der obersten Geschäftsleitung, den Arbeitsschutz zum Gegenstand der Unternehmenspolitik zu machen und konkrete („smarte") Ziele zu formulieren. Die Schaffung der organisatorischen Bedingungen beinhaltet unter anderem die Zuweisung von Aufgaben, Zuständigkeiten und Verantwortlichkeiten sowie Ressourcen. Nach Erhebung und Analyse der Ist-Situation erfolgt die Planung und Umsetzung von Maßnahmen zum Arbeitsschutz. Mithilfe von internen Audits werden die Ergebnisse der Maßnahmen überprüft; das setzt Kriterien und Kennziffern der Erfolgsmessung voraus. Auf dieser Grundlage können dann Anpassungen im Sinne einer kontinuierlichen Verbesserung der Prozesse und Organisation erfolgen. Im nationalen Leitfaden ist eine externe Zertifizierung nicht vorgesehen, aber grundsätzlich möglich.

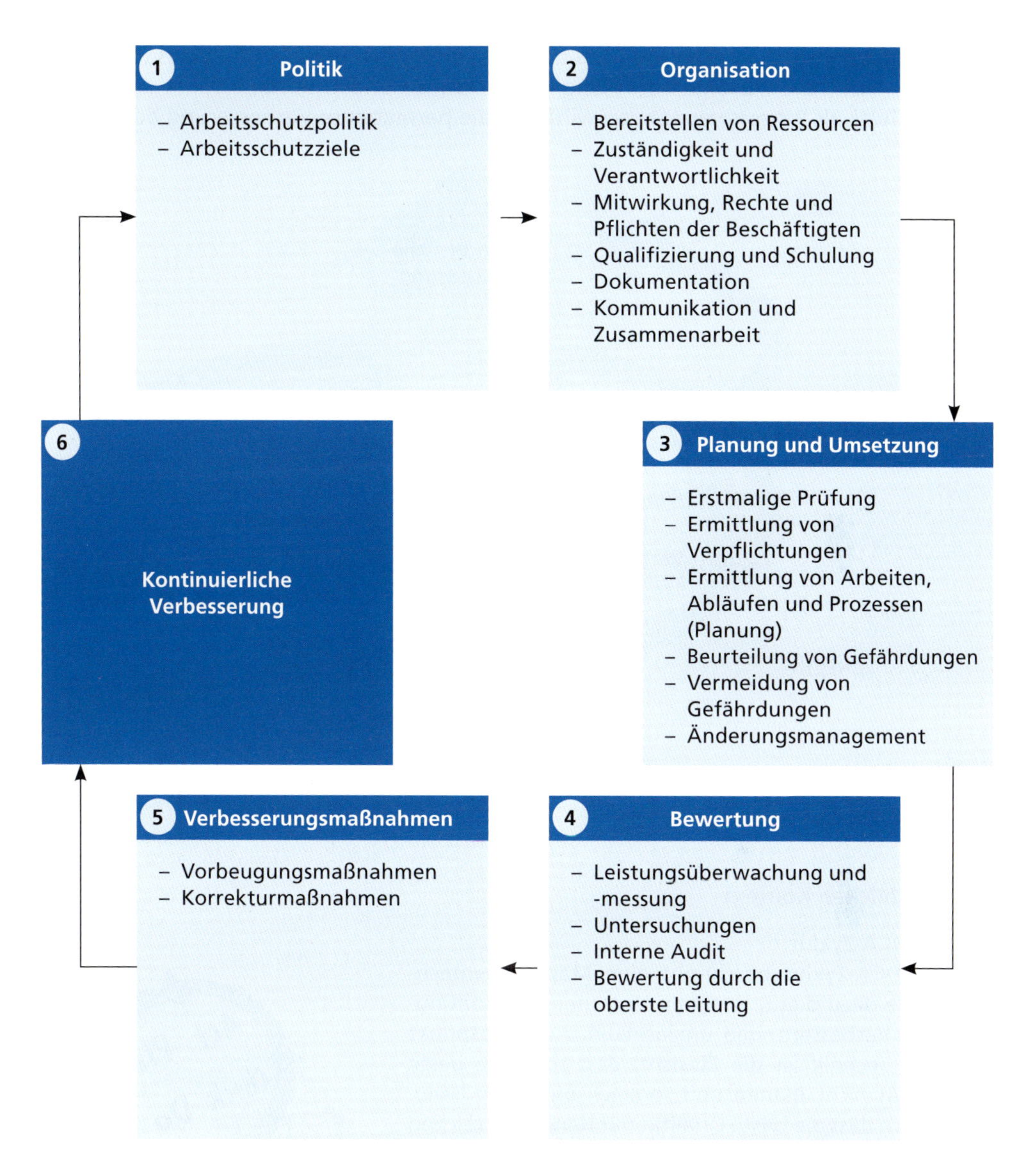

Quelle: Konkretisierung der Inhalte der einzelnen Bausteine eines AMS, in Anlehnung an: Leitfaden für Arbeitsschutzmanagementsystem des Bundesministerium für Wirtschaft und Arbeit (BMWA), der obersten Arbeitsschutzbehörden der Länder, der Träger der gesetzlichen Unfallversicherung und Sozialpartner, hrsg. v. Bundesanstalt für Arbeitsschutz und Arbeitsmedizin, Dortmund 2002

Die Anordnung der Elemente des AMS nach NFL entspricht dem PDCA-Zyklus (Plan – Do – Check – Act). Die Abfolge von Planen, Tun, Prüfen und Umsetzen führt dazu, dass Arbeitsschutz als Prozess verstanden wird, der die permanente Verbesserung beinhaltet:

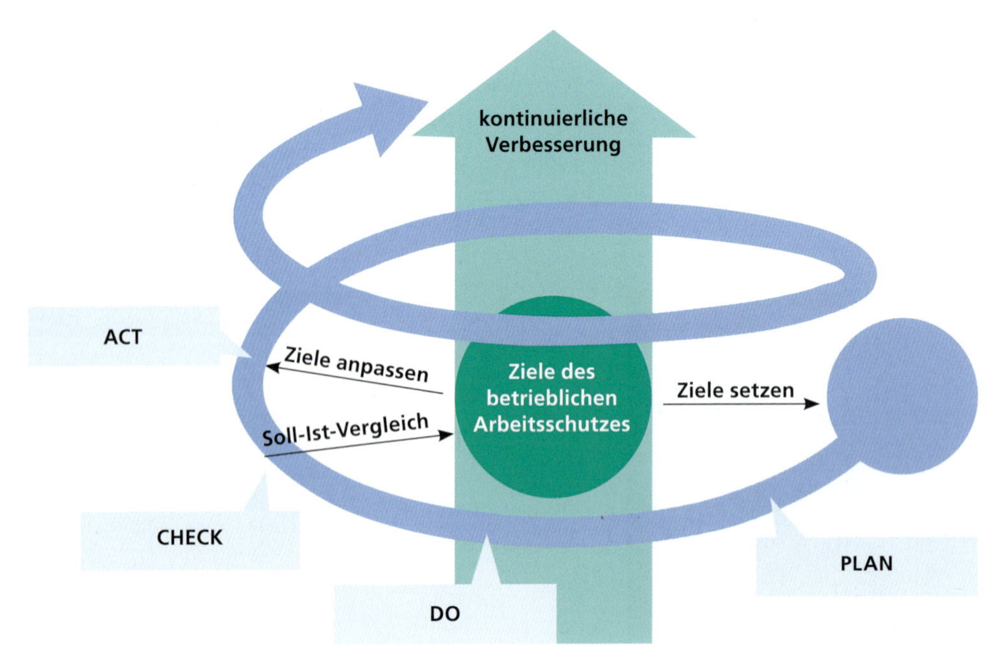

Im fachlichen Kontext

Der PDCA-Zyklus

Der PDCA-Zyklus beschreibt eine Managementechnik, die dazu dient, in einem Unternehmen kontinuierlich Verbesserungen umzusetzen. Ausgangspunkt dieser Technik ist die Einsicht, dass man die beste Qualität nicht planen und sogleich umsetzen kann, sondern dass die beste Qualität nur dann zu erreichen ist, wenn man immer wieder die Ergebnisse seines Handelns überprüft und nach Verbesserungen durchleuchtet. Ursprünglich geht der PDCA-Zyklus auf den amerikanischen Physiker und Statistiker William Edwards Deming (1900–1993) zurück (Deming-Zyklus). Er hat viele Unternehmen, vor allem in Japan, dabei beraten, die Qualität der Produkte (z. B. Autos) ständig zu verbessern. Für W. E. Deming war klar, dass man die Qualität der Produkte nur durch die Qualität der Herstellungsprozesse verbessern kann. Der PDCA-Zyklus findet sich als Denkschema bei sehr vielen Unternehmen und Beratungsfirmen wieder, besonders im Zusammenhang mit dem Qualitätsmanagement, trotzdem ist W. E. Deming in Deutschland nicht sehr bekannt.

Der PDCA-Zyklus läuft in vier Schritten ab:

- Plan – plane das, was Du tun willst.
- Do – probiere das aus, was Du geplant hast.
- Check – prüfe die Ergebnisse Deines Handelns.
- Act – setze die Maßnahmen, die gute Ergebnisse hatten, als Standard im Unternehmen um.

In der Praxis wird das ursprüngliche PDCA-Schema auf Einzelmaßnahmen angewendet. Es setzt sich dann aus folgenden Teilaufgaben zusammen:

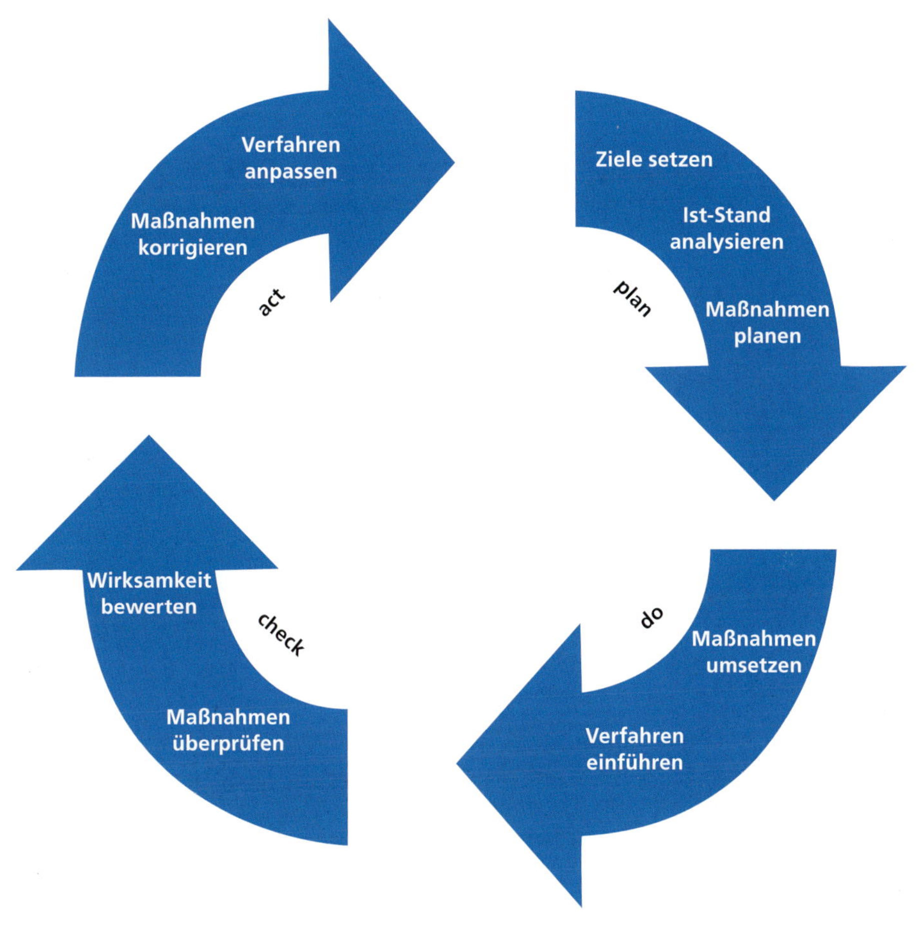

PDCA-Regelkreis

Einen sehr guten Überblick über die Hintergründe des PDCA-Zyklus gibt folgender Aufsatz: *Ernst C. Glauser: Qualität: Quo Vadis?, The Swiss Demming Institute, Zumikon 1999,* im Internet abrufbar unter *http://www.deming.ch/downloads/quo_vadis.pdf.*

Praxishilfen der VBG: Arbeitsschutz mit System

Mit der BGI 5023 hat die Verwaltungs-Berufsgenossenschaft eine Umsetzungshilfe erstellt für die Einführung eines Arbeitsschutzmanagementsystems: „AMS – Arbeitsschutz mit System".

Recherchetipp

Die Praxishilfe steht im Internet unter folgender Adresse zur Verfügung: http://www.vbg.de/apl/zh/bgi5023/titel.htm. Sie enthält umfassende Checklisten und Arbeitshilfen.

Nach dem Leitfaden der VBG erfolgt die Einführung eines AMS in sieben Prozessschritten:

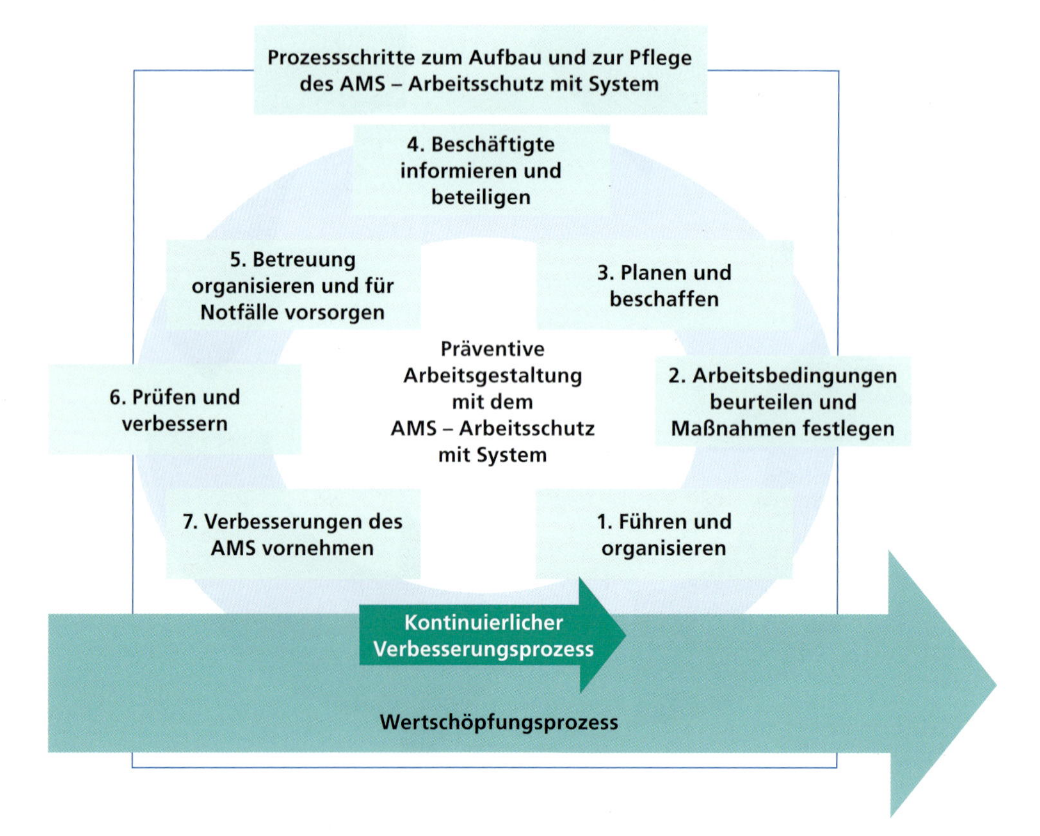

Externe Auditierung

Die Auditierung des AMS ist ein wesentlicher Bestandteil des Systems. Diese Überprüfung des Systems kann intern und/oder extern erfolgen. Überprüft wird dabei, ob das eingerichtete AMS auf die betrieblichen Anforderungen angepasst und im Hinblick auf die Ziele des Arbeitsschutzes wirksam ist.

Als externe Auditoren kommen infrage:

- externe Fachkräfte für Arbeitssicherheit,
- die Berufsgenossenschaften,
- akkreditierte Zertifizierungseinrichtungen bezüglich der Standards nach SCC und SCP.[1]

Recherchetipp

Die Auditliste der VBG für das AMS liegt im Internet vor unter http://www.vbg.de/bt/index.html?url1=amsonline/ams-dienst/1_ams/2_teile.htm.

Die bei der Begutachtung angelegten Kriterien entsprechen dabei im Wesentlichen dem internationalen Standard (vgl. ILO OSH 2001).

Zusammenfassung

- **Arbeitsunfälle** sind Unfälle, die sich bei der versicherten Tätigkeit ereignen. **Wegeunfälle** sind Unfälle, die sich auf den zur oder von der Arbeitsstätte ereignen.
- Die **Pflicht zur Meldung** bei der zuständigen Berufsgenossenschaft (BG) besteht für solche Unfälle, die mit dem Tod des Arbeitnehmers oder mehr als drei Tagen Arbeitsunfähigkeit verbunden sind. Ist ein Unfallbeteiligter ein überlassener Zeitarbeitnehmer, erfolgt die Meldung an beide BGs: an die des Kundenunternehmens und an die des Zeitarbeitsunternehmens (VBG). Die Meldung erfordert die Einbeziehung des Betriebsrates, des Betriebsarztes und der Sicherheitsfachkraft.
- Erste-Hilfe-Leistungen werden im **Verbandbuch** eingetragen; die Aufbewahrungsfrist für Verbandbücher beträgt fünf Jahre.
- Der Arbeitgeber ernennt geeignete **Beauftragte** zur Umsetzung des Arbeitsschutzes im Unternehmen.
- Der **Regelkreis des betrieblichen Arbeitsschutzes** ist ein Instrument, aus Arbeitsunfällen zu lernen und diese in Zukunft zu vermeiden.
- Die Interpretation von **Beinaheunfällen** („Near Miss") kann Hinweise auf die Qualität des Arbeitsschutzsystems geben.
- Die Dauer des Ausgleichs von betrieblichen Unfallkosten ist u.a. von der Umsatzrentabilität abhängig.
- Untersuchungen zeigen, dass Zeitarbeitnehmer häufiger von Arbeitsunfällen betroffen sind.
- Die **Vermeidung von Arbeitsunfällen** muss an den Ursachen der Arbeitsunfälle ansetzen. Beispiele für Maßnahmen sind: Kommunikation der Ziele und der Maßnahmen des betrieblichen Arbeitsschutzes, Initiierung von Projekten, intensive Betreuung der Zeitarbeitnehmer, regelmäßige Gespräche mit Vertretern des Kundenunternehmens u. dgl.

---

[1] *Vgl. beispielsweise folgende private Anbieterseiten im Internet: http://www.scc-info.de/; https://de.dqs-ul.com/zertifizierung/arbeitsschutzmanagement/scc-scp/was-ist-scc-scp.html, abgerufen am 10.10.2012*

- Der Erfolg bzw. die Qualität des betrieblichen Arbeitsschutzes kann mit verschiedenen Kennziffern gemessen werden: Anzahl der meldepflichtigen Unfälle, Unfallquote, Kranktage etc.
- Ein umfassendes Betreuungskonzept der Arbeitnehmer enthält u. a. folgende Elemente: Zuweisung von Zuständigkeiten und Verantwortlichkeiten, Terminplanungen, Aufgaben, betriebsärztliche Betreuung, sicherheitstechnische Betreuung.
- Ein Arbeitsmanagementsystem (AMS) ist ein Instrument dafür, den Arbeitsschutz systematisch zu betreiben und im Unternehmen zu integrieren; es umfasst die Gesamtheit der Instrumente, Regeln, betrieblichen Einrichtungen und Prozesse. Die Einführung eines AMS wird durch internationale und nationale Leitfäden erleichtert. Die VBG vergibt nach einem Audit das Zertifikat: AMS – Arbeitsschutz mit System.

Aufgaben

1. *In einer Personalabteilung sind Sie zuständig für die Meldung von Arbeitsunfällen. Ihnen liegen folgende Kurzbeschreibungen vor. Entscheiden Sie jeweils, ob es sich um einen Arbeitsunfall nach SGB VII handelt, den Sie ggf. melden müssen.*

Kurzbeschreibung	Arbeitsunfall ja/nein
a) Frau Semmler hatte auf dem direkten Weg von der Arbeitsstätte nach Hause einen Autounfall.	
b) Herr Peters ist während der Mittagspause in der Kantine ausgerutscht und hat sich einen Fuß verstaucht.	
c) Frau Gernhardt meldet sich für fünf Tage krank mit der Begründung, der Schreibtischstuhl sei schuld an ihren Rückenschmerzen.	
d) Herr Ludwig, Einkäufer eines Großkunden, stolpert in der Lagerhalle bei einer Besichtigungstour.	
e) Herr Landmann hatte einen Autounfall auf dem Weg von der Arbeitsstätte nach Hause; allerdings machte er einen etwa 15 km langen Umweg, um sein Kind aus dem Kindergarten abzuholen.	
f) Unter anderem sind in Ihrem Betrieb Fremdarbeiter eines Personaldienstleisters im Rahmen eines Werkvertrages eingesetzt. Einer dieser Mitarbeiter verletzt sich bei seiner Tätigkeit so schwer, dass er ins Krankenhaus eingeliefert werden muss.	

2. *Der Elektriker Heinrich Hertz hat einen Arbeitsunfall erlitten. Er ist von der Leiter gestürzt. Der Werkstattleiter informiert Sie in der Personalabteilung darüber, dass er bereits Erste Hilfe geleistet und einen Rettungswagen angefordert hat.*

Erstellen Sie eine Checkliste mit allen Tätigkeiten, die Sie im Verlauf des Tages vornehmen und/oder veranlassen müssen. Ordnen Sie die Tätigkeiten in eine sinnvolle Reihenfolge.

3. *Ihr Vorgesetzter hat angeordnet, dass routinemäßig alle sich ereignenden Arbeitsunfälle sofort an die zuständige Berufsgenossenschaft gemeldet werden. Falls sich später herausstellt, dass kein meldepflichtiger Unfall vorliegt, sollen Sie die BG per Fax über die Rücknahme der Meldung informieren. Ein neuer Kollege hält dieses Vorgehen für falsch.*
   Stellen Sie Vorteile und Nachteile dieses Meldeverhaltens gegenüber und entscheiden Sie sich begründet für eine der beiden Positionen.

4. *In Ihrem Betrieb werden unter anderem Zeitarbeitnehmer eingesetzt. Sie erhalten die Nachricht, dass ein überlassener Arbeitnehmer verunglückt ist. Beschreiben Sie Ihr weiteres Vorgehen.*

5. *Derzeit wird das Verbandbuch in Ihrem Unternehmen zentral am Empfang geführt. Erste-Hilfe-Koffer befinden sich in jeder der acht Werkstatteinheiten sowie im Bürobereich. In der Vergangenheit kam es immer wieder zu mangelhaften bzw. fehlenden Eintragungen. Sie erhalten den Auftrag, ein Konzept für die Führung des Verbandbuches zu erstellen.*
   Beurteilen Sie Ihr Konzept nach den Kriterien: Zeiteinsatz, Kosten, Vollständigkeit der Eintragungen und Einhaltung des Datenschutzes.

6. *Bei einer Podiumsdiskussion regt ein Unternehmer an, Wegeunfälle in Zukunft nicht mehr als Arbeitsunfälle zu behandeln. Stellen Sie Vorteile und Nachteile dieser Position zusammen und geben Sie eine begründete Stellungnahme ab.*

7. *In der Metallbau AG haben sich im vergangenen Jahr 68 Arbeitsunfälle ereignet, davon waren zwölf Unfälle nicht meldepflichtig.*
   In der Metallbau AG sind insgesamt 1 585 Personen mit folgenden Arbeitszeiten beschäftigt:

	Vollzeit (40 Std.)	**Teilzeit (30 Std.)**	**Teilzeit (20 Std.)**	**Geringfügig (15 Std.)**
Anzahl der Mitarbeiter	990	270	280	45

   a) *Ermitteln Sie die Unfallquote.*

   b) *Vergleichen Sie Ihr Ergebnis mit den Werten in der Abbildung auf Seite 314.*

8. *Sie sind Personaldisponent/-in bei der Falco Zeitarbeit GmbH. Sie informieren sich über den Arbeitsschutz in einem Kundenunternehmen. Der holzverarbeitende Betrieb weist in seinem Geschäftsbericht eine Unfallquote in Höhe von 63 aus. Die Mitarbeitszahl liegt bei 238 Vollzeitstellen. Ermitteln Sie die Anzahl der Unfälle.*

9. *Als Personalreferent/-in erhalten Sie den Auftrag, Indikatoren für die Qualität des Arbeits- und Gesundheitsschutzes in Ihrem Unternehmen vorzuschlagen.*
   Listen Sie (mindestens) sieben Indikatoren auf und beschreiben Sie kurz den Inhalt; Anregungen dazu erhalten Sie u. a. im Kapitel 4.4.

10. *Als Controller bei der Lager&Logistik GmbH sind Sie zuständig für die Aufbereitung der betriebswirtschaftlichen Kennzahlen für die Unternehmenssteuerung. Ihnen liegen folgende Plandaten je Monat vor:*

Aktueller Monat:			
Geplanter Umsatz	Geplante Personalkosten	Geplante sonstige Kosten	Geplante Umsatzrentabilität
187 000,00 €	117 000,00 €	60 000,00 €	5,35 %

Infolge eines Unfalls fehlt der Mitarbeiter Karl Keller im aktuellen Monat an fünf Arbeitstagen; Sie bestimmen Ausfallkosten in Höhe von 110,00 € je Tag.

a) *Ermitteln Sie den geplanten und den tatsächlichen Gewinn in dem Monat.*

b) *Ermitteln Sie die Höhe der Umsatzrentabilität bei Berücksichtigung der Unfallkosten.*

c) *Ermitteln Sie in statischer Betrachtung durch einen einfachen Vergleich, wie viel zusätzlicher Umsatz bei der geplanten Umsatzrentabilität von 5,35 % notwendig ist, um die Kostensteigerung durch den Unfall auszugleichen.*

11. *Sie sind in der Disposition des Zeitarbeitsunternehmens Fast Work Services GmbH tätig. Die FWS GmbH hat sich auf die Überlassung von Produktionshelfern spezialisiert. Ein Neukunde konfrontiert Sie mit folgendem Auszug aus einer Studie des Kölner Instituts für Sozialforschung und Gesellschaftspolitik zum Unfallgeschehen in der Zeitarbeit:*

„Zusätzlich wurden Arbeitsschutzverantwortliche aus Zeitarbeitsunternehmen um Einschätzung gebeten, welche Faktoren nach ihrer Ansicht für die hohen Unfallzahlen bei Helfern ursächlich seien. Als wichtige Gründe, d. h. mit mehr als der Hälfte der Nennungen auf einer vierstufigen Skala von „wichtiger Grund“ bis „kein Grund“ für „wichtig“ und „eher wichtig“ werden in der Reihenfolge der Häufigkeit der Nennungen angeführt: Defizite bei der Umsetzung der Anweisungen seitens der Helfer, schlechteres Zurechtkommen der Helfer mit unbekannten Arbeitsbedingungen und mangelhafte Sprachkenntnisse der Helfer. Auffallend ist, dass an erster Stelle in der Person des Helfers liegende Faktoren genannt werden.“

Quelle: Hägele, Helmut: Untersuchung des Helferunfallgeschehens in der Zeitarbeit, VBG, unter: http://www.vbg.de/zeitarbeit/p_za/studien/08%2012%2022%20bericht_helferunfallgeschehen_final_kurzfassung.pdf, abgerufen am 27.03.2012

Nehmen Sie zu diesen Studienergebnissen begründet Stellung und erläutern Sie dem Neukunden, mit welchen Maßnahmen Sie in Ihrem Unternehmen den hohen Unfallzahlen im Helferbereich entgegenwirken.

12. *Sie sind Personalverantwortlicher bei der Fast Work Services GmbH. In dem Unternehmen arbeiten 189 Produktionshelfer in Vollzeit für die Überlassung sowie sieben Vollzeitmitarbeiter als interne Mitarbeiter.*

a) *Ermitteln Sie den zeitlichen Umfang der Grundbetreuung nach DGUV V2.*

b) *Machen Sie einen Vorschlag für die Aufteilung des Stundenumfangs auf die externe betriebsärztliche und die sicherheitstechnische Betreuung durch eine externe Sifa.*
   - *Berücksichtigen Sie dabei den zeitlichen Mindestumfang.*
   - *Begründen Sie Ihren Vorschlag.*

c) *Legen Sie fest, welche Aufgaben und Tätigkeiten der Betriebsarzt und die Sicherheitsfachkraft in dem Unternehmen übernehmen sollen. Nutzen Sie dazu die Hinweise in der DGUV V2.*

13. *Ordnen Sie folgende Tätigkeiten den vier Elementen des PDCA-Zyklus zutreffend zu, indem Sie den richtigen Buchstaben (P, D, C, A) in die Kästchen eintragen.*

Tätigkeiten	Prozessschritt
a) Die PDL GmbH nutzt die Kennziffern Unfallquote und unfallbedingte Fehlzeiten für die Messung der Qualität des Arbeitsschutzes.	
b) Die PDL GmbH führt Gefährdungsanalysen durch.	
c) Bei der Folkert Zeitarbeit GmbH weichen die Unfallzahlen deutlich vom Branchendurchschnitt ab.	
d) Bei der Fast Work Services GmbH wird die Null-Unfälle-Strategie verfolgt.	
e) Die Geschäftsführung der PDL GmbH formuliert in einer Betriebsanweisung die Handlungsschritte für den Mitarbeitereinsatz beim Kunden.	
f) Bei der Fast Work Services wird seit Anfang des Monats erstmalig ein verändertes Vorgehen bei der Einsatzvorbereitung der Helfer eingesetzt.	

14. *Bringen Sie folgende Tätigkeiten in eine nach dem PDCA-Zyklus richtigen Reihenfolge, indem Sie für den ersten Schritt die „1" vergeben, den zweiten Schritt die „2" usw.:*

Tätigkeiten	Rangfolge
a) Auswertung des aktuellen Unfallgeschehens	
b) Durchführung der Gefährdungsanalyse	
c) Auswahl der richtigen PSA	
d) Analyse der Ursachen der Arbeitsunfälle in der Vergangenheit	
e) Festlegung der Maßnahmen zum Arbeitsschutz	

15. *Beurteilen Sie folgende Aussagen zu Arbeitsmanagementsystemen. Markieren Sie richtigen Aussagen mit einem „R“, falsche Aussagen mit einem „F“.*

Aussagen	R / F
a) Arbeitsmanagementsysteme müssen nach ILO OSH 2001 zertifiziert sein.	
b) Bei den Arbeitsschutzmanagementsystemen müssen sich die Unternehmen nach den Vorgaben der zuständigen Berufsgenossenschaft richten.	
c) Seit Anfang des Jahres 2001 müssen alle Unternehmen mit mehr als 120 Beschäftigten ein Arbeitsmanagementsystem einsetzen.	
d) Ziel eines Arbeitsmanagementsystems ist die Integration des Arbeitsschutzes in die Organisationsstrukturen und in die Prozesse des Betriebs.	
e) Nachdem ein Arbeitsmanagementsystem eingeführt wurde, bleiben die einzelnen Elemente für mindestens fünf Jahre unverändert.	
f) Eine Mitsprache der Beschäftigten ist bei der Umsetzung eines Arbeitsmanagementsystems nicht vorgesehen.	

Lernfeld 7:

Personaldienstleistungen vermarkten

1 Das Marktsystem bei Personaldienstleistungen erfassen

Einstiegssituation ▶

Die GBS Personallösungen GmbH stellt sich vor ...

Die **GBS Personallösungen GmbH** ist ein junges Personaldienstleistungsunternehmen in Duisburg und wurde vor fünf Jahren von **Rolf Jäger** (Geschäftsführer) gegründet. In diesem Jahr konnte in Hamm eine zweite Niederlassung eröffnet werden.
Zum Dienstleistungsangebot gehört die Arbeitnehmerüberlassung im gewerblichen Bereich in den Berufsfeldern Elektro und Metall.
Die GBS Personallösungen GmbH beschäftigt mittlerweile 100 externe Mitarbeiter in Vollzeit. Davon 60 Facharbeiter, 10 Techniker sowie 30 Produktionshelfer.
Zu den internen Mitarbeitern gehören **Mike Steffens**, der seit über 20 Jahren in der Zeitarbeit beschäftigt ist, und **Lara Gröne** (Personaldienstleistungskauffrau) sowie **Marie Sanders**, die die Niederlassung in Hamm leitet. Seit einem Jahr bildet das Unternehmen erstmalig an beiden Standorten aus.
Die GBS Personallösungen GmbH ist in einem Arbeitsschutzmanagementsystem zertifiziert. Sie ist Mitglied in einem Interessenverband der Zeitarbeitsbranche und besitzt die unbefristete Erlaubnis zur Arbeitnehmerüberlassung.
Nachdem in den ersten Geschäftsjahren die Umsätze stetig ausgeweitet werden konnten, möchte Rolf Jäger die Marktaktivitäten ausbauen und systematischer planen.
Als Mitarbeiter/-in der GBS Personallösungen GmbH sollen Sie ihn bei der Vermarktung des Leistungsangebots unterstützen, also den „Markt" bearbeiten.

Arbeitsaufträge

1. *Notieren Sie erste Ideen, welche Aufgaben zur „Marktbearbeitung" sowie zur „Planung und Umsetzung von Marketingmaßnahmen" gehören.*

2. *Erläutern Sie den Begriff Marketing.*

3. *Stellen Sie dar, auf welchem Markt die GBS Personallösungen GmbH tätig ist.*
   - *Wer sind die Marktteilnehmer?*
   - *Welche Marktgegebenheiten liegen vor?*
   - *Was genau wird vermarktet?*

1.1 Begriff des Marketings

Marketing beschäftigt sich mit der Vermarktung von Produkten und der Erschließung, dem Erhalt und dem Ausbau von Märkten. Dabei geht es aus Sicht eines Anbieters darum, ein **Leistungsangebot zu schaffen, welches für Kunden nützlich ist** und sie zum Kauf der Unternehmensprodukte veranlasst.
Häufig wird der Begriff „Marketing" mit „Werbung" gleichgesetzt. Werbung ist aber nur ein kleiner Teil des Marketings.

Definition
Das heutige Marketingverständnis sieht im Marketing ein Konzept **der ganzheitlichen und marktorientierten Unternehmensführung**, mit dessen Hilfe die **Beziehungen zu Kunden**, zu weiteren Marktteilnehmern (z. B. Kooperationspartnern, Lieferanten und Konkurrenten), zu Stakeholdern (Interessensgruppen) und dem Unternehmensumfeld gestaltet werden.[1]

Im Sinne eines Führungsansatzes wird beim Marketing nichts dem Zufall überlassen, sondern **Marktaktivitäten werden geplant, durchgeführt und kontrolliert**. Marketing wird in diesem Sinne auch als **Planungsprozess** aufgefasst.

1.2 Markt und Marktteilnehmer

Wer Produkte und Dienstleistungen vermarkten will, muss die auf dem Markt tätigen Marktteilnehmer und das Marktumfeld kennen. Auch wenn häufig von dem „Markt" die Rede ist, gibt es in der Realität viele verschiedene Märkte, die je nach Markteilnehmern und angebotenen Produkten unterschiedlich funktionieren.

Marktteilnehmer

Zu den Marktteilnehmern gehören neben dem eigenen Unternehmen auch Kunden und Konkurrenten. Kunden können Privatkunden, gewerbliche Kunden, Behörden oder andere Institutionen sein. Der Begriff „Konkurrenten" umschreibt allgemein vergleichbare Unternehmen, die ähnliche Leistungen anbieten. Manchmal ist es schwierig, Mittwettbewerber eindeutig abzugrenzen, da auch branchenfremde Unternehmen, Organisationen oder Behörden im Wettbewerb auftreten können.

Beispiele
Die Arbeitsagenturen bieten sowohl für Arbeitnehmer als auch Arbeitgeber Vermittlungsdienste an. Unternehmensberatungen entwickeln neue Konzepte für den Personalbereich.

Darüber hinaus spielen auch externe Beeinflusser (z. B. Verbände, Medien, Interessensgemeinschaften oder Lobbyisten) eine Rolle.

---

[1] *Marketing kann sich auch auf die Bereiche Personal (Personalmarketing) oder Beschaffung (Beschaffungsmarketing) beziehen. In diesem Kapitel wird ausschließlich die Absatzseite betrachtet. Aspekte des Personalmarketings sind bereits in Lernfeld 4 (Band 1) behandelt worden.*

Beispiele
Arbeitsagenturen, die bei der Arbeitsvermittlung Finanzierungsleistungen übernehmen.
Verbände, die über Tarifverträge und Lobbyarbeit Einfluss auf den Markt nehmen.
Der Staat, der regulierend auf dem Zeitarbeitsmarkt eingreift.

Auf Konsumgütermärkten gehören zum Marktsystem auch der Handel sowie Absatzmittler. Im Dienstleistungsbereich sind beide meist nicht vertreten. Der Markt selbst wird durch das Marktumfeld beeinflusst (z. B. wirtschaftliche, rechtliche, politische Einflussfaktoren). Bei personalintensiven Dienstleistungen (z. B. Beratung, Gesundheitswesen, Aus- und Weiterbildung, Personaldienstleistungen) werden auch die Mitarbeiter als Dienstleistungserbringer betrachtet.

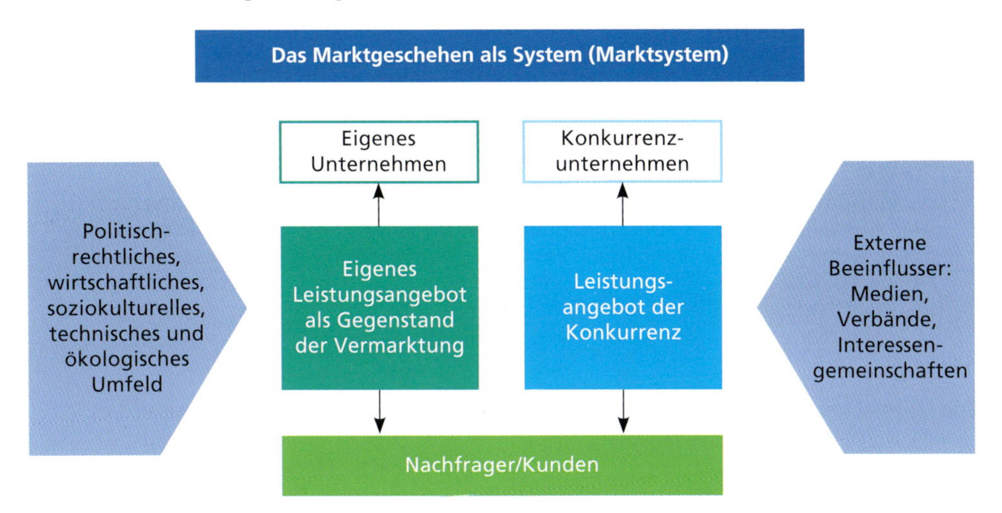

Die nachfolgenden Abschnitte beschäftigen sich mit ausgewählten Elementen des Marktsystems.

1.3 Dienstleistungen als Gegenstand der Vermarktung

Bd. 1, LF 2

Die Vermarktung von Personaldienstleistungen umfasst ganz unterschiedliche Dienstleistungen wie Zeitarbeit, Personalvermittlung, Personalberatung, Outplacement, Outsourcing oder den Personaleinsatz auf Basis von Werkverträgen. Daneben gibt es noch weitere Dienstleistungen, die rund um die Ressource Personal angeboten werden (siehe auch Band 1, Lernfeld 2).

Merkmale von Dienstleistungen

Dienstleistungen unterscheiden sich in ihren Eigenschaften wesentlich von Sachgütern:

- Dienstleistungen sind **immateriell**. Im Gegensatz zu Sachgütern gibt es kein Produkt, das man anschauen, anfassen, riechen, hören oder schmecken kann.
- Dienstleistungen können **nicht auf Vorrat produziert** werden.

- Dienstleistungen werden gleichzeitig hergestellt und in Anspruch genommen.
- Dienstleistungen zeichnen sich durch **Individualität** aus, da sie **gemeinsam mit dem Kunden** für jeden Kunden neu erstellt werden.

Nicht alle genannten Merkmale treffen auf jede Dienstleistung im gleichen Maße zu.

Merke
Vermarktet man Dienstleistungen, vermarktet man ein „unsichtbares" Produkt.

Phasen einer Dienstleistung

Eine Dienstleistung ist durch folgende Phasen charakterisiert:

Phasen einer Dienstleistung		
Leistungspotential zeigt die Fähigkeit und Bereitschaft eines Anbieters, eine Dienstleistung zu erbringen.	**Leistungserstellungsprozess** Die Erbringung einer Dienstleistung ist ein Prozess, in dem Kunden mitwirken.	**Leistungsergebnis** Der Dienstleistungsprozess erzielt einen Nutzen für den Kunden.

Die Unterscheidung der drei Phasen soll hier **aus Kundensicht** beleuchtet werden.

Leistungspotential

Der Kunde muss vor dem Kauf einer Dienstleistung einschätzen, was er dem Dienstleistungsunternehmen zutrauen kann. Dies macht er am gezeigten **Leistungspotential** fest. Hierzu gehören beispielsweise:

Beispiele
Geschäftsräume und Ausstattung, Fähigkeiten des Dienstleistungspersonals (Kompetenzen, Qualifizierung, Wissen, Erfahrung), bereitgestellte Informationen (Website, Broschüren), Erfüllung rechtlicher Voraussetzungen (z. B. Erlaubnis zur ANÜ), Größe des Personalpools, ...

Prozess

Die Erbringung einer Dienstleistung ist als **Prozess** (Ablauf) zu verstehen, bei dem der Kunde mal mehr und mal weniger stark einbezogen ist.

Beispiele
Ein Kunde und ein Personalvermittler erarbeiten gemeinsam ein Stellenprofil. Im Anschluss beginnt der Personalvermittler mit der Suche nach einem geeigneten Mitarbeiter. Zwischenergebnisse werden dem Kunden regelmäßig schriftlich übermittelt. Er erhält Bewerberprofile und trifft eine Vorauswahl. Gemeinsam mit dem Kunden werden Vorstellungsgespräche geführt und die Kandidaten bewertet.

Die Bereitschaft des Kunden mitzuwirken oder nicht, kann sich auf das Dienstleistungsergebnis positiv oder negativ auswirken.

Ergebnis

In der **Ergebnisphase** wird der **erzielte Nutzen** (Problemlösung, Befriedigung eines speziellen Kundenbedürfnisses) betrachtet.

Beispiele
Erfolgreiche Stellenbesetzung, Abschlussbericht eines Beraters mit Vorschlägen für die Neuorganisation des Bewerberverfahrens

Der Kunde vergleicht das tatsächliche Ergebnis mit seinen Erwartungen. Fällt das Ergebnis enttäuschend aus, wechselt er möglicherweise den Anbieter oder verzichtet zukünftig auf den Kauf der Dienstleistung.

Merke
Ein Vermarktungskonzept für Dienstleistungen sollte alle drei Phasen berücksichtigen.

1.4 Nachfrager von Personaldienstleistungen

Viele Personaldienstleistungen werden anderen Unternehmen angeboten. Andere, wie z. B. Arbeitsvermittlung, Karriereberatung oder Coaching-Leistungen, richten sich an Arbeitnehmer.

Merke
Die Vermarktung von Personaldienstleistungen kann sich sowohl an **Geschäfts- als auch Privatkunden** richten.

Häufig stellen Personaldienstleistungen eine Verbindung aus Angeboten für Arbeitgeber und Arbeitnehmer dar, sodass bei der Vermarktung von Personaldienstleistungen beide Zielgruppen zu berücksichtigen sind.[1]

Beispiele
Mit der Dienstleistung „Arbeitnehmerüberlassung" spricht die GBS Personallösungen GmbH andere Unternehmen an. Die Vermarktung dieser Dienstleistung berührt in erster Linie den Absatzmarkt. Damit das Unternehmen dort erfolgreich ist, muss es qualifizierte und motivierte Arbeitskräfte gewinnen. Diese Aufgabe ist wiederum dem Personalmarketing- bzw. Beschaffungsmarketing zuzuordnen.

Werden Personaldienstleistungen anderen Unternehmen angeboten, werden die Märkte auch als **Business-to-Business-Märkte** (B2B-Märkte) bezeichnet.

[1] *In den nachfolgenden Kapiteln wird ausschließlich die Absatzseite (also die Vermarktung von Personaldienstleistungen gegenüber Kunden) betrachtet. Dabei steht die Vermarktung von Personaldienstleistungen gegenüber anderen Unternehmen (Geschäftskunden) im Vordergrund. Die Inhalte sind aber auf den Bereich Vermarktung von Dienstleistungen an Arbeitnehmer (Endverbraucher) übertragbar. Der Bereich Personalmarketing wurde bereits in Band 1, Lernfeld 4 behandelt.*

1.5 Merkmale von Business-to-Business-Märkten

B2B-Märkte weisen gegenüber Konsumgütermärkten einige Besonderheiten auf.
Im Vergleich zu Konsumgütermärkten gibt es oft **wenige Kunden** mit **hohem Umsatzvolumen**. Bei den Kunden handelt es sich nicht um Privatpersonen, sondern um andere **Unternehmen, Behörden** oder **Organisationen**. Dabei können **alle Unternehmensgrößen und Branchen** vertreten sein.
Industrielle Entscheider kaufen nicht für den privaten Bedarf, sondern im Auftrag ihres Arbeitgebers. Die **Einkäufer verfügen in der Regel über Markt- und Produktkenntnisse**. Der **Beschaffungsprozess** folgt in erster Linie **rationalen Überlegungen** und ist auf Nachfrageseite häufig **formalisiert**.

Beispiele
Festgelegte Einkaufsvolumen, klar festgelegte Verantwortlichkeiten und Wege, Einkaufsrichtlinien, Einkaufshandbücher

Insbesondere bei Erstkäufen kann es zu **längeren Kaufentscheidungsprozessen** kommen.
Auf der Kundenseite sind oft mehrere Personen an der Beschaffung beteiligt. Vertriebsmitarbeiter stehen deshalb häufig vor der Frage, welche Person beim Kunden der **richtige Ansprechpartner** für die Vorstellung des Leistungsangebots ist. Sind in Unternehmen mehrere Personen an Kaufentscheidungen beteiligt, dann spricht man von einem sogenannten **Buying-Center**.
Der Bedarf der Kunden hängt wiederum von der Nachfrage auf Konsumgütermärkten ab.

Beispiel
Steigt die Nachfrage nach Schokolade, dann erhöht sich beispielsweise auch der Bedarf des Schokoladenfabrikanten nach Rohstoffen, Verpackungsmaterial oder auch Personal. Die Nachfrage nach Zeitarbeit ist in diesem Fall indirekt verknüpft mit der Nachfrage nach Schokolade.

Im Vordergrund steht der **Aufbau von langfristigen Geschäftsbeziehungen**. Der **persönliche Verkauf** spielt eine große Rolle. Die Preisstrukturen sind häufig **intransparent**.

Zusammenfassung

- **Marketing** wird als marktorientierte Unternehmensführung aufgefasst, die alle Aktivitäten konsequent an den Markterfordernissen und Kundenbedürfnissen ausrichtet.

- Das **Marktsystem** (oder auch Marktstruktur) zeigt auf einen Blick die wichtigsten Marktparameter. Die Rollen und Abhängigkeiten der einzelnen Marktteilnehmer sowie die marktrelevanten Einflussfaktoren lassen sich im Modell einfacher erkennen.

- **Dienstleistungen** lassen sich von Sachgütern durch folgende Aspekte abgrenzen. Sie sind immateriell, individuell und können nicht auf Vorrat produziert werden. Sie werden gleichzeitig hergestellt und genutzt. Der Kunde muss in den Leistungserstellungsprozess integriert werden.

- Dienstleistungen lassen sich in **Potential-, Prozess- und Ergebnisphase** einteilen. Alle drei Dimensionen sind **Gegenstand des Marketings**.

- **B2B-Märkte**

Merkmale von B2B-Märkten
- Kunden sind andere Unternehmen
- weniger Marktteilnehmer
- höheres Umsatzvolumen pro Kunde
- abgeleitete, schwankende Nachfrage
- oft räumliche Käuferkonzentration

↔

- formalisierte, rationale sowie komplexere Kaufentscheidungen
- professionelles Einkaufsmanagement
- Mehr-Personen-Entscheidungen
- Käufer besitzen Markt- und Produktkenntnisse
- enge und langfristige Zusammenarbeit

Aufgaben

1. *Gehen Sie auf die Besonderheiten von Dienstleistungen im Vergleich zu Sachgütern ein.*
2. *Unterscheiden Sie zwischen Potential-, Prozess- und Ergebnisphase am Beispiel einer Taxifahrt.*
3. *Erläutern Sie, wie ein Kunde beim Friseur, bei einer Personalvermittlung, bei einer Autoreparatur und bei Nutzung von öffentlichen Verkehrsmitteln mitwirkt.*
4. *Erläutern Sie mögliche Konsequenzen für die Vermarktung von Dienstleistungen, die sich aus den Dienstleistungsmerkmalen und -phasen ergeben.*
5. *Beschreiben Sie die Besonderheiten von B2B-Märkten.*

2 Das Kaufverhalten von unternehmensnahen Dienstleistungen einschätzen

Einstiegssituation ▶

Als Mitarbeiter/-in der **GBS Personallösungen GmbH** sind Sie gemeinsam mit dem Geschäftsführer **Rolf Müller** für die Vermarktung der Dienstleistungen des Unternehmens verantwortlich.
In den vergangenen Wochen hatte sich der Personaldienstleister intensiv um die Gewinnung von neuen Aufträgen bemüht, jedoch letztlich ohne Erfolg. Bei der Auseinandersetzung mit den Gründen wurde schnell klar, dass weder der Preis noch das Leistungsangebot Ursache für das Problem sind, sondern vielmehr das Kaufverhalten der potentiellen Kunden nicht richtig eingeschätzt wurde.

Arbeitsaufträge

1. *Erstellen Sie eine Liste mit möglichen Gründen, warum die GBS Personallösungen GmbH trotz eines guten Preis-Leistungsverhältnisses nicht bei der Auftragsvergabe berücksichtigt wurde.*

2. *Versetzen Sie sich in die Lage eines Kundenunternehmens, das erstmalig die eigene Personaldecke mit Zeitarbeitskräften ergänzen möchte, und überlegen Sie, welche Aktivitäten der Kunde möglicherweise unternimmt, um ein geeignetes Personaldienstleistungsunternehmen zu finden.*

3. *Stellen Sie in einer strukturierten Übersicht das Kaufverhalten bei unternehmensnahen Dienstleistungen dar.*

4. *Entwickeln Sie auf Basis Ihrer Arbeitsergebnisse entsprechende Handlungsempfehlungen, wie die GBS Personallösungen GmbH ihre Marktaktivitäten, in der Vorkauf-, Kauf- und Nachkaufphase besser ausrichten kann.*

2.1 Kaufmotive

Kunden kaufen aus ganz bestimmten Motiven oder Bedürfnissen heraus. Unterschiedliche Käufertypen können beim Erwerb desselben Produktes oder derselben Dienstleistung sehr verschiedene Kaufmotive haben.

Beispiele
Sicherheit, Arbeitserleichterung, Kosteneinsparungen, Wissensgewinn, Erhalt der Gesundheit, Bequemlichkeit, Prestige, Ansehen, Selbstwertsteigerung, ...

Darüber hinaus wägen Dienstleistungskäufer ab, ob sie den Bedarf selbst decken (Selbsterstellung) oder über den Markt einkaufen wollen (Fremdbezug). Diese Entscheidung wird als Make-or-Buy-Entscheidung bezeichnet.

Beispiele
Ein Unternehmen kann Personal selbst beschaffen oder ein Zeitarbeitsunternehmen beauftragen. Man kann

- *sich selbst die Haare schneiden oder einen Friseur aufsuchen.*
- *in Eigenregie sich neue Kenntnisse aneignen oder einen Kurs besuchen.*
- *selbst eine Reise planen und buchen oder ein Standardangebot eines Reiseveranstalters nutzen.*

Sofern ein Kunde in der Lage ist, die Dienstleistung selbst zu erbringen, wird er besonders kritisch Aufwand und Nutzen miteinander vergleichen. Der Preis muss die angebotene Leistung in seinen Augen rechtfertigen.

Merke
Ein Kunde wird die Dienstleistung dann einkaufen, wenn er den Nutzen (Problemlösung) hoch genug einschätzt, sodass sich der Fremdbezug rechtfertigt.

2.2 Kaufverhalten bei Dienstleistungen

Kunden können vor dem Kauf oft nicht einschätzen, ob

- die Dienstleistung Qualität besitzt,
- die Auftragsabwicklung schnell und flexibel genug ist,
- ihre Wünsche ausreichend berücksichtigt werden,
- die Dienstleistung tatsächlich einen Nutzen bringt (z. B. Passgenauigkeit des Personals),
- das Preis-Leistungs-Verhältnis (Was bekomme ich eigentlich für mein Geld?) stimmt.

Dienstleistungskäufe sind Vertrauenskäufe

Kunden einer Dienstleistung kaufen kein fassbares Produkt, sondern ein Leistungsversprechen, das erst in der Zukunft erfüllt wird. Deshalb sind Dienstleistungskäufe in erster Linie **Vertrauenssache**. Mit der Redensart „Die Katze im Sack kaufen." beschreibt man diese Situation bildhaft.[1]

---

[1] ***Sucheigenschaften*** *können bereits* ***vor*** *dem Kauf beurteilt werden (z. B. Aussehen und Qualität einer Espressomaschine). Die Kosten für die Informationsbeschaffung sind gering.* ***Erfahrungseigenschaften*** *sind erst* ***nach*** *der Kaufentscheidung, also z. B. bei der Nutzung einer Dienstleistung bzw. eines Produktes bewertbar (z. B. Freundlichkeit des Kundenberaters, Qualität der Beratung).* ***Vertrauenseigenschaften*** *sind für den Kunden* ***nicht*** *beurteilbar bzw. können erst später abgeschätzt werden (z. B. Reparatur von technisch anspruchsvollen Produkten, Arztbesuch).*

Beispiel
Die Franz Gerber KG möchte mehrere Stellen in der Einkaufsabteilung neu besetzen. Wegen der Überlastung der eigenen Personalabteilung möchte sie eine Personalvermittlung mit der Personalbeschaffung beauftragen. Deshalb holt sie im Vorfeld Informationen über mögliche Personalagenturen ein, u. a. auch über die APV Personalvermittlung GmbH.
Die APV Personalvermittlung GmbH umschreibt ihr Leistungsangebot wie folgt: „Wir verfügen über jahrelange Erfahrung im kaufmännischen Bereich. Wir vermitteln Ihnen genau die Mitarbeiter, die Sie für Ihr Unternehmen brauchen – schnell und individuell."
Ähnliche Sätze finden sich auch auf den Webseiten von weiteren Personalvermittlern.
Der Personalreferent der Franz Gerber KG stellt sich folgende Fragen: Ist die APV Personalvermittlung GmbH der richtige Anbieter für uns? Schafft sie es die versprochene Leistung zu realisieren? Ist sie tatsächlich in der Lage, die Stellen im Einkauf erfolgreich zu besetzen? Werden wir mit der Besetzung zufrieden sein? Welche Folgen hat es, wenn wir den falschen Personalvermittler auswählen? Wie wird sich die Zusammenarbeit mit der APV Personalvermittlung GmbH gestalten?

Höhere Kaufunsicherheit bei Dienstleistungen

Um die Kaufunsicherheit zu reduzieren, suchen Kunden bereits vor dem Kauf nach anderen Möglichkeiten die Dienstleistung zu bewerten. Um in ihrer Einschätzung sicherer zu werden, greifen sie auf andere Faktoren (sogenannte Ersatzindikatoren) zurück.

Hierzu zählen...

- die **sichtbaren Elemente der Dienstleistung**, wie die Ausstattung der Geschäftsräume, das Erscheinungsbild und das Auftreten der Mitarbeiter, der Internetauftritt sowie Informations- und Präsentationsmaterialien (siehe auch Potentialphase einer Dienstleistung),
- das **Image** des Anbieters,
- eigene Erfahrungen,
- **Empfehlungen** anderer Nachfrager oder
- **Qualitätsurteile** unabhängiger Dritter,
- der Preis der Dienstleistung als Qualitätsindikator.

Beispiel
Der Personalreferent der Gerber AG entscheidet sich für die ABV Personalvermittlung, da sie neben einer informativen Unternehmensbroschüre durch kompetente und freundliche Mitarbeiter überzeugt. Darüber hinaus kann sie auch mehrere Referenzen vorweisen, die ihre Leistungsfähigkeit bestätigen.

Merke
Die Qualitätsbeurteilung von Dienstleistungen ist in der Vorkaufphase für den Kunden oft nicht möglich. Er sucht deshalb nach anderen Anhaltspunkten für die Qualitätsbewertung.
Kaufunsicherheit und das empfundene Kaufrisiko sind umso höher, je weniger Erfahrungen mit der Dienstleistung oder dem Anbieter vorliegen.

Nach **Kauf der Dienstleistung**, also bei Inanspruchnahme der Dienstleistung, wird das **Qualitätsurteil des Kunden** im Wesentlichen durch die **Art und Weise der Leistungserstellung** sowie durch den **Kontakt mit dem Dienstleistungspersonal** bestimmt.

2.3 Kaufverhalten von Organisationen

Das Beschaffungsverhalten von Unternehmen weicht in vielerlei Hinsicht vom Verhalten von Endverbrauchern ab. Um Dienstleistungen erfolgreich auf B2B-Märkten zu verkaufen, ist es wichtig, **Beschaffungsprozesse in Organisationen** zu kennen.

2.3.1 Kaufphasen

In Organisationen durchläuft ein Beschaffungsprozess idealtypische Phasen:

Vorkaufphase	Bedürfnis- oder Problemerkennung
	Informationsbeschaffung über Produkte und Anbieter
	Bewertung der Alternativen (Leistungs- und Anbietervergleich) und Entscheidung
Kaufphase	Kauf und Nutzung des Produktes bzw. Inanspruchnahme der Dienstleistung
Nachkaufphase	Kaufbewertung und Zufriedenheitsurteil

Beispiel
Bedürfnis- oder Problemerkennung: *Die Metallfabrik AG möchte einen Teil ihres Personalbedarfs durch Zeitarbeitskräfte decken.*
Informationsbeschaffung: *Deshalb sucht sie im Internet nach einem geeigneten Zeitarbeitsunternehmen in der Nähe.*
Bewertung der Alternativen und Entscheidung: *In die Vorauswahl nimmt sie fünf Personaldienstleister auf und vergleicht deren Leistungsangebot nach verschiedenen Kriterien. Nach mehreren Gesprächen entscheidet sich letztendlich für die GBS Personallösungen GmbH.*
Kauf und Inanspruchnahme der Dienstleistung: *Die GBS Personallösungen GmbH überlässt für drei Monate fünf Facharbeiter an die Metallfabrik AG.*
Kaufbewertung und Zufriedenheitsurteil: *Nach der ersten Überlassung durch die GBS Personallösungen GmbH schätzt die Metallfabrik AG ein, ob sie mit der Dienstleistung bzw. mit dem Personaldienstleister zufrieden ist.*

Einflussfaktoren

Bei der **konkreten Beschaffungsentscheidung** können u. a. folgende Faktoren das Kaufverhalten beeinflussen:

- Dringlichkeit des Bedarfs
- empfundenes Risiko (Führt das Ergebnis zum gewünschten Erfolg? Welche Konsequenzen haben Fehlentscheidungen?)
- Finanzierungsmöglichkeiten und -kosten
- Wert des Beschaffungsobjektes
- Beitrag zur Problemlösung (Nutzen).

2.3.2 Kaufanlässe

Wie intensiv einzelne Kaufphasen durchlaufen werden, hängt von der Art des Kaufanlasses ab[1]:

- Neukauf
- identischer Wiederkauf/Routinekauf
- modifizierter Wiederkauf

Neukauf

Ein Kunde möchte eine **Dienstleistung** einkaufen, die **für das Unternehmen** gänzlich **neu** ist.

Beispiel
Die Fenster AG möchte erstmalig das Bewerbermanagement auf einen Personaldienstleister auslagern.

Weil bisher noch keinerlei Erfahrungen mit dem Anbieter bzw. der Dienstleistung vorliegen, ist der Informationsbedarf groß. Das wahrgenommene Beschaffungsrisiko hängt zwar von der Bedeutung der Dienstleistung für das Unternehmen ab, wird aber im Vergleich zum modifizierten Wiederkauf bzw. Routinekauf tendenziell höher eingeschätzt. Der Kunde ist zunächst noch nicht auf einen Anbieter bzw. eine bestimmte Dienstleistung festgelegt, sondern vergleicht **bewusst** mehrere Alternativen.

Identischer Wiederkauf/Routinekauf

Die Beschaffungsentscheidung (z. B. Art der Dienstleistung/Qualitätsanforderungen/Anbieter) ist bereits in der Vergangenheit getroffen worden. Die gleiche Dienstleistung wird erneut eingekauft (Routinekauf).

Beispiel
Bei Auftragsspitzen werden Produktionshelfer bei einem bestimmten Zeitarbeitsunternehmen angefordert.

Das Unternehmen hat sowohl ausreichende Erfahrungen mit der Dienstleistung als auch mit dem Anbieter sammeln können. Der Informationsbedarf ist gering. Neue Anbieter werden nicht berücksichtigt, da die Kosten eines Anbieterwechsels (Informationssuche, neue Verhandlungen) im Vergleich zum Nutzen als zu hoch eingeschätzt werden.

Modifizierter Wiederkauf

Von einem modifizierten Wiederkauf spricht man, wenn der Käufer **Änderungen** bei der Produkt-/Leistungsspezifikation, bei Preisen/Konditionen oder Abläufen **wünscht**. Der **Informationsbedarf** beschränkt sich auf die **Unterschiede** zur bereits bekannten Dienstleistung bzw. zum bereits bekannten Produkt.

Beispiele
Ein Kundenunternehmen möchte Zeitarbeit nicht nur im gewerblichen, sondern auch im kaufmännischen Bereich nutzen.

---

[1] *Quelle: Godefroid, Peter; Pförtsch, Waldemar: Business-to-Business-Marketing, hrsg. von Weiß, Hans, Christian, Friedrich Kiehl Verlag GmbH, Ludwigshafen, 4. überarbeitete und erweiterte Auflage 2008, S. 41–43*

Ein Kundenunternehmen hat ein neues Produktionsverfahren und fordert deshalb einen anderen Ablauf bei der Auftragsabwicklung ein.

Beim modifizierten Wiederkauf wird das Kaufverhalten stark von den bisher gemachten Erfahrungen beeinflusst. Je nach Bedeutung der Beschaffungsentscheidung werden erneut alle Kaufphasen durchlaufen. Für den **bisherigen Anbieter** ist dies möglicherweise **kritisch**, da der Geschäftspartner sich ggf. für einen anderen Anbieter interessiert.

Zusammenfassung

Dienstleistungskäufe können **Make-or-Buy-Entscheidungen** sein.

Kaufverhalten bei Dienstleistungen

Vor dem Kauf haben Kunden Schwierigkeiten die Qualität von Dienstleistungen zutreffend einzuschätzen. Deshalb ziehen sie Ersatzindikatoren heran.

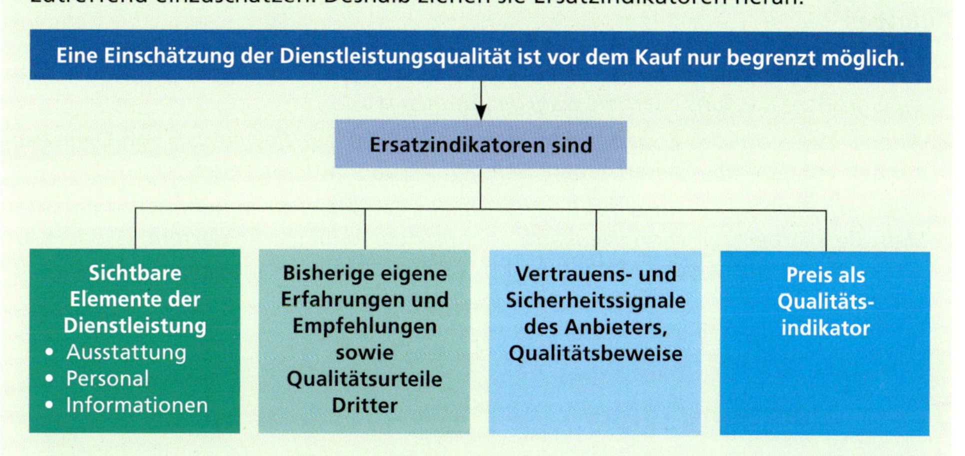

Nach dem Kauf entscheidet die wahrgenommene Qualität über die Kundenzufriedenheit.

Kaufverhalten von Organisationen

Kaufanlässe: Neukauf, modifizierter Wiederkauf und **identischer Wiederkauf** unterscheiden sich in folgenden Kriterien:

- Neuartigkeit des Problems
- Höhe des Informationsbedarfs
- Anzahl der alternativen Anbieter
- Anzahl der Personen, die am Beschaffungsprozess beteiligt sind.

Kaufentscheidungen im B2B-Bereich lassen sich in die Phasen **Bedürfnis- und Problemerkennung – Informationsbeschaffung – Kauf und Nutzung (Auftragsabwicklung) – Kaufbewertung und Zufriedenheitsurteil** einteilen. Beim Neukauf werden in der Regel alle Phasen durchlaufen. Der modifizierte Wiederkauf beginnt dagegen mit der zweiten Phase. Beim reinen Wiederholungskauf wird meistens nur die 3. Phase durchlaufen.

1. Bedürfnis- und Problemerkennung	2. Informationsbeschaffung, Bewertung der Alternativen und Entscheidung	3. Kauf und Nutzung	4. Kaufbewertung und Zufriedenheitsurteil

Neukauf

Modifizierter Wiederholungskauf

Reiner Wiederholungskauf

Aufgaben

1. *Begründen Sie, warum beim Kauf von Dienstleistungen ein höheres Kaufrisiko bzw. eine größere Kaufunsicherheit wahrgenommen wird.*
2. *Nennen Sie mögliche Ersatzindikatoren, die Kunden zur Bewertung von Dienstleistungen vor dem Kauf heranziehen. Belegen Sie dies mit Beispielen.*
3. *Erläutern Sie den Ablauf eines Beschaffungsprozesses in Unternehmen. Unterscheiden Sie hierbei zwischen Neukauf, identischem und modifiziertem Wiederkauf. Geben Sie an, auf welche Marketingaktivitäten sich der Anbieter jeweils konzentrieren sollte.*

3 Marketing planen

Einstiegssituation ▶

In der **GBS Personallösungen GmbH** wird über die Ausweitung der Marktaktivitäten diskutiert.

Rolf Jäger: „In den letzten Kundengesprächen wurde deutlich, dass viele Unternehmen gute Fachkräfte für die Festeinstellung suchen. Bisher vermitteln wir zwar auch immer wieder Personal an Unternehmen, aber doch mehr oder weniger, weil es sich so ergibt. Meine Idee ist es, nicht nur Zeitarbeit anzubieten, sondern auch Personalvermittlung als zweites Geschäftsfeld aufzubauen und eigenständig zu vermarkten."

Maria Sanders befürwortet die Idee: „Wir haben uns zu lange auf ein schmales Marktsegment konzentriert. Vor allem im Bereich der Überlassung gering qualifizierter Mitarbeiter stehen wir unter Druck, da viele unserer Mitbewerber hier die gleiche Leistung bringen. Für Kunden sind wir dadurch austauschbar geworden. Wir sollten mehr als nur Zeitarbeit anbieten, um breiter aufgestellt zu sein."

Mike Steffens setzt auf Fortführung des bisherigen Konzepts: „Wir sind bislang gut damit gefahren, uns schwerpunktmäßig auf Zeitarbeit zu konzentrieren. Deshalb bin ich der Meinung, dass wir unsere Aktivitäten im Fachkräftebereich deutlich ausbauen sollten und zusätzlich auch im kaufmännischen Bereich aktiv werden."

Da schaltet sich **Lara Gröne** ein: „Viele unserer unmittelbaren Konkurrenten bieten schon lange die Personalvermittlung an. Aber ist das wirklich unser Problem? Ich meine, wir sollten unsere guten Beziehungen zu Kunden weiter ausbauen."

Maria Sanders: „Ja, sicherlich sollten wir dies tun, aber in Hamm muss ich mich erstmal um die Neukundengewinnung kümmern. Das muss alles besser geplant werden, wir überlassen zu viel dem Zufall."

Rolf Jäger: „Das sind sicherlich alles interessante Vorschläge, die erst einmal durchdacht und überprüft werden müssten. [...]"

Arbeitsaufträge

1. *Diskutieren Sie die einzelnen Vorschläge. Machen Sie deutlich, welches Entscheidungsproblem vorliegt.*
2. *Beschreiben Sie, welche Informationen bei der Entscheidungsfindung helfen könnten.*
3. *Strukturieren Sie für die GBS Personallösungen GmbH einzelne Planungsschritte und verdeutlichen Sie für jede Phase die grundsätzlichen Aufgaben. Informieren Sie sich hierzu über den Ablauf eines Marketingplanungsprozesses. Stellen Sie dabei auch dar, welche Aufgaben in der Verantwortung der Unternehmensleitung liegen.*
4. *Nehmen Sie eine Marktabgrenzung (Definition des relevanten Marktes) für die GBS Personallösungen GmbH vor. Schätzen Sie ein, ob durch die einzelnen Vorschläge neue Märkte ins Spiel kommen.*

3.1 Marktabgrenzung als Grundlage des Marketings

Eine **zentrale Frage** im Marketing ist, **auf welchen Märkten das Unternehmen welche Produkte anbieten soll**. Dies scheint zunächst einfach, ist aber in der Praxis oft nicht leicht zu beantworten.

Definition des relevanten Marktes

Definition

Als relevanter Markt wird jener Markt bezeichnet, auf den sich die Marketingaktivitäten eines Unternehmens konzentrieren.

Beispiel

Der „Markt für Personaldienstleistungen" stellt keine zweckmäßige Marktabgrenzung dar, da einzelne Personaldienstleistungen ganz unterschiedliche Probleme für Kunden lösen. Aber auch eine Eingrenzung auf den „Markt für Arbeitnehmerüberlassung" erscheint nicht sinnvoll, da Arbeitnehmerüberlassung für unterschiedliche Qualifikationen, Branchen oder Berufsfelder angeboten wird.

Bevor Marketingmaßnahmen geplant und umgesetzt werden, müssen Unternehmen ihren Markt möglichst präzise definieren und von Nachbarmärkten abgrenzen. Erst so lässt sich festlegen, welche Personen und Organisationen als Kunden oder Konkurrenten zu erfassen sind.
Eine Abgrenzung des relevanten Marktes kann sowohl sachlich, räumlich und zeitlich als auch über die Nachfrager- und Anbieterseite erfolgen.

Beispiele

Restaurantmarkt: Cafe, Gaststätte, Feinschmeckerlokal, ...
Reisen: Fernreisen, Städtereisen, Rundreisen, Clubreisen, ...
Automarkt: Luxusautos, Vans, SUV, ...
Nachfrager: Geschäftskunden, Privatkunden
Räumlich: lokal, regional, national, global
Zeitlich: Saisonmärkte

Beispiele

Die ABV unterteilt den Personalvermittlungsmarkt in verschiedene Teilmärkte, wie zum Beispiel Vermittlung von Ungelernten und Angelernten sowie Fach- und Führungskräften. Die so gefundenen Teilmärkte untergliedert sie weiter nach Branchen und Berufsfeldern.

Merke

Mit der Bestimmung des relevanten Marktes legt das Unternehmen fest, welche Kunden, welche Produkte und welche Konkurrenten zum Markt gehören, auf dem es tätig ist.

Die Beschreibung des relevanten Marktes nimmt eine Schlüsselstelle im Marketing ein. Die Beschreibung erfasst das Beziehungsgeflecht zwischen Anbietern und Nachfragern und den Wettbewerb.

Aufgrund der Vielfalt in der Personaldienstleistungsbranche kann die Marktabgrenzung für einzelne Personaldienstleistungsunternehmen ganz unterschiedlich aussehen.

Beispiele (stark vereinfacht)

Die nachfolgende Tabelle zeigt beispielhaft, welche Leistungen ein Unternehmen welchen Zielgruppen anbietet. Für jede Kundengruppe (Marktsegment) wird ein eigenes Marketingkonzept entwickelt.

Beispiel 1

	Kundengruppen: Wem wird die Leistung angeboten? **Zielgruppe: Unternehmen**			
	Metallbranche	Automotive	Banken und Versicherungen	...
Überlassung und Vermittlung von Geringqualifizierten	Marktsegment 1	Marktsegment 2		
Überlassung und Vermittlung von Fachkräften	Marktsegment 3		Marktsegment 4	

Beispiel 2

	Kundengruppen: Wem wird die Leistung angeboten? **Zielgruppe: Arbeitnehmer**				
Teilmarkt (= Angebot) Was für eine Leistung wird angeboten?	Schüler	Studenten	Arbeitslose, Arbeitssuchende (Tariflich bezahlt)	Führungskräfte	...
Berufs-/Studienberatung	Marktsegment 1				
Motivations- und Bewerbungstraining	Marksegment 2				
Arbeitsvermittlung			Marktsegment 3		
Coaching				Marktsegment 4	
Karriereberatung					
Outplacement					

Strategische Geschäftsfelder

Häufig sind Unternehmen auf mehreren relevanten Märkten tätig. Dies führt zur Bildung von strategischen Geschäftsfeldern (SGFs) mit eigener Marktaufgabe.

Beispiele

Dem Geschäftsbericht von Daimler sind folgende strategische Geschäftseinheiten zu entnehmen: Mercedes-Benz Cars, Daimler Trucks, Mercedes-Benz Vans, Daimler Buses, Daimler Financial Services.

Die Tuja Zeitarbeit GmbH gibt folgende Geschäftsfelder an: Automotive, Aviation, Engineering, Kraftwerk & Energie, Logistik, Pflege & Medizin, Schiene & Schienenfahrzeugbau, Telekommunikation.

3.2 Bausteine einer Marketingkonzeption

Wirkungsvolles Marketing setzt einen in sich schlüssigen und klaren Handlungsplan voraus, der als **Marketingkonzeption** bezeichnet wird.

Die Planung einer Marketingkonzeption kann mit einer Reiseplanung verglichen werden: Sie bestimmt die „Wunschorte" (Ziele), legt hierfür die „Reiseroute" (Strategien) fest und wählt geeignete „Beförderungsmittel" (Instrumente oder Maßnahmen) aus.

Das nachfolgende Schaubild zeigt zusammenfassend die verschiedenen Ebenen einer Marketingkonzeption.

Definition

Eine **Marketingkonzeption** ist ein Handlungsplan, der zeigt mit welchen Strategien und durch welchen Instrumenteneinsatz vorher definierte Ziele erreicht werden sollen.

Eine Marketingkonzeption kann sich auf das ganze Unternehmen, auf einen Unternehmensbereich, ein Geschäftsfeld oder ein einzelnes Produkt beziehen.

3.3 Marketingplanungsprozess

Nach Festlegung des relevanten Marktes wird eine Marketingkonzeption in unterschiedlichen Schritten erarbeitet. Die Ergebnisse der einzelnen Phasen fließen in die Marketingkonzeption ein.

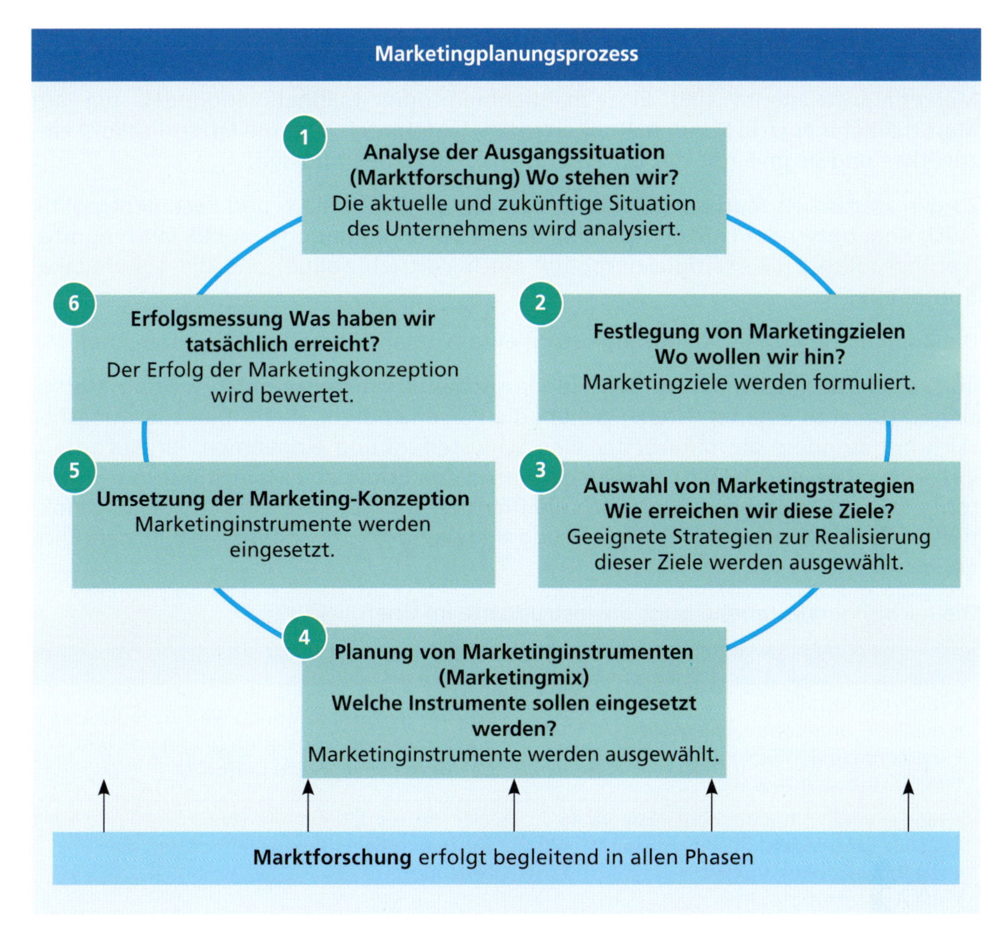

Voraussetzung für die Entwicklung einer Marketingkonzeption sind aussagekräftige Daten über die Marktverhältnisse, über Kunden sowie über Konkurrenzunternehmen. Die Beschaffung und Interpretation solche Daten erfolgt im Rahmen der Marktforschung (siehe Kapitel 4).

Die gewonnen Daten helfen dabei, die Ausgangssituation des Unternehmens zu analysieren (Kapitel 5).

Nachdem ein klares Bild der Unternehmenssituation entstanden ist, wird das Herzstück der Marketingkonzeption entwickelt, das heißt, Marketingziele werden formuliert, Marketingstrategien ausgewählt sowie der Einsatz der Marketinginstrumente geplant. In diesem Sinne fasst die Marketingkonzeption alle Planungsergebnisse strukturiert zusammen (siehe Kapitel 6).

In der nächsten Phase wird die Marketing-Konzeption praktisch umgesetzt (siehe Kapitel 7).

Nach Umsetzung der Marketingkonzeption wird deren Erfolg geprüft (siehe Kapitel 7).

3.4 Überblick über die Marketinginstrumente

Marketinginstrumente sind Einzelmaßnahmen oder Maßnahmenbündel, um auf Marktteilnehmer (z. B. Kunden, Konkurrenten, Lieferanten oder die Öffentlichkeit) einzuwirken und sie im Sinne der Unternehmensziele zu beeinflussen.

Zu den klassischen Marketinginstrumenten zählen die Produkt- und Sortimentspolitik (auch Angebots- oder Leistungspolitik), die Preis- und Konditionenpolitik (auch Kontrahierungspolitik), die Distributionspolitik (auch Vertriebspolitik) und die Kommunikationspolitik.

Die Kombination dieser Marketinginstrumente wird als **Marketing-Mix** bezeichnet.

Im Dienstleistungsbereich werden die klassischen Instrumente durch weitere Marketinginstrumente ergänzt. Hierzu gehört die Personalpolitik, da im Dienstleistungsbereich insbesondere die Mitarbeiter eine Schlüsselfunktion einnehmen. Ihr Auftreten, ihre Motivation und ihr Verhalten beeinflussen den Erfolg einer Dienstleistung. In weiter gefassten Ansätzen werden auch die Dienstleistungsumgebung (Ausstattungspolitik) sowie der Prozess der Dienstleistungserstellung (Prozesspolitik) mit in den Blick genommen.

Die nachfolgende Tabelle zeigt die Instrumente im Überblick:

Marketinginstrumente - die 7 Ps	
• die Produktpolitik • die Preis- und Konditionenpolitik • die Kommunikationspolitik • die Distributionspolitik	Welche Leistung (product) wird zu welchem Preis (price) wie vertrieben (place) und wie bekannt gemacht (promotion)?
• die Personalpolitik (im deutschen Raum auch als Internes Marketing bezeichnet) • die Prozesspolitik sowie • die Ausstattungspolitik	Wer (personnel) erstellt wie (process) und mit welchen Mitteln (physicial facilities) die Leistung?

3.5 Verbindung von strategischem und operativem Marketing

Die Tätigkeiten in einzelnen Planungsphasen bzw. im Marketing sind in der Unternehmenshierarchie auf verschiedenen Ebenen angesiedelt. So befasst sich die **Unternehmensleitung** (das Management) mit **strategischen Entscheidungen** (Phasen 1, 2, 3 und 4 sowie 6), die in einzelnen Unternehmensbereichen bzw. von einzelnen Abteilungen oder Mitarbeitern (z. B. Leistungserstellung, Vertrieb) **operativ umgesetzt** und kontrolliert werden (Phasen 5 und 6).

Strategisches Marketing	**Operatives Marketing**
beschäftigt sich mit **langfristigen, grundlegenden Fragen** und **Entscheidungen** im Marketing. Die Unternehmensleitung trifft Entscheidungen zu • Zielmärkten • Zielgruppen • Geschäftsfeldern und • Kernkompetenzen. ***Orientierung*** *an der grundlegenden Unternehmensphilosophie*	• setzt die strategische Planung in **konkrete Maßnahmen und Aktionen** um • beschäftigt sich mit der Ausgestaltung der Marketing-Instrumente (Marketing-Mix) • ist kurzfristiger angelegt bis hin zu Entscheidungen im Alltagsgeschäft ***Orientierung*** *am vorgegebenen Handlungsrahmen der Marketing-Konzeption*
DIE RICHTIGEN DINGE TUN	***DIE DINGE RICHTIG TUN***

Zusammenfassung

- Eine **Marketingkonzeption** ist ein langfristiger Plan, der mindestens folgende Elemente enthält: Marketingziele, Marketingstrategien und Marketinginstrumente.
- Grundlage jeder Marketingkonzeption ist die Abgrenzung des **relevanten Marktes**.
- **Marketingkreislauf:** Aufgaben im Marketing sind als Prozess zu verstehen, der idealtypisch in folgenden Phasen abläuft: (1) Analyse der Ausgangssituation, (2) Formulierung von Marketingzielen, (3) Planung der Marketingstrategie, (4) Planung des Einsatzes der Marketinginstrumente (Marketing-Mix), (5) Einsatz der Marketinginstrumente, (6) Marketingcontrolling.
- Eine **Marketingkonzeption** erfolgt auf Basis von Marktforschungsergebnissen (Situationsanalyse) und wird im Rahmen des Marketingcontrollings fortlaufend auf ihre Wirksamkeit hin überprüft.

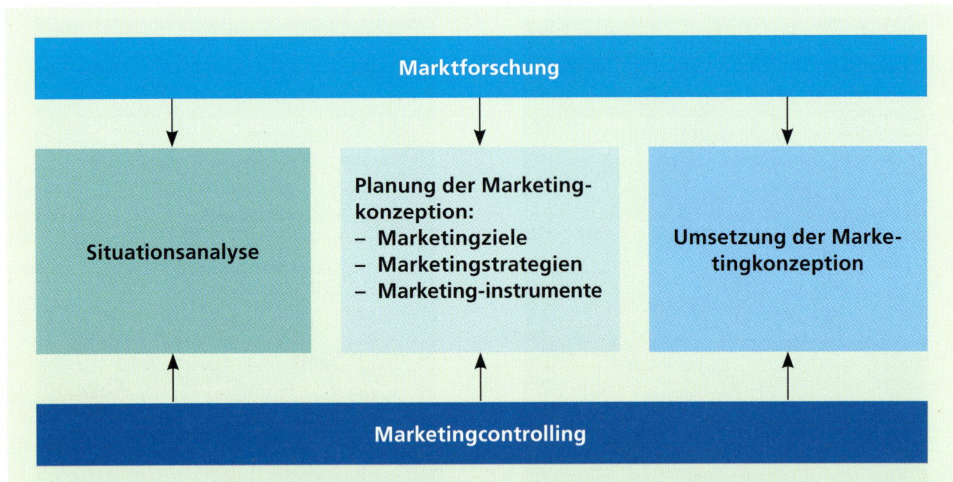

- Für die **Vermarktung von Dienstleistungen** werden neben den klassischen Marketinginstrumenten (Produkt-, Preis-, Kommunikations- und Distributionspolitik) **drei weitere Marketinginstrumente** eingesetzt. Es handelt sich um die **Prozess-, Ausstattungspolitik** sowie die **Personalpolitik** (Internes Marketing).
- Im Bereich des Marketings wird zwischen **strategischem und operativem Marketing** unterschieden. Das strategische Marketing beschäftigt sich mit langfristigen, grundlegenden Fragen und Entscheidungen im Marketing, die im operativen Marketing umgesetzt werden.

Aufgaben

1. *Begründen Sie, warum die Marktabgrenzung bzw. die Definition des relevanten Marktes für die Entwicklung einer Marketingkonzeption notwendig ist.*
2. *Geben Sie an, was unter einer Marketingkonzeption verstanden wird.*
3. *Beschreiben Sie den „Markt", auf dem Ihr Ausbildungsunternehmen tätig ist.*
4. *Erläutern Sie an einem Beispiel den Marketingplanungsprozess.*
5. *Unterscheiden Sie zwischen strategischem und operativem Marketing.*
6. *Geben Sie an, welche Entscheidungen im Rahmen des strategischen Marketings getroffen werden. Finden Sie hierzu Beispiele.*

4 Informationen mithilfe der Marktforschung gewinnen und auswerten

Einstiegssituation ▶

Die GBS Personallösungen GmbH beschafft Marktinformationen

Nachdem deutlich wurde, dass der **GBS Personallösungen GmbH** noch weitere Informationen für die Entscheidungsfindung fehlen, beauftragt **Rolf Jäger** Sie damit, sich intensiver mit den Möglichkeiten der Marktforschung zu beschäftigen und diese vorzustellen.

Arbeitsaufträge 1

1. *Stellen Sie grundsätzliche Möglichkeiten dar, wie Marktinformationen beschafft werden können.*
2. *Machen Sie zur Lösung des Markforschungsproblems der GBS Personallösungen GmbH begründete Vorschläge hinsichtlich:*
   - *des Informationsbedarfs,*
   - *der Methoden,*
   - *der Informationsquellen.*

   Beziehen Sie hierbei auch Ihre bisherigen Arbeitsergebnisse ein.

Arbeitsauftrag 2

Führen Sie eine konkrete Marktuntersuchung für die GBS Personallösungen GmbH durch. Einigen Sie sich hier zuvor auf einen Untersuchungsaspekt bzw. eine Fragestellung, die geklärt werden soll. bearbeiten Sie hierzu die folgenden Aufgaben:

1. *Grenzen Sie das Untersuchungsproblem ein.*
2. *Entwickeln Sie ein Marktforschungsdesign.*
3. *Führen Sie die Informationsbeschaffung soweit wie möglich durch.*
4. *Werten Sie die beschafften Daten aus und erstellen Sie einen Kurzbericht.*
5. *Präsentieren Sie die Ergebnisse.*
6. *Bestimmen Sie ggf. weiteren Informationsbedarf.*

4.1 Gegenstände der Marktforschung

Begriff

Für den unternehmerischen Erfolg ist es wichtig, sich fortlaufend über die Bedingungen und die Veränderungen auf dem Absatzmarkt zu informieren. Aufgabe der Marktforschung ist es, diese Daten zu beschaffen und auszuwerten. Die gewonnen Daten sollen dabei möglichst **objektiv, aktuell, relevant und präzise** sein.

Definition
Marktforschung ist die Beschaffung, Aufbereitung und Interpretation von Daten über **Märkte, Kunden** und **Wettbewerber** zum Zwecke der Informationsgewinnung für Marketingentscheidungen.

Wird eine Marktuntersuchung **gelegentlich**, **unsystematisch** und **zufällig** durchgeführt, spricht man von **Markterkundung**. Im Gegensatz dazu erfolgt **Marktforschung systematisch** und beruht auf **wissenschaftlichen Methoden**.

Beispiele
Markterkundung: Ein Personaldisponent berichtet über die letzten Kundengespräche.
Marktforschung: Die Kunden werden gezielt und mithilfe eines vorher erstellten Fragebogens nach ihrer Zufriedenheit befragt.

Aufgaben der Marktforschung

Die Marktforschung erfüllt für Unternehmen vielfältige Aufgaben:

- Sie stellt Informationen über den Markt, Kunden und Wettbewerber bereit.
- Sie erforscht die aktuelle und zukünftige Marktsituation und schätzt Trends und Marktentwicklungen ein.
- Sie filtert aus der Flut der Informationen diejenigen heraus, die für das eigene Unternehmen **relevant** sind.
- Sie unterstützt die Unternehmensleitung bei der Entscheidungsfindung mit gut aufbereiteten Daten.
- Sie ist Basis für die Planung von strategischen und operativen Marketingmaßnahmen.
- Sie hilft dabei, Marketingmaßnahmen umzusetzen sowie den Erfolg zu überprüfen.

Zeitlicher Umfang der Informationsbeschaffung

Nach dem **Zeithorizont** werden die Marktanalyse, die Marktbeobachtung und die Marktprognose unterschieden.

Gebiete der Marktforschung

Je nach Informationsbedarf werden verschiedene Gebiete der Marktforschung unterschieden:

Bedarfsforschung

Der Bedarf an einem Produkt oder einer Dienstleistung ist die Grundlage des Absatzes eines Unternehmens. Die Bedarfsforschung untersucht den latenten, aktuellen und zukünftigen Bedarf. Hierbei ermittelt sie auch Gründe für die Nichtnachfrage. Sie trägt dazu bei, die Absatzchancen von Produkten besser einschätzen zu können.

Kundenforschung

Die Kundenforschung beschäftigt sich damit, wie und warum Kunden Angebote wahrnehmen, und mit dem Verhalten, wenn Angebote ausgewählt und genutzt werden. Sie erforscht Kaufverhalten, Gründe für Kaufentscheidungen, Kaufmotive und Einstellungen.

Absatzforschung

Die Absatzforschung sammelt Informationen über den relevanten Absatzmarkt, die eigene Marktstellung und die Wirkung von Marketingmaßnahmen.

Konkurrenzforschung

Die Konkurrenzforschung beschafft Informationen über tatsächliche und potentielle Mitbewerber, ihr Leistungsangebot sowie ihr Wettbewerbsverhalten.

4.2 Methoden der Marktforschung

Nach der Art der Informationsgewinnung werden Sekundär- und Primärforschung unterschieden.

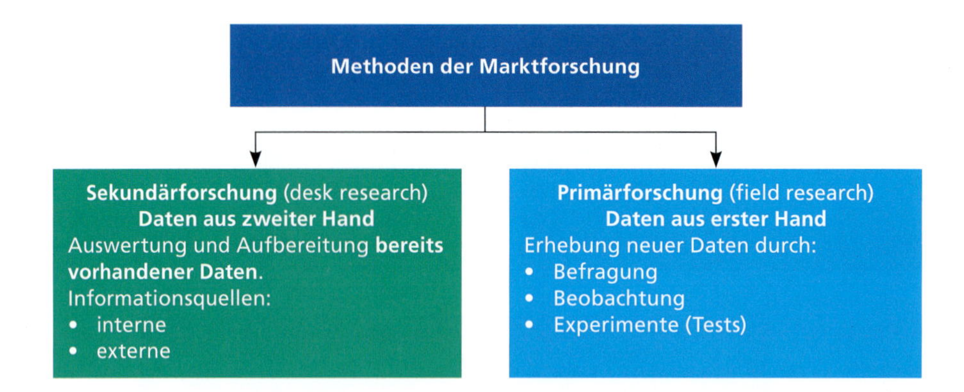

4.2.1 Sekundärforschung

Sekundärforschung liegt vor, wenn bereits **vorhandene Informationen/Daten** für einen neuen Untersuchungszweck **ausgewertet und aufbereitet** werden. Dazu können **interne** und **externe** Datenquellen herangezogen werden.

Interne Datenquellen	Externe Datenquellen
• Auftragsstatistik • Absatz-/Umsatzstatistiken • Kundendatei/Kundenstatistiken • Berichte des Außendienstes • Berichte des Kundendienstes • Beschwerdestatistik • Unterlagen der Buchführung • Unterlagen aus der Kosten- und Leistungsrechnung • Eigene bereits erhobene Daten	• Statistiken von amtlichen Stellen • Branchenberichte/Marktstudien • Veröffentlichungen von Marktforschungsinstituten oder anderen wissenschaftlichen Instituten • Firmenveröffentlichungen (z. B. Geschäftsberichte, Homepages) • Zeitungen, Zeitschriften, Fachpresse • Messen und Ausstellungen • Externe Datenbanken

Mithilfe der Sekundärforschung können Informationen im Vergleich zur Primärforschung **schnell** und **kostengünstig** beschafft werden.

Bei der Auswertung von externen Daten sollten folgende Fragen beachtet werden:

- Woher stammen die Daten? Ist die Quelle seriös? Sind die Daten gültig und zuverlässig?
- Passen die Daten zur Themenstellung? Wie genau sind die Daten? Sind die Daten repräsentativ?
- Von wann sind die Daten? Sind die Daten noch aktuell?
- Ist ersichtlich, nach welchen Methoden die Daten gewonnen und ausgewertet wurden?
- Was kosten die Daten?

Problematisch kann es sein, wenn die Qualität der Daten nicht zum Untersuchungszweck passt oder das Sekundärmaterial **veraltet** oder **ungenau** ist. In solchen Fällen sollten Unternehmen dann auf die Primärforschung zurückgreifen.

4.2.2 Primärforschung

Primärforschung liegt vor, wenn für einen genau bestimmten Untersuchungszweck **neue Daten erhoben** werden. Die **teurere** Primärforschung liefert **genauere Aussagen**, da sie speziell auf den Untersuchungszweck zugeschnitten wird. Im Gegensatz zur Sekundärforschung verfügt nur das Unternehmen über diese Informationen. Im Einzelfall muss geprüft werden, ob der Nutzen einer Primärforschung die damit verbundenen Kosten rechtfertigt.
In der Primärforschung werden grundsätzlich verschiedene Methoden angewandt. Hierzu gehören die Befragung, die Beobachtung, Experiment und Panel.

Befragung

Die Befragung (auch Umfrage) ist die **wichtigste Methode der Primärerhebung**. Sie kann **schriftlich** oder **mündlich** (persönlich oder telefonisch) sowie **einmalig** oder **mehrmalig** erfolgen. Mittlerweile werden Befragungen häufig **computerunterstützt** oder **internetbasiert** durchgeführt. Zum Einsatz kommen das **freie Gespräch**, aber auch **standardisierte Fragebögen** oder **Interviewleitfäden**. Die Befragung kann sich auf ein oder mehrere Themen beziehen.
Wichtige Gruppen für Befragungen sind die Kunden, die eigenen Mitarbeiter sowie Experten aus dem Umfeld. Befragungen tragen dazu bei, Auskunft über Meinungen, Einstellungen und Gefühle der befragten Personen (z. B. Kunden, Mitarbeiter) zu erhalten. Mit Befragungen können „qualitativ" (schwer messbare) Daten erhoben werden.

Befragungsmethoden

Alternativ können bei einer Befragung folgende Instrumente eingesetzt werden:

- schriftlich (mit Fragebogen)
- telefonisch (frei oder gestützt auf vorstrukturierten Fragebogen)
- persönlich, mündlich (mit Interviewern)
- computergestützt, online

Voll- und Teilerhebungen

Werden **alle infrage kommenden Personen** befragt, spricht man von **Vollerhebung**. Aus Kosten- und Zeitgründen ist dies aber nicht immer möglich, sodass auf **Teilerhebungen (Stichproben)** zurückgegriffen wird. Eine **Stichprobe muss repräsentativ** sein. Das bedeutet, dass die ausgewählten Personen die gleichen Merkmale wie die Grundgesamtheit aller infrage kommenden Personen aufweisen müssen.

Beobachtung, Experiment, Markttest, Panel

Im Konsumgüterbereich werden neben der Befragung auch folgende weitere Methoden der Primärforschung eingesetzt:

- **Beobachtung:** Konsumenten werden während des Einkaufes hinsichtlich ihres Kaufverhaltens beobachtet.
- **Experiment:** Hier wird jeder Sachverhalt unter genau festgelegten Bedingungen untersucht. Um die Auswirkungen genau zu erfassen, wird jeweils eine Bedingung verändert. Beispielsweise wird ein Werbespruch einer Versuchsgruppe in drei Varianten vorgespielt. Am Ende des Versuchs wird festgestellt, welche Variante sich am besten einprägt.
- **Markttests** sind ein beliebtes Mittel, um die Käufereinstellung zu Produkten (Warentest), zu Produktnamen (Marken), zur Verpackung usw. zu ermitteln oder um festzustellen, ob Werbemaßnahmen sich lohnen.
- **Panel:** Eine Befragung, Beobachtung oder ein Test wird über einen längeren Zeitpunkt hinweg mit den gleichen Gruppen regelmäßig durchgeführt. Durch die regelmäßige Wiederholung in gewissen Zeitabständen können Meinungs- und Verhaltensänderungen der Auskunftspersonen festgestellt werden. Dadurch werden neue Marktströmungen und -entwicklungen aufgedeckt.

4.3 Marktforschungsprozess

Grundsätzlich muss bei jeder Marktuntersuchung geklärt werden, ob sie durch das Unternehmen selbst oder durch ein beauftragtes Marktforschungsinstitut durchgeführt werden soll. Prinzipiell durchläuft jede Marktuntersuchung verschiedene Phasen:

Phase	Beschreibung	Beispiel
Problemdefinition Problemformulierung	**Formulierung einer Fragestellung, die durch die Marktforschung beantwortet werden soll:** • Erkennen und Definieren des Entscheidungs- bzw. Untersuchungsproblems • Klärung des Informationsbedarfs (Datenbedarfs) • Festlegung der Untersuchungsziele • Identifikation von Datenquellen	Die Müller Zeitarbeit GmbH kämpft seit einigen Monaten mit rückläufigen Umsatzzahlen. Insbesondere mehrere ehemalige Stammkunden sind in der vergangenen Zeit zu Mitbewerbern gewechselt. Die Gründe für die Abwanderung sollen erforscht werden.

Phase	Beschreibung	Beispiel
Wahl des Untersuchungsdesigns	**Festlegung des Untersuchungsdesigns in Bezug auf** • Dauer der Untersuchung, Zielgruppen, Methoden, Kosten • Ausarbeitung des Messinstruments (z. B. Fragebogen)	Da bei der Analyse des Problems nicht auf bestehende Daten zurückgegriffen werden kann, sollen die aktuellen und ehemaligen Kunden des Personaldienstleisters befragt werden. Geplant wird die Durchführung von 30 persönlichen Interviews, wobei 20 aktuelle und 10 abgewanderte Kunden befragt werden sollen. Dazu wird ein spezieller Interviewleitfaden ausgearbeitet.
Datenerhebung	**Durchführung der Erhebung** • Korrektur und Verfeinerung des Messinstruments mithilfe von Pre-Tests • Informationsbeschaffung und Datensammlung	Nach Durchführung eines Pre-Tests wird der Interviewleitfaden angepasst. Anschließend wird die Befragung durchgeführt.
Datenauswertung und -interpretation	**Aufbereitung der Daten und aussagekräftige Darstellung sowie Analyse der Ergebnisse hinsichtlich der Fragestellung** • Verarbeitung und Aufbereitung der erhobenen Informationen/Daten • Darstellung in Diagrammen und Schaubildern • Herausfiltern von Kernaussagen • Ableitung von Konsequenzen	Anschließend werden die Interviews ausgewertet und dokumentiert.
Kommunikation der Ergebnisse	**Darstellung der Ergebnisse** • Erstellung eines Marktforschungsberichts • Präsentation der Ergebnisse und Weiterleitung an die Entscheidungsträger	Die Ergebnisse werden der Unternehmensleitung vorgestellt: Die Untersuchung zeigt, dass die Kunden insbesondere mit dem Service während der Überlassung unzufrieden waren.
Entscheidung	**Auswahl von Maßnahmen** • Auswahl von geeigneten Marketingmaßnahmen	Die Müller Zeitarbeit GmbH ergreift zwei Maßnahmen zur Optimierung der Servicequalität (z. B. Einarbeitungsservice, 24-Stunden-Hotline).

Zusammenfassung

- **Marktforschung** erfolgt systematisch, planvoll und mit wissenschaftlichen Methoden, sie dient der Beschaffung und Aufbereitung von Informationen über Marktgegebenheiten, Kunden und Konkurrenten.
- **Ziele und Aufgaben**: Überprüfung der Wirkungen von Marketinginstrumenten, Qualitätsverbesserung von Entscheidungen, Aufdecken von Marktbeeinflussungsmöglichkeiten, Erkennen von Chancen und Trends.
- Abgrenzung der Marktforschung nach dem **Zeithorizont**:
  - Marktanalyse (zeitpunktbezogen)
  - Marktbeobachtung (zeitraumbezogen)
  - Marktprognose (zukunftsbezogen)
- Gegenstände der Marktforschung:
  - Bedarfsforschung/Kundenforschung (Analyse der Nachfrage)
  - Konkurrenzforschung (Analyse der Mitbewerber)
  - Absatzforschung (Analyse der eigenen Absatzsituation)
  - **Methoden** der Marktforschung lassen sich abgrenzen nach der Art der Erhebung:
  - **Primärforschung** (Erhebung neuer Daten)
  - **Sekundärforschung** (Analyse bereits vorhandenen Datenmaterials aus internen und/oder externen Quellen.)
- Ein **Marktforschungsprozess** unterteilt sich in verschiedene Phasen.

Aufgaben

1. *Erläutern Sie den Begriff Marktforschung.*
2. *Begründen Sie, warum Unternehmen Marktforschung betreiben sollten.*
3. *Beschreiben Sie typische Aufgaben der Marktforschung.*
4. *Unterscheiden Sie zwischen Primär- und Sekundärforschung.*
5. *Grenzen Sie die Begriffe Marktanalyse, Marktbeobachtung und Marktprognose voneinander ab und nennen Sie jeweils ein Anwendungsgebiet.*
6. *Erläutern Sie die einzelnen Schritte eines Marktforschungsprozesses.*
7. *Führen Sie eine Erkundung in Ihrem Ausbildungsbetrieb zu folgenden Fragen durch:*
   - *Gibt es in Ihrem Unternehmen eine Person oder eine Abteilung, die für Marktforschung verantwortlich ist?*
   - *Wurden schon einmal Marktforschungsstudien in Auftrag gegeben oder eigene Projekte durchgeführt? Wenn ja, zu welchen Themen?*
   - *Welche Fragen standen im Mittelpunkt der letzten Marktforschungsaktivitäten?*
   - *Mit welchen Methoden wurde die Marktforschung durchgeführt?*
   - *Gibt es eine Frage, die aktuell durch Marktforschung zu klären wäre?*

8. *Kleinere Unternehmen haben häufig nicht die Ressourcen, um breit angelegte Marktforschung zu betreiben. Welche Möglichkeiten haben sie, trotzdem Marktforschung zu betreiben?*
9. *Diskutieren Sie die Vor- und Nachteile der verschiedenen Befragungsmethoden.*

5 Eine Situationsanalyse durchführen

Einstiegssituation ▶

Die **GBS Personallösungen GmbH** bestimmt die Ausgangssituation sowie zukünftige Chancen und Risiken.

Nachdem die grundsätzlichen Möglichkeiten der Informationsbeschaffung durch die Projektgruppe geklärt wurden, soll in einem nächsten Schritt eine Situationsanalyse durchgeführt werden.

Arbeitsauftrag

Führen Sie für die GBS Personallösungen GmbH eine Situationsanalyse durch. Bearbeiten Sie dazu die folgenden Teilaufgaben.

1. *Informieren Sie sich über die Ziele und Bestandteile einer Situationsanalyse.*
2. *Nennen und strukturieren Sie die Informationen, die Sie zur Analyse der internen und externen Unternehmenssituation benötigten. Unterbreiten Sie Vorschläge, wie die Informationen beschafft werden können. Beziehen Sie auch Ihre vorherigen Ergebnisse (siehe Arbeitsaufträge Kapitel 3) mit ein.*
3. *Bestimmen Sie Stärken und Schwächen der GBS Personallösungen GmbH. Berücksichtigen Sie hierbei die unten dargestellten Informationen.*
4. *Analysieren Sie im Rahmen der Umfeldanalyse mögliche Chancen und Schwächen. Beziehen Sie hierbei auch die Marktforschungsergebnisse (siehe Arbeitsaufträge Kapitel 3) ein.*
5. *Informieren Sie sich über das Wesen, die Vorgehensweise und die Ziele einer SWOT-Analyse.*
6. *Führen Sie alle Informationen mithilfe einer SWOT-Analyse zusammen.*
7. *Präsentieren Sie Ihre Ergebnisse.*

Auf einem hausinternen Workshop haben die Mitarbeiter der GBS Personallösungen GmbH folgende Fakten zusammengestellt. Ergänzen Sie ggf. weitere eigene Aspekte situativ.

Geschäftsfelder/Leistungsspektrum
- schmales Leistungsspektrum
- nur Markterfahrung im Bereich Metall und Elektro
- gutes Netzwerk
- Service und Zusatzleistungen ausbaufähig
- Helferbereich unbeständig

Finanzielle Situation
- gute Umsatzentwicklung in den beiden letzten Jahren im Stammhaus
- Umsätze in der Niederlassung Hamm begrenzt
- finanzielle Reserven begrenzt

Mitarbeiter
- motivierte Mitarbeiter
- hoher Anteil Fachkräfte
- geringe Fortbildungsaktivitäten in den letzten Jahren
- gutes Betriebsklima

Kundensituation/Kundenzufriedenheit
- überwiegend zufriedene Stammkunden
- gute Referenzen
- Kundenbedarf hinsichtlich weiterer Personaldienstleistungen unklar

Sonstiges
- Zertifizierung Arbeitsschutzsystem
- gute Geschäftsausstattung
- wenig Erfahrung mit Social Media

Konkurrenzsituation
- viele Markteintritte von Konkurrenten im Kerngeschäft Fachkräfte
- keine klare Alleinstellung im Vergleich zu Mitbewerbern
- Abwerbung von guten Fachkräften durch Konkurrenten

5.1 Situationsanalyse

Begriff

Ziel der Situationsanalyse ist es, die aktuelle Situation des Marktes zu erfassen. Sie zeigt auf, wo das Unternehmen zu einem bestimmten Zeitpunkt steht, wie es sich selbst sieht und wie es von anderen Marktteilnehmern (z. B. Kunden oder Lieferanten) wahrgenommen wird. Die Situationsanalyse ist eine Kombination aus

- Umfeldanalyse,
- Marktanalyse,
- Analyse der eigenen Unternehmenssituation.

Methodisch kann sie mithilfe einer SWOT-Analyse erfolgen (siehe letzter Abschnitt dieses Kapitels).
Eine Situationsanalyse umfasst sowohl eine unternehmens**externe** als auch eine unternehmens**interne Sichtweise**.

Untersuchung des Unternehmensumfelds
(gesellschaftliche, wirtschaftliche, politisch-rechtliche, ökologische und technologische Situation)

Marktanalyse
- Analyse der Marktgröße und Marktentwicklung
- Analyse der Kunden
- Analyse der Mitbewerber

Analyse der Situation des eigenen Unternehmens
(Stärken und Schwächen in ausgewählten Bereichen)

Bedeutung

Die Situationsanalyse ist ein erster wichtiger Schritt, um eine bestehende Marketingkonzeption zu verbessern oder eine neue Marketingkonzeption zu entwickeln.
Mithilfe der Analyse der Ausgangssituation gewinnt ein Unternehmen **strukturierte Informationen für die spätere Ausgestaltung der Marketingkonzeption**. Alle nachfolgenden Entscheidungen über Ziele, Strategien und Marketinginstrumente können so fundierter getroffen werden.

5.2 Umfeldanalyse

Bei der Betrachtung der Unternehmensumwelt werden die **Entwicklungen in verschiedenen Bereichen** untersucht. Mithilfe der Umfeldanalyse will man herausfinden, welche Einflüsse sich direkt oder indirekt auf das Unternehmen in seinem Markt auswirken.

Beispiele
Gesellschaftlich: *Veränderungen von Werten und Einstellungen hinsichtlich Freizeit, Arbeit, Konsum, Umweltschutz, Ernährung, Gesundheit, Partnerschaft und Familie, Ethik oder Moral, ...*
Wirtschaftlich: *demografischer Wandel, Arbeitslosigkeit, Konjunktur, Zinsen, Verschuldung der öffentlichen Hand, Auswirkungen der Globalisierung*
Politisch-rechtlich: *Änderungen im Rahmen der Steuer-, Arbeitsmarkt-, Beschäftigungs-, Wirtschafts- und Umweltpolitik, Wettbewerbsrecht, Veränderungen von Gesetzen und Verordnungen auf nationaler Ebene, EU-Ebene aber auch internationaler Ebene*
Natur und Ressourcen: *Umweltverschmutzung, Ressourcenverknappung und -verteuerung, Klima, umweltbezogene Normen, steigendes Umweltbewusstsein, ...*
Technisch: *Veränderungen im Bereich der Schlüsseltechnologien (Gen-, Informations- und Lasertechnologie, Mikroelektronik oder Robotik), ...*

Die Ergebnisse bilden die allgemeinen Rahmenbedingungen für das unternehmerische Handeln. Sie liefern erste Hinweise für die Auswahl möglicher Strategien.

Beispiele

Wegen des demografischen Wandels und des damit verbundenen Fachkräftemangels entscheidet sich ein Personaldienstleistungsunternehmen dieser Entwicklung durch den Ausbau des Marktbereichs „Fachkräfte" zu begegnen.

5.3 Marktanalyse

5.3.1 Analyse der Marktgrößen und Marktentwicklung

Bei einer quantitativen Marktanalyse werden die Marktgrößen mengen- und wertmäßig erfasst. So lässt sich die eigene Marktstellung besser einschätzen.

Als Marktgrößen unterscheidet man: das Markt- bzw. Absatzpotenzial, das Markt- bzw. Absatzvolumen und den Marktanteil.

- Als **Marktpotential** wird die maximale Aufnahmefähigkeit des Marktes für ein Produkt oder eine Dienstleistung bezeichnet.
- Das **Marktvolumen** umfasst die tatsächliche Absatzmenge aller Anbieter.
- Das **Absatzpotential** stellt die maximal erreichbare Absatzmenge eines Unternehmens dar.
- Hingegen zeigt das **Absatzvolumen** die tatsächliche Absatzmenge eines Unternehmens.

Der **Marktanteil** zeigt das Verhältnis des Absatzes/Umsatzes eines Unternehmens zum gesamten Marktvolumen. Er wird berechnet, indem das Absatzvolumen und das Marktvolumen miteinander in Beziehung gesetzt werden.

Marktanteil in Prozent = $\frac{\text{Unternehmensabsatz} \cdot 100}{\text{Marktvolumen}}$

Die **Veränderung von Marktanteilen** im Zeitablauf zeigt die Verbesserung oder Verschlechterung der eigenen Marktstellung. Die Erhöhung des eigenen Marktanteils kann nur zulasten der Konkurrenz gehen.

Marktwachstum liegt vor, wenn der Absatz/Umsatz aller Anbieter zunimmt, d.h. das Marktvolumen größer wird.

Die rein quantitative Erfassung reicht oft nicht aus, zusätzlich werden Erkenntnisse über Nachfrager benötigt.

5.3.2 Kundenanalyse

Was will der Kunde? Dies ist eine der wichtigsten Fragen, die im Rahmen der Kundenanalyse beantwortet wird. Dabei erstreckt sich die Analyse nicht nur auf **aktuelle**, sondern auch auf **potentielle Nachfrager**, eingeschlossen sind also Kunden und Nichtkunden. Dazu müssen die Kundenbedürfnisse laufend erkundet werden.
Bedeutsame Informationen über Kunden sind zum Beispiel:

Beispiele

Kundenstruktur: *Wer sind die derzeitigen und zukünftigen Kunden? Welche potentiellen Kunden gibt es? Welche Kundenstruktur (Unternehmensgröße, Branche, ...) liegt vor? Wie wird sich diese entwickeln? Welche einzelnen Kundengruppen lassen sich unterscheiden? Welche Kunden sind besonders „wertvoll"?*

Kundenmotivation und Kaufverhalten: *Welche Erwartungen haben die Kunden (Produktnutzen, Qualität)? Wie zufrieden sind unsere Kunden? Welche Kaufmotive sind entscheidend? Welches Kaufverhalten zeigen Kunden aktuell, und welche Veränderungen sind zu erwarten? Wie informieren sich Kunden über Produkte und Dienstleistungen?*

5.3.3 Wettbewerberanalyse

Das Ziel der Wettbewerbsanalyse ist es, die Mitbewerber hinsichtlich ihres Leistungsangebots, **ihrer Stärken und Schwächen und ihres Verhaltens im Markt** besser einschätzen zu können. Die Analyse erstreckt sich auf aktuelle und zukünftige Wettbewerber. Es geht um Fragen wie:

Beispiele

Wie viele und welche relevanten Wettbewerber gibt es? In welchen Geschäftsfeldern sind sie tätig? Welches Wettbewerbsverhalten zeigen sie? Mit welchen Strategien positionieren sie sich am Markt? Welche Marketinginstrumente setzen sie ein? Wie wird sich das Wettbewerbsverhalten in Zukunft verändern? Wie stark ist die Marktposition einzelner Wettbewerber? Welche Stärken und Schwächen weisen die Konkurrenten auf?

Bezogen auf die Branche, können beispielsweise folgende Fragen relevant sein:

Beispiele

Wie hoch ist die Rivalität zwischen den Wettbewerbern? Wie hoch ist die Bedrohung durch potentielle Konkurrenten? Welche Verhandlungsstärke (Marktmacht) haben Lieferanten und Abnehmer? Wie leicht können die angebotenen Produkte durch Ersatzprodukte verdrängt werden?

5.4 Stärken-Schwächen-Analyse

Die **interne Unternehmensanalyse** beleuchtet die Leistungsfähigkeit des Unternehmens, sein Potential sowie seine Stärken und Schwächen. Sie zeigt auf, über welche Fähigkeiten das Unternehmen aktuell verfügt und zu welchen Handlungen es in Zukunft fähig sein wird.

Interne Unternehmensanalyse

Wer bin ich?

Was kann ich?

Ermittlung von Stärken und Schwächen
Bewertung der Stärken und Schwächen im Vergleich mit Konkurrenten
Ergebnis: Stärken-Schwächen-Profil

Mögliche Untersuchungsschwerpunkte können sein:

Beispiele

- *Unternehmenskultur, -leitbild und -werte, Unternehmensziele, Unternehmensgeschichte, ...*
- *Unternehmensführung (Qualität und Leistungsfähigkeit der Führungskräfte, Führungsstil, Entscheidungsgeschwindigkeit und -sicherheit, ...),*
- *Organisationsstruktur (Informationspraxis u. -system, interne Kommunikation, Entscheidungsstrukturen, Flexibilität, ...),*
- *Finanzielle Verhältnisse (Umsatz, Jahresgewinn, Investitionsbedarf, Liquidität, Kapitalstruktur, Kreditwürdigkeit, Kostensituation, ...),*
- *Personal (Anzahl, Qualifikation, Motivation, Zufriedenheit, Fluktuation, Betriebsklima, Aus-, Fort- und Weiterbildung, ...),*
- *Standort (Standortqualität, Zahl der Niederlassungen, Verbreitung im Absatzgebiet, ...),*
- *Marketing (Angebotspalette, Innovationsfähigkeit, Vertriebsorganisation, Kommunikations- und Kontrahierungspolitik, bisher eingesetzte Instrumente, genutzte Medien, Verkaufskonzept, ...),*
- *Kundenzahlen, Kundenzufriedenheit, Kundenfluktuation, Bekanntheitsgrad,*
- *Marktstellung (Marktanteil, Marktposition, Wettbewerbsvorteile, ...),*
- *Fertigungsbereich bzw. die Dienstleistungsproduktion (Qualität, Organisation, Arbeitssicherheit, Produktivität, Auslastungsgrad, ...),*
- *Beziehungen zu Kooperationspartnern,*
- *der Bereich Forschung und Entwicklung,*
- *...*

Das Ergebnis der internen Unternehmensanalyse kann in einem Stärken-Schwächen-Profil dargestellt werden.

Da Stärken und Schwächen erst im **Vergleich mit Wettbewerbern** eine Aussagekraft erhalten, wird zum Vergleich der stärkste **Hauptkonkurrent** herangezogen.

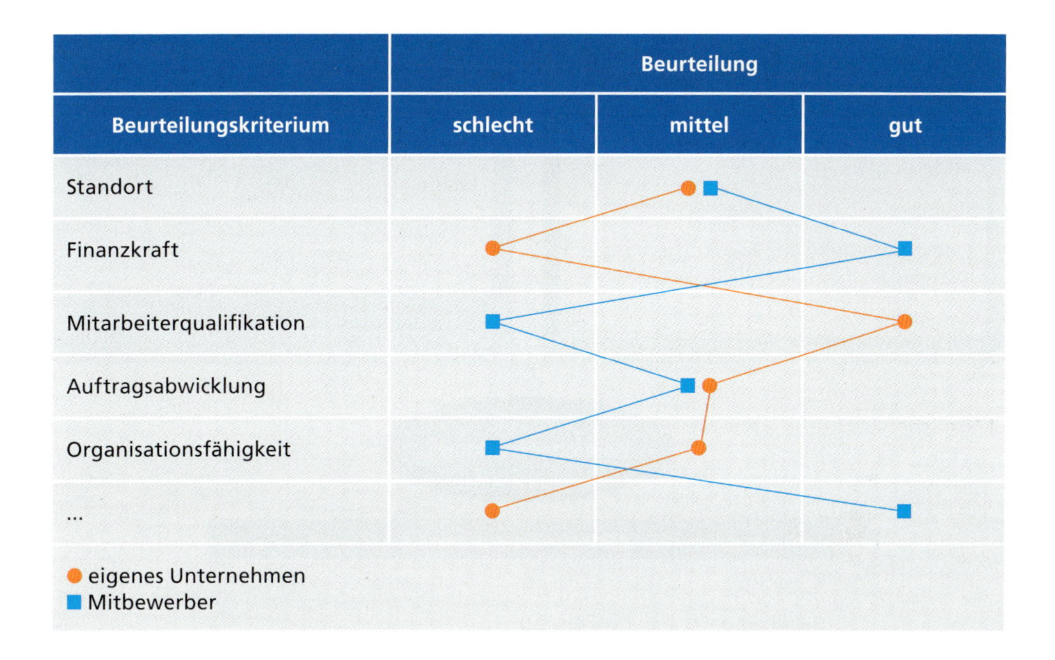

5.5 SWOT-Analyse

Begriff

Die SWOT-Analyse ist eine Methode, die für die systematische Analyse und Bewertung der gegenwärtigen und zukünftigen Unternehmenssituation geeignet ist. Sie führt die Ergebnisse der **internen** und **externen Unternehmensanalyse** zusammen.

Das Wort SWOT ist ein englisches Akronym und steht für: **S**trengths (Stärken), **W**eaknesses (Schwächen), **O**pportunities (Chancen), **T**hreats (Gefahren). Wie der Name schon sagt, werden die aktuellen Stärken und Schwächen sowie mögliche Chancen und Risiken identifiziert und daraus Strategien und Maßnahmen abgeleitet.

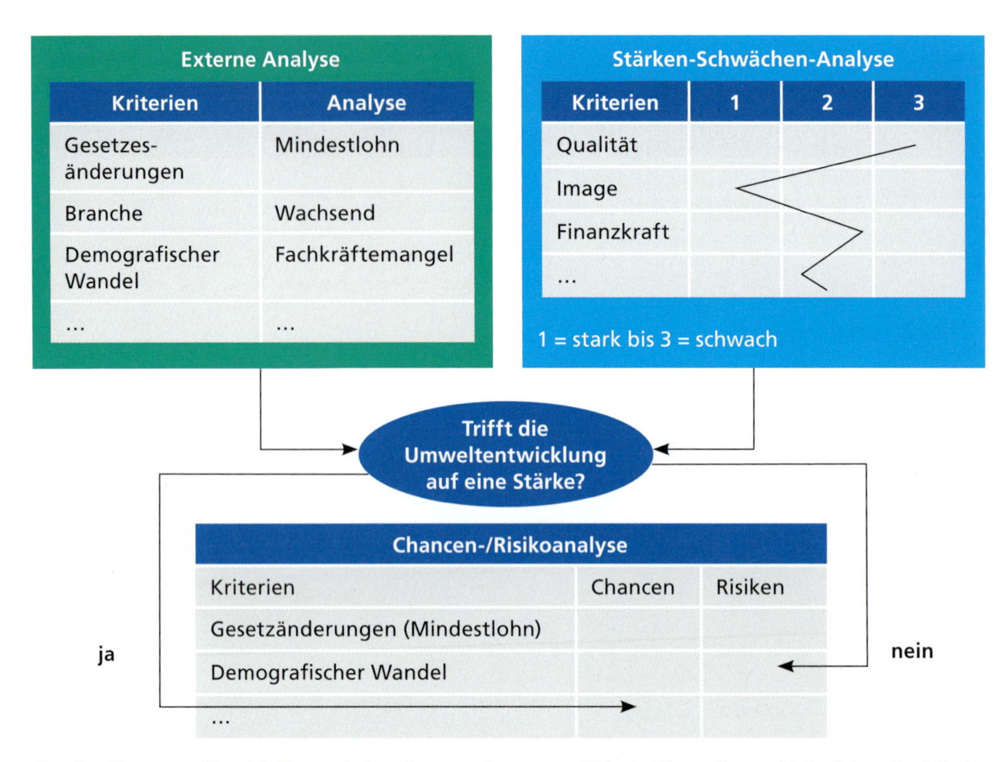

Quelle: Ehrmann, Harald: Strategische Planung, hrsg. von Olfert, Klaus: Kompakt-Training, Praktische Betriebswirtschaft, Kiehl Verlag, Ludwigshafen, 2006, S. 110

Eine SWOT-Analyse eignet sich für alle Unternehmensgrößen und kann auf das gesamte Unternehmen, auf Unternehmensteile sowie auf einzelne Produkte/Dienstleistungen angewandt werden.

Ziele und Vorgehensweise

Eine SWOT-Analyse analysiert, ob die zurzeit verfolgten Strategien auch zukünftig tauglich sind. Sie hilft dabei, mögliche Wettbewerbsvorteile zu erkennen.

Wie der Name sagt, geht es bei der **Stärken-Schwächen-Analyse** um genau die Stärken und Schwächen (siehe auch interne Unternehmensanalyse):

- **Stärken** sind die **Erfolgsfaktoren**, die zu einer **hervorragenden Wettbewerbsposition** verhelfen können. Dagegen beeinträchtigt das Vorliegen einer Schwäche das Erlangen einer guten Wettbewerbsposition.
- Sowohl seine **Stärken** als auch seine **Schwächen** kann ein Unternehmen **aktiv beeinflussen**.

Die **Chancen-Risiken-Analyse** basiert auf den Informationen der externen Analyse.

- Sie identifiziert Chancen und Risiken, die sich aus **Veränderungen** der **Umwelt** für das Unternehmen ergeben.

- Sie zeigt die **Einflussfaktoren**, die von außen auf das Unternehmen einwirken und durch das Unternehmen **nicht verändert** werden können.

Trifft eine Umweltentwicklung auf eine Stärke, kann sich eine Chance für das Unternehmen ergeben. Im umgedrehten Fall kann sie ein Risiko darstellen.

Beispiel

Neue Technologien (z. B. Web 2.0) können zu einem Risiko werden, wenn man nicht in der Lage ist, sie einzubeziehen. Sie können aber auch eine Chance sein, wenn das Unternehmen sie besser als Wettbewerber nutzt.

Das nachfolgende Beispiel veranschaulicht ein mögliches Ergebnis einer SWOT-Matrix:

Beispiel

Beispiel eines Personaldienstleistungsunternehmens	**Stärken/Strengths** hohe Qualitätsstandards (S1) gut ausgebildete Mitarbeiter (S2) 20 Jahre Erfahrung in der Zeitarbeit (S3) ...	**Schwächen/Weaknesses** schwache Präsenz in Social Media (W1) Abhängigkeit von wenigen Großkunden (W2) ...
Chancen/Opportunities Wachsender Markt für Pflegedienstleistungen (O1) Kunden nutzen vermehrt das Web 2.0 (O2) ...	**SO-Strategien** Mit den eigenen Stärken bestehende Chancen nutzen. Weiterentwicklung der Angebotspalette im Bereich Pflegemarkt (S3/O1)	**WO-Strategien** Schwächen abbauen, um bestehende Chancen zu nutzen. Ausbau der Internetpräsenz/ Nutzung von Web 2.0 (W1/ O2)
Risiken/Threats Schlechtes Branchenimage (T1) Hoher Preisdruck durch Eintritt osteuropäischer Konkurrenten (T2) ...	**ST-Strategien** Stärken nutzen, um bestehende Gefahren abzuwehren. Kundengewinnung im Pflegemarkt durch Einhaltung hoher Qualitätsstandards (S1/T2)	**WT-Strategien** Schwächen abbauen, um drohende Gefahren abzuwenden. Erschließung neuer Kundengruppen in stabilen Preissegmenten (W2/T2)

Für die Untersuchung der Ausgangssituation müssen zahlreiche Informationen gefiltert, systematisiert und für die Entscheidungsfindung aufbereitet werden. Hilfestellung bieten hier Methoden, wie z. B. SWOT-Analyse, Positionierungsanalyse, Produktlebenszyklus oder Portfolioanalyse. Exemplarisch wurde die SWOT-Analyse dargestellt. Informationen zu den anderen Methoden finden Sie in BuchPlusWeb.

Zusammenfassung

Analyse der Ausgangsituation

Die Analyse der Ausgangssituation umfasst eine unternehmensexterne und eine -interne Analyse.

Die **externe Analyse** erstreckt sich auf die **allgemeine Unternehmensumwelt** und den Markt (Marktgrößen und -entwicklung, Kunden, Wettbewerber)

Umfeldanalyse	Marktanalyse
• **Gesellschaftliche** und **soziokulturelle** Entwicklungen • **Demografische** Entwicklungen • **Gesamtwirtschaftliche** Entwicklungen • Veränderungen der **politischen** und **rechtlichen** Rahmenbedingungen • **Natur** und **Ressourcen/ökologische Entwicklungen** • **Technische** Entwicklungen	• **Markt** • **Branche** • **Konkurrenten** • **(potentielle) Nachfrager** /Kunden • ggf. weitere Marktteilnehmer/ Anspruchsgruppen

Zu den **Marktgrößen bzw. Marktkennzahlen** zählen: Marktpotential, Marktvolumen, Absatzpotential, Absatzvolumen, Marktanteile, Marktwachstum sowie Grad der Marktsättigung.

Bei der **internen Analyse** steht das eigene Unternehmen im Mittelpunkt. Seine Stellung im Markt und bei Kunden wird im Vergleich zum Hauptkonkurrenten untersucht. Darüber hinaus werden die internen Rahmenbedingungen, wie z.B. Unternehmenskultur, Ressourcen, Potential, Rechtsrahmen, Organisation, Finanzstärke, Personal und Marketing beleuchtet.

SWOT-Analyse

Methode zur Analyse von Stärken und Schwächen (auf Basis der internen Unternehmensanalyse) sowie Chancen und Risiken (auf Basis der Mikro- und Makroumwelt)

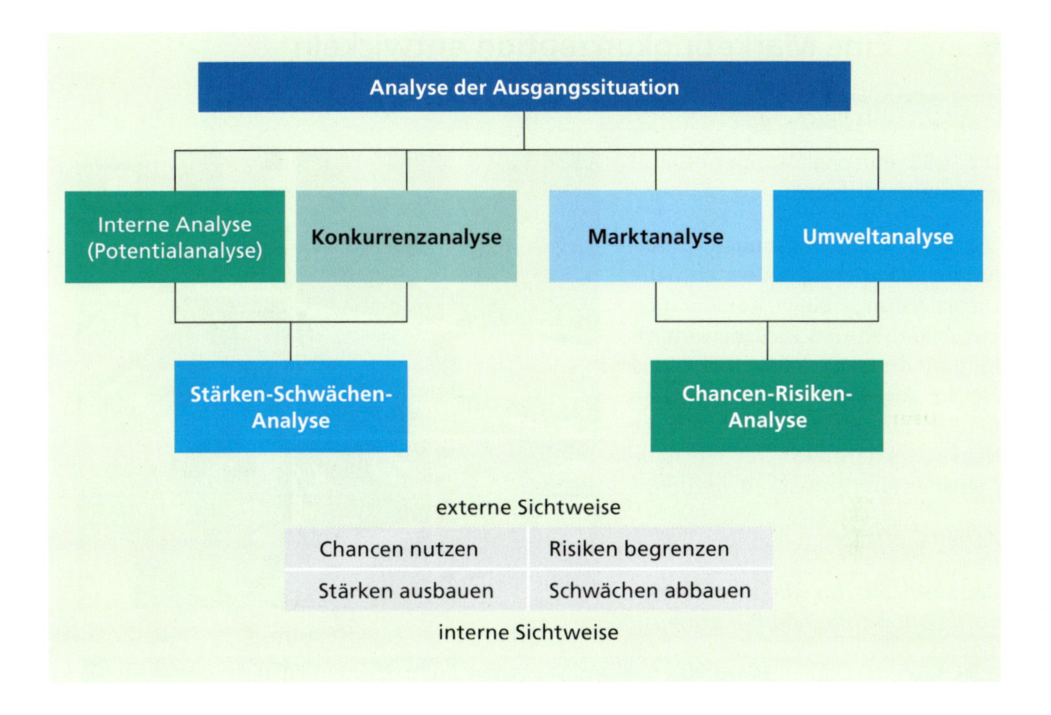

Aufgaben

1. *Begründen Sie, warum die Analyse der Ausgangssituation Bestandteil einer Marketingkonzeption ist.*
2. *Erläutern Sie die Begriffe Marktpotential, Marktvolumen und Marktanteil.*
3. *Folgende Zahlen liegen Ihnen für das regionale Marktgebiet, in dem Sie tätig sind, vor. Berechnen Sie das Marktvolumen in Euro und den Marktanteil der GBS Personallösungen GmbH in Prozent.*
   - *Geschätztes Marktpotenzial: 50 000 000,00 €.*
   - *Marktabsatz der Unternehmen im Monat April*

Anbieter:	Tenheimer	Time4Work	Borstmeier	GBS Personallösungen	ABC Personal
Umsatz in €	600 000,00	1 180 000,00	280 000,00	180 000,00	750 000,00

4. *Das Beratungsunternehmen Berger hatte im vergangenen Jahr 2 300 Kunden. Dies entsprach einem Umsatz von 1,30. Mio. €. Auf dem Beratungsmarkt im regionalen Einsatzgebiet des Unternehmens wurde von den übrigen Anbietern im gleichen Zeitraum ein Umsatz von 15,2 Mio. € erreicht. Der Bundesverband der Beratungsunternehmen prognostiziert, dass bei Ausschöpfung aller marketingpolitischen Instrumente ein Umsatz von 18,0 Mio. € erzielt werden kann.*
   a) *Berechnen Sie den Marktanteil des Beratungsunternehmens Berger.*
   b) *Ermitteln Sie, wie weit das Marktpotential auf dem regionalen Markt bereits ausgeschöpft wurde.*

6 Eine Marketingkonzeption entwickeln

Einstiegssituation ▶

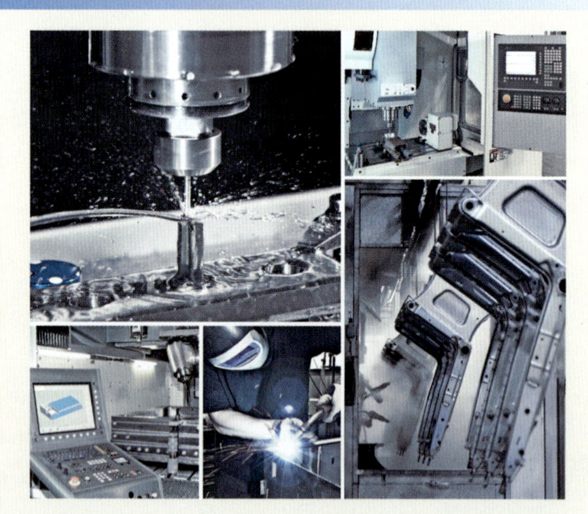

Die GBS Personallösungen GmbH entscheidet sich für

Die **GBS Personallösungen GmbH** hat sich dazu entschieden, als neue Dienstleistung eine Kombination aus Zeitarbeit und Personalvermittlung für die Berufsfelder Metall und Elektro sowie den kaufmännischen Bereich anzubieten. Nun soll eine Marketingkonzeption für die neue Dienstleistung entwickelt werden.

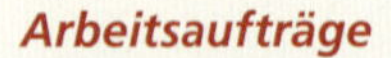

Arbeitsaufträge

Arbeiten Sie für die Marketingkonzeption folgende Punkte aus.

Bestandteile	Kurze Beschreibung
Angaben zur Zielgruppe	
Marketingziele	
Marketingstrategie	

Aufgaben

1. *Überlegen Sie, welche Zielgruppen sich für das neue Dienstleistungsangebot interessieren könnten.*
2. *Geben Sie geeignete Segmentierungskriterien an. Begründen Sie Ihre Auswahl.*
3. *Legen Sie bezogen auf die neue Dienstleistung Marketingziele nach der SMART-Formel fest.*
4. *Wählen Sie für Ihre Ziele passende Marketingstrategien aus.*

6.1 Marketingziele

Begriff

Definition

Marketingziele beschreiben einen angestrebten zukünftigen Zustand, der durch den Einsatz der absatzpolitischen Instrumente erreicht werden soll.

Marketingziele werden aus den Unternehmenszielen abgeleitet.

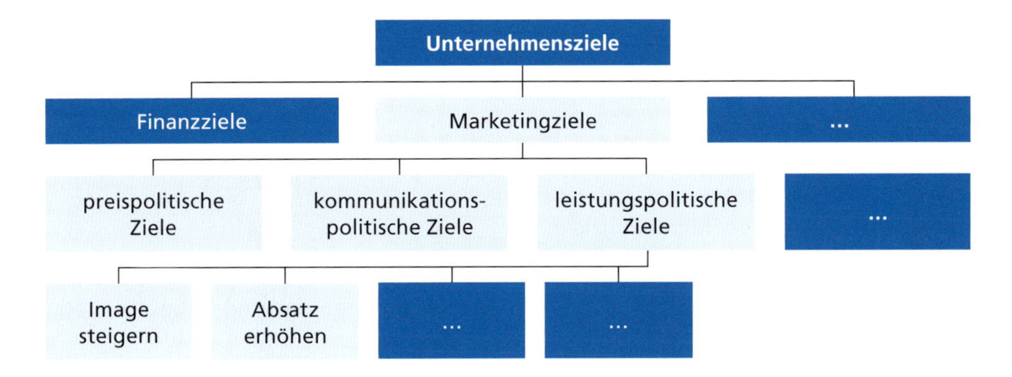

Formen

Grundsätzlich unterscheidet man ökonomische und psychologische Marketingziele.

Ökonomische Marketingziele (quantitative Ziele) **Ziele, die auf einen bestimmten wirtschaftlichen Erfolg ausgerichtet und mengenmäßig erfassbar sind.**	**Nicht-ökonomische Marketingziele (qualitative Ziele)** **Ziele, die auf das Verhalten von Käufern oder anderen Zielgruppen ausgerichtet sind. Der Erfolg ist schwer messbar.**
• Umsatzsteigerung	• Bekanntheitsgrad erhöhen
• Verteidigung oder Erhöhung von Marktanteilen	• Image festigen, verbessern
• Verbesserung der Deckungsbeitrage	• Vertrauen der Käufer gewinnen
• Kundenzahl erhöhen	• Kundenzufriedenheit erhöhen
•	• Kunden binden
...	...

Im Weiteren werden für einzelne Marketinginstrumente eigene Ziele formuliert.

Beispiel
Kommunikationspolitische Ziele:
Image steigern, Aufmerksamkeit wecken, über neue Produkte informieren, Kaufabsicht stärken, ...

Bei der Zielformulierung sollte die sog. SMART-Regel zur Anwendung kommen. SMART steht für Ziele, die Spezifisch, Messbar, Akzeptabel, Realistisch und Termingebunden beschrieben sind.

6.2 Marketingstrategien

Begriff

Marketingstrategien legen den Weg fest, wie die Marketingziele erreicht werden sollen.

Definition

Eine **Marketingstrategie** bezeichnet ein langfristig ausgerichtetes, planvolles Vorgehen zur Erreichung der Marketingziele.

Marketingstrategien stellen einen übergeordneten Rahmen dar und haben in diesem Sinne eine Lenkungsfunktion.

Überblick

Grundlegende Marketingstrategien zeigt das Schema:

Grundlegende Marketingstrategien

Wachstumsstrategien
Marketingstrategien, die auf ein Wachsen des Umsatzes bzw. Absatzes oder des Marktanteils gerichtet sind.

Marktsegmentierungsstrategien Marktbearbeitungsstrategien
Marketingstrategien, die durch eine Aufteilung des Gesamtmarktes in einzelne Marktsegmente (Ziel- oder Kundengruppen), eine differenzierte Marktbearbeitung ermöglichen.

Kundengerichtete Marketingstrategien
Marketingstrategien, die darauf ausgerichtet sind, Kunden zu gewinnen, zu binden oder zu reaktivieren.

Wettbewerbsvorteilsstrategien
Marketingstrategien, die auf Erlangung eines Wettbewerbsvorteils setzen.

Wachstumsstrategien

Entscheidet sich ein Unternehmen für eine Wachstumsstrategie, so stehen ihm vier Produkt-Markt-Kombinationen zur Verfügung:
Es wird zwischen bereits **bekannten** und **neuen Produkten** sowie bereits **bekannten** bzw. **neuen Märkten** unterschieden. Das Wort „neu" bezieht sich ausschließlich auf die Perspektive des Anbieters.

❶ Bei der **Marktdurchdringungsstrategie** bietet ein Unternehmen bereits vorhandene Produkte auf bereits bekannten Märkten an. Ziel der Marktdurchdringung ist es, den vorhandenen Markt vollständig auszuschöpfen.

❷ Bei der **Marktentwicklungsstrategie** wird Wachstum durch das Erschließen neuer Märkte mit vorhandenen Produkten angestrebt.

❸ Bei der **Produktentwicklungsstrategie** entwickelt ein Unternehmen neue Produkte, um auf bereits bearbeiteten Märkten weiter zu wachsen.

❹ Bei der **Diversifikationsstrategie** werden neue Produkte auf noch nicht bearbeiteten Märkten angeboten.

Mithilfe der Tabelle lassen sich **vier Grundstrategien** unterscheiden, mit denen **Unternehmenswachstum** erreicht werden kann. Sie werden deshalb auch als Wachstumsstrategien bezeichnet. Die Tabelle (Produkt-Markt-Matrix) wird nach ihrem Erfinder auch als Ansoff-Matrix bezeichnet.

Märkte Produkte	bereits bekannte Märkte	neue Märkte
bereits bekannte Produkte	**Marktdurchdringung** • Erhöhung der Bedarfshäufigkeit bei bestehenden Kunden • Kundenrückgewinnung • Gewinnung neuer Kunden (Nichtverwender, Abwerben von Wettbewerberkunden) • ...	**Marktentwicklung** • Räumliche Ausdehnung des Absatzgebietes z. B. durch Ausbau des Niederlassungs- und Filialnetzes • Ansprache von neuen Zielgruppen durch geringfügige Produktvariation • Schaffung von neuen Anwendungsmöglichkeiten (Zusatznutzen) für bestehende Produkte
neue Produkte	**Produktentwicklung** • Entwicklung von echten Marktneuheiten • Ausbau des Leistungsprogramms durch Angebot neuer Produktvarianten • Imitation von Wettbewerbsprodukten (Me-too-Produkte)	**Diversifikation** • horizontal: Das Produktprogramm wird um Produkte auf der gleichen Wirtschaftsstufe erweitert, die mit dem bestehenden Programm einen sachlichen Zusammenhang aufweisen (Zeitarbeit und Personalvermittlung) • vertikal: Dienstleistungen von vor- oder nachgelagerten Wirtschaftsstufen werden in das Leistungsprogramm aufgenommen (Verlag kauft Buchhandel auf) • lateral: Vorstoß in völlig neue Märkte, die keinen Bezug zum bisherigen Leistungsprogramm haben (Aldi bietet Reisen an)

Marktsegmentierungsstrategien

Die Marktsegmentierung ist eine wichtige **Basis für die Kundenorientierung**. Sie beruht auf der Überlegung, dass Käufer des gleichen Produktes sich in ihren Bedürfnissen, Kaufmotiven und Kaufverhalten unterscheiden. Je genauer die Merkmale einer Zielgruppe bekannt sind, umso gezielter kann die Kundenansprache erfolgen und umso höher sind die Erfolgschancen am Markt.

Eine Zielgruppe sind Menschen oder Unternehmen, die die gleichen Bedürfnisse, Kaufmotive oder Kaufgewohnheiten haben.
Um Ziel- oder Kundengruppen zu bilden, wird die Gesamtheit der Nachfrager in Teilgruppen unterteilt. Dabei werden Nachfrager, die sich in ihren Merkmalen ähneln, in einem Marktsegment (Kundengruppe, Zielgruppe) zusammengefasst. Sie müssen sich von anderen Zielgruppen deutlich unterscheiden.

Definition
Bei der **Marktsegmentierung** wird der relevante Markt in homogene Teilmärkte (Ziel- oder Käufergruppen)[1] zerlegt, die sich voneinander deutlich abgrenzen lassen.

Bevor mit der Bildung von Marktsegmenten begonnen werden kann, müssen zunächst **Segmentierungskriterien festgelegt** werden. Mithilfe der Kriterien werden einzelne Marktsegmente (Kundengruppen) gebildet.

Die wichtigsten Kriterien für B2C- und B2B-Märkte sind in der Tabelle zusammengefasst.

B2C-Märkte	B2B-Märkte
Demografische und sozioökonomische Kriterien (z. B. Geschlecht, Alter, Familienstand, Anzahl der Kinder, Einkommen, Bildung/Beruf) **Gruppenbezogene/soziologische Kriterien** (z. B. Gruppendynamik, -zwang, soziale Rolle, soziale Schicht) **Geografische Kriterien** (z. B. Bundesland, Ortgrößen, Nielsen-Gebiete) **Psychografische Kriterien** (z. B. Persönlichkeitsmerkmale, Lebensstile, Einstellungen, Konsummotive, Gewohnheiten) **Verhaltensorientierte Merkmale** (z. B. produktspezifisches Kaufverhalten, Verhaltensmuster, Verwendung, Nutzenerwartung, Markentreue, Mediennutzung, Einkaufshäufigkeit, Einkaufsstättenwahl, Preisbereitschaft und Preisempfindlichkeit)	**Demografische Merkmale** (z. B. Branche, Größe (gemessen an Umsatz, Mitarbeiterzahl, ...), Standort, Einkaufsvolumen bzw. Bedarf, Bedeutung der Produkte/Dienstleistungen für das Unternehmen **Geografische Kriterien** (z. B. lokal, regional, national, international, global) **Organisatorische Kriterien/Einkaufsverhalten** (z. B. Ablauf des Beschaffungsprozesses, Einkaufspolitik (Einkaufsrichtlinien, Einkaufkriterien), durchschnittliches Auftragsvolumen, Bestellhäufigkeit, Vorliegen eines Buying Centers, Kaufanlass (Neu-/Wiederkauf), Anwendungsbereich der nachgefragten Leistung) **Lieferanten/Kundenbeziehung** (z. B. Bestandskunde, ehemaliger Kunde, potentieller Kunde, Erstkäufer, Kunde eines Wettbewerbers, Nicht-Verwender, Kundenwert) **Situationsbedingte Kriterien** (z. B. Dringlichkeit, spezifische Anwendungen) **Motive und Verhalten der Einkäufer**

Marktbearbeitungsstrategien

Bei der Auswahl einer Marktbearbeitungsstrategie gibt es verschiedene grundsätzliche Möglichkeiten. Es kann zwischen einer sehr breiten und einer sehr engen Zielgruppenansprache unterschieden werden. Innerhalb dieser Pole lassen sich vier verschiedene Abstufungen ausmachen.

[1] *Der Begriff „Teilmarkt" beschreibt die Anbieterseite, dagegen ist mit dem Begriff Marktsegment die Nachfragerseite (Zielgruppe, Kundengruppen) gemeint.*

- Das **Massenmarketing** (auch undifferenzierte Marktbearbeitung) bietet allen Nachfragern das gleiche Angebot. Einzelne Unterschiede zwischen den Nachfragern werden nicht beachtet. Eine Marktsegmentierung ist nicht erfolgt.
- Beim **Zielgruppenmarketing** (differenzierte Marktbearbeitung) hält der Anbieter für einzelne Kundengruppen unterschiedliche Leistungsangebote bereit.
- Das **Nischenmarketing** (konzentrierte Marktbearbeitung) entspricht dem Zielgruppenmarketing, aber es bezieht sich nur auf ein Untersegment. Hierbei handelt es sich um Käufer mit spezifischen Ansprüchen.
- **Mikromarketing** (individuelles Marketing) ist die Anpassung auf die Bedürfnisse eines Käufers. Jeder einzelne Kunde ist ein Marktsegment.

Wettbewerbsvorteilsstrategien

Mit der gewählten Wettbewerbsstrategie positioniert sich das Unternehmen im Wettbewerb gegenüber Konkurrenten. Ziel ist es, einen Wettbewerbsvorteil zu erlangen. Von einem **Wettbewerbsvorteil** spricht man, wenn es einem Unternehmen gelingt, dauerhaft gegenüber Konkurrenten überlegene Leistungen zu erbringen. Das Unternehmen ist so in der Lage, den Kunden einen höheren Nutzen zu verschaffen als Konkurrenzunternehmen.

Ein Wettbewerbsvorteil kann darin liegen, dass ein Unternehmen im Vergleich zu Konkurrenten...

- über eine bessere Qualität verfügt
- seine Leistungen kostengünstiger anbieten kann
- seine Leistungen schneller erbringen kann
- Kundenbedürfnisse schneller und besser erkennt und sein Leistungsangebot zeitnah darauf abstimmt
- eine/n hervorragende/n Kundenberatung/-service bietet
- ein überlegenes Image aufbaut und hält
- schneller leistungsstarke Neuentwicklungen auf den Markt bringen kann
- die bestqualifizierten Mitarbeiter rekrutiert
- über überragendes Expertenwissen bzw. die besseren Informationen verfügt
- Sicherheitsaspekte besser löst
- die besseren Zusatzleistungen offerieren kann.

Dabei kann es grundsätzlich zwischen zwei unterschiedlichen Strategieausrichtungen wählen:

- **Kostenführerschaft:** niedrige Kosten, günstige Preise
- **Produktdifferenzierung/Qualitätsführerschaft:** Überlegene Produkte und Dienstleistungen, bessere Kundenbeziehungen

Unternehmen, die versuchen **beide Strategien** gleichzeitig zu verfolgen, erlangen keinen Wettbewerbsvorteil (sog. **Stuck of the Middle**).

Strategischer Wettbewerbsvorteil	
Qualitätsführerschaft (Gesamtmarkt) Basis: überlegene Produkte/Dienstleistungen oder bessere Kundenbeziehungen	**Kostenführerschaft (Gesamtmarkt)** Basis: bessere Kostenstrukturen
Hier soll über Differenzierung ein Wettbewerbsvorteil geschaffen werden.	Hier soll durch niedrige Kostenstrukturen ein Wettbewerbsvorteil erzielt werden.

Kundengerichtete Strategien

Kundengerichtete Strategien beschäftigen sich mit der Frage, wie die Unternehmensressourcen (Kapital, Mitarbeiter, ...) auf Bestands- und Neukunden aufgeteilt werden. Sie unterscheiden zwischen Kundengewinnung, Kundenbindung und Kundenreaktivierung (siehe Kapitel 8 bis 11 im Lernfeld 7).

Beispiele
Wie wollen wir neue Kunden gewinnen, Bestandskunden binden und verlorene Kunden reaktivieren? Welchen Schwerpunkt setzen wir? Wie sollen Kundenbeziehungen gestaltet werden?

Zusammenfassung

- **Marketingziele** sind **Bestandteil** des **unternehmerischen Zielsystems** und unterscheiden **wirtschaftliche** (z. B. Umsatz, Marktanteile) und **psychologische Ziele** (z. B. Image, Kundenzufriedenheit). Sie sollen möglichst **konkret formuliert** werden, dabei hilft die SMART-Regel.
- **Marktsegmentierung** unterteilt den Markt in **homogene Teilmärkte**. Dazu werden **Segmentierungskriterien** bestimmt und angewendet. Das Ergebnis sind **Kunden- bzw. Zielgruppen,** die sich in ihren Bedürfnissen und ihrem Verhalten ähneln. Die Marktsegmentierung ist die Basis für eine gezieltere Kundenansprache.
- **Marketingstrategien** stellen einen Handlungsrahmen für das operative Marketing dar und tragen zur Zielerreichung bei.

Marktfeldstrategien (Ansoff-Matrix)	Marktbearbeitungsstrategien	Wettbewerbsvorteilstrategien	Kundengerichtete Strategien
Marktdurchdringung Marktentwicklung Produktentwicklung Diversifikation	Undifferenziert Differenziert Segment of One	Kostenführerschaft Qualitätsführerschaft	Kundengewinnung Kundenbindung Kundenreaktivierung

Aufgaben

1. *Unterscheiden Sie zwischen ökonomischen und psychografischen Zielen und geben Sie jeweils zwei Beispiele.*
2. *Auf einer Mitarbeiterbesprechung der GS Personalvermittlung GmbH sind folgende Marketingziele vorgeschlagen worden. Überprüfen Sie die formulierten Ziele mithilfe der SMART-Regel.*
   a) *Die GS Personalvermittlung GmbH steigert ihren Gesamtumsatz um 5 %.*
   b) *Die GS Personalvermittlung GmbH wird auf dem Markt der gewerblichen Arbeitnehmerüberlassung im Bereich Produktionshelfer Marktführer bis zum 31. Dezember 20...*

c) *Die GS Personalvermittlung GmbH steigert ihren Marktanteil im Marksegment „Arbeitnehmerüberlassung bei kaufmännischen Mitarbeitern – tariflicher Bereich" bis zum 31.12.20...*

d) *Die GS Personalvermittlung GmbH hat am 01. März 20.. ein gutes Image.*

e) *Die GS Personalvermittlung GmbH senkt ihre Marketingkosten um 10 % durch die Senkung des Werbebudgets.*

f) *Die GS Personalvermittlung GmbH erhöht ihren Bekanntheitsgrad um 25 % bis zum 31. Dezember 20...*

3. *Erklären Sie den Begriff Marketingstrategie.*
4. *Geben Sie an, was unter Marktsegmentierung verstanden wird.*
5. *Welche Segmentierungskriterien würden Sie zur Zielgruppenbildung von Geschäftskunden einsetzen?*
6. *Welche strategischen Ansatzpunkte erfasst die Produkt-Markt-Matrix (Ansoff-Matrix)?*
7. *Grenzen Sie undifferenzierte, differenzierte und konzentrierte Markbearbeitungsstrategien voneinander ab.*
8. *Erläutern Sie Inhalte und mögliche Anwendung verschiedener Strategien am Beispiel eines Personaldienstleisters (Angebotsportfolio: Zeitarbeit und Personalvermittlung im gewerblichen Bereich), der bisher nur im süddeutschen Raum aktiv ist und aus Sicht der bisherigen Kunden ein außergewöhnlich gutes Preis-Leistungsverhältnis bietet.*
9. *Erläutern Sie den Begriff "strategischer Wettbewerbsvorteil" und geben Sie Beispiele an.*

7 Marketinginstrumente auswählen und einsetzen

Einstiegssituation ▶

Die **GBS Personallösungen GmbH** plant den Einsatz von Marketinginstrumenten

In der GBS Personallösungen GmbH sollen für die Erweiterung des Geschäftsfeldes Marketinginstrumente geplant und Marketingmaßnahmen umgesetzt werden. Die GBS Personallösungen GmbH hat sich dazu entschieden als neue Dienstleistung eine Kombination aus Zeitarbeit und Personalvermittlung für die Berufsfelder Metall und Elektro sowie den kaufmännischen Bereich anzubieten.

7.1 Leistungs- oder Angebotspolitik

Einstiegssituation ▶

Für die Dienstleistung eine Leistungsbeschreibung erstellen
In einer Besprechung informiert Rolf Jäger das Team der GBS Personallösungen GmbH darüber, dass er im nächsten Monat eine neue Dienstleistung anbieten möchte.
Mike Steffens: „Eigentlich ist das doch irre, wie schnell wir die neue Dienstleistung kreiert haben. Die meisten Produkte haben eine Entwicklungszeit von mehreren Jahren."
Lara Gröne nickt zustimmend: „Aber wir brauchen noch einen Namen."
Maria Sanders: „Hm, einen Namen zu finden, ist unser geringstes Problem. Wir haben noch viel Arbeit vor uns. Wir haben noch nichts, was wir den Kunden zeigen könnten."
Lara Gröne sieht das nicht so: „Also wir haben eine ganze Menge Erfahrung in der Zeitarbeit und auch mit Personalvermittlung. Eigentlich ist die neue Dienstleistung doch gar nicht neu.
Rolf Jäger erwidert: „Beides ist richtig. Aber das Neue ist ja die Kombination von Zeitarbeit und Personalvermittlung. Und dieses „Neue" wollen wir eigenständig vermarkten. Deswegen müssen wir die neue Dienstleistung für unsere Kunden noch ausgestalten." Anschließend wirft er das folgende Bild über den Beamer an die Wand:

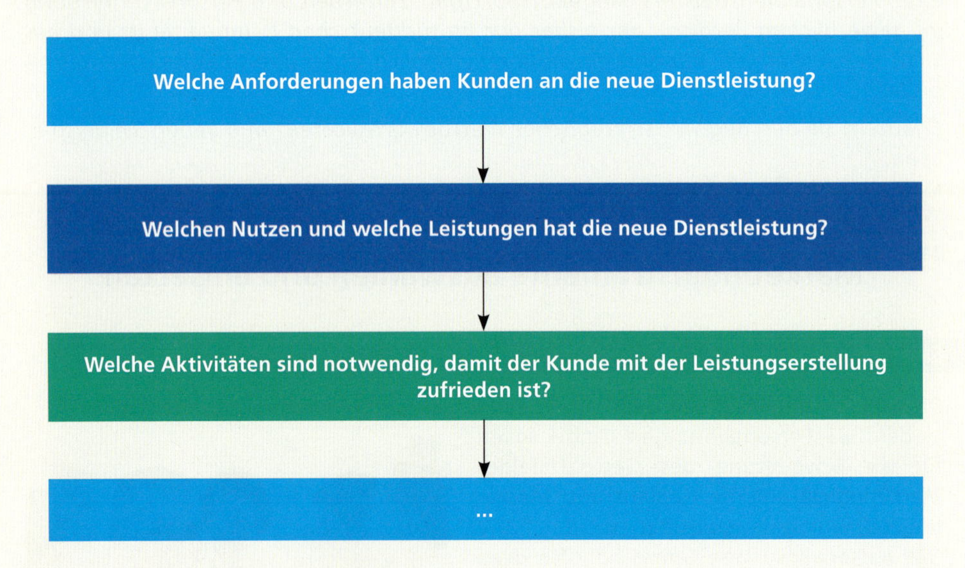

Arbeitsauftrag

Gestalten Sie die neue Dienstleistung. Bearbeiten Sie zur Lösung folgende Teilaufgaben.

Aufgaben

1. *Erstellen Sie eine erste kurze Beschreibung der Dienstleistung.*
2. *Überlegen Sie, was Kunden für Erwartungen an die GBS Personallösungen GmbH und an die Dienstleistung haben? Beschreiben Sie möglichst genau mögliche Kundenanforderungen.*

3. *Notieren Sie möglichst viele Ideen,*
   - *die Kunden dabei helfen, eine Vorstellung von der Dienstleistung zu entwickeln.*
   - *die dazu beitragen, dass Kunden das Leistungsversprechen als glaubwürdig einstufen.*
4. *Geben Sie der Dienstleistung einen Namen.*
5. *Bestimmen Sie den Kundennutzen sowie den Leistungsumfang (Kern- und Zusatzleistungen).*
6. *Machen Sie konkrete Angaben zur Dienstleistungsqualität (Qualitätsstandards und -level).*
7. *Unterbreiten Sie Vorschläge für das Sichtbarmachen (Materialisierung) der Dienstleistung.*
8. *Beschreiben Sie einzelne Prozesse, die für die Erbringung der Dienstleistung notwendig sind. Geben Sie an, bei welchen Prozessen Kunden mitwirken möchten oder müssen.*
9. *Ordnen Sie die neue Dienstleistung in das bestehende Dienstleistungsangebot (Sortiment) ein.*
10. *Geben Sie an, welche betrieblichen Voraussetzungen für die Leistungserstellung notwendig sind.*
11. *Präsentieren Sie Ihre Ergebnisse.*

7.1.1 Aufgabenbereiche

Begriff

Definition
Die **Leistungspolitik** beschäftigt sich mit der marktgerechten Gestaltung einzelner Dienstleistungen und der gesamten Dienstleistungspalette.

Die Leistungspolitik wird auch als **„Herzstück" des Marketings** bezeichnet, da sie den gesamten **Marketing-Mix wesentlich beeinflusst,** also die Ausgestaltung der weiteren Marketinginstrumente bestimmt.
Sie hat das Ziel, das Leistungsangebot so zu gestalten, dass es im Vergleich zur Konkurrenz deutlich attraktiver erscheint.

Aufgabenbereiche

Die Leistungspolitik umfasst die Leistungsgestaltung, die Neuentwicklung von Dienstleistungen, die Veränderungen von bereits angebotenen Dienstleistungen sowie die Markierungspolitik.

Leistungspolitik/Angebotspolitik

Dienstleistungsgestaltung (Gestaltung einzelner Dienstleistungen)	Gestaltung des Leistungsprogramms – Entwicklung neuer Dienstleistungen – Veränderung bestehender Dienstleistungen	Markierungspolitik

7.1.2 Dienstleistungsgestaltung

Eine Dienstleistung lässt sich genauso bewusst gestalten wie ein Produkt.

Begriff

Definition

Die **Dienstleistungsgestaltung** beschäftigt sich mit der Frage, wie die Leistung des Unternehmens aussehen muss, um den Bedürfnissen der Kunden gerecht zu werden.

Dabei ist als besondere Herausforderung auch die Frage zu klären, wie eine nicht sichtbare Leistung für den Kunden greifbar wird. Wie also kann ein Leistungsversprechen vermarktet werden?

Elemente

Elemente der Leistungsgestaltung im engeren Sinne stellt das folgende Schema dar.

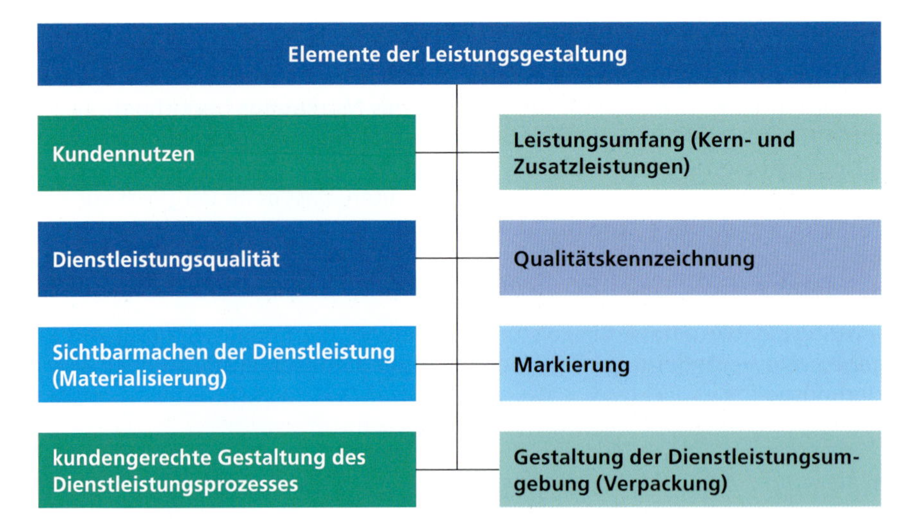

Ermittlung der Kundenanforderungen

Ansprüche von Kunden können sich auf alle drei Dienstleistungsphasen beziehen. Deshalb müssen die Kundenerwartungen für alle drei Bereiche ermittelt werden.

Beispiele
Ansprüche eines Kunden an einen Personalvermittler bzw. die Dienstleistung „Personalvermittlung":

Potentialphase/-qualität	Prozessphase/-qualität	Ergebnisphase/-qualität
Mögliche Ansprüche von Kunden: • Seriöse Geschäftsräume • Gepflegter Business-Look des Personals • Gutes Fachwissen und kundenorientiertes und freundliches Verhalten der Berater • Standort (Erreichbarkeit, Kundennähe) • Informative Website oder Unternehmensbroschüren	Mögliche Ansprüche von Kunden: • ausführliches Angebotsschreiben mit Leistungsbeschreibung • hohe Qualität des Beratungsgespräches bzw. des Vermittlungsprozesses • kurze Bearbeitungszeiten • aussagekräftige Zwischenberichte • Einhalten von Terminen • kundenfreundliches Verhalten • rasche Information bei Verzögerungen oder Problemen •	Mögliche Ansprüche von Kunden: • Passgenauigkeit der Stellenbesetzung • Pünktlichkeit und Zuverlässigkeit (hier: Besetzung zum vorgesehenen Einstellungstermin) • Nachhaltigkeit des Ergebnisses (hier langfristige Gewinnung eines neuen Mitarbeiters)

Bestimmung des Kundennutzens

Das Herausarbeiten des Kundennutzens ist eine **zentrale Aufgabe** der Leistungsgestaltung. Der Kundenutzen ist Ausgangspunkt für das Dienstleistungsangebot.

Definition
Aus Sicht des Kunden stellt der **Kundennutzen** die Summe der wirtschaftlichen Vorteile abzüglich der Kosten dar, die mit der Inanspruchnahme der Dienstleistung verbunden sind.

Beispiele
***Nutzen** durch Lösung eines Problems, Nutzen durch begleitende Serviceleistungen, Nutzen durch die Beratungskompetenz des Anbieters, Nutzen durch gute Kundenbetreuung, ...*
***Kosten** der Dienstleistung, Aufwandskosten (Zeit-, Koordinierung, Einarbeitung, ...)*

Ein Kunde wird sich für das Leistungsangebot entscheiden, das ihm den höchsten Nettonutzen (Wertgewinn) verspricht.
Das optimale Herausarbeiten des Kundennutzens kann über Kauf oder Nichtkauf der Dienstleistung entscheiden. Im **B2B-Bereich** sollte sich die Darstellung des Kundennutzens an folgender Frage orientieren:
Was wird durch unsere Dienstleistung für den Kunden möglich, was er sonst nicht könnte?
Die Kaufmotive des Kunden müssen in ihrer Relevanz eingeschätzt werden. Das für den Kunden wichtigste Kaufmotiv sollte die Nutzenargumentation leiten.

Beispiel
Ist das stärkste Kaufmotiv des Kunden eine Arbeitserleichterung, dann sollte dieser Vorteil in der Nutzenargumentation z. B. durch Hinweise auf Services deutlich werden.

Festlegung des Leistungsumfangs

Bei der Gestaltung des Leistungsumfangs einer Dienstleistung wird zwischen **Kern- und Zusatzleistung** unterschieden. Kern- und Zusatzleistungen bilden zusammen die **Gesamtleistung**.

Kernleistung

Die Gestaltung der Kernleistung orientiert sich eng an dem Nutzen, den eine Dienstleistung dem Kunden bieten soll.

Beispiele
Passgenaue Stellenbesetzung, Beratung bei der Freisetzung von Personal, Verlängerung der Probezeit, Minimierung von Fehlbesetzungen bei spezifischen Qualifikationen

Die Kernleistung wird durch eine genaue Beschreibung einzelner Leistungskomponenten festgelegt. Im Idealfall kann ein Anbieter über die Kernleistung eine Alleinstellung auf dem Markt erreichen. Da aber auf vielen Märkten die Kernleistungen einzelner Anbieter untereinander austauschbar sind, profilieren Anbieter sich über Zusatzleistungen im Wettbewerb.

Zusatzleistungen

Zusatzleistungen sind im Gegensatz zur Kernleistung **nicht** selbstständig vermarktbar, sondern ergänzen sie. Sie haben das Ziel, den Absatz der Hauptleistung zu fördern, beispielsweise indem sie die Inanspruchnahme der Dienstleistung erleichtern oder als Leistungsgarantien das Kaufrisiko minimieren.

Beispiele
Zeiterfassungssysteme, Bringservice für Mitarbeiter, 24-Stunden-Erreichbarkeit, elektronische Auftragshilfen, die eine Auftragserteilung erleichtern

Zusatzleistungen werden durch einen Kunden dann positiv bewertet, wenn sie für ihn einen echten Mehrwert stiften.

Beispiele
- ***Garantieleistung:*** *Die GBS Personallösungen GmbH gewährt ihren Kunden eine 3-Tage-Garantie für jeden neuen Mitarbeiter. Der Kunde kann in dieser Zeit entscheiden, ob der überlassene Mitarbeiter zum Kundenunternehmen passt und dem Anforderungsprofil entspricht. Eine Leistungsabrechnung erfolgt nur, wenn der Kunde zufrieden ist.*
- *Besondere, auf den Kunden zugeschnittene Schulungsangebote*

Bezogen auf die Erwartungshaltung des Kunden wird zwischen **Muss-Leistung**, **Soll-Leistungen und Kann-Leistungen** unterschieden.

Erwartungshaltung von Kunden		
Muss-Leistung (Basisleistungen)	**Soll-Leistungen**	**Kann-Leistungen**
Hierbei handelt es sich um Zusatzleistungen, die der Kunde zwingend erwartet. (Kaufvoraussetzungen)	Sie werden häufig vom Kunden erwartet, weil bereits mehrere Anbieter sie erbringen oder sie branchenüblich sind.	Diese Leistungen erwartet der Kunde nicht. Sie tragen zur Profilierung im Wettbewerb bei.

Kundengerechte Gestaltung des Dienstleistungsprozesses

Damit ein Ergebnis für den Kunden realisiert werden kann, muss ein bestimmter Prozess durchlaufen werden.

Im Einzelnen geht es darum,

- die Arbeitsschritte festzulegen, die für die Erbringung der Dienstleistung notwendig sind,
- zu entscheiden, wie und wann der Kunde einzubeziehen ist,
- die Anforderungen des Kunden an den Prozess umzusetzen (Prozessqualität),
- die Prozesse, die zur Kundenzufriedenheit führen, besonders zu beachten.

Kundenanforderungen an einen Dienstleistungsprozess können beispielsweise sein:

Beispiele
***Schnelligkeit**: z. B. kurze Bearbeitungszeiten, schnelle Auftragsabwicklung*
***Zuverlässigkeit**: z. B. Einhaltung von Terminen und Zusagen, gleichbleibende Qualität*
***Widerspruchfreiheit**: z. B. eindeutige, in sich schlüssige Auskünfte und Handlungen, kein überflüssiges Nachfragen durch den Dienstleister*
***Transparenz**: Kunden möchten einen Überblick über den Ablauf insgesamt und die jeweiligen nächsten Schritte haben. Sie erwarten ggf. Zeitangaben für einzelne Arbeitsschritte und Informationen und Erläuterungen bei Verzögerungen.*
***Kontrollierbar**: Kunden möchten Einfluss auf die Leistungserstellung nehmen. Sie möchten, dass besondere Belange ihrer Organisation berücksichtigt werden.*
***Flexibilität**: Es soll Freiräume für individuelle Kundenbedürfnisse geben.*
***Robustheit**: Geringe Fehleranfälligkeit bzw. fehlerfreie Prozesse*

Gestaltung der Dienstleistungsumgebung

Kunden ziehen aus der Dienstleistungsumgebung Rückschlüsse auf die Leistungsfähigkeit und Qualität des Anbieters. Durch die Gestaltung der Dienstleistungsumgebung kann ein erstes Vertrauen in den Anbieter aufgebaut werden.

Bestimmung der Dienstleistungsqualität

Qualitätsverständnis

Heute wird ein kundenbezogenes Qualitätsverständnis zugrunde gelegt. Es stellt die subjektive Qualitätswahrnehmung und -bewertung des Kunden in den Mittelpunkt. Dieses Verständnis spiegelt sich auch in der folgenden Definition von Dienstleistungsqualität wider.

Definition
Dienstleistungsqualität ist dann gegeben, wenn die Erwartungen des Kunden erfüllt werden.

Auf der Anbieterseite zeigt sich Qualität somit in der Fähigkeit, eine Leistung auf dem gewünschten Anforderungsniveau des Kunden zu erbringen.
Um die Dienstleistungsqualität zu verbessern, sollten regelmäßig Kundenbefragungen zur Zufriedenheit durchgeführt werden.

Festlegung von Qualitätsstandards

Qualitätsstandards stellen die konkrete Umsetzung von Kundenanforderungen dar. Sie sind gleichzeitig ein Kontrollinstrument. Die nachfolgenden Beispiele verdeutlichen, wie Qualitätsstandards definiert werden können:

Beispiel
Jeder Kunde erhält einen festen Ansprechpartner. Vertretungsregelungen sind eindeutig definiert.
Das Anforderungsprofil wird stets schriftlich dokumentiert.
Das Matching erfolgt nach genau festgelegten Kriterien. Für die Eignung muss der Bewerber beim Vergleich zwischen Anforderungs- und Bewerberprofil eine Mindestpunktzahl erreichen.
Die Auftragsabwicklung ist durch eine Verfahrensanweisung sowie entsprechende Formulare und Checklisten eindeutig geregelt.
Die Auftragsabwicklung findet zeitlich in einem dem Kunden zugesicherten Rahmen statt.
Ansprechpartner für Kunden weisen genau festlegte Mindestkenntnisse (Aufgabenbereich, Fach- und Branchenkenntnisse) über Schulungsnachweise nach. Mindestens nach zwei Jahren muss eine Aktualisierung der Kenntnisse erfolgen.
Im Qualitätsmanagement sind Grundsätze zu Bewerberauswahlverfahren, Matching-Prozess, Verhalten gegenüber Kunden sowie Auftragsabwicklung erhalten.

Qualitätskennzeichnung

Der Anbieter kann bewusst Qualitätskennzeichen einsetzen, die Hinweise auf seine Dienstleistungsqualität geben.

Beispiele
Referenzen, Zertifizierungen, Unbedenklichkeitsbescheinigungen, Abgabe von Garantien, Qualitätssiegel Zeitarbeit, RAL Gütezeichen Personaldienstleistungen, Platzierungen in Qualitätswettbewerben, Fortbildungszertifikate der Mitarbeiter, …

Planung, Umsetzung und Messung von Dienstleistungsqualität

Grundlegende **Vorgehensweise** bei Planung, Umsetzung und Messung der Dienstleistungsqualität zeigt das Schema.

– Ermittlung der Kundenanforderungen und Qualitätsansprüche des Kunden **– Strukturierung nach Wichtigkeit**	– Bestimmung der erforderlichen Dienstleistungsqualität – Umsetzung in ein konkretes Dienstleistungsangebot – Festlegung von Qualitätsstandards

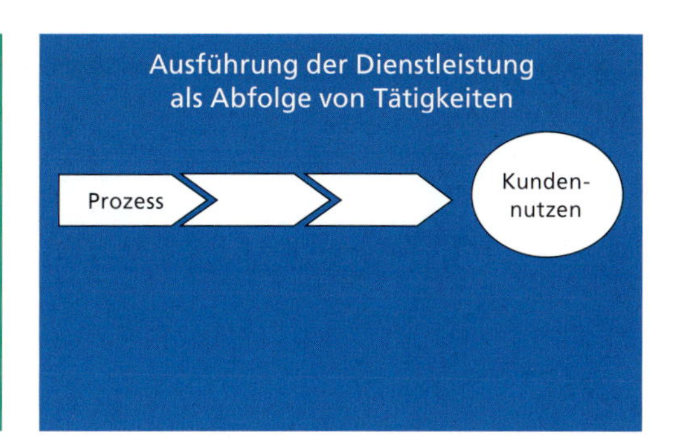

Materialisierung der Dienstleistung

Eine Dienstleistung an sich kann **nicht** dargestellt werden, also muss sie auf andere Weise für den Kunden greifbar werden. Hierzu können unterschiedliche Techniken eingesetzt werden:

- Leistungsbeschreibung in Medien (Broschüren, Webseite, Filme, ...)
- Darstellung der Kundenzufriedenheit z. B. durch Einsatz von Referenzen, Success-Storys, Fallstudien, Kunden- bzw. Anwenderberichte
- Informationen zum Ablauf der Dienstleistung (z. B. FAQ-Liste auf der Homepage, Broschüren)
- Abbildung und Nennung von Ansprechpartnern
- Vorstellen bzw. Präsentieren von Mitarbeitern, die die Dienstleistung erbringen (Mitarbeiterportraits)
- Proben (z. B. Probearbeitstage in der Zeitarbeit)

Das nachfolgende Beispiel zeigt anhand der Dienstleistung „Ausbildungsvermittlung" auf, wie einzelne Elemente der Dienstleistung festgelegt wurden. Die Darstellung ist nur als Auszug zu verstehen.

Beispiel

Stichworte	Beispiele
Dienstleistungsname	*„Rundum-Sorglos-Paket" zum Thema Ausbildung*
Zielgruppe	• KMU, die Probleme haben Ausbildungsstellen zu besetzen • KMU, die nicht über die personellen Ressourcen verfügen Auszubildende zu rekrutieren bzw. zu betreuen
Nutzen	*Unternehmen können offene Ausbildungsstellen erfolgreich, passgenau besetzen.* • Aufwand- und Zeitersparnis bei der Rekrutierung von Auszubildenden • Nachwuchskräftesicherung • Entlastung bei der Betreuung

Stichworte	Beispiele
Leistungsumfang	Kernleistung: Vermittlung von Auszubildenden durch Suche, Vorauswahl und Präsentation der Auszubildenden im Betrieb Buchbare Zusatzleistungen je nach Bedarf des Kunden: • Betreuung während der Ausbildungszeit, Ausbildungsbetriebe haben festen Ansprechpartner während der Betreuung • Übernahme von konkreten Tätigkeiten (z. B. Überprüfung der Berichtshefte, Kommunikation mit Kammer oder Berufsschule) • Erstberatung bei erstmaliger Ausbildung oder Verbundausbildung • Informationen über Förderprogramme
Dienstleistungsqualität	• Schriftliche Dokumentation des Anforderungsprofils gemeinsam mit Ausbildungsbetrieb • Kriterienorientiertes Matching, Dokumentation der Auswahlentscheidung, Zwischenberichte • Auftragsbearbeitung anhand von Checklisten • Betreuungsschlüssel für Besuche • Dokumentation aller Betreuungsaktivitäten • Betreuende Mitarbeiter/-innen haben die Ausbildereignungsprüfung nach AEVO abgelegt • Einhaltung von Qualitätsstandards gemäß Verbandsvorgaben • Einhaltung von Datenschutz, Vertraulichkeit
Qualitätsbeweise	• Zertifizierung des Dienstleistungsanbieters • Nachweis der fachlichen Eignung • Referenzen • Berichte über zufriedene Ausbildungsbetriebe und Auszubildende
Materialisierung	• Informationen auf der Website • Vorstellung der Ansprechpartner/-innen • Flyer • Film • Kundenberichte (Unternehmen und Auszubildende) über die Problemlösung und Zusammenarbeit • Bereitstellung von Informationen zum Thema Ausbildungsmarketing
Dienstleistungsprozess	Interne Organisation • Festlegung von Verantwortlichkeiten für die neue Dienstleistung (Ansprechpartner, Pflege des Auszubildendenpools, ...) • Formulargestaltung (Anforderungsprofil, Vertragsformular, Betreuungsprotokoll) • Prozessbeschreibung zur Auftragsabwicklung (Suche, Auswahl, Betreuung, ...)
Mitwirkung des Kunden Kundenkontakt	Kundenprozess • Kontaktaufnahme, Anfrage • Informationsgespräche über Dienstleistung • Vertragsabschluss • Erstellen eines Anforderungsprofils für die Ausbildungsstelle • Ausarbeitung einer kundenspezifischen Rekrutierungsstrategie für Auszubildende • Festlegung von Auswahlinstrumenten (Test, Vorstellungsgespräch usw.) • Entscheidung über Besetzung, ggf. nach Vorauswahl • Feedbackgespräche

Stichworte	Beispiele
Dienstleistungsvoraussetzungen (Potential)	• Fortbildung der Mitarbeiter/-innen (AEVO, ausbildungsspezifische Themen, Förderprogramme, Mediation und Konfliktmanagement) • Klärung der rechtlichen Rahmenbedingungen zur Vermittlung von Auszubildenden • Abbildung der Dienstleistung in Broschüren, Flyern, Website • Technische Ausrüstung (Software für Matching, Pool über potentielle Auszubildende)
Dienstleistungsumgebung	• bereits durch eigene Geschäftsräume ist Kundenbetrieb gegeben • Internet: Leistungsbeschreibung, Flyer, Kontaktaufnahmeformular unter Berücksichtigung des Corporate Designs, Platzierung von Qualitätskennzeichen (z. B. Referenzkunden, Zertifizierungen)

7.1.3 Leistungsprogrammpolitik

Begriff

Definition
Der Begriff **Leistungsprogramm** beschreibt die Gesamtheit aller von einem Unternehmen angebotenen Dienstleistungen.

Bei Produkten wird von **Produktprogramm** oder **Sortiment** gesprochen.

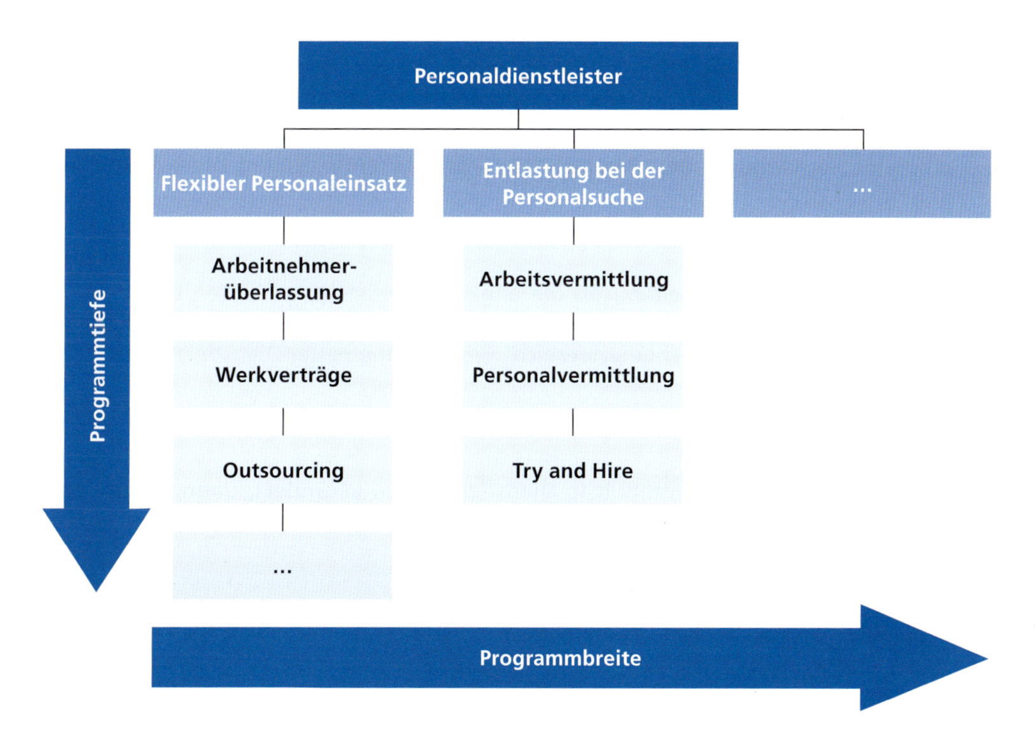

Entscheidungen zum Leistungsprogramm legen fest, welche verschiedenen Dienstleistungsarten angeboten werden (Programmbreite) und in welcher Variantenanzahl eine Dienstleistungsart angeboten wird (Programmtiefe).

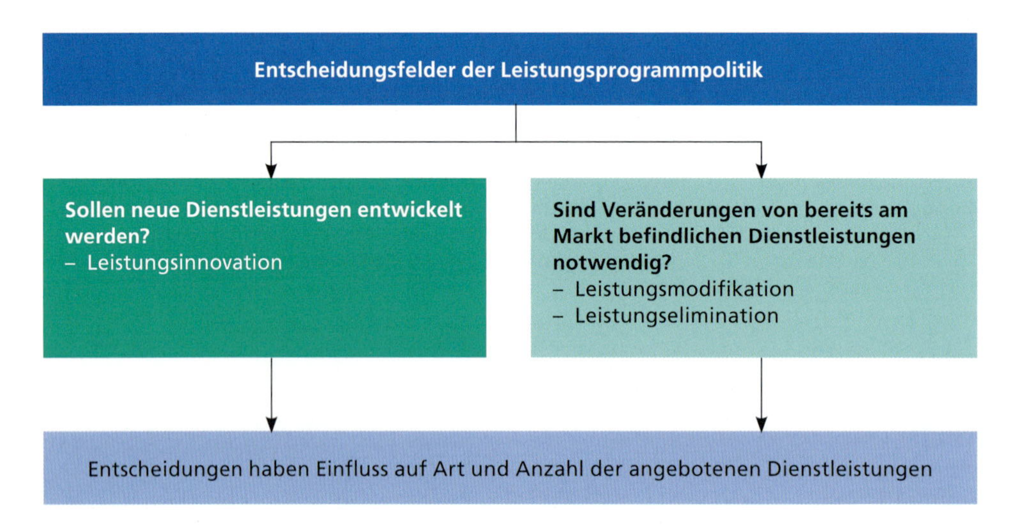

Leistungsinnovation – Entwicklung neuer Dienstleistungen

Durch das Angebot neuer Leistungen möchte das Unternehmen in den bisherigen Märkten wachsen oder neue Märkte und Zielgruppen erschließen. Es werden folgende Innovationsarten unterschieden:

- **Neue Dienstleistungen (echte Innovationen):** Es werden neue Dienstleistungen entwickelt, die es bisher auf dem Markt noch nicht gab.
- **Quasi-neue Dienstleistungen:** sind Dienstleistungen, die auf einer Veränderung und/oder Ausweitung der Eigenschaften bereits entwickelter Dienstleistungen beruhen.
- **Me-too-Produkte:** Hierbei handelt es sich um Nachahmungsprodukte.

Im Weiteren ist zu unterscheiden, ob die angebotene Leistung für den Betrieb (sog. Betriebsneuheit) oder den Markt (sog. Marktneuheit) oder für den Kunden neu ist. Weitere Informationen zum Themenbereich „Entwicklung neuer Dienstleistungen" finden Sie im BuchPlusWeb.

Leistungsmodifikation

Werden bereits am Markt befindliche Dienstleistungen verändert, dann spricht man von Leistungsmodifikation. Auslöser für eine Leistungsmodifikation sind häufig Anregungen und Impulse von innen oder außen.

Beispiele
Markttrends, Ergebnisse von Kundenbefragungen, Vorschläge des Außendienstes

Bei der Leistungsmodifikation unterscheidet man zwischen Leistungsvariation, Leistungsdifferenzierung und Leistungsdiversifikation.

Leistungsvariation

Von **Leistungsvariation** spricht man, wenn eine Dienstleistung nach der Einführung **geringfügig verändert** wird (z. B. Veränderung einer Teileigenschaft). Gestaltungsmöglichkeiten sind beispielsweise: Angebot von Zusatzleistungen, Veränderungen von Art und Umfang der Kundenbeteiligung, zeitliche Veränderungen des Dienstleistungsprozesses, Veränderung symbolischer Eigenschaften

Beispiele
Arbeitnehmerüberlassung wird durch weitere Garantieleistungen ergänzt.
On-Site-Management wird in Inhouse-Service umbenannt.

Eine Leistungsvariation verändert die Programmtiefe nicht.

Leistungsdifferenzierung

Wird das bestehende Leistungsangebot in einzelnen Dienstleistungsgruppen ergänzt, spricht man von Leistungsdifferenzierung. Im Gegensatz zur Leistungsvariation entsteht neben der ursprünglichen Dienstleistung **eine weitere Dienstleistungsart**. Das Ausgangsprodukt bleibt aber weiterhin bestehen. Durch die Leistungsdifferenzierung sollen die Ansprüche bestehender Kundengruppen erfüllt oder neue Zielgruppen erschlossen werden. Die Leistungsdifferenzierung führt zu einer Ausweitung bei der Programmtiefe.

Beispiele
Neben Einzeloutplacement wird nun auch Gruppenoutplacement angeboten.
Die GBS Personallösungen GmbH ermöglicht es den Kunden, die Dauer der Try-Phase selbst zu bestimmen. Sie können zwischen einer Laufzeit von 3 bis 12 Monaten wählen.

In Abgrenzung zur Leistungsinnovation entsteht aber keine gänzlich neue Dienstleistung. In der Praxis ist eine klare Trennung der Begriffe nicht immer möglich.

Diversifikation

Im Zuge der Diversifikation nehmen Unternehmen neue Dienstleistungen auf, die in keinem Verwendungszusammenhang zu den bisher angebotenen Leistungen stehen.

Beispiele
Gabelstapler-Schulungen für die Mitarbeiter der Kunden

Leistungsbündelung

Einzelne Dienstleistungen werden zu bedarfsgerechten Leistungsbündeln zusammengefasst.

Beispiele
All-inclusive-Angebot für das Bewerbermanagement

Leistungseliminierung

Bei der **Leistungseliminierung** werden nicht mehr attraktive, unprofitable Leistungen aus dem Leistungsprogramm herausgenommen. Dabei müssen Verbundbeziehungen zwischen einzelnen Dienstleistungen berücksichtigt werden.

Gründe für die Eliminierung von Dienstleistungen können liegen in sinkendem Umsatz, geringen oder negativen Deckungsbeiträgen, sinkenden Marktanteilen, geringem Anteil der Dienstleistung am Gesamtumsatz, negativem Einfluss auf das Firmenimage, Änderung gesetzlicher Vorschriften, veränderter Kundennachfrage oder Einführung besserer Leistungen durch die Konkurrenz.

7.1.4 Markierung

Im Rahmen der Markierungspolitik wird überlegt, welcher **Markenname** und welche **zusätzlichen Elemente** geeignet sind, ein Produkt oder ein Unternehmen zu kennzeichnen.

Begriff

Definition
Im Rahmen des Marketings bezeichnet der Begriff **Marke** (Brand Identity) die Summe aller wahrgenommen Eigenschaften und Assoziationen, die Nachfrager mit einem Produkt verbinden und die ihr Kaufverhalten prägen.

Ziele

Ziel einer Markierung ist es, die Dienstleistung oder dem Dienstleister eine unverwechselbare Persönlichkeit zu verleihen, Kaufpräferenzen zu schaffen, ein positives Image aufzubauen, den Wiedererkennungswert zu steigern sowie durch Vertrauen in die Marke, das Kaufrisiko und die Kaufunsicherheit zu reduzieren.

Markierungsmittel und -träger

Als **Markierungsmittel** kommen Bild-, Wort-, Zahlenzeichen und Symbole infrage, die durch die farbliche Gestaltung und Slogans ergänzt werden können.

randstad

VON RUNDSTEDT

Träger der Markierung: Bei Sachgütern kann das gegenständliche Produkt oder die Verpackung markiert werden. Diese Möglichkeit entfällt bei Dienstleistungen, sodass stattdessen alle Kundenkontaktpunkte mit dem Markennamen und Markenzeichen versehen werden. Hierzu gehören beispielsweise:

Beispiele

Gebäude, Fahrzeuge, Schilder, Displays, Formulare, Geschäftsbriefe/E-Mails, Kleidung des Kontaktpersonals, Werbegeschenke

Markenstrategien

Hinsichtlich der gewählten Markenstrategie wird u. a. unterschieden zwischen

- **Einzelmarken** (Monomarken, Produktmarken): Jede angebotene Dienstleistung wird mit einer Marke bearbeitet. Der Firmen- oder Herstellername tritt in den Hintergrund.
- **Firmenmarke** (Company-Marken, Dachmarken): Im Mittelpunkt steht die Markierung des Firmennamens. **Diese Strategie ist im Dienstleistungsbereich weit verbreitet.**
- **Familienmarken** (Produktgruppenmarken, Range-Marken): Verschiedene Einzelprodukte bzw. einzelne Dienstleistungen werden in Gruppen unter einer Marke angeboten.

Zusammenfassung

- Die **Leistungspolitik** bezieht sich auf die Gestaltung einzelner Dienstleistungen, auf die Gestaltung des Leistungsprogramms (Neuentwicklung, Modifikation, Elimination) sowie die Markierung des Dienstleistungsangebots.
- Die wichtigsten Elemente der Dienstleistungsgestaltung sind:
  - Bestimmung des Nutzens einer Dienstleistung (Grund- und Zusatznutzen)
  - Festlegung des Leistungsumfangs (Kern- und Zusatzleistung, Auswahl von ergänzenden Services)
  - kundengerechte Gestaltung des Dienstleistungsprozesses
  - Bestimmung der Dienstleistungsqualität
  - Materialisierung (Sichtbarmachen der unsichtbaren Dienstleistung)
  - Gestaltung der Dienstleistungsumgebung
- Eine Dienstleistung besteht aus einem **Dienstleistungskern** (Kerneigenschaften) und **weiteren Elementen,** die zusammen die Gesamtleistung ausmachen. Eine Leistungsprofilierung gegenüber Mitbewerbern kann insbesondere durch das Angebot von **Value Added Services (Zusatzleistungen mit Mehrwert)** erreicht werden.
- **Kundenbezogener Qualitätsbegriff**: Der Kunde gibt durch seine Ansprüche die **Dienstleistungsqualität** vor. Bei der Dienstleistungsqualität werden die Teilbereiche Potential-, Prozess- und Ergebnisqualität unterschieden.

Leistungsprogrammpolitik		
Neuentwicklung	**Modifikation**	**Elimination**
Die Neuentwicklung von Dienstleistungen erfolgt planvoll und umfasst alle drei Dienstleistungsphasen.	Bei der Leistungsmodifikation werden bereits am Markt befindliche Dienstleistungen verändert (Leistungsvariation) oder durch eine zusätzliche Leistungsvariante ergänzt (Leistungsdifferenzierung).	Bei der Leistungselimination werden nicht mehr attraktive Dienstleistungen aus dem Leistungsprogramm genommen.

- Eine **Markierung** hat das Ziel eine Dienstleistung oder den Dienstleister mithilfe von **Bild-, Wort-, Zahlenzeichen sowie Symbolen, Schriftzügen, Bildern und Slogans** zu kennzeichnen, sodass eine unverwechselbare Identität entsteht. Im Dienstleistungsbereich ist die **Firmenmarkierung** vorherrschend.
- Die **kundengerechte Gestaltung des Dienstleistungsprozesses** soll sicherstellen, dass das abgegebene Leistungsversprechen auch tatsächlich erfüllt wird. Der Kunde soll zufrieden sein.
- Die Ausstattungspolitikumfasst alle Maßnahmen, die für die **Gestaltung der Dienstleistungsumgebung** (= Potentialqualität) relevant sind.

Aufgaben

1. *Welche Gestaltungsaspekte sollten bei einer Dienstleistung berücksichtigt werden?*
2. *Auf welche Weise bestimmt der Kunde den Nettonutzen (= Wert eines Angebotes)?*
3. *Welche Zusatzleistungen bietet ihr Ausbildungsbetrieb an?*
4. *Definieren Sie den Begriff Dienstleistungsqualität und geben Sie an, was unter den Teilbereichen Potential-, Prozess- und Ergebnisqualität verstanden wird.*
5. *Beschreiben Sie, welche Zielsetzungen Unternehmen mit der Leistungsprogrammpolitik (Innovation, Variation und Elimination) verfolgen.*
6. *Erläutern Sie mögliche Gründe, warum eine neue Dienstleistung am Markt scheitern kann.*
7. *Ein Personaldienstleister möchte sein Produkt empfehlen. Welche Art der Markierung bietet sich an und welche betrieblichen Mittel kann der Personaldienstleister zur Kennzeichnung des Angebots einsetzen.*
8. *Beschreiben Sie, welchen Stellenwert die Ausstattungspolitik für die Beurteilung der Dienstleistungsqualität und Leistungsfähigkeit eines Anbieters hat. Machen Sie Ihre Einschätzung an konkreten Beispielen fest.*

9. *Skizzieren Sie einen betrieblichen Prozess, an dem Sie maßgeblich mitwirken, und machen Sie deutlich, welche Handlungen Kunden betreffen. Listen Sie mögliche Probleme auf und zeigen Sie Verbesserungsmöglichkeiten auf.*
10. *In der Zeitarbeit GmbH gibt es eine Reihe von Problemen bei der Leistungserstellung, die mittlerweile auch einige Kunden verärgert haben und die leistungsbereiten Mitarbeiter zunehmend demotivieren.*

> Widersprüchliche Aussagen gegenüber Kunden, nicht eingehaltene Termine, unnötige Wartezeiten, Bürokratie, mehrere oder fehlende Ansprechpartner, Qualitätsschwankungen, Fehlinformationen, verspätete oder unzureichende Informationen, unverständliche Formulare, Beschwerden über unfreundliche Mitarbeiter, Kunden bemängeln fehlendes Fachwissen bei der Beratung, verspätete Angebote, unnötige Nachfragen beim Kunden , weil die Auftragsdaten nicht ordnungsgemäß erfasst wurden, ...
> Fehlende Abstimmung zwischen einzelnen Mitarbeitern, Mitarbeiterunzufriedenheit

a) *Analysieren Sie die Situation und entwickeln Sie Handlungsempfehlungen zur Verbesserung der Situation.*
b) *Definieren Sie Kennzahlen, wie der Leistungserstellungsprozess in Zukunft überprüft werden soll.*

7.2 Preis- und Konditionenpolitik

Einstiegssituation ▶

Die GBS Personallösungen GmbH kalkuliert Preise.

Fortsetzung der Situation

Arbeitsauftrag

Legen Sie ein Entgelt (Preis, Honorar) für die neue Dienstleistung fest. Bearbeiten Sie zur Lösung folgende Teilaufgaben.

Aufgaben

1. *Überlegen Sie, welche Einzelentscheidungen Sie in Bezug auf den Preis und mögliche Konditionen treffen müssen.*
2. *Notieren Sie möglichst viele Informationen, die Sie für die Preisfindung benötigen. Beziehen Sie dabei die Kunden-, Kosten und Konkurrenzperspektive mit ein.*
3. *Sammeln Sie Argumente, die Ihre Preisfestlegung unterstützen.*

Situation 2 ▶

Die **Zenit Zeitarbeit GmbH** ist ein mittelständischer Personaldienstleister. Das Leistungsangebot umfasst in erster Linie gewerbliche Zeitarbeit und – soweit Kunden nachfragen – auch die Personalvermittlung. Ihre Niederlassung ist auf den Helferbereich spezialisiert. Zu den Kunden gehören u. a. verschiedene Lebensmittelproduzenten, so auch die Brotfabrik **Berkel GmbH** und der Keks- und Schokoladenhersteller **König AG.** Die Zenit Zeitarbeit GmbH wendet einen Zeitarbeitstarif an. Im letzten Monat hat ein neuer Anbieter, der seit einem Jahr auf dem Markt ist, mehrfach den Stundenverrechnungssatz der Zenit Zeitarbeit GmbH unterboten. Unter anderem hat er auch den beiden Großkunden „Berkel" und „König" Angebote für Produktionshelfer vorgelegt, die deutlich unter dem eigenen Stundenverrechnungssatz lagen. Nun hat sich die Geschäftsleitung entschlossen, die Preise für Produktionshelfer noch einmal nachzukalkulieren. Gehen Sie von folgenden Daten aus: Entgeltgruppe 1 des Zeitarbeitstarifvertrages, aktuelle Sozialversicherungsbeiträge, Zuschlag für unproduktive bzw. verleihfreie Zeiten 13,1 %, Verwaltungskosten 35 %, sonstige Zulagen 5 %, Gewinnzuschlag 12 %, sonstige auftragsbezogene Kosten (Arbeitgeberkosten) 8 %.

Arbeitsaufträge

1. *Beschreiben Sie mögliche Maßnahmen, um den Kunden zu halten.*
2. *Prüfen Sie ggf., welchen Verrechnungssatz Sie dem Kunden anbieten können.*
3. *Welche Argumente können Sie einwenden, um den Kunden von der Qualität Ihrer Dienstleistung zu überzeugen - ohne zugleich den Verrechnungssatz zu senken?*

7.2.1 Ziele, Anlässe und Wirkungen

Die Preis- und Konditionenpolitik ist ein weiteres marketingpolitisches Instrument.

Definition
Im Rahmen der Preispolitik legen Unternehmen einen Preis für ihre Leistungen sowie weitere Konditionen (z. B. Preisnachlässe, Zahlungsziele) fest. Deshalb spricht man auch von **Preis- und Konditionenpolitik** oder auch Kontrahierungspolitik.

Beispiel
Ein Zeitarbeitsunternehmen legt den Stundenverrechnungssatz und die Vermittlungsgebühren sowie die Zahlungsmodalitäten fest.

Im Dienstleistungssektor wird selten der Begriff **Preis** verwendet. Statt Preis finden sich Begriffe wie **Kundentarif, Rate, Honorar, Stundenverrechnungssatz, Prämie oder Gebühren**. Der Einfachheit halber wird im Folgenden jedoch weiterhin von Preis gesprochen.
Die Eigenschaften von Dienstleistungen führen dazu, dass der Kunde nicht in der Lage ist, den Preis nachzuvollziehen. Er kann der Leistung keinen Wert zuschreiben. Möglicherweise ist er skeptisch oder misstrauisch, ob der Preis angemessen ist.

Dienstleistungen werden nicht auf Vorrat, sondern nach Kundenwunsch erbracht. Der Anbieter muss also ständig leistungsbereit sein, was hohe Bereitstellungskosten (Fixkosten) verursacht. Hinzu kommen Kosten für die Betreuung des Kunden. Diese Kosten schwanken von Kunde zu Kunde und sind abhängig von den Kundenanforderungen und den Betreuungsaktivitäten.

Entscheidungsfelder

Die Preispolitik beschäftigt sich mit folgenden Fragen:

- Welche Informationen müssen bei Preisentscheidungen berücksichtigt werden?
- Welche Preisstrategie soll verfolgt werden?
- Wie hoch sollen Preise für einzelne Leistungen sein?
- Welche Konditionen sollen gewährt werden?
- Wie können Preise gegenüber Kunden durchgesetzt werden?
- Wie wirken sich Preisentscheidungen am Markt aus?
- Stimmen vorher festgelegte und am Markt erzielte Preise tatsächlich überein?

Ziele der Preispolitik

Langfristig gesehen müssen Preise so kalkuliert sein, dass der erzielte Umsatz mindestens die Kosten deckt und darüber hinaus auch noch **Gewinn** erwirtschaftet wird (Existenzsicherung/Gewinnmaximierung).
Möglicherweise sind aber auch andere Ziele interessant, z. B. die Ausweitung des Marktanteils, die Abwehr von Konkurrenten oder die kurzfristige Auftragsgewinnung.

Anlässe für Preisentscheidungen

Anlässe für Preisentscheidungen können sein:

- die erstmalige Preisfestlegung für neu entwickelte Leistungen
- die Anpassung von Preisen (z. B. bei Veränderung der Kostensituation, der Nachfrage, des Konkurrenzverhaltens oder der gesetzlichen Rahmenbedingungen)

Beispiel
Die Tarifwerke in der Zeitarbeit ändern sich, der Stundenverrechnungssatz ist anzupassen.

- einmalige Aktionen, um über die Preisgestaltung die Absatzchancen zu erhöhen (z. B. Angebotsaktionen).

Wirkungen von Preisentscheidungen

Preisentscheidungen auf B2B-Märkten gehen oft mit **hoher Unsicherheit** daher. Denn Preisveränderungen rufen zeitnahe und häufig starke Reaktionen bei Kunden und Wettbewerbern hervor. **Falsche Preisentscheidungen** können somit **marktbezogene** (z. B. Kundenabwanderung) und **finanzielle Folgen** (Umsatz- bzw. Gewinnrückgänge, ggf. Verluste) haben. Hinzu kommt, dass sie oft nicht rückgängig gemacht werden können.

Merke
Preisentscheidungen sind schnell umsetzbar, aber schwer rückgängig zu machen. Sie lösen starke und zeitnahe Reaktionen bei Kunden und Wettbewerbern aus. Die Preispolitik wird deshalb auch als das risikoreichste Instrument im Marketing-Mix bezeichnet.

7.2.2 Preisstrategien im Überblick

Bevor ein konkreter Preis für eine Dienstleistung bestimmt wird, müssen grundsätzliche, strategische Fragen geklärt werden.

Definition
Unter einer **Preisstrategie** versteht man die langfristige Ausrichtung der Preisgestaltung.

Das nachfolgende Schaubild gibt einen Überblick. Zu den einzelnen Strategien liegen Informationsblätter im BuchPlusWeb.

Preis-Positionierungsstrategien
In welchem **Preissegment** soll sich das Unternehmen positionieren? **Teurer, ähnlicher oder günstiger?**
- Hochpreissegment
- Marktpreissegment (auch Mittelklassenstrategie)
- Niedrigpreissegment

Preiseinführungsstrategien
Soll für **neue Produkte** ein hoher oder niedriger Preis festgelegt werden? Wie soll der **Preis im Laufe der Zeit angepasst** werden?
- **Skimming-Strategie:** Hoher Markteinführungspreis mit Preisabsenkungen im Laufe der Zeit
- **Penetrationsstrategie:** Niedriger Einführungspreis mit der Option den Preis im Laufe der Zeit zu verändern (z. B. erhöhen)

Preisdifferenzierung
Wie können vorhandene Unterschiede bei der Zahlungsbereitschaft von Kunden abgeschöpft werden?
Für das gleiche Produkt werden unterschiedliche Preise für verschiedene Orte/Regionen, Zeiten, Personen oder Mengen festgelegt (räumliche, zeitliche, personelle und mengenmäßige Preisdifferenzierung). Produkte/Dienstleistungen mit gleichem Grundnutzen werden mit kleinen Varianten zu unterschiedlichen Preisen angeboten.

Preislinienpolitik/Preisbündelung
Welche Strategien sollen für **Produktlinien** und **Leistungspakete** verfolgt werden?
- **Preislinienpolitik:** Preisgefüge innerhalb einer Produktpalette
- **Preisbündelung:** mehrere Teilkomponenten erhalten einen Gesamtpreis
- **Leistungsspaltung:** für jede Einzel- und Zusatzleistung wird ein einzelner Preis berechnet
- **Mischkalkulation:** Produkte subventionieren sich gegenseitig

7.2.3 Preisfindung

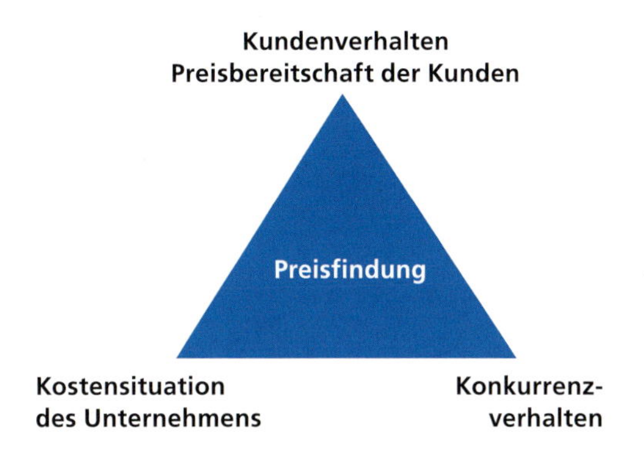

Die **Preisfindung orientiert** sich an **drei relevanten Faktoren: Kundenverhalten, Kostensituation des Unternehmens** und **Konkurrenzverhalten**. Darüber hinaus sind in einigen Bereichen auch staatliche Preisvorschriften zu beachten.
Entsprechend der einzelnen Einflussfaktoren unterscheidet man zwischen

- kostenorientierter Preisfindung,
- kundenorientierter (nachfrageorientierter) Preisfindung und
- konkurrenzorientierter Preisfindung.

Kostenorientierte Preisfindung

LF 8, 3.4
Voll- und Teilkostenrechnung

Bei der kostenorientierten Preisfindung bilden die Betriebskosten die Basis für die Preisfindung. Allgemein gilt: **Der Verkaufspreis sollte so hoch sein, dass alle Kosten gedeckt sind und ein Gewinn erwirtschaftet wird.**[1] Mithilfe der kostenorientierten Preisfindung werden die **langfristige** und die **kurzfristige** Preisuntergrenze bestimmt. In diesem Zusammenhang ist die Unterscheidung von fixen und variablen Kosten wichtig.
Fixkosten fallen auch dann an, wenn keine Leistung erstellt wird (z. B. Miete, Heizkosten, Zinsen, Versicherungen). **Variable Kosten** sind abhängig von der tatsächlichen Leistungserstellung (z. B. Leder bei der Produktion von Schuhen). Die **variablen Kosten** stellen die **kurzfristige Preisuntergrenze** dar. Bei der **langfristigen Preisuntergrenze** werden sowohl **variable** als auch **fixe Kosten** abgedeckt. Als Kalkulationsverfahren können entweder die Voll- oder Teilkostenrechnung zugrunde gelegt werden.
Im **Dienstleistungsbereich** ist es oft schwierig, den **Fixkostenblock verursachergerecht** auf einzelne Produkte bzw. Dienstleistungen **zu verteilen**.

Beispiel
Vereinfachtes Schema für die Preiskalkulation

Bruttoentgelt
+ Sozialversicherung Arbeitgeberanteil
+ Urlaubs- und Weihnachtsgeld, sonstige Zulagen
+ Zuschlag für einsatzfreie Zeiten
+ sonstige auftragsbezogene Kosten (PSA, Vorsorgeuntersuchungen, Schulungen)
+ sonstige Arbeitgeberkosten (Zeitarbeitnehmer)
= Personalkosten (Zeitarbeitnehmer)
+ Verwaltungskosten (gesamt)
= Selbstkosten
+ Gewinnzuschlag
= Stundenverrechnungssatz netto

Teilkostenrechnung
Erlös
– variable Kosten
= Deckungsbeitrag
– Fixkosten
= Gewinn

[1] *Umsatz = Preis x Absatzmenge; Kosten = variable Kosten + Fixkosten; Gewinn = Erlös – Kosten*

Konkurrenzorientierte Preisfindung

Kunden können bei untereinander austauschbaren Dienstleistungen auf Angebote der Wettbewerber ausweichen. Jedes Unternehmen muss deshalb die **Preise der Wettbewerber genau beobachten** und bei der Preisfindung berücksichtigen.
Bei der wettbewerberorientierten Preisfindung hat ein Unternehmen **verschiedene Möglichkeiten**, den **eigenen Preis im Verhältnis zu Wettbewerbspreisen auszurichten**.

- Es orientiert sich **am Preis des Marktführers** (auch Preisführer) und folgt diesem. Das Unternehmen wird deshalb auch als Preisfolger bezeichnet.
- Es passt den eigenen Verkaufspreis am **durchschnittlichen Branchenpreis** an. Dies führt zur Marktberuhigung, da der Preis „unauffällig" ist bzw. keine Aggressivität gegenüber Konkurrenten zeigt.
- Es **unterbietet den Preis des Marktführers** bzw. von relevanten Wettbewerbern (Preiskämpfer). Die Folge können ggf. ruinöse Preiskämpfe sein.
- Es weicht dem Preiswettbewerb durch Qualitätsstrategien aus.

Eine vereinfachte Formel zur Preisbestimmung auf Wettbewerberbasis ist:
Eigener Preis = Wettbewerberpreis + bewerteter Zusatznutzen des eigenen Produkts.

Kundenorientierte Preisfindung

Bei der kundenorientierten Preisfestsetzung geht es darum, in Erfahrung zu bringen, wie sich **Kunden bezogen auf den Preis verhalten**.
Hierzu gehören:

- die Preisvorstellungen (abhängig vom Nutzen, den eine Dienstleistung für den Nachfrager hat),
- die Preisbereitschaft (abhängig von der Kaufkraft und der Dringlichkeit des Bedarfs),
- das Preisinteresse (aktives Suchen und Informieren über Preise) sowie
- die Beurteilung der Preisgünstigkeit und Preiswürdigkeit aus Kundensicht (Kunde vergleicht Verkaufspreis mit Konkurrenzpreisen bzw. vergleicht Preis und Nettonutzen).

Die **Preisbereitschaft** zeigt auf, **welchen Preis ein Kunde maximal für ein Produkt bzw. eine Dienstleistung zahlen würde**. Dieser Preis stellt die **Preisobergrenze** dar (maximale Preisbereitschaft).
Der Kundennutzen wird als Haupteinflussfaktor der Preisbereitschaft angesehen.

Merke
Allgemein gilt: Je größer der wahrgenommene Nutzen durch Kunden ist, desto höher ist auch ihre Preisbereitschaft.

Es ist zum Teil schwierig, die Preisbereitschaft von gewerblichen Kunden einzuschätzen. Wählt man die direkte Kundenbefragung, kann aus strategischen Gründen ein niedriger Preis genannt werden. Um sich nicht allein auf Kundenaussagen zu verlassen, nutzt man verschiedene Informationsquellen zur Einschätzung der Preisbereitschaft.

Beispiele
Expertenbefragungen (Marktkenner, Branchenverbände), Nachfragen bei Geschäftspartnern und Vertriebsmitarbeitern

Ganzheitliche Preisfindung

Alle drei oben genannten Einflussgrößen müssen bei der Preisfindung berücksichtigt werden.

- Eine reine Kostenorientierung würde die tatsächlichen Marktverhältnisse vernachlässigen.
- Die reine Marktorientierung kann dazu führen, dass Preisuntergrenzen unterschritten werden und Kosten nicht gedeckt sind.
- Die kundenorientierte Preisfindung bietet insbesondere Möglichkeiten, individuelle Preisbereitschaften abzuschöpfen, und unterstützt den Aufbau langfristiger Geschäftsbeziehungen.

Damit Preise kunden-, kosten- und marktgerecht festgelegt werden können, werden z. B. folgende Informationen benötigt:

Beispiele
***Daten aus dem Rechnungswesen**: Angaben zu Umsatz, Kosten, Gewinn und Deckungsbeiträgen, Preisen und Konditionen, Angaben zu Preisen bei gewonnenen bzw. verlorenen Aufträgen.*
***Marktinformationen** umfassen Kundeninformationen, Wettbewerbsinformationen und allgemeine Marktdaten.*
Zu den Kundendaten gehören beispielsweise Preisbereitschaft, Preisempfindlichkeit, Kundenzufriedenheit und die Wahrnehmung von Konkurrenzangeboten.
Wettbewerbsinformationen machen Angaben über die Preis-Leistungspositionierung von Wettbewerbern sowie zu deren Preisen und Konditionen.
Allgemeine Marktinformationen beschreiben die vorliegende Marktsituation (z. B. Wettbewerbsintensität).

Das nachfolgende Schaubild zeigt, wie sich die drei Preisfindungsmethoden gegenseitig beeinflussen.

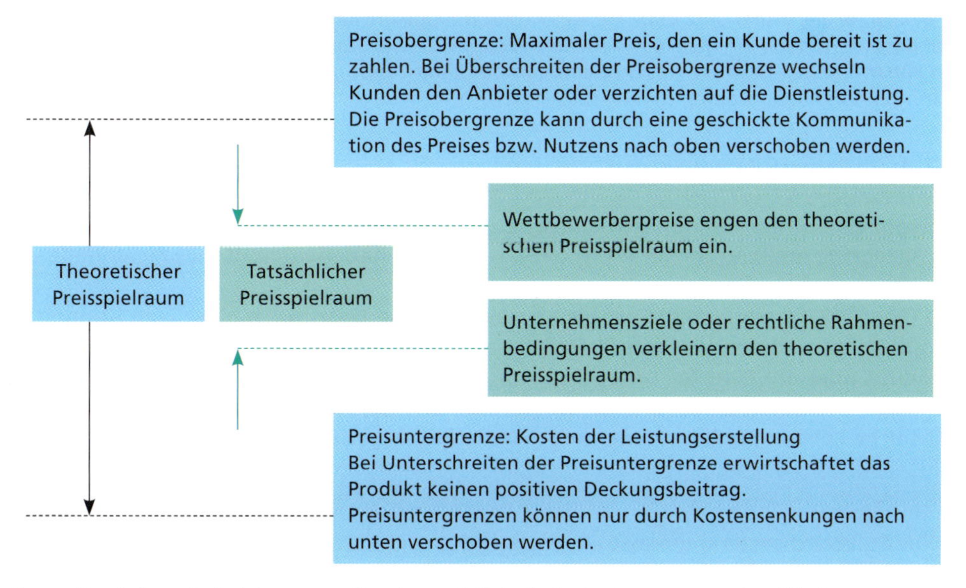

Eigene Darstellung in Anlehnung an: Homburg, C. Totzek, D.: Preismanagement auf Business-to-Business-Märkten, 1. Auflage 2011, Gabler Verlag Wiesbaden, S. 37

Konditionengestaltung

Die Konditionengestaltung legt fest, welche weiteren Angebotsmodalitäten neben dem Preis gelten. Zur Konditionengestaltung gehören Rabattpolitik, Lieferungs- und Zahlungsbedingungen sowie die Absatzfinanzierung.

Beispiele
Rabatte, Boni, Skonti, Zahlungsziele

Definition
Ein **Rabatt** ist ein Preisnachlass, der zu einer Ausweitung der nachgefragten Menge führen soll.
Ein Zahlungsziel legt fest, in welcher Frist eine Rechnung beglichen werden muss (z. B. innerhalb von 30 Tagen).
Skonto ist ein nachträglicher Preisnachlass, der einen Kunden zur schnelleren Zahlung motivieren soll. Sofern der Kunde innerhalb einer bestimmten Frist (Skontofrist) zahlt, erhält er einen Preisnachlass auf den Rechnungsbetrag (z. B. 3 %).
Ein **Bonus** ist ein nachträglicher Preisnachlass, der dem Kunden gewährt wird, wenn er innerhalb einer Periode ein bestimmtes Auftragsvolumen erzielt (z. B. 5 % bei Erreichen eines Auftragsvolumens von 100 000,00 €).

In der Regel werden Konditionen in den Allgemeinen Geschäftsbedingungen zusammengefasst. Da sie eng mit der Ausgestaltung von konkreten Angeboten verbunden sind, werden sie in Lernfeld 9 vertieft.
Exemplarisch sind hier einige Fragen der Rabattpolitik aufgeführt. Bei der Festlegung von Rabattsystemen muss geklärt werden:

Beispiele
Wie hoch soll der Rabattsatz sein? Für welche Periode soll die Rabattstaffel gelten? Soll allen Kunden das Rabattsystem in gleicher Weise angeboten werden? Für welche Leistungen/Produkte sollen Rabatte gelten? Auf welche Größe nimmt der Rabatt Bezug: Umsätze oder Menge? Wie und wann kann der Rabatt geltend gemacht werden?

7.2.4 Preisdurchsetzung

Obwohl viele Unternehmen sich wünschen, genau die Preise am Markt durchzusetzen, die sie vorher im Rahmen der Preispolitik festgelegt haben, gelingt dies nicht immer.

Bei Dienstleistungen kommt oft hinzu, dass einzelne Leistungen zwar vom Kunden in Anspruch genommen werden (z. B. Zusatzleistungen) aber aufgrund des Preisdrucks gar nicht oder nur zum Teil berechnet werden. Dann gibt es Leistungen, die der Kunde gar nicht wahrnimmt, die aber trotzdem erbracht werden (versteckte Dienstleistung). Für solche Leistungen liegt in der Regel keine Preisbereitschaft vor.

Definition
Die Preisdurchsetzung umfasst alle Maßnahmen eines Unternehmens zur Umsetzung und Akzeptanz eines festgelegten Preises am Markt.

Die nachfolgende Übersicht stellt verschiedene Maßnahmen der Preisdurchsetzung im Überblick dar.

Maßnahmen	Erläuterung
Kundennutzenrechnungen	Sie ermitteln den wirtschaftlichen Wert (z. B. Kostenvorteile, Mehrerlöse) eines Produktes oder einer Dienstleistung aus Sicht des Kunden. So kann ein Preis nutzenorientiert festgelegt werden. Nutzenorientierte Preise werden vom Marktpartner als fair empfunden und führen weg vom Preiswettbewerb. Statt Preise mit den damit verbundenen Aufwendungen zu begründen (z. B. tarifliche Löhne, sonstige gestiegene Kosten usw.), sollte lieber der Nutzen in den Mittelpunkt gestellt werden. Hier ist es hilfreich ganz konkrete Kundenvorteile zu benennen.
Schulung der Vertriebsmitarbeiter in Bezug auf Preisverhandlungen	Preisentscheidungen auf B2B-Märkten folgen anderen Gesetzen als auf Konsumgütermärkten. Hier spielen Preisverhandlungen eine zentrale Rolle. Auf Kundenseite sitzen Profis, die selbst jeden Tag Preisverhandlungen führen. Deshalb sind Schulungen der Vertriebsmitarbeiter hinsichtlich Preisverhandlung und -durchsetzung erforderlich.
Kommunikation von Preisveränderungen	Ankündigungen von Preiserhöhungen werden mit positiven Botschaften verbunden (z. B. Herausstellen des Mehrwerts für den Kunden). Im Verkaufsgespräch selbst kann eine **nutzenorientierte Argumentation** einen höheren Preis stützen.
Preisspielräume der Vertriebsmitarbeiter	Den Vertriebsmitarbeitern, die oft diejenigen sind, die Preise beim Kunden durchsetzen müssen, sollten angemessene Preisspielräume zugestanden werden (z. B. durch Preiskorridore).
Förderung der unternehmensinternen Akzeptanz von Preisen	Preise müssen nicht nur von Marktpartnern akzeptiert werden, sondern auch unternehmensintern. Der Einbezug des Vertriebs bei der Preisfindung schafft Verständnis für Preise und die stärkere Identifikationen mit festgelegten Preisen.
Preiscontrolling	Gegenstand des Preiscontrollings sind u. a. Analysen über die Wirkungen von Preisentscheidungen, das Vergleichen von tatsächlich am Markt erzielten Preisen mit den vorher definierten Preisen, Ermittlung von Kundendeckungsbeiträgen und Durchschnittspreisen pro Kunde sowie das Nachhalten von gewährten Konditionen (z. B. Rabatte).

Zusammenfassung

- **Preispolitik** beschäftigt sich mit folgenden Aspekten: Preisanalyse, Preisfindung für neue Produkte, Festlegung von Preisstrategien, Preisdurchsetzung und Preiscontrolling.

- **Konditionenpolitik:** Festlegung weiterer Angebotsmodalitäten z. B. Preisnachlässe (Rabatte, Boni, Skonti), Zahlungsziele

Aufgaben

1. *Viele Dienstleistungen und Produkte sind einem wachsenden Preisdruck ausgesetzt. Nennen Sie mögliche Gründe.*
2. *Weshalb sind preispolitische Entscheidungen mit Risiken verbunden? Erklären Sie in diesem Zusammenhang, warum heutige Preisentscheidungen Einfluss auf künftige Preisentscheidungen haben?*

3. *Warum sind loyale Kunden preisunsensibler?*
4. *Erläutern Sie die Begriffe Verwaltungskosten (Overheadkosten) und Selbstkosten. Geben Sie für allgemeine Verwaltungskosten drei Beispiele an.*
5. *Beschreiben Sie, welche Aufgaben Preisanalyse und Preiscontrolling im Rahmen der Preisfestlegung übernehmen.*
6. *Welche Maßnahmen können ergriffen werden, um die Preisdurchsetzung am Markt zu optimieren.*
7. *Erläutern Sie den Begriff „Konditionenpolitik" anhand von Beispielen.*

7.3 Kommunikationspolitik

Einstiegssituation ▶

Die GBS Personallösungen GmbH kommuniziert mit ...

Fortsetzung der Situation

Nachdem die Gestaltung der Dienstleistung und die Preisfindung abgeschlossen sind, stehen nun Entscheidungen an, wie die neue Dienstleistung bekannt gemacht werden kann. Zielgruppen sollen zum einen Bestandskunden und zum anderen potentielle Kunden sein.

Arbeitsauftrag

Gestalten Sie den kommunikationspolitischen Marketing-Mix. Berücksichtigen Sie hierbei alle Entscheidungen, die Sie im Rahmen der Leistungs- und Preispolitik getroffen haben.

Einigen Sie sich zunächst auf eine Höhe für das Werbebudget.

Bearbeiten Sie zur Lösung des Arbeitsauftrages folgende Teilaufgaben.

Aufgaben

1. *Legen Sie eine schriftliche Kommunikationsplanung vor, die sich an den 5Ms (Mission, Money, Message, Media und Measurement) orientiert.*
2. *Formulieren Sie die Kommunikationsziele anhand der SMART-Regel.*
3. *Verschaffen Sie sich einen Überblick über die Instrumente der Kommunikationspolitik.*
4. *Wählen Sie begründet verschiedene kommunikationspolitische Instrumente aus.*
5. *Setzen Sie eine Kommunikationsmaßnahme unter Beachtung der Copy-Strategie und weiterer Gestaltungstechniken möglichst konkret um.*
6. *Geben Sie an, wie Sie den Erfolg Ihrer kommunikationspolitischen Maßnahmen kontrollieren wollen.*

7.3.1 Begriff und Ziele

Wesen

„Man kann nicht nicht kommunizieren". Dieses Axiom der Metakommunikation von Paul Watzlawick gilt nicht nur für Personen, sondern auch für Unternehmen. Jedes Unternehmen kommuniziert bewusst oder unbewusst mit einer Vielzahl von Gruppen (Kunden, Öffentlichkeit, Mitarbeitern) – verbal (Presseveröffentlichungen, Werbung, Verkaufsgespräch) und nonverbal (Design der Website, Farbwahl, Logo, Verhalten der Mitarbeiter).
Die **Wahrnehmung eines Unternehmens** bei den Zielgruppen und in der Öffentlichkeit ist deshalb häufig auch ein **Ergebnis des kommunikativen Verhaltens**.

Definition
Die Kommunikationspolitik beschäftigt sich mit dem Austausch von Informationen zwischen Unternehmen und Zielgruppen. Zu ihr gehören alle Maßnahmen, die Wissen, Motive, Einstellungen, Erwartungen, Meinungen sowie Verhaltensweisen der Zielgruppe im Sinne der Unternehmensziele positiv beeinflussen. Sie steuert die Wahrnehmung des Unternehmens, seiner Produkte und Dienstleistungen nach innen und außen.

Kommunikationspolitische Ziele

Die Kommunikationspolitik verfolgt **ökonomische** und **psychologische** (auch außerökonomische oder psychografische) Ziele (siehe auch Abschnitt 6.1 Marketingziele).

Wichtige **Kommunikationsziele** sind

- das Bekanntmachen von Produkten/Dienstleistungen, Marken oder des Unternehmen gegenüber den Ziel- und Anspruchsgruppen.
- das Informieren, damit potentielle Kaufinteressenten prüfen können, ob das Produkt/die Dienstleistung oder der Anbieter ihre Bedürfnisse erfüllt.
- das Hervorrufen einer positiven Einstellung gegenüber den Produkten/Dienstleistungen und dem Unternehmen.
- das Auslösen von Kaufhandlungen: Kunden und Nicht-Kunden sollen zum Kauf bewegt werden.
- das Erreichen eines größeren Umsatzvolumens durch Neu- und Wiederholungskäufe.
- der Aufbau eines positiven Images für Produkte/Dienstleistungen bzw. das Unternehmen.
- das Erreichen von Weiterempfehlungen.

Die **Ziele** sollten so **konkret** wie möglich **formuliert** werden (SMART-Regel).

Corporate Identity als übergreifende Kommunikationsstrategie

Sollen kommunikationspolitische Entscheidungen im Unternehmen getroffen werden, dann orientieren sich die Verantwortlichen an einer **übergreifenden Kommunikationsstrategie**, der **Corporate Identity** (kurz CI). CI stellt den Rahmen für die Kommunikationspolitik dar.

Definition
Corporate Identity positioniert das Unternehmen gegenüber den Kunden, der Öffentlichkeit und weiteren Anspruchsgruppen.

Aufgabe der CI-Politik ist die Vermittlung eines einheitlichen Unternehmensbilds nach innen und außen. Zu den Bereichen der Corporate Identity gehören:

Bd. 1, LF 2, 4.2.1

Corporate Identity		
Corporate Design bezieht sich auf die Gestaltung des visuellen Erscheinungsbilds eines Unternehmens (z. B. Logo, Farben, besondere Schriftzeichen).	**Corporate Communication** bezieht sich auf alle Aussagen in der Öffentlichkeit oder gegenüber Marktteilnehmern.	**Corporate Behaviour** bezieht sich auf das Verhalten der Mitarbeiter und Führungskräfte untereinander sowie gegenüber Marktpartnern.
Der Einsatz aller Maßnahmen und Handlungen soll in sich widerspruchsfrei sein und dazu beitragen, eine unverwechselbare Unternehmensidentität und Unternehmenspersönlichkeit zu schaffen.		

7.3.2 Planung der Kommunikation

Bei der Planung der Kommunikation kann in fünf Schritten vorgegangen werden. Diese Schritte sind auch als die „5 M" der Kommunikationsplanung bekannt: Mission, Money, Message, Media, Measurement.
Nach Auswahl der Zielgruppe und Festlegung der Ziele und des Budgets werden die Kommunikationsbotschaft ausgestaltet und passende Kommunikationsmittel und -kanäle ausgewählt. Nach Durchführung der Maßnahme wird überprüft, ob die zuvor festgelegten Ziele erreicht wurden.

7.3.3 Gestaltung von Kommunikationsbotschaften/-mitteln

Kommunikationsmittel und -träger

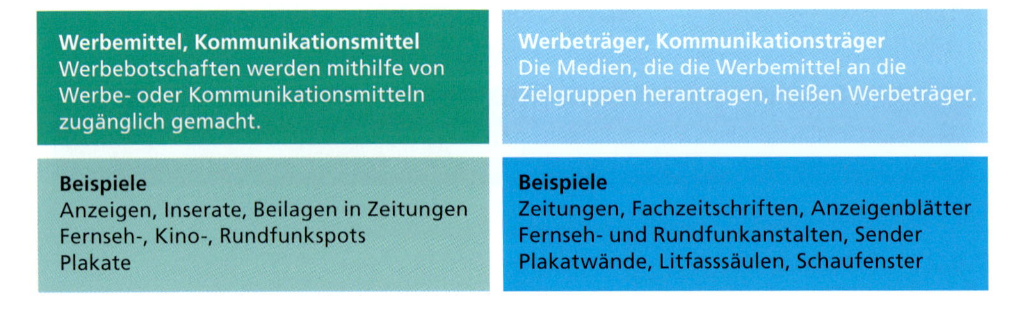

Damit die mit der Kommunikationsbotschaft gewünschten Wirkungen erzielt werden, müssen sie bestimmte Anforderungen erfüllen.

Auswahl von Kommunikationskanälen und –mitteln

Zunächst erfolgt die Auswahl eines generellen Kommunikationskanals

Bd. 1, LF 4, Inter- und Intramedia-selektion

Beispiel
Fachzeitschrift, Plakat, Kundenevent

In einem nächsten Schritt findet eine Konkretisierung statt.

Beispiel
Fachzeitschrift Personal heute, Festlegung des Plakatstandortes, Einladung von A-Kunden zum Sportereignis X

Der **Vergleich möglicher Kommunikationskanäle erfolgt kriterienorientiert**. Hierzu gehören beispielsweise folgende Eigenschaften:

- Kontaktintensität zur Zielgruppe
  - Reichweite (Wie viele Personen werden erreicht?)
  - Frequenz (Wie häufig werden sie erreicht?)
- Kontinuität (Sicherung eines gleichbleibenden Auftritts am Markt)
- Zeitliche Abstimmung/Timing
- Grundlegende Gestaltungsmöglichkeiten
- Image des Kommunikationskanals (z. B. modern, veraltet)
- Kaufphase
- Nutzen-Kosten-Vergleich

Formale Gestaltung

Je nach Art der ausgewählten Kommunikationsmittel kommen andere Techniken und Gestaltungsformen zum Einsatz. Die Fülle von Gestaltungstipps und -regeln kann an dieser Stelle nicht aufgezeigt werden.

Beispiele
Farbauswahl bei der Kleidung des Kundenkontaktpersonals, Typografie in einer Unternehmensbroschüre, Auswahl von Form und Farben für ein Markenbild, Lesbarkeit, einwandfreies technisches Funktionieren von Multimediaelementen, Gliederung und Übersichtlichkeit eines Werbebriefes, sprachliche Gestaltung, Aufbau und Benutzerführung von Webseiten, Geschicktes Platzieren von Eye-catchern, Techniken des Logodesigns

Allgemein gilt: die formale Gestaltung muss dazu beitragen, die Aufmerksamkeit des Adressaten zu erreichen. Typische Gestaltungsmittel sind Sprache, Texte, Schriftformen, Farben, Bilder/Abbildungen, Musik sowie Handlungen.

Inhaltliche Gestaltung

Die Werbebotschaft nimmt das Alleinstellungsmerkmal (USP = Unique Selling Proposition) auf, um eine Positionierung und Abgrenzung gegenüber dem Leistungsangebot der Konkurrenz zu erreichen.

Copy-Strategie

Den roten Faden für eine Kommunikationsbotschaft nennt man Copy-Strategie. Der Aufbau der Copy-Strategie gleicht einer Argumentationskette. Ziel ist es, dem Kunden lückenlos darzulegen, warum er gerade bei diesem Anbieter kaufen soll.

Elemente einer Copy-Strategie			
Kommunikations-ziel Genaue Beschreibung: Was soll erreicht werden und welche Wirkung soll erzielt werden?	**Consumer Benefit** Darstellung des Nutzenversprechens in Anlehnung an den USP	**Reason Why** Begründung des Nutzenversprechens und glaubhafte Darstellung (Beweisführung) z.B. durch belegte Zahlen, Siegel, Zertifikate, Anwenderaussagen (Testimonials)	**Tonality** Abstimmung des Grundtons der Kommunikationsbotschaft auf die Zielgruppe („atmosphärische Verpackung"/ Werbestil) Festlegung der formalen, visuellen Gestaltung
Ziel: adressatengerechte Gestaltung der Kommunikationsbotschaft			

Kommunikationsgrundsätze

Kommunikation soll wirksam, wirtschaftlich, wahr und klar sein.

Wahrheit
Kommunikationsbotschaften dürfen keine irreführenden, unwahren, unsachgemäßen und/oder übertriebenen Aussagen enthalten (Vergleiche auch UWG).

Wirksam
Kommunikationsbotschaft und Kommunikationsmittel müssen so gewählt werden, dass sie den Umworbenen entsprechend der angestrebten Zielsetzung beeinflussen.

Klarheit
Kommunikationsbotschaften müssen klar und leicht verständlich sein.

Wirtschaftlichkeit
Die Kosten müssen in einem angemessenen Verhältnis zur Wirkung (Erfolg) stehen.

AIDA-Formel

Die Botschaft muss bei der Zielgruppe ankommen. Sie soll Aufmerksamkeit, Interesse und Sympathie erzeugen. Ein bekanntes Beispiel für die Umsetzung ist das Vorgehen nach der AIDA-Formel:

Attention = Aufmerksamkeit erzielen
Interest = Interesse wecken
Desire = Kaufwunsch auslösen
Action = Kaufhandlungen bewirken.

Gestaltungstechniken

Es gibt eine Fülle von Gestaltungstechniken. Exemplarisch werden hier allgemeine Techniken für Werbebotschaften vorgestellt, die vorwiegend bei der Mediawerbung Anwendung finden:

- **Slice of Life-Technik:** Ausschnitt aus dem Lebensalltag, der die Anwendung des Produkts/der Dienstleistung zeigt.
- **Testimonial-Technik:** Darstellung von sympathischen Verbrauchern/Anwendern oder bekannten Persönlichkeiten, die vom Produkt/der Dienstleistung überzeugt sind.
- **Betonung der Expertise:** Produkt/Dienstleistung wird mit einem wissenschaftlichen Beweis untermauert.
- **Informierend:** Die rationale Argumentation überwiegt.

7.3.4 Instrumente der Kommunikationspolitik

Die nachfolgende Abbildung gibt einen Überblick über die Vielzahl von Kommunikationsinstrumenten. Elemente mit gleicher Farbgebung ähneln sich in ihrer Zielsetzung und Wirkung.

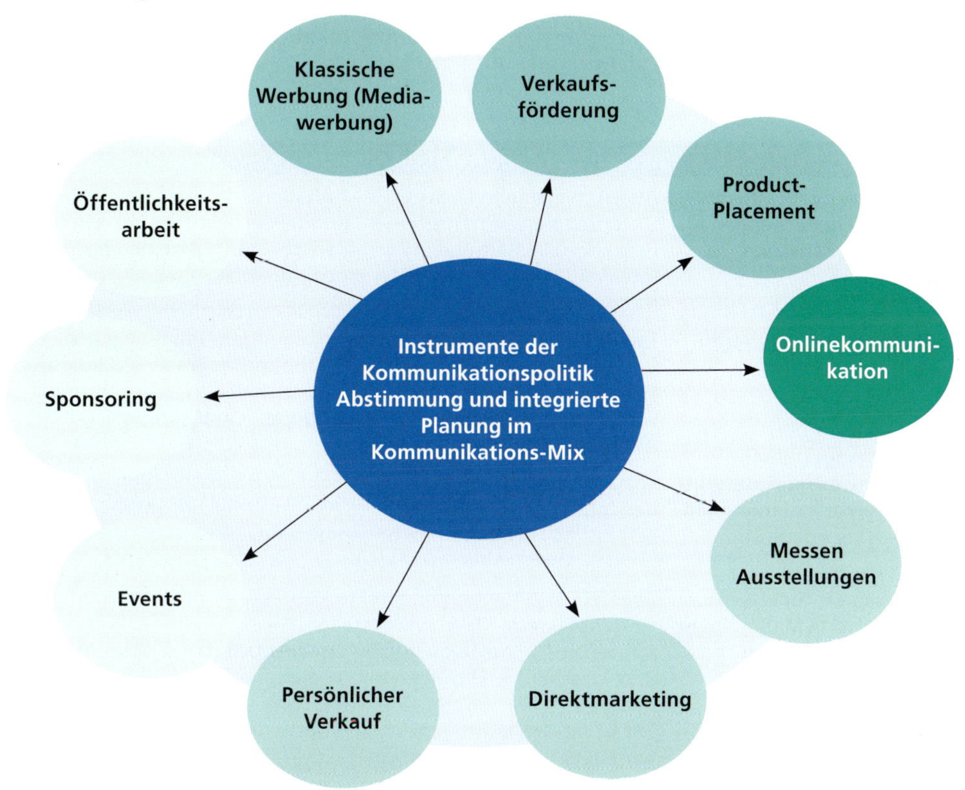

In den nachfolgenden Abschnitten werden verschiedene Kommunikationsinstrumente vorgestellt. Weitere Informationen finden sich im BuchPlusWeb.

Öffentlichkeitsarbeit

Begriff

Definition
Öffentlichkeitsarbeit (Public Relations, PR) dient der Gestaltung der Kommunikation mit der Öffentlichkeit. Sie soll das Unternehmen bekannt machen und bei allen Ziel- und Anspruchsgruppen eine positive Einstellung gegenüber dem Unternehmen und seinen Leistungen erzeugen.

Öffentlichkeitsarbeit richtet sich somit nach außen (z.B. Kunden, Lieferanten, Öffentlichkeit, Staat, Institutionen, Investoren, Verbände, Gewerkschaften und Medien), aber auch nach innen (z.B. Mitarbeiter).

Aufgaben

Die Öffentlichkeitsarbeit hat die Aufgabe, Werbung für ein Unternehmen zu machen, ein positives Image zu schaffen, den Dialog mit Anspruchsgruppen zu führen sowie die Pressekontakte und die Netzwerkarbeit aufzubauen. Ihre Aufgaben erstrecken sich auch auf die Gestaltung der innerbetrieblichen Kommunikation.

Maßnahmen

Maßnahmen der Öffentlichkeitsarbeit	
Gestaltung und Herausgabe von Veröffentlichungen u. Informationsmaterial	Als Printversionen (Jahres/-Geschäftsberichte, Imagebroschüren, Unternehmenspräsentationen, Kundenzeitschriften, Prospekte, redaktionelle Beiträge in Fach-/Zeitschriften, Filme und im Internet (Pflege der Website, Blogs, Auftritte in sozialen Netzwerken, Fachforen, Newsletter), ...
Organisation von Veranstaltungen	Tag der offenen Tür, Betriebsbesichtigungen, Teilnahme und Vorbereitung von PR-Events (Workshops, Kongresse, Podiumsdiskussionen, Tagungen, Vorträge, Diskussionen, Neueinführung von Produkten/Dienstleistungen, Spenden und Sponsoring-Aktionen, ...)
Spendenwesen/ Unterstützung von gemeinnützigen bzw. Hilfsorganisationen	Soziales Engagement und/oder Geld- und Sachspenden und Berichterstattung in Medien; in Abgrenzung zum Sponsoring erfolgt die Leistung ohne Gegenleistung, ...
Beispiele für intern ausgerichtete Maßnahmen	Betriebsversammlungen, direkte Kontakte zu den Mitarbeitern, Gesprächskreise, Beschwerdestelle ... Betriebsfeste, Ausflüge/gemeinsame Aktivitäten, Geburtsgrüße und -geschenke, Ehrungen bei langjähriger Firmenzugehörigkeit, ... Mitarbeiterzeitschriften, Interne Mitteilungen, Schwarzes Brett, Veröffentlichungen im Intranet, ... Initiierung von firmeneigenen Einrichtungen/Gemeinschaften (Laufgemeinschaft, Musikgruppe, Betriebskindergarten, Kantine), ...

Absatzwerbung

Wesen

Werbung ist das Kommunikationsinstrument, das jeder aus seinem Konsumentenalltag am besten kennt (Plakatanzeigen, Werbung im Radio, TV-Werbespots, Werbebanner im Internet). Im **B2B-Bereich** hat klassische Werbung im Vergleich zu anderen Kommunikationsinstrumenten **eine geringe Bedeutung**, wird aber ergänzend im Kommunikations-Mix eingesetzt.

Definition
Werbung umfasst alle Maßnahmen, die eingesetzt werden, um Marktpartner zum Kauf von Produkten bzw. zur Inanspruchnahme von Dienstleistungen zu motivieren.

Im Gegensatz zur Öffentlichkeitsarbeit, bei der das Unternehmen als Ganzes im Vordergrund steht, zielt Werbung in erster Linie auf die Produkte und Dienstleistungen des Unternehmens ab. Ihr Bekanntheitsgrad sowie ihre Absatzchancen sollen durch Werbung erhöht werden.

Direktmarketing

Wesen

Definition
Unter **Direktmarketing** versteht man die zielgerichtete Kommunikation mit bekannten Empfängern.

Im Gegensatz zur klassischen Werbung oder zur Öffentlichkeitsarbeit richtet sich die Kommunikation beim Direktmarketing nicht an einen anonymen Massenmarkt, sondern spricht eine Zielperson entweder persönlich oder medial direkt an. Die Vorteile des Direktmarketings liegen in den geringen Streuverlusten und der Möglichkeit, unmittelbar eine Reaktion des Kunden zu erreichen. Direktmarketingmaßnahmen sind oft kostengünstiger als andere Werbemaßnahmen. Direktmarketing kann flexibel, zeitnah und mit hoher Aktualität eingesetzt werden

Formen

Printmailing

Klassische Werbebriefe per Post
Sie bestehen aus personalisiertem Anschreiben und Beilagen in Form von Prospekten, Broschüren, Kundenzeitschriften, Leistungsinformationen, Mitarbeiterprofilen, aber auch digitalisierten Medien, wie CD-ROM, DVD, ... Bei geringerem Informationsumfang werden auch Faxe genutzt. Der Einsatz erfolgt meistens im Bestandskundenbereich oder bei Kunden, die diesen Kommunikationsweg wünschen.

Die Aktivitäten umfassen den aktiven Verkauf, Nachfassaktionen zu Mailings, Ermittlung von Ansprechpartnern, Interessensweckung, Bedarfsermittlung, Vereinbarung von Besuchsterminen, Reaktivierung von Altkunden, Zufriedenheitsabfragen, Bestellannahme, Entgegennahme von Beschwerden, Kundenbetreuung, ...

E-Mails sind flexibel einsetzbar und eigenen sich für die unterschiedlichsten Aktionen (Mailings, Newsletter, Ankündigung von Messen, Workshops und Fachtagungen, redaktionelle Informationen (z. B. neue Niederlassung, Ansprechpartner, ...)

Anzeige mit Responseelement

Anzeigen mit Responseelementen in Fachzeitschriften oder im Internet

In der Regel werden Direktmarketingmaßnahmen in Kombination mit anderen Instrumenten integriert eingesetzt.

Beispiele

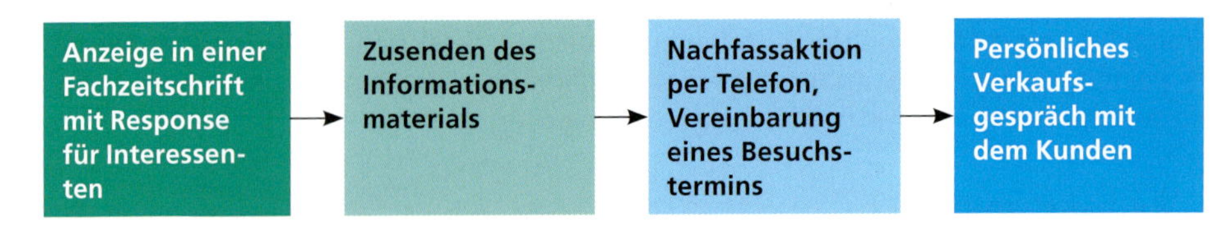

Eine Messe wird mit Mailings und Printanzeigen angekündigt und mit einer telefonischen Nachfassaktion nachbereitet.
Einsatz von Newslettern, die es Kunden ermöglichen, weiterführende Informationen zu erhalten.

Persönlicher Verkauf

Wesen

Definition
Die Besonderheiten des **persönlichen Verkaufs** liegen im Vergleich zu anderen Kommunikationsformen in der räumlichen und zeitlichen Bindung sowie der direkten zwischenmenschlichen Kommunikation.

Formen

- persönlich als Face-to-Face-Kommunikation (z. B. Kundenbesuche und Messen)
- persönlich über Medien (z. B. Telefon)

Aufgaben und Ziele

Der persönliche Verkauf bietet die Möglichkeit, einen **Dialog mit Kunden** zu führen. Besondere Leistungsmerkmale sowie der Kundennutzen können im Gespräch verdeutlicht und kunden- bzw. betriebsspezifisch angepasst werden. Der Kunde kann seine Meinung äußern und Verständnisfragen stellen sowie ein direktes Feedback zum Angebot geben. Der Verkäufer kann Kaufunsicherheiten durch seine Handlungen und Antworten reduzieren. Neben den Kundenäußerungen vermitteln Mimik, Gestik, Betonung sowie Sprachrhythmus und -geschwindigkeit **weitere Signale**, wie ein Kunde ein Angebot einschätzt. Darüber hinaus können in einem persönlichen Gespräch neue und wichtige **Information über Kunden** gewonnen werden. Durch den persönlichen Kontakt können **Vertrauen** und die **Geschäftsbeziehungen aufgebaut** und intensiv **gepflegt** werden. Probleme können sich dann ergeben, wenn die „Chemie" zwischen Kunden und Verkäufer nicht stimmt. Im Vergleich mit anderen Kommunikationsinstrumenten (z. B. Einsatz von E-Mails) ist der Dialog sehr kostenintensiv.

Beispiel
Beispielsweise müssen Kundenbesuche vor- und nachbereitet werden, es fallen Reise- und Personalkosten sowie Schulungskosten für das Verkaufspersonal an.

Messen

Das Thema Messen wurde bereits ausführlich in Band 1, Lernfeld 4 „Personal gewinnen" behandelt. Die Darstellung bezog sich dort auf den Beschaffungsmarkt. Deshalb wird der Lerninhalt an dieser Stelle nur kurz aufgegriffen und die Besonderheiten von Messen auf Absatzmärkten dargestellt.
Messen haben einen doppelten Charakter. Zum einen sind sie Kommunikationsinstrument, zum anderen eine mögliche Form des direkten Vertriebswegs (siehe auch Abschnitt 7.4 Distributionspolitik).

Definition
Bei **Messen** handelt es sich um zeitlich und örtlich festgelegte Veranstaltungen, auf denen sich mehrere Anbieter der Zielgruppe präsentieren.

In vielen Bereichen kommt es bei Messen gar nicht mehr zu direkten Kaufabschlüssen, sondern sie dienen in erster Linie der **Informationsbeschaffung**, **Gewinnung von Kontakten** sowie der **Beziehungspflege**.

Messeplanung

Bei der Planung einer Messe sind die folgenden Schritte zu berücksichtigen:

1. Entscheidung zur Messe-Beteiligung,
2. Messeziele und Zielgruppen festlegen,
3. Messe-Botschaft ausarbeiten,
4. Maßnahmenplanung (Standwahl und -gestaltung, Bestimmung und Vorbereitung der Präsentationsmedien, Personalauswahl und -einsatzplanung),
5. Budgetierung,
6. Messe-Erfolgskontrolle.

Messe-Beteiligungs-Mix

Zur Vorbereitung und Nachbereitung der Messe setzten Unternehmen unterschiedliche kommunikationspolitische Instrumente ein. Damit ein einheitliches Bild entsteht, sind diese aufeinander abzustimmen.

- **Vorbereitung:** Mailings, Website, Presseberichte, persönliche Einladungen
- **Messeteilnahme:** Exponate, Plakate, Messeaufsteller, Multimedia, persönlicher Verkauf, Printmedien
- **Nachbereitung:** Mailings, Telefonate, Kundenbesuche, Presseberichte, ...

Verkaufsförderung (hier Außendienstpromotion)

Wesen

Definition
Verkaufsförderung (Sales Promotion) umfasst zeitlich, räumlich oder/und sachlich begrenzte Aktionen, die darauf abzielen durch zusätzliche Anreize den Verkaufserfolg zu erhöhen.

Die Verkaufsförderung wendet sich an folgende Gruppen: **Händler, Vertriebsmitarbeiter sowie Endverbraucher**. Die Vertriebsmitarbeiter und Händler unterstützen sie bei den Verkaufsaktivitäten. Endverbraucher (Kunden) soll sie dazu motivieren, Dienstleistungen und Produkte zu kaufen.

Im nachfolgenden wird die Verkaufsförderung für Vertriebsmitarbeiter dargestellt: Hierunter fallen Maßnahmen, die das Verkaufspersonal informieren, motivieren und unterstützen. Einen Überblick über Ziele und mögliche Maßnahmen gibt die nachfolgende Abbildung.

Ziele und Maßnahmen		
Ziel Motivation der Mitarbeiter durch Leistungsanreize **Mögliche Maßnahmen** Lohnsysteme mit Provision, Boni bei Erreichung von Umsatz- und Kundenzielen, Team- und Abteilungsprämien, Geschäftswagen, großzügige Spesenregelungen, Incentives, Wettbewerbssysteme, Verkaufstreffen, Kick-off-Veranstaltungen, ...	**Ziel** Unterstützung des Verkaufsteams durch Bereitstellung von Verkaufshilfen **Mögliche Maßnahmen** Präsentationsmappen, Prospekte, Kataloge, Referenzlisten, Fachaufsätze, Argumentationshilfen, Kalkulationsbeispiele, Testberichte, Verkaufshandbücher, Vetriebsnewsletter, Laptops, Intranet, Bereitstellung von Kundendaten, Give aways, ...	**Ziel** Information des Vertriebsteams Sicherung/Verbesserung der Qualität der Verkaufstätigkeit **Mögliche Maßnahmen** Verkaufs- und Kundendienstschulungen/ Verkaufstraining, Verhaltenstraining, Produktschulungen

Onlinekommunikation

Die Entwicklung der Informations- und Kommunikationstechnologien in den vergangenen Jahren hat auch die Marktkommunikation von Unternehmen verändert. Im nachfolgenden Textabschnitt werden nur einige ausgewählte Instrumente, die im B2B-Bereich eine Rolle spielen, dargestellt.

Firmenwebseite

Über die eigene Webpräsenz informieren Unternehmen über sich selbst sowie über ihre Produkte und Dienstleistungen. Die Webpräsenz ist ein wirksames Mittel für die Öffentlichkeitsarbeit. Eine eigene Webseite zu haben, ist heutzutage ein Muss. Der **Internetauftritt** sollte sich durch **gutes Design, Benutzerfreundlichkeit** sowie **nützliche Informationen** auszeichnen.

Suchmaschinen-Marketing

Webseiten sind die zentrale Informationsquelle für **Einkäufer**. Sie **nutzen** allgemeine **Suchmaschinen** wie Google, Yahoo usw., auf den Business-Bereich spezialisierte Suchmaschinen oder Branchenportale (z. B. Wer liefert was?).
Nur wenige Suchmaschinen-Nutzer klicken alle angezeigten Ergebnisse an, sondern beschränken sich auf die ersten Seiten. Für Unternehmen ist es deshalb interessant, in der Trefferliste der jeweiligen Suchmaschine möglichst hoch platziert zu sein. Hier setzt Suchmaschinen-Marketing an.

Definition
Suchmaschinenmarketing (SEM - Search Engine Marketing) umfasst alle Maßnahmen, die zur guten Auffindbarkeit einer Webpräsenz bei Einsatz von Suchmaschinen führen.

Dabei spielt einerseits die Suchmaschinenoptimierung (SEO für Search Engine Optimization) und andererseits auch Suchmaschinenwerbung eine Rolle.

- **SEO-Maßnahmen** zielen darauf ab, die eigene Webseite möglichst weit vorne in den Suchergebnissen zu platzieren. Hierdurch kann die Besucherfrequenz, aber auch die Besucherqualität beeinflusst werden.
- **Suchmaschinenwerbung:** Die meisten Suchmaschinen bieten oberhalb und rechts der Trefferliste die Möglichkeit, Werbeanzeigen gegen Bezahlung zu platzieren. Die Anzeigen erscheinen, sobald ein bestimmter Suchbegriff eingegeben wird.

Für kleinere Anbieter gibt es regionale Lösungen.

Elektronischer Newsletter

Newsletter können elektronisch oder aber auch als Print-Druck an Kunden versandt werden. Heutzutage werden die meisten Newsletter **elektronisch** versandt, da die **Kosten geringer** sind. Ein Newsletter kann beispielsweise folgende Informationen enthalten:

Beispiele
Unternehmens- und Leistungsinformationen, Fachinformationen, Referenzen, Darstellung von Projekten, Anwenderberichte, Mitarbeiter- und Kundenportraits

Da ein Newsletter möglicherweise als störend empfunden wird, muss der **Empfänger** die **Möglichkeit erhalten**, ihn jederzeit **unkompliziert abbestellen** zu können. Die **Akzeptanz** von Newslettern ist in der Regel **hoch**, wenn sie dem Kunden **Informationen mit Mehrwert** bieten.

Beispiel
Interessante, neutrale Fachinformationen

Web 2.0

Für das Web 2.0 gibt es keine eindeutige Definition. Vielmehr wird es als Oberbegriff für zahlreiche Anwendungen verstanden, die es Internetnutzern ermöglicht, sich zu vernetzen, selbst Inhalte zu erstellen und sich auszutauschen.
Durch YouTube, Facebook, Xing, Twitter und Co. sind **Verwender** nun selbst in der Lage, **Botschaften über Produkte und Unternehmen** zu verbreiten. Die einseitige Kommunikation von Unternehmen zu Verbrauchern durch herkömmliche Werbespots hat sich in einen **Dialog** verwandelt.
Das Web 2.0 hat viele **Unternehmen verunsichert**, da sie die **Kontrolle über die Kommunikation verlieren** (schnelles, virusartiges Ausbreiten von Informationen, z. B. über Twitter oder soziale Netzwerke) sowie Bewertung und Kommentare zu Unternehmen und Produkten.[1]

---

[1] *In diesem Zusammenhang spricht man auch von viralem Marketing. Viralmarketing hat das Ziel, das schnelle Ausbreiten von Informationen im positiven Sinne zu nutzen bzw. aktiv zu beeinflussen (z. B. Tell-A-Friend, Gefällt-mir-Button, Verbreitung per E-Mail, Microblogs oder über die Plattformen von Netzwerken).*

Wer sich im Web 2.0 bewegen möchte, muss berücksichtigen, dass es anderen „Gesetzen" folgt als herkömmliche Werbung. Man spricht deshalb auch davon, dass das Web 2.0 zurzeit das Marketing und die Marktkommunikation revolutioniert.
Statt ausgefeilte Werbekampagnen zu starten oder einfach nur die Inhalte der Webpräsenz in ein soziales Netzwerk (z. B. Facebook-Seite) einzustellen, geht es darum:

- den **Verwendern zuzuhören**, also nicht so viel über sich selbst sprechen.
- mit der Zielgruppe in einen **authentischen Dialog** zu treten. Werbejargon oder das Löschen von negativen Kommentaren sind tabu.
- **nützliche Informationen** und **Expertenwissen** anzubieten **ohne** dafür eine direkte **Gegenleistung** zu erwarten (mitmachen nicht dominieren). Es geht also darum, Inhalte bereit zu stellen, die Verwender wirklich weiterbringen bzw. sie interessieren.

Beispiele
Platzieren von Fachbeiträgen, Antworten in Blogs und Foren, Corporate Blogs, Beteiligung an Fachdiskussionen, Videos auf YouTube, neutrale Informationen über Produkte und Unternehmen

Im BuchPlusWeb finden Sie eine Übersicht mit den Begriffen, die rund um das Web 2.0 immer wieder auftauchen.

7.3.5 Rechtliche Rahmenbedingungen

Bei der Planung von kommunikationspolitischen Maßnahmen müssen rechtliche Vorgaben beachtet werden. Hierzu gehört das sogenannte Gesetz gegen den unlauteren Wettbewerb (UWG). Dieses Gesetz schützt die einzelnen Marktteilnehmer (Mitbewerber und Endverbraucher) sowie das Interesse der Allgemeinheit.

Gesetz gegen den unlauteren Wettbewerb (UWG)

§ 3 Verbot unlauterer geschäftlicher Handlungen

(1) Unlautere geschäftliche Handlungen sind unzulässig, wenn sie geeignet sind, die Interessen von Mitbewerbern, Verbrauchern oder sonstigen Marktteilnehmern spürbar zu beeinträchtigen.

Das Gesetz gegen den unlauteren Wettbewerb (UWG) schützt …

die Endverbraucher	die Mitbewerber	das Interesse der Allgemeinheit
– Vermeidung von Übervorteilung – Sicherung der Marktübersicht	– Einsatz von fairen Mitteln	– Gewährleistung eines unverfälschten Wettbewerbs

Das Gesetz führt einzelne Verstöße allgemein auf (siehe Gesetzestext im Internet). Gerichte und weitere Institutionen werden angerufen, wenn es zu Konflikten bzw. Rechtsstreitigkeiten zwischen Marktpartnern kommt.
Verstöße gegen das UWG können neben der Unterlassung mit Bußgeldern, Schadensersatzleistungen oder Freiheitsstrafen geahndet werden.

Zusammenfassung

- Im Mittelpunkt der Kommunikationspolitik steht der Austausch von Informationen mit Zielgruppen, um sie im Sinne der Unternehmensziele positiv zu beeinflussen.
- Die **Corporate-Identity-Strategie** stellt für alle Kommunikationsmaßnahmen einen Orientierungsrahmen für das einheitliche Auftreten am Markt dar. Kommunikation und Verhalten eines Unternehmens folgen einem einheitlichen Konzept. Teilbereiche sind:

Corporate Design	Corporate Communication	Corporate Behaviour

- Die **Kommunikationsplanung** erfolgt in folgenden Schritten: **Mission** (Festlegung der Zielgruppe und Ziele), **Money** (Budgetierung), **Media** (Auswahl von Kommunikationskanälen/-mitteln), **Message** (Gestaltung der Botschaft) sowie **Measurement** (Kontrolle der Kommunikationswirkung).
- Die **Copy-Strategie** zeigt den **roten Faden** einer Kommunikationsmaßnahme auf, indem sie die Elemente **Kommunikationsziel, Nutzenversprechen** (Consumer Benefit), **Beweisführung** (Reason Why) und **Grundton der Werbebotschaft** (Tonality) miteinander verbindet.
- Eine tradierte Methode zur Gestaltung von Werbebotschaften ist die **AIDA-Formel**. Darüber hinaus gibt es verschiedene Gestaltungstechniken. Im B2B-Bereich eignen sich u.a. folgende Techniken: **Slice-of-Life-Technik, Testimonial-Technik, Betonung der Expertise** sowie die **informierende Technik**.
- Kommunikationsinstrumente
  - **Werbung** = alle Maßnahmen, die Produkte/Dienstleistungen in Medien darstellen
  - **Verkaufsförderung** = kurzfristige Anreize für Außendienst, Endverwender oder Handel mit dem Ziel den Verkauf zu unterstützen
  - **Öffentlichkeitsarbeit** = Aufbau und Pflege von Beziehungen des Unternehmens zu seinem Umfeld, Ziel ist Schaffung eines positiven Unternehmensbilds
  - **Persönlicher Verkauf** = persönlicher Kontakt mit Kunden zur Präsentation des Unternehmens bzw. der Dienstleistung, Erzielung von Verkaufsabschlüssen sowie Aufbau und Pflege von Geschäftsbeziehungen
  - **Direktmarketing** = Ansprache der Zielgruppe persönlich und direkt über Telefon, E-Mail, Fax, Internet
  - **Messen** = örtlich festgelegte Veranstaltungen auf denen mehrere Anbieter sich (potentiellen) Kunden sowie weiteren Geschäftspartnern präsentieren.
  - **Sponsoring** = stellt eine Zuwendung eines Sponsors an einen Gesponserten gegen eine vertraglich geregelte Gegenleistung (z.B. Werbemöglichkeit) dar.
  - **Multimedia-/Onlinemarketing**: Umfasst vielfältige Maßnahmen, bei denen digitale Medien sowie das Internet genutzt werden. Im B2B-Bereich haben Bedeutung: Webpräsenz, Suchmaschinen-Marketing, E-Mails/E-Newsletter sowie Anwendungen des Web 2.0.

- Im B2B-Bereich herrscht eine Kombination aus folgenden Elementen vor: Öffentlichkeitsarbeit, Mediawerbung, Verkaufsförderung, persönlicher Verkauf, Messen, Direktmarketing und Multimediakommunikation.

Aufgaben

1. *Grenzen Sie die kommunikationspolitischen Instrumente Werbung und Öffentlichkeitsarbeit voneinander ab.*
2. *Die Grauer Zeitarbeit GmbH eröffnet eine neue Niederlassung. Welche kommunikationspolitischen Maßnahmen würden Sie für das Bekanntmachen des Leistungsangebots empfehlen?*
3. *Diskutieren Sie die Chancen und Risiken einer Social Media-Seite (z. B. bei XING oder Facebook) für einen Personaldienstleister bezogen auf den Bereich Marketing. Welche Inhalte könnten für Kunden interessant sein?*
4. *Formulieren Sie drei kommunikationspolitische Ziele nach der SMART-Regel.*
5. *Eine angesehene Personalberatung möchte eine Werbeanzeige in einer Fachzeitschrift schalten, die Personalentscheider lesen.*
   a) *Legen Sie zunächst im Plenum Name, Leistungsspektrum, Zielgruppe der Personalberatung fest.*
   b) *Recherchieren Sie, welche Fachzeitschriften infrage kommen.*
   c) *Wählen Sie eine geeignete Zeitschrift aus. Begründen Sie Ihre Wahl.*
   d) *Gestalten Sie die Anzeige unter Beachtung der Copy-Strategie und weiterer Gestaltungstechniken.*
   e) *Präsentieren Sie die Anzeige im Plenum und bewerten Sie diese nach zuvor festgelegten Kriterien.*
   f) *Ermitteln Sie die tatsächlichen Kosten der Anzeige.*
6. *Welche Aufgaben können Messen und Ausstellungen für Dienstleistungsbetriebe erfüllen?*

7.4 Distributionspolitik

Einstiegssituation ▶

Die GBS Personallösungen GmbH verbessert das Vertriebssystem.
Fortsetzung der Situation
Die **GBS Personallösungen GmbH** möchte das bestehende Vertriebssystem verbessern. Zum einen sollen mehrere Vertriebswege genutzt werden, zum anderen ist bisher keine Aufteilung der Vertriebsgebiete erfolgt. Außerdem soll sichergestellt werden, dass die externen Mitarbeiter die Kunden zuverlässig und pünktlich erreichen. Hier hat es in den vergangenen Monaten Schwierigkeiten gegeben.

Arbeitsauftrag

Erarbeiten Sie einen entsprechenden Vorschlag.

Aufgaben

1. *Entwickeln Sie erste Lösungsideen.*
2. *Informieren Sie sich über die Themen Vertriebssystem, Vertriebswege und Vertriebsorganisation.*
3. *Treffen Sie eine Entscheidung bezüglich der Vertriebswege.*
4. *Organisieren Sie den Vertrieb neu, indem Sie eine begründete Entscheidung für die Aufteilung der Vertriebsgebiete treffen. Stellen Sie auch die Vor- und Nachteile dar.*
5. *Machen Sie einen Lösungsvorschlag, wie die Lieferfähigkeit (Mitarbeiter erreichen den Kunden) verbessert wird.*

Situation 2 ▶

Die **Rulert Personalvermittlung OHG** plant eine weitere Niederlassung zu eröffnen. Es kommen zwei alternative Standorte im Umkreis von 100 Kilometer zum Hauptsitz infrage.

Arbeitsauftrag

Führen Sie für zwei von Ihnen selbstgewählte Standorte eine Standortanalyse durch. Bearbeiten Sie zur Lösung des Arbeitsauftrages folgende Teilaufgaben.

Aufgaben

1. *Planen Sie Ihre Vorgehensweise. Überlegen Sie sich, welche Informationen für die Entscheidung benötigt werden.*
2. *Legen Sie Kriterien für die Entscheidungsfindung fest.*
3. *Führen Sie die Standortanalyse durch.*
4. *Entscheiden Sie sich für einen Standort und begründen Sie Ihre Wahl.*
5. *Reflektieren Sie unterschiedliche Ergebnisse im Plenum.*

7.4.1 Ziele und Aufgabenbereiche

Wesen

Dienstleistungen müssen zum richtigen Zeitpunkt, über die richtigen Wege, in der gewünschten Qualität, die richtigen Kunden erreichen.

Definition
Die Distributionspolitik (lat. distributio = Verteilung) beschäftigt sich mit allen Entscheidungen, die im Zusammenhang mit dem Weg eines Produktes vom Produzenten zum Endverbraucher oder Verwender getroffen werden müssen.

Bei der **Distributionspolitik** für Dienstleistungen geht es darum, die angebotene Leistung für den Verwender verfügbar zu machen. Bei Dienstleistungen gibt es aufgrund der Immaterialität keine physische Distribution.

Dienstleistungen sind an die dienstleistende Person gebunden, also z.B. an den Personalberater/-vermittler, Personaldisponenten oder Vertriebsmitarbeiter. Sie können nicht nur telefonisch, postalisch oder per E-Mail erbracht werden, sondern erfordern den persönlichen Kundenkontakt.
Die Liefertermine müssen im Einzelfall mit Kunden abgestimmt werden, da Dienstleistungen nicht auf Vorrat produziert werden können, sondern immer wieder neu erbracht werden. Insbesondere in der Zeitarbeit muss der Personaldienstleister auch dafür sorgen, dass die überbetrieblichen Mitarbeiter pünktlich beim Kunden erscheinen.
Bei der Vermarktung von Personaldienstleistungen begrenzen die **Standortgebundenheit der Dienstleistung** und die in erster Linie **gewerblichen Abnehmer** die Zahl der vertriebspolitischen Entscheidungen und Maßnahmen.

Ziele

Hauptaufgabe der Vertriebspolitik ist es ein **kundenorientiertes, leistungsfähiges Vertriebssystem** zu schaffen, auszubauen und ständig zu verbessern.

Aufgabenbereiche

Die Vertriebspolitik umfasst folgende Aufgaben (Entscheidungsbereiche):

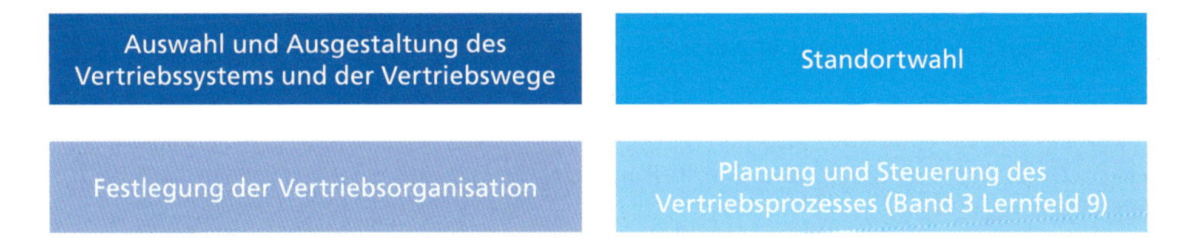

7.4.2 Gestaltung des Vertriebssystems und der Vertriebswege

Vertriebssystem

Bei der **Gestaltung des Vertriebssystems legt** ein Unternehmen fest, **welche Vertriebsorgane** zum Einsatz kommen bzw. wie diese sinnvoll miteinander kombiniert werden können.
Es handelt sich um eine **langfristig wirkende Entscheidung**, deren Ergebnis kurzfristig nicht abänderbar ist.
Die Ausgestaltung des Vertriebssystems kann **zentral, dezentral oder ausgegliedert** erfolgen.
Vom **zentralen Vertrieb** spricht man, wenn der Absatz über die eigene Marketingabteilung (Vertriebsabteilung) erfolgt. Ein zentraler Vertrieb benötigt relativ wenig Personal und zeichnet sich durch geringere Sach- und Personalkosten aus. Dagegen bedeutet ein **dezentraler Vertrieb**, dass die Dienstleistungen über **eigene Niederlassungen (Filialen)** angeboten werden. Im Vergleich zum zentralen Vertrieb ist mehr Kundennähe gegeben. In beiden Fällen handelt es sich um **unternehmensinterne** Vertriebsorgane. Von **ausgegliedertem** Vertrieb spricht man, wenn **andere, fremde Verkaufsorgane** (z.B. Absatzmittler, Callcenter, Franchise-Partner, Vertragshändler) eingeschaltet werden.

Vertriebswege

Grundsätzlich lässt sich zwischen **indirekten** und **direkten** Vertriebswegen unterscheiden.

- Beim **indirekten Vertriebsweg** werden Produkte nahezu unverändert vom Hersteller an **Absatzmittler bzw. -helfer** verkauft, die diese an den Endverbraucher weiterverkaufen. Typisch ist diese Vertriebsform bei Sachgütern, insbesondere im Konsumgüterbereich.
- Vorherrschend bei der Vermarktung von **Personaldienstleistungen ist der Einsatz von direkten Vertriebsformen**. Hier vertreibt der Hersteller die Dienstleistung mit eigenen Absatzorganen.

Formen des Direktvertriebs

Eigendistribution (Eigenvertrieb)

Der Dienstleister vertreibt seine Leistungen an einem einzigen Ort. Da es sich bei Personaldienstleistungen um standortgebundene Dienstleistungen handelt, ist eine Marktausweitung schwierig. Deswegen werden Filial- bzw. Niederlassungsnetze aufgebaut.

Filial- und Niederlassungsnetze

Die Dienstleistungen werden an unterschiedlichen Standorten angeboten.

Messen

Im Abschnitt 7.3.4 erfolgte die Darstellung des Messewesens unter kommunikationspolitischen Aspekten.

Onlinevertrieb

Der Onlinevertrieb kann nur unterstützend eingesetzt werden, da der persönliche Kontakt nicht durch das Internet ersetzt werden kann. Grundsätzlich gilt, je komplexer eine Beschaffungssituation ist, desto weniger eignet sich der Einsatz des Internet als Hauptvertriebsorgan.

Persönlicher Verkauf

Der persönliche Verkauf ist die kommunikative Variante des Direktvertriebs. Deswegen wird der persönliche Verkauf auch den Kommunikationsinstrumenten des Marketings zugeordnet. Eine Darstellung der wesentlichen Merkmale ist in Abschnitt 7.3.4 zu finden.

Franchising

Ein Informationsblatt zum Franchising finden Sie im BuchPlusWeb.

Callcenter

Unternehmen verfügen zum Teil über eigene Callcenter oder schalten externe Callcenter ein. Callcenter können den klassischen direkten Vertriebsweg (Kundenbesuche) aber nur ergänzen (z. B. Terminvereinbarungen für Kundenbesuche, Klärung von Kundenfragen).

Multi-Channel-Management

In der Praxis werden verschiedene Vertriebskanäle („Channel") parallel zueinander eingesetzt. Dieses Vorgehen wird als Multi-Channel-Management bezeichnet. Alle eingesetzten Kanäle müssen aufeinander abgestimmt werden, damit sich beim Kunden – unabhängig vom gewählten Absatzweg – ein einheitliches Bild ergibt.

7.4.3 Gestaltung der Vertriebsorganisation

Die **Vertriebsorganisation** stellt sicher, dass der Vertrieb seine vielfältigen Aufgaben auch zielgerichtet erfüllen kann.

Innen- und Außendienst

Bei der Gestaltung der Vertriebsorganisation werden in vielen Unternehmen ein Innen- und ein Außendienst eingerichtet.

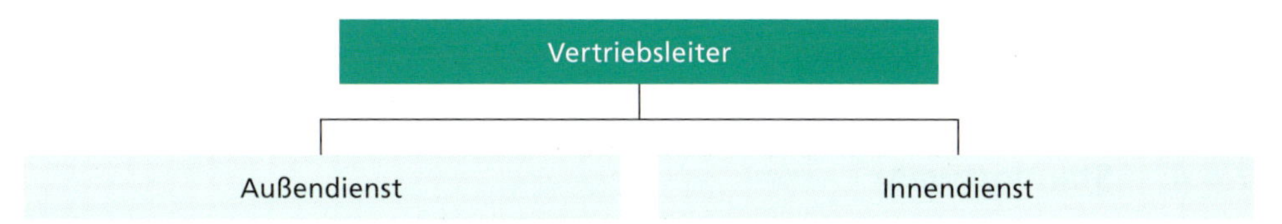

Innendienst

Der Innendienst übernimmt Verwaltungstätigkeiten und entlastet dadurch den Außendienst.

Außendienst

Im Außendienst sind **Mitarbeiter mit Kundenverantwortung** beschäftigt. Sie erhalten neben einem Grundgehalt oft eine ergebnisbezogene Vergütung (z. B. Provisionen). Die Größe des Außendienstes bzw. die Anzahl der Außendienstmitarbeiter ist u. a. abhängig von der Anzahl der zu betreuenden Kunden (Alt- und Neukunden) sowie der angestrebten Besuchshäufigkeit bzw. Besuchsrate.

Organisationsaspekte

Die **Aufteilung der Außendienstbezirke** kann u. a. **gebiets-, produkt- oder branchen- bzw. kundenorientiert** vorgenommen werden. Eine eindeutige Abgrenzung ist erforderlich, um sicherzustellen, dass für einzelne Gebiete bzw. Kunden klare Verantwortungen existieren.

Gebietsorientierte Vertriebsorganisation
Der Verkäufer (Niederlassung) ist für ein Verkaufsgebiet verantwortlich.
Die gebietsorientierte Vertriebsorganisation ist bei Vorliegen eines Leistungsprogramms, das aus wenigen, ähnlichen Dienstleistungen besteht, geeignet.

Produktorientierte Vertriebsorganisation
Der Verkäufer ist für ein Produkt (eine Dienstleistung) verantwortlich.
Die produktorientierte Vertriebsorganisation ist geeignet, wenn ein Unternehmen sehr unterschiedliche Produkt- bzw. Dienstleistungsgruppen führt.

Branchenorientierte bzw. kundenorientierte Vertriebsorganisation.
Der Verkäufer ist für eine bestimmte Kundengruppe bzw. Branche zuständig.
Die branchenorientierte Vertriebsorganisation ist geeignet, wenn der Bedarf der Branchen sehr unterschiedlich ist oder das Verkaufsgebiet wenige, große Kunden hat.

In der Praxis finden sich oft Mischformen der einzelnen Vertriebsorganisationen.

Key-Account-Management

Als **Key Accounts** werden **Kunden** bezeichnet, die für das Unternehmen eine **hohe Bedeutung** haben. Häufig handelt es sich um **Groß- bzw. Schlüsselkunden**. Aufgrund ihrer Wichtigkeit ist eine spezielle Betreuung notwendig.
Diese Aufgabe übernehmen **Key-Account-Manager** (auch Großkundenbetreuer), die als **persönliche Ansprechpartner** agieren und in der Regel **ausschließlich einen Kunden betreuen**.

Beispiel
Im Personaldienstleistungsbereich stellt On-Site-Management eine Art des Key-Account-Managements dar.

7.4.4 Standortwahl

Begriff

Als Standort wird der **Ort** bezeichnet, an dem ein Unternehmen mit seinen **Geschäftsräumen geografisch angesiedelt** ist (Haupt- und Zweigniederlassungen).
Die **Auswahl eines geeigneten Standortes** hat bei Dienstleistungsunternehmen eine **hohe Bedeutung**, da viele Dienstleistungen nur in räumlicher Nähe zu Kunden erbracht werden können, also **standortgebunden** sind.

Anlässe

Anlässe für Standortentscheidungen sind die Neugründung, die Standortverlagerung, beispielsweise weil der bisherige Standort den Anforderungen nicht mehr gerecht wird, sowie die räumliche Ausweitung (Schaffung von zusätzlichen Niederlassungen). Im letzten Fall geht es also auch um die Entscheidung über die geografische Verteilung aller Standorte eines Unternehmens.

Kriterien der Standortwahl von Dienstleistern (Standortfaktoren)

Für die Standortwahl sind in der Praxis eine Reihe von **Kriterien (Standortfaktoren)** entwickelt worden, die bei der Auswahl von Standorten unterstützen.
Folgende Standortfaktoren sind für Dienstleister u. a. wichtig:

- **Personalorientierung/Nähe zum Arbeitsmarkt/Bevölkerungsstruktur:** Da die Qualität des Personals bei vielen Dienstleistungen eine zentrale Rolle spielt, werden neue Standorte häufig dort gewählt, wo die benötigten Qualifikationen zur Verfügung stehen (u. a. Bevölkerungsstruktur, Größe des Einzugsgebiets, Höhe der Arbeitslosigkeit im Einzugsgebiet, Ausbildungsniveau, Anzahl und Art von Fachkräften, Aus- und Weiterbildungsangebote)

- **Geografische Standortfaktoren:** Gute Verkehrsanbindungen, gute Erreichbarkeit von Kunden bzw. des Dienstleisters sind weitere wichtige Standortkriterien. Häufig werden Ballungsräume mit guter Infrastruktur gewählt (Prestige/Image, Kultur, Lebensqualität, Forschung, Hochschulen, Netzwerkmöglichkeiten, ...). Die Bewertung einzelner Immobilien erfolgt nach Raumqualität, Kosten, Lage, Ausstattung.

  Beispiel
  Viele Niederlassungen von Personaldienstleistern sind in Innenstädten in Citylage angesiedelt.

- **Absatzorientierung/Kundenorientierung:** Ausschlaggebend für die Standortwahl ist insbesondere auch die Nähe zu Kunden, die Nachfrage vor Ort, die Umsatzerwartung am neuen Standort, die Dichte (potentieller) Kunden.
- **Konkurrenzorientierung:** Hier wird die Anzahl der Mitbewerber und ihre Aktivitäten berücksichtigt.
- **Politische, gesellschaftliche Faktoren:** Für international tätige Unternehmen können auch das Steuer- und Rechtssystem sowie die politische Stabilität eine Rolle spielen.
- **Wirtschaftsförderung der Region:** Dieses Kriterium umfasst u.a. die regionale Unterstützung (Subventionen, Fördermöglichkeiten), regionale Abgaben und Auflagen sowie generelle regionale Kooperationsmöglichkeiten.

Vorgehensweise bei der Standortwahl

In einem **ersten Schritt** werden mögliche **Standorte ausgewählt** und das **räumliche Einzugsgebiet abgegrenzt.** In einem **zweiten Schritt** werden die einzelnen **Standorte analysiert** und **bewertet** und der am besten **geeignete Standort gewählt**.

Zusammenfassung

- Die **Distributions-/Vertriebspolitik** hat für unternehmensnahe Dienstleistungen eine **hohe strategische Bedeutung** (Erfolgsfaktor, hohe Kosten, nicht so schnell revidierbar).
- Aufgabe der Vertriebspolitik ist es, die Dienstleistung für Abnehmer verfügbar zu machen und für den Kunden präsent zu sein.
- Im B2B-Bereich hat die Vertriebspolitik eine **akquisitorische Funktion**. Sie unterstützt die **Kundengewinnung**, aber auch die Kundenbindung.
- Vertriebspolitische Entscheidungen umfassen verschiedene Aspekte:

(1) **Gestaltung des Vertriebssystems sowie der Vertriebswege**

Vertriebssystem	Vertriebsorgane	Vertriebswege
– zentral – dezentral – ausgegliedert	– eigene – fremde	– direkt – indirekt

- Bei Personaldienstleistungen herrscht der direkte, dezentral organisierte Vertriebsweg mit eigenen Vertriebsorganen vor.

Vorteile des Direktvertriebs	Nachteile des Direktvertriebs
Sicherung der Beratungsqualität, alleinige Kontrolle und Steuerung, verbesserte Kundenbindung	teuer (hohe Investitionen und laufende Kosten), niedriger Distributionsgrad

- Ein typisches Beispiel für den direkten Vertriebsweg ist das eigene Niederlassungsnetz.

(2) Gestaltung der Vertriebsorganisation

Bereiche
- Innendienst
- Außendienst

Aufteilung der Außendienstbezirke
- gebietsorientiert
- produktorientiert
- branchen- bzw. kundenorientiert

Mischformen sind üblich

Key-Account-Management
Kundenbetreuung für Groß- bzw. Schlüsselkunden

(3) Standortwahl

Entscheidungen
- Auswahl einzelner Standorte
- Räumliche Verteilung aller Standorte (Niederlassungen)

→ Strategische Bedeutung

Kriterien für die Standortwahl
- Personalorientierung/Nähe zum Arbeitsmarkt/Bevölkerungsstruktur
- Geografische Standortfaktoren
- Absatz-/Kundenorientierung
- Konkurrenzorientierung
- Politische, gesellschaftliche Faktoren
- Wirtschaftsförderung der Region

Vorgehensweise
1. Auswahl möglicher Standorte
2. Standortanalyse mithilfe der Kriterien
3. Entscheidung für einen Standort

Aufgaben

1. *Stellen Sie das Vertriebssystem, die Vertriebswege und die Vertriebsorganisation Ihres Ausbildungsbetriebes dar.*
2. *Welche Vor- und Nachteile kann die Entscheidung für einen Direktvertrieb haben?*

3. *Erläutern Sie das Vertriebssystem Franchising und zeigen Sie sowohl die Vor- und Nachteile aus Sicht des Franchisegebers als auch aus der des Franchisenehmers auf.*
4. *Zeigen Sie anhand von Beispielen mögliche Konflikte zwischen Kunden- und Kostenorientierung auf, die im Vertrieb entstehen können.*
5. *Beschreiben Sie einzelne Aufgaben, die der Vertrieb übernimmt.*

7.5 Internes Marketing (Personalpolitik)

Einstiegssituation ▶

Die **GBS Personallösungen GmbH** möchte die Kundenzufriedenheit weiter verbessern. Der Geschäftsführer Rolf Jäger hat sich mit dem Thema beschäftigt und sieht vor allem in der Mitarbeiterorientierung und Mitarbeiterzufriedenheit einen Schlüssel für mehr Kundenzufriedenheit. Deshalb möchte er hierfür ein Konzept entwickeln.

Arbeitsauftrag

Sie werden beauftragt, für das Interne Marketing ein Konzept zu entwickeln. Bearbeiten Sie zur Lösung des Arbeitsauftrages folgende Teilaufgaben.

Aufgaben

1. *Machen Sie Vorschläge, wie Mitarbeiterzufriedenheit analysiert und ermittelt werden kann.*
2. *Bilden Sie verschiedene Mitarbeitergruppen und wählen Sie für die einzelnen Gruppen Schulungsmaßnahmen aus, die Mitarbeiter besser auf den Kundenkontakt vorbereiten.*
3. *Gestalten Sie eine von Ihnen gewählte Maßnahme konkret aus.*
4. *Präsentieren Sie Ihre Arbeitsergebnisse der Geschäftsleitung.*

7.5.1 Bedeutung und Merkmale

Bedeutung

Da qualifiziertes und motiviertes Servicepersonal den Unternehmenserfolg wesentlich beeinflusst, wurde das Dienstleistungsinstrumentarium um das Interne Marketing (Personalpolitik) ergänzt. Es soll sicherstellen, dass ein Unternehmen über **motiviertes** und **kundenorientiertes** Personal verfügt.
Das interne Marketing lässt sich als **Schnittstelle** zwischen **Marketing** und **Personalpolitik** begreifen, deswegen wird es auch oft als Personalpolitik (Personnel) bezeichnet.[1]

[1] *Es kann aber nicht mit dem betrieblichen Personalwesen gleichgesetzt werden (Vergleiche auch Abschnitt 7.5.3 Maßnahmen).*

Das Dienstleistungspersonal nimmt eine Schlüsselrolle ein, die sich in folgenden Aspekten zeigt:

- Die **Kundenzufriedenheit** wird erheblich von der **Leistung** und dem **Verhalten** der **Mitarbeiter** beeinflusst. Kunden schließen von dem Handeln der Mitarbeiter auf das Unternehmen selbst. Persönliche Defizite der Mitarbeiter werden als Schwächen des Unternehmens wahrgenommen.
- Das **Unternehmensimage** wird durch das Mitarbeiterhandeln positiv oder negativ geprägt.
- Motivierte, gut ausgebildete Mitarbeiter mit ausgeprägter Dienstleistungsmentalität können einen **Wettbewerbsvorteil** darstellen.

Einordnung in das Marketing

Im Dienstleistungsbereich spielen drei Beteiligte eine Rolle spielen. Diese Beziehung wird im sogenannten Dienstleistungsdreieck dargestellt.

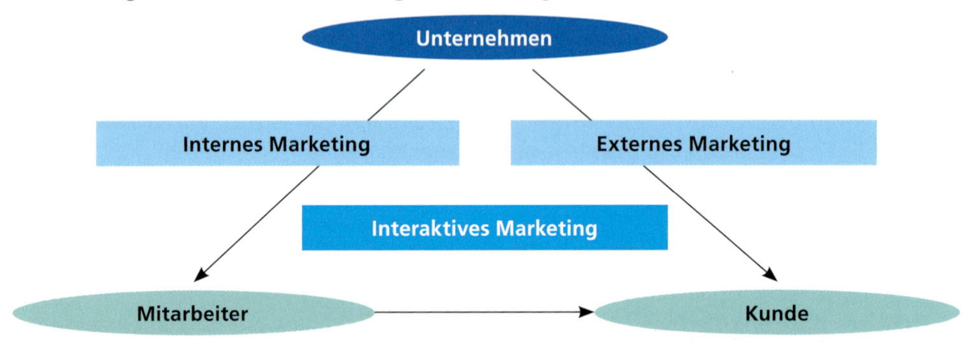

Schema in Anlehnung an: Kotler, Phillip, Keller, Kevin Lane, Bliemel, Friedhelm: Marketing-Management. Strategien für wertschaffendes Handeln, 12. aktualisierte Auflage, 2007, Pearson Studium, München, S. 556 ff

- **Externes Marketing** umfasst alle Marketingaktivitäten, die sich an Kunden bzw. weitere Marktteilnehmer richten.
- **Internes Marketing** befasst sich mit allen Aktivitäten des Unternehmens, die darauf abzielen das Dienstleistungspersonal zu motivieren, zu schulen, zu informieren und zu fördern, da die Mitarbeiterzufriedenheit einen großen Einfluss auf die Kundenzufriedenheit hat.
- **Interaktives Marketing** beschäftigt sich mit der Gestaltung der Interaktion zwischen Kunde und Kundenkontaktpersonal.

Merkmale

Das Interne Marketing ist durch drei Merkmale gekennzeichnet:

Gleichzeitige Betonung von Mitarbeiter- und Kundenorientierung

Zufriedene Mitarbeiter sind eher bereit, ein kundenorientiertes Verhalten zu zeigen. Deshalb ist ein wesentliches Merkmal des Internen Marketings die **gleichzeitige Förderung** von **Kunden- und Mitarbeiterzufriedenheit.**

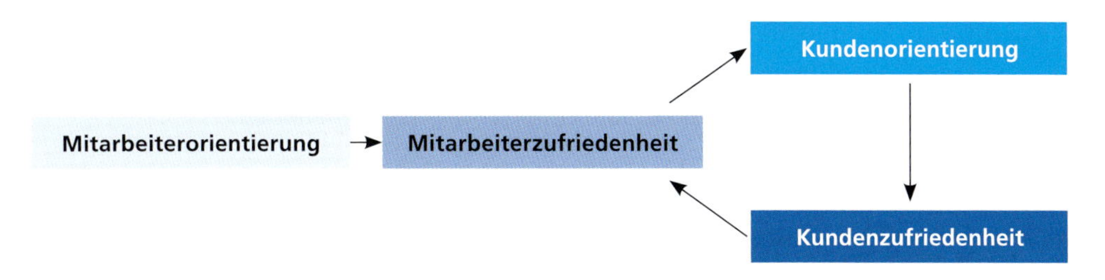

Markt- und Kundenorientierung als interne Denkhaltung

Das Interne Marketing hat die Aufgabe das **kunden- und marktbezogene Denken zu fördern**. Denn das beste Marketingkonzept ist wertlos, wenn es von den Mitarbeitern nicht umgesetzt wird.

Systematische Planung

Ähnlich wie beim externen Marketing erfolgt eine **Analyse** der **Ist-Situation**. Ausgehend vom Ist-Zustand werden **Ziele, Strategien** und **Maßnahmen für einzelne Mitarbeitergruppen** festgelegt.

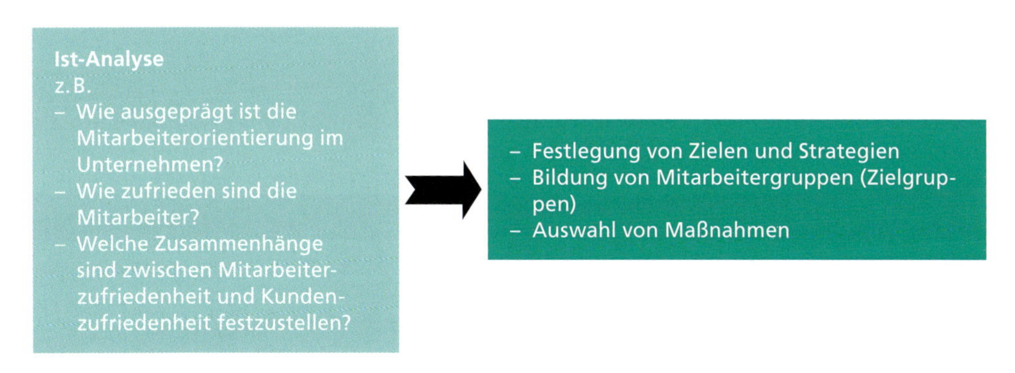

7.5.2 Ziele und Zielgruppen

Es wird zwischen Zielen unterschieden, die nach innen bzw. außen gerichtet sind.

Interne Ziele (nach innen gerichtet)	Externe Ziele (nach außen gerichtet)
• Gewinnung, Entwicklung und Bindung von kundenorientierten und motivierten Mitarbeitern • Erhöhung der Mitarbeitermotivation und -zufriedenheit • Förderung eines kundengerechten und marktorientierten Verhaltens aller Unternehmensmitglieder • Erhöhung des Wissens der Mitarbeiter über Kundenwünsche und -bedürfnisse, Verhalten der Wettbewerber und Marktverhältnisse • Vermittlung von Fertigkeiten und Fähigkeiten für die Bewältigung von Kundenkontaktsituationen	• Umsetzung des Marketingkonzepts • Erhöhung der Kundenzufriedenheit, Kundenbindung sowie Kundenloyalität

Zielgruppen/Segmentierung

Das Interne Marketing bezieht sich nicht nur auf Mitarbeiter im Kundenkontakt, sondern dehnt den **Adressatenkreis** auf **alle Unternehmensmitglieder** aus.

Beispiel
Kundenkontaktmitarbeiter müssen sich auf fehlerfreie Leistungen aus anderen Unternehmensbereichen verlassen können.
Der Mitarbeiter in der Buchhaltung erstellt eine fehlerhafte Rechnung für die sich der Außendienstmitarbeiter beim Kunden entschuldigen muss.
Führungskräfte müssen durch ihr eigenes kundengerechtes Verhalten Vorbild für die Mitarbeiter sein.

Je nach Größe des Unternehmens können einzelne Mitarbeiter zu Mitarbeitergruppen zusammengefasst werden. Beispiele für **Segmentierungskriterien sind**:

Beispiele
Häufigkeit des Kundenkontakts, Qualifizierungs- und Fortbildungsbedarf, Art des Kundenkontakts (persönlich/unpersönlich), organisatorische Einbindung (Frontoffice/Backoffice), Stellung im Unternehmen (Führungskräfte, Linienstellen), Dauer der Unternehmenszugehörigkeit (neue Mitarbeiter, Stammmitarbeiter).

7.5.3 Maßnahmen

Die Maßnahmen des Internen Marketings lassen sich sowohl dem Personalwesen als auch dem Marketing zuordnen.

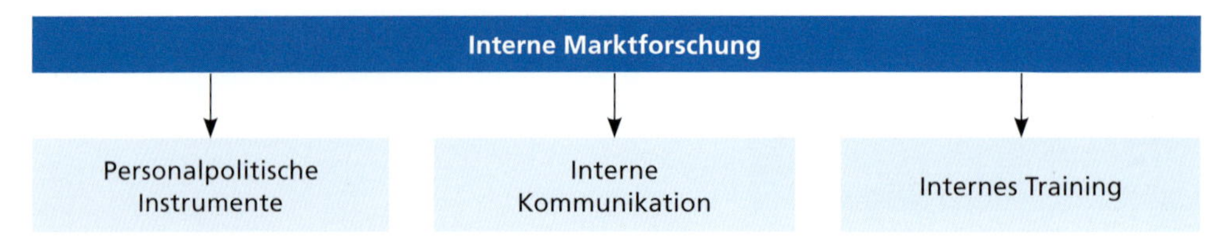

Interne Marktforschung

Die interne Marktforschung ist die **Grundlage** für eine **zielgerichtete Maßnahmenauswahl**. Sie ermittelt die **Wünsche und Bedürfnisse** der Mitarbeiter, erforscht die **Mitarbeiterzufriedenheit** und erhebt den **Fortbildungsbedarf**.

Personalpolitische Instrumente

In der nachfolgenden Darstellung geht es nur um die personalpolitischen Instrumente, die eine Bedeutung für die Umsetzung des Marketingkonzepts haben. Hierzu gehören Personalauswahl, Personaleinsatz, Personalentwicklung, Arbeitsplatzgestaltung, Festlegung von Motivations- und Anreizsystemen sowie Personalführung. An dieser Stelle werden mit Verweis auf die personalwirtschaftlichen Lernfelder nur einzelne Aspekte dargestellt.

Mitarbeiterauswahl

Bereits bei der **Auswahl von Mitarbeitern**, wird darauf geachtet, dass die **zukünftigen Mitarbeiter Kunden- und Serviceorientierung zeigen**.

LF 3, 4, 5, 6, 10

Beispiele
Aktives Zugehen auf Kunden, Kommunikationsfähigkeit, Fähigkeit, Kontakte zu knüpfen und zu pflegen, Einfühlungsvermögen/Empathiefähigkeit, Fähigkeit, flexibel auf Kundenwünsche einzugehen, klare Ausdruckweise, Zuverlässigkeit, Kritikfähigkeit, Eigeninitiative, Stresstoleranz, ...

Mitarbeiterbindung

Um zu vermeiden, dass Kunden ständig wechselnde Ansprechpartner haben, sollte das Kundenkontaktpersonal langfristig gebunden werden.

Förderung der Mitarbeiterzufriedenheit

Durch verschiedene Maßnahmen kann die Mitarbeiterzufriedenheit gefördert werden.

Beispiele
Mitarbeiterfreundliche Gestaltung der Arbeitsplätze, attraktiver Aufgabenzuschnitt mit Handlungs- und Gestaltungsspielräumen, kontinuierliche Mitarbeiterförderung/-qualifizierung, Anerkennung der Mitarbeiterleistung durch einen mitarbeiter- und leistungsorientierten Führungsstil sowie entsprechende Vergütungs- und Anreizsysteme, Förderung des Teamgedankens sowie eines positiven Betriebsklimas
Eröffnung von Aufstiegsmöglichkeiten ...

Motivations- und Anreizsysteme

„Belohnungen" wirken positiv auf die Leistungsbereitschaft und fördern die Motivation der Mitarbeiter.

Beispiele
Boni, Leistungsprämien, Geschäftswagen, Icentives, Lob, Anerkennung in Form von Dankesschreiben

Mitarbeiter mit Kundenkontakt sollten **entsprechende Handlungsspielräume** erhalten, um schnell und unbürokratisch **auf Kundenwünsche eingehen** zu können.

Interne Kommunikation

Interne **Kommunikationsprobleme** können eine **Ursache für Qualitätsprobleme** sein. Das Interne Marketing hat deshalb die Aufgabe, den **unternehmensinternen Dialog** zu **fördern**, **Offenheit** und **Transparenz** zu **schaffen** und alle Unternehmensangehörigen mit wichtigen **Informationen** zu **versorgen**, um sie bei ihrer **täglichen Arbeit mit den Kunden** zu **unterstützen**.

Beispiele
Informationen über Unternehmensphilosophie, Leitbild, Marketingkonzept, die angestrebte Dienstleistungsqualität, Qualitätsstandards und Servicelevel, Marktentwicklungen, Kundeninformationen oder die Bedeutung der eigenen Rolle im Kundenkontakt

Die interne Kommunikation kann **direkte** (z. B. Mitarbeitergespräche + Einzeltraining) und **indirekte Maßnahmen** (z. B. Vorträge, Schulungen, Abteilungsbesprechungen, Rundschreiben, Mitarbeiterzeitschrift) umfassen und sich auf die Kommunikation mit einzelnen oder mit allen Mitarbeitern beziehen.

Internes Training

Das **interne Training** hat die **Aufgabe**, die Mitarbeiter **optimal auf den Kundenkontakt vorzubereiten**. Die nachfolgenden Beispiele zeigen die Vielfalt möglicher Maßnahmen:

Beispiele

- *Techniken zur Bewältigung unterschiedlicher Kontaktsituationen (z. B. Erstkontakt, Kontaktpflege)*
- *Aufbau von Verkaufs- und Beratungsgesprächen/Verkaufstechniken*
- *Aufarbeitung von negativen Erlebnissen mit Kunden*
- *Schulungen in Zeitmanagement, Arbeitsplatzorganisation, um reibungslose Prozesse mit Kunden zu fördern*
- *Schulung der Wahrnehmungsfähigkeit und Kommunikationsfähigkeit (Erkennen von nonverbalen und verbalen Kundensignalen und Zeigen von angemessenen Reaktionen)*
- *Umgang mit Kundenbeschwerden*
- *Erkennen von Kundentypen sowie Vermittlung von Strategien im Umgang mit verschiedenen Kundentypen*

Zusammenfassung

- Das **Interne Marketing** umfasst alle Maßnahmen, die auf Gewinnung, Entwicklung und Bindung motivierter und kundenorientierter Mitarbeiter gerichtet sind.
- Das **Dienstleistungsdreieck** verdeutlicht die Beziehung zwischen den Beteiligten und den Teilbereichen des Dienstleistungsmarketings: Kunde und Unternehmen (**Externes Marketing**), Kunde und Mitarbeiter (**Interaktives Marketing**) sowie Unternehmen und Mitarbeiter (**Internes Marketing**).
- **Bedeutung:** Der Erfolg eines Dienstleistungsunternehmens ist davon abhängig, ob es ihm gelingt, motivierte, qualifizierte Servicemitarbeiter zu gewinnen, sie weiterzuentwickeln und zu binden. Deshalb wurde das Interne Marketing Teil des Dienstleistungsinstrumentariums.
- **Merkmale** des Internen Marketings sind:
  - gleichzeitige Betonung von Mitarbeiter- und Kundenorientierung
  - Markt- und Kundenorientierung als interne Denkhaltung
  - systematische Planung und Auswahl von Maßnahmen
- **Ziel:** Entwicklung und Sicherstellung der Kundenorientierung aller Unternehmensangehörigen zur Erhöhung der Kundenzufriedenheit und -bindung
- **Instrumente:** Interne Marktforschung, personalwirtschaftliche Instrumente (Personalauswahl, Mitarbeiterförderung), Interne Kommunikation (Dialog, Informationsversorgung), Internes Training/Qualifizierung.

Aufgaben

1. *Begründen Sie, welchen Stellenwert das Interne Marketing für die Umsetzung des externen Marketingkonzepts hat.*
2. *Beschreiben Sie, welche Kerngedanken und Ziele dem internen Marketing zugrunde liegen.*
3. *Beschreiben Sie wesentliche Anforderungen an Mitarbeiter, die im direkten Kundenkontakt stehen.*
4. *Tauschen Sie sich darüber aus, wie das Interne Marketing in Ihren Ausbildungsunternehmen berücksichtigt wird.*
5. *Diskutieren Sie die folgenden Aussagen:*
   - *Internes Marketing führt zu Wettbewerbsvorteilen.*
   - *So, wie das Dienstleistungsunternehmen seine Mitarbeiter behandelt, so behandeln die Mitarbeiter die Kunden.*
   - *Die Erweiterung der Handlungsspielräume der Mitarbeiter führt zu mehr Kundenzufriedenheit.*
6. *Geben Sie ein positives und ein negatives Beispiel, wie die Interaktion zwischen Kontaktpersonal und Kunden die Dienstleistungsqualität/Kundenzufriedenheit beeinflusst.*
7. *Skizzieren Sie den Zusammenhang zwischen internem, externem und interaktivem Marketing.*
8. *Welche Konsequenzen kann eine hohe Personalfluktuation in Dienstleistungsbetrieben haben?*

7.6 Marketing-Mix

Definition
Unter **Marketing-Mix** versteht man die zielgerichtete Abstimmung der Marketinginstrumente.

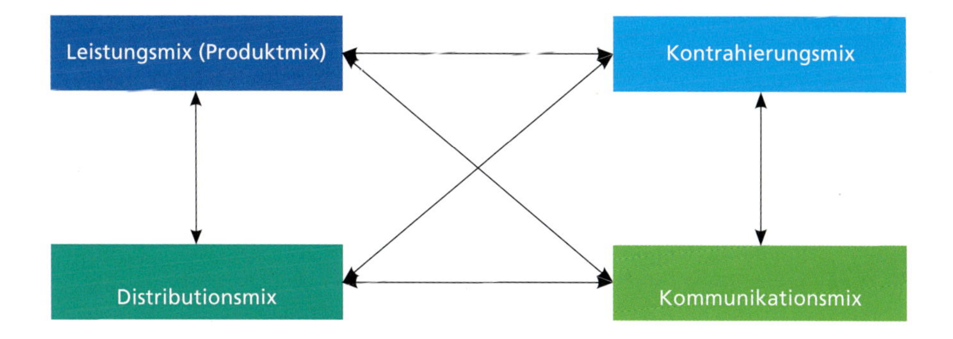

Alle Instrumente und Einzelmaßnahmen müssen sinnvoll miteinander und auf die jeweilige Zielgruppe abgestimmt werden. Passt ein Marketinginstrument nicht zum anderen, ist oft der gesamte Erfolg der Marketingkampagne gefährdet.

Beispiele
Eine neue Dienstleistung wird in den Medien bekannt gemacht, die die Kunden gar nicht nutzen. Sie nehmen deshalb die neue Dienstleistung nicht wahr. Die wirkungslose Werbekampagne verursacht trotzdem Kosten.

Für eine standardisierte Dienstleistung ist ein anderer Marketing-Mix erforderlich als für eine individuelle, beratungsintensive Dienstleistung.

7.7 Marketing-Controlling

Marketing-Controlling unterstützt ein Unternehmen dabei, zum einen *„Die richtigen Dinge zu tun"*, zum anderen *„Die Dinge richtig zu tun"*.
Einen Überblick über die Aufgaben des Marketing-Controllings gibt die nachfolgende Abbildung.

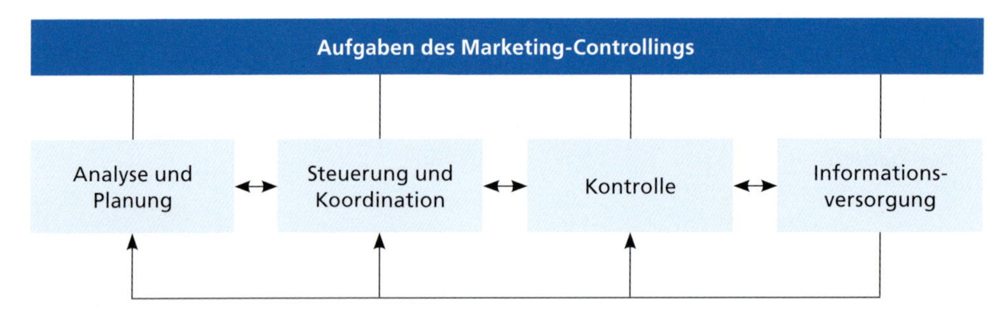

Im Einzelnen erfüllt das Marketing-Controlling folgende Aufgaben:

- Unterstützung bzw. Mitwirkung bei operativen oder strategischen Aufgaben des Marketings
- Fortlaufende Kontrolle der Erreichung der Marketingziele, Überprüfung der angewandten Marketingstrategien und Marketingmaßnahmen hinsichtlich ihrer Wirksamkeit

  Beispiel
  Konnten wir unseren Umsatz durch die Erschließung neuer Kundengruppen ausweiten?
  Welche Produkte im Sortiment sind besonders erfolgreich? Warum?
  Wurde das Marketingbudget effektiv und effizient verteilt?
  War die letzte Mailing-Aktion erfolgreich?
  Wie viele Neukunden haben wir durch das spezielle Angebot erreicht?

- Informationsbeschaffung, Aufbereitung und Interpretation der Daten/Implementierung eines Frühwarnsystems

  Beispiel
  Welche Trends und Entwicklungen sind in der Branche beobachtbar?
  Gibt es neuartige Ideen und Meinungen, die in den Medien verbreitet werden?
  Verändert sich die Gesetzgebung im relevanten Marktbereich?

- Aufbau eines innerbetrieblichen Berichtswesens/Marketingstatistik

  Beispiel
  Umsatz, Deckungsbeiträge, Marktanteile, Auftragseingänge, Reaktionszeit auf Kundenanfragen, Bearbeitungszeiten, Lieferpünktlichkeit, Erfassung von Außendienstberichten, ...

- Aufbau und Pflege von Kundendaten (Customer-Relationship-Managementsystem)

  Beispiel
  Kundenzufriedenheit, Anzahl der Neukunden, durchschnittliche Dauer einer Geschäftsbeziehung, Wiederkaufrate, Empfehlungsrate, Kundenabwanderungsrate, Beschwerderate, ...

- Durchführung von Betriebsvergleichen

  Beispiel
  Benchmarking (Benchmarking ist der kontinuierliche Vergleich von Produkten, Dienstleistungen sowie Prozessen und Methoden mit (mehreren) Unternehmen, um die Leistungslücke zu erkennen und zu schließen und um von anderen Unternehmen zu lernen.)

Zusammenfassung

- Mit dem **Marketing-Mix** werden Marketingpläne in konkrete Aktionen umgesetzt. Alle eingesetzten Instrumente werden aufeinander abgestimmt.
- Das **Marketing-Controlling** bezieht sich auf zwei Aspekte:
  - **Machen wir die richtigen Dinge?** (Kontrolle des strategischen Marketings)
  - **Machen wir die Dinge richtig?** (Kontrolle des operativen Marketings)
- Das Marketing-Controlling überprüft, ob die zuvor definierten Ergebnisse erreicht werden **(Soll-Ist-Vergleich).** Es analysiert Abweichungen und schlägt Maßnahmen vor, die die Unternehmenssituation verbessern sollen.
- Es übernimmt vielfältige Aufgaben wie Analysieren und Planen, Koordinieren, Kontrollieren sowie die Versorgung mit Informationen.
- Im Rahmen des Marketing-Controllings werden entsprechende **Kennzahlensysteme** aufgebaut, die sowohl quantitative als auch qualitative Kennzahlen umfassen.

8 Informationen über Kunden sammeln und nutzen

Einstiegssituation ▶

Fortsetzung der Situation

Die Stärken-Schwächen-Analyse der **GBS Personallösungen GmbH** hatte u. a. auch gezeigt, dass im Unternehmen bereits viel Wissen über Kunden vorliegt. Der Vergleich mit Mittwettbewerbern machte aber deutlich, dass dieses Wissen nicht ausreichend genutzt wird, um Kunden noch enger an das Unternehmen zu binden.

Deshalb hat die Geschäftsführung beschlossen, sich intensiver mit diesem Thema zu beschäftigen.

Arbeitsaufträge

Entwickeln Sie eine Lösung für das oben beschriebene Problem.

Aufgaben

1. *Bringen Sie Ihr Wissen aus der Praxis ein: Welche Daten werden über Kunden wie gespeichert? Wer hat Zugriff auf die Daten? Werden die gespeicherten Informationen für Marketingaktionen gezielt verwendet? Wenn ja, wie? Existiert eine Kundendatenbank bzw. wird eine CRM-Software genutzt? Werden Kundeninformationen für Aktivitäten gezielt ausgewertet? Wenn ja, mit welchen Methoden und nach welchen Kriterien (z. B. Umsatz, DB, Bonität)?*

2. *Machen Sie einen begründeten Vorschlag, welche Daten und Informationen über Kunden wie gesammelt werden sollten.*

3. *Stellen Sie relevante Informationen zum Themenbereich CRM-Systeme zusammen.*

4. *Präsentieren und bewerten Sie die vorgestellten Ergebnisse.*

8.1 Bedeutung von Kundenwissen

Grundlage für den Aufbau einer guten Kundenbeziehung sind genaue Kenntnisse über den Kunden. Ohne ausreichendes Kundenwissen können Leistungen nicht auf die Kundenwünsche abgestimmt bzw. die Kunden nicht individuell betreut werden. Kundenwissen ermöglicht die Verbesserung der eigenen Leistung sowie die individuelle Ansprache.

Beispiele
Der Kundenbetreuer der Finke Zeitarbeit GmbH weiß genau, welche Mitarbeiter zum Kunden passen. Die GBS Personallösungen GmbH verschickt Newsletter, die für Kunden nützliches Wissen bereitstellen.

Beispiel
Welches Wissen über Kunden ist wichtig?
Analyse des Kaufverhaltens, Analyse des Kundenwertes, Bildung von Zielgruppen, Erfassung der Kundenzufriedenheit, Wer kauft wann und warum? Welche Kunden sind besonders wichtig? Welche Anforderungen und Bedürfnisse hat die Zielgruppe? Welche Zielgruppen sind interessant? Warum hat der Kunde unser Unternehmen gewählt?

8.2 Kundendatenbanken

Damit das Wissen über Kunden systematisch erfasst, gespeichert und wieder abrufbar ist, nutzen Unternehmen elektronische Kundendatenbanken.

Definition
Eine **Kundendatenbank** ist eine strukturierte Sammlung von Kundeninformationen, die gespeichert werden. Über Abfragen können Informationen gezielt gesucht und für einen bestimmten Zweck zusammengestellt werden.

Folgende Informationen können zur Anlage von Kundenprofilen gespeichert werden:

Unternehmensdaten	Kontakthistorie u. Aktionsdaten	Kaufhistorie (Kaufverhalten)
• Kontaktdaten (Name, Adresse, Telefon, Fax, E-Mail) • Ansprechpartner • Branche • Geschäftszweig/ Leistungsprogramm • ...	• Zugeordneter Kundenbetreuer • Kontaktverlauf: Zeitpunkt und Häufigkeit der Kontakte • Bevorzugte Kommunikationskanäle • Erfolgte Aktionen (Angebote, Informationsbroschüren) • ...	**Bisheriges Kaufverhalten** • Gekaufte Produkte/ Dienstleistungen • Kaufmotive/Anlässe • Interessenschwerpunkte • Kaufzeitpunkt, Kauffrequenz • Auftragsvolumen/-wert • Sondervereinbarungen • Zahlungsverhalten • Cross- und Up-Selling • ... **Kundenreaktionen** • Kundenfeedback • Beschwerden • Äußerungen über Konkurrenzangebote • ...

Unternehmensdaten	Kontakthistorie u. Aktionsdaten	Kaufhistorie (Kaufverhalten)
Kennzahlen		
Profitabilität • Umsatz • durchschnittlicher Auftragswert • Deckungsbeitrag • Cross-Buying-Rate • ...	**Stabilität** • Dauer der Geschäftsbeziehung • Kundenzufriedenheit • Bonität/Zahlungsmoral • ...	**Mitteleinsatz** • Kontaktkosten • Abschlusskosten • Aufwand für nicht berechnete Zusatzleistungen • ...

Datenbanken sind die Grundlage für weitere Anwendungsprogramme (z. B. CRM-Systeme oder Software für die Auftragsbearbeitung).

8.3 Customer-Relationship-Management-Systeme

Definition

Ein Customer-Relationship-Management-System (CRM-System) ist eine Softwarelösung (Applikation, Computerprogramm), die speziell auf die verschiedenen Aufgabenfelder eines Kundenbeziehungsmanagements zugeschnitten ist.

Ein CRM-System integriert verschiedene **Software-Anwendungen** aus unterschiedlichen Unternehmensbereichen (z. B. Marketing, Vertrieb, Service) und stellt für alle Unternehmensmitarbeiter eine identische Datenbasis bereit. Über die Datensammlung und -aufbereitung hinaus verfügt ein CRM-System über bestimmte **Werkzeuge** (Tools), die die Kundenbearbeitung erleichtern.

Beispiele für Werkzeuge

Kontaktmanagement, Aktivitätenmanagement, Kampagnenplanung und -durchführung, Beschwerdeverwaltung, Angebotserstellung, Auftragsabwicklung, Marketing- und Vertriebsanalysen, Termin- und Routenplanung für den Außendienst, Besuchsberichtserfassung, Verkaufsübersichten, Dokumentenverwaltung

Auf dem Markt gibt es CRM-Standardsoftware oder auch Individuallösungen, die sich entsprechend in ihren Kosten unterscheiden.

Komponenten eines CRM-Systems

Ein CRM-System verfügt über verschiedene Komponenten für unterschiedliche Aufgaben:

Analytisches CRM
- analysiert die gesammelten Kundendaten (z. B. Verhaltensmuster)
- dient der Wissensgewinnung und -bereitstellung sowie der Entscheidungsunterstützung.

Anwendungsbeispiele
Kundenanalysen, Kundenerfolgsrechnungen, Ermittlung von Kaufwahrscheinlichkeiten, Ermittlung von Cross-Selling-Potentialen, Vorbereitung von Kampagnen

Operatives CRM
- unterstützt die Mitarbeiter mit direktem Kundenkontakt

Anwendungsbeispiele
Kontaktanbahnung, Gewinnung von Kundeninformationen, Durchführung von Kampagnen z. B. Cross-Selling-Angebote, Nachfassaktionen

Ein Außendienstmitarbeiter informiert sich vor einem Kundenbesuch über den Kunden

Schnittstelle zwischen analytischem und operativem CRM ist das Kampagnenmanagement – beide bilden zusammen ein lernendes System.

Kommunikatives CRM
- dient der Steuerung und Koordination aller Kundenkontaktpunkte, wie z. B. Telefon, E-Mail, Fax, Brief, SMS, Internet, Innendienst, Außendienst oder Filialen (Multi-Channel-Management)

Ziel: Kunde soll ein einheitliches Bild vom Unternehmen erhalten (One-Face-to-the-Customer)

Kollaboratives CRM
- setzt unternehmensübergreifend an und bezieht alle Funktionsbereiche bzw. Abteilungen des Unternehmens und ggf. auch externe Partner (z. B. Zulieferer) ein.

Anwendungsbeispiel:
Jeder Mitarbeiter weiß, wer, was, wann und wie mit einem Kunden besprochen hat und wie der Kunde darauf reagiert hat.

Trotz der vielen Vorteile eines CRM-Systems hat sich in der Praxis gezeigt, dass der Einsatz einer leistungsfähigen CRM-Software die Mängel bei der Umsetzung einer kundenorientierten Unternehmensphilosophie nicht ausgleichen kann.

Zusammenfassung

- Grundvoraussetzung für ein erfolgreiches Kundenbindungsmanagement ist die **systematische Sammlung von Informationen über die Kunden sowie die Strukturierung des Kundenwissens.** Dabei unterstützen das Anlegen von Kundenprofilen, elektronische Kundendatenbanken sowie der Einsatz von CRM-Software.
- **CRM-Systeme** integrieren verschiedene Softwareanwendungen und stellen weitere Werkzeuge (Tools) bereit.
- Es werden folgende **Formen** unterschieden:

Analytisches CRM	Operatives CRM	Kommunikatives CRM	Kollaboratives CRM
Auswertung von Markt- und Kundeninformationen unter bestimmten Fragestellungen	Vorbereitung und Umsetzung von Kampagnen Unterstützung der Mitarbeiter mit Kundenkontakt	Koordination der Kommunikationskanäle	Unternehmensübergreifender Einsatz von CRM

Aufgaben

1. *Stellen Sie dar, wie Wissen über Kunden strukturiert erfasst werden kann.*
2. *Schreiben Sie Informationen auf, die für ein konkretes Angebot bzw. für eine optimale Auftragsabwicklung über Ihre Kunden bekannt sein müssen.*
3. *Stellen Sie den Nutzen einer Kundendatenbank heraus.*
4. *Erklären Sie den Begriff CRM und unterscheiden Sie zwischen den verschiedenen Arten.*

9 Neue Kunden gewinnen

Einstiegssituation ▶

Die **GBS Personallösungen GmbH** sucht nach neuen Wegen und Methoden weitere Kunden zu gewinnen.

Lara Gröne ist frustriert. In den letzten Tagen hat sie über 100 Anrufe gemacht, um neue Aufträge zu gewinnen. Nur wenige der Angerufenen hatten Interesse an Informationsmaterial, noch weniger an einem Besuch vor Ort. Von den letzten 20 kontaktierten Unternehmen hatten 19 aus den unterschiedlichsten Gründen keinen Bedarf. Lediglich ein Anruf führte zum Verkaufsabschluss.

Auf der nächsten Teamsitzung berichtet sie von ihren Erlebnissen: „Die letzten Kontaktdaten waren völlig unbrauchbar. Die Telefonate waren völlig unsinnig. Wir müssen unbedingt mehr Energie in die sorgfältige Vorbereitung unserer Akquiseanstrengungen stecken."

Rolf Jäger erwidert: „Sie waren doch erst neulich auf einem Vertriebsseminar? Wo genau ist das Problem?"

Lara Gröne: „Ja, da habe ich auch eine Menge gelernt: Aufbau von Verkaufsgesprächen, Gestaltung des Erstkontakts, Einwandbehandlung, Nutzenargumentation ... Es liegt nicht an meiner Gesprächsführung, sondern an der schlechten Qualität der Kontaktdaten."

Rolf Jäger: „Okay, was schlagen Sie vor?"

Arbeitsaufträge

1. *Stellen Sie die Probleme und Kosten der Neukundengewinnung dar.*
2. *Erarbeiten Sie Lösungsvorschläge, wie die GBS Personallösungen GmbH die Neukundengewinnung systematischer vorbereiten und die Qualität der Kontaktdaten verbessern kann.*
3. *Erläutern Sie, welche begleitenden Maßnahmen und Konzepte die Neukundengewinnung unterstützen können.*

Bedeutung

Die Neukundengewinnung ist ein schwieriges Geschäft, das bei Erfolg zum Verkaufsabschluss führt und bei Misserfolg mit Frustration und Kosten einhergeht. Deshalb sollten unnötige und teure Akquisemaßnahmen vermieden werden.

Prozess

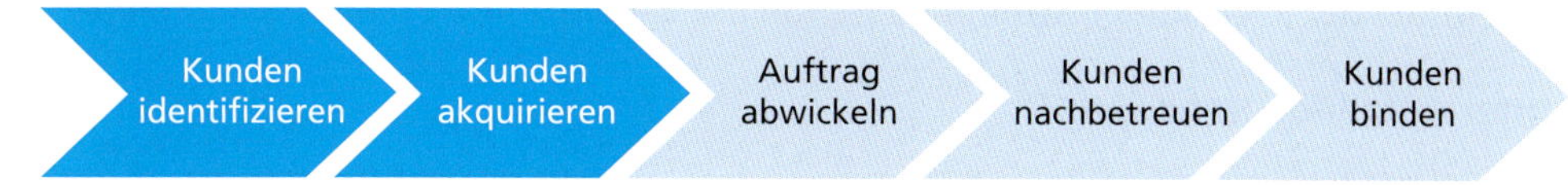

Begriff

Definition
Die **Neukundengewinnung** (Akquise, Akquisition) umfasst sämtliche Maßnahmen, Prozesse und Instrumente, die einen Kunden zum Erstkauf beim Anbieter veranlassen.

Kosten

Die Neukundengewinnung ist im Vergleich zur Stammkundenpflege um ein Vielfaches teuer.

Beispiele
Gehälter der Vertriebsmitarbeiter, Provisionen, Kosten für Geschäftswagen, Reisekosten, Telefon- und Portokosten, Messekosten, Kosten für Broschüren, Flyer, Onlinemedien, Kosten für Mailings, Zukauf von Adressen, Druckkosten, Internetwerbekosten, ...

Formen

Die Kundengewinnung kann aktiv oder passiv erfolgen.

- Aktive Kundengewinnung: Aktive Kontaktaufnahme durch den Verkäufer (Akquise)
- Passive Kundengewinnung: Kunde muss den Kontakt von sich aus suchen.

Es lassen sich Push- und Pull-Methoden unterscheiden.

Push-Methoden	Pull-Methoden
Bei Push-Methoden führen die Vertriebs- und Marketingmaßnahmen dazu, dass die Produkte und Dienstleistungen auf den Markt gedrückt werden (Verkaufsdruck). Sie lösen häufig negative Reaktionen aus. • Unaufgeforderte Besuche (Kaltakquise) • Zusendung von unerwünschtem Werbematerial per Post oder E-Mail.	Bei den Pull-Methoden wird die Nachfrage erst stimuliert. Pull-Methoden werden von Kunden häufiger positiv angenommen. • Kundenbesuche nach Direktkontakten z. B. auf Messen oder Veranstaltungen • Empfehlungen bzw. Referenzen von zufriedenen Kunden oder Geschäftspartnern • Kundenbesuche nach telefonischer Terminvereinbarung

Instrumente

Instrumente zur Neukundengewinnung sind z. B. klassische Werbung, Messebeteiligung, Kalt- und Warmakquise, Telefonate, Briefmailings, Präsente, Neukundenrabatte und andere Preisnachlässe und Kundenbesuche. Sie können durch Online-Instrumente wie z. B. das Eintragen in Suchmaschinen, Links auf Internetseiten, Werbebanner, Firmenwebsite, Mailing per E-Mail, Empfehlung in sozialen Netzwerken, ergänzt werden. Der Einsatz der jeweiligen Instrumente ist von der Güterart und Branche abhängig.

Unterstützende Konzepte

Die Neukundengewinnung kann durch folgende Konzepte erleichtert werden:

- Interessentenmanagement
- Empfehlungsmarketing
- Referenzmarketing

9.1 Interessentenmanagement

Im B2B-Bereich werden neue Kunden in der Regel über den persönlichen Kontakt (Telefon, Kundenbesuch) gewonnen. Damit der Erstkontakt erfolgreich ist und nicht zu viele Kunden kontaktiert werden, die gar kein Interesse an der Unternehmensleistung haben oder über kein ausreichendes Budget verfügen, wird die Kundenakquise systematisch vorbereitet und durchgeführt.

Phasen	Aktivitäten
Bestimmung der Zielkunden	**Welche Gruppe potentieller Kunden soll gewonnen werden?** In einem ersten Schritt muss geklärt werden, welche potentiellen Kunden angesprochen werden sollen. Zielkunden können sein: Nichtverwender, unzufriedene Wettbewerberkunden, erweiterungswillige Kunden von Wettbewerbern, zufriedene Kunden von Wettbewerbern.
Identifizierung von möglichen Kunden	**Wie kommen wir an Adressen bzw. Kontaktdaten von Interessenten?** Hier geht es darum, mögliche Kontaktdaten von Interessenten zu sammeln, also mögliche Interessenten zu identifizieren. Solche Kontaktdaten können gezielt durch Marketingmaßnahmen oder Recherchen generiert werden. ***Beispiel*** *Instrumente des Direktmarketings, Eintragung in Suchmaschinen, Gestaltung des Internetauftritts, Online-Werbung und klassische Werbung, Öffentlichkeitsarbeit, Messen, Aufnahme in einen Newsletter, ... Eine weitere Möglichkeit ist es, Adressen zu kaufen.*

<table>
<tr><th>Phasen</th><th>Aktivitäten</th></tr>
<tr><td>Systematische Informationssammlung Interessentenqualifizierung und -bewertung</td><td>
Wie können wir mehr Informationen über Interessenten erhalten und den tatsächlichen Bedarf in Erfahrung bringen? Bei welchen potentiellen Kunden bestehen die größten Verkaufschancen?
Die gewonnen Adressen müssen qualifiziert werden. Hierzu werden nach Vervollständigung aller Kontaktdaten, weitere Informationen zu allen Interessenten recherchiert. Ziel dieses Schrittes ist es, möglichst viele zusätzliche Informationen (z. B. Branche, Unternehmensgröße, Ansprechpartner, erste Reaktionen des Interessenten auf Kontakte, ...) zu erhalten.
Ist es gelungen, die Datenbasis zu verdichten, wird bei der Interessentenqualifizierung geprüft, ob
• der potentielle Kunde, an den Produkten des Anbieters tatsächlich Interesse hat,
• die Anforderungen des Interessenten durch das eigene Leistungsangebot bedient werden können,
• aktueller oder zukünftiger Bedarf an der Dienstleistung besteht (möglichst mit Zeitraumangaben),
• der Ansprechpartner die Befugnis hat, über die Auftragsvergabe zu entscheiden.
Ziel dieses Schritts ist es, möglichst viele Verkaufschancen zu erhalten, die der Vertrieb weiterverfolgen kann.

Definition
Eine Verkaufschance (Opportunity) stellt eine überprüfte und qualifizierte Möglichkeit für das Unternehmen dar, seine Produkte und Dienstleistungen an einen potentiellen Kunden zu verkaufen.

Um die betrieblichen Ressourcen (finanzielle Mittel, Personal, Zeit) effizient einzusetzen, werden die Interessenten bewertet und in eine Rangfolge gebracht. Dabei kann die Anwendung folgender Kriterien helfen:

Beispiele
• Attraktivität: Kunden mit hohem Umsatz bzw. Entwicklungspotential, Kunden mit kontinuierlichem Bedarf, Kunden mit hoher Preisbereitschaft, Kunden mit hohem Referenzwert, Kunden in passender Branche, Kunden für strategische Partnerschaften, ...
• Abschlusswahrscheinlichkeit
• Abschlussfähigkeit (z. B. keine rechtlichen oder wirtschaftlichen oder sonstigen Restriktionen), bekundeter Abschlusswille, Dringlichkeit des Bedarfs, Unzufriedenheit mit bisherigen Lieferanten

Das nachfolgende Beispiel zeigt eine von vielen Möglichkeiten auf, Informationen zu verdichten.
</td></tr>
</table>

Phasen	Aktivitäten
	Beispiele *Das Unternehmen Werner Plauer AG hat über eine Mailing-Aktion Kontaktdaten möglicher Interessenten generiert. Nach Internetrecherchen über die potentiellen Geschäftskunden, erhalten alle Interessenten zusätzliche Informationsmaterialien zum Leistungsangebot. Mit einem telefonischen Folgekontakt wird erhoben, an welchen Dienstleistungen konkreter Bedarf besteht. Durch Zusatzfragen konnten die vorliegenden Kundendaten weiter ergänzt werden. Sofern tatsächlicher Bedarf vorliegt, wird ein erster Besuchstermin vereinbart. Andere Interessenten werden aussortiert oder mit einem Wiedervorlagetermin versehen. Alle Angaben und Reaktionen der Interessenten werden in der Kundendatenbank gespeichert.*
Verkaufsabschluss	Idealerweise erhält der Vertriebsmitarbeiter nach erfolgreicher Vorarbeit des Marketings eine Liste mit Interessenten, die tatsächliche Verkaufschancen darstellen. Seine Aufgabe ist es nun, Erstaufträge zu gewinnen.

9.2 Empfehlungen und Referenzen

In vielen Branchen ist es üblich, bei der Gewinnung von Neukunden auf Empfehlungen oder Referenzen zurückzugreifen.

Empfehlungen

Bei einer Empfehlung befürwortet ein Kunde gegenüber einem Interessenten ein Produkt, eine Dienstleistung und/oder einen Anbieter.

Referenzen

In einer Referenz beschreibt der Kunde, wie der Anbieter ihm mit seiner Leistung bei einer Problemlösung geholfen hat. Der Kunde erklärt sein Einverständnis, als Referenz des Unternehmens genannt zu werden.

Wirkungsweise

Werbeversprechen im Dienstleistungsbereich sind für den Interessenten oft nicht nachprüfbar, oft stuft er sie als unglaubwürdig ein. Hier setzen Empfehlungen und Referenzen an.
Der Anbieter erhält über den Empfehlungs- bzw. Referenzgeber einen **Vertrauensbonus**. Das führt von Beginn an zu einer positiveren Wahrnehmung, einer höheren Gesprächsbereitschaft, zu zügigeren Entscheidungen und einer geringeren Preissensibilität beim Interessenten.

Empfehlungsmarketing

Definition
Empfehlungsmarketing beschäftigt sich mit der systematischen Förderung von positiven Empfehlungen.

Es wird zwischen passivem und aktivem Empfehlungsmarketing unterschieden:

Formen

Passives Empfehlungsmarketing	Aktives Empfehlungsmarketing
Beim passiven Empfehlungsmarketing empfiehlt ein Kunde **eigeninitiativ** einem potentiellen Kunden ein Unternehmen und seine Produkte bzw. Leistungen weiter. Im Idealfall wenden sich dann Interessenten tatsächlich an den Anbieter.	Beim aktiven Empfehlungsmarketing fragt der Verkäufer aktiv nach einer Empfehlung.
Beispiel *Mögliche Maßnahmen im passiven Empfehlungsmarketing: Auf Geschäftsbriefen oder in E-Mails steht der Hinweis: „Bitte empfehlen Sie uns weiter!"* *Der Anbieter gibt dem Kunden Informationsmaterial (Broschüren, Visitenkarten) und bittet ihn darum, ihn weiterzuempfehlen.*	***Beispiel*** *Der Kundenberater bittet einen Bestandskunden darum, ihm einen Kontakt aus seinem Umfeld zu nennen, für den die angebotene Leistung interessant sein könnte.*

Referenzmarketing

Definition
Im Rahmen des **Referenzmarketings** (auch Referenz Selling oder Customer Reference Management) werden Referenzen nicht nur gelegentlich bzw. zufällig, sondern systematisch und strategisch eingesetzt.

Referenzformen

Bei Referenzen werden verschiedene Formen unterschieden:

- Abbildung von Kundennamen oder deren Logos auf den Webseiten des Anbieters.
- Wiedergabe von Kundenzitaten (Testimonials) in Broschüren, Angeboten, Werbebriefen und/oder auf Websites.
- Empfehlungs- bzw. Referenzschreiben auf dem Geschäftsbriefpapier des Kunden: Sie können im Verkaufsgespräch eingesetzt, auf der Firmenwebsite hinterlegt oder bei Angeboten beigelegt werden.

- Anwenderberichte/Case-Studies[1] und Sucess-Story in Printform oder audiovisuell (Podcasts, Videos, CDs).

Ein Anwenderbericht bzw. eine Case Study wird aus Sicht des Anwenders verfasst. Bei **Anwenderberichten** überwiegen der Nachrichtencharakter und die Objektivität der Darstellungsform. Es handelt sich um einen fachjournalistischen Text, der die typischen W-Fragen beantwortet (Wer? Was? Wie? Wann? Warum? Wo?). Ein Anwenderbericht nimmt Zusammenhänge auf, stellt Hintergründe vor, schildert Problemstellungen, analysiert mögliche Ursachen, zeigt das Vorgehen bei der Lösung sowie erzielte Ergebnisse auf. Er zieht ein Resümee (Kosten-Nutzen-Perspektive) und kann so beim Leser oder potentiellen Kunden zur Entscheidungsfindung beitragen.	Eine **Success-Story** hat einen eher werbenden Charakter, der den Hersteller bzw. Anbieter in den Blickpunkt rückt. Im Mittelpunkt steht dabei die Frage, warum gerade dieser Hersteller oder Dienstleister ausgewählt wurde. Wie der Name der Textsorte sagt, wird der Erfolg des Anbieters (z. B. Erreichen einer innovativen Problemlösung, Umsatzsteigerung, Effizienzsteigerung) inhaltlich dargestellt. Im Vergleich zum Anwenderbericht fehlt der Success-Story die Objektivität und Unparteilichkeit.

- Gemeinsame Werbung mit dem Referenzgeber; Werbekampagnen, in denen Referenzkunden auftreten.
- Einrichten von Kundenforen (User-Groups) mit dem Ziel, den gegenseitigen Austausch von Kunden zu fördern.
- Kunden werden in Blogs, Bewertungsportalen oder ähnlichen Medien motiviert, ihre Zufriedenheit auszudrücken.
- Einverständnis des Kunden als persönlicher Ansprechpartner für Kaufinteressenten zur Verfügung zu stehen, z. B. für Fachvorträge, auf Messen, Referenztelefonate, Referenzbesuche.

Wirksamkeit

Die einzelnen Formen unterscheiden sich hinsichtlich ihres Aufwandes und ihrer Wirksamkeit. Grundsätzlich sind nur glaubwürdige Referenzen wertvolle Referenzen. Einfache Referenzformen, wie Kunden-Logos auf der eigenen Webseite zu platzieren, sind mittlerweile stark verbreitet und haben deshalb an Schlagkraft eingebüßt. Dagegen haben Textsorten, in denen ausschließlich der Kunde berichtet, mehr Überzeugungskraft.
Besonders wirkungsvoll ist das persönliche Gespräch zwischen Kaufinteressent und Referenzgeber. Es gilt als „Königsweg" im Referenzmarketing.

Zusammenfassung

- **Neukundengewinnung** umfasst alle Maßnahmen, die einen neuen Kunden auf das Unternehmen aufmerksam machen und zum Erstkauf veranlassen. Sie sind oftmals um ein Vielfaches teurer als die Pflege der Stammkunden. Bei der Neukundengewinnung werden traditionelle Marketinginstrumente sowie Onlineinstrumente eingesetzt.

[1] *Die Abgrenzung zwischen Anwenderbericht und Case Study ist in der Literatur nicht eindeutig. Zum Teil werden die Begriffe synonym verwendet, zum Teil voneinander abgegrenzt.*

- **Pull-Methoden** (vorherige Stimulanz der Nachfrage) unterstützen die Neukundengewinnung.
- Die Neukundengewinnung kann durch das Interessentenmanagement sowie durch Empfehlungs- und Referenzmarketing unterstützt werden.
- **Interessentenmanagement**

Aufgabe des Marketings liegt in der Sammlung und Aufbereitung von Informationen über Interessenten. => **Informationen verdichten**
Aufgabe des Vertriebs liegt in Planung und Durchführung von Aktionen. => **Verkaufsabschluss erzielen.**

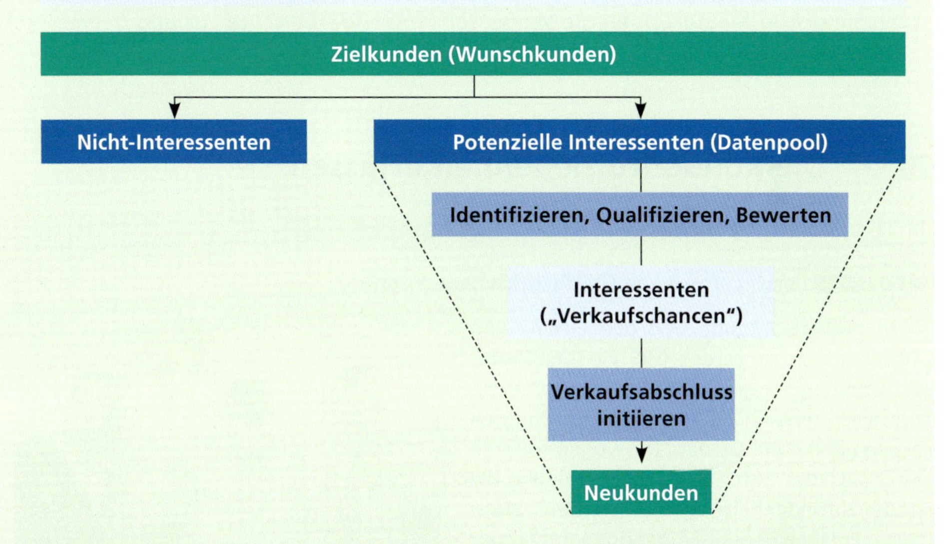

- **Empfehlungen und Referenzen** gelten als wirkungsvolle Instrumente der Neukundengewinnung, weil sie als wahr eingestuft werden, da Aussagen über die Leistungsfähigkeit eines Unternehmens, nicht vom Unternehmen selbst gemacht werden, sondern von zufriedenen Kunden. Von Empfehlungs- und Referenzmarketing spricht man, wenn ein Anbieter sich darum bemüht, Referenzen aktiv und systematisch einzusetzen.

Aufgaben

1. *Stellen Sie die wesentlichen Ziele, Aufgaben und Abläufe des Interessentenmanagements dar.*
2. *Beschreiben Sie, welche Maßnahmen es in Ihrem Ausbildungsbetrieb zur Neukundengewinnung gibt.*
3. *Ein Unternehmen hat 1 000 Kunden, die durchschnittlich 10 000,00 € Umsatz erbringen. Pro Jahr wandern 15 % der Kunden zu Mitbewerbern ab. Durch Neukundengewinnung kann die Zahl der abwandernden Kunden ausgeglichen werden. Neu-*

kundengewinnung kostet pro Kunde 2 000,00 €. Im Unternehmen wird folgender Vorschlag diskutiert: Die Abwanderungsrate soll auf 10 % gesenkt. Dafür fallen Kosten in Höhe von 60 000,00 € pro Jahr an. Prüfen Sie, ob der Vorschlag sinnvoll ist.

4. *Geben Sie an, warum die Neukundengewinnung auf Basis von Empfehlungen erleichtert wird. Beschreiben Sie verschiedene Möglichkeiten, Empfehlungen zu erhalten.*
5. *Sie möchten Referenzen für die Vermarktung der Dienstleistung Arbeitnehmerüberlassung nutzen. Hierzu konnten Sie einen interessierten Kunden gewinnen. Als Referenzform soll ein Anwenderbericht erstellt werden, der aufzeigt wie folgendes Kundenproblem durch Einsatz von Zeitarbeit gelöst wurde: „Der Kunde erhält einen zusätzlichen Auftrag und muss eine 3. Produktionsschicht einführen." Schreiben Sie den Anwenderbericht aus Sicht des Kunden. Beschränken Sie sich auf eine Seite. Stellen Sie sich in Kleingruppen die verfassten Anwenderberichte vor und bewerten Sie diese.*

10 Die Kundenzufriedenheit erfassen

Einstiegssituation ▶

Hat die GBS Personallösungen GmbH zufriedene Kunden?

Durch gezielte Akquise und den Einsatz von Empfehlungen ist es der **GBS Personallösungen GmbH** gelungen, eine Reihe von neuen Kunden zu gewinnen. Aber nicht alle Kunden konnten gehalten werden. Deswegen soll nun direkt nach der ersten Auftragsabwicklung die Kundenzufriedenheit erfragt werden. Dazu soll ein entsprechender Fragebogen entwickelt werden.

Arbeitsauftrag

Sie werden von der Geschäftsleitung mit dieser Aufgabe beauftragt. Bearbeiten Sie zur Lösung des Arbeitsauftrags folgende Teilaufgaben.

Aufgaben

1. *Planen Sie Ihr Vorgehen.*
2. *Erläutern Sie, welchen Beitrag eine Kundenzufriedenheitsanalyse für die zukünftige Entwicklung der GBS Personallösungen GmbH haben könnte.*
3. *Entwickeln Sie für die definierte Zielgruppe einen Fragebogen.*
4. *Welche Sekundärquellen könnten Sie ergänzend für die Kundenzufriedenheitsstudie heranziehen?*

10.1 Kundenorientierung

Bedeutung

Kundenorientierung gehört in vielen Unternehmen zu den wichtigsten Grundsätzen. Sie trägt im wesentlichen Maße zur Kundenzufriedenheit und Kundenbindung bei. Sie entscheidet letztendlich über den wirtschaftlichen Erfolg des Unternehmens.

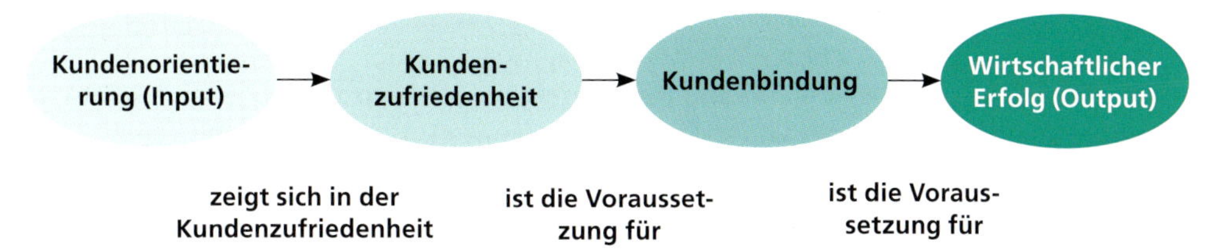

Eigene Darstellung in Anlehnung an Bruhn, Manfred: Kundenorientierung. Bausteine für ein exzellentes Customer Relationship Management (CRM), 3. überarbeitete Auflage 2007, Deutscher Taschenbuch Verlag, München, S. 10 f.

Begriff

Definition
Ein **kundenorientiertes** Unternehmen richtet seine gesamten Aktivitäten (gesamtes Handeln) an den Bedürfnissen und Problemen der Kunden aus.

Ziel der Kundenorientierung ist es, langfristig stabile und wirtschaftlich sinnvolle Beziehungen zu Kunden aufzubauen.
Die praktische Umsetzung der Kundenorientierung können u. a. folgende Maßnahmen unterstützen:

- Verankerung der Kundenorientierung im Unternehmensleitbild (siehe Band 1, Kapitel 4)
- Geschäftsprozessorientierung – Aufbau einer kundengerechten Organisation (siehe Band 1, Kapitel 4)
- fortlaufende Erhebung von Kundenwünschen und -anforderungen sowie Kontrolle der Umsetzung
- Aufbau von Kundenwissen (siehe auch Abschnitt 8.1)
- aktive Pflege der Kundenbeziehung
- Messung und Förderung der Kundenzufriedenheit
- Einführung von Qualitäts- und Servicestandards (siehe Abschnitt 7.5 Internes Marketing)
- Förderung der Mitarbeitermotivation und -zufriedenheit (siehe auch Abschnitt 7.5 Internes Marketing)
- Qualifizierung des Kundenkontaktpersonals (siehe auch Abschnitt 7.5 Internes Marketing)

10.2 Kundenzufriedenheit

Begriff

Bei jeder Inanspruchnahme einer Dienstleistung (Erstkauf, Folgekauf) **bewertet ein Kunde die Leistung des Anbieters und bildet sein persönliches Zufriedenheitsurteil.** Dabei gleicht er seine Erwartungshaltung mit den tatsächlich gemachten Erfahrungen ab.

Definition

Kundenzufriedenheit ist das Ergebnis eines Vergleichs, bei dem ein Kunde seine Erfahrungen mit der Leistung mit seinen Erwartungen an die Leistung abgleicht.

Der Vergleich kann zu drei verschiedenen Ergebnissen führen.

- Der Kunde ist **zufrieden**, wenn die wahrgenommene Leistung seiner Erwartungshaltung entspricht.
- Er ist **unzufrieden**, wenn seine Erwartungen nicht erfüllt werden.
- Er ist **begeistert**, wenn seine Erwartungen übertroffen werden.

Das nachfolgende Schaubild verdeutlicht den Zusammenhang.

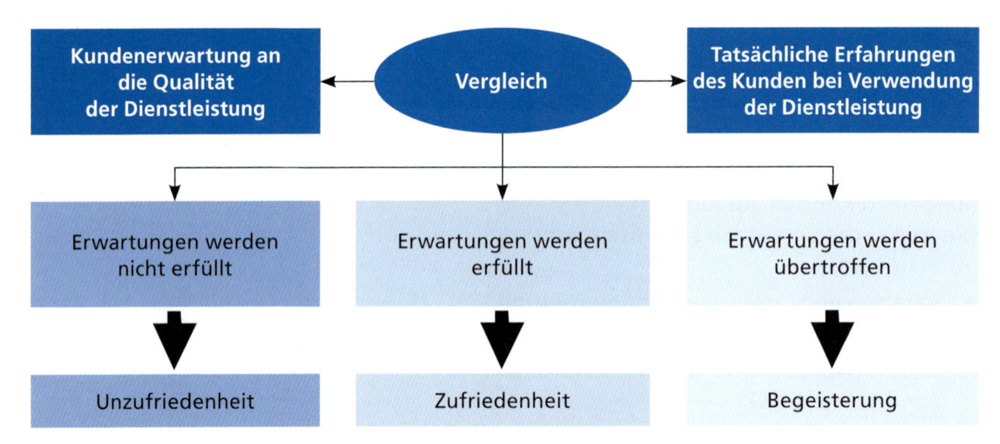

Mögliche Kundenreaktionen

Reaktion zufriedener Kunden	Reaktion unzufriedener Kunden
• Der Kunde kauft wieder. • Der Kunde empfiehlt den Anbieter weiter. • Für zufriedene Kunden ist der Preis nicht allein entscheidend.	• Nur wenige Kunden beschweren sich direkt beim Anbieter. • Die schlechten Erfahrungen werden anderen mitgeteilt. • Der Kunde wechselt den Anbieter.

10.3 Kundenzufriedenheitsbefragungen

Um zu wissen, wie zufrieden Kunden sind, ist es wichtig mit Kunden im Gespräch zu bleiben. Kunden sollten deshalb regelmäßig nach ihrer Zufriedenheit befragt werden. Die Kundenzufriedenheit spielt auch im Rahmen des Qualitätsmanagements eine große Rolle, da sie **zentrale Messgröße für Dienstleistungsqualität** ist.

Ziel

Kundenzufriedenheitsanalysen sollen grundsätzlich zum besseren Verständnis von Kundenwünschen und -bedürfnissen beitragen und die eigene Leistung verbessern.
Bei der Zufriedenheitsmessung kann die Gesamtzufriedenheit mit der Dienstleistung oder dem Dienstleister erhoben werden oder es kann nur auf einzelne Bereiche der Zufriedenheit abgezielt werden (z. B. Freundlichkeit, Zuverlässigkeit).

Methoden

Kundenzufriedenheitsbefragungen können schriftlich oder mündlich erfolgen. Zum Ablauf eines Marktforschungsprozess sowie zur Befragung siehe auch Kapitel 7.4.2. Im Geschäftskundenbereich bestehen durch die Nähe zum Kunden gute Möglichkeiten, regelmäßig Kundenfeedbacks einzuholen.

Praxistipp

Bei einer Kundenzufriedenheitsbefragung im B2B-Bereich ist es sinnvoll, nicht nur einen Ansprechpartner des Kunden zu befragen, sondern mehrere Personen.
Da die Dimensionen Zufriedenheit und Wichtigkeit eine hohe Korrelation (Verbundenheit) aufweisen, sollten sie gleichzeitig erfragt werden:

Beispiel

Wie zufrieden sind Sie mit unseren Lieferzeiten? Kreuzen Sie bitte an. ☐ sehr ☐ gut ☐ mäßig ☐ gar nicht	Wie wichtig ist Ihnen die Lieferzeit? Kreuzen Sie bitte an ☐ sehr wichtig ☐ wichtig ☐ unwichtig

Inhaltlich sollten die Fragen auf die bestehende Anbieter-Kunden-Beziehung zugeschnitten sein (keine Standardfragen der Branche).
Die Fragen sollten so gestellt sein, dass sie nicht nur allgemeine Probleme und Mängel aufdecken, sondern auch ihre Ursachen.
Die Ergebnisse der Kundenbefragung stellen zunächst nur die Fremdwahrnehmung dar. Die gleichzeitige Befragung der Mitarbeiter bietet den Vorteil, Abweichungen zwischen Fremd- und Eigenbild zu erfassen, und erhöht die Akzeptanz der Mitarbeiter bei Verbesserungsmaßnahmen.
Eine intelligente Frageführung, z. B. mit Filtern, erspart den Kunden sich durch für ihn nicht zutreffende Fragen zu „kämpfen".
Bei der Auswertung müssen sogenannte „Hebel" zur Steigerung der Kundenzufriedenheit identifiziert werden. Es soll also der Bereich in Angriff genommen und verbessert werden, der eine möglichst große Wirkung verspricht.

Beispiel

Kundenbefragung im Rahmen von SERVQUAL[1]

Ein in der Praxis erforschter Ansatz (SERVQUAL) für den Dienstleistungsbereich hat fünf verschiedene Qualitätskriterien entwickelt[2]*:*

- *Materielles Umfeld (Tangibles): umfasst das physische Umfeld, z. B. Erscheinungsbild des Dienstleisters bzw. der Mitarbeiter, gedruckte Kommunikationsmittel (Webseite).*
- *Zuverlässigkeit (Reliability): umfasst die Fähigkeit, das gegebene Leistungsversprechen einzuhalten und präzise auszuführen.*
- *Entgegenkommen (Responsiveness): Fähigkeit und Bereitschaft des Dienstleisters, dem Kunden zu helfen und seine und Wünsche schnell zu erfüllen.*
- *Souveränität (Assurance):*
  - *Leistungskompetenz: vorhandenes Wissen, berufliches Können*
  - *Zuvorkommenheit: Höflichkeit, Freundlichkeit, Respekt gegenüber dem Kunden*
  - *Vertrauenswürdigkeit: Glaubwürdigkeit und Ehrlichkeit des Unternehmens*
  - *Sicherheit*
- *Einfühlungsvermögen (Empathy): Bereitschaft, dem Kunden Aufmerksamkeit entgegenzubringen und individuell auf ihn einzugehen.*

Je nach Branche und angebotener Dienstleistung haben die einzelnen Qualitätsdimensionen ein unterschiedliches Gewicht.
Für die Umsetzung des Ansatzes wurde ein standardisierter Fragebogen entwickelt, der die fünf Qualitätsdimensionen (siehe oben) in 21 Einzelfragen aufsplittet. Er kann für die Befragung von Kunden eingesetzt werden.
Der Fragebogen enthält eine Doppelskala, die die erlebte und erwartete Dienstleistungsqualität erfasst.

	Stimme ich völlig zu			Lehne ich entschieden ab			
Mitarbeiter eines hervorragenden Personaldienstleisters sind stets gleichbleibend höflich zu den Kunden.	7	6	5	4	3	2	1
Mitarbeiter des Personaldienstleisters ABC sind stets gleichbleibend höflich zu den Kunden.	7	6	5	4	3	2	1
Wenn ich ein Problem habe, erwarte ich von einem hervorragenden Personaldienstleister ein ernsthaftes Interesse, dieses Problem zu lösen.	7	6	5	4	3	2	1
Mitarbeiter des Personaldienstleisters ABC zeigen ein ernsthaftes Interesse, meine Probleme zu lösen.	7	6	5	4	3	2	1

Der Standardfragebogen sollte beim Einsatz in der Praxis branchen- bzw. betriebsspezifisch angepasst werden.

[1] **Servqual** *(Kunstwort aus* **Serv***ice und* **Qual***ität) ist ein standardisiertes Verfahren zur Messung der Qualität von Dienstleistungen und der daraus folgenden Kundenzufriedenheit.*

[2] *Untersuchung von Parasuram/Zeithaml/Berry (1988 und 1990).*

Beschwerdeanalyse

Die Auswertung von Beschwerden bringt Informationen über Bereiche, mit denen Kunden unzufrieden sind (ausführlich im Abschnitt 7.12.4).

Zusammenfassung

- **Kundenorientierung** bedeutet sich als Problemlöser des Kunden aufzufassen und den Kunden in den Mittelpunkt des gesamten unternehmerischen Denkens zu stellen.
- **Kundenzufriedenheit** ist das Ergebnis eines Vergleichs zwischen wahrgenommener Leistung und den persönlichen Erwartungen vor dem Kauf. Je nach Ergebnis werden drei Zustände unterschieden: Zufriedenheit, Unzufriedenheit sowie Begeisterung.

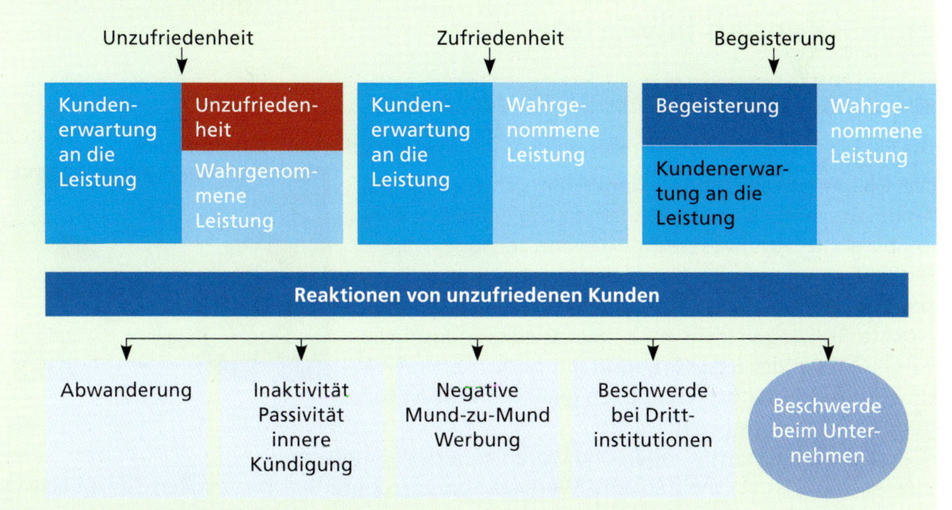

- Eine **Kundenzufriedenheitsanalyse** soll ermitteln, wie zufriedenen Kunden mit den Produkten bzw. Dienstleistungen eines Unternehmens sind. Sie hilft dabei, Kunden besser zu verstehen, ihre Bedürfnisse zu erkennen und mögliche Probleme rechtzeitig zu identifizieren.

Aufgaben

1. *Führen Sie positive und negative Beispiele für kundenorientiertes Verhalten aus Ihrem Alltag an.*
2. *Welche Reaktionen kann ein unzufriedener Kunde zeigen?*
3. *Stellen Sie dar, welche Maßnahmen in Ihrem Ausbildungsbetrieb zur Sicherung der Kundenzufriedenheit ergriffen werden.*
4. *Eine Kundenbefragung mit einem SERVQUAL-Fragebogen hat folgendes Ergebnis erbracht. Beurteilen Sie die Ergebnisse.*

Fragen	Volle Zustimmung				volle Ablehnung
Ein guter Personaldienstleister zeichnet sich durch schnelle Auftragsabwicklung aus.		x			
Die GBS Personallösungen GmbH wickelt ihre Aufträge schnell ab.		x			
Ein guter Personaldienstleister stellt passgenaues Personal.	x				
Die GBS Personallösungen GmbH stellt passgenaues Personal.				X	
Ein guter Personaldienstleister hält Liefertermin immer ein.	x				
Die GBS Personallösungen GmbH hält Liefertermin ein.		x			

11 Kunden bewerten

Einstiegssituation ▶

Die GBS Personallösungen GmbH will wissen, wer die „besten" Kunden sind.

Die **GBS Personallösungen GmbH** hat sich für das laufende Geschäftsjahr vorgenommen, mehr in die Kundenbindung zu investieren, da ein leistungsstarker Mitkonkurrent einige Kunden abgeworben hat.
Da aber nur begrenzte Mittel für zur Verfügung stehen, möchte Rolf Jäger nicht nach dem Gießkannenprinzip vorgehen. Bei der Beschäftigung mit dem Thema, welche Kundenbindungsmaßnahmen geeignet sind, ist folgende Frage aufgetreten:
Wer sind die „besten" Kunden und woran wird das gemessen?
Ihre Aufgabe ist es, die geplante Werbeaktion vorzubereiten. Dazu sollen Sie zunächst die „besten" Kunden identifizieren.

Arbeitsauftrag

Führen Sie eine Kundenbewertung durch. Bearbeiten Sie hierzu folgende Teilaufgaben.

Aufgaben

1. *Notieren Sie erste Schritte, wie Sie vorgehen könnten.*
2. *Welche Kriterien sind für eine Kundenbewertung zielführend? Wählen Sie begründet geeignete Kriterien aus.*
3. *Stellen Sie Methoden vor, die eine Bewertung der Kunden nach ihrem Erfolgsbeitrag für das Unternehmen ermöglichen.*
4. *Führen Sie exemplarisch eine ABC-Analyse durch (Material finden Sie im Bereich BuchPlusWeb).*

5. *Entwickeln Sie ergänzend ein Scoring-Modell, das sowohl quantitative als auch qualitative Kriterien zur Kundenbewertung aufnimmt (Material finden Sie im Bereich BuchPlusWeb).*

6. *Präsentieren Sie Ihre Ergebnisse.*

11.1 Kundenwert

Begriff

Definition
Unter **Kundenwert** wird allgemein die wirtschaftliche Gesamtbedeutung eines aktuellen Kunden verstanden.

An einem vereinfachten Beispiel soll der Begriff verdeutlicht werden:

Beispiel
Nachdem ein Kunde gewonnen wurde, liegt der jährliche Umsatz bei 280 000,00 €. Die Verweildauer wird auf 3 Jahre geschätzt. Die Gewinnspanne liegt bei 0,2. Das heißt, pro Jahr werden 56 000,00 € Gewinn mit dem Kunden gemacht. In drei Jahren liegt der gesamte Erfolgsbeitrag des Kunden bei 168 000,00 €.

Im obigen Beispiel ist der Erfolgsbeitrag des Kunden positiv. Solche Kunden werden als profitabel bezeichnet.
Im Kundenbeziehungsmanagement dient der **Kundenwert als Steuerungsgröße** für die Marketing- und Vertriebsaktivitäten. Er kann als Entscheidungsgrundlage dienen, in welche Kunden(-gruppen) ein Unternehmen investieren soll.

Beispiel
Die GBS Personallösungen GmbH intensiviert die Kundenbetreuung bei Kunden,
- *die aktuell einen hohen Wert für das Unternehmen besitzen und/oder*
- *über ein entsprechendes Potential verfügen.*

Der Gesamtwert eines Kunden lässt sich in drei Bereiche unterteilen:

Gesamtwert des Kunden

Monetärer Wert
Wert, der in Geldeinheiten ausdrückt, wie gewinnbringend ein Kunde ist.
- Welche Umsätze verzeichnet der Kunde?
- Welchen Kundendeckungsbeitrag erwirtschaftet er?

Informatorischer Wert
Wert aller Informationen, die vom Kunden aus an das Unternehmen fließen und für die Verbesserung oder Neuentwicklung von Produkten/Dienstleistungen nutzbringend sind.

Akquisitorischer Wert/Referenzwert
Wert eines Kunden auf Basis seiner Weiterempfehlungsbereitschaft bzw. Referenztauglichkeit.

Im Rahmen des Kundenbeziehungsmanagements werden Kunden gemäß ihrer Wichtigkeit bzw. Profitabilität betreut.

Prozess

Die Intensität der jeweiligen Maßnahmen orientiert sich am Kundenwert, der zuvor mithilfe von verschiedenen Verfahren ermittelt wurde.

Kundenbewertung	Auswahl von Maßnahmen	Umsetzung	Kontrolle

Ziele

Mit einer Kundenbewertung sind folgende Ziele verbunden:

- Analyse der bestehenden Kundenstruktur,
- Aufteilung der Kunden in „profitable" und „weniger profitable" Kunden,
- Bildung von strategischen Kundengruppen für die weitere Marktbearbeitung,
- Konzentration der Aktivitäten auf profitable Kunden,
- zielgerichteter Einsatz von knappen Mitteln (Budget, Zeit, Ressourcen).

Kriterien

In die **Ermittlung des Kundenwertes** können sowohl **quantitative** und **qualitative** als auch **vergangenheits- und zukunftsgerichtete Informationen** einfließen. Verschiedene Daten lassen sich so miteinander verknüpfen.
Mögliche Informationen, die in die Kundenbewertung einfließen, können sein:

Beispiele

- *Umsätze, Deckungsbeiträge*
- *Individueller Marktanteil (Share of wallet)*[1]
- *Kauffrequenz*
- *Informationswert (z. B. Verwertung von Kundeninformationen für Innovationen, Verbesserungen, Auskunftsbereitschaft)*
- *Dauer der Kundenbeziehung*
- *Zahlungsbereitschaft, Zahlungsmoral, Bonität*
- *Cross- und Up-Selling-Potential/Wachstumspotential*
- *Wechselbereitschaft*
- *Beschwerdeverhalten*
- *Weiterempfehlungsverhalten*
- *Referenzwert (Bedeutung des Kunden aufgrund seiner Ausstrahlungskraft und Glaubwürdigkeit als Referenz bei der Neukundenakquisition zu dienen)*
- *Preisbereitschaft*
- *Kooperationsbereitschaft*
- *Innovationsbereitschaft*[2]

---

[1] *Der Share of wallet zeigt, ob ein Kunde hauptsächlich beim Anbieter oder auch Leistungen der Konkurrenz in Anspruch nimmt.*

[2] *Kunden mit hoher Innovationsbereitschaft eignen sich als Testkunden bei der Einführung von neuen Produkten/Dienstleistungen.*

Grundsätzlich ist es leichter, die sogenannten „harten" Fakten wie Umsatz, Kauffrequenz usw. zu erheben. Dagegen können „weiche" Kriterien wie Referenzwert oder Weiterempfehlungsverhalten häufig nur eingeschätzt werden.

11.2 Methoden der Kundenbewertung

In der Praxis gibt es eine Reihe von Methoden für die Kundenbewertung. Die Auswahl der Methode ist davon abhängig, welche Kundendaten im Unternehmen vorhanden sind.

Methoden der Kundenbewertung

- ABC-Analyse: Die Kunden werden nach ihrem kumulierten Anteil am Gesamtumsatz bzw. Deckungsbeitrag geordnet und in Klassen eingeteilt.
- Punktbewertungsmodelle (Scoring-Modelle): Eine Vielzahl von Kriterien gehen gewichtet in eine Gesamtbewertung des Kunden ein.
- Kundenportfolios: Die Kunden werden nach bestimmten Kriterien in eine Vier- oder Neun-Felder-Matrix eingeordnet. Die Matrix zeigt die vorliegende Kundenstruktur.
- Customer-Lifetime-Value: Der Kapitalwert eines Kunden wird über die gesamte erwartete Geschäftsbeziehung ermittelt.

An dieser Stelle wird die ABC-Analyse exemplarisch vorgestellt. Für die anderen Verfahren sind Informations- und Arbeitsblätter im BuchPlusWeb vorhanden.
Die einzelnen Methoden unterscheiden sich vor allem darin, welchen Zeitraum sie betrachten (Vergangenheit – Zukunft), welche Bewertungsfaktoren sie einbeziehen (monetär und nicht monetär), wie viele Kriterien sie einbeziehen (eines – viele) sowie durch ihre Handhabbarkeit (einfach durchzuführen – aufwendig).

ABC-Analyse

Beschreibung

Die **ABC-Analyse** ist wegen ihrer einfachen Handhabbarkeit **weit verbreitet**. Sie teilt die Kunden in drei Klassen A, B und C ein. **Zuordnungskriterium** ist in der Regel der **Umsatz**. Als aussagefähigere Bezugsgrößen kann auch der Deckungsbeitrag betrachtet werden.
Für jeden Kunden wird ermittelt, wie hoch sein Anteil am Gesamtumsatz ist. A-Kunden weisen den höchsten Umsatzanteil aus, C-Kunden den geringsten.
Grundlage der ABC-Analyse ist das **Pareto-Prinzip (80/20-Regel)**, das besagt, dass die meisten Unternehmen mit nur 20 % ihrer Kunden 80 % ihres Umsatzes erwirtschaften.

Wertanteil	Mengenanteil	Klasse
80 % des Gesamtumsatzes	durch 20 % der Kunden	A-Kunden
15 % des Gesamtumsatzes	durch 30 % der Kunden	B-Kunden
5 % des Gesamtumsatzes	durch 50% der Kunden	C-Kunden

Je nach Branche können auch andere Werte gelten.

Vorgehensweise einer ABC-Analyse am Beispiel des Umsatzes

1. Berechnung des Gesamtumsatzes im betrachteten Zeitraum.
2. Sortieren der Kunden nach Umsätzen beginnend mit dem größten Umsatz.
3. Aufsummieren der einzelnen Umsätze bis 80% des Gesamtumsatzes erreicht sind. Alle Kunden, die hierzu beitragen, sind sogenannte A-Kunden.
4. Weiteres Aufsummieren der Kundenumsätze, bis 95 % des Gesamtumsatzes erreicht sind. Bei diesen Kunden handelt es sich um B-Kunden. Ihr Anteil am Umsatz beträgt 15 %.
5. Die restlichen Kunden (Beitrag von 5 % zum Gesamtumsatz) sind sogenannte C-Kunden.

Darstellung

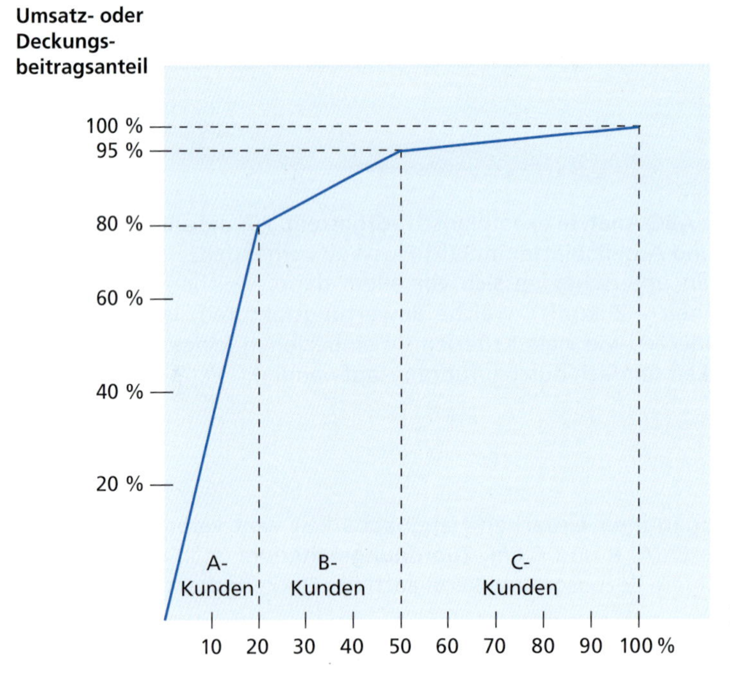

Im Anschluss an ABC-Analysen werden sogenannte **Regeln** (Strategien) für die **Kommunikation und Betreuung** abgeleitet.

Beispiel
A-Kunden werden vom persönlichen Kundenbetreuer individuell betreut bzw. besucht (kundenindividuelle Besuchsfrequenz), B-Kunden werden einmal monatlich von einem Außendienstmitarbeiter kontaktiert (Besuch oder Telefon) und C-Kunden werden einmal im Quartal telefonisch kontaktiert (standardisierte Kontakte).

Bei der Ableitung von solchen Normstrategien muss berücksichtigt werden, dass auch B- oder C-Kunden das Potential haben, sich zu A-Kunden zu entwickeln.

Bewertung

Die ABC-Analyse ist ein einfaches Instrument, um die **Kundenstruktur zu analysieren,** und kann mit vertretbarem Aufwand auch von kleinen oder mittelständischen Unternehmen durchgeführt werden.
Sie kann sowohl **den Grad der Abhängigkeit von Großkunden** als auch die **„Verzettelungsgefahr"** bei der **Betreuung vieler kleiner Kunden** aufzeigen.
Aussagekräftiger als Bezugsgröße ist der Deckungsbeitrag.
Eine ABC-Analyse bildet nur einen **Ist-Zustand zu einem bestimmten Zeitpunkt** ab, da sie auf vergangenheitsorientierten Zahlen basiert. Sie berücksichtigt keine qualitativen Faktoren.

Zusammenfassung

- Der **Kundenwert** zeigt die **wirtschaftliche Gesamtbedeutung** eines Kunden auf. Er bietet eine Möglichkeit Kundenbindungsmaßnahmen gezielt zu steuern.
- Für die **Kundenbewertung und Klassifizierung** können verschiedene Kriterien herangezogen werden. Es lassen sich quantitative und qualitative sowie vergangenheitsorientierte und zukunftsorientierte Werte unterscheiden. Typische Kriterien sind u. a. Umsatz, Deckungsbeitrag, Cross-Selling-Wert, Referenz- und Informationswert.
- **Methoden**

ABC-Analyse	Punktbewertungsverfahren	Kundenportfolio	Customer Lifetime Value
Bezugsgröße: Umsatz oder Kundendeckungsbeiträge, Einteilung der Kunden in A-, B- oder C-Kunden Ableitung von Handlungsstrategien zur Betreuung.	Ermittlung eines Gesamtkundenwertes unter Berücksichtigung von qualitativen und quantitativen Kriterien, die in ihrer Bedeutung gewichtet werden.	Einordnen von Kunden in eine Vier-Felder-Matrix entsprechend ihrer Kundenattraktivität und Wettbewerbsposition, Klassifizierung als Star-, Entwicklungs-, Abschöpfungs- oder Verzichtskunden Ableitung von Normstrategien.	Ermittlung des Kapitalwertes eines Kunden, dazu werden die erwarteten Erfolgsbeiträge abgezinst.

Aufgaben

1. *Diskutieren Sie die These: „Der Kunde ist König – deshalb müssen alle Kunden gleich behandelt werden."*
2. *Warum ist es nicht sinnvoll, Kundenbindungsmaßnahmen nach dem „Gießkannenprinzip" umzusetzen?*
3. *Erarbeiten Sie Vor- und Nachteile für verschiede Methoden der Kundenbewertung.*

12 Maßnahmen zur Kundenbindung auswählen

Einstiegssituation ▶

Die GBS Personallösungen GmbH investiert in die Kundenbeziehung.

Fortsetzung der Situation aus Kapitel 11

Nachdem es Ihnen erfolgreich gelungen ist, die Kunden gemäß ihrem Kundenwert einzuteilen, möchten Sie nun ein Bindungs- und Betreuungskonzept ausarbeiten.

Arbeitsauftrag

Arbeiten Sie ein entsprechendes Konzept für verschiedene Kundengruppen aus.

Aufgaben

1. *Definieren Sie konkrete Ziele für einzelne Kunden(-gruppen).*
2. *Wählen Sie für einzelne Kunden(-gruppen) geeignete Maßnahmen aus.*
3. *Geben Sie jeweils an, wie der Erfolg der Maßnahmen kontrolliert werden soll.*

12.1 Kundenbeziehung

Die Entstehung und Entwicklung von **stabilen** Geschäftsbeziehungen lässt sich durch folgende vier Phasen beschreiben[1]. In jeder Phase kann es zum **Abbruch der Geschäftsbeziehung** kommen.

---

[1] *In Anlehnung an: Homburg, Christian, Krohmer, Harley: Grundlagen des Marketingmanagements. Einführung in Strategie, Instrumente, Umsetzung und Unternehmensführung, 2. vollständig überarbeitete Auflage 2009, Gabler Verlag, Wiesbaden, S. 53 f.*

Awareness	Exploration	Expansion	Commitment
In dieser Phase wird einem Unternehmen bewusst, dass ein anderes Unternehmen ein potenzieller Geschäftspartner sein könnte.	In dieser Phase geht es, um das gegenseitige „Austesten" des Marktpartners sowie um die Klärung von gegenseitigen Erwartungen und Verpflichtungen. Unstimmigkeiten führen in dieser Phase schnell zum Abbruch der Beziehung.	In dieser Phase kommt es zu einer Ausweitung der Geschäftsbeziehung, die durch die **kontinuierliche Erhöhung des Nutzens** für beide Partner sowie die gegenseitige Abhängigkeit, aber auch durch Vertrauen gekennzeichnet ist. Die Bereitschaft, in die Geschäftsbeziehung zu investieren, nimmt zu.	Diese Phase lässt sich auch als Bindungsphase beschreiben. Zwischen den Geschäftspartnern liegt eine ausdrückliche oder stillschweigende Übereinkunft vor, die Geschäftsbeziehung fortzuführen. Die Bereitschaft, in die Geschäftsbeziehung zu investieren und sich ggf. auch vom Geschäftspartner abhängig zu machen, ist hoch.

Beim Aufbau einer Kundenbeziehung spielen **weiche Faktoren**, insbesondere der zwischenmenschlichen Kontakt, eine große Rolle.

Beispiele
Fachliche Kompetenz des Kundenbetreuers, Gegenseitige Akzeptanz und Anerkennung, Kontakthäufigkeit, Vertrauen (Bereitschaft, sich auf den Geschäftspartner ohne Prüfung zu verlassen), Integrität (Aufrichtigkeit und Kontinuität des Verhaltens), persönliche Nähe (Sympathie, Gemeinsame Interessen, Bemühen, die Beziehung aufrecht zu erhalten), ...

12.2 Kundenbindung

Begriff

Definition
Kundenbindung umfasst alle Aktivitäten und Maßnahmen, die darauf abzielen, eine langfristige Geschäftsbeziehung zwischen Unternehmen und Kunden aufzubauen und durch gegenseitige Zufriedenheit stabil zu halten.

Als **wichtigste Voraussetzung** für die Entstehung von Kundenbindung wird die **Kundenzufriedenheit** angesehen. Allerdings ist Kundenzufriedenheit kein Garant dafür, dass Kunden die Geschäftsbeziehung auf Dauer aufrechterhalten. Ob ein zufriedener Kunde den Anbieter wechselt oder nicht, hängt von der Art der Kundenbindung ab.

Bedeutung

Um Kunden **zu halten und zu binden**, ergreifen Unternehmen Kundenbindungsmaßnahmen mit folgenden Zielen:

- Entwicklung und Erhaltung einer stabilen Geschäftsbeziehung
- Erhöhung der Deckungsbeitrage der Kunden
- Ausschöpfen des Kundenpotentials (Intensivierung/Cross-Selling/Up-Selling)
- Steigerung und Erhaltung der Kundenzufriedenheit
- Erhalt von Weiterempfehlungen
- Stabilisierung von gefährdeten Beziehungen

Gebundene und verbundene Kunden

Bei der Art der Kundenbindung wird zwischen Gebundenheit und Verbundenheit unterschieden.

	Gebundenheit	Verbundenheit (Loyalität)
Ursachen der Bindung	Bindung aufgrund von Wechselbarrieren	freiwillige Bindung
Bindungsinteresse	geht vom Anbieter aus	geht vom Kunden aus

Bei der **Gebundenheit** (unechte Bindung) fühlt sich ein Kunde durch Wechselbarrieren an das Unternehmen gebunden. Je nach Art der Wechselbarriere kann die Bindung in gewisser Weise unfreiwillig sein. Bei den Wechselbarrieren werden ökonomische, vertragliche und soziale Wechselbarrieren unterschieden:

ökonomischen Wechselbarrieren	Vertragliche Wechselbarrieren	Soziale (psychologische Wechselbarrieren)
Der Anbieterwechsel bringt wirtschaftliche Nachteile mit sich.	Kunden werden durch Verträge eine Zeit lang gebunden.	Aufgrund des Vertrauensverhältnisses oder der persönlichen Bindung zum Anbieter wechselt der Kunde nicht.
Beispiele *Rabattsysteme, hohe Investitionen in Lieferanten, hohe Wechselkosten*	*Beispiele* *Langfristig ausgelegte Rahmenverträge, Vertragsstrafen, Exklusivverträge*	*Beispiele* *Gepflegte Traditionen, Lokalpatriotismus, Sympathie zwischen Kundenberater und Kunde*

Verbundenheit – auch als „wahre" Bindung bezeichnet – stellt den Idealzustand einer Kunden-Anbieter-Beziehung dar. Das Bindungsinteresse geht in diesem Fall vom Kunden aus. Solche Kunden werden auch als **loyal** bezeichnet.

Definition
Kundenloyalität ist eine Form der Kundenbindung, die nicht auf Wechselbarrieren, sondern auf einer positiven Einstellung gegenüber einem Anbieter (Produkt, Marke) beruht. Das Bindungsinteresse geht vom Kunden aus.

Loyale Kunden kaufen erneut und mehr beim Anbieter und sind immuner gegen Konkurrenzangebote.

Merke
Loyalität ist nicht bei allen Kunden erreichbar. Deshalb werden Kundenbindungsinstrumente eingesetzt, um mindestens den Zustand der Gebundenheit zu erreichen.

Kundenbindungsmaßnahmen

Bedeutung

Auf vielen Märkten ist es heutzutage schwierig, **neue Kunden** zu **gewinnen**, da mehrere Unternehmen um die **gleichen Kunden konkurrieren** (Verdrängungswettbewerb). Hinzu kommt, dass die **Neukundengewinnung** häufig um ein Vielfaches **teuer** ist, als die Pflege des bestehenden Kundenstamms. Je nach Branche können diese Kosten das drei- bis siebenfache betragen[1].
Die **langfristige Bindung von Kunden** ist für den **wirtschaftlichen Erfolg** bedeutsam, da mit der Dauer der Geschäftsbeziehung der Erfolgsbeitrag von Kunden steigt (Amortisation der Akquisitionskosten, Basisgewinne, Umsatzzuwächse durch More-, Cross- und Up-Selling, Kosteneinsparungen, Weiterempfehlungen, Preisprämien, Immunität gegen Konkurrenzangebote).

- More-Selling: Der Kunde weitet seine Umsätze bei bereits gekauften Dienstleistungen aus.
- Cross-Selling: Der Kunde nimmt weitere Dienstleistungen aus dem Leistungsprogramm in Anspruch.
- Up-Selling: Der Kunde nutzt höherwertige Angebote des Unternehmens.

---

[1] *Vgl. Bruhn, Manfred: Relationship Marketing. Das Management von Kundenbeziehungen, 2., vollständig überarbeitete Auflage 2009, Franz Vahlen Verlag, München, S. 4 f.*

Prozess

Überblick

Für Kundengruppen oder Einzelkunden werden Kundenentwicklungspläne bzw. erarbeitet. Sie beinhalten beispielsweise

- Kundendaten (wichtige Informationen über den Kunden),
- Kundenziele,
- organisatorische Zuständigkeiten (Kundenbetreuer),
- spezifische Maßnahmen (Mehrwertkonzepte, Nutzenargumentation, spezielle Leistungsangebote) und
- geben an, welche Mittel zur Durchführung erforderlich sind.

Instrumente

Für die Kundenbindung steht eine Fülle an Instrumenten zur Verfügung, die der Kreativität jedes einzelnen Unternehmens keine Grenzen setzen. **In diesem Sinne gibt es keine „Patentrezepte" oder „Wunderwaffen" zur Kundenbindung**, deswegen kann an dieser Stelle nur ein Überblick einzelner Maßnahmen gegeben werden.
Je nach Geschäftsmodell können folgende Kundenbindungsinstrumente geeignet sein:

	Mögliche Maßnahmen
Leistungspolitik	• Problemlösungen aus einer Hand, Leistungsbündelung • Individuelle Leistungsangebote • Kooperative Leistungsentwicklung/Kooperationsangebote • Cross-Selling/Up-Selling-Angebote • Leistungsgarantien • Zusatzleistungen (Serviceleistungen, Kundendienstleistungen, Value Added Services, ...) • Vertragliche Wechselbarrieren • Sicherstellung der Leistungsqualität (Qualitäts- und Servicestandards, Qualitätsmanagementsystem) • Konzepte zur Erhöhung des Kundennutzens (siehe auch Value to the Customer-Konzept) ...
Preispolitik	• Nutzenwertorientierte Preisgestaltung • Kostenreduktionen im Laufe der Geschäftsbeziehung (Rabatt- und Bonussysteme) • Preisdifferenzierung • Preisbundling • Preisgarantien • Ökonomische Wechselbarrieren • Preisvergleich-Kampagnen ...

	Mögliche Maßnahmen
Kommunikationspolitik	• Persönliche Kommunikation • Aufbau und Einhaltung von Kontaktketten • Kundenspezifische Kommunikationskanäle (Servicenummern, Kundenlogin auf der Webseite, Kundenforen) • Serviceinformationen (Newsletter, Kundenzeitschriften, Branchentrends, neue Entwicklungen) • Kundenevents (VIP-Einladungen, Schulungen, Messeeinladungen, Kundenworkshops) • Geschenke, Präsente • Direktmarketing (Mailings) • Empfehlungen und Referenzen • Zufriedenheitsbefragungen/Feedback ...
Distributionspolitik/Vertrieb	• Feste Ansprechpartner • Kundenbesuche • Key-Account-Management • Multi-Channel-Marketing • Kundenorientierte Standortwahl (z. B. On-Site-Management) ...

Beispiele

Die GBS Personallösungen GmbH baut die Geschäftsbeziehung zu einem Kunden durch Abschluss eines langfristigen Rahmenvertrages aus.
Die GBS Personallösungen GmbH betreut Kunden gemäß ihres Status als A-, B- oder C-Kunden. Für A-Kunden gilt folgendes Betreuungskonzept:

- *Fester Ansprechpartner für alle Kundenfragen (längere Erreichbarkeit, Servicenummer)*
- *vierteljährlich erhalten die A-Kunden einen auf sie abgestimmten Newsletter mit für den Kunden interessanten und nützlichen Informationen*
- *regelmäßige Kundenbesuche*
- *Messeeinladung*
- *Kundenevents, abgestimmt auf die persönlichen Interessen der Entscheider beim Kunden (z. B. Kultur-, Sportveranstaltung)*
- *kostenlose Zusatzleistungen*
- *Sonderkonditionen*

Grundlegende Kundenbindungsstrategie im B2B-Bereich

Mehrwerte für Kunden schaffen, auch als **Value to the Customer-Konzept** bekannt, zielt auf langfristige partnerschaftliche Beziehungen ab, indem der **gegenseitige Nutzen** der Partner ständig erhöht wird.
Kunden erhalten im Laufe der Geschäftsbeziehung immer wieder Angebote, die ihnen **Wettbewerbsvorteile verschaffen**.

Beispiel

Durch Verbesserung von Schnittstellen zwischen Kunde und Anbieter sowie Vereinfachung der Auftragsabwicklung kann der Kunde seine Prozesse optimieren und seine Prozesskosten senken. Bezogen auf die Arbeitnehmerüberlassung könnte eine solche Verbesserung beispielsweise darin bestehen, nur bereits eingearbeitete Mitarbeiter zu überlassen (Entfall von Dispositions-, Koordinations- und Ausschreibungskosten, Verminderung von Kontroll- und Abstimmungsaufwand) (siehe auch On-Site-Management, Band 1 LF Kapitel 2).

Bd. 1, LF 2 *Ein Kunde erhält die Garantie bestimmte Mengen in der erforderlichen Qualität und Zuverlässigkeit zu erhalten. Dadurch kann der Kunde schneller und flexibel auf Marktveränderungen reagieren. Beispielsweise garantiert ein Personaldienstleister dem Kunden die richtigen Qualifikationen zur richtigen Zeit in ausreichender Anzahl bereitzustellen.*
Die Zusammenarbeit gründet darauf, dass die Partner Wissen und Informationen teilen.

12.3 Neukundenbetreuung

Neue Kunden können aus unterschiedlichen Gründen die Geschäftsbeziehung wieder abbrechen, z. B. weil die erste Auftragsabwicklung nicht zufriedenstellend war.

Definition
Die **Neukundenbetreuung** umfasst alle Maßnahmen, die ein Unternehmen zur Bindung von Neukunden ergreift.

In der Regel haben neue Kunden ein anderes **Informations- bzw. Betreuungsbedürfnis** als Stammkunden. Gleichzeitig möchten sie ihre Kaufentscheidung bestätigt wissen. Vor diesem Hintergrund sind alle Maßnahmen sinnvoll, die dem Kunden die Inanspruchnahme der Dienstleistung erleichtern und Vertrauen aufbauen. Nach der ersten Auftragserfüllung sollte ein Kundenfeedback eingeholt werden.
Im Einzelnen können folgende Maßnahmen sinnvoll sein:

Sachverhalt	Mögliche Maßnahmen
Heranführung an die Dienstleistung bzw. die Dienstleistungspalette	• Willkommensbriefe, Begrüßungspakete, ... • Bestimmung eines festen Ansprechpartners • Sicherung der Erreichbarkeit bei Rückfragen des Kunden • Betreuung und Begleitung des Kunden während der Leistungserstellung (Festlegung von Kontakthäufigkeit und Auswahl des Kommunikationskanals) • Informationen über weitere Dienstleistungen
Kundenerwartungen erfüllen bzw. übertreffen	Da der erste Eindruck das Bild über den Anbieter langfristig prägt, muss die erste Auftragsabwicklung fehlerfrei, termintreu und zuverlässig erfolgen. Hier gilt es, den Kunden besonders positiv zu überraschen.
Zufriedenheitsurteil des Kunden einholen	Die Nachbetreuung des Kunden ist eine gute Gelegenheit, weitere Informationen über den Kunden zu erhalten, die Kundenzufriedenheit zu prüfen sowie Anschlussangebote zu unterbreiten.
Kunden in der Kaufentscheidung bestätigen	Neukunden sind möglicherweise andere Zufriedenheitskriterien wichtig als Stammkunden. Eine Befragung sollte dies berücksichtigen.
Mögliche Nachkaufdissonanzen ausräumen	Nachdem man sich während der Akquise und der Auftragserfüllung intensiv um den Kunden bemüht hat, kann durch eine gezielte Nachbetreuung dem Kunden das Gefühl gegeben werden, auch in dieser Phase wichtig zu sein.

12.4 Beschwerdemanagement

Begriff

In den vergangenen Jahren hat ein deutlicher Perspektivenwechsel hinsichtlich des Umgangs mit Kundenbeschwerden stattgefunden. Wurden sie früher als „lästiges" Übel aufgefasst, werden **Kundenbeschwerden heute in erster Linie als Chance begriffen**, die eigene Leistungsfähigkeit zu verbessern.

Der Begriff Beschwerde wird wie folgt definiert:

> **Definition**
> **Beschwerden** sind Äußerungen der Unzufriedenheit von Kunden gegenüber einem Unternehmen.

Erfahrungsgemäß beschwert sich nur einige geringe Anzahl von Kunden.

Bedeutung

Grundsätzlich kann davon ausgegangen werden, dass ein Kunde, der sich beschwert, weiterhin mit dem Unternehmen zusammenarbeiten möchte. Studien zeigten, dass Kunden, deren Beschwerden zügig und zufriedenstellend bearbeitet wurden, erneut beim Anbieter kauften.

Beschwerdemanagement

> **Definition**
> **Beschwerdemanagement** umfasst den systematischen und kundenorientierten Umgang mit Kundenbeschwerden.

Ziele

Mit der Einführung eines Beschwerdemanagements sind verschiedene Ziele verbunden:

- Herstellung einer hohen Beschwerdezufriedenheit.
- **Umsetzung und Verdeutlichung von Kundenorientierung**: Häufig zeigt sich erst in kritischen Situationen, ob ein Unternehmen tatsächlich kundenorientiert ausgerichtet ist.
- **Vermeidung von alternativen Reaktionsmöglichkeiten**: Eine geäußerte Beschwerde bietet die Chance, das Problem selbst zu lösen. Bei anderen Reaktionen des Kunden (Abwanderung, Beschwerden bei Dritten, wie Medien oder Aufsichtsbehörden, negative Mund-zu-Mund-Werbung, ...) hat der Dienstleister nur noch eingeschränkte Handlungsmöglichkeiten. Gelingt es, den Kunden wieder zufriedenzustellen, dann sorgt dies gleichzeitig für eine positive Mund-zu-Mund-Werbung).
- Kunden bieten kostenfreie Informationen über Leistungs- und Qualitätsmängel (Informationsgewinnung).
- Vermeidung und Reduzierung von Fehler-, Folge- und Beschwerdekosten.

Prozess des Beschwerdemanagements

Der Beschwerdemanagementprozess umfasst Bereiche mit und ohne Kundenkontakt.

Beschwerdestimulierung

Hier geht um die **Festlegung von** möglichen **Beschwerdekanälen**.

Beispiele
Hotlines, Fragebögen, Nennung von Personen im Unternehmen, die Beschwerden entgegennehmen, Ideenwettbewerbe

Beschwerdeannahme

In der Beschwerdeannahme geht es um die **Erfassung der Beschwerde** sowie um das **Verhalten des Mitarbeiters**, der die Beschwerde entgegennimmt.
Der Kunde hält seine Beschwerde für ein dringendes, berechtigtes Problem und möchte deswegen auch als Einzelfall behandelt werden. Er möchte ernst genommen werden und erhofft eine schnelle und zügige Bearbeitung der Beschwerde. Vom annehmenden Mitarbeiter erwartet er Freundlichkeit, Einfühlungsvermögen und Hilfsbereitschaft.
Kann das Problem nicht sofort gelöst werden, muss der Kunde am Ende des Gespräches wissen, wie sein Anliegen weiter behandelt wird.

Beschwerdebearbeitung

In dieser Phase geht es um die **Beseitigung der Beschwerdeursache**, aber auch um die **interne Weiterbearbeitung** der Beschwerde. Dazu muss es klare Verantwortlichkeiten geben.

Beschwerdereaktion

Die Beschwerdereaktion muss den **Kunden zufriedenstellen**. Der Kunde erwartet in der Regel eine angemessene Reaktionsgeschwindigkeit und eine angemessene Form der „Wiedergutmachung".

Beschwerdeauswertung

Alle eingegangenen Beschwerden werden systematisch ausgewertet, um **Verbesserungsbedarf** zu erkennen und Maßnahmen abzuleiten.

Beschwerdecontrolling

Das Beschwerdecontrolling umfasst sowohl die **Kontrolle der zügigen Beschwerdeabwicklung** als auch die **Wirtschaftlichkeitskontrolle** (Vergleich von Beschwerdekosten und -nutzen).

Besonderheiten bei Dienstleistungen

Eine Dienstleistung, mit der der Kunde unzufrieden ist, kann nicht wie ein Sachgut repariert oder umgetauscht werden. Somit stehen weniger Maßnahmen zur Verfügung, den Kunden wieder zufriedenzustellen.
Da der Kunde im Leistungserstellungsprozess integriert ist, ist die „Schuldfrage" ein besonders sensibles Thema. Deshalb sollte diese bei einer Beschwerde nicht thematisiert werden, sondern der Kunde soll durch Verständnis, Schnelligkeit und Entgegenkommen in einer schwierigen Situation überzeugt und zufriedengestellt werden.

12.5 Kundenreaktivierung

Beispiel
Ein Unternehmen mit 500 Kunden verliert pro Jahr 5 % der Kunden, das sind insgesamt 25 Kunden. Im Jahresdurchschnitt hätte jeder Kunde dem Unternehmen einen Umsatz von 18 000,00 € erbracht, der nun verloren ist. Der verlorene Gesamtumsatz beträgt 4 500 000,00 €. Der durchschnittliche Deckungsbeitrag der Kunden liegt bei 11 %, das heißt, das Unternehmen hat 49 500,00 € an Erfolgsbeitrag verloren.

Begriff

Definition
Das Halten bzw. Rückgewinnen von Kunden umfasst sämtliche Maßnahmen, die dazu beitragen,
- gefährdete Geschäftsbeziehungen zu festigen und die Beendigung von Geschäftsbeziehungen zu vermeiden sowie
- die Geschäftsbeziehungen zu bereits verlorenen Kunden zu reaktivieren.

Zielgruppe

Zielgruppe der Maßnahmen sind Kunden, bei denen die Geschäftsbeziehung als nicht mehr als stabil eingestuft wird. Mögliche Anzeichen für die Gefährdung der Geschäftsbeziehung sind:

Beispiele
Kauffrequenz sinkt, Umsätze gehen zurück, erstmalige oder häufigere Beschwerden, Zeitpunkt des letzten Umsatzes liegt länger zurück, abnehmendes Auftragsvolumen, Kunde verweist auf Wettbewerber oder bringt Konkurrenzleistungen ins Spiel, nachlassende Zahlungsmoral, Androhung des Wechselns

Kunden, die bereits abgewandert sind, werden auch als Karteileichen, Schläfer oder Altkunden bezeichnet.

Ziele

- Stabilisierung von gefährdeten Geschäftsbeziehungen
- Einsparung von Akquisitionskosten, da das Halten oder die Rückgewinnung von Kunden kostengünstiger sind als die Neukundengewinnung.
- Vermeidung von negativer Mund-zu-Mund-Werbung
- Verbesserung des eigenen Leistungsangebots durch Auswertung von Informationen über Abwanderungsgründe

Abwanderungsgründe

Die Abwanderungsgründe von Kunden werden weitgehend festgehalten, um Verbesserung abzuleiten. Mögliche Abwanderungsgründe können sein:

Beispiele für Abwanderungsgründe		
Unternehmensbezogene Gründe	**Wettbewerbsbezogene Gründe**	**Kundenbezogene Gründe**
• Qualitätsmängel • Fehlende Fachkompetenz • Kosten der Dienstleistung zu hoch • Unfreundliche Mitarbeiter/ Unzufriedenheit mit der Betreuung • Fehlende Beschwerdebearbeitung • Prozessfehler • Fehlende Innovationen • ...	• Besseres Preis-Leistungs-Verhältnis • Attraktivere Angebote • Direkte Aufforderung zum Wechseln, ggf. verbunden mit monetären Anreizen • Konkurrent vertreibt neuartige Ideen • ...	• Unzufriedenheit • Neue Präferenzen beim Entscheider • Insolvenz • Bedarfsänderung • Standortwechsel • ...

Mögliche Maßnahmen

Mögliche Maßnahmen müssen kundenspezifisch gestaltet und situativ ausgewählt werden. Die Praxis zeigt, dass standardisierte Halte- oder Rückgewinnungsmaßnahmen keinen großen Erfolg haben. Die Tabelle kann deshalb nur einen Überblick über mögliche Maßnahmen geben:

Leistungspolitik	Preis- und Konditionenpolitik	Kommunikationspolitik	Vertriebspolitik
• Individuelles Leistungsangebot • verbesserte Problemlösungen für den Kunden • Services • Garantieleistungen	• Rabatt- und Bonussysteme • Preisdifferenzierung • Finanzielle Anreize • Erhöhung der Preistransparenz • Individuellere Gestaltung der Konditionen Voraussetzung: Kunde ist mit Leistungsangebot grundsätzlich zufrieden und Preisreduktion kann langfristig gehalten werden.	• Wertschätzende persönliche Gespräche (z. B. Herausstellen der Wichtigkeit der Geschäftsbeziehung, Interesse an weiterer Zusammenarbeit, Erinnern an positive Ereignisse) • Angebot eines persönlichen Gesprächs mit einer Führungskraft • Entschuldigungen/ Erklärungen/ Fehlerausgleich • Darstellung des Kundenutzens bzw. der Wechselkosten • Vertrauensaufbau	• Zuordnung eines persönlichen Ansprechpartners/ Betreuers

Im Idealfall gelingt es, den Kunden zur Fortsetzung der Geschäftsbeziehung zu bewegen. Aber auch, wenn das nicht gelingt, kann eine offizielle Verabschiedung vom Kunden dazu beitragen, in guter Erinnerung zu bleiben (sog. Beautiful Exit).

Kundenbeziehungsmanagement

Das Kundenbeziehungsmanagement führt verschiedene bereits zuvor dargestellte Aufgabenbereiche zusammen:

Aufgaben	Maßnahmen	
Neue Kunden gewinnen	Interessenten identifizieren und qualifizieren Verkaufschancen herausarbeiten	(siehe Kapitel 8.1)
Kundenzufriedenheit messen	Erhebung der Kundenzufriedenheit Kundenzufriedenheitsanalysen Steigerung der Kundenzufriedenheit Beeinflussung der Erwartungshaltung der Kunden	(siehe Kapitel 9.3)

Aufgaben	Maßnahmen	
Neue Kunden betreuen	Das Neukundenmanagement umfasst die Betreuung von neuen Kunden. Insbesondere geht es um die Bestätigung der Kaufentscheidung sowie Unterstützung durch Information und Begleitung.	siehe Abschnitt 10.3
Beschwerdemanagement	Kundenbeschwerden sind eine Chance die Dienstleistungsqualität zu verbessern. Das Beschwerdemanagement trägt zur Kundenzufriedenheit bei.	siehe Abschnitt 10.4
Kunden halten und zurückgewinnen	Analyse von Abwanderungsgründen Aufbau eines Frühwarnsystems Maßnahmen zur Stabilisierung von gefährdeten Beziehungen	siehe Abschnitt 10.5

Zusammenfassung

- Eine **Kundenbeziehung** durchläuft im Zeitablauf verschiedene Phasen (Awareness, Exploration, Expansion und Commitment (Modellbetrachtung).
- **Kundenbindungsmaßnahmen** zielen darauf ab, **bestehende Geschäftsbeziehungen** zu **intensivieren**, weiterzuentwickeln und ggf. zu erhalten. Für einzelne Kunden oder Kundengruppen werden Kundenentwicklungspläne entworfen und umgesetzt.
- Kundenzufriedenheit, Kundenbindung und Kundenloyalität:

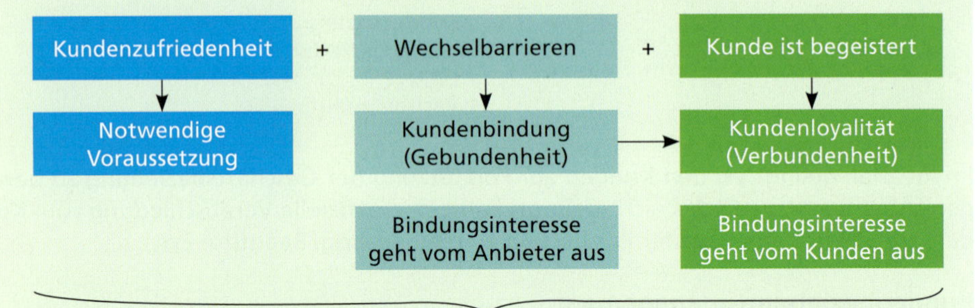

Wirken auf das tatsächliche Verhalten bzw. auf die Verhaltensabsicht des Kunden.

- Kundenbeziehungsmanagement:

Aufgabenbereiche des KBM

Aufgabenbereiche orientieren sich am Kundenbeziehungslebenszyklus
- Interessentenmanagement
- Kundenbindungsmanagement
- Rückgewinnungsmanagement

Aufgaben

1. *Stellen Sie den Zusammenhang zwischen Kundenzufriedenheit, Kundenbindung und Kundenloyalität dar und erläutern Sie deren wirtschaftliche Bedeutung für ein Unternehmen.*
2. *Welche kostensenkenden Effekte kann Kundenbindung haben?*
3. *Schätzen Sie ein, ob die Kunden in Ihrem Ausbildungsbetrieb oder Ihrer Branche eher als verbunden oder als gebunden eingestuft werden können. Und wenn ja, mit wem fühlen sich die Kunden verbunden?*
4. *Geben Sie Gründe an, warum Kunden trotz Zufriedenheit den Anbieter wechseln.*
5. *Stellen Sie verschiedene Wechselbarrieren dar. Finden Sie Beispiele aus Ihrer Ausbildungspraxis.*
6. *Die Entwicklung einer Geschäftsbeziehung lässt sich in verschiedene Phasen einteilen. Nennen und charakterisieren Sie die einzelnen Phasen.*
7. *Skizzieren Sie die Aufgabenbereiche eines Kundenbeziehungsmanagements.*
8. *Erläutern Sie, warum Unternehmen unzufriedene Kunden zu einer Beschwerde veranlassen.*
9. *In einem Unternehmen wird folgendermaßen mit Beschwerden umgegangen. Welche Maßnahmen würden Sie ergreifen?*
   - *Mitarbeiter versuchen die Beschwerden des Kunden abzuwehren, indem sie die Berechtigung der Beschwerde infrage stellen.*
   - *Mitarbeiter geben keine Rückmeldung zur Beschwerde bzw. halten die Zusage für die Rückantwort nicht ein.*
   - *Der Kunde muss sein Problem zweimal schildern, weil die Zuständigkeiten für die Beschwerdebearbeitung nicht geklärt sind.*
   - *Der Mitarbeiter gibt dem Kunden die Schuld an dem Problem.*
   - *Die Beschwerde ist schon häufig aufgekommen.*
10. *Erstellen Sie einen Beschwerdeerfassungsbogen für die einheitliche Dokumentation von Beschwerden.*
11. *Diskutieren Sie folgende Beschwerdestimulationsmöglichkeiten für eine Personaldienstleistung und eine Arztpraxis.*
    - *Namentliche Festlegung von Ansprechpartnern*
    - *Feedbackgespräch mit Kunden*
    - *Aufstellen einer Lob- und Tadelbox*
    - *Gebührenfreie Servicenummer*

13 Beim Qualitätsmanagement mitwirken

Einstiegssituation ▶

Die **GBS Personallösungen GmbH** überlegt, ob sie ein Qualitätsmanagementsystem einführen soll. Da die Einführung eines solchen Systems eine langfristig wirkende Entscheidung ist, sollen mehr Informationen zu dem Thema eingeholt werden. Sie werden von der Geschäftsleitung mit dieser Aufgabe beauftragt.

Arbeitsauftrag

Erstellen Sie eine für die Geschäftsleitung eine Entscheidungsvorlage. Bearbeiten Sie zur Lösung des Arbeitsauftrags folgende Teilaufgaben.

Aufgaben

1. *Legen Sie Kriterien fest, die Sie bei der Entscheidung berücksichtigen wollen.*
2. *Notieren Sie, welche unterschiedlichen Informationen für die Entscheidung benötigt werden.*
3. *Beschaffen Sie die Informationen und stellen Sie diese strukturiert nach den zuvor festgelegten Entscheidungskriterien zusammen.*
4. *Informieren Sie sich über verschiedene Qualitätsmanagementsysteme und Zertifizierungsmöglichkeiten und geben Sie eine begründete Empfehlung für ein System ab.*
5. *Präsentieren Sie Ihre Arbeitsergebnisse und bewerten Sie diese.*
6. *Angenommen, es soll ein Qualitätsmanagement eingeführt werden. Womit beginnen Sie und wie gehen Sie weiter vor?*

13.1 Qualitätsmanagement

Die erfolgreiche Sicherung und Weiterentwicklung der Produkt- bzw. Dienstleistungsqualität ist eine vielseitige Aufgabe. Zur Unterstützung dieser Aufgabe führen Unternehmen ein Qualitätsmanagement ein.

Begriff

Definition

Ein **Qualitätsmanagement** umfasst alle Maßnahmen und Aktivitäten, um den Qualitätsansprüchen des Unternehmensumfelds, insbesondere der Kunden, gerecht zu werden.

Total Quality Management

Das heutige Qualitätsverständnis folgt dem Total Quality Management (TQM).

Definition
Als **TQM** wird eine Managementmethode bezeichnet, die die Qualität in den Mittelpunkt des betrieblichen Handelns stellt.

Der Begriff steht für:
Total – bedeutet, dass alle Personengruppen (z. B. Mitarbeiter, Kunden, Lieferanten), die an der Dienstleistungserstellung beteiligt sind, in den Qualitätsmanagementprozess einbezogen werden.
Quality – meint, dass sich alle Aktivitäten eines Unternehmens an den Qualitätsanforderungen der internen und externen Kundengruppen orientieren.[1]
Management – drückt aus, dass die systematische Qualitätsüberzeugung und -verbesserung unter Einbezug der Mitarbeiter vom Management initiiert und verantwortet wird.

Prinzipien des TQM

Total Quality Management

Qualität orientiert sich stets am Kunden.
Qualität bezieht alle Mitarbeiter in allen Bereichen und Ebenen mit ein.
Qualität ist keine einmalige Aufgabe, sondern ein dauerhafter Prozess.
Qualität bezieht sich auf Produkte und Dienstleistungen, Prozesse und Abläufe.
Qualität erfordert aktives Handeln und muss erarbeitet werden.
Qualität gilt als oberstes Unternehmensziel.

Regelkreis

Zu den Phasen des Qualitätsmanagements zählen: Qualitätsplanung, Qualitätslenkung, Qualitätsmessung und -verbesserung, Qualitätsdarlegung.

[1] *Als interne Kundengruppen werden z. B. Mitarbeiter aufgefasst.*

Qualitätsplanung
- Festlegen der Qualitätsanforderungen
- Formulieren von kundenbezogenen Qualitätszielen/-strategien
- Definieren von Qualitätsstandards

Qualitätslenkung (-steuerung)
Alle Maßnahmen und Aktivitäten, die sicherstellen, dass die zuvor definierten Qualitätsanforderungen und Qualitätsziele erfüllt werden (internes Marketing, Unternehmenskultur, Organisation).

Qualitätsmessung und -verbesserung
- Messen der Dienstleistungsqualität
- Kontrolle der Qualitätsziele
- Verbesserungsmaßnahmen

Qualitätsdarlegung
Beschreiben und Dokumentation sämtlicher Tätigkeiten und Maßnahmen, die im Rahmen des Qualitätsmanagements ergriffen wurden (Qualitätspolitik, Handbücher, Audits, Zertifizierungen, Qualitätsstatistiken).

Nutzen eines Qualitätsmanagements

Mit einem Qualitätsmanagement wird folgender Nutzen verbunden:

- Kundenansprüche werden systematisch ermittelt und ihre Erfüllung wird überprüft. Das fördert die Kundenzufriedenheit.
- Bei allen Unternehmensmitgliedern wird ein nachhaltiges Qualitätsbewusstsein aufgebaut bzw. das Qualitätsdenken gefördert.
- Die Transparenz wird durch eindeutig beschriebene Abläufe erhöht. Auftretende Schwierigkeiten lassen sich schneller erkennen und beseitigen.
- Das Streben nach ständiger Verbesserung steigert die Leistung, vermeidet Fehler, spart Zeit, senkt die Kosten und wirkt sich positiv auf den Unternehmenserfolg aus.
- Die Wettbewerbsfähigkeit und das Image werden verbessert, da ein Qualitätsnachweis vorhanden ist.
- Qualitätsrisiken werden eingegrenzt (z. B. Schadensersatzansprüche aufgrund fehlerhafter Leistungen, Sanktionen bei Verstößen gegen gesetzliche Anforderungen).

Kosten

Ein Qualitätsmanagement soll den betrieblichen Bedürfnissen entsprechen und wirtschaftlich sein. Bei der Einführung und Umsetzung von Qualitätsmanagementsystemen fallen verschiedene Kosten an.

Beispiele
Kosten für Aus- und Weiterbildung, Beratung, Freistellung von Mitarbeitern, Dokumentation, Zertifizierung, Kommunikation, Maßnahmen, ...

Qualitätstechniken

Qualitätszirkel

Ein Qualitätszirkel ist ein Gesprächskreis von Mitarbeitern, die Qualitätsprobleme erörtern. Qualitätszirkel steigern die Eigenverantwortung der Mitarbeiter und nutzen unterschiedliche Mitarbeiterfähigkeiten für die Lösung von Qualitätsproblemen bzw. Verbesserungen.

Betriebliches Vorschlagwesen

Die Mitarbeiter erhalten die Möglichkeit, Ideen und Verbesserungsvorschläge systematisch einzubringen. Ein betriebliches Vorschlagwesen kann dazu beitragen, Qualitätsprobleme zu lösen.

Das Ishikawa-Diagramm

Das Ishikawa-Diagramm wird auch als Ursache-Wirkungs-Diagramm oder als Fishbone-Diagramm bezeichnet. Das Qualitätswerkzeug bietet über die Visualisierung der Problemstellung wichtige Ansatzpunkte zur Lösung. An den Hauptgräten werden mögliche Einflussfaktoren notiert (z. B. Mensch, Methode, Umwelt, Kommunikation/Information, Management, Ablauforganisation, usw.). An den Untergräten werden dazugehörige Einzelursachen notiert. Die Visualisierung ermöglicht auch bei komplexen Sachverhalten eine Problemanalyse.

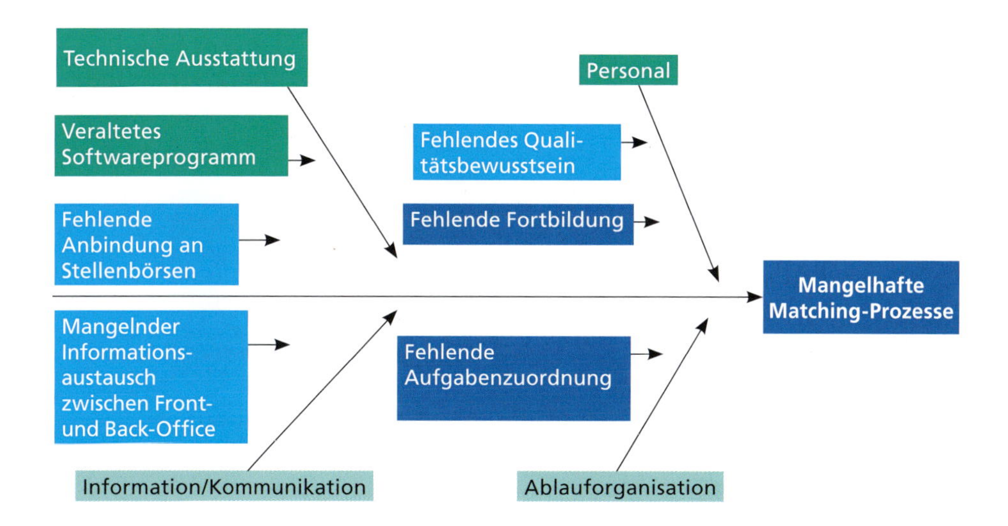

Kontinuierlicher Verbesserungsprozess

Grundprinzip eines Qualitätsmanagements ist die ständige Verbesserung der Unternehmensleistungen, auch **kontinuierlicher Verbesserungsprozess genannt (KVP)**. Hinter diesem Grundprinzip steht die japanische Führungsphilosophie Kaizen (kai = Veränderung, Wandel, zen = zum Besseren).
Grundhypothese von Kaizen bzw. KPV ist: *„Der gegenwärtige Zustand ist verbesserungswürdig."* Das bedeutet, ein einmal erreichter Zustand wird immer wieder auf mögliche Verbesserungen untersucht. Dies machen Mitarbeiter in Teams in ihren jeweiligen Verantwortungs- bzw. Arbeitsbereichen. Beispielsweise können hierfür auch Qualitätszirkel eingerichtet werden.

Merke
Ein kontinuierlicher Verbesserungsprozess besteht somit aus einer stetigen Abfolge von kleinen Verbesserungsschritten.

Um systematisch vorzugehen, erfolgt eine Orientierung an Regelkreisen, wie beispielsweise dem PDCA-Zyklus. Die Buchstaben PDCA stehen für die englischen Begriffe Plan, Do, Check, Act (auf Deutsch: Planen, Ausführen, Überprüfen, Optimieren/Handeln), die die einzelnen Phasen des Modells bezeichnen:

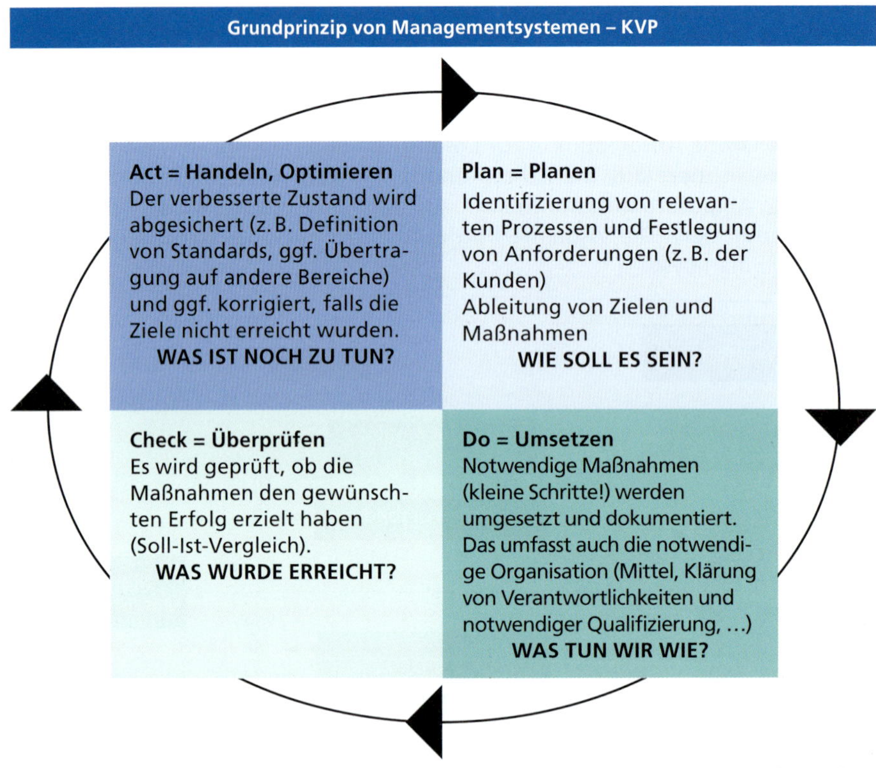

Zum Teil wird das Modell um eine Analysephase erweitert. In diesem Fall spricht man von A-PDCA-Zyklus (das erste A steht für Analyse). Der Regelkreis wird ständig durchlaufen, das heißt, die Tätigkeit beginnt erneut bei der Phase „Plan“.

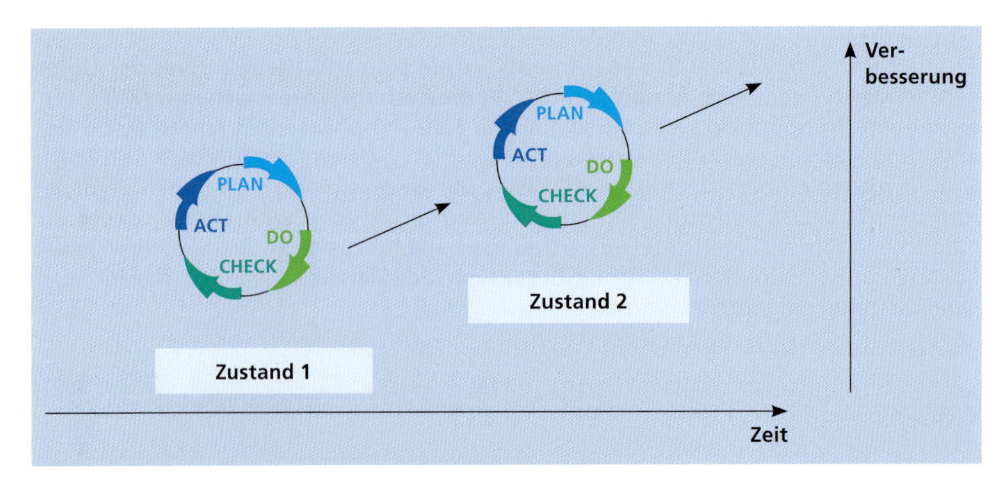

13.2 Qualitätsmanagementsysteme

Begriff

Ein Qualitätsmanagementsystem (QMS) ist ein Führungs- und Steuerungssystem. Die Entscheidung zur Einführung eines QMS ist somit immer auch eine strategische Entscheidung. Die Grundidee, die einem Qualitätsmanagementsystem zugrunde liegt, lässt sich wie folgt ausdrücken: **Gut organisierte Prozesse sichern eine gute Qualität.**

Managementnormen

Qualitätsmanagementsysteme arbeiten mit sogenannten Managementnormen.

- Normen legen Anforderungen für den Aufbau und die Struktur von Managementsystemen fest.
- Sie schaffen ein gemeinsames Verständnis und
- sie sind Grundlage für externe Zertifizierungen (Überprüfungen durch eine unabhängige Stelle – siehe unten).

Beispiel
Die Norm DIN EN ISO 9000 beschreibt den Aufbau eines Qualitätsmanagementsystems.

Mit dem Begriff Normierung ist nicht gemeint, dass in allen Betrieben, die dieselben Managementnormen haben, Strukturen und Prozesse völlig gleich sind oder Produkte bzw. Dienstleistungen die gleiche Qualität aufweisen.
Sondern einem zertifizierten Betrieb wird lediglich bescheinigt, dass er gesicherte Verfahren und Methoden für den Organisationsaufbau bzw. die Prozessgestaltung kennt.

Elemente

Die konkreten Elemente eines QMS sind abhängig von der gewählten Norm. Sie ähneln sich aber in ihren Ausprägungen und leiten sich aus den Gedanken des TQM ab (siehe Abschnitt oben).
Die grundlegendenden Elemente von Qualitätsmanagementsystemen ähneln sich in folgenden Aspekten.

Zertifizierungen

Definition
Zertifizierungen bestätigen einem Unternehmen von unabhängiger Stelle, dass es die formulierten Managementnormen einhält.

Damit die unabhängige Stelle Zertifizierungen durchführen kann, muss sie über eine Akkreditierung verfügen.

Definition
Eine **Akkreditierung** bescheinigt, dass eine Organisation kompetent ist, Zertifizierungen durchzuführen. Es handelt sich also um eine Prüfung der Prüfer.

Eng verbunden mit Zertifizierungen ist der Begriff Audit.

Definition
Ein **Audit** ist ein Untersuchungsverfahren, das bewertet,
- ob die qualitätsbezogenen Maßnahmen und die Ergebnisse den geplanten Vorgaben entsprechen,
- ob diese Vorgaben tatsächlich verwirklicht wurden,
- und ob sie geeignet sind, die Ziele zu erreichen.

Es wird unterschieden zwischen internen Audits (der Auditor ist ein hierfür geschulter Mitarbeiter des Unternehmens) und externen Audits (Durchführung durch Dritte) sowie Produktaudits (Erfüllt ein Produkt die Anforderungen?), Prozessaudits (Betrachtung von einzelnen Prozessen) oder Systemaudits (Betrachtung des Managementsystems).

Beispiel
Ein Dienstleister hat ein Qualitätsmanagementsystem eingeführt. Nachdem ausreichend Erfahrungen mit den Regeln, Normen und Verfahren vorliegen, überprüft er in einem internen Audit, ob diese wirksam sind.

Ablauf einer Zertifizierung

Je nach gewählter Zertifizierungsstelle kann eine Zertifizierung unterschiedlich ablaufen. Hier kann deshalb nur ein allgemeines Beispiel dargestellt werden.
Nach der Darlegung der Anforderungen gemäß der Norm erfolgt die Zertifizierung in folgenden Schritten:

1. Es wird ein Angebot bei einer zugelassenen Zertifizierungsgesellschaft eingeholt.
2. Nach Abschluss eines Vertrages müssen ca. 6-8 Wochen vorher die Unterlagen (Qualitätshandbuch, die Verfahrensanweisungen) bei der Zertifizierungsgesellschaft eingereicht werden.
3. Bei einem Erstverfahren erfolgt das Audit über 2 Stufen.
4. **Voraudit:** In der 1. Stufe des Audits stellt das Unternehmen Unterlagen über das Managementsystem bereit.

   Beispiele
   Handbuch, Verfahrens- und Prüfanweisungen

   Der Auditor prüft, ob die eingereichten Unterlagen den Managementnormen entsprechen (Dokumentenprüfung). Das Unternehmen erhält einen schriftlichen Bericht sowie eine Rückmeldung, ob es in die 2. Auditstufe gehen kann. Dies ist nur der Fall, wenn das Managementsystem bis zu einem gewissen Grad umgesetzt wurde (Zertifizierungsreife). Ggf. muss das Unternehmen entsprechende Maßnahmen einleiten.
5. **Zertifizierungsaudit:** Für die 2. Stufe erstellt der Auditor einen Auditplan, der den Termin, das Vorgehen, die Ansprechpartner sowie die Inhalte des Audits festlegt. Am Tag des Audits prüft der Auditor vor Ort, ob die Anforderungen erfüllt werden (z. B. durch Interviews, Gespräche). Das heißt, das Unternehmen kann in der 2. Stufe die praktische Anwendung seiner beschriebenen Verfahren demonstrieren.

   Der Auditor überprüft, ob die beschriebenen Verfahren wirksam sind, und bewertet sie (Prozessorientierung). Nach einem Abschlussgespräch wird erneut ein Bericht einschließlich Anregungen für Verbesserungen verfasst. Anschließend hat das Unternehmen die Möglichkeit, seine Prozesse zu verbessern. Sind alle Anforderungen an das Managementsystem erfüllt, erhält das Unternehmen ein Zertifikat.

6. **Überwachungsaudit oder Überprüfungsaudit:** Ein Zertifikat ist in der Regel drei Jahre gültig. Das Unternehmen ist verpflichtet, Überwachungsaudits (meistens jährlich) durchzuführen.
7. **Re-Zertifizierungsaudit oder Wiederholungsaudit:** Je nach Laufzeit des Zertifikats (z. B. 3 Jahre) erfolgt ein Re-Zertifizierungsaudit. Ist es erfolgreich, erhält das Unternehmen erneut ein Zertifikat.

Vor- und Nachteile

Obwohl eine Zertifizierung nicht zwingend ist, lassen sich viele Unternehmen von unabhängigen Stellen zertifizieren, da sie sich Vorteile hiervon versprechen oder aber Marktpartner eine Zertifizierung einfordern.

Pro	Kontra
• Kunden fordern von ihren Zulieferbetrieben Zertifizierungen • Erreichung von Organisationstransparenz und Sicherung von Mitarbeiterwissen durch Dokumentation aller wichtigen betrieblichen Abläufe • Wirtschaftlichkeit der Abläufe	• Zeitaufwendig • Kosten • Produzieren einer Papierflut

Modelle für Qualitätsmanagementsysteme

Ein Übersichtsblatt für beide Qualitätsmanagementsysteme sowie ein Informationsblatt zu möglichen Entscheidungskriterien für die Einführung von Qualitätsmanagementsystemen liegen im BuchPlusWeb.

Zusammenfassung

- Ein **Qualitätsmanagement** soll Qualitätsansprüche sichern und den Anforderungen von Stakeholdern gerecht werden.
- **Prozess/Regelkreis:** Der Qualitätsmanagementprozess besteht aus folgenden Phasen: Qualitätsplanung, -lenkung, -prüfung und -verbesserung sowie -darlegung.
- **Allgemeine Prinzipien**, die sich in den meisten Qualitätsmanagementsystemen widerspiegeln: Kundenanforderungen (Input), Kundenzufriedenheit (Output), Prozessorientierung, normenbasiert, kontinuierlicher Verbesserungsprozess (z. B. PDAC-Zyklus, RADAR-Logik), Darlegung der betrieblichen Qualitätspolitik, Verantwortung der Leitung, Mitarbeiterorientierung, Einbezug aller Stakeholder des Unternehmens.
- **Zertifizierung:** Qualitätsnachweis mittels Überprüfung durch eine akkreditierte (dazu berechtigte) Stelle.
- Beispiele für Qualitätsmanagementsysteme: TQM, DIN EN ISO 9001 ff., EFQM

Aufgaben

1. *Erläutern Sie die Begriffe Qualitätsmanagement und Qualitätsmanagementsystem.*
2. *Stellen Sie den Regelkreis der betrieblichen Qualitätspolitik dar.*
3. *Sie haben in letzter Zeit häufiger Kundenbeschwerden zur Qualität der Auftragsabwicklung erhalten, die sie mithilfe eines Fishbone-Diagramms (Fischgrätendiagramms) analysieren möchten. Sie befragen zunächst ihre Mitarbeiter zum Qualitätsproblem und erhalten folgende Aussagen:*
   - *Die eingesetzte Software zur Auftragsabwicklung ist veraltet.*
   - *Neue Mitarbeiter können die Software oft nur unzureichend bedienen.*
   - *Der Personalpool ist zu klein und wird nicht aktuell gehalten.*
   - *Die Fluktuation der internen Mitarbeiter ist angestiegen.*
   - *Die interne Kommunikation funktioniert nicht.*
   - *Die Vertragsunterlagen sind oft fehlerhaft ausgefüllt.*
   - *Der Prozess der Auftragsabwicklung ist nicht standardisiert bzw. dokumentiert.*

   a) *Erstellen Sie ein entsprechendes Fischgrätendiagramm. Ergänzen Sie ggf. weitere Punkte situativ.*

   b) *Zeigen Sie mögliche Ansatzpunkte auf, die Dienstleistungsqualität positiv zu beeinflussen.*
4. *Beschreiben Sie den Ablauf eines kontinuierlichen Verbesserungsprozesses anhand eines Beispiels.*
5. *Sie möchten einen Qualitätszirkel sowie ein betriebliches Vorschlagwesen in Ihrem Ausbildungsbetrieb einführen. Erläutern Sie die beiden Begriffe und machen Sie konkrete Vorschläge zur Umsetzung.*
6. *Was wird unter Zertifizierung verstanden und welchen Nutzen hat sie?*
7. *Vergleichen Sie verschiedene Zertifizierungsmöglichkeiten, die für einen Personaldienstleister geeignet sind, miteinander.*

Lernfeld 8:

Betriebliche Werteprozesse dokumentieren und auswerten

Einstiegssituation ▶

Die **Neue Arbeit** GmbH hat von ihrem Steuerberater die Ergebnisse des Jahresabschlusses erhalten. Hierin enthalten sind die **Bilanz** und die **Gewinn- und Verlustrechnung** (GuV). Diese Zahlen müssen nun ausgewertet werden. Dies ist aus folgenden Gründen von Bedeutung:

- Die Bilanz und die GuV liefern der zunächst wichtige Daten in Bezug auf den Unternehmenserfolg des vergangenen **Geschäftsjahres**. Die **Neue Arbeit GmbH** kann so einen Vergleich zum vergangenen Geschäftsjahr und zu anderen Niederlassungen ziehen.
- Auch kreditgebende Banken und Anteilseigner (Gesellschafter) haben Interesse an den Zahlen.
- Die Gewinn- und Verlustrechnung liefert die Basisdaten für die Preiskalkulation, weil sie die Aufwand- und Ertragssituation dokumentiert.
- Des Weiteren soll der Jahresabschluss dazu verwendet werden, auf der Basis von Kennziffern, die mithilfe der Zahlen berechnet werden, betriebswirtschaftliche Entscheidungen für die Zukunft zu treffen **(Controlling)**, wie z. B. Maßnahmen zur Kostensenkung. Hierfür ist bei der Neue Arbeit GmbH eine eigene Abteilung eingerichtet (Abteilung für Rechnungswesen und Controlling).

1 Inventar und Bilanz

Einstiegssituation ▶

Zunächst wird die Bilanz der **Neue Arbeit GmbH** genauer betrachtet. Um die Aussagefähigkeit der Bilanz zu erhöhen, müssen einzelne Positionen in Beziehung gesetzt und mit den Werten der Vorjahre verglichen werden.

Arbeitsaufträge:

1. *Analysieren Sie die Bilanz der Neue Arbeit GmbH, indem Sie die Bilanzkennziffern berechnen und bewerten.*
2. *Beurteilen Sie die Unternehmensentwicklung im Vergleich zum vergangenen Geschäftsjahr, indem Sie*
   - *die prozentuale Veränderung der einzelnen Bilanzpositionen und*
   - *die Veränderungen der Bilanzkennziffern errechnen.*
3. *Machen Sie vor dem Hintergrund der konjunkturellen Situation ggf. Vorschläge zur Verbesserung der Zahlen des Jahresabschlusses.*
4. *Ziehen Sie zudem zur Beurteilung der Unternehmensentwicklung die Zahlen des Vorjahres heran und vergleichen Sie die Ergebnisse anhand der Bilanzkennziffern. Versuchen Sie, Gründe für die Entwicklung abzuleiten. Entscheiden Sie zudem, ob Maßnahmen zur Verbesserung der Kapital- oder Vermögenssituation ergriffen werden müssen, wie*
   - *der Verkauf von Anlagenvermögen zum Abbau von Schulden oder zur Erhöhung des Bankguthabens,*
   - *das Liquidieren von Forderungen durch Verkauf gegen einen Abschlag* ***(Disagio)*** *zur Erhöhung der Liquidität*
   - *die Erhöhung des Eigenkapitals durch eine Bareinlage der Gesellschafter.*

1.1 Erstellung eines Inventars

Die Zahlen für die Bilanz sind zunächst durch eine Aufnahme der Vermögens- und Schuldenbestände ermittelt worden.

§ 240 HGB (Handelsgesetzbuch)

(1) Jeder Kaufmann hat zu Beginn seines Handelsgewerbes seine Grundstücke, seine Forderungen und Schulden, den Betrag seines baren Geldes sowie seine sonstigen Vermögensgegenstände genau zu verzeichnen und dabei den Wert der einzelnen Vermögensgegenstände und Schulden anzugeben.

(2) Er hat [...] für den Schluss eines jeden Geschäftsjahres ein solches Inventar aufzustellen [...].

Der Kaufmann ist somit verpflichtet,

- zu Beginn der Geschäftstätigkeit,
- am Ende jeden Geschäftsjahres und
- bei Verkauf oder Aufgabe des Geschäftes

ein genaues Verzeichnis seines Vermögens und seiner Schulden aufzustellen **(Inventar)**. Dazu muss der Kaufmann sein Bargeld und seine Waren zählen, alle Anlagen des Unternehmens (Maschinen, Fuhrpark, Computer u. a.) erfassen und noch nicht bezahlte

Rechnungen zusammenstellen. Das Inventar ist zehn Jahre lang aufzubewahren. Das hierfür notwendige Aufnehmen aller Vermögensgegenstände nach Art, Menge und Wert wird als **Inventur** bezeichnet. In der Regel sind die Bestände in entsprechenden Unterlagen bzw. Dateien gespeichert, sodass diese am Inventurstichtag aufgerufen werden können.
In Industrie- und Handelsunternehmen kommt das Erfassen der Lagerbestände durch Zählen oder Wiegen (Rohstoffe, Handelswaren etc.) hinzu. Dies ist deshalb notwendig, weil in der Regel durch Verderb, Diebstahl oder Falscherfassungen beim Wareneingang oder Warenausgang die **Buchbestände** von den **Istbeständen** abweichen. Insofern ist die Inventur in einem Dienstleistungsunternehmen wie der Neue Arbeit GmbH weniger aufwändig.

Inventurarten nach der Art der Bestandsaufnahme Buchinventur

Körperliche Inventur	Buchinventur
Die Vermögensteile werden gezählt, gemessen, gewogen	Vermögensteile und Schulden werden anhand schriftlicher Unterlagen ermittelt

Inventar der Neue Arbeit GmbH

Vermögen	in €
Geschäftsgebäude Von-Oven-Straße	521 371,00
Fuhrpark: VW Golf VI: GE-SO 4 VW Polo: GE-FC 1904 Summe	 22 371,00 5 520,00 27 891,00
Betriebs-und Geschäftsausstattung: Büroeinrichtung Computer inkl. Peripherie Summe	 1 565,00 7 186,00 8 751,00
Forderungen aus Lieferung und Leistung: Veltins-Arena GmbH Stadthafen AG Solarfabrik GmbH Summe	 376 152,00 377 534,00 109 290,00 862 976,00
Liquidität: Deutsche Bank Commerzbank Kasse Summe	 23 918,00 11 800,00 – 35 718,00
Summe Vermögen	**1 456 707,00**

Schulden	in €
Rückstellungen	12.803,00
langfristige Schulden: Baufinanzierungsdarlehen (Grundschulddarlehen) Betriebsmitteldarlehen Summe	 142.971,00 40.138,00 183.109,00
Verbindlichkeiten: aus SV, ESt aus Lieferungen und Leistungen sonstige Verbindlichkeiten Summe	 638.371,00 16.589,00 1.904,00 656.864,00
Summe Schulden	**852.776,00**

Art und Gliederung des Vermögens

Der Gesetzgeber fordert von einem Kaufmann (eine GmbH ist Kaufmann „kraft Rechtsform", also Formkaufmann nach §6 II HGB) die Gliederung seines Vermögens in **Anlage-** und **Umlaufvermögen.** Das Gliederungskriterium ist hier die Nähe zur **Liquidität.**

Anlagevermögen

Hierzu zählen die Vermögensteile, die dem Unternehmen längere Zeit (dauernd bzw. mehrmals) dienen und deshalb nicht kurzfristig liquidiert, also zu flüssigen (Geld-) Mitteln gemacht werden können und sollen.

Beispiel
Grundstücke (Parkplätze) und Gebäude, Kfz, Betriebs- und Geschäftsausstattung (Einrichtung des Büros, wie Regale, Computer etc.).

Umlaufvermögen

Zum Umlaufvermögen gehören die Vermögensgegenstände, die dem Unternehmen nur kurzfristig zur Verfügung stehen und schnell liquidiert werden können und sollen.

Beispiel
Sie werden

- *verarbeitet (Roh-, Hilfs- und Betriebsstoffe in Industrieunternehmen),*
- *veräußert (Waren, Erzeugnisse in Handelsunternehmen) oder*
- *nur einmalig genutzt (Bargeld, Bankguthaben, Forderungen).*

Die Zusammensetzung des Anlage- und Umlaufvermögens ist, wie man oben erkennt, von Branche zu Branche unterschiedlich. So findet man in Personaldienstleistungsagenturen in aller Regel keine Positionen wie Maschinen, Rohstoffe oder Handelswaren. Forderungen und Bankguthaben hingegen gehören in jedem Unternehmen zum Inventar.

Beispiel
Forderungen in Personaldienstleistungsagenturen:

- *Forderungen gegenüber Kundenunternehmen bestehen dann, wenn Rechnungen ausgestellt wurden, jedoch noch kein Zahlungseingang auf dem Bankkonto erfolgt ist.*
- *Forderungen gegen Zeitarbeitnehmer (externe Mitarbeiter) bestehen, wenn ihnen Gehaltsvorschüsse gezahlt wurden.*

Art und Gliederung der Schulden

Rückstellungen

Rückstellungen sind sogenannte **Eventualverbindlichkeiten**. Bei Erstellung des Inventars ist noch nicht klar, ob überhaupt bzw. in welcher Höhe die Verbindlichkeiten auftreten und beglichen werden müssen.

Beispiel
Im Fall der Neue Arbeit GmbH sind die Rückstellungen für einen Arbeitsgerichtsprozess ***(Prozesskostenrückstellung)*** *gegen einen externen Mitarbeiter und eine gegebenenfalls bestehende Steuerverbindlichkeit gebildet worden. Sollte der Prozess mit einer Vergleichszahlung enden oder verloren werden, werden nachträgliche Entgeltzahlungen an den ehemaligen Mitarbeiter fällig. Zudem könnte nach einer Betriebsprüfung eine Umsatzsteuernachzahlung durch das Finanzamt eingefordert werden* ***(Steuerrückstellung)****.*
Eine große Bedeutung haben Rückstellungen für die Verbindlichkeiten gegenüber den Berufsgenossenschaften bezüglich der Beiträge zur gesetzlichen Unfallversicherung. Der Grund hierfür ist, dass die voraussichtliche gefährdungsbezogene Eingruppierung der Tätigkeiten in den Kundenunternehmen zunächst von den Zeitarbeitsunternehmen im Rahmen der Stundensatzrechnung nur „kalkulatorisch" vorgenommen wird. Diese ***auf Einschätzungen beruhende*** *Eingruppierung kann aber von den* ***tatsächlichen*** *Eingruppierungen durch die Berufsgenossenschaft abweichen. Dies kann zu bedeutenden Beitrags-Mehrkosten führen. Da die tatsächliche Eingruppierung und die Abrechnung der Beiträge zur Unfallversicherung erst im April des auf den Einsatz folgenden Jahres von der Berufsgenossenschaft vorgenommen werden, sind Mehrkosten möglich. Hierfür muss die Neue Arbeit GmbH Rückstellungen bilden.*

Sollte sich herausstellen, dass sich im Laufe des folgenden Geschäftsjahres, also nach der Erstellung der Jahresbilanz, keine oder nur teilweise Zahlungsverpflichtungen ergeben, so wird die jeweilige Rückstellung aufgelöst. Die Gesamtsumme der Schulden verringert sich entsprechend.

Verbindlichkeiten

Verbindlichkeiten bzw. Schulden sind Zahlungsverpflichtungen aufgrund von Darlehensverträgen (langfristige Verbindlichkeiten gegenüber Kreditinstituten) oder Kauf-, Dienst- und Werkverträgen (Verbindlichkeiten aus Lieferungen und Leistungen), die der Vertragspartner (Verkäufer, Dienstleister) bereits erfüllt hat. Die verschiedenen Verbindlichkeiten unterscheiden sich durch ihre **Fälligkeit** und sind entsprechend gegliedert:

Schulden	Laufzeit	Beispiel
langfristige Schulden	> 5 Jahre	Betriebsmittel- oder Grundschulddarlehen
kurzfristige Schulden:	30 Tage bis ein Jahr	Verbindlichkeiten aus Lieferung und Leistung, Steuerschulden

Vielfach liegen am Bilanzstichtag Aufwendungen vor, für die noch keine Zahlungen vorgenommen, aber schon Leistungen in Anspruch genommen wurden. Um einen periodengerechten Jahresabschluss sicherzustellen, muss der Aufwand am Bilanzstichtag für das alte Geschäftsjahr erfasst werden. Diese Verbindlichkeiten werden als **sonstige Verbindlichkeiten** bezeichnet.

Beispiel:
Die jährliche Zinsfälligkeit des Grundschulddarlehens der Neue Arbeit GmbH ist immer am 05. Januar. Das Darlehen wurde aber im gesamten abgelaufenen Geschäftsjahr in Anspruch genommen. Der Betrag von 1 904,00 € sind die anteiligen Zinsen (für 355 Tage), die auf das abgelaufene Geschäftsjahr entfallen. Diese Darlehenszinsen stellen somit sonstige Verbindlichkeiten dar.

Ermittlung des Reinvermögens

Die Differenz zwischen Vermögen und Schulden bezeichnet man als **Reinvermögen**:

Formel

Vermögen – Schulden = Reinvermögen

Das Reinvermögen der Neue Arbeit GmbH berechnet sich somit wie folgt:
1 456 707,00 € – 852 776,00 € = 603 931,00 €

1.2 Bilanz

Aus den Daten der Inventur wurde die Bilanz der **Neue Arbeit GmbH** erstellt. Hierzu ist sie verpflichtet, weil das HGB folgendes vorschreibt:

> § 242 HGB:
> Der Kaufmann hat zu Beginn seines Handelsgewerbes und für den Schluss eines jeden Geschäftsjahrs einen das Verhältnis seines Vermögens und seiner Schulden darstellenden Abschluss (Eröffnungsbilanz, Bilanz) aufzustellen. …

In einer Bilanz werden also das Vermögen und die Schulden gegenübergestellt. Hierbei wird auf jede mengenmäßige Darstellung des Vermögens und der Schulden verzichtet. Sie enthält lediglich die **Gesamtwerte gleichartiger Posten**. Vermögen **(Aktiva)** und Kapital **(Passiva)** werden in **Kontenform** gegenübergestellt.
Die Position „Verbindlichkeiten gegenüber Kreditinstituten" in untenstehender Bilanz fasst alle im Inventar befindlichen Bankdarlehen zusammen. Dies können langfristige Darlehen zur Finanzierung von Anlagevermögen oder auch kurzfristige „Kontoüberziehungen" sein.

Die Bilanz des vergangenen Geschäftsjahrs 2015 der Neue Arbeit GmbH stellt sich wie folgt dar (zum Vergleich rechts das Geschäftsjahr 2014):

AKTIVA	2015 [in €]	2014 [in €]	PASSIVA	2015 [in €]	2014 [in €]
A: Anlagevermögen			A: Eigenkapital		
Grundstücke und Gebäude	521 371,00	532 011,00	Stammkapital	25 000,00	25 000,00
Fuhrpark	27 891,00	32 813,00	Gewinnrücklage	558 931,00	538 742,00
Betriebs- und Geschäftsausstattung	8 751,00	9 723,00	Bilanzgewinn	20 000,00	
B: Umlaufvermögen			B: Rückstellungen	12 803,00	3 652,00
Ford. aus Lieferung und Leistung	862 976,00	1 050 706,00			
			C: Verbindlichkeiten		
Liquidität			gegenüber Kreditinstituten	183 109,00	443 917,00
Bank	35 718,00	185 373,00	V. aus SV, ESt	638 371,00	768 625,00
Kasse	–	–	aus Lieferungen und Leistungen	16 589,00	27 819,00
			Sonstige Verb.	1 904,00	2 871,00
Summe Aktiva	**1 456 707,00**	**1 810 626,00**	**Summe Passiva**	**1 456 707,00**	**1 810 626,00**

Wie bereits oben dargestellt, zeigt die Aktiv-Seite der Bilanz die **Vermögensseite** des Unternehmens. Die Passiv-Seite zeigt die **Kapitalseite**. Diese rechte Seite der Bilanz stellt also dar, wie das vorhandene Vermögen finanziert wird. Das Vermögen der Neue Arbeit GmbH wird also am Bilanzstichtag am Ende des Geschäftsjahrs 2015 mit 603931,00 € Eigenkapital (Stammkapital + Gewinnrücklage + Bilanzgewinn) und 852776,00 € Fremdkapital (Rückstellungen + gesamte Verbindlichkeiten) finanziert. Daraus ergibt sich, dass die Aktiv- und die Passiv-Seite der Bilanz immer gleich groß sein müssen **(Bilanzgleichgewicht)**. Analog zur Ermittlung des Reinvermögens im Rahmen der Inventur kann das **Eigenkapital** aus der Differenz **(Saldo)** des Vermögens und der Schulden der Neue Arbeit GmbH ermittelt werden.

Formel

Vermögen (Aktiva) – Schulden (Passiva) = Eigenkapital

Das Eigenkapital ist also keineswegs mit dem Bankguthaben zu verwechseln. Auch die Frage, „wie viel Geld" ein Unternehmen oder eine Privatperson sein Eigen nennt, ist mit dem Eigenkapital nicht zu beantworten.

Beispiel

Bleibt man bei der Privatperson, so kann diese trotz hoher Bankschulden durchaus über ein hohes Eigenkapital verfügen, weil beispielsweise den Schulden hohe Sachwerte in Form von Immobilien gegenüber stehen können.
Im Gegensatz dazu kann das Bankguthaben eines Unternehmens kurzfristig sehr hoch sein. Es könnte aber beispielsweise nur durch den Verkauf von Unternehmensteilen oder anderen Vermögensgegenständen entstanden sein. Stehen diesem kurzfristigen Kontostand hohe langfristige Schulden entgegen, so kann das Eigenkapital durchaus sehr niedrig sein.

Auf die Zusammensetzung des Eigenkapitals ist im Rahmen der Bilanz genauer einzugehen, weil dieses gemäß HGB differenzierter dargestellt werden muss:
Wie oben bereits erläutert, kann das Eigenkapital durch Saldierung des Vermögens und der Schulden berechnet werden. Das Eigenkapital setzt sich jedoch aus mehreren Teilen zusammen, die jeweils getrennt ausgewiesen werden müssen.

Stammkapital	25000,00 €
Gewinnrücklage	558931,00 €
Bilanzgewinn 2015	20000,00 €
Summe Eigenkapital vor Gewinnausschüttung	603931,00 €

Das **Stammkapital** ist das Kapital, das sich aus der Summe der Nennwerte der Geschäftsanteile (bei Aktiengesellschaften sind dies die Aktien) zusammensetzt. Da die Neue Arbeit GmbH eine Gesellschaft mit beschränkter Haftung ist, hat sie ein Mindest-Gründungskapital von 25000,00 €. Dies wurde in 25000 Geschäftsanteile im Wert von je einem Euro aufgeteilt, die den Gesellschaftern gehören.
Der gesamte **Jahresüberschuss** beträgt im Jahr 2015 40189,00 €. Er errechnet sich aus dem Saldo von Erträgen und Aufwendungen des Geschäftsjahrs. 20000,00 € davon werden als **Bilanzgewinn** an die Anteilseigner ausgeschüttet, sind aber vor Auszahlung noch in der Bilanz geführt, um den Unternehmenserfolg zu dokumentieren.

Der andere Teil von 20 189,00 € ist in die **Gewinnrücklage** eingestellt worden. Die bereits bestehende Gewinnrücklage ist die Summe zugeführter Gewinne **der vergangenen** Geschäftsjahre, die nicht an die Gesellschafter (Anteilseigner) ausgeschüttet wurden. Die Eigenkapitalbasis wurde also durchgängig gestärkt.

Jahresüberschuss	
Bilanzgewinn	**Gewinnrücklagen**
Jahresüberschuss 2015	40 189,00 €
– Bilanzgewinn 2015 (Ausschüttung)	20 000,00 €
= Zuführung zu den Gewinnrücklagen 2015	20 189,00 €
Gewinnrücklage Ende 2014	538 742,00 €
+ Gewinnverwendung 2015	20 189,00 €
= gesamte Gewinnrücklage Stand 2015	558 931,00 €

Vor Gewinnverwendung 2015 betrug die Gewinnrücklage 538 742,00 €, nach Gewinnverwendung 558 931,00 €.

1.3 Bilanzanalyse

Die absoluten Zahlen in der Bilanz haben wenig Aussagekraft. Dies liegt daran, dass beispielsweise die Höhe des Eigenkapitals von 583 931,00 € für ein DAX-Unternehmen sehr wenig sein kann, für ein mittelständisches Unternehmen wie die **Neue Arbeit GmbH** hingegen eine durchaus hohe Substanz darstellt. Viel entscheidender ist daher z. B., wie sich diese Werte in Verhältnis zu anderen Bilanzgrößen, wie dem Fremdkapital, darstellen. Zudem kann man Vergleiche zu vergangenen Geschäftsjahren ziehen, um so Unternehmensentwicklung und -perspektiven darzustellen.

Eigenkapitalquote

Eigenkapital hat Haftungsfunktion. Je größer die Eigenkapitalquote, desto höher ist im Allgemeinen die Kreditwürdigkeit und die Entscheidungsfreiheit des Unternehmens. In wirtschaftlich schwachen Phasen, wie beispielsweise in einer Rezession oder bei saisonbedingtem Nachfragerückgang, kann eine hohe Substanz in Form von Eigenkapital zur Überbrückung beitragen. Zudem kann die Ausschüttung von Gewinnen an Eigenkapitalgebende Gesellschafter der jeweiligen wirtschaftlichen Situation angepasst werden. Zinsen für Darlehen hingegen sind regelmäßig fällig und belasten so die Liquidität.

Formel

$$\textbf{Eigenkapitalquote:}\ \frac{(\text{Stammkapital} + \text{Gewinnrücklage}) \times 100}{\text{Gesamtkapital}}$$

Grundsätzlich kann man die Eigenkapitalquote *vor* und *nach* Auszahlung des Bilanzgewinns berechnen. Will man die Substanz darstellen, die für die Geschäftsentwicklung und für zukünftige Entscheidungen bedeutsam ist (bspw. Vergabe von Darlehen durch die Hausbank oder Investitionen), sollte man die Eigenkapitalquote *nach* Auszahlung des Bilanzgewinns berechnen. Da der Bilanzgewinn an die Gesellschafter ausgeschüttet wird, zählt er dann für die Ermittlung der Eigenkapitalquote nicht mehr zum Eigenkapital der Neue Arbeit GmbH. Das Gesamtkapital sinkt entsprechend um den ausgezahlten Bilanzgewinn. Auf der Aktivseite sinkt das Bankguthaben in gleicher Höhe, weil der Bilanzgewinn an die Gesellschafter ausgezahlt wird. Das Bilanzgleichgewicht bleibt deshalb bestehen.

Fremdkapitalquote

Eine hohe Fremdkapitalquote kann eine potenzielle Gefahr der Abhängigkeit von Gläubigern aufzeigen. Zudem ist bei einer hohen Fremdkapitalquote auch eine hohe Kostenbelastung durch den Kapitaldienst in Form von Zinszahlungen für Darlehen gegeben.

Formel

Fremdkapitalquote: $\frac{\text{Fremdkapital x 100}}{\text{Gesamtkapital}}$

Liquidität I. Grades

Die **Liquidität** stellt die Fähigkeit eines Unternehmens dar, kurzfristige Zahlungsverbindlichkeiten zu erfüllen. Diese flüssigen Mittel sind das Bankguthaben, der Kassenbestand und Wertpapiere des Umlaufvermögens, die täglich an der Börse veräußerbar sind. Ein statistisch ermittelter Mindestwert für eine angemessene Liquidität I. Grades ist 20 %. Dieser Wert, so haben entsprechende Studien gezeigt, gewährleistet einem Unternehmen genügend „Polster", um die fällig werdenden Verbindlichkeiten zu begleichen. Unter kurzfristigen Verbindlichkeiten werden kurzfristige Rückstellungen und Verbindlichkeiten mit einer Laufzeit von unter einem Jahr verstanden. Dies können z. B. Steuerrückstellungen, Verbindlichkeiten aus Lieferung und Leistung, Verbindlichkeiten gegenüber Kreditinstituten oder kurzfristige Anleihen und Schuldverschreibungen sein. Wird der Bilanzgewinn noch ausgeschüttet, muss das Bankguthaben entsprechend gemindert werden (s.o.).

Formel

Liquidität I. Grades: $\frac{\text{(Kasse + Bankguthaben + Wertpapiere des Umlaufvermögens) x 100}}{\text{kurzfristige Verbindlichkeiten}}$

Liquidität II. Grades

Die Liquidität II. Grades sollte 100 % betragen. Der Grund hierfür ist das Prinzip der **Fristengleichheit** in Bezug auf die Nutzungsdauer von Vermögensgegenständen (hier die Forderungen) und deren Finanzierung (hier die kurzfristigen Verbindlichkeiten). Kurzfristige Forderungen und Verbindlichkeiten weisen in etwa die gleiche (kurzfristige) Laufzeit auf. Sie sind somit in Bezug auf deren Fälligkeit fristengleich. Man kann so davon ausgehen, dass die auf dem Bankkonto eingehenden Forderungen die fällig werdenden Verbindlichkeiten decken. Eine Bedienung der Verbindlichkeiten ist auf diese Weise im Idealfall (wenn keine Forderungen ausfallen) immer gewährleistet.

Formel

Liquidität II. Grades: $\frac{\text{(Kasse + Bankguthaben + kurzfristige Forderungen) x 100}}{\text{kurzfristige Verbindlichkeiten}}$

Forderungsintensität/Forderungsquote

Die **Forderungsintensität oder Forderungsquote** ist der Anteil der Forderungen am Gesamtvermögen des Unternehmens. Eine hohe Forderungsintensität zeigt beispielsweise, dass das Unternehmen eine gute Auftragslage hat. Diese hat eine hohe Summe an Kundenforderungen zur Folge. Andererseits birgt eine hohe Forderungsintensität auch das Risiko von Zahlungsausfällen und könnte auf die schlechte Zahlungsmoral der Kunden hindeuten. Dies könnte auf die Dauer die Liquidität des Unternehmens gefährden.

Formel

Forderungsintensität: $\frac{\text{Forderungen x 100}}{\text{Gesamtvermögen}}$

Zusammenfassung

- **Inventar:** Verzeichnis der Vermögens- und Schuldenbestände
- **Inventur:** Erstellung des Inventars
- **Reinvermögen** = Vermögen – Schulden
- **Bilanz:**

Bilanz	
Aktiva (Vermögen)	**Passiva (Schulden)**
• Anlagevermögen • Umlaufvermögen	• Eigenkapital • Fremdkapital

- **Eigenkapital** = Aktiva – Fremdkapital
- **Bilanzgewinn** = Jahresüberschuss – Gewinnrücklagen
- **Eigenkapital** (nach Gewinnausschüttung) = Gewinnrücklagen + Stammkapital
- **Bilanzkennziffern** dienen der Analyse der Bilanz:
  - **Eigenkapitalquote**: Substanz des Unternehmens, Krisenresistenz
  - **Fremdkapitalquote:** Abhängigkeit von Banken, Zinsbelastungen
  - **Forderungsquote:** Indikator für das Geschäftsvolumen, aber auch Gefahr von Forderungsausfällen

- **Liquidität I. Grades:** Zeigt den Anteil flüssiger Mittel, Anteil der sofort begleichbaren Verbindlichkeiten
- **Liquidität II. Grades:** Deckung der kurzfristigen Verbindlichkeiten (sollten wegen der Fristengleichheit 100 % betragen)

Aufgaben

1. *Die Inventur der Firma Persona Service GmbH ergab folgende Werte:*

Bargeld	*2487,00*
Forderungen laut Verzeichnis	
– Alois Hausmann e. K.	*2100,00*
– Ludwig Sommer e. K.	*1950,00*
– Peter Dick e. K.	*3270,00*
Fuhrpark laut Verzeichnis	*30000,00*
Geschäftsausstattung laut Verzeichnis	*12000,00*
Gebäude	*75000,00*
Bankguthaben	
– bei Sparkasse Bochum	*3185,00*
– bei Deutsche Bank Gelsenkirchen	*7430,00*
– bei Postbank Köln	*2865,00*
Bankverbindlichkeiten	*18000,00*
Verbindlichkeiten a. LL	
– Schmitz & Co. KG.	*4600,00*
– König AG	*3200,00*
– Werner Lind e. K.	*5100,00*

   a) Stellen Sie ein gegliedertes Inventar auf.

   b) Ermitteln Sie das Reinvermögen.

2. *Welche der folgenden Begriffe ergänzen die unten stehenden Teilsätze zu einer richtigen Aussage?*

   (1) das Anlagevermögen

   (2) das Umlaufvermögen

   (3) das Vermögen

   (4) die Schulden

   (5) das Reinvermögen

   Aussagen:

   a) Grundlage der Betriebsbereitschaft bildet ...

   b) ... ist der dem Unternehmer verbleibende Teil des Vermögens, nachdem ... abgezogen wurden.

   c) Kapital, das dem Unternehmen nur befristet überlassen wurde, bezeichnet man als ... des Unternehmens.

   d) ... ist dazu bestimmt, dem Unternehmen dauernd oder mehrmals zu dienen.

   e) ... können als Fremdkapital bezeichnet werden.

   f) ... wird nach zunehmender Liquidität geordnet.

3. *Welche der folgenden Aussagen treffen auf das Inventar zu?*

a) Es ist die Aufnahme aller Vermögens- und Schuldenteile durch Zählen, Messen, Wiegen.

b) Es ist nur das Verzeichnis der Warenbestände zum Inventurstichtag.

c) Reinvermögen = Vermögen – Schulden.

d) Es ist zehn Jahre aufzubewahren.

e) Die Waren werden mit ihren Verkaufspreisen bewertet.

4. *Ordnen Sie die unten angegebenen Posten der Persona Service GmbH in eine Tabelle mit folgender Gliederung ein:*

Anlagevermögen	Umlaufvermögen	langfristige Schulden	kurzfristige Schulden

Posten:

1. *EDV-Anlage*
2. *Verbindlichkeiten gegenüber einem Lieferer*
3. *Bankguthaben*
4. *Darlehensschulden mit 6 Jahren Laufzeit*
5. *Geschäftshaus*
6. *Guthaben bei einem Kunden*
7. *Kassenbestand*
8. *Regale im Besprechungszimmer*
9. *Reinvermögen*
10. *Darlehensschulden mit 1 Jahr Laufzeit*
11. *Geschäfts-Pkw*
12. *Geschäftsparkplatz*
13. *Computer*

a) Erläutern Sie den Zusammenhang von Inventur und Inventar.

b) Grenzen Sie Anlage- und Umlaufvermögen voneinander ab.

5. *Aus dem Inventar zum Geschäftsjahresende der Persona Service GmbH gehen folgende Gesamtwerte in EUR hervor:*

Bankguthaben	*57000,00*
Betriebs- und Geschäftsausstattung	*6000,00*
Bebaute Grundstücke	*87000,00*
Kasse	*700,00*
Darlehensschulden, Restlaufzeit 4 Jahre	*50000,00*
Forderungen a. LL	*90000,00*
Hypothekenschulden, Restlaufzeit 8 Jahre	*60000,00*
Waren	*160000,00*
Fuhrpark	*70000,00*
Verbindlichkeiten a. LL	*117000,00*
Gebäude	*80000,00*

Stellen Sie eine ordnungsgemäße Bilanz auf.

6. *Untersuchen Sie folgende Aussagen über die Bilanz und stellen Sie eventuelle Fehler heraus:*
   a) *Die Aktivseite der Bilanz gibt Auskunft über die Verwendung des Kapitals.*
   b) *Zum Anlagevermögen zählen beispielsweise Grundstücke, Gebäude, Fuhrpark, Forderungen a. LL, Geschäftsausstattung.*
   c) *Das Anlagevermögen ist das Haftungskapital des Unternehmens.*
   d) *Das Umlaufvermögen ist stärkeren Veränderungen unterworfen als das Anlagevermögen.*
   e) *Das Eigenkapital in der Bilanz stimmt wertmäßig mit dem Reinvermögen im Inventar zum Schluss des Geschäftsjahres überein.*
   f) *Die Bilanz ist eine Gegenüberstellung von Vermögen und Schulden.*
   g) *Die Bilanz wird jeweils zu Beginn des Geschäftsjahres aufgestellt*

7. *Welche der folgenden Aussagen treffen zu auf*
   (1) die Aktivseite,
   (2) die Passivseite?
   a) *Sie zeigt, wie groß das Betriebsvermögen des Unternehmers ist.*
   b) *Sie zeigt, wie das Kapital verwendet wurde.*
   c) *Sie zeigt, wie viel Kapital Dritte in das Unternehmen eingebracht haben.*
   d) *Sie zeigt die Finanzierungsquellen des Unternehmens.*
   e) *Sie zeigt, wie viel Kapital das Unternehmen zurückzahlen muss.*

8. *Für die Intersport Handelsgesellschaft AG wurde folgender Jahresabschluss erstellt.*
   - *Die Rückstellungen und die Verbindlichkeiten gegenüber Kreditinstituten sind langfristig.*
   - *Die sonstigen Verbindlichkeiten sind kurzfristig.*

   Beurteilen Sie die Bilanzstruktur mithilfe der Bilanzkennziffern nach Auszahlung des Bilanzgewinns.

AKTIVA		PASSIVA	
A: Anlagevermögen		**A: Eigenkapital**	
Grundstücke und Gebäude	198 276,00 €	Stammkapital	100 000,00 €
Fuhrpark	337 289,00 €	Gewinnrücklage	162 738,00 €
Betriebs- und Geschäftsausstattung	12 784,00 €	Bilanzgewinn	57 329,00 €
Wertpapiere des Anlagevermögens	263 748,00 €		

AKTIVA		PASSIVA	
B: Umlaufvermögen		**B: Rückstellungen**	36289,00 €
Waren	243312,00 €		
Ford. aus Lieferung und Leistung	562839,00 €	**C: Verbindlichkeiten**	
Bank	67818,00 €	Verb. gegenüber Kreditinstituten	833745,00 €
Kasse	3948,00 €	Verb. aus SV, ESt	198332,00 €
		Erhaltene Anzahlungen	23748,00 €
		Verb. aus Lieferungen und Leistungen	273849,00 €
		sonstige Verb.	3984,00 €
Summe Aktiva	1690014,00 €	**Summe Passiva**	1690014,00 €

9. *Die Holzbau GmbH hat von der WP-Gesellschaft ihre Bilanz erhalten.*
- *Vom Jahresüberschuss werden 250000,00 € in die Gewinnrücklagen überführt.*
- *Die Verbindlichkeiten gegenüber Kreditinstituten sind langfristig.*
- *Die sonstigen Verbindlichkeiten sind kurzfristig.*
- *Die Wertpapiere des Umlaufvermögens sind täglich an der Börse veräußerbar.*

AKTIVA		PASSIVA	
A: Anlagevermögen		**A: Eigenkapital**	
Grundstücke und Gebäude	2738498,00 €	Stammkapital	1000000,00 €
Fuhrpark	584933,00 €	Gewinnrücklage	3948716,00 €
Betriebs- und Geschäftsausstattung	362789,00 €	Jahresüberschuss	470381,00 €
Beteiligungen	2837490,00 €		
		B: Rückstellungen	273894,00 €

AKTIVA		PASSIVA	
B: Umlaufvermögen			
Rohstoffe	247 389,00 €	**C: Verbindlichkeiten**	
Ford. aus Lieferung und Leistung	738 849,00 €	Verb. geg. Kreditinstituten	1 748 392,00 €
sonstige Wertpapiere	362 728,00 €	Verb. aus SV, ESt	638 371,00 €
Liquidität		Verb. aus Lieferungen und Leistungen	16 589,00 €
Bank	172 898,00 €	sonstige Verb.	1 904,00 €
Kasse	52 673,00 €		
Summe Aktiva	8 098 247,00 €	**Summe Passiva**	8 098 247,00 €

a) Analysieren Sie die Bilanz mithilfe der Bilanzkennziffern nach Auszahlung des Bilanzgewinns.

b) Vergleichen Sie die Zahlen mit denen des Vorjahres und beurteilen Sie die Entwicklung.

Kennziffern des Vorjahres:	
EK-Quote	56,48 %
FK-Quote	43,52 %
Liquidität I	12,39 %
Liquidität II	94,57 %
Forderungsintensität	3,58 %

10. *Erläutern Sie anhand der Liquidität II. Grades das Prinzip der Fristengleichheit.*

11. *Erläutern Sie die Vorteile einer hohen Eigenkapitalquote.*

2 Gewinn- und Verlustrechnung (GuV)

Einstiegssituation ▶

LF 8, 1.2

Neben der Bilanz hat die **Neue Arbeit GmbH** die Gewinn- und Verlustrechnung erhalten. Der Jahresüberschuss beträgt 40 189,00 €.
Grundsätzlich könnte der Unternehmenserfolg zwar dadurch ermittelt werden, dass der Steuerberater der Neue Arbeit GmbH einen Eigenkapitalvergleich der Geschäftsjahre 2014 und 2015 durchführt. Wäre das Eigenkapital im Jahr 2015 höher als 2014, so hätte die Neue Arbeit GmbH einen Gewinn, oder begrifflich treffender: einen positiven Jahresüberschuss erzielt und wäre somit wirtschaftlich erfolgreich gewesen. Drei Gründe sprechen allerdings dagegen, dass ein Unternehmen mit Kaufmannseigenschaft auf diese Weise vorgeht:

- Der **§ 242 HGB II** (Handelsgesetzbuch) schreibt vor, dass der Kaufmann für den Schluss eines jeden Geschäftsjahrs eine Gegenüberstellung der Aufwendungen und Erträge des Geschäftsjahrs (Gewinn- und Verlustrechnung) aufzustellen hat.
- Um den Gewinn oder Verlust genauer zu analysieren, müssen die einzelnen Aufwendungen und Erträge einzeln erfasst werden. Nur so ist es möglich, den Unternehmenserfolg präzise zu beurteilen. Auch können ggf. Kapazitätsanpassungen und Kostensenkungsmaßnahmen getroffen werden.
- Nur mit einer ausführlichen GuV kann die Controlling-Abteilung, gerade vor dem Hintergrund des schärfer werdenden Wettbewerbs, exakte Basisdaten für die Preiskalkulation schaffen.

Wie auch bei der Bilanz stellt sich dann in der Folge die Frage, wie dieses Ergebnis zu bewerten ist. Auch hier ist die Höhe des Jahreserfolgs auf die Unternehmensgröße zu beziehen. Nur so können die absoluten Zahlen Aussagekraft erhalten. Zudem werden Vergleiche zu anderen Unternehmen der gleichen Branche gezogen. Erst hierdurch können betriebswirtschaftliche Entscheidungen fundiert getroffen werden.

Arbeitsaufträge:

1. *Analysieren Sie die GuV der Neue Arbeit GmbH, indem Sie die weiter unten erläuterten Kennziffern berechnen.*
2. *Beurteilen Sie die Kennziffern.*
3. *Machen Sie ggf. Vorschläge zur Verbesserung der Zahlen des Jahresabschlusses.*

2.1 Aufbau der Gewinn- und Verlustrechnung

Der Aufbau der Gewinn- und Verlustrechnung ist gesetzlich vorgeschrieben. Die Erstellung der GuV nach **IFRS** (International Financial Reporting Standards) ist seit 2005 für Konzernabschlüsse von kapitalmarktorientierten Unternehmen, also beispielsweise DAX oder MDAX-Unternehmen, verbindlich vorgeschrieben. Somit gelten für international tätige und weltweit an Börsen gehandelte Aktiengesellschaften einheitliche Regelungen zur Erstellung der GuV.
Weil diese Voraussetzung für die Neue Arbeit GmbH nicht zutrifft, sind die §§ 265 und 275 HGB die relevanten Rechtsvorschriften zur Gliederung der GuV:

§ 265 Allgemeine Grundsätze für die Gliederung

(1) Die Form der Darstellung, insbesondere die Gliederung der aufeinanderfolgenden Bilanzen und Gewinn- und Verlustrechnungen, ist beizubehalten, soweit nicht in Ausnahmefällen wegen besonderer Umstände Abweichungen erforderlich sind. Die Abweichungen sind im Anhang anzugeben und zu begründen.

§ 275 Gliederung

(1) Die Gewinn- und Verlustrechnung ist in Staffelform [...] aufzustellen. Dabei sind die in Absatz 3 bezeichneten Posten in der angegebenen Reihenfolge gesondert auszuweisen.

GuV der Neue Arbeit GmbH nach § 275 Absatz 3 HGB:

1	**Umsatzerlöse inkl. Zuschüsse (Gesamtleistung)**	**5 730 832,00 €**
2	Personalaufwand Zeitarbeitnehmer (ZAN)	– 4 978 650,00 €
3	**Rohergebnis (1 + 2)**	**752 182,00 €**
4	Personalaufwand interne Mitarbeiter	– 298 723,00 €
5	Abschreibungen	– 28 530,00 €
6	sonstige betriebliche Aufwendungen	– 360 335,00 €
7	**(betriebliches) Ergebnis vor Zinsen und Steuern (Summe 3–6)**	**64 594,00 €**
8	Zinserträge	1 320,00 €
9	Zinsen und ähnliche Aufwendungen	– 8 327,00 €
10	**Finanzergebnis (9+10)**	**– 7 007,00 €**
11	**Ergebnis der gewöhnlichen Geschäftstätigkeit (7+10)**	**57 587,00 €**
12	außergewöhnliche Erträge	2 716,00 €
13	außergewöhnliche Aufwendungen	– 5 362,00 €
14	**außergewöhnliches Ergebnis (12+13)**	**– 2 646,00 €**
15	Steuern vom Einkommen und Ertrag	– 14 752,00 €
16	**Jahresüberschuss (14+15)**	**40 189,00 €**

Für das **Ergebnis vor Zinsen und Steuern (Pos. 7)** findet man auch häufig den englischen Begriff des **EBIT (Earnings Before Interest and Taxes)**. Dies ist das sogenannte **operative Ergebnis,** das die Neue Arbeit GmbH durch das Kerngeschäft, also die Überlassung von Zeitarbeitnehmern, erzielt.
Das **Finanzergebnis** (Pos. 11) ist der Saldo aus den Aufwendungen und Erträgen, der durch die Anlage und die Inanspruchnahme von finanziellen Mitteln entsteht. Hierunter fallen auch ggf. Beteiligungen an anderen Unternehmen.
Die Controlling-Abteilung erkennt auf diese Weise, welchen Erfolg die Neue Arbeit GmbH, unabhängig von der Anlage von Finanzmitteln (die ja nicht zum Kerngeschäft gehört) oder der Inanspruchnahme von Fremdkapital, erzielt hat.
Zudem kann man so die Belastung der GuV der Neue Arbeit GmbH durch die Finanzierungssituation analysieren.
Das **Ergebnis der gewöhnlichen Geschäftstätigkeit** (Pos. 12) wird auch häufig mit der englischen Abkürzung **EBT (Earnings Before Taxes)** bezeichnet.
Das **außergewöhnliche Ergebnis** fasst alle Aufwendungen und Erträge zusammen, die nichts mit dem gewöhnlichen Geschäft zu tun haben.

Beispiel

- *Verkauf eines Kfz unter dem Wert, mit dem es im Inventar bewertet ist (Aufwand)*
- *Auflösung einer Rückstellung, weil die Berufsgenossenschaft weniger Beiträge berechnet hat als ursprünglich angenommen (Ertrag)*

Der Jahresüberschuss, also der Betrag, der nach Steuern „übrig bleibt", nennt sich **Earnings After Taxes**. Die Steuern setzen sich hierbei aus der **Gewerbesteuer (GewSt)**, der **Körperschaftsteuer(KöSt)** und dem **Solidaritätszuschlag (SolZ)** zusammen.

Im fachlichen Kontext

Die **Gewerbesteuer** wird von der jeweiligen Gemeinde, in der sich ein Betrieb eines Unternehmens befindet, erhoben.
Die **Körperschaftsteuer** wird von juristischen Personen, also beispielsweise einer GmbH oder einer AG, entrichtet. Sie ist das Gegenstück zur Einkommensteuer (ESt), die von Privatpersonen und Personengesellschaften (OHG, KG) gezahlt wird. Der Steuersatz der KöSt beträgt zurzeit 15 % des Jahresüberschusses.
Der **Solidaritätszuschlag** beträgt derzeit 5,5 % der Körperschaftsteuer.

Die Aufwendungen und Erträge der **Neue Arbeit GmbH** werden im Folgenden genauer erläutert:

Umsatzerlöse einschließlich Zuschüsse

Die Umsatzerlöse sind die Erlöse aus der Überlassung von Zeitarbeitnehmern. Diese fließen der Neue Arbeit GmbH von den Kundenunternehmen zu. Zuschüsse sind Zahlungen der Bundesagentur für Arbeit aus Beschäftigungsprogrammen oder Wiedereingliederungshilfen.

Personalaufwand

Der Personalaufwand setzt sich aus den Jahresentgelten für die Zeitarbeitnehmer und die internen Mitarbeiter zusammen. Da die Zeitarbeitnehmer unmittelbar zur Umsatzerzielung beitragen, sind diese Aufwendungen dem Rohergebnis zuzurechnen. Der Personalaufwand für die internen Mitarbeiter bildet einen Teil der Verwaltungskosten. Sie sind somit nicht direkt den Umsatzerlösen zurechenbar.

Abschreibungen

§ 253 HGB Zugangs- und Folgebewertung

(1) Vermögensgegenstände sind höchstens mit den Anschaffungs- oder Herstellungskosten, vermindert um die Abschreibungen, anzusetzen.

(3) Bei Vermögensgegenständen des Anlagevermögens, deren Nutzung zeitlich begrenzt ist, sind die Anschaffungs- oder die Herstellungskosten um planmäßige Abschreibungen zu vermindern. Der Plan muss die Anschaffungs- oder Herstellungskosten auf die Geschäftsjahre verteilen, in denen der Vermögensgegenstand voraussichtlich genutzt werden kann.

Auch das Steuerrecht erlaubt Abschreibungen im Rahmen der Ermittlung des Jahresüberschusses. Da die geringfügigen Unterschiede für das Verständnis der Abschreibung nicht von Bedeutung sind, soll auf eine differenzierte Darstellung der Unterschiede verzichtet werden.
Die Abschreibungen (Pos. 6), im Steuerrecht auch **Absetzung für Abnutzung** (kurz **AfA**) genannt, sind die Aufwendungen, die durch den Wertverlust von Vermögensgegenständen, also beispielsweise der Betriebs- und Geschäftsausstattung, Immobilien oder auch immateriellen Vermögensgegenständen (Lizenzen, Forderungen etc.), entstehen. Diese Vermögensgegenstände können selbst hergestellt oder angeschafft worden sein.
Abschreibungen entstehen in der **Neue Arbeit GmbH** durch den Wertverlust von Computern, Büromöbel oder Dienstwagen. Auch Grundstücke und Gebäude unterliegen der Abschreibung.
Die Abschreibungen werden lediglich buchmäßig erfasst und mindern so den Jahresüberschuss. Deshalb sind Abschreibungen zwar Aufwendungen, aber keine **Ausgaben**. Im Gegensatz dazu ist die Anschaffung eines PC lediglich eine Ausgabe. Es findet keine Minderung des Vermögens statt. Das Unternehmen „tauscht" lediglich Geld gegen ein Sachgut. Man spricht in diesem Fall auch von einem **Aktivtausch**, weil lediglich eine Position auf der Aktivseite der Bilanz vermindert (Bank) und eine um den gleichen Wert vergrößert wird (Betriebs- und Geschäftsausstattung).

<table>
<tr><td colspan="2">Aufwand</td><td></td></tr>
<tr><td>Abschreibungen</td><td>Arbeitsentgelte</td><td>Anschaffung eines PC</td></tr>
<tr><td></td><td colspan="2">Ausgabe</td></tr>
</table>

Die jährlichen Abschreibungen können mit unterschiedlichen Methoden ermittelt werden.

- Lineare Abschreibung
  Die Grundregel sieht die Absetzung in konstant hohen Jahresbeträgen (lineare Abschreibung) vor. Die Anschaffungskosten des abzuschreibenden Wirtschaftsgutes werden dabei gleichmäßig auf die Jahre der Nutzungsdauer aufgeteilt. Damit wird jedes Jahr der gleiche Betrag abgeschrieben. Dies wird dadurch erreicht, dass man die Anschaffungskosten eines Vermögensgegenstandes durch die Nutzungsdauer dividiert. Diese Nutzungsdauer ist in sogenannten AfA-Tabellen im HGB bzw. im Steuerrecht festgelegt.

  Abschreibung eines Computers der Neue Arbeit GmbH:

Anschaffungskosten:	2 100,00 €
Nutzungsdauer:	3 Jahre
Abschreibungsrate in %:	33,33 % (100 %/3)
Abschreibungsbetrag:	700,00 €/Jahr

- Leistungsabhängige Abschreibung
  Für Wirtschaftsgüter, deren Leistung bzw. jährliche Nutzung messbar und nachweisbar ist, kann die leistungsabhängige Abschreibung genutzt werden. Diese Abschreibung wird häufig für unternehmenseigene Fahrzeuge oder spezielle Maschinen angesetzt.

Anschaffungskosten einer Maschine:		80 000,00 €
voraussichtliche Betriebsdauer:		18 000 Std.
Wertminderung/Std:		4,44 €
Jahr	**Betriebsdauer**	**AfA-Betrag**
1	1934	8 595,56 €
2	1935	8 600,00 €
3	1937	8 608,89 €
4	1939	8 617,78 €
5	1940	8 622,22 €
6	1942	8 631,11 €
7	1958	8 702,22 €
8	2001	8 893,33 €

Der Abschreibungssatz errechnet sich über die anteilige Leistung des Wirtschaftsjahres zur Gesamtleistung. Dieser Anteil wird von den Anschaffungs- bzw. Herstellungskosten abgeschrieben. Steuerrechtlich ist diese Methode nur zulässig, wenn die leistungsmäßige Inanspruchnahme nachgewiesen werden kann. Dies kann beispielsweise durch einen Stundenzähler, ein Fahrtenbuch (bei Kfz) oder einen Stückzähler erfolgen.

- Geringwertige Wirtschaftsgüter
  Geringwertige Wirtschaftsgüter (GWG) sind Vermögensgegenstände, die, wie der Begriff schon sagt, einen relativ geringen Wert haben. Gegenstände, deren Anschaffungskosten unter 150,00 € liegen, werden sofort im Anschaffungsjahr als Aufwand gebucht. Anschaffungen für Unternehmen, die zwischen 150,00 € und 1000,00 € kosten, müssen in einem Jahrespool zusammengefasst und über 5 Jahre abgeschrieben werden.

Wert [€]	Abschreibungsmethode
< 150,00	wird bei Anschaffung als Aufwand gebucht
150,00 bis 1000,00	Zusammenfassung in einem Pool, dann 20 % pro Jahr, also fünf Jahre abschreiben
> 1000,00	oben erläuterte Abschreibungsmethoden

Beispiel
In den Abschreibungen der Neue Arbeit GmbH für das vergangene Geschäftsjahr sind vier neu angeschaffte Tische für das Besprechungszimmer enthalten. Die Anschaffungskosten betrugen je 350,00 €. Von den gesamten Anschaffungskosten von 1400,00 € wurden 280,00 € abgeschrieben (1000 € x 20 %).

- Abschreibung von Forderungen
  Forderungen können aufgrund von Insolvenzen oder Konkursen von Kunden ausfallen. Somit unterliegt auch der Forderungsbestand eines Unternehmens der Abschreibung.

Abschreibung auf Forderungen	
Einzelwertberichtigung: Eine einzelne konkrete, nicht einbringbare Forderung wird abgeschrieben.	**Pauschalwertberichtigung:** Ein pauschaler Prozentsatz auf alle Forderungen wird abgeschrieben. Dieser Prozentsatz ergibt sich aus Erfahrungswerten der Vergangenheit und Erwartungen der Zukunft.

Beispiel
Aufgrund einer Rezession sind Forderungen gegenüber Kundenunternehmen ausgefallen, die in die Insolvenz gegangen sind. Im Zuge des Insolvenzverfahrens musste die Neue Arbeit GmbH auf große Teile von Zahlungen verzichten, die deshalb abgeschrieben werden. Zudem

wurde ein pauschaler Anteil der bestehenden Forderungen abgeschrieben, weil aufgrund der Zunahme der Insolvenzen weitere Forderungsausfälle zu erwarten sind. Um diesen Sachverhalt zu berücksichtigen, sind zwei Prozent der gesamten Forderungen abgeschrieben worden.
Gesamtforderungen vor Pauschalwertberichtigung: 880 587,76 €
2 % Pauschalwertberichtung: 17 611,76 €
bilanzierter Forderungsbestand: 862 976,00 €

LF 8, 1.2

Dass Forderungen mit der Pauschalwertberichtigung abgeschrieben werden, die noch nicht ausgefallen sind, klingt zunächst einmal widersprüchlich. Allerdings wird so erreicht, dass der Jahresüberschuss um diesen Abschreibungsbetrag vermindert wird. Der weniger ausgewiesene Gewinn spiegelt so die wirtschaftliche Situation realistischer wider. Zu hohe Gewinnrücklagen würden sich im Fall von Forderungsausfällen als Verluste im Folgejahr bemerkbar machen. Zudem kann es durch einen „zu optimistischen" Jahresüberschuss zu einer zu hohen Gewinnausschüttung kommen. Die auf diese Weise verminderte Liquidität belastet dann das Unternehmen im Folgejahr. Man spricht deshalb bei der Pauschalwertberichtigung von **Risikovorsorge**.

- Sonstige betriebliche Aufwendungen
  Sonstige betriebliche Aufwendungen sind alle Aufwendungen der gewöhnlichen Geschäftstätigkeit, die mit einer gewissen Regelmäßigkeit und nicht nur selten auftreten bzw. nicht unter den übrigen Positionen wie Zinsaufwand, Abschreibungen und Personalaufwand, auszuweisen sind.

  Die sonstigen Aufwendungen der Neue Arbeit GmbH sind:
  - Prüfungsaufwendungen für Azubis
  - Spenden
  - Werbeaufwendungen
  - Raumkosten
  - Versicherungsbeiträge
  - Miete, Raumkosten etc.

2.2 Auswertung des Jahreserfolgs

Nach der Erstellung der GuV kann nun mithilfe der Erfolgskennziffern das Ergebnis bewertet werden. Die absoluten Zahlen werden hierzu in ein prozentuales Verhältnis mit anderen Größen gesetzt.

Eigenkapitalrentabilität

Formel

$$\textbf{Eigenkapitalrentabilität: } \frac{\text{Jahresüberschuss x 100}}{\text{Eigenkapital}}$$

Die Eigenkapitalrentabilität ist mit einem Zinssatz zu vergleichen, den der Unternehmer bzw. die Gesellschafter dafür erhalten, dass sie ihr Kapital im Unternehmen investiert haben. Sie sollte in der Regel höher liegen als der marktübliche Zinssatz für Geldanlagen bei einer Bank. Der Grund hierfür ist der, dass die Eigentümer, also der oder die Gesellschafter, ihr Kapital „risikolos" in festverzinslichen Wertpapieren oder bei Banken anlegen könnten. Das höhere (Verlust-)Risiko des Kapitals, das in Unternehmen investiert ist, sollte also durch eine Risikoprämie „bezahlt" werden.

Beispiel
Investiertes Kapital 100000,00 €

	festverzinsliche Anlage	Kapitalanteil an einem Unternehmen	Risikoprämie
Zinsen/Jahresüberschuss	5000,00 €	12000,00 €	7000,00 €
Eigenkapitalrentabilität/ Verzinsung	5 %	12 %	7 %-Punkte

Zur Berechnung der Eigenkapitalrentabilität der **Neue Arbeit GmbH** wird das **Eigenkapital zu Beginn des Geschäftsjahres 2015 bzw. zum Ende des vorangegangenen Geschäftsjahres** 2014 herangezogen, denn dieses stellt das investierte Kapital der Gesellschafter dar, das sich im aktuellen Geschäftsjahr „verzinst" hat.

Gesamtkapitalrentabilität

Formel

Gesamtkapitalrentabilität: $\frac{\text{(Jahresüberschuss + Fremdkapitalzinsen) x 100}}{\text{Gesamtkapital}}$

Eine hohe Eigenkapital- bzw. Gesamtkapitalrentabilität bedeutet eine hohe Verzinsung des eingesetzten Kapitals und somit eine hohe Effizienz der (Gesamt-)Kapitalverwendung.
Während also die **Eigenkapitalrentabilität** die Verzinsung des Eigenkapitals aufzeigt, stellt die **Gesamtkapitalrentabilität** die Verzinsung des gesamten im Unternehmen eingesetzten Kapitals dar, und zwar **unabhängig von der Herkunft** des Kapitals.
Durch die (nachträgliche) Addition der Fremdkapitalzinsen wird der Jahresüberschuss in Bezug auf den Zinsaufwand für das Fremdkapital „neutralisiert". Auf diese Weise wird der Erfolg unterschiedlicher Unternehmen vergleichbar, auch wenn diese eine unterschiedliche Fremdkapitalquote haben.

Beispiel
Beide Unternehmen haben die gleiche Bilanzsumme, jedoch hat die Persona Service GmbH eine höhere Fremdkapitalquote und muss folglich höhere Zinsen für Bankdarlehen zahlen:

	Gewinn inkl. FK-Zinsen	FK-Zinsen	Gewinn vor FK-Zinsen
Persona Service GmbH	100000,00 €	30000,00 €	130000,00 €
Personalagentur GmbH	110000,00 €	10000,00 €	120000,00 €

Obwohl die Persona Service GmbH auf den ersten Blick weniger erfolgreich war, zeigt sich, wenn man das Ergebnis um den Kapitaldienst „bereinigt", dass dieser Eindruck täuscht.

Letztendlich ist es **aus der Sicht der Bewertung des erzielten Unternehmenserfolgs** nicht von Bedeutung, ob ein Unternehmen mit einem hohen Eigenkapitalanteil Gewinn an Gesellschafter ausschüttet, oder ein Unternehmen mit hohem Fremdkapitalanteil Fremdkapitalzinsen an eine Bank zahlt. Kapital steht einem Unternehmen in keinem der beiden Fälle „kostenlos" zur Verfügung.
Die Gesamtkapitalrentabilität sollte, ebenso wie die Eigenkapitalrentabilität, über dem marktüblichen Zinssatz risikoloser Geldanlagen liegen. Nur so ist auch gewährleistet, dass mit dem Kapitaleinsatz sowohl die Banken als Darlehensgeber als auch die Eigner als Eigenkapitalgeber bedient werden können.
Auch für die Gesamtkapitalrentabilität der **Neue Arbeit GmbH** gilt, dass das Gesamtkapital **zu Beginn** des Geschäftsjahres die Grundlage zur Ermittlung dieser Kennziffer bildet.

Umsatzrentabilität

Formel

Umsatzrentabilität: $\frac{\text{Jahresüberschuss x 100}}{\text{Umsatzerlöse}}$

Mit der Umsatzrentabilität wird die Frage beantwortet, wie viel Gewinn vom Umsatz im Unternehmen „hängenbleibt". Diese Kennziffer wird ebenfalls in einem Prozentsatz ausgedrückt.

Beispiel

Umsatz:	800000,00 €
Jahresüberschuss:	40000,00 €
Umsatzrentabilität:	5 %

Im vorstehenden Beispiel bleiben von jedem Euro Umsatz 5 Cent als Gewinn im Unternehmen.

Cashflow

Formel

Umsatzrentabilität: Jahresüberschuss + Abschreibungen + zugeführte Rückstellungen

Der **Cashflow** zeigt, wie viel Geld für künftige Investitionen, Gewinnausschüttung, Tilgung von Schulden oder zur Steigerung der Liquidität zur Verfügung steht.
Er misst die **Finanzkraft** eines Unternehmens. Auf diese Weise wird ausgedrückt, welcher Überschuss (Einnahmen abzüglich Ausgaben) in einer Periode aus eigener Kraft erwirtschaftet worden ist. Er gibt also Auskunft über den Netto-**Liquiditätszufluss** innerhalb eines Geschäftsjahres und somit über die **Selbstfinanzierungskraft** eines Unternehmens. Der Cashflow zeigt, welche Mittel für Investitionen, Schuldentilgung und Gewinnausschüttungen zur Verfügung stehen. Er ist für Kreditgeber ein wichtiges Kriterium zur Beurteilung der Kreditwürdigkeit.
Bei der Berechnung des Cashflow werden deshalb (im Nachhinein) wieder die Aufwendungen hinzuaddiert, die nur durch Buchungen entstanden sind und damit nicht direkt zu Ausgaben geführt haben (beispielsweise Abschreibungen, Erhöhung der Rückstellungen). Der Grund für die „Rückgängigmachung" dieser Buchungen ist, dass man den **Netto-Mittelzufluss** bestimmen will, den das Unternehmen erzielt hat. Positionen wie Abschreibungen und die Zuführung zu den Rückstellungen sind nicht (im Fall der Rückstellung noch nicht) auszahlungswirksam. Sie haben deshalb im abgelaufenen Geschäftsjahr keinen Mittelabfluss zur Folge gehabt. Der Netto-Mittelzufluss ist deshalb um diesen Betrag höher als der Jahresüberschuss.

LF 8, 1

Zusammenfassung

- **Aufbau der Gewinn- und Verlustrechnung (GuV):**

Umsatzerlöse (Gesamtleistung)
– Personalaufwand Zeitarbeitnehmer
= **Rohergebnis**
– Personalaufwand interne Mitarbeiter
– Abschreibungen
– sonstige betriebliche Aufwendungen
= **EBIT**
– Zinsen und ähnliche Erträge
– Zinsen und ähnliche Aufwendungen
= **Ergebnis der gewöhnlichen Geschäftstätigkeit**
– außerordentliche Aufwendungen
+ außerordentliche Erträge
– Steuern vom Einkommen und Ertrag
= **Jahresüberschuss**

- **Abschreibungen:** Nicht auszahlungswirksame Aufwendungen, die durch den Wertverlust von Vermögensgegenständen entstehen.
- Linear: gleichmäßige Abschreibungsbeträge pro Jahr

$$\text{Abschreibung} = \frac{\text{Anschaffungskosten x 100}}{\text{Nutzungsdauer}}$$

- Leistungsabhängig: Abschreibungsbeträge hängen von der Nutzung ab

$$\text{AfA} = \frac{\text{Anschaffungskosten x Nutzung des Geschäftsjahrs}}{\text{kalkulierte Gesamtnutzung}}$$

- Geringwertige Wirtschaftgüter:
  - < 150,00 € vollständige Abschreibung bei Anschaffung
  - dann 20 % Abschreibung pro Jahr
- Abschreibung auf Forderungen:
  - Einzelwertberichtigung: bei Insolvenz wird die Forderung abgeschrieben
  - Pauschalwertberichtigung: ein pauschaler Prozentsatz aller Forderungen wird sicherheitshalber abgeschrieben
- **Analyse der GuV:**
- $\text{Eigenkapitalrentabilität} = \frac{\text{Jahresüberschuss x 100}}{\text{Eigenkapital}}$
- $\text{Gesamtkapitalrentabilität} = \frac{\text{(Jahresüberschuss + Fremdkapitalzinsen) x 100}}{\text{Gesamtkapital}}$
- $\text{Umsatzrentabilität} = \frac{\text{Jahresüberschuss x 100}}{\text{Umsatzerlöse}}$
- Cashflow = Jahresüberschuss + Abschreibungen + Zuführung zu den Rückstellungen

Aufgaben

1. *Entscheiden Sie, ob es sich bei den folgenden Positionen um einen Aufwand, einen Ertrag oder keines von beidem handelt.*
   - *Entgelte für externe Mitarbeiter*
   - *Anschaffung eines Kfz*
   - *Zinszahlung an die Hausbank für ein Darlehen*
   - *Kauf von Büromaterial*
   - *Abschreibungen auf das angeschaffte Kfz*
   - *Mietzahlungen*
   - *Umsatzerlöse*
   - *Eingang einer Forderung auf das Bankkonto*
   - *Zinsgutschrift auf dem Festgeld bei der Hausbank*
   - *Entgelte für interne Mitarbeiter*
   - *Qualifizierungsmaßnahmen für externe Mitarbeiter*

2. *Berechnen Sie die jährliche Abschreibung für einen Computer nach der linearen Abschreibungsmethode.*
Nutzungsdauer: 3 Jahre *Anschaffungskosten: 4500 €*

3. *Ein Kfz soll leistungsabhängig abgeschrieben werden. Der Abschreibungssatz je km beträgt 0,65 €. Berechnen Sie die Abschreibung für folgende Kilometerleistungen:*
   - *20000 km*
   - *25000 km*
   - *30000 km*

4. *Erstellen Sie die Abschreibungstabelle für einen Server.*
Nutzungsdauer: 5 Jahre *Anschaffungskosten: 40000,00 €*

5. *Erläutern Sie die Pauschalwertberichtigung. Gehen Sie dabei auf den Sinn dieser Abschreibungsmethode ein.*

6. *Folgende Wirtschaftgüter wurden zur Einrichtung eines neuen Büros von der Firma Neue Arbeit GmbH zu Beginn des Geschäftsjahrs angeschafft:*

Wirtschaftsgut	Anschaffungskosten [€]
10 Bürostühle	je 120,00
2 Drucker	je 250,00
3 Schreibtische	je 350,00
2 Regale	je 200,00

Ermitteln Sie die Abschreibung der Gegenstände am Ende des Geschäftsjahrs.

7. *Die Zeitarbeits-GmbH weist zum Geschäftsjahresende die unten stehenden Zahlen in der GuV auf. Ermitteln Sie das Ergebnis der gewöhnlichen Geschäftstätigkeit und den Jahresüberschuss bei einer Gesamtsteuerbelastung von 25 %.*

1	Umsatzerlöse	8647836,00 €
2	Personalaufwand ZAN	4673876,00 €
3	gesetzliche Sozialkosten ZAN	1987617,00 €
4	Personalaufwand int. Ma.	347653,00 €
5	gesetzliche Sozialkosten int. Ma.	112987,00 €
7	Abschreibungen	578498,00 €
8	sonstige betriebliche Aufwendungen	789117,00 €
11	Zinserträge	– €
12	Zinsen und ähnliche Aufwendungen	86765,00 €

8. *Analysieren Sie die GuV der Zeitarbeits-GmbH aus Aufgabe 7 mithilfe*
   - *der Eigenkapitalrentabilität,*
   - *der Umsatzrentabilität,*
   - *der Gesamtkapitalrentabilität,*
   - *des Cashflow,.*

   Das Eigenkapital zu Beginn des Geschäftsjahrs betrug 387 887,00 €, das Gesamtkapital 524 516,00 €.

9. *Erstellen und analysieren die GuV der Zeitarbeits-GmbH.*

   a) Ermitteln Sie zunächst den Jahresüberschuss.

   b) Ermitteln Sie dann die relevanten Erfolgskennziffern.

   c) Beurteilen Sie die ermittelten Ergebnisse.

Aktiva		***Passiva***	
A: Anlagevermögen		A: Eigenkapital	
Grundstücke und Gebäude	198 276,00 €	Stammkapital	100 000,00 €
Fuhrpark	337 289,00 €	Gewinnrücklage	404 026,00 €
Betriebs- und Geschäftsausstattung	12 784,00 €	Jahresüberschuss	€
Wertpapiere des Anlagevermögens	263 748,00 €		
		B: Rückstellungen	36 289,00 €
B: Umlaufvermögen			
Ford. aus Lieferung und Leistung	748 651,00 €	**C: Verbindlichkeiten**	
Bank	147 382,00 €	Verb. geg. Kreditinstituten	472 498,00 €
Kasse	3 948,00 €	Verbindlichkeiten aus SV, ESt	257 642,00 €
		Erhaltene Anzahlungen	2 685,00 €
		Verb. aus Lieferungen und Leistungen	53 914,00 €
		sonstige Verbindlichkeiten	276 312,00 €
Summe Aktiva	1 712 078,00 €	**Summe Passiva**	1 712 078,00 €

1	**Umsatzerlöse (Gesamtleistung)**	**13 061 762,00 €**
2	Personalaufwand Zeitarbeitnehmer	7 453 614,00 €
3	gesetzliche Sozialkosten Zeitarbeitnehmer	2 763 876,00 €
4	Personalaufwand interne Mitarbeiter	578 498,00 €
5	gesetzliche Sozialkosten interne Mitarbeiter	265 378,00 €
7	Abschreibungen	276 534,00 €
8	sonstige betriebliche Aufwendungen	1 563 787,00 €
11	Zinserträge	16 736,00 €
12	Zinsen und ähnliche Aufwendungen	35 627,00 €

Zusatzangaben:

- *Die Steuerquote beträgt 23 %.*
- *In den sonstigen betrieblichen Aufwendungen sind 15 473,00 € Prozesskostenrückstellungen enthalten und sind den Rückstellungen zugeführt worden.*

3 Kosten- und Leistungsrechnung

Einstiegssituation ▶

Die GuV liefert bereits wertvolle Daten für die Controlling-Abteilung der **Neue Arbeit GmbH**. Allerdings müssen noch einige Korrekturen vorgenommen werden. Der Grund hierfür ist, dass einige Ergebnispositionen der GuV, die für das Kerngeschäft bedeutungslos sind, in ihrem Wertansatz verändert werden müssen. Dies ist für die genaue **Beurteilung der Rentabilität des Kerngeschäfts** sowie für die **Kalkulation von Leistungen**, also für Aufträge von Kundenunternehmen, von zentraler Bedeutung.

Arbeitsauftrag:

Werten Sie das Betriebsergebnis der Neue Arbeit GmbH aus. Detailliertere Arbeitsanweisungen hierzu finden Sie weiter unten in den Kapiteln 3.2.1 und 3.2.2.

3.1 Betriebsergebnis

Abhängig davon, wer der Verwender der Ergebniszahlen einer Rechnungsperiode ist, unterscheidet man **externes** und **internes** Rechungswesen.

Externes Rechnungswesen

Das Ergebnis des externen Rechnungswesens sind die Bilanz und die GuV. Diese werden, wie bereits in den Kapiteln 1 und 2 dieses Lernfelds erläutert, nach gesetzlichen Vorschriften erstellt. Sie werden, neben unternehmensinternen auch von unternehmensexternen Personen und Institutionen (Banken, Finanzamt, Gesellschafter) genutzt.

Internes Rechnungswesen

Von Ausnahmen abgesehen, gibt es für die Ausgestaltung des internen Rechnungswesens keine Vorschriften. Es dient der Abteilung „Rechnungswesen und Controlling" zu Planungs-, Abrechnungs-, Steuerungs- und Kontrollzwecken. Ein wichtiges Ergebnis der Kostenrechnung ist die Ermittlung des (mindestens kostendeckenden) Preises für die Arbeitnehmerüberlassung. Zudem soll der Erfolg des Kerngeschäfts, also das sogenannte **Betriebsergebnis**, ermittelt werden. Die Zahlen des externen Rechnungswesens werden hierfür „aufbereitet" und unternehmensintern genutzt.

3.1.1 Abgrenzungsrechnung

Hierzu ist es notwendig, dass alle **betriebsfremden, periodenfremden** und **außerordentlichen** Aufwendungen und Erträge „gefiltert" werden. Diese „Filterung" nennt sich **Abgrenzung.**

Externes ReWe (GuV)		Abgrenzung		Betriebsbereich
Aufwendungen – Erträge		Zinserträge + Verkauf von Anlagevermögen über dem Buchwert – Verkauf von Anlagevermögen unter dem Buchwert – Verluste durch einmalige Schadensereignisse		betriebliche Erträge – betriebliche Aufwendungen
Jahresüberschuss	–	**neutrales Ergebnis**	=	**Jahresüberschuss nach Abgrenzung**

Das Ergebnis, das sich aus der Abgrenzung der betriebsfremden Aufwendungen und Erträge ergibt, ist das **neutrale Ergebnis**.

3.1.2 Kostenrechnerische Korrekturen

Um den betrieblichen Erfolg noch präziser darzustellen, muss die Controlling-Abteilung der Neue Arbeit GmbH noch weitere **kostenrechnerische Korrekturen** vornehmen. Dies betrifft vor allem das Zinsergebnis und die Abschreibung.

Kalkulatorische Abschreibung

Nach den Bilanzierungsvorschriften des HGB können Abschreibungen nur auf den Anschaffungswert von Vermögensgegenständen durchgeführt werden. Außerdem wird in einer wirtschaftlich guten Situation ein Unternehmen immer die höchstmögliche Abschreibungsart wählen, um den steuerpflichtigen Gewinn zu senken. Die betriebliche Realität bedingt jedoch eine andere Vorgehensweise:
Um den Vermögensstock des Unternehmens langfristig zu erhalten, sind bei Ablauf der Nutzungsdauer der Vermögenspositionen Ersatzinvestitionen zu tätigen. Diese müssen durch die Umsatzerlöse „mitverdient" werden. Dies kann nur dann funktionieren, wenn die Abschreibung über die Auftragskalkulation in die Preise eingerechnet und auf diesem Weg vom Kundenunternehmen „mit bezahlt" wird.

Beispiel
Eines der beiden Geschäftsfahrzeuge ist für 40000,00 € angeschafft worden. Die Abschreibungstabellen sehen für Fahrzeuge zurzeit eine Nutzungsdauer von mindestens sechs Jahren vor. Es werden dementsprechend bei der Wahl der linearen Abschreibungsmethode
40000,00 € : 6 Jahre = 6666,67 €
abgeschrieben.

Während der Nutzungsdauer eines Vermögensgegenstands werden bei Einbeziehung der Abschreibung in die Preiskalkulation eines Auftrags also 40000,00 € (Anschaffungspreis) „verdient". Bei den meisten Wirtschaftsgütern ist jedoch von steigenden Anschaffungskosten auszugehen. Die Abschreibung auf den Anschaffungswert reicht also in der Regel nicht aus. Somit ist in der Kosten- und Leistungsrechnung vom geschätzten **Wiederbeschaffungswert** abzuschreiben.

Beispiel
Der Geschäftswagen wird nach Ablauf der Nutzungsdauer bei einer Neuanschaffung wahrscheinlich teuer sein. Sollte die Ersatzinvestition 50000,00 € betragen, würden für die dann fällige Neuanschaffung 10000,00 € fehlen. Als Wiederbeschaffungskosten werden 50000,00 € angenommen. Die Abschreibung in jedem der acht Nutzungsjahre beträgt demnach
50000,00 € : 6 Jahre = 8333,33 €.

Weil die Abschreibung im internen Rechnungswesen die Grundlage für die Kalkulation bildet, nennt sie sich **kalkulatorische Abschreibung**. Die Abschreibung im Rahmen des externen Rechnungswesens bezeichnet man als **bilanzielle Abschreibung**.

Beispiel
Die gesamte bilanzielle Abschreibung der Neue Arbeit GmbH beträgt 25830,00 €. Insgesamt beträgt die kalkulatorische Abschreibung 15361,00 €. Die bilanzielle Abschreibung von 25830,00 € wird somit auf 15361,00 € korrigiert und in das Betriebsergebnis aufgenommen.

Kalkulatorische Zinsen

Kalkulatorische Zinsen sind die Zinsen, die durch das gesamte im Betrieb gebundene Kapital entstehen. Das im Betrieb zur Investition eingesetzte und gebundene Kapital verursacht Zinskosten, denn teilweise wurden hierfür Darlehen bei einer Bank aufgenommen. In aller Regel dient jedoch auch Eigenkapital zur Finanzierung des Vermögens, für das ja keine Zinsen an ein Kreditinstitut gezahlt werden.

Aber auch das Eigenkapital verursacht Kosten, weil die Gesellschafter der **Neue Arbeit GmbH** auf ihr investiertes Eigenkapital eine Verzinsung in Form einer Gewinnausschüttung erhalten wollen. Nur wenn diese „fiktiven" Zinsen auf das Eigenkapital als Kosten erfasst werden, fließen sie in die spätere Preiskalkulation ein. Über den dann erzielten Umsatzerlös fließen die Eigenkapitalzinsen in das Unternehmen und ermöglichen den Gesellschaftern eine Mindestverzinsung ihres eingebrachten Kapitalanteils.
Alternativ zur Investition im Unternehmen könnten nämlich die Gesellschafter das eingesetzte Eigenkapital auch festverzinslich bei einer Bank anlegen. Dafür würden sie Zinsen erhalten. Man kann also die kalkulatorischen Eigenkapitalzinsen auch als „entgangene" Zinsen betrachten, die im Betrieb erwirtschaftet werden müssen.

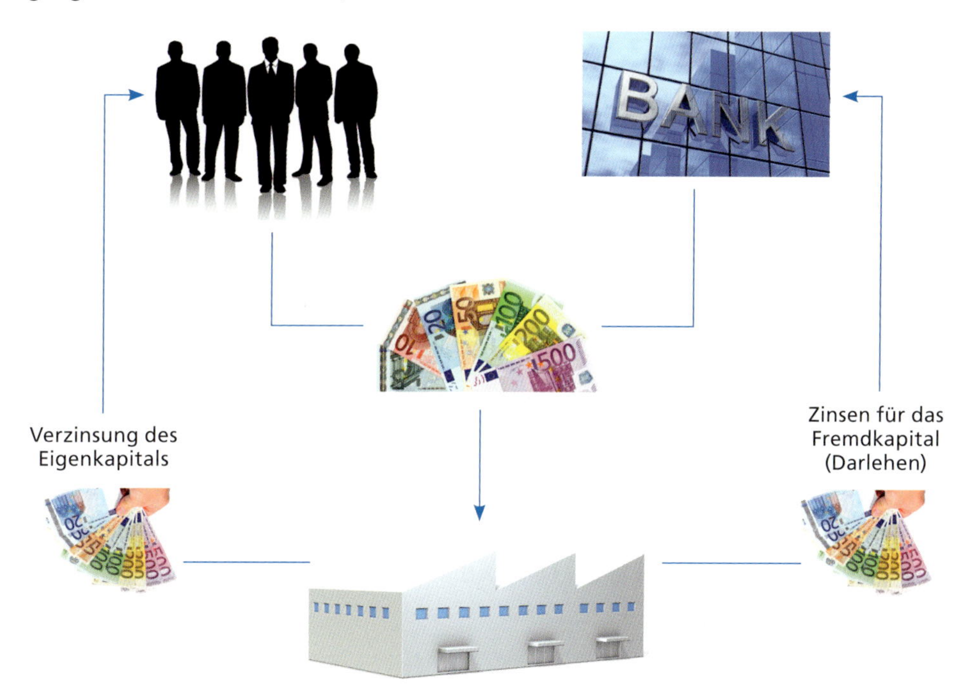

Das betriebsnotwendige Kapital berechnet sich wie folgt:

Formel

Eigenkapital + Fremdkapital = betriebsnotwendiges Kapital[1]

[1] *In vielen Lehrbüchern werden für das betriebsnotwendige Kapital Kundenanzahlungen, Rückstellungen und Verbindlichkeiten gegenüber dem Finanzamt aus noch zu zahlenden Steuern in Abzug gebracht. Als Begründung hierfür wird angeführt, dass dieses Kapital dem Betrieb zinslos zur Verfügung steht. Diese Argumentation ist jedoch umstritten. Fakt ist, dass dieses unverzinste Kapital trotzdem betriebsnotwendig ist und der Betrieb damit „arbeitet". Es trägt also zur kurzfristigen Finanzierung bei. Sollten beispielsweise die Verbindlichkeiten gegenüber dem Finanzamt sofort fällig werden, würde dem Unternehmen Liquidität entzogen. Vielleicht müsste sogar der Dispositionskredit auf dem Geschäftskonto in Anspruch genommen werden. Die Folge wären Zinskosten.*

A: Eigenkapital	
Stammkapital	25 000,00 €
Gewinnrücklage	558 931,00 €
Bilanzgewinn	20 000,00 €
B: Rückstellungen	12 803,00 €
C: Verbindlichkeiten	
Verb. geg. Kreditinstituten	183 109,00 €
Verb. aus SV, ESt	638 371,00 €
Verb. aus Lieferungen und Leistungen	16 589,00 €
sonstige Verb.	1 904,00 €
Betriebsnotwendiges Kapital	1 456 707,00 €

Der **kalkulatorische Zinssatz**, mit dem das betriebsnotwendige Kapital verzinst wird, ist hierbei ein „Mischzinssatz", der sowohl die Eigen- als auch die Fremdkapitalzinsen berücksichtigt. Dieser beträgt bei der **Neue Arbeit GmbH** 4 % p. a. (pro Jahr).

Beispiel
Kalkulatorische Zinsen = 1 456 707,00 € x 4 % = 58 268,00 € (ganzzahlig gerundet)

Kalkulatorische Miete

Ähnlich wie die kalkulatorischen Zinsen ist auch die Miete zu bewerten. Für den Fall, dass ein Betrieb für seine Räumlichkeiten Miete zahlt, werden die Mietaufwendungen in der GuV dokumentiert.
Die Gebäude der Betriebsstätte befinden sich jedoch im Eigentum der Neue Arbeit GmbH. Im internen Rechnungswesen hat die Controlling-Abteilung zwei Möglichkeiten:

Erste Möglichkeit:

Es wird eine kalkulatorische Miete festgelegt. Die Höhe orientiert sich hierbei an den ortsüblichen Mieten für Gewerbeobjekte. So fließt die Miete über die Kosten des Betriebsergebnisses in die Preiskalkulation ein. Die durch die Selbstnutzung „entgangene" Miete wird so, analog zu den (kalkulatorischen) Eigenkapitalzinsen, „mitverdient".
Mit der kalkulatorischen Miete verhält es sich somit genauso wie mit den kalkulatorischen Zinsen. Ebenso stehen die Betriebsgebäude, auch wenn sie sich im Eigentum des Unternehmens befinden, dem Nutzer nicht kostenlos zur Verfügung. Erst wenn das Kerngeschäft auch die kalkulatorische (also auch die entgangene) Miete trägt, ist der Betrieb rentabel. Zudem ist so ein Vergleich mit anderen Betrieben der gleichen Branche möglich, die ihre Betriebsstätte gemietet haben.

Zweite Möglichkeit:

Die Kosten für das Betriebsgebäude fließen über das in der Immobilie gebundene Kapital (kalkulatorische Zinsen), die kalkulatorische Abschreibung und die sonstigen Unterhaltungskosten in das Betriebsergebnis ein.
Diese zweite Möglichkeit wurde von der Neue Arbeit GmbH gewählt, sodass im Betriebsergebnis keine kalkulatorische Miete anfällt.
Kalkulatorische Zinsen, kalkulatorische Miete und kalkulatorische Abschreibung gehen also mit veränderten Werten in das Betriebsergebnis ein. Sie werden deshalb als **Anderskosten** bezeichnet. Die Kosten, die unverändert aus der GuV in das Betriebsergebnis übernommen werden, nennen sich **Grundkosten**. Die Entwicklung und Darstellung des Betriebsergebnisses von der

- GuV über die
- Abgrenzungsrechnung und die
- kostenrechnerischen Korrekturen bei den Anderskosten

nennt sich **Ergebnistabelle**.

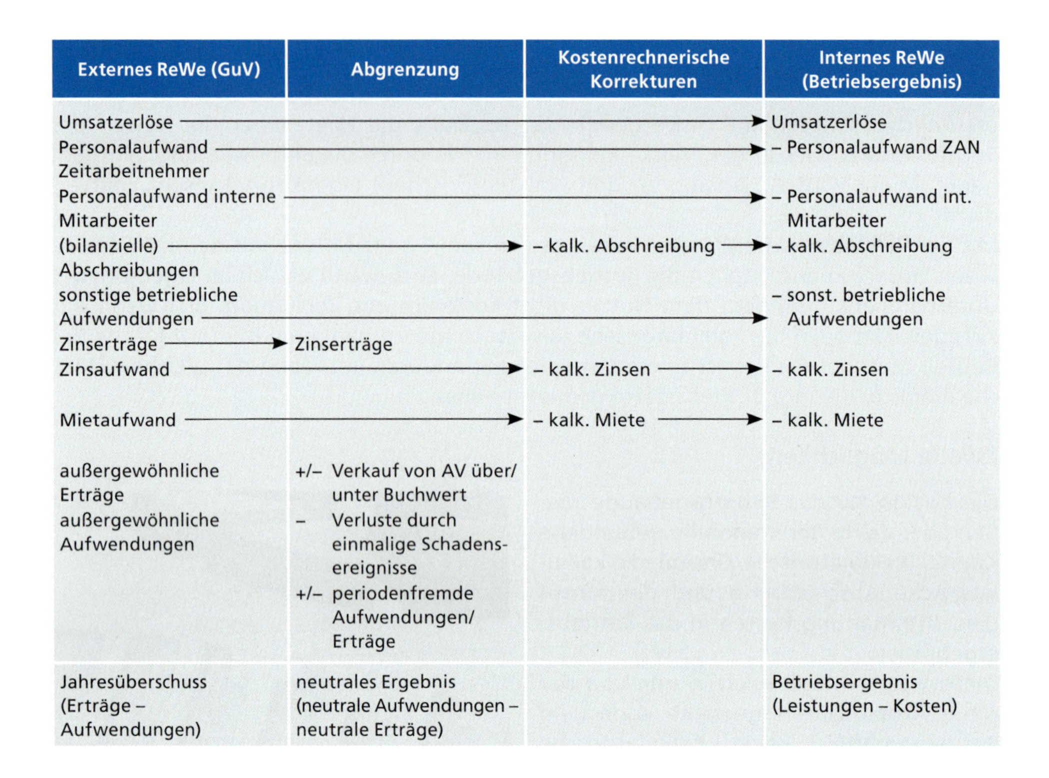

Externes ReWe (GuV)	Abgrenzung	Kostenrechnerische Korrekturen	Internes ReWe (Betriebsergebnis)
Umsatzerlöse →			Umsatzerlöse
Personalaufwand Zeitarbeitnehmer →			– Personalaufwand ZAN
Personalaufwand interne Mitarbeiter →			– Personalaufwand int. Mitarbeiter
(bilanzielle) Abschreibungen →		– kalk. Abschreibung →	– kalk. Abschreibung
sonstige betriebliche Aufwendungen →			– sonst. betriebliche Aufwendungen
Zinserträge →	Zinserträge		
Zinsaufwand →		– kalk. Zinsen →	– kalk. Zinsen
Mietaufwand →		– kalk. Miete →	– kalk. Miete
außergewöhnliche Erträge außergewöhnliche Aufwendungen	+/– Verkauf von AV über/unter Buchwert – Verluste durch einmalige Schadensereignisse +/– periodenfremde Aufwendungen/Erträge		
Jahresüberschuss (Erträge – Aufwendungen)	neutrales Ergebnis (neutrale Aufwendungen – neutrale Erträge)		Betriebsergebnis (Leistungen – Kosten)

Ergebnistabelle 2015 der **Neue Arbeit GmbH**:

GuV		Abgrenzung	neutrales Ergebnis	kostenrechnerische Korrekturen	Betriebsergebnis
Umsatzerlöse (Gesamtleistung)	5730832,00 €		5730832,00 €		5730832,00 €
Personalaufwand Zeitarbeitnehmer	– 4978650,00 €		– 4978650,00 €		– 4978650,00 €
Personalaufwand interne Mitarbeiter	– 298723,00 €		– 298723,00 €		– 298723,00 €
Abschreibungen	– 28530,00 €		– 28530,00 €	– 15361,00 €	– 15361,00 €
sonstige betriebliche Aufwendungen	– 360335,00 €		– 360335,00 €		– 360335,00 €
Zinserträge	1320,00 €	1320,00 €	– €		– €
Zinsen und ähnliche Aufwendungen	– 8327,00 €		– 8327,00 €	– 58268,00 €	– 58268,00 €
außergewöhnliche Erträge	2716,00 €	2716,00 €	– €		– €
außergewöhnliche Aufwendungen	– 5362,00 €	– 5362,00 €	– €		– €
Saldo	**54941,00 €**	**– 1326,00 €**	**56267,00 €**		**19495,00 €**

Nach der Abgrenzung bleiben dann nur noch die zum Kerngeschäft zählenden (also betrieblich verursachten) Aufwendungen und Erträge übrig.

Definition
Alle betrieblich notwendigen, dem Kerngeschäft zugehörigen Aufwendungen und Erträge nennen sich **Kosten** und **Leistungen**. Die Differenz **(Saldo)** aus den Kosten und Leistungen nennt sich **Betriebsergebnis**.

Mit dem Betriebsergebnis stehen der Controlling-Abteilung nunmehr die Kosten als Kalkulationsgrundlage für das kommende Geschäftsjahr zur Verfügung.

3.2 Auswertung des Betriebsergebnisses

Wie die GuV muss auch das Betriebsergebnis der Neue Arbeit GmbH von der Controlling-Abteilung ausgewertet werden. Dies dient einerseits dazu, den **betrieblichen Erfolg zu beurteilen**. Andererseits können so die **relevanten Daten für die Kalkulation** gewonnen werden. Zunächst wird hierzu das Betriebsergebnis des vergangenen Geschäftsjahrs ausgewertet.

3.2.1 Personalkennziffern

Einstiegssituation ▶

Nur im Kundenunternehmen erwirtschaftet der Zeitarbeitnehmer die Kosten, die im Betrieb entstehen. Es ist also wirtschaftlich vorteilhaft, wenn er möglichst häufig eingesetzt werden kann.
Grund genug für die Controlling-Abteilung, diese Daten genau im Auge zu behalten und zu analysieren.

Arbeitsaufträge:

1. *Ermitteln Sie*
   - *die Produktivstunden-Quote,*
   - *die Relation Zeitarbeitnehmer/interne Mitarbeiter (Betreuungsquote),*
   - *die Krankenquote,*
   - *die Quote der beschäftigungslosen Zeiten.*
2. *Versuchen Sie, die Aussagen, die diese Kennziffern liefern, vor dem Hintergrund der Rezession zu deuten und machen Sie ggf. Vorschläge zur Verbesserung der Kennziffern.*

Definition
Produktivstunden sind die Einsatzstunden der Zeitarbeitnehmer (ZAN), die mit dem Kundenunternehmen im Rahmen eines Auftrags abgerechnet werden können. Die Entgelte, die während der Produktivstunden anfallen, nennen sich **Produktiventgelte**.

Produktivstunden eines Mitarbeiters der Neue Arbeit GmbH (Durchschnitt):

	Tage/Monat	Stunden
1 Arbeitszeit	**21,67**	**151,67**
2 beschäftigungslose Zeiten	2,00	14,0
3 Krankheit	0,80	5,6
4 Urlaub	3,00	21,0
5 Feiertage	0,60	4,2
6 sonstige Abwesenheitszeiten	0,30	2,1
7 Summe einsatzfreie Zeiten (Summe 2–6)	6,70	46,9
8 Produktivstunden (1 ./. 7)	**14,97**	**104,79**

Erläuterung:

Von der Gesamtarbeitszeit sind die **einsatzfreien Zeiten** wie Krankheits-, Urlaubs- und Feiertage sowie die sonstigen Abwesenheitszeiten (z. B. für Qualifikationsmaßnahmen) abzuziehen. Zudem erhält der Zeitarbeitnehmer auch Entgelt, wenn er – aufgrund mangelnder Aufträge für das Zeitarbeitsunternehmen – nicht von einem Kundenunternehmen beschäftigt wird **(beschäftigungslose Zeiten)**. Eine grafische Darstellung hierzu findet sich weiter unten auf der Seite 658.
Die Erstellung einer solchen Statistik ist insofern wichtig, als ja auch die einsatzfreien Zeiten vom Zeitarbeitsunternehmen bezahlt werden und deshalb in die Kalkulation mit einfließen müssen.

Im fachlichen Kontext

Beschäftigungslose Zeiten werden auch als **Garantiezeit, verleihfreie Zeit** oder auch **Freischicht** bezeichnet. In diesem Buch werden die beschäftigungslosen Zeiten als Teilmenge der (gesamten) einsatzfreien Zeiten definiert.

Personalkennziffern:

Formel

$$\textbf{Produktivstundenquote} = \frac{\text{Produktivstunden/Jahr (Monat) x 100}}{\text{Gesamtarbeitsstunden/Jahr (Monat)}}$$

$$\textbf{Krankenquote} = \frac{\text{Krankheitstage/Jahr (Monat)} \times 100}{\text{Gesamtarbeitstage/Jahr (Monat)}}$$

$$\textbf{Betreuungsquote} = \frac{\text{Zeitarbeitnehmer}}{\text{interne Mitarbeiter}}$$

$$\textbf{Quote der beschäftigungslosen Zeiten} = \frac{\text{beschäftigungslose Tage (pro Monat/Jahr)}}{\text{Gesamtarbeitstage (pro Monat/Jahr)}}$$

3.2.2 Betriebswirtschaftliche Kennziffern

Einstiegssituation ▶

Interessant für die Controlling-Abteilung ist auch die Zusammensetzung der Kosten der Neue Arbeit GmbH. Die in der Ergebnistabelle ermittelten Kosten werden im Hinblick auf die Auswertung und die Kalkulation in einem sogenannten **Kalkulationsschema** dargestellt

Arbeitsaufträge:

1. *Ermitteln Sie folgende Kennziffern:*
   - *Verwaltungsaufwand/Zeitarbeitnehmer*
   - *Verwaltungskostenquote*
   - *Wirtschaftlichkeit*
   - *Verwaltungsaufwand je Zeitarbeitnehmer*
   - *Produktivität je interner Mintarbeiter*
   - *Produktivität je Zeitarbeitnehmer*
   - *Gesamtproduktivität*
   - *Umsatzrentabilität*
   - *Umsatzrentabilität vor Overhead (Margenquote)*
2. *Überlegen Sie, welche Aussagen diese Kennziffern liefern.*
3. *Vergleichen Sie die Ergebnisse der Neue Arbeit GmbH mit den Ergebnissen der vergangenen fünf Geschäftsjahre.*
4. *Stellen Sie die Ergebnisse mit geeigneten Diagrammen dar. Nutzen Sie hierzu ggf. den Diagramm-Assistenten von MS-Excel.*

Betriebsergebnis der Neue Arbeit GmbH:

Umsatzerlöse inkl. Zuschüsse der Bundesagentur für Arbeit (BA)	**5730832,00 €**
Produktiventgelte	– 2968736,00 €
gesetzliche Abgaben	– 698453,00 €

Entgelte für einsatzfreie Zeiten	– 844841,00 €
gesetzliche Abgaben einsatzfreie Zeiten	– 198791,00 €
Aufbau/Abbau Arbeitszeitkonto (AZK)	– 14264,00 €
gesetzliche Abgaben Aufbau/Abbau (AZK)	– 3356,00 €
Urlaubs- und Weihnachtsgeld, Zulagen	– 147462,00 €
sonstige Personalkosten (Zeitarbeitnehmer)	– 102747,00 €
Marge (Rohergebnis)	– 752182,00 €
Overhead (Agenturkosten, Verwaltungskosten)	– 732687,00 €
Betriebsergebnis	**19495,00 €**

Erläuterungen:
Die Personalkosten werden direkt vom Zeitarbeitnehmer „verursacht". Zu ihnen zählen die direkten Entgeltkosten inkl. gezahlter Zulagen, Fahrtkosten oder auch vermögenswirksamer Leistungen.
Auch die **gesetzlichen (Sozial-)Abgaben** sind aus der Sicht des Zeitarbeitsunternehmens ein direkter Entgeltbestandteil. Dies gilt ebenso für **Weihnachts- und Urlaubsgeld**.
Sonstige Personalkosten sind beispielsweise Qualifizierungsmaßnahmen oder Kosten für Arbeitsbekleidung.
Der **Aufbau des Arbeitszeitkontos** stellt eine Verbindlichkeit des Zeitarbeitsunternehmens gegenüber dem Zeitarbeitnehmer dar. Dies hat folgenden Hintergrund:
Weil die tarifliche Arbeitszeit der Zeitarbeitsbranche in den Regel von den Arbeitszeiten des Kundenunternehmens abweicht, können sich Guthaben auf dem Arbeitszeitkonto des Zeitarbeitnehmers aufbauen. Diese Guthaben müssen irgendwann durch Freizeitausgleich oder Auszahlung des Zeitarbeitsunternehmens ausgeglichen werden. Der Aufbau von Guthaben auf den Arbeitszeitkonten stellt somit eine Kostenposition dar, die durch den Einsatz der Zeitarbeitnehmer entsteht. Dies ist kostenrechnerisch wie eine Entgeltzahlung zu betrachten. Steht vor der Position ein Minus-Zeichen, hat, auf alle Zeitarbeitnehmer bezogen, per Saldo ein Abbau der Guthaben stattgefunden.
Auch **Entgelte für einsatzfreie Zeiten**, in denen der Zeitarbeitnehmer aus verschiedenen Gründen nicht beim Kundenunternehmen im Einsatz ist, sind aus der Sicht des Zeitarbeitsunternehmens Bestandteil des Lohns. Lohnkosten hängen immer direkt mit Einsätzen von Zeitarbeitnehmern zusammen. Sie sind also **direkt einem Auftrag zurechenbar** (Einzelkosten).

Beispiel

	Neue Arbeit GmbH	Solarfabrik GmbH
Wöchentliche Arbeitszeit	35 Stunden	38 Stunden
Beschäftigungsdauer	2 Wochen	
Arbeitszeit im Einsatz	70 Stunden	76 Stunden
Guthaben Arbeitszeitkonto	**6 Stunden**	

Der Neue Arbeit GmbH sind in diesem Beispiel nicht nur die Kosten durch das Arbeitsentgelt für die reguläre Arbeitszeit entstanden, sondern die Entgeltkosten für die gesamte Einsatzdauer von 76 Stunden. Die Deckung dieser „Zusatzkosten“ wird durch den Umsatzerlös erreicht, weil 76 Stunden mit dem Kundenunternehmen, der Solarfabrik GmbH, abgerechnet werden. Gleichzeitig haben sich aber auch Entgeltverbindlichkeiten für sechs Stunden gegenüber dem Zeitarbeitnehmer aufgebaut.

Gemeinkosten

Die nicht direkt einem Zeitarbeitnehmer bzw. einem Auftrag zurechenbaren Kosten nennen sich **Gemeinkosten**.
Diese entstehen beispielsweise im Rahmen der Personalverwaltung durch die internen Mitarbeiter, durch Büro- und Gebäudekosten, Zinsen, Fuhrpark, Kosten für Akquisition oder das Rechnungswesen **(Verwaltungskosten, Overhead)**.
Subtrahiert man die Einzelkosten, die durch die Zeitarbeitnehmer verursacht werden, vom Umsatz, so erhält man das **Rohergebnis** bzw. die **Marge**. Ist die Marge größer Null, werden die Gemeinkosten des Zeitarbeitsunternehmens gedeckt.

Merke
Marge = Umsatzerlöse - Einzelkosten

Kennziffern zur Auswertung des Betriebsergebnisses:

Formel

$$\textbf{Wirtschaftlichkeit} = \frac{\text{Umsatzerlös (Leistungen)}}{\text{Kosten}}$$

$$\textbf{Produktivität (ZAN)} = \frac{\text{Umsatzerlös (Leistungen)}}{\text{Anzahl ZAN}}$$

$$\textbf{Produktivität (interne MA)} = \frac{\text{Umsatzerlös (Leistungen)}}{\text{Anzahl interne MA}}$$

$$\textbf{Gesamtproduktivität} = \frac{\text{Umsatzerlös (Leistungen)}}{\text{Mitarbeiter (gesamt)}}$$

$$\textbf{Umsatzrentabilität vor Overhead} = \frac{\text{Marge (Rohergebnis) x 100}}{\text{Umsatzerlös}}$$

$$\textbf{Umsatzrentabilität} = \frac{\text{Betriebsergebnis x 100}}{\text{Umsatzerlös}}$$

$$\textbf{Verwaltungskostenquote (Overhead-Quote)} = \frac{\text{Overhead x 100}}{\text{Umsatzerlös}}$$

$$\textbf{Verwaltungsaufwand je ZAN} = \frac{\text{Overhead x 100}}{\text{ZAN}}$$

Personalbestand der Neue Arbeit GmbH des Geschäftsjahrs 2015:

Anzahl interne MA	10
Anzahl ZAN / Monat	
155	Januar
155	Februar
150	März
150	April
141	Mai
140	Juni
135	Juli
135	August
135	September
134	Oktober
135	November
145	Dezember
1710	**Summe**
142,5	**Durchschnitt**

Exkurs: Darstellung von Daten mithilfe von Diagrammen

Für die Geschäftsleitung der **Neue Arbeit GmbH** sollen die Zahlen der letzten fünf Jahre zur schnellen Erfassung visuell ansprechend dargestellt werden.
Hierzu bieten sich Diagramme an, weil hier, im Gegensatz zu „nackten Zahlen", Größenverhältnisse und Entwicklungen schnell auf einen Blick deutlich werden.

Arbeitsauftrag

Stellen Sie die betriebswirtschaftlichen Kennzahlen der Jahre 2011–2015 grafisch in einem geeigneten Diagramm dar.

Wichtige betriebswirtschaftliche Zahlen und Kennziffern der letzten fünf Jahre

	2011	2012	2013	2014	2015
durchschnittliche ZAN	140,8	154,3	160,4	150,2	142,50
durchschnittliche int. Mitarbeiter	8	9	10	10	10,00

	2011	2012	2013	2014	2015
Wirtschaftlichkeit	1,37	1,65	1,84	1,25	1,01
Produktivität (ZAN)	42781,65 €	44362,81 €	46372,46 €	45746,35 €	40216,36 €
Verwaltungsaufwand / ZAN	4962,81 €	4672,44 €	4473,81 €	4271,73 €	5141,66 €
Produktivität (int. Mitarbeiter)	597645,77 €	620864,36 €	673231,11 €	591762,63 €	573083,20 €
Gesamtproduktivität	39738,61 €	40619,64 €	41736,47 €	39871,53 €	37579,23 €
Marge	13,96 %	15,21 %	15,63 %	14,73 %	13,13 %
Overhead-Quote	11,23 %	10,35 %	10,12 %	10,54 %	12,79 %

Säulendiagramme

Die Grundlage dieser Diagrammart ist ein Koordinatensystem, an dem die Infografik strukturiert wird. In diesem sind die Säulen vertikal angeordnet, im Gegensatz zu Balken, die horizontal angeordnet werden. Säulendiagramme eignen sich vor allem zur Veranschaulichung von Verhältnissen verschiedener Mengen oder Größen.

Beispiel
Mit Säulendiagrammen kann ein Vergleich von Umsatzentwicklungen verschiedener Geschäftsfelder eines Unternehmens dargestellt werden.

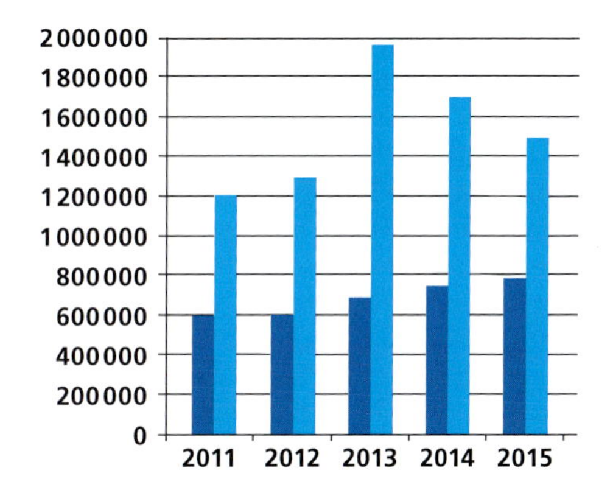

Die Säulen der Säulendiagramme eigen sich auch gut für die Darstellung von Verhältnissen, bzw. Zusammensetzungen bestimmter Größen. Hierzu werden die einzelnen Säulen unterteilt und die Anteile farblich abgesetzt. Diese Art nennt sich strukturiertes Säulendiagramm.

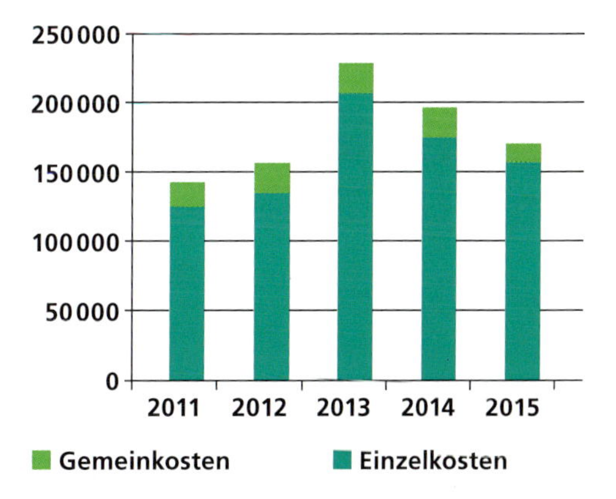

Kurven- und Liniendiagramme

Diese Diagramme eignen sich vor allem zur Darstellung von Entwicklungen in einem zeitlichen Ablauf und zur Visualisierung von Prozessen und Trendentwicklungen, wie Umsatzentwicklungen, die Entwicklung von Marktanteilen oder die Kostenentwicklung in einer bestimmten Abteilung.

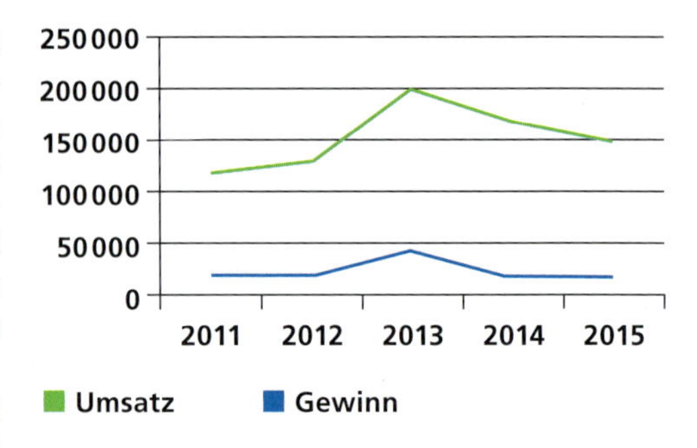

Damit der Betrachter einen möglichst wirklichkeitsnahen Eindruck des dargestellten Inhalts erhält, sollte man den Maßstab so wählen, dass die Kurve die durch die Koordinatenachsen vorgegebene Fläche möglichst gut ausfüllt. Dabei wird in der Regel der erste Zahlenwert mit dem Nullpunkt des Koordinatenkreuzes gleichgesetzt.

Wichtig ist, dass jede Achse eindeutig bezeichnet ist und dass bei Darstellung mehrerer Zeitreihen auch jede einzelne Kurve eine eigene Bezeichnung trägt. Die Unterscheidung kann optisch durch Verwendung unterschiedlicher Linienarten (durchgehend, gestrichelt, gepunktet etc.) oder farblich hervorgehoben werden.

Kreisdiagramme

Diagramme in Kreisform, auch **Kuchen- oder Tortendiagramme** genannt, sind ideal zur Veranschaulichung von Anteilsverhältnissen, meist in Prozent. Der Anteil einzelner Größen am Gesamtwert wird durch die Größe der entsprechenden Kreisausschnitte wiedergegeben. Dabei entspricht der Kreisradius von 360° einem Anteil von 100 %.

Durch die besondere Darstellung des Diagramms wird zudem eine „Hauptgröße" (hier die Produktivstunden) herausgestellt. Die „Nebengrößen" stellen die „ausgeschnittenen Kuchenstücke" dar.

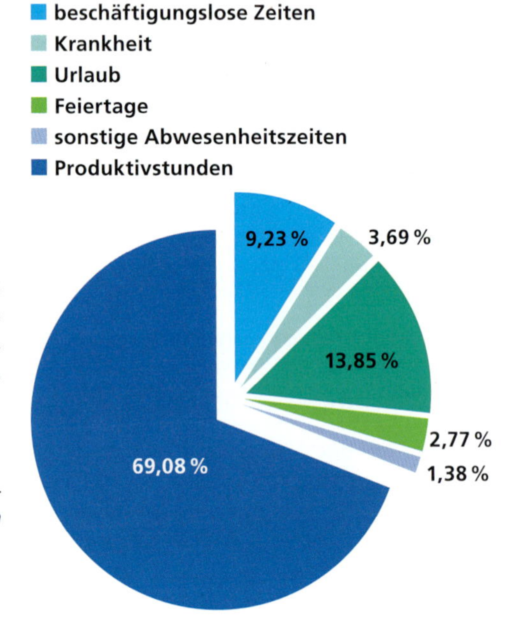

Beispiel

Die Summe der ausgeschnittenen Kuchenstücke in diesem Beispiel stellen die einsatzfreien Zeiten (siehe auch Kapitel 3.2.1) dar.

3.3 Vollkostenrechnung mittels Stundensatzkalkulation

Einstiegssituation ▶

Für das kommende Geschäftsjahr 2016 haben sich die Tarifpartner auf einen neuen Tarifvertrag geeinigt. Für den Entgelttarifvertrag sind höhere Stundenlöhne und ein Mindestlohn von 8,50 € vereinbart worden. Somit müssen die Stundensätze für die Zeitarbeitnehmer der **Neue Arbeit GmbH** angepasst werden.

Arbeitsauftrag

1. *Berechnen Sie als Kalkulationsgrundlage auf der Basis der Soll-Kosten den jeweiligen Stundensatz der Mitarbeiter für die Entgeltgruppen 1 bis 9 ohne Zuschläge (Westdeutschland). Die Entgeltgruppen entnehmen Sie bitte dem aktuellen Tarifvertrag. Der Gewinnzuschlag soll 10 % der Selbstkosten betragen.*
2. *Stellen Sie die Zusammensetzung des Stundensatzes mithilfe eines geeigneten Diagramms dar.*

Die **Angebotskalkulation** ist ein zentrales Element der Kosten- und Leistungsrechnung. Die Basis bilden hierbei die Kosten des Zeitarbeitsunternehmens und die Auswertung des Betriebsergebnisses. Durch die unterschiedlichen konjunkturellen Situationen können hier von Jahr zu Jahr bzw. von Monat zu Monat Schwankungen auftreten, die keine verlässliche Kalkulationsgrundlage darstellen. In die Basisdaten der Kalkulation fließen somit, neben den Kostendaten der vergangenen Geschäftsjahre, auch die Erwartungen hinsichtlich einer „normalen" Nachfrage nach Zeitarbeitnehmern ein. Die Kosten müssen also für das kommende Geschäftsjahr „vorausgeschätzt" werden (**Sollkosten**).

3.3.1 Ermittlung des Stundensatzes als Kalkulationsbasis

Die Basis für die Kalkulation von Aufträgen bilden die Kosten eines Zeitarbeitnehmers pro Einsatzstunde beim Kundenunternehmen **(Stundensatz)**. Ziel ist es also, auf der Basis der vorausgeschätzten Gesamtkosten für beispielsweise ein Jahr, den Stundensatz für einen Zeitarbeitnehmer zu berechnen. Mithilfe dieses Stundensatzes ist es dann möglich, Preise für Aufträge von Kundenunternehmen zu kalkulieren.
Das im Weiteren dargestellte Zahlenmaterial basiert also auf **Vorausschätzungen**. Viele Kosten sind aus vergangenen Rechnungsperioden bekannt. Dies sind beispielsweise Miete, Energiekosten, Versicherungen, Tarifverträge, Beiträge zur Sozialversicherung etc. Sie bilden die Basis für die Sollkosten der kommenden Rechnungsperiode. Haben sich Kosten geändert, beispielsweise die Entgeltkosten durch einen neuen Tarifvertrag, werden diese angepasst.

Wie kommt das Zeitarbeitsunternehmen nun von den Sollkosten der Rechnungsperiode des Jahres 2016 auf den Stundensatz für einen Zeitarbeitnehmer?
Schauen wir uns hierfür die für 2016 prognostizierten Sollkosten genauer an:

Sollkosten für das Jahr 2016 der Neue Arbeit GmbH:	Zuschlagsatz	
Produktiventgelte	3 415 300,00 €	
gesetzliche Abgaben Arbeitgeberanteil	803 620,00 €	23,53 %
Entgelte für einsatzfreie Zeiten	870 218,00 €	25,48 %
gesetzliche Abgaben einsatzfreie Zeiten	204 762,00 €	23,53 %
Urlaubs- und Weihnachtsgeld, Zulagen	185 500,00 €	5,43 %
sonstige Arbeitgeberkosten (Zeitarbeitnehmer)	150 000,00 €	4,39 %
Personalkosten (Zeitarbeitnehmer)	**5 629 400,00 €**	
Overhead	270 130,00 €	4,80 %
Gesamtkosten	**5 899 530,00 €**	

Die **Produktiventgelte** sind auf der Basis der geplanten Auslastung der Personalkapazitäten und tarifvertraglich vereinbarten Entgelten berechnet. Alle weiteren Kostenpositionen sind von den Produktiventgelten abhängig. Sie stehen mit diesen also in einem **prozentualen Verhältnis**.
So sind beispielsweise die **gesetzlichen Abgaben** durch die jeweiligen aktuellen Beitragssätze bestimmbar. **Weihnachts- und Urlaubsgeld sowie weitere Zulagen** sind tarifvertraglich oder unternehmensintern festgelegt. **Sonstige Arbeitsgeberkosten**, also beispielsweise Schutzbekleidung, Werkzeug, Schulungen oder vermögenswirksame Leistungen können aus Werten der vergangenen Geschäftsjahre ermittelt werden und auf die geplante Auslastung bezogen werden. Da sich diese Auslastung aus der Höhe der gezahlten Produktiventgelte ableitet, besteht hier ebenfalls ein kostenmäßiger Zusammenhang. Man kann also auch hier ein prozentuales Verhältnis herstellen.
Ein genauerer Blick ist auf die Berechnung der Entgelte für einsatzfreie Zeiten zu richten. Hierzu muss man sich nochmals die durchschnittliche Arbeitszeitrechnung eines Zeitarbeitnehmers anschauen:

	Tage/Monat	Stunden	
1. Arbeitszeit	**21,67**	**151,67**	
2. beschäftigungslose Zeiten	0,60	4,20	
3. Krankheit	1,00	7,00	
4. Urlaub	2,00	14,00	
5. Feiertage	0,60	4,20	
6. sonstige Abwesenheitszeiten	0,20	1,40	
7. einsatzfreie Zeiten (Sa. 2 – 7)	**4,40**	**30,80**	+ 25,48%
8. Produktivstunden (1 ./. 7)	**17,27**	**120,87**	

Die einsatzfreien Zeiten betragen im Durchschnitt für alle Zeitarbeitnehmer der **Neue Arbeit GmbH** 25,48 % der Produktivstunden:

$$\frac{4{,}40 \text{ Stunden} \times 100}{17{,}27 \text{ Stunden}} = 25{,}48\%$$

Analog dazu kann man also davon ausgehen, dass zu den Produktiventgelten 25,48 % Kosten für einsatzfreie Zeiten entstehen, weil ja in den Zeiten, in denen ein Zeitarbeitnehmer nicht im Einsatz ist, sein Entgelt vom Zeitarbeitsunternehmen weiter bezahlt wird. Hinzu kommen noch die gesetzlichen Abgaben. Der Zuschlag von 23,53 % berechnet sich, in gleicher Weise wie bei den Produktiventgelten, auf die Entgelte für einsatzfreie Zeiten:

870 218,00 € x 23,53 % = 204 762,00 €

Je mehr Zeitarbeitsunternehmer im Einsatz sind, desto höher sind auch die Kosten für deren Personalsachbearbeitung. Aufgrund dessen steht auch der Overhead in einem festen Verhältnis zu den (Einzel-)Personalkosten:

5 629 400,00 € x 4,80 % = 270 130,00 €

Von den Gesamtkosten zum Stundensatz

Die oben ermittelten Prozentsätze kann sich das Zeitarbeitsunternehmen nun bei der Berechnung der Stundensätze für die Zeitarbeitnehmer zunutze machen:

Bruttoentgelt / Stunde	11,88 €	Zuschlagssatz
Sozialversicherung Arbeitgeberanteil	2,80 €	23,53 %
Zuschlag für einsatzfreie Zeiten (inkl. Soz.Vers.)	3,74 €	31,48 %*
Urlaubs- und Weihnachtsgeld, Zulagen	0,49 €	5,43 %
sonstige Arbeitgeberkosten (Zeitarbeitnehmer)	0,52 €	4,39 %
Personalkosten (Zeitarbeitnehmer)	**19,43 €**	
Overhead	0,93 €	4,80 %
Selbstkosten	20,36 €	
Gewinnzuschlag	2,04 €	10,00 %
Nettostundensatz	**22,40 €**	

* *Aus den Entgelten für einsatzfreie Zeiten und den darauf anfallen gesetzliche Abgaben wird zur Vereinfachung ein (Gesamt-) Zuschlagssatz gebildet:*

$$\frac{(870\,218{,}00\text{ €} + 204\,762{,}00\text{ €}) \times 100}{3\,415\,300{,}00\text{ €}} = 31{,}48\ \%$$

Die oben ermittelten Prozentsätze werden nun als **Zuschlagssätze** genutzt. Diese werden auf das Bruttoentgelt des Zeitarbeitnehmers aufgeschlagen. So werden mit jeder Einsatzstunde im Kundenunternehmen ein kleiner Teil der Kosten des Zeitarbeitsunternehmens gedeckt. In der Summe, also auf eine Rechnungsperiode bezogen, werden auf diese Weise alle Kosten gedeckt. Weil ein Unternehmen nicht nur seine Kosten decken, sondern auch einen Gewinn erwirtschaften will, wird ein Gewinnzuschlag, hier in Höhe von 10 %, auf die Selbstkosten aufgeschlagen.

Faktor

Hat man mithilfe der Zuschlagsätze den Stundensatz kalkuliert, kann man zur Vereinfachung der Kalkulation einen Gesamtzuschlag berechnen, der alle Einzelzuschläge rechnerisch zusammenfasst. Dieser sogenannte **Faktor** zeigt, mit welchem Wert das Bruttoentgelt je Stunde multipliziert werden muss, um rechnerisch relativ einfach zum Nettostundensatz zu gelangen. Im vorliegenden Beispiel errechnet sich dieser Faktor wie folgt:

Beispiel

$$\frac{22{,}40\ €}{11{,}88\ €} = 1{,}9$$

Jeder Stundensatz eines Zeitarbeitsunternehmens kann dann mit dem Faktor auf der Basis eines Stundenlohns ermittelt werden.

3.3.2 Kalkulation von Aufträgen zur Arbeitnehmerüberlassung

Einstiegssituation ▶

Die **Stadion-Cateringgesellschaft** eines erfolgreichen Bundesligavereins will acht Zeitarbeitnehmer einstellen, weil dieser in der Saison 2015/2016 in der Champions League spielt. Auch wenn die Wahrscheinlichkeit für einen längeren Verbleib im Wettbewerb hoch ist, will sie keine Festanstellungen vornehmen. Sie hat hierzu bei der **Neue Arbeit GmbH** eine Anfrage gestellt.
Die für die Angebotskalkulation wichtige Größe ist, wie bereits im Kapitel 3.2 dargestellt, der **Stundensatz**, der vom Kundenunternehmen für den Zeitarbeitnehmer zu entrichten ist.

Arbeitsauftrag

Kalkulieren Sie mithilfe des Stundensatzes den Angebotspreis für die Stadion-Cateringgesellschaft für die Entgeltgruppe 2.

Für die Auftragskalkulation wird der Stundensatz mit der angefragten Beschäftigungsdauer aller angefragten Zeitarbeitnehmer des Kundenunternehmens multipliziert. Zudem werden Skonto und Rabatt, die der Kunde (vereinbarungsgemäß) vom Listenpreis später abzieht, im Vorhinein auf den Barpreis aufgeschlagen.

Kalkulationsschema:

Barpreis = Stundensatz x Produktivstunden je ZAN x Anzahl der angefragten ZAN
+ 2 % Skonto
= Zielpreis
+ 3 % Rabatt
= Listenpreis

Kalkulation von Nachlässen

Rabatt wird einem Kunden in der Regel dann gewährt, wenn er eine größere Menge abnimmt (Mengenrabatt, hier für eine größere Anzahl an Zeitarbeitnehmern). Es kann aber auch vorkommen, dass ein Kundenunternehmen „hart" verhandelt und so einen günstigeren Preis erzielt. **Skonto** wird dann gewährt, wenn der Kunde innerhalb einer bestimmten Frist die Rechnung begleicht. In der Regel wird dem Kunden nach Rechnungsdatum ein **Zahlungsziel** von 30 Tagen eingeräumt. Dies muss jedoch auf der Rechnung bzw. in den **Allgemeinen Geschäftsbedingungen** (AGB) vermerkt sein. Zahlt er früher – normalerweise wird ein Zeitraum von zehn Tagen angegeben – kann er die Rechungssumme um einen bestimmten Prozentsatz (meistens um 2 bis 3 %) mindern.
Damit die Neue Arbeit GmbH aber trotz der Nachlässe die Selbstkosten decken kann und zudem mit einem Auftrag einen Gewinn erzielen kann, **müssen Skonto und Rabatt im Vorhinein bei der Kalkulation des Angebotspreises berücksichtigt werden**. Damit also der Gewinnzuschlag nicht vom gewährten Skonto und Rabatt „aufgefressen" wird, müssen diese Positionen zuvor auf den Barpreis aufgeschlagen werden. Hierfür wird wie folgt verfahren:
Das Kundenunternehmen zieht nach Rechnungsstellung Skonto und Rabatt vom Listenpreis ab. Es zahlt also im Falle eines fünfprozentigen Rabatts 95 % des Listenpreises. Genauso verhält es sich mit dem Skonto. Um also den Skonto- und Rabattbetrag für das Kalkulationsschema zu berechnen, muss die Neue Arbeit GmbH den Barpreis und den Zielpreis als **verminderte Basis** betrachten.

Beispiel
Kalkulation von Skonto und Rabatt aus der Sicht der Neue Arbeit GmbH

Barpreis	**18620,00 €**	98,00 %	
Skonto	380,00 €	2,00 %	
Zielpreis	**19000,00 €**	**100,00 %**	**95,00 %**
Rabatt	1000,00 €		5,00 %
Listenpreis	**20000,00 €**		**100,00 %**

Das Kundenunternehmen hingegen rechnet vom Listenpreis aus. Es zieht somit Rabatt und Skonto ab. Es dreht quasi das Kalkulationsschema um und subtrahiert von 20000,00 € Skonto und Rabatt.
Die Neue Arbeit GmbH muss demnach so kalkulieren, dass sie einen (Ziel-)Preis von 19000,00 € erzielt. Die richtige Berechnung wird im folgenden Beispiel auf der linken Seite, die „falsche" Rabattberechnung auf der rechten Seite der Tabelle dargestellt.

Beispiel
Weiterführung des Beispiels anhand der Position Rabatt:

Richtig (im Hundert)	**Falsch (vom Hundert)**
19000,00 € => 95 % **x => 5 %**	**19000,00 => 100 %** **x => 5 %**
$\frac{19000{,}00\,€ \times 5\,\%}{95\,\%}$ **= 1000,00 € Rabatt**	$\frac{19000{,}00\,€ \times 5\,\%}{100\,\%}$ **= 950,00 € Rabatt**
=> Listenpreis = 20000,00 €	**=> Listenpreis = 19950,00 €**

Würde die neue Arbeit GmbH einen Listenpreis von 19950,00 € ansetzen und hiervon 5 % Rabatt auf den Rechnungsbetrag gewähren, würde es anstelle von 19000,00 € nur einen Zielpreis von 18952,50 erhalten (19000,00 € – 5 %). Analog verhält es sich mit dem Skonto.

Im fachlichen Kontext: Effektivverzinsung des Skonto-Darlehens

Auf den ersten Blick erscheint Skonto, das der Lieferer dem Kunden einräumt, ein zinsgünstiges Darlehen zu sein. Bei genauerem Hinschauen stellt sich die Inanspruchnahme von Skonto, also das Ausnutzen der Zahlungsfrist von 30 Tagen, als sehr teure Finanzierungsmaßnahme heraus. Dies ist an folgendem Beispiel dargestellt.

Beispiel

Rechungssumme: 10000,00 €, zahlbar innerhalb von 30 Tagen nach Rechnungseingang, bei Zahlung innerhalb von 10 Tagen 2 % Skonto.

Der Rechnungsbetrag bei sofortiger Zahlung beträgt somit 9800,00 €. Zahlt der Kunde diese Summe erst nach 30 Tagen, zahlt er somit 200,00 € „Zinsen". Er erhält auf diese Weise vom Lieferer für 20 Tage (zehn Tage kann er gemäß der Zahlungsbedingungen „kostenlos" mit der Zahlung warten) ein Darlehen von 9800,00 €, für das er 200,00 € Zinsen zahlt. Bezieht man zur Berechnung eines Jahreszinssatzes diese Zinskondition auf ein Jahr, wie es bei der Angabe von Zinssätzen üblich ist, errechnet sich folgender effektiver Jahreszins:

Formel

Die Grund-Zinsformel lautet wie folgt:

$$Z = \frac{K \times p \times T}{100 \times 360}$$

Z = Zinsen, K = Kapital, p = Zinssatz, T = Dauer der Kapitalanlage bzw. der Darlehens-Inanspruchnahme

Eingesetzt und umgestellt nach p:

$$p = \frac{200{,}00\,€ \times 360\text{ Tage} \times 100}{9800{,}00\,€ \times 20\text{ Tage}} = 36{,}73\,\%$$

Der effektive (Jahres-) Zinssatz beträgt somit 36,73 %. Es ist daher wirtschaftlich sinnvoller, wenn möglich, den Überziehungsrahmen des Geschäftskontos zu nutzen, der in der Regel bei einem Zinssatz von ca. 10–12 % liegt.

Die **Umsatzsteuer** bleibt bei der Kalkulation unberücksichtigt. Sie muss zwar auf der Rechnung ausgewiesen werden. Das Unternehmen erhält die gezahlte Umsatzsteuer jedoch vom Finanzamt zurück. Aus der Sicht des Kundenunternehmens nennt sich die gezahlte Umsatzsteuer **Vorsteuer**. Sie ist also für die Kalkulation unerheblich. Weitere Erläuterungen zum Thema Umsatzsteuer finden Sie in Punkt 4.

3.4 Teilkostenrechnung

Einstiegssituation ▶

Es wird erwartet, dass die Bundesregierung die Förderung für Photovoltaik-Anlagen weiter senkt. Viele Hauseigentümer wollen deshalb noch die alte Förderung mitnehmen, die ihnen für 20 Jahre höhere Einspeisevergütungen garantiert. Hierdurch ist die Nachfrage nach Modulen kurzfristig angestiegen. Die **Solarfabrik GmbH** will deshalb zeitweise von Zwei- auf Dreischichtbetrieb umstellen, bei einer Wochenarbeitszeit von 38 Stunden. Da mittelfristig mit stark rückläufigen Bestellungen zu rechnen ist, benötigt die Solarfabrik GmbH vorübergehend für 12 Wochen 50 Zeitarbeitnehmer mit geeigneter Facharbeiterausbildung. Der tarifliche Stundenlohn beträgt für diese Tätigkeit 13,41 €. Die Solarfabrik GmbH bietet einen Höchstpreis von 380 000,00 € an. Für die Tätigkeit ist zuvor für die Mitarbeiter eine Qualifizierungsmaßnahme notwendig, die zusätzlich zu den Arbeitsentgelten 2 500,00 € kostet. Hieran beteiligt sich die Bundesagentur für Arbeit mit 50 %.

Arbeitsaufträge

1. *Entscheiden Sie, ob die Neue Arbeit GmbH den Auftrag annehmen soll. Prüfen Sie zunächst auf der Basis der Stundensatzkalkulation, ob der Auftrag kostendeckend ist. Kalkulieren Sie hierzu mit den in Kapitel 3.3.1 angewendeten Zuschlagsätzen.*

2. *Sollte der Auftrag nicht kostendeckend sein, überprüfen Sie, ob er zumindest einen Teil der Selbstkosten deckt und es ggf. trotzdem betriebswirtschaftlich sinnvoll sein könnte, den Auftrag anzunehmen. Ermitteln Sie hierzu das Auftragsergebnis im Falle der Annahme und der Nicht-Annahme.*

3. *Diskutieren Sie die strategischen (also langfristigen) Vor- und Nachteile einer Preispolitik, die sich aus der Annahme von Aufträgen ergeben, die nicht voll kostendeckend sind.*

Wird ein Auftrag unter Berücksichtigung aller Kosten kalkuliert, wird die Kalkulation auf **Vollkostenbasis** durchgeführt. Dies ist der Regelfall, weil grundsätzlich alle auftragsbezogenen Kosten gedeckt sein sollten.
In wirtschaftlichen Schwächephasen, in denen weniger Nachfrage nach Leistungen, also im Fall von Zeitarbeitsunternehmen nach Arbeitskräften, vorhanden ist, muss ein Unternehmen ggf. auch Aufträge annehmen, die zwar nicht alle, zumindest aber einen Teil der Selbstkosten decken. Dies ist dann sinnvoll, wenn Kapazitäten nicht kurzfristig an die reduzierte Nachfrage angepasst werden können. Im Fall von Zeitarbeitsunternehmen ist dies der Fall, wenn die Zeitarbeitnehmer kein Guthaben mehr auf ihren Arbeitszeitkonten haben bzw. die maximale Überziehung erreicht ist. Zudem bestehen Agenturkosten (Overhead), die nicht kurzfristig abbaubar sind.
Weitere Gründe „Sonderpreise" zu kalkulieren und nicht vollkostendeckende Aufträge anzunehmen, können sein, dass die **Neue Arbeit GmbH** einen Neukunden akquirieren möchte oder dass sie einen bestehenden Kunden halten möchte, der, vielleicht seinerseits unter Kostendruck stehend, vorübergehend seine Kosten senken muss.

Schauen wir uns anhand eines anderen Beispiels die einzelnen Kostenpositionen einer Auftragskalkulation genauer an:

Beispiel

		Kostenposition	
Einzelkosten: 67 552,15 €	*Direktkosten: 5 372,80 €*	*Aufbau AZK incl. Sozialversicherung*	*4 132,80 €*
		auftragsbezogene Fremdleistungskosten	*600,00 €*
		Zulagen, Reisekosten	*640,00 €*
	Fixkosten: 66 321,11 €	*Bruttoentgelte*	*48 216,00 €*
		Sozialversicherung	*11 345,22 €*
		Anteiliges Urlaubs- und Weihnachtsgeld	*2 618,13 €*
Gemeinkosten: 4 141,75		*Overhead*	*4 141,75 €*

Erläuterungen

Neben der in Kapitel 3.3.1 vorgenommenen Einteilung der Kosten in Einzel- und Gemeinkosten ist es für die hier vorliegende Fragestellung sinnvoll, die Auftragskosten in **Direktkosten und Fixkosten** *zu unterteilen.*

Direktkosten *entstehen nur dann, wenn der Auftrag vom Zeitarbeitsunternehmen angenommen wird. Dies gilt für einen möglichen Aufbau des Arbeitszeitkontos (diese entstünden ggf. ja nur bei Annahme eines Auftrags), für Fremdleistungen (bspw. nur für diesen einen Auftrag anfallenden Qualifizierungskosten) und für die Zeitarbeitnehmer zu gewährende Reisekosten.*

Entgeltkosten für die Zeitarbeitnehmer stellen zwar (dem Auftrag direkt zurechenbare) Einzelkosten dar, sind aber aus der Sicht des Zeitarbeitsunternehmens Fixkosten. Sie sind also nicht kurzfristig abbaubar, denn sie bestehen unabhängig davon, ob ein Zeitarbeitnehmer einem Kundenunternehmen überlassen wird oder ob er Freischichten hat.

Kommen wir wieder zur Ausgangssituation: Die Controlling-Abteilung der **Neue Arbeit GmbH** muss nun entscheiden, welche Kosten in jedem Fall durch den Auftrag gedeckt sein müssen und welche Kosten kurzfristig nicht vollständig, aber immerhin zum Teil gedeckt werden können. Diese Methode der Kostenrechnung nennt sich **Teilkostenrechnung** oder **Deckungsbeitragsrechnung**. Hierzu wird vom möglichen Umsatzerlös „rückwärts" kalkuliert. Die dem Auftrag zuzurechnenden Kosten werden stufenweise subtrahiert, sodass man am Ende des Kalkulationsschemas das Auftragsergebnis erhält. Die jeweiligen Zwischenergebnisse sind die Deckungsbeiträge. Diese zeigen, in welcher Höhe Einzel- und Gemeinkosten durch den Umsatzerlös gedeckt werden.

Kalkulationsschema (Teilkostenrechnung):

Umsatzerlös + Zuschuss Bundesagentur (BA)
– Aufbau AZK (inkl. Sozialversicherung)
– auftragsbezogene Fremdleistungskosten
– Zulagen, Reisekosten
= Deckungsbeitrag I
– Stundenlohn brutto

– Sozialversicherung
– anteiliges Urlaubs- und Weihnachtsgeld
= Deckungsbeitrag II
– Gemeinkosten (Overhead)
= Auftragsergebnis

Im Rahmen der Teilkostenrechnung stellt sich für die **Neue Arbeit GmbH** die Frage, welche Kosten zwingend gedeckt sein müssen und welche zumindest teilweise gedeckt sein müssen, damit es aus Kalkulationssicht sinnvoll ist, den Auftrag anzunehmen.

Deckungsbeitrag I

Der Umsatzerlös kann in bestimmten Fällen durch Eingliederungshilfen, die durch die Bundesagentur gezahlt werden, aufgestockt werden. Von dieser Gesamtsumme werden dann die Kostenpositionen subtrahiert.
Auftragsbezogene Fremdleistungskosten, der Aufbau des Arbeitszeitkontos und Zulagen müssen **in jedem Fall** gedeckt sein. Dies sind nämlich Kosten, die nur dann entstehen, wenn ein Auftrag angenommen wird **(Direktkosten)**. Sind diese Kosten nicht gedeckt, verschlechtert sich durch die Überlassung der Zeitarbeitnehmer an die Solarfabrik GmbH das (gesamte) Betriebsergebnis.
Am Zwischenergebnis lässt sich folgendes feststellen: Subtrahiert man die Direktkosten vom Umsatzerlös, so erhält man als Ergebnis den **Deckungsbeitrag I**. Ist dieser **größer als Null**, könnte die **Neue Arbeit GmbH** den Auftrag annehmen. Es entstünden für die Zeitarbeitnehmer keine beschäftigungslosen Zeiten. Infolgedessen wären die tarifvertraglich festgelegten Entgeltkosten, die (bei Nicht-Annahme des Auftrags) in der beschäftigungslosen Zeit vom Zeitarbeitsunternehmen weiter gezahlt werden, (teilweise) gedeckt. Diese Entgeltkosten sind aufgrund des Kündigungsschutzes der Zeitarbeitnehmer **nicht kurzfristig abbaubar** (Fixkosten).
Blieben diese Fixkosten ungedeckt, würden sie in voller Höhe das Betriebsergebnis mindern. Insofern würde ein positiver Deckungsbeitrag I eine Teildeckung der (fixen) Entgeltkosten bewirken. Dies wirkt sich positiv auf das Betriebsergebnis aus.

Beispiel
Direktkosten des Auftrags sind gedeckt, fixe Einzelkosten, der geplante Umsatzerlös beträgt 60300,00 €. (Entgeltkosten der Zeitarbeitnehmer) sind teilweise gedeckt (Weiterführung des obigen Beispiels)

	Annahme	Nicht-Annahme
Umsatzerlös + Zuschuss BA	**60300,00 €**	
Aufbau AZK (inkl. Sozialversicherung)	– 4132,80 €	
auftragsbezogene Fremdleistungskosten	– 600,00 €	
Zulagen, Reisekosten	– 640,00 €	

	Annahme	Nicht-Annahme
Deckungsbeitrag I	**54927,20 €**	**– €**
Bruttoentgelte	– 48216,00 €	– 48216,00 €
Sozialversicherung	– 11345,22 €	– 11345,22 €
anteiliges Urlaubs- und Weihnachtsgeld	– 2618,13 €	– 2618,13 €
Deckungsbeitrag II (Marge)	**– 7252,15 €**	**– 62179,35 €**
Gemeinkosten (Overhead)	– 4141,75 €	– 4141,75 €
Auftragsergebnis	**– 11393,91 €**	**– 66321,11 €**

Das Betriebsergebnis würde sich durch die Annahme des Auftrags verbessern, weil durch diesen (teilweise) Fixkosten gedeckt werden. Ohne den Auftrag blieben die Fixkosten vollständig ungedeckt.

Deckungsbeitrag II

Darüber hinaus sollten jedoch auch die verbleibenden Einzelkosten, also die Entgeltkosten inkl. Sozialversicherung und das anteilige Weihnachts- und Urlaubsgeld, gedeckt sein, denn diese Kosten sind die (direkt zurechenbaren) Einzelkosten des Auftrags.

Definition
Der **Deckungsbeitrag II** zeigt, ob die Einzelkosten eines Auftrags gedeckt sind.

Der Deckungsbeitrag II ist also nichts anderes als die weiter oben beschriebene **Marge**. Mit einer Unterdeckung beim **Deckungsbeitrag II** sollte sich die **Neue Arbeit GmbH** deshalb nur im äußersten Notfall bei dringendem Liquiditätsbedarf zufrieden geben. Möglicherweise ist es vorteilhafter, auf einen Auftrag zu warten, der einen größeren Anteil an Fixkosten deckt. Zudem würde es in der Zukunft schwieriger sein, wieder angemessene Preise durchzusetzen, wenn sich die Kunden an die Niedrigpreis-Strategie „gewöhnen".
Ist der Deckungsbeitrag II positiv, kann er den Overhead (teilweise oder vollständig) decken. Dieser ist, wie oben dargestellt, den **Fixkosten** zuzurechnen. Kapital für die Betriebsstätte ist langfristig gebunden oder es bestehen hierfür längerfristige Mietverträge. Hier könnte man auf eine Vollkostendeckung vorübergehend verzichten.

Beispiel
Einzelkosten sind gedeckt, Overhead ist teilweise gedeckt.
Nach Verhandlungen ist der Kunde bereit, sein Angebot auf 70000,00 € zu erhöhen (Weiterführung des obigen Beispiels):

	Annahme	Nicht-Annahme
Umsatzerlös + Zuschuss BA	**70300,00 €**	
Aufbau/Abbau AZK (inkl. Sozialversicherung)	– 4132,80 €	

	Annahme	Nicht-Annahme
auftragsbezogene Fremdleistungskosten	– 600,00 €	
Zulagen, Reisekosten	– 640,00 €	
Deckungsbeitrag I	**64 927,20 €**	**– €**
Bruttoentgelte	– 48 216,00 €	– 48 216,00 €
Sozialversicherung	– 11 345,22 €	– 11 345,22 €
anteiliges Urlaubs- und Weihnachtsgeld	– 2 618,13 €	– 2 618,13 €
Deckungsbeitrag II (Marge)	**2 747,85 €**	**– 62 179,35 €**
Gemeinkosten (Overhead)	– 4 141,75 €	– 4 141,75 €
Auftragsergebnis	**– 1 393,91 €**	**– 66 321,11 €**

Gegebenenfalls sind in einem „guten Monat" auch die Kosten für den Overhead bereits gedeckt, sodass ein zusätzlicher Auftrag nicht unbedingt vollkostendeckend sein müsste. In diesem Fall würde sich der Deckungsbeitrag II unmittelbar als Gewinn in der betriebswirtschaftlichen Auswertung (BWA) des Monats niederschlagen.

Sollte die Möglichkeit bestehen, dass in der einsatzfreien Zeit (im Falle der Nicht-Annahme des Auftrags) in Abstimmung mit den Zeitarbeitnehmern das Guthaben auf ihrem Arbeitszeitkonto abgebaut wird, vermindern sich die Verbindlichkeiten der Agentur gegenüber den Zeitarbeitnehmern. Die „eingesparten" Entgeltkosten im Fall der Nicht-Annahme des Auftrags stellen dann „negative Aufwendungen" (also faktisch einen Ertrag) dar. Diese würden im Falle eines Nicht-Abbaus spätestens dann fällig, wenn die betrieblich vereinbarte Grenze des Guthabens erreicht ist.

Beispiel
Während eines Auftrags können insgesamt Überstunden im Wert von 1 543,14 € abgebaut werden.

	Annahme	Nicht-Annahme
Umsatzerlös inkl. Zuschuss BA	**1 000,00 €**	**– €**
Aufbau / Abbau AZK (inkl. Sozialversicherung)		1 543,14 €
auftragsbezogene Fremdleistungskosten	– €	– €
Zulagen, Reisekosten	– €	– €
Deckungsbeitrag I	**1 000,00 €**	**1 543,14 €**
Bruttoentgelte	– 1 457,40 €	– 1 457,40 €
Sozialversicherung	– 342,93 €	– 342,93 €

	Annahme	Nicht-Annahme
Anteiliges Urlaubs- und Weihnachtsgeld	– 79,14 €	– 79,14 €
Deckungsbeitrag II	**– 879,46 €**	**– 336,32 €**
Gemeinkosten (Overhead)	– 105,46 €	– 105,46 €
Auftragsergebnis	**– 984,92 €**	**– 441,78 €**

In diesem Fall ist es also aus Sicht der Kostenrechnung vorteilhaft, den Auftrag nicht anzunehmen. Die Neue Arbeit GmbH muss entscheiden, ob sie vor dem Hintergrund der Kundenpflege oder -neugewinnung einen solchen Auftrag annimmt. Andererseits kann es mittelfristig nicht sinnvoll sein, das Arbeitszeitkonto abbauen zu lassen, wenn man weiterhin nachlassende Auftragseingänge befürchtet. Alle genannten Faktoren müssen in die Entscheidung einfließen.

Zusammenfassung

Rechnungswesen			
• Extern: GuV • Adressaten: Banken, Gesellschafter, Steuerbehörden		• Intern: Betriebsergebnis • Verwendungszweck: Ergebnisermittlung des Kerngeschäfts, Lieferung von Kalkulationsdaten	
Jahresüberschuss Erträge – Aufwendungen	**neutrales Ergebnis** – neutrale Aufwendungen – neutrale Erträge	**kostenrechnerische Korrekturen** – kalkulatorische Kosten	**Betriebsergebnis** – Leistungen – Kosten

Ermittlung des Betriebsergebnisses (Ergebnistabelle)

Kalkulatorische Kosten

- **Grundkosten:** gehen unverändert von der GuV in das Betriebsergebnis ein
  - Arbeitsentgelte der Zeitarbeitnehmer und der internen Mitarbeiter
  - Sonstige betriebliche Aufwendungen
- **Anderskosten:** Gehen mit veränderten Werten in das Betriebsergebnis ein
  - kalkulatorische Abschreibungen
  - kalkulatorische Zinsen
  - kalkulatorische Miete

Auswertung des Betriebsergebnisses und des Personaleinsatzes

$$\text{Wirtschaftlichkeit} = \frac{\text{Umsatzerlös inkl. Zuschüsse BA (Leistungen)}}{\text{Kosten}}$$

$$\text{Produktivität (ZAN)} = \frac{\text{Umsatzerlös inkl. Zuschüsse BA (Leistungen)}}{\text{Anzahl ZAN}}$$

$$\text{Produktivität (interne MA)} = \frac{\text{Umsatzerlös inkl. Zuschüsse BA (Leistungen)}}{\text{Anzahl interne MA}}$$

$$\text{Gesamtproduktivität} = \frac{\text{Umsatzerlös inkl. Zuschüsse BA (Leistungen)}}{\text{Mitarbeiter (gesamt)}}$$

$$\text{Umsatzrentabilität vor Overhead} = \frac{\text{Marge x 100}}{\text{Umsatzerlös}}$$

$$\text{Umsatzrentabilität} = \frac{\text{Betriebsergebnis x 100}}{\text{Umsatzerlös}}$$

$$\text{Verwaltungskostenquote} = \frac{\text{Overhead x 100}}{\text{Umsatzerlös}}$$

$$\text{Verwaltungsaufwand je ZAN} = \frac{\text{Overhead x 100}}{\text{ZAN}}$$

$$\text{Produktivstundenquote} = \frac{\text{Produktivstunden/Jahr (Monat) x 100}}{\text{Gesamtarbeitsstunden/Jahr (Monat)}}$$

$$\text{Krankenquote} = \frac{\text{Krankheitstage/Jahr (Monat) x 100}}{\text{Gesamtarbeitstage/Jahr (Monat)}}$$

$$\text{Betreuungsquote} = \frac{\text{interne Mitarbeiter}}{\text{Zeitarbeitnehmer}}$$

$$\text{Quote der beschäftigungslosen Zeiten} = \frac{\text{beschäftigungslose Tage (pro Monat/Jahr)}}{\text{Gesamtarbeitstage (pro Monat/Jahr)}}$$

Infografiken zur Visualisierung von Ergebnissen

- **Säulendiagramm:** Darstellung von Mengen oder Summen in einem Koordinatensystem zum direkten Vergleich (Größenverhältnisse)
- **Liniendiagramm:** Darstellung von Entwicklungen über bestimmte Zeiträume
- **Kreisdiagramm:** Darstellung von Zusammensetzungen einer Gesamtheit in Bezug auf Teilmengen

Kalkulation von Kosten der Arbeitnehmerüberlassung

- Vollkostenrechnung: Alle Kosten werden kalkuliert und sind im Preis enthalten

Kosten	
Einzelkosten Sind direkt einem Auftrag zurechenbar: Personalkosten der ZAN	Gemeinkosten Sind nicht direkt einem Auftrag zurechenbar und müssen jedem Auftrag anteilig zugerechnet werden: Agenturkosten (Overhead)

Vom Betriebsergebnis zur Auftragskalkulation

- Strukturierung der Kosten des Betriebsergebnisses in einem Kalkulationsschema:
  - Ermittlung der Zuschlagsätze der weiteren Personalkosten auf die Produktivlöhne
  - Ermittlung des Zuschlagsatzes für den Overhead

Produktiventgelte	**Einzelkosten**
+ gesetzliche Abgaben Arbeitgeberanteil	
+ Entgelte für einsatzfreie Zeiten	
+ gesetzliche Abgaben für einsatzfreie Zeiten	
+ Urlaubs- und Weihnachtsgeld, Zulagen	
+ sonstige Arbeitgeberkosten (Zeitarbeitnehmer)	
= Personalkosten (Zeitarbeitnehmer)	
+ Overhead	**Gemeinkosten**
= Selbstkosten	

Kosten lt. Betriebsergebnis	Zuschlag	Stundensatz	Gesamtkalkulation eines Auftrags
Produktiventgelte		**Bruttoentgelt / Stunde**	**Summe der Bruttoentgelte**
+ Sozialversicherung →	x % →	+ Sozialversicherung	+ Sozialversicherung
+ Weihnachtsgeld →	x % →	+ Weihnachtsgeld	+ Weihnachtsgeld
+ Entgelte einsatzfr. Zeiten →	x % →	+ Zuschlag einsatzfr. Zeiten	+ Zuschlag einsatzfr. Zeiten
+ sonstige AG-Kosten →	x % →	+ sonstige AG-Kosten	+ sonstige Arbeitgeberkosten
= Personalkosten		**= Personalkosten/Std.**	**= Personalkosten (Auftrag)**
+ Overhead →	x % →	+ Overhead	+ Overhead
= Selbstkosten		**= Selbstkosten**	**= Selbstkosten**
		+ Gewinnzuschlag	+ Gewinnzuschlag
		= Stundensatz (netto)	**= Barpreis**
			+ 2 % Skonto
			= Zielpreis
			+ 3 % Rabatt
			= Listenpreis

Teilkostenrechnung

Kosten	
Direktkosten Sind direkt einem Auftrag zurechenbar und fallen nur bei Auftragsannahme an: Reisekosten, auftragsbezogene Qualifikationsmaßnahmen, Aufbau AZK	Fixkosten Sind nicht kurzfristig abbaubar: Arbeitsentgelte der ZAN und der internen Mitarbeiter, Miete, Zinsen, Abschreibung, Energiekosten

Kostenkategorien im Rahmen der Teilkostenrechnung:

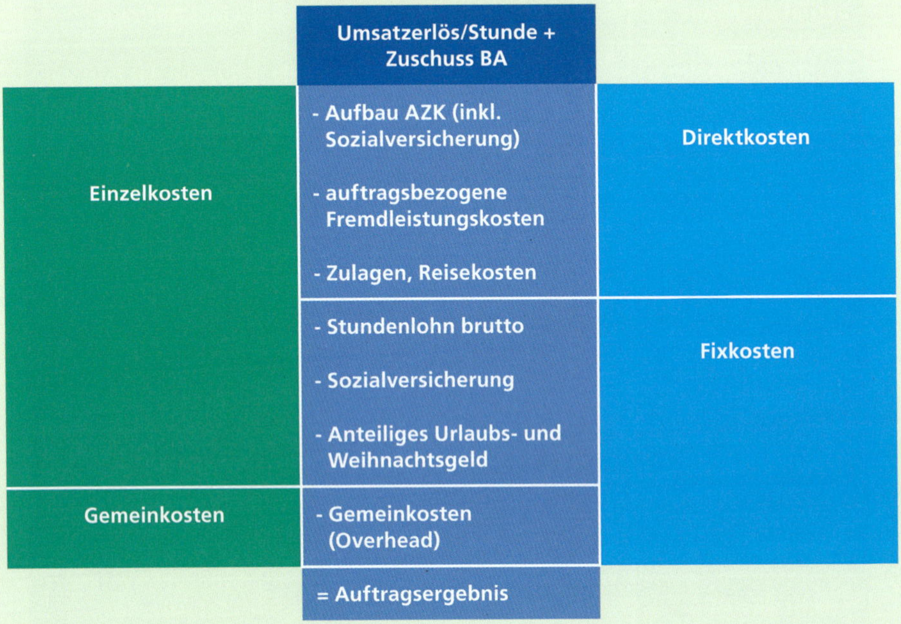

<table>
<tr><td></td><td>Umsatzerlös/Stunde + Zuschuss BA</td><td></td></tr>
<tr><td rowspan="2">Einzelkosten</td><td>- Aufbau AZK (inkl. Sozialversicherung)
- auftragsbezogene Fremdleistungskosten
- Zulagen, Reisekosten</td><td>Direktkosten</td></tr>
<tr><td>- Stundenlohn brutto
- Sozialversicherung
- Anteiliges Urlaubs- und Weihnachtsgeld</td><td rowspan="2">Fixkosten</td></tr>
<tr><td>Gemeinkosten</td><td>- Gemeinkosten (Overhead)</td></tr>
<tr><td></td><td>= Auftragsergebnis</td><td></td></tr>
</table>

Kalkulationsschema Teilkostenrechnung

Umsatzerlös + Zuschuss BA
– Aufbau AZK (inkl. Sozialversicherung)
– auftragsbezogene Fremdleistungskosten
– Zulagen, Reisekosten
= Deckungsbeitrag I
– Stundenlohn brutto
– Sozialversicherung
– anteiliges Urlaubs- und Weihnachtsgeld
= Deckungsbeitrag II
– Gemeinkosten (Overhead)
= Auftragsergebnis

Deckungsbeitrag

- Deckt die zugehörigen (weiter unten im Kalkulationsschema stehenden) Kosten.

Aufgaben

1. Die GuV der Persona Service GmbH hat folgenden Jahresabschluss erzielt:

	GuV	
1	Umsatzerlöse und Zuschüsse	10 527 837,00 €
2	Personalaufwand Zeitarbeitnehmer	– 8 978 650,00 €
3	Personalaufwand interne Mitarbeiter	– 463 723,00 €
4	Abschreibungen	– 36 728,00 €
5	sonstige betriebliche Aufwendungen	– 360 335,00 €
6	Zinserträge	6 378,00 €
7	Zinsen und ähnliche Aufwendungen	– 12 883,00 €
8	Mietaufwand	– €
9	außergewöhnliche Erträge	15 493,00 €
10	außergewöhnliche Aufwendungen	– 1 928,00 €
11	**Saldo**	**695 461,00 €**

a) Grenzen Sie alle neutralen Aufwendungen und Erträge ab.

b) Nehmen Sie dann die kostenrechnerischen Korrekturen vor und ermitteln Sie das Betriebsergebnis:

kalkulatorische Zinsen	34 200,00 €
kalkulatorische Abschreibung	125 730,00 €
kalkulatorische Miete	36 500,00 €

Erläutern Sie in diesem Zusammenhang die Begriffe Grund- und Anderskosten.

2. Berechnen Sie das Betriebsergebnis der Personaldienstleistungs-GmbH.

	GuV	
1	Umsatzerlöse und Zuschüsse	23 781 123,00 €
2	Personalaufwand Zeitarbeitnehmer	– 21 978 650,00 €
3	Personalaufwand interne Mitarbeiter	– 362 786,00 €
4	Abschreibungen	357 684,00 €

5	sonstige betriebliche Aufwendungen	– 586 398,00 €
6	Zinserträge	965,00 €
7	Zinsen und ähnliche Aufwendungen	– 35 488,00 €
8	Mietaufwand	– 25 000,00 €
9	außergewöhnliche Erträge	15 493,00 €
10	außergewöhnliche Aufwendungen	245 611,00 €
11	**Saldo**	**205 964,00 €**

Nehmen Sie hierbei folgende kostenrechnerischen Korrekturen vor:

kalkulatorische Zinsen:	
– betriebsnotwendiges Kapital	1 483 986,00 €
– kalk. Zinssatz	5 %
Kalkulatorische Abschreibung:	237 618,00 €
kalkulatorische Miete / Monat:	3 500,00 €

3. *Berechnen Sie die effektive Arbeitszeit eines Zeitarbeitnehmers der Persona Service GmbH anhand der folgenden Tabelle.*

	Tage/Monat	**Stunden**
Arbeitszeit	21,67	151,67
beschäftigungslose Zeiten	1,60	11,20
Krankheit	1,37	9,60
Urlaub	2,00	14,00
Feiertage	1,00	7,00
sonstige Abwesenheitszeiten	0,40	2,80

a) *Ermitteln Sie die Anteile der unproduktiven (einsatzfreien) Zeiten.*

b) *Stellen Sie das Ergebnis in einem geeigneten Diagramm dar.*

c) *Berechnen Sie den Zuschlagsatz auf die Produktivstunden (ohne Sozialversicherung) für die einsatzfreien Zeiten.*

4. *Werten Sie das Betriebsergebnis der Persona Service GmbH, Niederlassung Gelsenkirchen aus.*

Umsatzerlöse	**35473678,00 €**
Produktiventgelte (inkl. Zulagen)	– 21865744,00 €
gesetzliche Abgaben	– 4373149,00 €
Entgelte für einsatzfreie Zeiten	– 6222991,00 €
gesetzliche Abgaben für einsatzfreie Zeiten	– 1771064,00 €
Aufbau – Abbau AKZ	1826738,00 €
gesetzliche Abgaben Aufbau – Abbau AZK	519889,00 €
Urlaubs- und Weihnachtsgeld	– 1749260,00 €
sonstige Personalkosten (Zeitarbeitnehmer)	– 176287,00 €
Marge (Rohergebnis)	**1661810,00 €**
Overhead (Agenturkosten, Verwaltungskosten)	– 140876,00 €
Betriebsergebnis	**1520934,00 €**

Die durchschnittliche Mitarbeiterzahl des Jahres betrug:

Zeitarbeitnehmer:	**224,67**
interne Mitarbeiter:	**18**

	Tage/Monat	**Stunden**
Arbeitszeit	21,67	151,67
beschäftigungslose Zeiten	1,40	9,80
Krankheit	1,20	8,40
Urlaub	2,00	14,00
Feiertage	0,80	5,60
sonstige Abwesenheitszeiten	0,40	2,80

5. *a) Werten Sie das Betriebsergebnis der Persona Service GmbH der Niederlassung Dortmund aus.*

Umsatzerlöse	**17 892 877,00 €**
Produktiventgelte (inkl. Zulagen)	– 10 827 643,00 €
gesetzliche Abgaben	– 2 165 529,00 €
Entgelte für einsatzfreie Zeiten	– 2 999 258,00 €
gesetzliche Abgaben für einsatzfreie Zeiten	– 830 795,00 €
Aufbau – Abbau AKZ	– 367 485,00 €
gesetzliche Abgaben Aufbau – Abbau AZK	– 101 794,00 €
Urlaubs- und Weihnachtsgeld	– 866 212,00 €
sonstige Personalkosten (Zeitarbeitnehmer)	– 136 687,00 €
Marge (Rohergebnis)	**– 402 526,00 €**
Overhead (Agenturkosten, Verwaltungskosten)	– 140 876,00 €
Betriebsergebnis	**– 543 402,00 €**

durchschnittliche externe Mitarbeiter (ZAN):	**127,08**
durchschnittliche interne Mitarbeiter:	**15**

	Tage / Monat	**Stunden**
Arbeitszeit	21,67	151,67
beschäftigungslose Zeiten	0,90	6,3
Krankheit	0,50	3,5
Urlaub	2,00	14
Feiertage	1,00	7,00
sonstige Abwesenheitszeiten	0,30	2,1
Produktivstunden	**16,97**	**118,77**
einsatzfreie Zeiten	**4,70**	**32,90**

b) Vergleichen das Ergebnis mit dem der Niederlassung Gelsenkirchen aus Aufgabe 4, indem Sie folgende Daten mithilfe eines geeigneten Diagramms darstellen:

- Betriebsergebnis
- Produktivität (Zeitarbeitnehmer)
- Produktivität (interne Mitarbeiter)
- Gesamtproduktivität

c) Analysieren Sie die Kennziffern, indem Sie einzelne Ergebnisse, auch im Vergleich zur Filiale Gelsenkirchen, bewerten.

6. *Berechnen Sie den* **Stundensatz, die Marge** *und den* **Faktor** *der Persona Service GmbH für einen Mitarbeiter mit der EG 5.*

Der Stundenlohn beträgt 13,41 €.

Zuschlagsätze:	
Sozialversicherung Arbeitgeberanteil	23,53 %
Urlaubs- und Weihnachtsgeld	4,54 %
Zuschlag für einsatzfreie Zeiten	31,48 %
sonstige Arbeitgeberkosten (Zeitarbeitnehmer)	1,26 %
Overhead	1,57 %
Gewinnzuschlag	10,00 %

7. *a) Kalkulieren Sie den Stundensatz, die Marge und den Faktor der Persona Service GmbH für folgende Entgeltgruppen:*

5	6	7	8
13,41 €	15,09 €	17,62 €	18,96 €

Ermitteln Sie hierzu zunächst die Zuschlagsätze mithilfe der Sollkosten für das kommende Geschäftsjahr.

Sollkosten	
Produktivlöhne	4 736 221,00 €
gesetzliche Abgaben Arbeitgeberanteil	970 925,00 €

Sollkosten	
Entgelte für einsatzfreie Zeiten	975 344,00 €
gesetzliche Abgaben für einsatzfreie Zeiten	199 945,00 €
Urlaubs- und Weihnachtsgeld	215 216,00 €
sonstige Arbeitgeberkosten (Zeitarbeitnehmer)	59 837,00 €
Personalkosten (Zeitarbeitnehmer)	**7 157 488,00 €**
Overhead	90 184,00 €
Selbstkosten	**7 247 672,00 €**

b) Die Geschäftsführung will die Soll-Marge auf 15 % erhöhen. Kalkulieren Sie die neuen Stundensätze für die Zeitarbeitnehmer.

8. *Folgende Anfrage geht bei der Personaldienstleistungs-GmbH ein:*

Angefragte ZAN	30
Beschäftigungsdauer (Wochen)	15
Beschäftigungsdauer (Stunden) / ZAN und Tag	7,7
gesamte Produktivstunden des Auftrags	17 325
Stundenlohn (EG 6)	15,09 €

a) Kalkulieren Sie den Angebotspreis für die Anfrage (ohne Skonto und Rabatt): Kalkulieren Sie hierbei mit folgenden Zuschlagsätzen:

Sozialversicherung Arbeitgeberanteil	20,00 %
Urlaubs- und Weihnachtsgeld	5,00 %
Zuschlag für einsatzfreie Zeiten	25,00 %
sonstige Arbeitgeberkosten (Zeitarbeitnehmer)	4,00 %
Overhead	10,00 %
Gewinnzuschlag	15,00 %

b) Berechnen Sie die Veränderung der individuellen Arbeitszeitkonten und die Gesamtsumme der aufgebauten Plusstunden.

9. *Folgende Anfrage geht bei der Personaldienstleistungs-GmbH ein:*

Angefragte ZAN	20
Beschäftigungsdauer (Wochen)	10
Beschäftigungsdauer (Stunden) / ZAN und Tag	6
gesamte Produktivstunden des Auftrags	6000
Stundenlohn (EG 8)	18,96 €

a) Kalkulieren Sie den Angebotspreis für die Anfrage (mit 3 % Skonto und 5 % Rabatt): Kalkulieren Sie hierbei mit den Zuschlagsätzen aus Aufgabe 8 und 15 % Gewinnzuschlag.

b) Berechnen Sie die durch diesen Auftrag entstehende Veränderung der Arbeitszeitkonten in Stunden und in Euro (inkl. AG-Anteil zur Sozialversicherung) bei einer Wochenarbeitszeit im Zeitarbeitsunternehmen von 35 Stunden.

10. *Folgende Anfrage geht bei der Neue Arbeit GmbH ein:*

Angefragte ZAN	140
Beschäftigungsdauer (Wochen)	12
Beschäftigungsdauer (Stunden) / ZAN und Tag	7,8
Bruttoentgelt / Stunde	17,62 €

In BuchPlusWeb finden Sie die relevanten Zuschläge in der Tarifbroschüre der IGZ.

Kalkulieren Sie den Angebotspreis für die folgende Anfrage mit 3 % Skonto, 5 % Rabatt und 10 % Gewinnzuschlag. Von den gesamten Produktivstunden entfallen 12 000 in die Nachtarbeit und 6 000 auf Sonn- bzw. Feiertage.
Legen Sie hierbei zur Ermittlung der Zuschlagssätze für die Stundensatzberechnung folgende Sollgrößen zugrunde:

Effektive Arbeitszeit eines Zeitarbeitnehmers (soll)		
	Tage / Monat	**Stunden**
Arbeitszeit	21,67	151,67
beschäftigungslose Zeiten	0,70	4,9
Krankheit	0,50	3,5
Urlaub	2,50	17,50
Feiertage	0,80	5,60
sonstige Abwesenheitszeiten	0,50	3,5

Effektive Arbeitszeit eines Zeitarbeitnehmers (soll)		
	Tage / Monat	**Stunden**
Produktivstunden	**16,67**	**116,67**
einsatzfreie Zeiten	**5,00**	**35**

Sollkosten	
Produktiventgelte	5 000 000,00 €
gesetzliche Abgaben Arbeitgeberanteil	1 050 000,00 €
Entgelte für einsatzfreie Zeiten	? €
gesetzliche Abgaben einsatzfreie Zeiten	? €
Urlaubs- und Weihnachtsgeld	250 000,00 €
sonstige Arbeitgeberkosten (Zeitarbeitnehmer)	200 000,00 €
Personalkosten (Zeitarbeitnehmer)	**? €**
Overhead	400 000,00 €
Selbstkosten	**8 647 562,25 €**

11. *Die Neue Arbeit GmbH erhält eine Anfrage eines großen Kundenunternehmens aus dem Gewerbebau. Für die Ausführung eines Großauftrags benötigt dieses Kundenunternehmen 85 Mitarbeiter, deren Anforderungsprofil der EG 7 (17,62 €/Std) zugeordnet wird. Zudem werden von der Neue Arbeit GmbH Reisekosten in Höhe von 1 500,00 € erstattet.*

Das Kundenunternehmen ist bereit, 720 000,00 € für folgende Bedingungen zu zahlen:

Wochenarbeitszeit Kundenunternehmen (Std.)	38,5
Wochenarbeitszeit Tarif (Std.)	35
Beschäftigungsdauer (Wochen)	12
Auftragsbezogene Qualifizierungskosten	15 000,00 €
Zuschuss BA zu den Qualifizierungskosten	30 %

a) Kalkulieren Sie zunächst den Auftrag auf Vollkostenbasis. Verwenden Sie dabei die folgenden Zuschlagsätze:

Sozialversicherung Arbeitgeberanteil	21,00 %
Zuschlag für einsatzfreie Zeiten	36,30 %
Urlaubs- und Weihnachtsgeld	5,00 %
sonstige Arbeitgeberkosten (Zeitarbeitnehmer)	4,00 %
Overhead	5,12 %
Gewinnzuschlag	10,00 %

b) Kalkulieren Sie anschließend den Auftrag mithilfe der Teilkostenrechnung und entscheiden Sie darüber, ob die Neue Arbeit GmbH den Auftrag annehmen soll.

12. *Ein großer Automobilzulieferer verzeichnet nach einem Auftragsrückgang wieder steigende Auftragseingänge. Nachdem die Kurzarbeit stetig abgebaut wurde, werden jetzt wieder Arbeitskräfte benötigt. Da durch die schwächelnde Konjunktur in China sinkende Auftragseingänge befürchtet werden, sollen zunächst die Auftragsspitzen mithilfe von Zeitarbeitnehmern abgearbeitet werden. Durch den hohen Kostendruck kann das Kundenunternehmen maximal 850 000,00 € für die Mitarbeiter aufwenden. Sollte sich die Nachfrage nachhaltig wiederbeleben, soll im Rahmen eines Folgeauftrags ein kostendeckender Preis vereinbart werden.*
Die Daten der Anfrage lauten wie folgt:

Preis:	850 000,00 €
Mitarbeiter	85
Stundenlohn (EG 9)	20,00 €
Wochenarbeitszeit Kundenunternehmen	37,5 Std.
Wochenarbeitszeit (Tarif BZA)	35 Std.
Beschäftigungsdauer Wochen	26
Qualifizierungskosten	- €
Zuschuss BA	- €
Guthaben AZK (Std) inkl. Überziehungsrahmen	44 250,00

a) Kalkulieren Sie den Auftrag mithilfe der Teilkostenrechnung. Beziehen Sie dabei den möglichen Abbau des Guthabens der Arbeitszeitkonten in die Kalkulation ein. Legen Sie die Zuschlagssätze aus Aufgabe 11 zugrunde.

b) Entscheiden Sie über die Annahme des Auftrags. Berücksichtigen Sie dabei auch den absatzpolitischen Aspekt.

13. *Bei einer Messe werden noch kurzfristig Arbeitskräfte für das Catering benötigt. Folgende Konditionen werden vom Kundenunternehmen angefragt:*

Preis	800,00 €
Mitarbeiter	2
Stundenlohn	9,00 €
Wochenarbeitszeit Kundenunternehmen	30 Std.
Wochenarbeitszeit (Tarif)	35 Std.
Beschäftigungsdauer Wochen	2
Qualifizierungskosten	- €
Zuschuss BA	- €
Guthaben AZK (Std) inkl. Überziehungsrahmen	120
auftragsbedingter Abbau AZK	20

Kalkulieren Sie den Auftrag und entscheiden Sie über die Annahme. Beziehen Sie dabei ein, dass während des Auftrags das Guthaben auf dem Arbeitszeitkonto abgebaut bzw. überzogen werden kann. Es gelten die Zuschlagsätze aus Aufgabe 11.

14. *Bei der Flexi-Arbeit GmbH geht eine Anfrage für einen Zeitarbeitnehmer mit einem abgeschlossenen Fachhochschulstudium in Maschinenbau ein. Dieser soll an einem 12-monatigen Projekt mitarbeiten. Es gilt der allgemeine Tarifvertrag für die Zeitarbeitsbranche. Der Mitarbeiter erhält von der Flexi-Arbeit GmbH 52,00 € vermögenswirksame Leistungen.*

a) Gruppieren Sie den Zeitarbeitnehmer in die richtige Entgeltgruppe inkl. Zuschlag ein.

b) Ermitteln Sie den Stundensatz.

c) Kalkulieren Sie den Angebotspreis inkl. 10 % Gewinnzuschlag.

4 Liquiditätscontrolling

Einstiegssituation ▶

Die **Neue Arbeit GmbH** ist im Rahmen der Wirtschaftskrise immer wieder an die Grenzen der finanziellen Ressourcen geraten. Dies äußerte sich dadurch, dass die Kreditlinien, insbesondere das Überziehungslimit bei der Hausbank, nur knapp eingehalten werden konnte. Dies hatte vor allem in sehr zögerlichen Zahlungen, gerade großer Kunden, seine Ursache. Hier wurden häufig Abrechnungen im Zusammenhang mit fehlenden Quittierungen der durch die Zeitarbeitnehmer geleisteten Stunden durch das Kundenunternehmen bemängelt. Diese wurden dann erst mit der nächsten Abrechnungsperiode berücksichtigt. Zudem kam es auch zu Zahlungsausfällen durch die Insolvenz einiger Kunden. Damit diese Situationen zukünftig im Ansatz erkannt werden und Gegenmaßnehmen getroffen werden können, soll ein Controlling der Liquiditäts- und Finanzierungssituation durchgeführt werden.
Aktuell steht die Kalkulation einer Anfrage der Bauunternehmung **Elbracht und Kühn GmbH und Co KG** an. Diese benötigen für zwei Monate (Mai und Juni) zusätzliche Zeitarbeitnehmer für die kurzfristige Fertigstellung eines großen öffentlichen Auftrags, der fristgerecht fertiggestellt werden muss. Die Verhandlungsbasis für die Überlassung der Baufachkräfte liegt bei 83000,00 €. Da die Elbracht und Kühn GmbH und Co KG erst nach Fertigstellung abrechnet, soll die Zahlung der Rechnung in zwei Abschnitten 60 Tage nach dem jeweiligen Einsatzmonat, also im Juli und August, erfolgen.

Arbeitsaufträge:

1. *Erstellen Sie einen Liquiditätsplan für die Monate Mai und Juni.*
2. *Analysieren Sie das Ergebnis und entscheiden Sie über mögliche Finanzierungsmaßnahmen, mithilfe derer der Auftrag ohne Liquiditätsprobleme angenommen werden kann und treffen Sie eine begründete Entscheidung.*

Normalerweise wird die Liquiditätssituation der **Neue Arbeit GmbH** im Rahmen des Jahresabschlusses analysiert. Dies nennt sich **statische Liquiditätsrechnung**. Diese Methode ist jedoch, wie oben dargestellt, nicht hinreichend, weil sich die Liquidität im Laufe des Geschäftsjahres fortlaufend ändert. Deshalb ist es notwendig, einen **Liquiditätsplan** zu erstellen. Dieser kann, je nach Bedarf, täglich, wöchentlich oder monatlich durchgeführt werden (**dynamische Liquiditätsrechnung**). Bei sehr großen Unternehmen, die Zahlungsmittel in der Größenordnung von mehreren Millionen Euro pro Tag „bewegen", ist die tägliche Liquiditätsrechnung vonnöten, da hier nennenswerte Zinsaufwendungen und -erträge entstehen. Bei kleinen und mittelständischen Unterneh-

men wie bei der **Neue Arbeit GmbH**, ist ein monatlicher Rhythmus ausreichend, weil viele Zahlungen wie Miete, Löhne, Umsatzsteuer oder Sozialabgaben monatlich fällig werden.
Für den Monat April ist bereits ein Liquiditätsplan erstellt worden:

	April
Umsatzerlöse und sonstige Erträge	610000,00 €
Entgelte ZAN (inkl. SV)	– 414880,00 €
auszahlungswirksame Gemeinkosten	– 55615,00 €
Unfallversicherung	– €
Cashflow	**139505,00 €**
Investitionen	– 20000,00 €
Desinvestitionen	– €
Saldo Investitionen	**– 20000,00 €**
Aufnahme Finanzierungen	20000,00 €
Kapitaldienst Finanzierungen	– 10000,00 €
Saldo Finanzierungen	**10000,00 €**
Umsatzsteuer	– 77321,00 €
Vorsteuer	2340,00 €
Körperschaftsteuer, Gewerbesteuer	– €
Saldo Steuern	**– 74981,00 €**
Zahlungsmittelzufluss	**54524,00 €**
Zahlungsmittelbestand aus Vormonat	112340,00 €
Liquidität (Zahlungsmittelbestand)	**166864,00 €**

Erläuterungen zum Liquiditätsplan

Der Liquiditätsplan ist nach dem Grundsatz aufgebaut, im Rahmen welcher Geschäftsfälle dem Unternehmen Geldmittel (Liquidität) zufließen oder abfließen. Da sich die Geschäftsfälle aus der Sicht der Entstehungsart des Mittelzu- bzw. Abflusses unterscheiden, werden sie nach bestimmten Bereichen strukturiert.
Der **Cashflow** ist der Mittelzufluss, der aus der Geschäftstätigkeit der Neue Arbeit GmbH entsteht (vgl. Kap. 8.2). **Investitionen** entziehen dem Unternehmen Liquidität, **Desinvestitionen**, also der Verkauf von materiellen Vermögensteilen, vergrößern den Bestand an Geldmitteln. Des Weiteren wird der Mittelbestand durch **Finanzierungsak-**

tivitäten beeinflusst. Aufgenommene und ausgezahlte Darlehen erhöhen hierbei die Liquidität, während der **Kapitaldienst**, also die Tilgung von Darlehen (die Zinsen sind in den auszahlungswirksamen Gemeinkosten enthalten), Liquidität abfließen lässt.
Steuerzahlungen verringern die Liquidität. Die **Umsatzsteuer** (USt), wird nach der Leistungserstellung, also nach Abschluss der vereinbarten Überlassungsdauer (also nicht erst nach Rechnungsstellung), fällig und im Folgemonat an das Finanzamt abgeführt. Der Umsatzsteuerbetrag wird dann vom Kundenunternehmen mit der gestellten Rechnung bei Fälligkeit überwiesen. Allerdings darf ein Unternehmen die an Lieferer gezahlte Umsatzsteuer (beispielsweise beim Kauf eines Geschäftsfahrzeugs), mit der vom Kunden erhaltenen und abzuführenden Umsatzsteuerverbindlichkeit verrechnen. Die im Rahmen von Beschaffungsprozessen gezahlte Umsatzsteuer nennt sich aus der Sicht der Neue Arbeit GmbH **Vorsteuer** (VSt).

Beispiel
Umsätze des Monats August:

	Umsatzerlöse	bezogene Leistungen	Saldo / Zahllast
Brutto	119000,00 €	23800,00 €	95200,00 €
– Netto	100000,00 €	20000,00 €	80000,00 €
= USt / VSt	19000,00 €	3800,00 €	**15200,00 €**

Die **Zahllast**, also die mit der Vorsteuer verrechnete Umsatzsteuer, beträgt 15200,00 €. Dies ist der Betrag, der im Folgemonat an das Finanzamt überwiesen werden muss.
Körperschaft- und Gewerbesteuer werden nur ein Mal im Jahr mit dem Jahresabschluss fällig.
Der geplante **Zahlungsmittelbestand** ergibt sich dann durch die Summe aus Mittelzufluss und dem Mittelbestand aus dem Vormonat.

Die Liquidität wird also von **Einzahlungen** und **Auszahlungen** beeinflusst. Werden Leistungen bezogen oder erbracht, die zu einem späteren Zeitpunkt ein- oder auszahlungswirksam werden, erhöhen sich die **Ausgaben** bzw. **Einnahmen** eines Unternehmens. So wird zwar das **Geldvermögen** (= Zahlungsmittelbestand + Forderungen – kurzfristige Verbindlichkeiten) erhöht oder vermindert, der reine **Zahlungsmittelbestand** bleibt jedoch gleich. Umgangssprachlich spricht man häufig von Ausgaben – beispielsweise für Lebensmittel oder Kleidung – meint jedoch Auszahlungen, weil ja in der Regel direkt beim Einkauf die Zahlung an der Kasse fällig ist. Einzahlungen und Auszahlungen sind zudem nicht gleichzusetzen mit den Begriffen **Aufwand** und **Ertrag**. Häufig haben Aufwendungen zwar unmittelbar Auszahlungen zur Folge, das Beispiel der Abschreibung zeigt jedoch, dass es auch nicht auszahlungswirksame Aufwendungen gibt. Umgekehrt stellt die Anschaffung eines Geschäftsfahrzeugs, welches „bar" bezahlt wird, keinen Aufwand dar, denn es werden ja nur flüssige Geldmittel gegen ein Auto getauscht, sodass sich das Vermögen nicht verändert (vgl. Kap. 8.1). Der o.a. Autokauf stellt jedoch eine Auszahlung dar, weil sich der Zahlungsmittelbestand verringert.

Zahlungsmittelbewegungen der Monate Mai und Juni:

Mai:
- Geplante Umsatzerlöse: 677 750,00 €
- Lohnkosten (ZAN): 463 577,00 €
- Overhead (Gemeinkosten): 67 615,00 € davon Abschreibungen: 12 000,00 €
- Unfallversicherung: 292 000,00 €
- bezogene Leistungen (netto): 22 331,00 €
- erbrachte Leistungen aus Arbeitnehmerüberlassung (netto): 299 547,00 €
- Tilgung eines Darlehens: 10 000,00 €

Juni:
- Geplante Umsatzerlöse: 631 250,00 €
- Lohnkosten (ZAN): 496 530,00 €
- Overhead (Gemeinkosten): 81 399,00 € davon Abschreibungen: 12 000,00 €
- Verkauf der alten Computeranlage: 2 000,00 €
- bezogene Leistungen (netto): 18 757 €
- erbrachte Leistungen aus Arbeitnehmerüberlassung (netto): 479 900,00 €
- Tilgung eines Darlehens: 10 000,00 €

Zusammenfassung

- **Liquiditätsplan:** Gegenüberstellung von Einzahlungen und Auszahlungen zur Ermittlung des Mittelzu- und abflusses und der Liquidität
- **Auszahlung:** Zahlungsmittelabfluss, Minderung der Zahlungsmittelbestände
- **Einzahlung:** Zahlungsmittelzufluss, Erhöhung der Zahlungsmittelbestände
- **Einnahme:** Erhöhung des Geldvermögens
- **Ausgabe:** Verminderung des Geldvermögens
- **Aufwand:** Werteverbrauch => Vermögensverminderung
- **Ertrag:** Wertezufluss => Vermögenserhöhung
- **Umsatzsteuer:** Muss nach erbrachter Leistung an das Finanzamt vom Verkäufer abgeführt werden
- **Vorsteuer:** An einen Lieferer gezahlte Umsatzsteuer, kann mit Umsatzsteuer verrechnet werden
- **Zahllast:** Umsatzsteuer – Vorsteuer

Aufgabe 1

Erstellen Sie den Liquiditätsplan der Neue Arbeit GmbH für den Monat Juli. Kalkulieren Sie dabei zwei Szenarien:

a) *Es wird mit einem Kundenunternehmen eine Abschlagszahlung von 20000,00 € für die Monate Mai und Juni vereinbart. Diese wird mit den jeweils in Juli und August fälligen Zahlungen verrechnet.*

b) *Es werden keine vorzeitigen Zahlungen in Verhandlungen vereinbart.*

Geplante Ein- und Auszahlungen Juli:
- geplante Umsatzerlöse: 692730,00 € (bei dem Szenario aus Aufgabenteil b)
- Löhne (ZAN): 468390,00 €
- Overhead: 81884,00 €, davon Abschreibungen: 12000,00 €
- Verkauf gebrauchter Büromöbel: 500,00 €
- bezogene Leistungen (netto): 25757,00 €
- erbrachte Leistungen aus Arbeitnehmerüberlassung (netto): 541900,00 €
- Tilgung des bestehenden Darlehens: 10000,00 €

Aufgabe 2

Erläutern Sie die Funktion eines Liquiditätsplans.

Aufgabe 3

Aus welchen Gründen ist das Controlling der Liquidität für eine Personaldienstleistungsagentur von besonderer Bedeutung?

Aufgabe 4

Beschreiben Sie die Vorteile einer dynamischen Liquiditätsrechnung gegenüber der statischen.

Bildquellenverzeichnis

Cover:

Kurhan (Geschäftsleute)
Michael Nivelet (Puzzel),
Meddy Popcorn (Frau, rechts unten),
Stenislav Tatarnikov (Kalender),
Yuri Arcurs (alle anderen).

Innenteil:

Achecht, toonpool.com GmbH 65
Adecco Personaldienstleistungen GmbH, Düsseldorf 402.3
André Wilke, Wikipedia Commons 111
Angelika Brauner, Hohenpeißenberg 79, 99, 113.1, 113.2, 115, 296
Arbeit und Leben Bremen, Bremen 242
ATOSS Software AG, München 201
Behr GmbH & Co. KG, Stuttgart 18
Berufsgenossenschaft Rohstoffe und chemische Industrie (BG RCI), Heidelberg 314
Bundesagentur für Arbeit, Nürnberg 317
Bundesanstalt für Arbeitsschutz und Arbeitsmedizin, Dortmund 331, 332
Bundesministerium des Innern, Berlin 30.1, 30.2
Bundeszentrale für politische Bildung, Bonn 180
Deutsche Gesetzliche Unfallversicherung e.V. (DGUV), Berlin-Mitte 259, 306
Deutscher Fachverlag GmbH, Frankfurt am Main 141
DI Wolfgang Peter/Innsbruck/Völs 226.1
dpa-infografik, Frankfurt am Main 27
Europäische Agentur für Sicherheit und Gesundheitsschutz am Arbeitsplatz, Bilbao, Spanien, http://osha.europa.eu/de 319
Ilona Giese/Bildungsverlag EINS 225.1, 225.2, 226.1, 226.2, 230.1
Infratest Sozialforschung, München 44.1, 44.2, 45
Institute for Competitive Recruiting, Heidelberg 128
iwd-Informationsdienst des Instituts der deutschen Wirtschaft Köln, © Institut der deutschen Wirtschaft Köln Medien GmbH: © 2012, IW Medien · iwd 42, 175
Maik Erdmann, truckonline.de 274
Nadine Dilly/ Bildungsverlag Eins 193.1, 193.2, 230.2, 276.1, 276.2, 276.3, 299
Prospektiv GmbH, Unternehmensgruppe GfAH mbH, Dortmund 208
Randstad Deutschland, Eschborn 402.1
richter-publizistik, Bonn 24, 25
Statistisches Bundesamt, Wiesbaden 181
tqm.com 332
Universität Bamberg, Universität Frankfurt 53
v. Rundstedt & Partner GmbH, Düsseldorf 402.3
ZMG ZEITUNGS MARKETING, Frankfurt am Main 16

Fotolia GmbH, Berlin:

AK-DigiArt 261.1
alphaspirit 466
Bettina Wehmeyer 261.4
BildPix.de 527.4, 527.6
Christian Nitz 275
cjruslan 527.1
contrastwerkstatt 13, 60, 86, 94.1, 472
CYCLONEPROJECT 527.5
Dan Race 49
dondoc-foto 203
Dron 308
Eisenhans 382
fefufoto 256
fovito 448
Gina Sanders 130, 528, 529
helix 216.2
Ingo Bartussek 127.3
Janina Dierks 51
Jeanette Dietl 207, 452, 460
JiSIGN 202
jojof 154
klick 216.1
Kzenon 94.2, 138, 165
lpotthoff 261.3
Lucky Dragon 204
M. Johannsen 127.1
mihi 327
Minerva Studio 346, 363
Monkey Business 341, 354, 371, 389
MK-Photo 486
NAN 398
Nik 233, 320
photo 5000 261.5
PhotoSG 446
picsfive # 231
Picture-Factory 495, 511, 524, 565
pressmaster 291
Robert Kneschke 68.1, 68.2, 293
Spectral-Design 280
Stefan Schurr 64
styleuneed 110, 527.2
T. Michel 246, 260, 261.3a, 261.3b, 261.3c, 261.3d, 261.3e, 261.3f
Tatjana Balzer 527.3
thingamajiggs 127.2
thomasklee 156
vege 104, 161
Vereshchagin 267
Zirocool 56

Sachwortverzeichnis

W

Z